Die Bonus-Seite

Ihr Vorteil als Käufer dieses Buches

Auf der Bonus-Webseite zu diesem Buch finden Sie zusätzliche Informationen und Services. Dazu gehört auch ein kostenloser **Testzugang** zur Online-Fassung Ihres Buches. Und der besondere Vorteil: Wenn Sie Ihr **Online-Buch** auch weiterhin nutzen wollen, erhalten Sie den vollen Zugang zum **Vorzugspreis**.

So nutzen Sie Ihren Vorteil

Halten Sie den unten abgedruckten Zugangscode bereit und gehen Sie auf **www.galileodesign.de**. Dort finden Sie den Kasten **Die Bonus-Seite für Buchkäufer**. Klicken Sie auf **Zur Bonus-Seite / Buch registrieren**, und geben Sie Ihren **Zugangscode** ein. Schon stehen Ihnen die Bonus-Angebote zur Verfügung.

Ihr persönlicher
Zugangscode

2vry-hgk9-i7j5-mwbx

István Velsz

Adobe Photoshop Lightroom 2

Das Praxisbuch für den digitalen Foto-Workflow

Galileo Press

Liebe Leserin, lieber Leser,

mit Version 2 von Photoshop Lightroom hat Adobe seine Software zur professionellen Bildarchivierung und RAW-Entwicklung weiter optimiert. Vor allem die neuen Funktionen, die lokale Anpassungen von Bildbereichen ermöglichen, sind eine lang ersehnte Verbesserung! Aber wie sieht der ideale Arbeitsablauf vom Import der Bilder über deren Verschlagwortung und Bearbeitung bis hin zur Ausgabe aus? Die Antwort liefert Ihnen der Fotograf István Velsz in diesem umfassenden Praxisbuch.

Wenn Sie direkt mit der Arbeit in Lightroom starten möchten, verschaffen Sie sich zunächst in Kapitel 5 einen kurzen Überblick über die Benutzeroberfläche und alle Menüs. In den Kapiteln zu den einzelnen Modulen geht es dann ins Detail: Dort helfen Ihnen vor allem die vielen Schritt-für-Schritt-Anleitungen, die einzelnen Funktionen schnell und effektiv zu nutzen. István Velsz hat für die Module Entwickeln, Diashow und Drucken zusätzliche Workshops erstellt, die den Einstieg in Lightroom erleichtern: Arbeiten Sie beispielsweise eine Sepia-Umwandlung nach, erstellen Sie eine Diashow oder lernen Sie, wie Sie die Belichtung korrigieren, um einem Bild die ursprüngliche Lichtstimmung wiederzugeben.

Wenn Sie Anmerkungen zu diesem Buch haben, können Sie sich gerne an mich wenden. Ich freue mich stets über Lob oder kritische Hinweise, die helfen, dieses Buch zu verbessern. Jetzt wünsche ich Ihnen aber erst einmal viel Freude beim Lesen und viel Erfolg bei der Arbeit mit Lightroom 2!

Ihre Christine Fritzsche
Lektorat Galileo Design

christine.fritzsche@galileo-press.de
www.galileodesign.de

Galileo Press · Rheinwerkallee 4 · 53227 Bonn

1 Einführung

Als Adobe Anfang 2007 den Vorhang lüftete und die erste fertige Version von Photoshop Lightroom vorstellte, war die gesamte Foto- welt förmlich »elektrisiert«. Das Programm war so lange erwartet worden wie schon lange keine Software mehr – denn es versprach vieles: einen neuartigen RAW-Konverter, eine effiziente Bildorga- nisation und eine neue Art der Bildbearbeitung, die extra auf die Anforderungen von Fotografen abgestimmt worden war. Diese Software war komplett neu – abgesehen von Apple Aperture gab es diesen Ansatz noch nicht, mit einem Programm den ganzen digi- talfotografischen Prozess vom Bildimport bis zu Druck oder Dia- show abzubilden.

Die Anfänge von Photoshop Lightroom reichen aber schon bis ins Jahr 2002 zurück, bis zu einem Softwareexperiment namens PixelToy. Dieses wurde mehr oder weniger als Spielzeug entwickelt, mit dem man testen wollte, ob es für die Bildbearbeitung eine gute Alternative zum komplexen Ebenenkonzept von Photoshop gibt. Aus diesem Spielzeug wurde Shadowland, die erste Alphaversion von Lightroom.

All-in-one-Lösung Lightroom

Die erste Idee war, ver- schiedene Bearbeitungsstadien eines Bildes als Schnappschüsse zu speichern und darauf aufsetzend Bilder immer weiter zu entwickeln. Durch gute Beziehungen der Ent- wickler zu Fotografen kam zusätz- lich heraus, wie schwierig es war, mit hunderten oder tausenden von RAW-Bildern umzugehen. Der Dateibrowser von Photoshop er- wies sich dafür als unhandlich. Der gesamte Workflow basierte damals auf einzelnen unabhängigen Tools.

▲ **Abbildung 1.1**
Es war ein langer Weg von der ersten Idee namens PixelToy (links, Bildquelle: *Photoshop-News.com*) über Shadowland zum fertigen Produkt Lightroom (rechts).

▲ **Abbildung 1.2**
Im Studio muss es oft schnell gehen. Von Bildern wie diesem werden hunderte aufgenommen. Die
Fotos werden oft noch während
des Shootings vom Kunden kontrolliert und abgenommen.

Vier Jahre später wurde aus dem Projekt Lightroom, das Adobe als
öffentliche Betaversion allen Interessierten im Internet zur Verfügung stellte. Das Feedback tausender Fotografen half, die Software
zu perfektionieren. Im Februar 2007 war es dann so weit. Die erste
finale Version konnte zum Verkauf angeboten werden.

Gut 18 Monate später ist jetzt Lightroom 2 auf dem Markt. Viele
Fehler der ersten Version wurden beseitigt, und die neuen Funktio-
nen runden das Paket weiter ab. Für Amateure und Profis wird ein
Programm angeboten, das sich als Standard etablieren kann.

1.1 Lightroom, das universale Werkzeug

Der Workflow von professionellen und von ambitionierten Amateurfotografen überspannt Bereiche, die für alle Fotografen gleich
wichtig sind.

1.1.1 Anforderungen im Fotoalltag

Zunächst benötigt man ein System zur **Verwaltung** der Bilder.
Bei vielen Fotografen geht die Bildanzahl in den Archiven in die
Zehntausende. Wie findet man hier das richtige Bild? Schon wäh-

rend eines Shootings entstehen oft mehrere hundert Bilder. Wie bekommt man die Bilder schnell und übersichtlich verwaltet?

Ein weiteres Problem, vor allem bei professionellen Fotografen, ist eine mangelnde Geschwindigkeit in der **Verarbeitung**. Oft werden Bilder schon während des Shootings vorsortiert und grob korrigiert, damit sie der Kunde noch am Set beurteilen kann. Viele Bilder müssen schnell gemeinsam verarbeitet werden können, einzelne Bilder benötigen dann eventuell weitere Korrekturen. Die Bearbeitungsanforderungen liegen zwischen einer schnellen groben Korrektur am Set und der Schaffung perfekter Kunstwerke als Endergebnis.

Zur **Präsentation** der Bilder müssen diese als Kontaktbögen oder als Abzüge ausgedruckt oder in elektronischer Form am Bildschirm angezeigt werden. Ist man selbst unterwegs oder der Kunde weiter weg, bietet das Internet dafür die ideale Infrastruktur. Allerdings kann man eine größere Anzahl an Bildern nicht per E-Mail verschicken, da die Übertragung zu lange dauern würde. Die Alternative ist eine Bildergalerie auf einer Webseite. Hier kann der Kunde dann selber in Ruhe durchklicken und auswählen.

Unabhängig davon arbeiten viele professionelle Fotografen mit dem **RAW-Format**. Allerdings unterliegt dies keinem Standard, und jeder Kamerahersteller kocht hier sein eigenes Süppchen.

Und zu guter Letzt wollen Fotografen in erster Linie fotografieren und sich nicht mit dem Erlernen und Bedienen vieler unterschiedlicher Programme herumärgern.

▲ **Abbildung 1.3**
Auch bei Reportagen oder Städteporträts entstehen oft hunderte Bilder. Die besten herauszusuchen, muss schnell gehen. Um etwa Nachfragen nach konkreten Situationen oder Gebäuden befriedigen zu können, braucht man ein gutes Archivierungssystem.

▲ **Abbildung 1.4**
In welchem Ordner würden Sie dieses Bild ablegen? Vielleicht gleich in mehreren? Lightroom bietet bessere Lösungen für die Verwaltung, wie Schlagwörter oder Kollektionen.

1.1.2 Lightroom als Universaltool

Weil kein bestehendes Programm all diese Anforderungen von Anfang bis Ende des digitalen Workflows ausreichend erfüllte, wurde Lightroom entwickelt. Jede Stufe des Workflows hat in Lightroom ein eigenes Modul. Im idealen Fall arbeitet man für eine Aufnahmeserie Modul für Modul ab. Jedes einzelne davon bietet die Möglichkeit, viele Bilder gleichzeitig oder auch nur einzelne Bilder zu editieren – sowohl im JPEG- oder TIFF- als auch im RAW-Format. Speziell für RAW-Bilder bietet Lightroom durch die DNG-Unterstützung eine möglichst hohe Kompatibilität und lange Archivierungssicherheit.

Bilder verwalten | Unbestritten ist die Anzahl der zu verwaltenden Bilder seit der analogen Fotografie auf Film enorm angestiegen. Auf Speicherkarten haben nicht mehr nur 24 oder 36 Bilder Platz, sondern 200 oder sogar noch viele mehr.

Natürlich wird auch aussortiert, aber am Ende bleiben immer noch erheblich mehr Bilder übrig als in der analogen Fotografie. Profis und engagierte Amateurfotografen arbeiten mit bis zu mehreren zehntausend Aufnahmen. Und diese Flut will verwaltet werden. Bisher benutzte man dafür die klassischen Verzeichnisordner, in denen man auch die sonstigen Dateien auf dem Computer archiviert. Diese Art der hierarchischen Verwaltung stößt aber bei einem großen Aufkommen an Daten und Informationen – wie es bei Bildern der Fall ist – schnell an Grenzen. Das Ergebnis ist, dass man Aufnahmen, die man schnell zur Hand haben muss, erst aufwändig suchen muss.

Ein Beispiel: Das links abgebildete Foto entstand während einer Geburtstagsfeier auf einer Finca in Spanien. In welchem Ordner würden Sie es ablegen? In EVENTS/GEBURTSTAG/2007-03-04 oder in SPANIEN/COSTA BRAVA? Oder vielleicht doch in den Ordner für Ihre privaten Bilder? Oder am besten gleich in allen drei? Jede Lösung wäre ein Kompromiss. Eine richtige Lösung für ein solches Problem bieten flexible Verwaltungstools, die mehr können als nur Ordner und Unterordner anlegen. Lightroom bietet als solches ein mehrschichtiges, flexibles System aus Verzeichnissen, Kollektionen, Stichwörtern und Metadaten.

Bilder bearbeiten | Lightroom ist jedoch noch viel mehr als ein reines Verwaltungstool. Im Modul Entwickeln reizt es nahezu alle Möglichkeiten der Bildverarbeitung aus, die in einem nichtdestruktiven Workflow möglich sind – ohne dabei zu komplex zu erscheinen.

Nichtdestruktiv bedeutet, dass bei der Bearbeitung keine Pixel im Originalbild zerstört werden. Sie können also jederzeit wieder auf die Ursprungsdaten der Grundaufnahme zurückgreifen. Es ist somit nicht nötig, das Original als eine separate Datei aufzubewahren.

Die Bearbeitungstools erlauben eine relativ genaue Anpassung von Farben, Kontrasten etc. In Lightroom 2 ist es nun auch möglich, Änderungen nur auf bestimmte Teile des Bildes anzuwenden. Warum heißt das Modul nun aber »Entwickeln« und nicht »Bearbeiten«? Das hat mit dem RAW-Format zu tun. In diesem Dateiformat liegen die Bilddaten quasi noch unentwickelt vor. Mehr dazu erfahren Sie in Kapitel 4, »Das RAW-Datenformat«, ab Seite 75.

Bilder präsentieren und ausgeben | Bilder können auf verschiedene Art ausgegeben werden. Man kann sie als Dateien exportieren: als komprimierte JPEG-Datei oder als hochwertige TIFF- oder Photoshop-Datei zur Weiterverarbeitung in anderen Programmen wie Adobe Photoshop.

▲ **Abbildung 1.5**
Links ein Bild in der Entwicklung ohne Veränderung der Einstellungen. So hat es die Kamera gesehen. Rechts eine kreativere Entwicklung durch Veränderung von Farben und Kontrasten.

Oder man präsentiert die Bilder direkt aus der Software heraus. Die letzten drei Module von Lightroom beschäftigen sich mit der Ausgabe der Bilder. Als Erstes gelangen Sie in das Modul Diashow. Dieses dient zur Präsentation direkt vom Rechner aus auf dem Bildschirm oder Beamer. Zahlreiche Einstellmöglichkeiten erlauben es Ihnen, die Präsentation an Ihre Bedürfnisse anzupassen. Beispielsweise kann ein eigener Kopfbalken (Erkennungstafel) integriert werden, auch Rahmen und Schatten lassen sich konfigurieren, falls ein Bild nicht den ganzen Bildschirm ausfüllt.

Das zweite Präsentationsmodul Drucken bietet Ihnen alles, um Ihre Bilder in gedruckter Form, quasi als Fotoabzug, auszugeben. Zusätzlich lassen sich Kontaktbögen von Ihren Sammlungen zusammenstellen. Die Erstellung von Fotobüchern, wie mit Apple Aperture, ist leider noch nicht möglich. Aber vielleicht kommt das ja noch in einer zukünftigen Version.

Mit dem Modul Web können Sie Ihre Bilder im Internet präsentieren. Dabei können sowohl HTML-Seiten als auch interaktive Flash-Filme erzeugt werden.

Theoretisch ist es also möglich, alle digitalen Fotoarbeiten in Lightroom zu erledigen.

Das Installieren verschiedener RAW-Konverter oder Softwaretools der Kamerahersteller kann man sich damit eigentlich sparen,

▼ **Abbildung 1.6**
Kern von Lightroom ist eine Datenbank, in der alle Bilder verwaltet werden. Sie wird Bibliothek genannt.

da Lightroom alle nötigen Funktionen beinhaltet und auch die meisten RAW-Formate der verschiedensten Kameras verarbeiten kann – vom Import der Bilder bis zur Ausgabe.

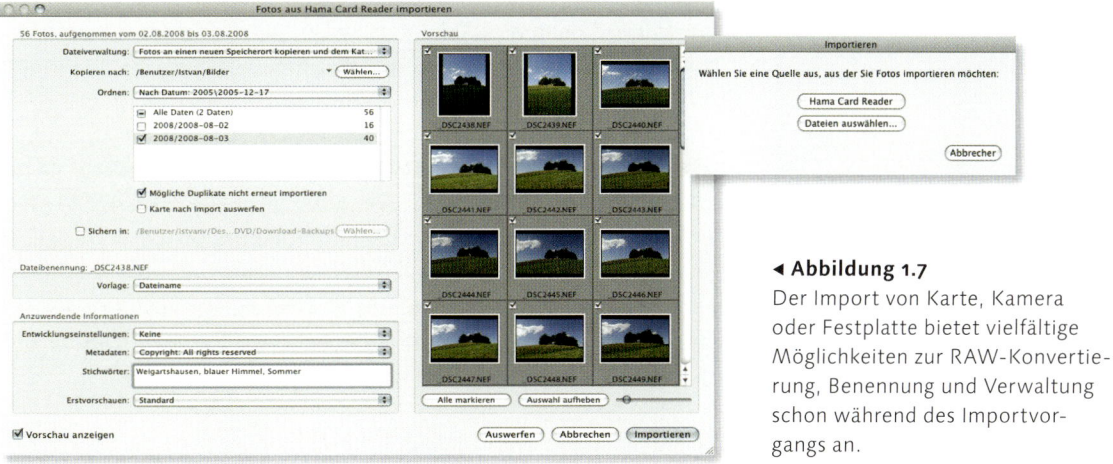

◄ **Abbildung 1.7**
Der Import von Karte, Kamera oder Festplatte bietet vielfältige Möglichkeiten zur RAW-Konvertierung, Benennung und Verwaltung schon während des Importvorgangs an.

1.2 Die Module im Überblick

In diesem Abschnitt erhalten Sie einen ersten Eindruck über die fünf Module von Lightroom. Erfahren Sie, welche Funktionen diese bieten und welche Möglichkeit damit verbunden sind.

1.2.1 Modul 1: Bibliothek

Die Bibliothek ist die Bildzentrale von Lightroom. Hier werden alle Bilder gespeichert. Alle weiteren Bearbeitungsschritte oder Bildausgaben werden von hier aus erledigt.

Bilder importieren | Am Anfang steht das Einlesen der Bilder – über einen Cardreader oder von der Kamera. Dabei werden die Daten nicht in Lightroom gespeichert, sondern nur an eine beliebige Stelle kopiert und ein Verweis darauf in Lightroom erfasst.

Je nach Konfiguration des Betriebssystems kann Lightroom automatisch gestartet werden, wenn Sie die Kamera anschließen oder eine Speicherkarte in den Reader einlegen. Beim Import können Sie Bilder gleich in Ordnern strukturieren oder automatisch nach Datum sortiert ablegen. Sie können RAW-Daten auch direkt ins DNG-Format konvertieren und automatisch benennen.

Verwalten in Ordnern | In Lightroom wird die Ordnerstruktur auf Ihrer Festplatte oder im Netzwerk angezeigt. Sinnvoll ist es, alle Bilderordner in einem übergeordneten Ordner abzulegen. Dieser wird dann als oberstes Verzeichnis in der Struktur angezeigt.

▲ **Abbildung 1.8**
Die Verwaltungssysteme innerhalb von Lightroom ermöglichen eine sehr hohe Flexibilität.

▲ **Abbildung 1.9**
Bilder können mit Stichwörtern
versehen werden.

▲ **Abbildung 1.10**
Die Schnellkorrektur erlaubt eine
erste grobe Bildoptimierung bereits in der Bibliothek.

Verwalten nach Sammlungen | In Sammlungen können Bilder unabhängig von ihrem Ablageort, zusammengefasst werden. Der Vorteil dabei ist, dass Bilder sich gleichzeitig in mehreren Kollektionen befinden können. Es wird dabei aber immer nur auf die Originaldatei im Quellverzeichnis verwiesen. Sie können beispielsweise Zusammenstellungen von Bildern für eine Diashow als Kollektion speichern.

Verwalten nach Stichwörtern | Zusätzlich können Sie zu jedem Bild beliebige Stichwörter hinzufügen. Diese können für den Ort, das Wetter, die Anzahl an Personen, die vorherrschende Farbstimmung etc. vergeben oder auch hierarchisch verknüpft werden. Zu jedem Stichwort können zudem Synonyme eingegeben werden, zum Beispiel die Einzahl und Mehrzahl eines Begriffs. Dies erhöht die Treffsicherheit bei Sucheingaben.

Verwalten nach Metadaten | Bei der Aufnahme schreibt jede moderne Kamera Metadaten in das Bild hinein. Dazu zählen beispielsweise die Bezeichnung des Kameramodells, Belichtungszeit, Blende oder das verwendete Objektiv. Nach diesen Kriterien können Sie ebenfalls suchen und sortieren. Oder lassen Sie sich nur Bilder anzeigen, die mit einem bestimmten Objektiv bei einer bestimmten Blende gemacht wurden. Natürlich können Sie auch Metadaten zum Urheber oder Ähnliches direkt eingeben.

Suche | In Lightroom können Sie Ihre Bilder nach allen Attributen wie Dateinamen, Stichwörtern, Aufnahmedatum oder Metadaten durchsuchen. Die Suche arbeitet in Echtzeit. So sind Ergebnisvorschläge schon während des Tippens sichtbar.

Ad-hoc-Entwicklung | Bereits in der Bibliothek können Sie schon eine erste grobe Korrektur der Bilder durchführen. Augenscheinlich fehlbelichtete Bilder werden damit zum Beispiel nachbelichtet oder abgedunkelt. Auch lassen sich alternative Weißabgleiche anwählen – für einzelne oder mehrere Bilder auf einmal. Das funktioniert auch unter Zeitdruck während eines Shootings sehr gut. Man kann die Bilder natürlich auch einfach archivieren und dann später noch optimieren.

Virtuelle Kopien | Von jedem Bild kann eine virtuelle Kopie angefertigt werden. Diese verweist dann auf das Originalbild, kann aber auch schon eigene Entwicklungseinstellungen besitzen. So sind beispielsweise eine Farb- und eine Graustufenvariante von ein und demselben Bild möglich, ohne es dafür kopieren zu müssen und damit Platz auf dem Datenträger zu verschwenden.

1.2.2 Modul 2: Entwickeln

Da RAW-Bilder keine eigentlichen Bilder sind, sondern vielmehr nur Negative, müssen sie zuerst entwickelt werden. Daher wird die Bearbeitung von Bildern in Lightroom »Entwickeln« genannt. In diesem mächtigen Modul von Lightroom werden die Farben korrigiert, Kontraste herausgearbeitet oder die Bilder geschärft.

Alle Einstellungen während der Entwicklung werden aufgezeichnet und lassen sich als Vorgaben speichern. Zu jedem Arbeitsschritt kann man zurückspringen. Alle Einstellungen werden nur als Metadaten an die Datei geheftet und verändern nicht das Bild selbst.

▲ **Abbildung 1.11**
Das Entwickeln-Modul erlaubt die Veränderung von Bildern, ohne dabei die originale Bildinformation zu zerstören.

▼ **Abbildung 1.12**
Das Bild links ist das Originalbild. Rechts wurde eine automatische Korrektur angewendet. Diese dient als gute Ausgangsbasis für weitere manuelle Korrekturen.

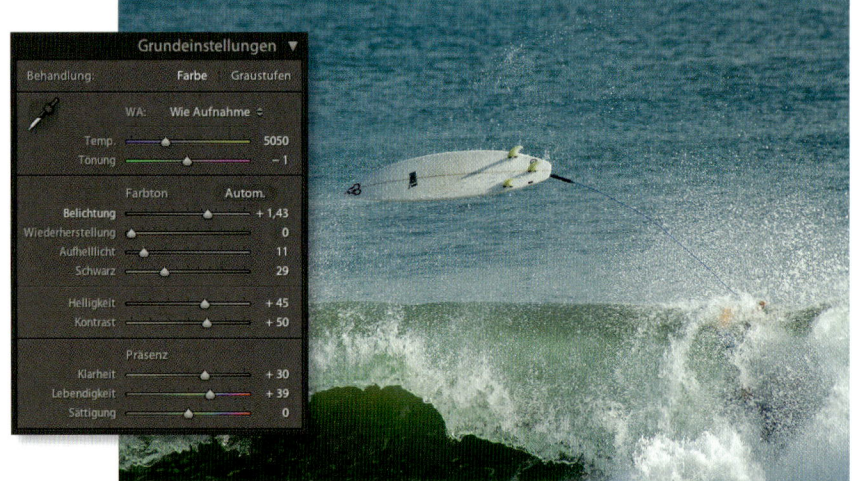

Abbildung 1.13 ▶
Mit den GRUNDEINSTELLUNGEN wird das Gesamterscheinungsbild optimiert.

Grundeinstellungen | In diesem Modul werden alle Grundparameter zur Entwicklung festgelegt. Dazu zählen Weißabgleich, Helligkeit, Kontrast und Steuerelemente zur Farbsättigung. Es ist auch möglich, eine automatische Korrektur durchzuführen. Dabei wird das Bild so angepasst, dass eine homogene Helligkeitsverteilung und genügend Lichter- und Schattendetails vorhanden sind. Bilder mit geringem Kontrastumfang wirken brillanter – oftmals eine gute Ausgangssituation für weitere Optimierungen.

Gradationskurve | Mithilfe der Gradationskurve können Helligkeit und Kontrast über eine Kurve gesteuert werden. Mit dieser Methode können ganz bestimmte Helligkeitswerte im Bild bearbeitet werden. Der Vorteil ist, dass Weiß- und Schwarzpunkt nicht verändert werden. Der gesamte Helligkeitsumfang bleibt dadurch erhalten.

Abbildung 1.14 ▶
Die GRADATIONSKURVE steuert Helligkeit und Kontrast über einen Graphen – ähnlich wie die Gradationskurve in Photoshop.

◄ **Abbildung 1.15**
Farben lassen sich selektiv in Helligkeit, Sättigung und Farbton verändern. Zusätzlich können Lichter und Tiefen getrennt eingefärbt werden.

Selektive Farbkorrekturen | Des Weiteren können Farbkorrekturen für alle Grund- und Komplementärfarben durchgeführt werden, indem man Farbregler für Farbton, Helligkeit und Sättigung verschiebt. Dies ist auch im Graustufenmodus möglich, um beispielsweise einen Kontrast im Himmel zu verstärken.

Weitere Steuerelemente erlauben eine Farbverschiebung speziell für die Lichter und Tiefen eines Bildes oder eine generelle Farbkorrektur der Kameraprofile.

Details herausarbeiten | Auch das Rauschen von Bildern kann über eine Rauschunterdrückung herausgefiltert werden. Eine sehr fein zu regulierende Scharfzeichnungsmethode kann Bildern auf anderem Wege kaum sichtbare Details entlocken.

Objektivfehler beseitigen | Lightroom korrigiert auch optische Fehler wie chromatische Aberration oder Vignettierungen (Randabdunkelung). Solche Abbildungsfehler treten vor allem bei Weitwinkelobjektiven auf – sie lassen sich damit kaum vermeiden und mit Lightroom zum Glück gut korrigieren. Die Vignettierung kann jedoch auch als Effekt verwendet werden. Diese wird dann über eigene Regler nach der Freistellung angewendet, so dass sie nur auf das endgültige und nicht auf das Originalbild Einfluss nimmt.

Beschnitt, rote Augen und Retusche | Bilder können über ein spezielles Werkzeug beliebig beschnitten und ausgerichtet werden. Zur Unterstützung wird dafür ein Raster über das Bild gelegt.

Zusätzlich lassen sich rote Augen entfernen, die bei Blitzaufnahmen in Porträtsituationen entstehen. Ebenso lassen sich kleine kreisförmige Fehler beseitigen. Dabei haben die Programmierer vor allem an Staubflecken auf dem Sensor gedacht.

▲ **Abbildung 1.16**
Rauschunterdrückung und Scharfzeichnung verbessern die Detaildarstellung im Bild.

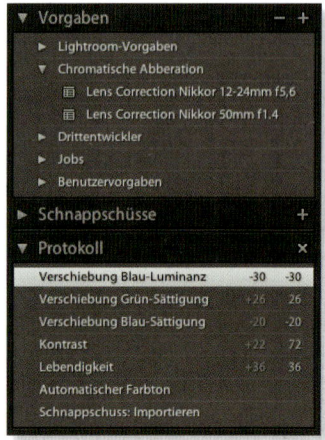

▲ **Abbildung 1.17**
Im rechten Bild wurde nur der Himmel mithilfe des Korrekturpinsels abgedunkelt.

▲ **Abbildung 1.18**
Für jedes Bild wird ein eigenes Protokoll geführt. Einstellungen lassen sich als Vorgaben ablegen und auf andere Bilder anwenden. Schnappschüsse halten verschiedene Status eines Bildes fest.

Partielle Korrekturen | Alle bisher erwähnten Entwicklungsschritte wirken sich auf das gesamte Bild aus. Oft ist es jedoch wünschenswert, Teilbereiche anders zu entwickeln als den Rest des Bildes. Man denke nur an die Herausarbeitung des Himmels, ohne dabei die Landschaft zu verändern. In Lightroom gibt es zwei Werkzeuge, mit denen Sie die Auswahl der zu bearbeitenden Bereiche einschränken können. Der Verlaufsfilter erstellt eine Verlaufsmaske. Diese eignet sich vor allem zur Betonung von Wolkeneffekten in Landschaftsbildern mit einem horizontalen Horizont. Der Korrekturpinsel erlaubt dagegen das freie Malen von Masken.

Kamerakalibrierung | Diese Regler sind vor allem für fortgeschrittene User gedacht. Sie ermöglichen die Profilierung einer Kamera in Bezug auf Farb- und Gradationsverhalten. Diese können dann als Voreinstellung zur Kamera gespeichert und wiederverwendet werden.

Synchronisieren | Alle Einstellungen können von einem Bild auf beliebig viele andere übertragen werden. Dies kann auch selektiv nur für bestimmte Parameter geschehen. Bei der automatischen Synchronisation werden dann alle Einstellungen sofort auf alle anderen ausgewählten Bilder angewendet.

Protokolle, Schnappschüsse und Vorgaben | Sämtliche Veränderungen werden aufgezeichnet und in einem Protokoll gespeichert. Dieses bleibt so lange erhalten, wie das Bild in der Bibliothek bleibt. Man kann jederzeit zu einem beliebigen Punkt im Protokoll springen und diesen als Schnappschuss speichern. Dabei wird das derzeitige Aussehen des Bildes zwischengespeichert. So können Sie auch Entwicklungsvarianten austesten.

Alle Einstellungen oder auch nur eine Zusammenstellung von Parametern können als Vorgabe gespeichert und auf ein beliebiges anderes Bild angewendet werden.

1.2.3 Modul 3: Diashow

Zum Präsentieren der Bilder beim Kunden oder im Kreis der Familie bietet Lightroom die Möglichkeit, eine Bildauswahl als selbstablaufende Diashow abzuspielen. Einstellungen der Diashow lassen sich als Vorlagen abspeichern und auf eine andere Bildauswahl anwenden.

▼ **Abbildung 1.19**
Das Diashow-Modul zum Präsentieren über Beamer, Fernseher oder Monitor

Layoutoptionen | Das Bild muss nicht immer bildschirmfüllend angezeigt werden. Sie können einen Abstand um das Bild bestimmen und es mit einer Kontur einrahmen. Vor allem, wenn das Bild nicht dem Seitenverhältnis des Monitors oder Beamers entspricht, ist ein Randabstand sinnvoll. Zusätzlich können Sie einen Schatten festlegen, der das Bild optisch vom Hintergrund trennt.

Überlagerungen | Über oder hinter dem Bild können Sie auch eine Erkennungstafel platzieren. Diese kann aus Text oder auch aus Ihrem eigenen Logo bestehen. Des Weiteren lassen sich automatisch generierte Texte am Bild oder am Hintergrund ausrichten. In Textblöcken werden Metadaten wie Belichtungszeit, Schlüsselwörter, Kamera, Objektiv, Copyright etc. oder auch benutzerdefinierter Text auf Wunsch angezeigt.

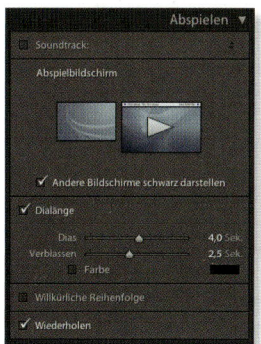

▲ **Abbildung 1.20**
Lightroom erkennt, wenn ein zweiter Monitor oder Beamer angeschlossen ist.

Hintergrund | Als Hintergrund können Sie beliebige Farben oder einen Verlauf definieren. Es ist auch möglich, ein anderes Bild als Hintergrund zu verwenden und es dort abgeschwächt zu platzieren.

Abspieloptionen | Lightroom erkennt, wenn Sie einen zusätzlichen Monitor oder Beamer anschließen. Sie haben dann die Möglichkeit, auszuwählen, auf welchem der beiden Geräte das Bild ausgegeben werden soll. Der andere Monitor wird dabei abgedunkelt. Um die Präsentation noch interessanter zu gestalten, lässt sich in einer Diashow auch Hintergrundmusik einbinden. Diese wird aus iTunes oder einem Ordner mit Audiodateien zusammengestellt.

1.2.4 Modul 4: Drucken

Lightroom erlaubt es, RAW- wie auch JPEG-, TIFF- oder PSD-Dateien als Kontaktbögen oder einzelne Bilder als Abzüge zu drucken. Dabei können Sie die Darstellung frei konfigurieren. Mit dem Bildpaket können auch unterschiedlich große Versionen einer Aufnahme auf eine Seite gedruckt werden.

▼ **Abbildung 1.21**
Das Drucken-Modul für hochqualitative Abzüge oder Kontaktbögen

Layoutoptionen | Für Kontaktabzüge können Sie ein Raster mit einer Kombination von Zeilen und Spalten angeben. Jede Zelle wird dann mit einem Bild aus der aktuellen Bildauswahl gefüllt. Alternativ können Sie pro Seite nur ein Bild drucken. Dieses wird dann so oft wiederholt, wie Zellen durch das Raster vorgegeben werden. Es lassen sich auch Seitenränder und Abstände zu den anderen Bildern angeben.

Überlagerung | Bilder können auch mit einer Erkennungstafel überlagert werden, die dann als Wasserzeichen dient. Wahlweise lassen sich auch zusätzlich aus Metadaten generierte Textangaben an jedes Bild anfügen.

Drucken mit Farbmanagement | Die Abzüge können farbprofiliert ausgedruckt werden. Dabei wird die Darstellung auf den Drucker hin optimiert. Für eine schnelle Kontrolle gibt es einen Entwurfs-modus. Bei Abzügen in hoher Qualität ist es zudem möglich, eine bestimmte Auflösung mit zusätzlicher Schärfung vorzugeben.

1.2.5 Modul 5: Web

Eine Veröffentlichung im Internet erlaubt das Anbieten von Bildern von nahezu jedem Punkt auf der Welt aus. Man benötigt nur den Zugang zu einem Webserver. Die Webgalerie in Lightroom ermög-licht es Kunden oder Freunden, blitzschnell auf Bilder zuzugreifen – auch wenn sie erst kurz zuvor weit entfernt entstanden sind.

▼ **Abbildung 1.22**
Das Web-Modul zum Erstellen von HTML- oder Flash-Galerien im Internet

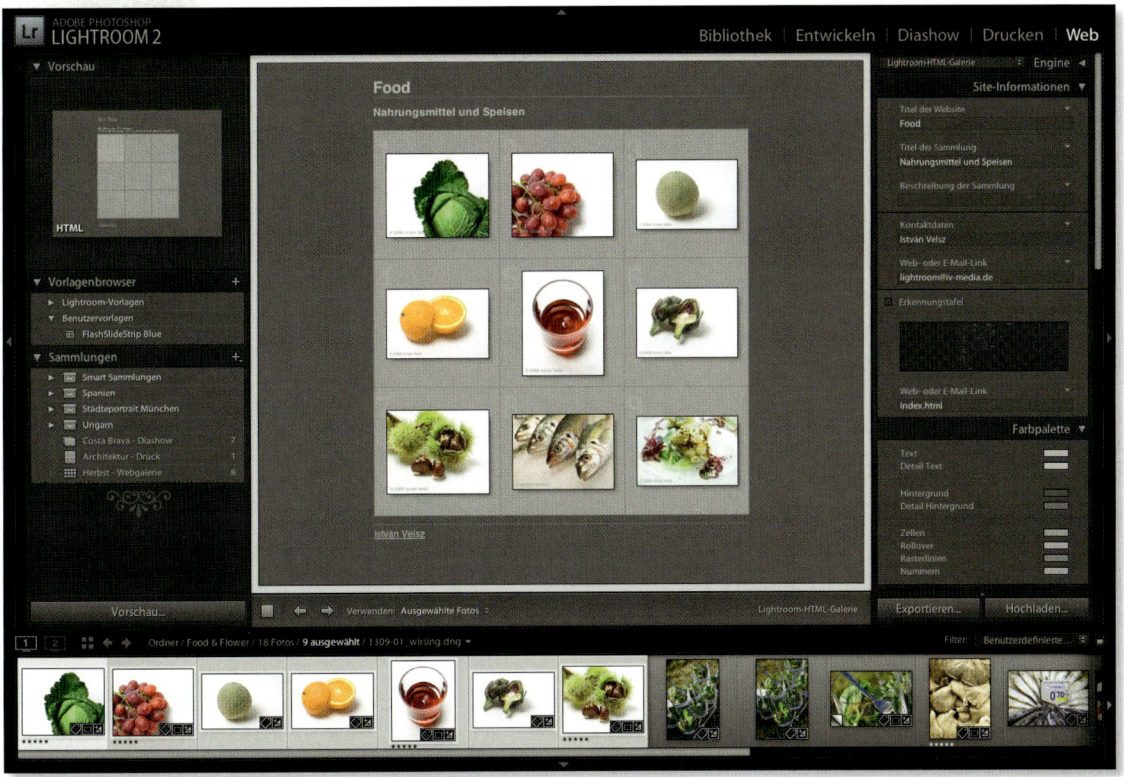

Flash- oder HTML-Galerien | Sie können sich zwischen einer HTML- oder einer Flash-basierten Website entscheiden. HTML-Galerien werden eher im professionellen Umfeld verwendet, während die meist animierten Flash-Galerien vor allem zum Präsentieren von privaten Bildern eingesetzt werden. Es gibt im Internet bereits eine Vielzahl von externen Galerievarianten für Lightroom.

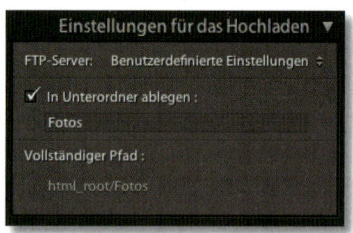

▼ **Abbildung 1.23**
Beispiel für eine Flash-Galerie. Die Vorlage wurde aus dem Internet heruntergeladen.

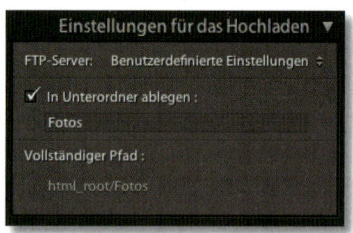

▲ **Abbildung 1.24**
Web-Galerien können in Lightroom direkt per FTP auf einen Webserver übertragen werden.

Anpassen der Galerien | Je nach Art einer Galerie lassen sich Farbe, Größe der Bilder oder Überblendungen anpassen. Die Galerien können mit Titel oder Erkennungstafeln ergänzt werden. Ebenso können auch Bildinformationen aus Metadaten generiert und eingeblendet werden. Welche Einstellmöglichkeiten zur Verfügung stehen, ist abhängig von der jeweils ausgewählten Galerie. Alle Einstellungen können als Vorlagen gespeichert und auf weitere Bildauswahlen angewendet werden.

FTP-Upload | Eine Galerie kann direkt aus Lightroom heraus auf einen Webserver übertragen werden. Dazu sind lediglich ein Benutzername und ein Passwort erforderlich. Das Hochladen wird dann vom integrierten FTP-Client erledigt. Arbeiten Sie mit mehreren Galerien, so können Sie auch Unterverzeichnisse angeben, in denen verschiedene Galerien abgelegt werden können. Die Interessenten können dann über verschiedene Webadressen darauf zugreifen.

1.3   Was Lightroom (noch) nicht kann

Auch Lightroom 2 ist noch nicht perfekt und bietet Spielraum für neue Features und Verbesserungen. Trotzdem kann man sehr gut mit dem Programm arbeiten und kommt auch fast immer zu einem akzeptablen Ergebnis. Im Zweifel muss man den Bildern aber mit einem externen Programm den letzten Schliff geben. Gerade im Zusammenspiel mit Photoshop bleiben jedoch eigentlich keine Wünsche offen.

So manche Funktion bleibt bisher trotzdem vermisst und – liebe Adobe-Produktmanager, bitte herhören – würde einer späteren Version von Lightroom gut zu Gesicht stehen:

► **Softproof:** die Simulation der Druckausgabe. Dabei wird die Farbseparation nach CMYK (Cyan, Magenta, Gelb, Schwarz) simuliert. Dadurch können Farbveränderungen erkannt und korrigiert werden.

► **Korrektur von Objektivverzerrungen und stürzenden Linien:** Weitwinkelobjektive besitzen eine tonnenförmige Verzerrung und erzeugen oft stürzende Linien – insbesondere bei Architekturaufnahmen. Diese entfernen zu können, wäre eine echte Verbesserung und einer der wichtigsten Punkte für Version 3.0.

► **Netzwerkunterstützung:** Bilder können zwar auf Netzwerkservern liegen, nicht aber die Katalogdateien. Eine bessere Netzwerkunterstützung würde mir persönlich und sicher auch vielen anderen Fotografen sehr helfen.

► **Gemeinsame Nutzung von Vorgaben:** Vorgaben auf andere Rechner zu übertragen oder anderen Benutzern zur Verfügung zu stellen, ist bisher mühsam und unhandlich.

► **Fotobuch:** Gerade für das Präsentieren von Portfolios wäre eine Fotobuchfunktion wie in Apple Aperture oder iPhoto wünschenswert.

► **Flexiblere Diashows:** Auch die Diashow-Funktionalität könnte sich eine Scheibe von Apple Aperture abschneiden. Mehr Über-

▼ **Abbildung 1.25**
In Photoshop können tonnenförmige Verzerrungen von Weitwinkelobjektiven korrigiert werden. Eine solche Funktion wäre auch für Lightroom wünschenswert.

blendeffekte und eine Variationsmöglichkeit der Anzeigedauer für einzelne Bilder würde dem Modul mehr Flexibilität verleihen.

Jeder, der mit Lightroom arbeitet, hat sicher noch weitere Wünsche, und die Zukunft wird zeigen, was davon in späteren Versionen umgesetzt wird. Ein Forum, das sicher auch von den Adobe-Verantwortlichen mitverfolgt wird, finden Sie auf der Adobe-Website (leider nur auf Englisch) unter *www.adobeforums.com/webx/.3bc2cf0a/.*

1.4 Und was ist mit Photoshop?

Vor Lightroom mussten Fotografen hauptsächlich mit Photoshop arbeiten, um ihre Bilder zu optimieren. Aber bietet Lightroom nun wirklich einen Ersatz für Photoshop? Mit Sicherheit nicht für jeden, vor allem Profis werden auch weiterhin zusätzlich mit Photoshop arbeiten. Denn es gibt darin einige Features, die Lightroom wahrscheinlich nie besitzen wird und die für bestimmte Zwecke unverzichtbar sind. Dazu zählt die Möglichkeit, mit Ebenen zu arbeiten, um beispielsweise Personen oder Objekte freizustellen, damit diese mit Text oder anderen Bildern kombiniert werden können. Lightroom

▼ Abbildung 1.26
Photoshop ist ein sehr mächtiges Bildbearbeitungsprogramm. Es kann in der Bearbeitung weit mehr als Lightroom, ist aber schwerer zu erlernen, langsamer und für fotografische Funktionen umständlicher. Manchmal muss man aber nach wie vor darauf zurückgreifen.

dient vielmehr als Handwerkszeug für den Fotografen und wird erst mit Photoshop zusammen zum vollständigen Künstlerwerkzeug.

In Kombination mit Adobe Camera Raw kann Photoshop Bilder genauso entwickeln wie Lightroom, bietet aber keine annähernd vergleichbar leistungsstarke Verwaltungsmöglichkeit. Darüber hinaus ist Photoshop im Gegensatz zu Lightroom schwerer zu erlernen und deutlich teurer. Wer also nur fotografiert und seine Bilder drucken und präsentieren will, für den ist Lightroom ein guter Ersatz für Photoshop. Künstler, Grafiker und alle, die Motive freistellen, montieren und in Compositings verarbeiten wollen, werden an Photoshop nach wie vor nicht vorbeikommen. Letztlich ergänzen sich beide Produkte ganz hervorragend und gehören in jede professionelle digitale Dunkelkammer.

1.5 Lightroom für wen?

Es gibt Artikel und Testberichte, die Lightroom als Einsteigerprogramm beschreiben. Das ist irreführend, denn für Anfänger in der Bildbearbeitung kann das Programm entschieden zu viel. Was aber das Prädikat »einsteigertauglich« verdient, sind die geordnete Arbeitsoberfläche und die intuitive Bedienung des Programms. Man findet leicht zu den gewünschten Funktionen und erzielt damit schnell sehr gute Ergebnisse. Was nicht auf Kosten der Funktionsvielfalt geht – sogar für Profis taugt Lightroom als zentrales Bild-Tool für die Arbeit.

Lightroom richtet sich daher an alle Fotografen, vom Amateur bis zum Profi, die im RAW-Datenformat fotografieren. Auch das Arbeiten mit anderen Formaten wie JPEG ist möglich, allerdings mit den formatbedingten Einschränkungen wie der fehlenden Möglichkeit, Unter- und Überbelichtung auszugleichen oder einen korrekten Weißabgleich vorzunehmen.

Es gibt auch noch einige weitere Programme zur RAW-Bearbeitung auf dem Markt, die bisher alle ihre Nutzer und Anhänger finden. Allerdings habe ich noch keines entdeckt, das meine Ansprüche an Bedienkomfort, Funktionsumfang und Qualität so gut abdeckt wie Lightroom. Der größte Konkurrent ist sicher Aperture von Apple. Es bietet einen ähnlichen Funktionsumfang. Die Fotobuchfunktion hat es Lightroom sogar voraus. Aber es arbeitet auf meinem Powerbook G4 sehr langsam. Und für die meisten Benutzer ist es nicht verfügbar, da es nicht für Windows-PCs angeboten wird.

Auch weitere RAW-Werkzeuge wie Capture One, Bibble Pro, Adobe Camera Raw, DxO Optics Pro, Lightzone oder Nikon Capture NX besitzen in Teilbereichen besondere Stärken, die Lightroom noch nicht bietet. Aber als Gesamtlösung bieten sie nicht den gewünschten Funktionsumfang, und ich persönlich vermeide es, zu viele unterschiedliche Programme für ähnliche Einsatzzwecke zu verwenden.

1.6 Was Sie in diesem Buch erfahren

Kameraunterstüzung

Ob Lightroom die RAW-Daten Ihrer Kamera lesen kann, erfahren Sie auf der Website von Adobe Camera Raw unter *www.adobe.com/de/products/photoshop/cameraraw.html*.

Dieses Buch ist ein Handbuch für den Einsatz von Lightroom. Es vermittelt Ihnen Lightroom aus der Sicht und Arbeitsweise eines Profis. Beim alltäglichen Arbeiten mit dem Programm sind mir viele Dinge aufgefallen, die meine Art, mit Bildern umzugehen, verändert haben. Als ich mit dem Schreiben des Buches begonnen habe, verwaltete ich bereits ca. 20000 Bilder mit Lightroom. Und das nicht einmal zwei Monate nach Erscheinen der ersten Version.

Es tauchten dabei auch viele Fragen auf, die ich mir durch Recherche oder Ausprobieren zum größten Teil selbst beantworten musste. Dieses Wissen möchte ich hier weitergeben. Anhand von vielen Beispielen, kleinen Workshops und einem reichen Vorrat an Tipps erfahren Sie mehr als in einem normalen Handbuch. Nebenbei finden Sie auch einige Kniffe, die Ihnen im Umgang mit Dateiformaten, Farbmanagement und dem digitalen Foto-Workflow helfen.

Auf der beiliegenden DVD finden Sie für Ihren Privatgebrauch lizenzfreie RAW-Bilder aus den Workshops und Beispiele, mit denen Sie die meisten Schritt-für-Schritt-Anleitungen aus dem Buch nacharbeiten können.

1.7 Arbeiten mit diesem Buch

HINWEIS

Sind Tastaturangaben für Mac OS X und Windows unterschiedlich, sind diese durch einen Schrägstrich »/« voneinander getrennt, also Mac OS X/Windows.

Eigentlich gibt es zur Handhabung dieses Buches nicht viel zu sagen. Es ist so weit selbsterklärend. Was sicher auffällt, ist, dass die Screenshots alle auf einem Mac erstellt wurden. Das soll Sie aber nicht abschrecken. Alle Funktionen innerhalb von Lightroom sind unter Windows dieselben. Der einzige Unterschied sind die Dialoge, die vom Betriebssystem bereitgestellt werden. Solche finden Sie beispielsweise beim Öffnen von Dateien oder im Drucken-Dialog. Hat eine Funktion auf einem Betriebssystem besondere Eigenheiten, werden alle Varianten abgebildet und beschrieben.

Dieses Buch wird unter der Webadresse *lightroom.iv-media.de* aktualisiert und mit Zusatzinformationen ausgestattet. Dort finden Sie beispielsweise Informationen zu neuen Versionen von Lightroom sowie eine ausführliche Bookmark-Sammlung mit wichtigen und interessanten Websites.

1.8 Neuerungen in Lightroom 2

Lightroom 2 ist das erste große Update und beinhaltet daher verständlicherweise eine Vielzahl neuer Funktionen. Nachfolgend liste ich kurz die Neuerungen auf. Diese sind im Buch mit dem Hinweis »Neu in Lightroom 2« gekennzeichnet. Dort erfahren Sie auch mehr zu den einzelnen Stichpunkten.

▶ **Verbesserte Benutzeroberfläche:** Die Handhabung wurde vor allem im Bibliothek-Modul verbessert.

▶ **Unterstützung mehrerer Monitore:** Lightroom erkennt einen zweiten Monitor und kann dort die Bibliothek, unabhängig vom aktuellen Modul, anzeigen.

▶ **Vereinfachte Stichwortverwaltung:** Die Stichwortverwaltung ist flexibler und schneller. Darüber hinaus ist es möglich, sich Stichwörter vorschlagen zu lassen. Dabei werden Bilder berücksichtigt, die zu einer ähnlichen Zeit aufgenommen wurden.

▶ **Lokale Korrekturen:** Belichtung, Helligkeit, Kontrast etc. können über eine Verlaufsmaske oder mithilfe eines Korrekturpinsels nur auf einzelne Bereiche eines Bildes angewendet werden.

▶ **Unterstützung größerer Dateien:** Bilder können jetzt bis zu 65000 Pixel breit oder hoch sein. Die Beschränkung liegt jetzt bei einem Wert von 512 Megapixeln pro Aufnahme.

▶ **Ausgabe Sammlungen:** Kollektionen heißen jetzt Sammlungen, und diese speichern in Diashows, bei der Druck- und Webausgabe die getroffenen Einstellungen mit ab.

▶ **Smart Sammlungen:** Es können intelligente Sammlungen erstellt werden. Diese sammeln Bilder anhand von Metadaten oder anderen Kriterien.

▶ **Vignettierung nach Beschneidung:** Neben der Möglichkeit, die Vignettierung beim Originalbild zu entfernen, gibt es jetzt zusätzlich einen Vignettenfilter, der als Kreativfilter auf das endgültige Format angewendet werden kann.

▶ **Bessere Integration in Photoshop:** RAW-Bilder können als Smart Objekte in Photoshop geöffnet werden. Dabei bleiben alle RAW-Daten erhalten. Nachträgliche Bearbeitungen der RAW-Einstellungen sind dann über das Photoshop-interne Adobe Camera-Raw-Plug-in möglich. Dort besitzt man die gleichen Einstellmöglichkeiten wie in Lightroom.

▶ **Bildpakete:** Beim Drucken können unterschiedliche Größen eines Bildes auf einer Seite platziert werden.

▶ **Verbesserte Leistung:** Lightroom 2 ist das erste Produkt mit voller 64-Bit-Unterstützung.

▶ **Export SDK:** Externe Entwickler können eigene Export-Plug-ins programmieren.

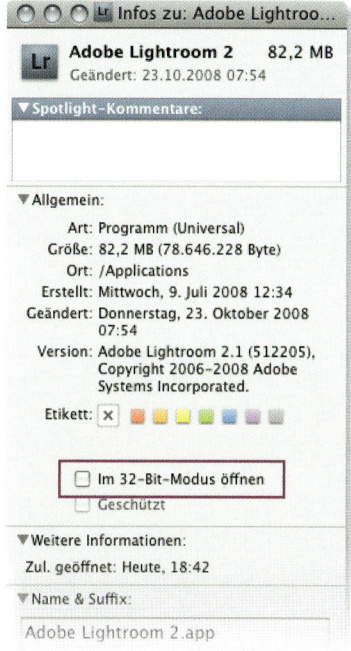

▲ **Abbildung 1.27**
Unter Mac OS X können Sie im Informationsfenster von Lightroom 2 entscheiden, ob Sie den 32-Bit-Modus wünschen. Ansonsten wird Lightroom als 64-Bit-Anwendung ausgeführt – vorausgesetzt Ihr Rechner unterstützt 64 Bit.

2 Arbeitsweisen von Lightroom

Photoshop Lightroom ist ein Programm, das alle Aspekte der digitalen Fotoverarbeitung aufgreift und komplexe Vorgänge einfach bedienbar macht. Um zu verstehen, was Lightroom eigentlich ausmacht und wie es arbeitet, ist ein wenig grundlegendes Wissen um die Verarbeitung von digitalen Bildern notwendig – etwa um das Konzept des nichtdestruktiven Workflows und das Metadatenkonzept auch richtig anwenden zu können. Auf beides geht dieses Kapitel ein. Sie werden Lightroom danach besser verstehen und auf die Arbeit damit gut vorbereitet sein.

2.1 Nichtdestruktiver Workflow

Schon seit eh und je war der Workflow in der Fotografie nichtdestruktiv. Das heißt, das Original wurde, nachdem es mit der Kamera aufgenommen wurde, nicht mehr verändert. Es wurden lediglich Abzüge davon erstellt. Die Qualität des Ausgangsbildes blieb immer gleich.

Was viele Jahre in der Dunkelkammer als selbstverständlich galt, war in der digitalen Fotografie eine bahnbrechende Neuerung. Mit dem Abgreifen der Daten direkt am Sensorchip und der Speicherung im RAW-Format ist es möglich, digitales Negativ und digitale Abzüge voneinander zu trennen. Zur Erzeugung der Abzüge ist eine spezielle Software erforderlich, der RAW-Konverter. Darin kann man aus der RAW-Datei einen JPEG- oder TIFF-Abzug generieren und diesen dann in einer anderen Anwendung bearbeiten oder drucken. Photoshop Lightroom ist nun eine der ersten Anwendungen, die einen kompletten nichtdestruktiven Workflow am Computer ermöglichen – vom Bildimport über die Farbkorrektur bis zum Druck.

Doch was ist mit nichtdestruktiv genau gemeint? Wörtlich bedeutet es »nicht zerstörerisch«. Gemeint ist damit, dass eine Veränderung in einem Bild nicht die Originalinformation zerstört. Damit sind nun keine Staubkörner oder Kratzer gemeint wie auf einem Dia oder Negativ. Hier sind es vielmehr alle Arbeitsschritte, die auf ein Bild angewendet werden und dessen Bildinformation verändern. In den folgenden Beispielen werden Effekte dieser »Zerstörung« aufgezeigt.

▲ **Abbildung 2.1**
Dieses Originalbild stellt ein Detail des Torre Agbar in Barcelona dar. Es zeigt viele scharfe Kanten.

▲ **Abbildung 2.2**
Das Bild wurde zunächst weichgezeichnet und dann …

▲ **Abbildung 2.3**
… scharfgezeichnet. Durch die verloren gegangene Detailinformation kann die Qualität des Originals nicht wiederhergestellt werden.

▶ Video-Training

Zum Thema »Nichtdestruktives Arbeiten« finden Sie eine Video-Lektion auf der Buch-DVD.

Lr **Zerstörer Rauschunterdrückung**

Auch bei der Rauschunterdrückung gehen Details unwiederbringlich verloren. Dort ist der Effekt jedoch oft so gewollt und basiert auf besonderen Berechnungen, zum Beispiel auf der gezielten Weichzeichnung der Farbkontraste. Als Filter angewendet, kann dieser jedoch nachträglich nicht mehr verändert oder zurückgenommen werden.

2.1.1 Zerstörung durch Weichzeichnen

Bilddetails sind eigentlich nichts anderes als lediglich unterschiedliche Farb- und Helligkeitsinformationen in benachbarten Pixeln. Bei einer Weichzeichnung wird der Kontrast von nebeneinanderliegenden Pixeln – meist sogar über mehrere Pixel hinweg – verringert.

Ist der Kontrast so gering, dass sich zwei benachbarte Pixel nicht mehr unterscheiden, so geht die Detailinformation verloren und kann auch nicht mehr wiederhergestellt werden (siehe Abbildungen auf Seite 35). Von einer Korrektur kann also eigentlich nicht die Rede sein, wenn dabei Bildinformationen verloren gehen.

2.1.2 Zerstörung durch Helligkeitskorrektur

Wird das Bild heller oder dunkler gemacht, werden alle Pixel gemeinsam aufgehellt oder abgedunkelt. Zunächst bleibt dabei die Detailinformation des Bildes erhalten.

In den hellsten und dunkelsten Bereichen des Bildes passiert aber Folgendes: Ein schwarzes Pixel kann nicht noch dunkler werden. Pixel, die auch nur einen Helligkeitswert heller sind, schon. Diese werden mit der Bearbeitung ebenfalls auf Schwarz gesetzt. Somit gehen der Kontrast und die damit verbundene Detailzeichnung im Bild verloren.

Das Gleiche gilt in umgekehrter Weise auch für helle Stellen. Je stärker die Helligkeitsveränderung, umso mehr Details gehen an den jeweiligen Stellen verloren, da auch weitere helle und dunkle Pixel an die Helligkeitsgrenzen verschoben werden.

▲ **Abbildung 2.4**
Der Ausschnitt des Bildes zeigt im Originalbild die Details am Boot im Schatten.

▲ **Abbildung 2.5**
Nach dem Abdunkeln der dunklen Stellen sind die Details nicht mehr sichtbar …

▲ **Abbildung 2.6**
… und können auch durch Aufhellen nicht wieder zurückgeholt werden.

2.1.3 Zerstörung durch verlustbehaftete Kompression

Eine weitere Form der Bildzerstörung kann durch die Kompression der Bilddaten erfolgen. Eine Kompression ist das Verkleinern von Datenmengen durch Weglassen unwichtiger oder doppelter Informationen. Man unterscheidet dabei zwischen verlustfreier und verlustbehafteter Kompression.

Verlustfreie Kompression | Bei der verlustfreien Kompression sind die Daten vor dem Komprimieren und nach dem Dekomprimieren gleich. Es findet dabei also keine Veränderung der Bildinhalte und somit der Details im Bild statt. Dies wird dadurch ermöglicht, indem ausschließlich doppelt vorhandene Informationen nur einmal abgespeichert werden. Auf Worte übertragen, könnte ein Satz wie »Nur ein kleiner Beitrag ist auch ein Beitrag« in etwa wie folgt komprimiert werden: »Nur ein kleiner Beitrag ist auch -5 -4«. Da die Worte »ein« und »Beitrag« doppelt vorkommen, werden sie mit den entsprechenden Bezügen gespeichert. Die Datenmenge ist dadurch geringer. Als verlustfreies Verfahren bekannt, ist das ZIP-Archivieren, das oft beim Versenden von Texten oder in Programmen eingesetzt wird. Das TIFF-Format erlaubt es, Bilddaten mit ZIP oder über den LZW-Algorithmus verlustfrei zu komprimieren.

▲ **Abbildung 2.7**
Die Struktur des Originalbildes, um das Dreifache vergrößert und verlustfrei gespeichert

▲ **Abbildung 2.8**
Derselbe Ausschnitt mit einer hohen JPEG-Kompression

▲ **Abbildung 2.9**
Bei weiterer Vergrößerung des mit JPEG komprimierten Bildes werden die Kompressionsartefakte deutlich.

Verlustbehaftete Kompression | Bei dieser Art der Kompression wird bewusst Bildinformation weggelassen – je nach Kompressionsfaktor weniger oder mehr. Bei Text und Programmen ist dies nicht möglich, weil dabei jedes Zeichen wichtig ist. Dafür funktionieren die Verfahren aber bei Bilddaten und Videos. Dabei wird über ein Bild ein Matrixgitter gelegt und die Bildinformation über ein mathematisches Verfahren (Quantisierung) heruntergerechnet beziehungsweise abgerundet. Je nach Grad der Rundung wird die Bildinformation geringer und die Kompression stärker. Dies hat eine geringere Dateigröße zur Folge. Allerdings werden die Rundungsfehler durch sogenannte Kompressionsartefakte sichtbar. Dieser Effekt tritt vor allem bei JPEG-Bildern mit hoher Kompression auf.

▲ **Abbildung 2.10**
In Lightroom kann die JPEG-Kompression beim Exportieren von Bildern eingestellt werden. Ein Wert von »80« ist ein guter Kompromiss zwischen Dateigröße und Bildqualität.

2.1.4 Keine Zerstörung im nichtdestruktiven Workflow

In den vorangegangenen Beispielen haben wir uns die Zerstörung von Bildinformation verdeutlicht. Jetzt wollen wir einen Blick auf die Verfahren werfen, mit denen man in Bilder eingreifen kann, ohne ihre Daten unwiederbringlich zu verändern.

▲ **Abbildung 2.11**
Im nichtdestruktiven Workflow werden Bildveränderungen nicht in das Bild hineingerechnet, sondern lediglich als Metadaten »angeheftet«. Dies erlaubt jederzeit den Zugriff auf das Originalbild. In der Abbildung sind die Metadaten im Bildbrowser Adobe Bridge sichtbar gemacht. Man sieht, welche Korrekturen hier möglich sind.

Nichtdestruktiv bedeutet, dass – egal welche Veränderungen wir an unserem Bild vornehmen – diese keinerlei Auswirkung auf das Originalbild haben. Die Veränderungen werden nicht direkt in das Bild hineingerechnet, sondern nur als Eigenschaftenliste angefügt. Veränderung und Wert werden genauso als Metadaten in die Datei geschrieben wie Angaben zu Fotograf, Copyright oder Kamera. Beim Laden des Bildes in einer Software werden diese Daten dann ausgelesen und in das Bild hineingerechnet. Die Berechnung der Bilddaten ist dabei relativ aufwändig und kann je nach Bildgröße dauern. Sie muss bei jeder Änderung der Bilddarstellung durchgeführt werden. Um dies zu beschleunigen, werden in Lightroom und anderen Programmen auch immer Vorschaubilder mit unterschiedlicher Größe erstellt. Diese werden dann anstatt des Originalbildes verwendet. Die Vorschauen werden nur dann neu berechnet, wenn sich Parameter ändern, die den Bildinhalt betreffen. Das beschleunigt das Arbeiten enorm.

Einen Nachteil hat das Ganze jedoch. Die Vorschauen sind nur innerhalb der Software gültig, mit der sie erzeugt wurden. Ebenso verhalten sich die gespeicherten Bearbeitungseinstellungen. Diese sind nicht mit anderen Programmen kompatibel. Um etwa ein verändertes Bild in einem anderen Programm zu öffnen, müssen die

Einstellungen mit den Bilddaten zusammengerechnet und in eine Kopie gespeichert werden. In diesem Moment verlässt man den nichtdestruktiven Workflow. Bisher gibt es nur eine Produktlinie, die über alle Formen hinweg den nichtdestruktiven Workflow zulässt: Adobe Photoshop CS3 zusammen mit Adobe Lightroom beziehungsweise Adobe Bridge mit Adobe Camera Raw (ACR).

2.2 Verwaltung über Metadaten

Jedes Bild, das Sie in Lightroom bearbeiten wollen, muss zuerst in die Bibliothek der Software importiert werden. Dabei handelt es sich um eine Datenbank. Sie stellt den Kern von Lightroom dar. Alle Bearbeitungsschritte und Einstellungen für die Ausgabe werden in der Datenbank gespeichert und daraus erstellt.

Dieses Konzept erscheint auf den ersten Blick umständlich. Warum soll man ein Bild zuerst in eine Datenbank importieren, nur um zum Beispiel kurz die Belichtung zu korrigieren oder es auszudrucken? Wenn es bei so einfachen Arbeiten bleibt, ist diese Frage durchaus berechtigt. Wer jedoch in mehreren hundert oder tausend Bildern nach einem bestimmten sucht, benötigt ein Verwaltungstool, das mit allen Assoziationen zu diesem Bild umgehen kann. Da hilft nur eine Datenbank weiter. Neben den Bildern werden dort auch die Metadaten verwaltet und den Bildern zugewiesen.

▲ Abbildung 2.12
In Metadaten vom Typ EXIF werden vor allem Kameradaten und technische Informationen zu einer Bilddatei angegeben.

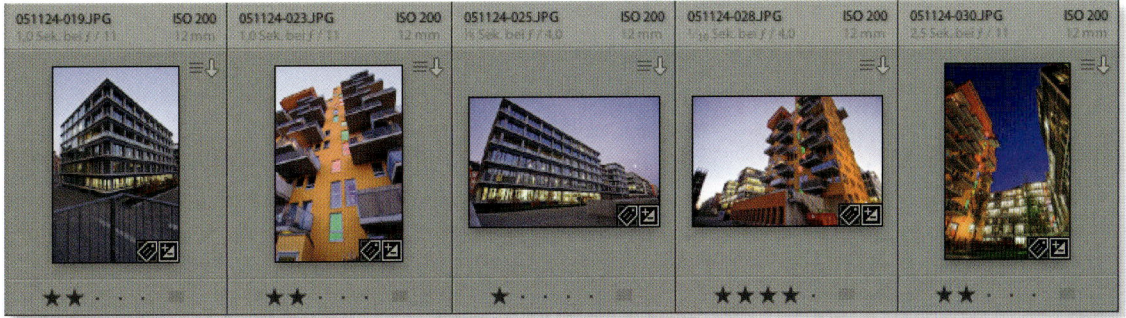

Doch was sind nun Metadaten genau? Sie sind ein neuartiges Konzept, um Dateien zu verwalten, indem man sie nicht nur einfach in Ordnern ablegt, sondern ihnen die Ordnungsinformationen anhängt. Heutige Dateisysteme arbeiten leider nur bedingt damit. Sie können Metadaten nicht auslesen, sondern setzen auf eine hierarchische Ordnerstruktur. Darüber hinaus gibt es auch kaum leistungsfähige Programme, mit denen man Metadaten in Dateien hineinschreiben kann. Lightroom schließt diese Lücke, indem es Metadaten und Bilder zusammenbringt und Werkzeuge zur Bearbeitung von Metadaten zur Verfügung stellt.

▲ Abbildung 2.13
Metadaten wie ISO-Wert, Belichtungsdaten oder Brennweite können in Lightroom bei den Vorschaubildern angezeigt werden.

2.2.1 Was sind Metadaten?

Metadaten sind Zusatzinformationen zu Dateien, die unabhängig von ihrem Speicherort oder ihren Verzeichnissen Informationen bereitstellen. Sie schweben sozusagen in einer Metaebene über dem Dateisystem und umfassen Informationen zu Inhalt, Autor, technischen Angaben oder zum Copyright einer Datei. Metadaten werden in das Dokument mit hineingeschrieben – egal ob es sich dabei um ein Text-, Bild- oder ein anderes Dokument handelt – und dienen der Beschreibung des Dokuments. Sie können dann von speziellen Programmen ausgelesen und interpretiert werden.

2.2.2 Metadatenformate

Metadaten gibt es für alle Arten von Aufgaben und Dokumenten. Auch die RAW-Informationen in Lightroom für die Bildverarbeitung werden als Metadaten an die Datei geheftet und beim Anzeigen oder Exportieren mit hineingerechnet. Dies ermöglicht erst den nicht-destruktiven Workflow, da das Bild so selbst unberührt bleibt.

Für die zusätzliche Beschreibung oder Klassifizierung von Bilddateien haben sich zwei Standards herausgebildet: EXIF und IPTC.

EXIF | EXIF (Exchangeable Image File Format) kümmert sich um die technische Seite einer Aufnahme. Darin werden Angaben zu Kamera, Objektiv, Verschluss, Belichtungszeiten, Farbtemperatur, Farbraum etc. verwaltet. EXIF-Informationen werden bei der Erstellung des Bildes, beispielsweise beim Fotografieren von der Kamera, in die Datei geschrieben und können nachträglich nicht mehr verändert werden.

IPTC | IPTC (International Press Telecommunications Council) kümmert sich vor allem um die Inhalte im Bild, deren Herkunft und um Fragen rund ums Copyright. IPTC besitzt auch feste Begriffe und Codes für das Genre oder die Art des Bildinhalts, etwa für Sport, Stillleben etc. Dies erlaubt einen international standardisierten Umgang mit Bilddaten. Die entsprechenden Codes können auf der Website des IPTC *(www.iptc.org)* nachgeschlagen werden. Professionelle Fotografen kommen an diesen Angaben nicht vorbei, vor allem in der Kommunikation mit Nachrichten- und Bildagenturen.

IPTC-Daten lassen sich in Lightroom bequem editieren. Zum Beispiel schreibt Lightroom Schlüsselwörter, mit denen man ein Bild verschlagworten kann, in ein extra dafür vorgesehenes Feld der IPTC-Metadaten. Ebenso lassen sich hier umfassende Angaben zu Copyright, Aufnahmeort und Fotograf unterbringen. Als Fotograf sollte man sich die Mühe machen, seine Bilder mit allen wichtigen Informationen auszustatten.

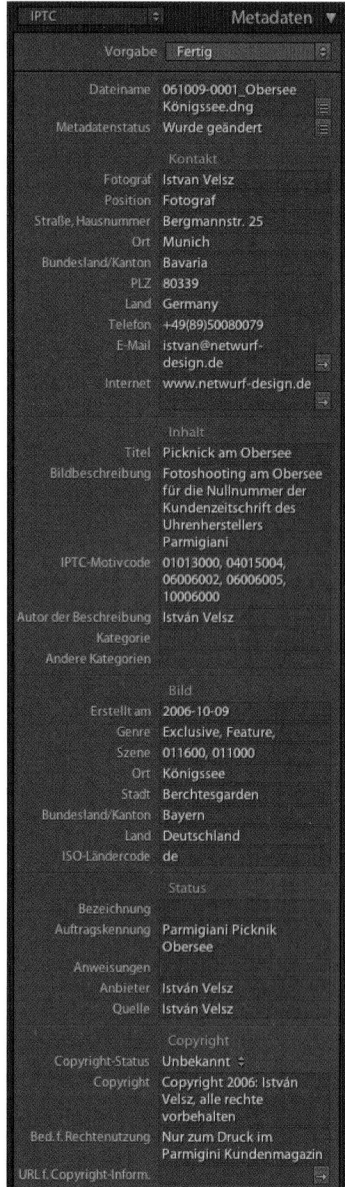

▲ **Abbildung 2.14**
IPTC-Informationen beinhalten Daten zu Autor, Bildinhalt, Genre, Copyright und Verbreitung.

2.2.3 Mangelnde Unterstützung

Ausgelesen werden Metadaten bisher nur von wenigen Applikationen. Die gängigen Betriebssysteme bieten leider noch keine ausreichende Unterstützung. Auch erlauben viele Spezifikationen von Dateiformaten es nach wie vor nicht, Metainformationen in einer Datei mitzuspeichern. Apples Mac OS X bietet zumindest einen beschränkten Zugriff. So kann man damit zum Beispiel nach Fotos von einem speziellen Kameramodell suchen, die Suche nach Hochformatbildern ist aber noch nicht möglich. Von einer Verwaltung der Dateien nur noch über Metainformationen – ganz unabhängig von Ordnern – sind wir noch weit entfernt. Aber darin liegt mit Sicherheit die Zukunft, da Daten mehr Informationen beinhalten können als den Dateinamen und die Bezeichnung des Ablageordners.

2.2.4 Speicherung von Metadaten mit XMP

Adobe hat mit XMP (Extensible Metadata Platform) ein Dateiformat geschaffen, das die Unzulänglichkeiten der Betriebssysteme im Umgang mit Metadaten vorübergehend überbrücken soll. Mit XMP werden Metadaten, darunter auch EXIF und IPTC, in ein XML-basiertes Format übertragen. Somit können auch Dateien mit Metadaten ausgestattet werden, die die Daten nicht in sich selbst abspeichern. Es wird dann eine externe XMP-Datei mit demselben Namen wie die Originaldatei, die die Metainformationen beinhaltet, erstellt.

XMP-Dateien sind also eigene Dateien, die bis auf denselben Namen keinen Bezug zur Originaldatei haben. Löscht man die Originaldatei, verbleibt die zugehörige XMP-Datei auf der Festplatte und umgekehrt. Das Umbenennen der XMP-Datei oder des Originals sollte man besser unterlassen, da sonst der Bezug verloren geht. Darüber hinaus können die Informationen in XMP-Dateien nur von Programmen ausgewertet werden, die dieses Format unterstützen.

Lightroom kann XMP-Dateien lesen und auch erzeugen. Etwa für proprietäre RAW-Dateien der Kamerahersteller schreibt Lightroom die Metainformationen in eine XMP-Datei. Für alle anderen Formate, wie zum Beispiel DNG, TIFF, PSD und JPEG, werden die Metainformationen in die Datei selbst integriert – es sei denn, man weist Lightroom an, auch für diese Dateien externe XMP-Dateien anzulegen. Dies bietet sich vor allem dann an, wenn die Originaldatei nicht verändert werden darf. XMP erlaubt es, über EXIF und IPTC viele Informationen, darunter sogar GPS-Daten (Global Positioning System) oder herstellereigene Angaben, zu speichern.

2.2.5 Verwaltung von Metadaten

So viel zu dem nicht unkomplizierten, aber hilfreichen Konzept der Metadaten. Was aber soll man nun mit diesen Daten anfangen? Die Möglichkeit, nach Informationen wie Bildinhalt, Kameratyp, Auf-

▲ **Abbildung 2.15**
Stichwörter, Sammlungen und Metadaten bieten die Basis für die leistungsfähige Verwaltung von Bildern.

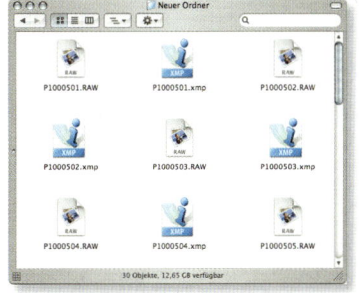

▲ **Abbildung 2.16**
RAW-Daten mit XMP-Filialdokumenten: Diese beinhalten die Metadaten der RAW-Bilder.

▲ Abbildung 2.17
Sammlungen ähneln Ordnern, mit dem Unterschied, dass nicht die Bilder selbst in einer Kollektion liegen, sondern nur ein Verweis darauf. Daher können Bilder auch in mehreren Sammlungen liegen.

▼ Abbildung 2.18
Neben der Filterung nach Metadaten wie EXIF und IPTC lassen sich auch Markierungsfilter setzen. Diese filtern die Bilder nach Bewertung, Farbmarkierung oder Markierungsflaggen.

nahmeeinstellungen etc. zu suchen, stellt nur die rudimentärste Art der Verwaltung dar. Eine effektive Bildorganisation erfordert aber mehr Funktionen. Dazu bietet Lightroom eine ganze Reihe von Möglichkeiten.

Sammlungen | In Lightroom lassen sich Bilder in Sets oder Sammlungen ablegen, das sind Gruppen von Bildern mit ähnlichen Eigenschaften. Das Prinzip erinnert an herkömmliche Ordner, allerdings werden hier nicht die Dateien selbst verwaltet, sondern nur Verknüpfungen davon angelegt. Somit kann ein Bild auch zu mehreren Sammlungen gehören. Welchen Sammlungen ein Bild angehört, wird von Lightroom in die Datenbank geschrieben.

Das Löschen eines Bildes aus einer Sammlung entfernt dieses dadurch nicht, es wird lediglich aus der Sammlung entfernt, in der es sich befindet. Dies kann man auch wieder rückgängig machen, da das Bild ja nicht wirklich gelöscht wurde, sondern nur seine Zuordnung zur Sammlung.

Filter | Eine weitere Möglichkeit, um Bilder nach ihren Metadaten zu sortieren, bieten die Filter in Lightroom. Diese können nahezu beliebig nach allen zur Verfügung stehenden Bildeigenschaften gesetzt werden. Nur Bilder, die den aktivierten Filtern entsprechen, werden dann angezeigt. Filter können aus allen Arten der Dateiinformation bestehen – nicht nur aus den erwähnten IPTC- und EXIF-Daten, sondern auch aus Markierungsflaggen (Flags), hierarchischen Stichwörtern und deren Synonymen, Farbmarkierungen oder Bewertungen.

All diese Möglichkeiten bietet Lightroom mit der Verarbeitung von Metadaten. Solange diese nicht über das Betriebssystem bereitgestellt werden, wird man die Bilder für die Verwaltung auch weiterhin in die Datenbank von Lightroom importieren müssen.

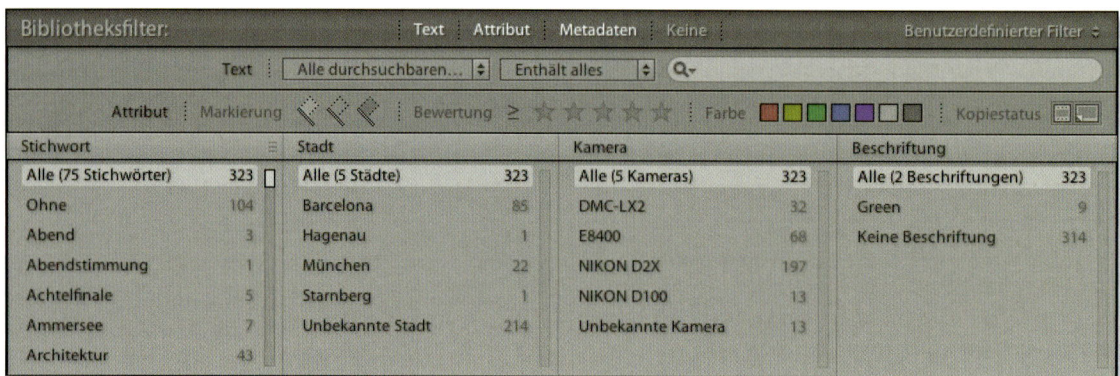

3 Farbmanagement

Jedes Gerät, egal ob Scanner, Fotoapparat, TFT-Flachbildschirm, Fernseher, Röhrenmonitor, Beamer, Farblaserdrucker, Tintenstrahldrucker, Offsetdrucker, Fotoprinter etc. hat seine eigene Farbinterpretation. Rot auf dem einen Gerät ist nicht unbedingt das gleiche Rot wie auf einem anderen. Hinzu kommen noch Papiereigenheiten und die Lichtsituation am Arbeitsplatz.

Damit die Farben auf Ihren Aufnahmen am Ende des Workflows immer noch so aussehen wie am Anfang oder wie nach einer Farbkorrektur, ist daher ein Farbmanagement unbedingt erforderlich. Dieses Kapitel hilft Ihnen dabei, die Farben auf Ihrem System in den Griff zu bekommen, um dann exakt mit Lightroom arbeiten zu können.

3.1 Die Grundlagen

Um ein Gefühl für die Farben in Ihren digitalen Aufnahmen zu bekommen und Ihren Arbeitsplatz richtig einzurichten, sollten Sie wissen, wie Farben entstehen und wie Sie sie beurteilen und beeinflussen können. Am Anfang steht dabei ein wichtiger Zusammenhang – der von Licht und Farbe.

▼ **Abbildung 3.1**
Licht ist nicht mehr als eine Ansammlung von elektromagnetischer Strahlung. Diese Strahlung »vibriert« wellenförmig. Den Abstand von einer Wellenspitze zur nächsten bezeichnet man als Wellenlänge. Das menschliche Auge reagiert auf Licht im Bereich von 380 bis 740 nm (1 Nanometer = 10^{-9} m).

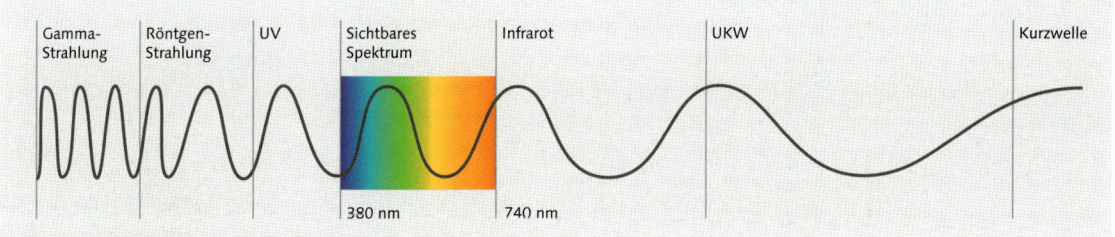

3.1.1 Prolog: Licht und Farbe

Licht ist eigentlich nichts anderes als elektromagnetische Strahlung, vergleichbar mit UKW- oder Funkstrahlen. Die Überbringer dieser Strahlung können wir uns als kleine Teilchen vorstellen, die eine bestimmte Schwingung haben. Wenn diese Teilchen auf uns Menschen treffen, reagieren unsere Sinnesorgane, abhängig von

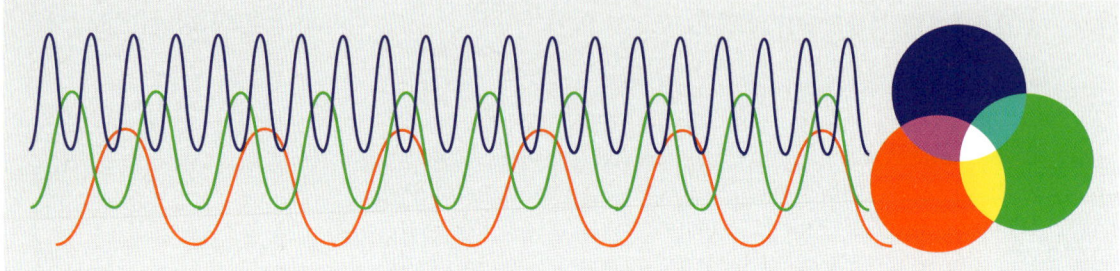

▲ **Abbildung 3.2**
Weißes Licht entsteht, wenn alle Strahlen unterschiedlicher Wellenlänge in gleicher Intensität vorkommen.

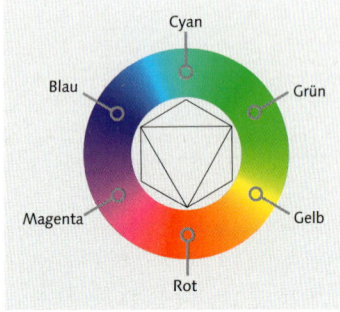

▲ **Abbildung 3.3**
Da im Licht alle drei Grundfarben vorhanden sind, mischt sich jede Farbe jeweils mit den beiden anderen. Zeichnen wird das grafisch auf, wird jede Farbe durch einen Punkt symbolisiert. Die Mischung der Farben zeichnen wir als Verbindungslinien zwischen den Punkten. Dadurch entsteht ein Dreieck. Zeichnet man die Linien gleich lang, entsteht ein gleichschenkliges Dreieck. Setzt man für die Mischfarben jetzt erneut Punkte, entsteht ein Sechseck. Weitere Punkte könnte man je nach Mischungsverhältnis setzen – dann erhält man einen Farbkreis. An diesem lassen sich die RGB- und die dazugehörigen Komplementärfarben ablesen. Die zugehörige Komplementärfarbe liegt im Farbkreis immer der Lichtfarbe gegenüber.

der Geschwindigkeit, die die Schwingungen besitzen. Unser Gehirn wandelt diese dann in Sinneseindrücke um.

Die Geschwindigkeit der Schwingung wird im Falle von Licht meist in der Wellenlänge angegeben. Das ist der Weg, den ein Teilchen während einer Schwingung zurücklegt. Je kürzer die Strecke, umso schneller schwingt das Teilchen. Sichtbares Licht legt dabei eine Strecke im Bereich von 380 nm bis 740 nm (1 Nanometer = 0,000 000 001 m) zurück. Unsere Augen fangen diese Strahlen auf und wandeln sie in Reize um, die unser Gehirn dann als Bilder interpretiert. Das Auge arbeitet also eigentlich wie eine Antenne.

Färbung von Licht | Augen können aber noch mehr. Sie »messen« auch die Geschwindigkeit der Schwingung und geben das Messergebnis als unterschiedliche Reize wieder, die unser Gehirn in Farben umsetzt. Ist die Wellenlänge größer, was einer langsameren Geschwindigkeit entspricht, erscheinen die Teilchen rot. Schwingen die Teilchen schneller, so verkürzt sich die Wellenlänge und unser Gehirn interpretiert das eher als Grün bis hin zu Blau.

In der Realität schwingen ziemlich viele dieser Teilchen, meist mit unterschiedlicher Wellenlänge. Sie vermischen sich dann zu einem gewissen Farbeindruck. Durch die gleichmäßige Mischung der drei hauptsächlich vorkommenden Grundfarben Rot, Grün und Blau (RGB) lassen sich dabei alle Farben erzeugen, die wir sehen können. Überwiegen Strahlen mit einer bestimmten Wellenlänge, färbt sich das Licht entsprechend ein.

Diese Art nennt man **additive Farbmischung**, da durch die Summierung von Strahlen die Helligkeit ansteigt, die Grundfarben gemischt werden und wir somit überhaupt erst Farben sehen können. Alle Geräte, die Licht aussenden, wie Monitore oder Beamer, arbeiten nach diesem Prinzip.

Farben von Oberflächen | Einen weiteren Einfluss auf die Lichtfärbung besitzen die Oberflächen der bestrahlten Objekte. Diese verschlucken (absorbieren) einen Teil der Teilchen, der Rest prallt ab (reflektiert). Dadurch wird das Verhältnis der schwingenden Teilchen verändert und somit auch der Farbeindruck.

Wenn also eine Oberfläche eingefärbt werden soll, sollte man annehmen, dass man diese einfach in der entsprechenden Grundfarbe einfärben könne. Das Problem ist jedoch, dass Oberflächen selbst kein Licht erzeugen, sondern dieses nur absorbieren. Je mehr Farbe also auf die Oberfläche aufgetragen wird, umso dunkler erscheint diese, weil sie mehr Licht verschluckt. Will man aber die Farbe sehen, die das Licht besitzt, muss das komplette vorhandene Spektrum reflektiert werden. Ein Auftragen der Farbe ist also der falsche Weg.

Soll ein bestimmter Farbton erzeugt werden, muss sichergestellt werden, dass nur ein ganz bestimmter Teil des Lichts absorbiert wird. Damit zum Beispiel Grün ausgestrahlt wird, müssen Blau und Rot herausgefiltert werden. Man färbt die Oberfläche daher mit der entsprechenden Komplementärfarbe ein.

Schwarze Objekte absorbieren alle Strahlen gleich.

Weiße Objekte absorbieren keine Strahlen.

Grüne Objekte absorbieren alle Strahlen außer Grün.

◄ **Abbildung 3.4**
Die Lichtstrahlen selbst kann man nicht sehen. Erst wenn diese auf ein Objekt treffen, wird dieses »beleuchtet« und somit sichtbar. Welche Farbe das Objekt hat, ist abhängig davon, welcher Teil des Lichts geschluckt (absorbiert) wird.

Komplementärfarben entstehen im Licht durch Mischung aus zwei Grundfarben. Mischt man beispielsweise Blau und Grün, so erhält man Cyan. Mischt man Rot und Grün, so erhält man Gelb. Rot und Blau ergeben zusammen Magenta.

Wenn zwei Komplementärfarben gemischt werden, absorbieren diese zwei Anteile der Lichtfarbe. Für das Beispiel der grünen Oberfläche müssen also die Komplementärfarben der beiden zu absorbierenden Farben gemischt werden. Cyan und Gelb müssen zusammen auf eine Oberfläche aufgetragen werden, um Grün zu erhalten.

Das Verfahren, das durch Weglassen Farben erzeugt, heißt **subtraktive Farbmischung**. Jede Art von Oberflächenfärbung arbeitet damit, auch der Druck.

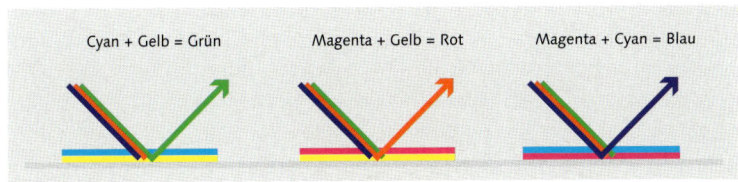

Cyan + Gelb = Grün

Magenta + Gelb = Rot

Magenta + Cyan = Blau

◄ **Abbildung 3.5**
Farbige Oberflächen absorbieren Teile des Lichtspektrums. Das heißt, sie ziehen Licht ab. Um Farben zu erzeugen, die Teile des Lichts absorbieren, werden die Komplementärfarben von Rot, Grün und Blau gemischt.

Farberzeugung im Druck | Um ein Grün zu drucken, müssen wir Cyan und Gelb nehmen und diese Farben dann vermischen. Das heißt, wir schütten die beiden Farben in einen Topf und rühren um, dann nehmen wir die Mischfarbe und tragen diese als Punkt auf eine Oberfläche, beispielsweise auf Papier, auf.

Da der nächste Punkt aber vielleicht schon wieder eine andere Farbe besitzt, müssen wir die Farbe neu anmischen und erneut als neues Pixel auftragen. Das ist natürlich nicht praktikabel. Daher muss man sich mit einem Trick behelfen. Sind Punkte klein genug, erkennt man dazwischen keinen Unterschied, sie verschwimmen vor dem Auge zu einem Punkt. Dabei werden auch die beiden Farben optisch gemischt. Die Größe der verwendeten Punkte ist abhängig vom Betrachtungsabstand. Je größer die Entfernung zur Abbildung, umso größer können die Punkte sein, die verwischen – man kennt das von Plakatwänden, auf denen die Punkte gut sichtbar sind, wenn man direkt davorsteht.

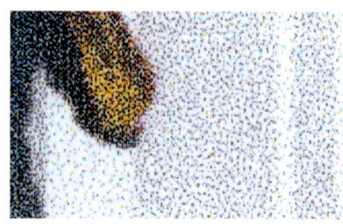

▲ ▶ **Abbildungen 3.6 und 3.7**
Durch Variation von Größe und Winkel des Druckrasters wird es erst möglich, Mischfarben zu drucken. Oben die Winkelangaben im PostScript-Raster, rechts in einem Bild vergrößert dargestellt. Man erkennt auch, wie durch die Größenvariation Helligkeiten gesteuert werden.

Jetzt variieren die Farbtöne zwar optisch, wenn man sie mischt, auf die Helligkeit trifft das aber leider nicht zu. Dazu müsste ja weiße Farbe beigemischt werden. Auch hier behilft man sich mit einem Trick. Man druckt in einem Raster nebeneinanderliegende Punkte kleiner. Durch den Rasterdruck bleibt der Abstand der Punkte zueinander gleich, und der Untergrund wird deutlicher sichtbar. Je kleiner die Punkte bei gleichem Abstand sind, umso mehr weißes Papier scheint durch und umso heller wirken die Farben. Damit eine Farbe keine andere überdeckt, werden die Raster aller Farben zusätzlich noch leicht versetzt gedreht. So entsteht das typische Druckraster.

Über diese Verfahren kann man durch die Mischung der drei Komplementärfarben von Rot, Grün und Blau, nämlich Cyan, Magenta und Gelb (Yellow), alle Farben erzeugen. Da es damit aber nicht möglich ist, absolut reine Komplementärfarben herzustellen, erscheint die Mischung dieser drei Farben im Druck eher bräunlich. Bei dunklen Stellen füllt man daher auch noch schwarze

▲ **Abbildung 3.8**
Tintenstrahldrucker arbeiten mit einem Raster, das beliebig erscheint. Je dunkler eine Farbe ist, umso dichter werden die Punkte gesetzt.

Farbe hinzu. Diese wird als Key-Farbe bezeichnet. Daher das K für Schwarz in CMYK.

Neuere Druckverfahren arbeiten nicht mehr mit einem gleichmäßigen Druckraster. Das dort eingesetzte Raster erscheint willkürlich und wird frequenzmoduliertes Raster genannt. Es wird auch bei Tintenstrahldruckern eingesetzt. Im herkömmlichen Offsetdruck findet es nur noch selten Einsatz.

3.1.2 Beurteilung von Farben

Nun ist bekannt, wie Licht arbeitet und wie Farben entstehen. Somit können wir uns näher mit dem Thema Farbmanagement beschäftigen. Vorher soll aber noch geklärt werden, wie Farben korrekt beurteilt und mögliche Störeinflüsse erkannt und eliminiert werden.

Einflüsse auf die Farbwirkung | Licht selbst trägt ja schon Farbanteile in sich, und jede Veränderung durch Absorbierung oder Reflexion verändert die Farbanteile. Das bedeutet, dass jede Veränderung der Farbanteile im Lichtstrahl auch den Farbeindruck mit verändert. Erst wenn man diese Einflüsse erkennt und ausschaltet, kann von einer neutralen Farbbeurteilung gesprochen werden. In erster Linie beeinflussen folgenden Faktoren den Farbeindruck eines Bildes:

▸ **Farbtemperatur:** Warmtoniges Licht verursacht einen anderen Farbeindruck als »kaltes« Licht.
▸ **Abstrahlverhalten:** Monitore strahlen selbst Licht ab, die Färbung kann dabei in Helligkeit und Farbton schwanken.
▸ **Reflektierendes Umgebungslicht:** Farbige Wände, Textilien oder Möbel reflektieren Licht mit veränderten Farbanteilen.
▸ **Farbe eines Objekts:** Das Material, auf welches das Licht auftrifft, hat einen Einfluss durch seine Farbe.
▸ **Farben, die Oberflächen einfärben:** Auch Druckfarben oder andere Farbzusätze beeinflussen den Farbeindruck.

Darüber hinaus gibt es natürlich noch andere Einflussfaktoren wie Farbenblindheit, Farbfilterung durch Folien etc. Diese sind aber entweder nicht veränderbar oder werden bewusst eingesetzt, um spezielle Effekte damit zu erzielen.

Aufmerksamkeit verlangen die ungewollten Farbveränderungen. Diese beeinflussen den Farbeindruck von gedruckten Bildern und verhindern somit eine objektive Beurteilung. Eine solche ist aber nötig, um farbechte Ausdrucke auf unterschiedlichen Materialien zu erstellen.

Die Farbtemperatur | Lichtquellen strahlen immer das gesamte Spektrum des Lichts ab. Allerdings ist dieses nicht immer gleich

▲ **Abbildung 3.9**
Bei dieser Aufnahme ist der Weißabgleich auf die Wand im Hintergrund gesetzt. Der Monitor erscheint sehr blau.

▲ **Abbildung 3.10**
Da der Monitor auf ein Normlicht bei 6500 K kalibriert ist, entspricht die Lichtsituation eher dieser Abbildung. Das Weiß der Papiere im Hintergrund erscheint gelb. Daher ist es wichtig, Vorlagen bei Normlicht mit einer Farbtemperatur von 6500 K zu betrachten.

verteilt. Die Verteilung richtet sich grundsätzlich nach der Farbtemperatur eines schwarzen Strahlers in Grad Kelvin. Um das zu verstehen, müssen wir einen kleinen Abstecher in die Physik machen.

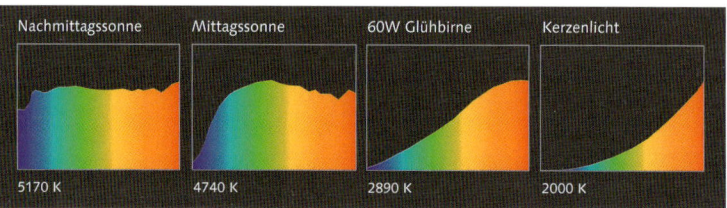

Abbildung 3.11 ►
Abhängig von der Farbtemperatur der Lichtquellen verändert sich die Verteilung der Grundfarben und somit die Färbung des Lichtspektrums.

Damit die Farbe einer Lichtquelle gemessen werden kann, darf diese zunächst selbst keine Strahlen aussenden, sondern muss alles vorhandene Licht selbst absorbieren. Sonst würde das reflektierende Licht ja die Farbgebung beeinflussen. Ideal ist also ein schwarzer Körper. Dieser wird solange erhitzt, bis er Strahlen aussendet. Besitzt er eine bestimmte Temperatur, beginnt er, sichtbares Licht auszusenden. Je nach seiner Temperatur verändert er den Anteil der Farben im Spektrum und nimmt somit eine bestimmte Farbe an. Ein Beispiel verdeutlicht dies: Wird eine Herdplatte erhitzt, beginnt sie irgendwann zu glühen. Zunächst glüht sie rot. Bei weiterer Erhitzung wird das Glühen orange. Könnte man sie noch weiter erhitzen, würde sie weiß, später dann blau und violett. Man kennt das auch von einer Kerze. Am Docht ist die Flamme am heißesten, sie erscheint dort blau. Weiter weg vom Docht wird die Flamme orange bis rot, da die Temperatur geringer wird.

▼ Abbildung 3.12
Beide Bilder sind am selben Tag entstanden – das obere am späten Nachmittag, fast bei Sonnenuntergang. Die Farbtemperatur liegt bei 3 000 K.

Da normales Licht von der Sonne oder durch künstliche, glühende Lichtquellen erzeugt wird, gibt es einen direkten Bezug zwischen der Farbtemperatur und der alltäglichen Lichtsituation. Die Farbtempe-

◄ Abbildung 3.13
Dieses Bild wurde am Vormittag aufgenommen. Die Farben wirken eher stumpf. Die Farbtemperatur liegt bei 5 000 K.

ratur beschreibt also eine Lichtsituation mit einem Zahlenwert. Sie wird in Grad Kelvin eines idealen schwarzen Körpers gemessen, so dass dessen Strahlungsspektrum ungefähr der beschriebenen Lichtsituation entspricht.

Erschwerend kommt hinzu, dass sich Lichtsituationen ständig verändern. Selbst die Sonne liefert kein konstantes Farbspektrum, da das Licht durch die Filterung in der Atmosphäre verändert wird – beispielsweise beim Abendrot. Über den ganzen Tag hinweg verändert sich die Farbtemperatur. Wie soll also eine Farbe neutral beurteilt werden, wenn ständig andere Lichtsituationen vorherrschen?

Neutrale Beurteilung bei Normlicht | Sollen Farben also ohne Einfluss der Farbtemperatur beurteilt werden, müssen wir diesen Faktor ausschalten. Da aber ohne Licht keine Farben entstehen können, ist das nicht möglich. Also muss eine Lichtsituation gewählt werden, bei der alle Farben des Spektrums möglichst gleichmäßig vorkommen.

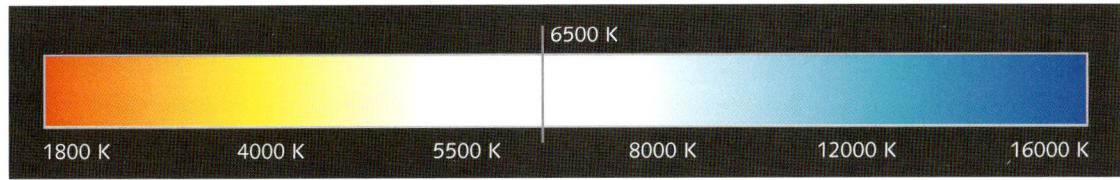

Da die Farbverteilung im Spektrum als Temperaturwert definiert wird, verwendet man einfach eine Referenztemperatur. Betrachtet man Bilder also immer bei einem Licht mit dieser Farbtemperatur, kann davon ausgegangen werden, dass auch das gesehen wird, was beabsichtigt ist.

Daher wurde von der Internationalen Organisation für Normung (ISO) eine Farbtemperatur als Standard festgelegt, die eine möglichst gleichmäßige Verteilung besitzt und zusätzlich unsere Sehgewohnheiten mit einbezieht. Diese Temperatur beträgt 6500 Kelvin und wird als D65 bezeichnet. Das »D« gibt an, wie der UV-Lichtanteil berücksichtigt wird, um auch selbst fluoreszierende Materialien beurteilen zu können.

Materialien, die unter diesem Licht betrachtet werden, erscheinen weiß, weil sie das gesamte Spektrum des Lichts reflektieren. Es gibt noch weitere Standards (D50, D55, D75), die aber nicht so verbreitet sind. In der Fotografie hat sich D65 etabliert. Es entspricht ungefähr einem bewölkten Himmel zur Mittagszeit.

Was bedeutet das nun für den Fotografen in der Praxis? Hat er ein Foto gemacht und druckt dieses aus, so muss es unter Normlicht D65 die Farben so darstellen, dass sie der Lichtsituation am Aufnahmeort während des Fotografierens entsprechen. Um das zu prüfen, gibt es spezielle Normlichtlampen, Neonröhren oder Leuchttische.

▲ **Abbildung 3.14**
Unser Gehirn nimmt ein Licht bei einer Farbtemperatur von 6500 K als weiß wahr. Niedrigere Temperaturen erscheinen rötlicher, höhere blauer.

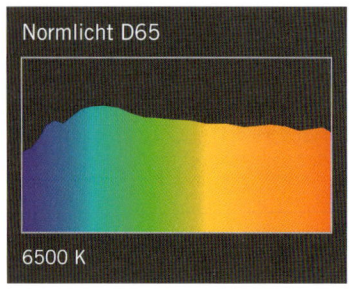

▲ Abbildung 3.15
Die Spektralverteilung bei D65-Normlicht. Diese Verteilung erscheint uns als weißes Licht (siehe Abbildung 3.14).

▼ Abbildung 3.16
Selbst in Außenszenen spielt die diffuse Reflexion eine Rolle. Hier kann man sehr schön sehen, wie sich die Farben der Häuser im Schnee spiegeln.

Einfluss der diffusen Beleuchtung |

Bisher gingen wir davon aus, dass Farben immer unter direkter Lichteinstrahlung betrachtet werden. Arbeitet man aber nicht im Freien bei direktem Sonnenlicht, ist der Anteil direkter Strahlung eher gering.

In einem Raum besteht das Licht überwiegend aus indirekten Strahlen. Es wird von Wänden, Möbeln, Vorhängen, Kleidern und Personen reflektiert. Dabei verändert es die Farbe – abhängig von der Objektfarbe der reflektierenden Gegenstände. Die Beurteilung eines Fotos in einem Raum mit roten Wänden ist daher sicher nicht empfehlenswert.

Man sollte also sichergehen, dass in einem Studioraum keine größeren Farbflächen vorhanden sind. Spezielle Leuchttische mit Normlicht ermöglichen eine noch bessere neutrale Beurteilung ohne Störeinfluss.

Einfluss der Oberfläche und Farbauftrag |

Hat man eine genormte Lichtsituation ohne störende farbige Reflexion, kann nur noch ein einziger Faktor die Farbbeurteilung von Bildern beeinflussen: das zu beurteilende Objekt selbst, bei gedruckten Fotoabzügen die Papierfarbe oder die Druckfarbe.

Die Druckfarbe hat sicher einen geringeren Einfluss – und zwar aus dem Grund, dass sie mehr oder weniger unveränderlich ist. Der Druck erfolgt beispielsweise auf unterschiedlichen Papierarten mit derselben Tintenpatrone. Auch im Laserdrucker bleibt der Toner immer derselbe. Selbst im Offsetdruck sind Farben genormt. Hier besteht also relativ wenig Gefahr, dass sich die Farbdarstellung verändert.

Ein weiterer Grund für das Ausschalten der Druckfarben als Fehlerquelle liegt darin, dass eine gewünschte Farbe ja erst dadurch erzeugt wird, dass sie aus wenigen Grundfarben gemischt wird. Durch die Mischung wird nahezu jede Farbe darstellbar, die benötigt wird. Die eigentlichen Grundfarben des Drucks (CMYK) haben also einen geringen Einfluss und müssen als konstante Größe gesehen werden.

Mehr Einfluss dagegen besitzt die Farbe des Materials, auf das gedruckt wird, bei Bildern also das Papier. Dieses kann die Farben durch mehrere Eigenschaften verändern:

▶ die Farbe des Papiers
▶ die Fähigkeit der Farbaufnahme
▶ die Reflexionseigenschaften des Materials

▲ Abbildung 3.17
Das gleiche Blau, gedruckt auf unterschiedlichen Papieren, erscheint jedesmal anders. Die Papiersorte hat hierbei den größten Einfluss auf die unterschiedlichen Farben.

Betrachtet man eine Papiersorte für sich, so erscheint sie weiß. Legt man aber beispielsweise Kopierpapier neben Fotopapier, so erkennt man, dass Ersteres oftmals gelblicher erscheint als Spezialpapier für Fotoabzüge. Ein Papier kann also weißer sein als ein anderes. Da stellt sich die Frage, welches denn nun wirklich weiß ist: grundsätzlich dasjenige, welches das gesamte vorhandene Lichtspektrum reflektiert.

Es ist zu beachten, dass beispielsweise Fotopapiere für Tintenstrahldrucker spezielle Weißmacher enthalten. Diese erhöhen das Reflexionsverhalten gegenüber den blauen Anteilen im Licht. Das Gehirn interpretiert es daher als heller und strahlender als ein korrekt reflektierendes Papier.

So kommt der »weißere« Eindruck bei Fotopapier zustande. Es wirkt oft sogar weißer als zum Beispiel speziell genormte, aber auch teure Proofpapiere, die das Licht dann allerdings gleichmäßiger reflektieren.

▼ Abbildung 3.18
Welches Papier ist weiß? Der Farbpicker beweist, dass das rechte Weißmacher enthält, die das Papier blau färben. Trotzdem erscheint es weißer.

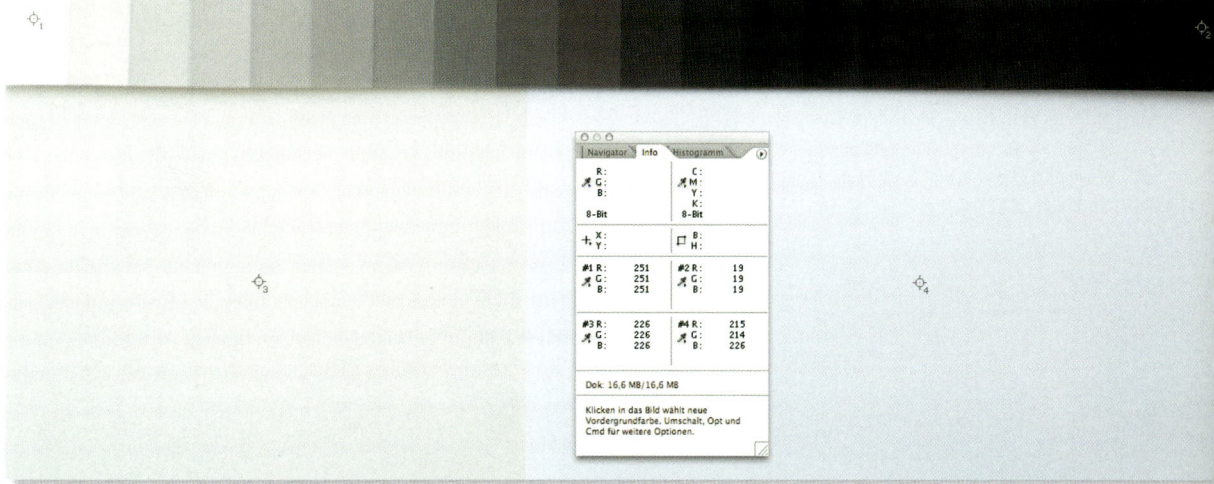

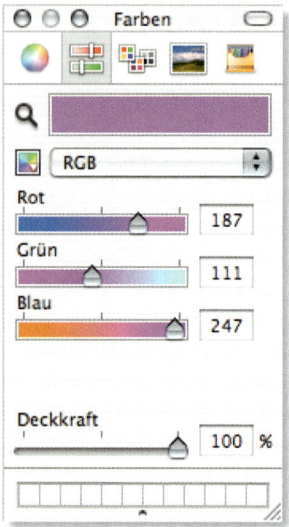

▲ Abbildung 3.19
Der Farbauswahldialog von
Mac OS X stellt für jede RGB-Farbe
einen eigenen Regler zur Verfügung. Das Mischungsverhältnis
regelt die Farbe.

Man kennt die abweichende Farbdarstellung auch vom Monitor. Normalerweise ist dieser auf eine Farbtemperatur von ca. 9 300 Kelvin voreingestellt. Das erscheint zunächst als Weiß. Stellt man ihn über das Konfigurationsmenü auf ein Normlicht von 6 500 K, so erscheint der Monitor extrem rötlich. Legt man aber ein Blatt Papier neben den Bildschirm, so sieht man, dass dessen Farbe bei 6 500 K eher einem Weiß entspricht als bei 9 300 K. Außerdem gewöhnt sich das Auge schnell an diese Einstellung, nach einer kurzen Zeit erscheint es bereits als reines Weiß.

Da Papier normalerweise bedruckt wird, vermischt sich die Papierfarbe mit dem Farbauftrag. Da man diesen im gewissen Grad beeinflussen kann, hat man damit eine Stellschraube, um die Farben in den Bildern zu neutralisieren. Und damit stecken wir schon mitten in der praktischen Umsetzung des Farbmanagements.

3.1.3 Farbsysteme

Das Farbmanagement verwaltet die Ein- und Ausgabegeräte mit ihren jeweiligen Farbeigenschaften. Wird ein Bild von einem Gerät zu einem anderen weitergegeben, müssen diese zuerst aneinander angepasst werden. Die Darstellung und Zusammensetzung der Farben geschieht über das Farbsystem, mit dem die Geräte arbeiten. Zwei der bekanntesten Farbsysteme sind das CMYK-System für den Druck und das RGB-System für die Darstellung auf selbstleuchtenden Geräten – etwa auf dem Monitor oder auf Messgeräten wie Scannern oder Digitalkameras.

Besondere Probleme entstehen dabei vor allem durch die unterschiedlichen Farbdarstellungen. Drucker können zum Beispiel im CMYK-Farbraum nicht die im RGB-Farbsystem darstellbaren Farben reproduzieren.

Abbildung 3.20 ▶
Farbwerte im RGB-Modus werden
pro Farbkanal in Abstufungen von
0 (dunkel) bis 255 (hell) angegeben. Das entspricht dem Zah-
lenraum von 8 Bit. Bei allen drei
Farben zusammen entspricht das
einer Farbtiefe von 24 Bit. Sind alle
Werte gleich, entsteht ein Grau.

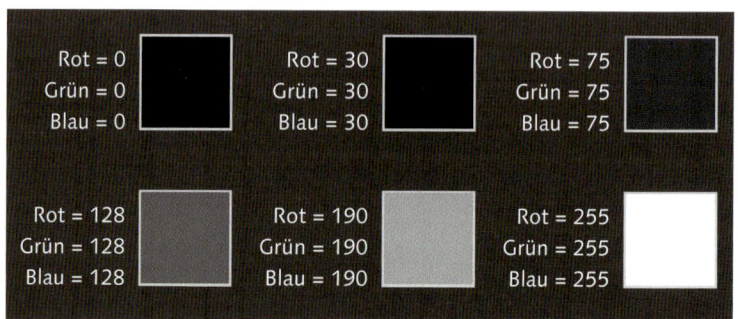

Es reicht also nicht aus, im Farbmanagement nur die Farbeigenschaften jedes einzelnen Geräts zu berücksichtigen. Auch die jeweiligen Farbsysteme müssen dabei Beachtung finden.

RGB-Farbsystem | Die Farben Rot, Grün und Blau sind die Hauptfarben des Lichtspektrums. Durch die Mischung dieser drei Farben lassen sich alle anderen Farben darstellen. Alle Monitore und digitalen Fernsehbildschirme arbeiten nach diesem Verfahren. Auch Geräte, die Farben messen, etwa Scanner, können nur RGB-Daten verarbeiten.

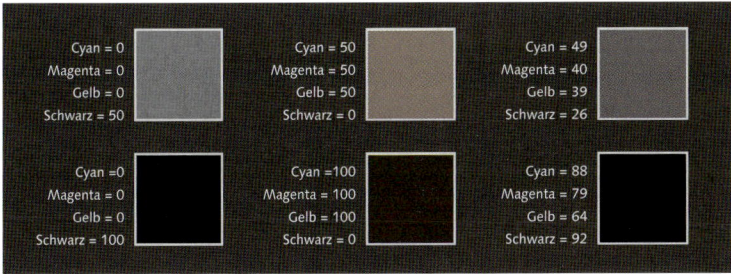

◄ **Abbildung 3.21**
Theoretisch erfolgt eine direkte Umsetzung von RGB nach CMY. Dabei sollten gleiche Werte auch ein Grau oder Schwarz ergeben. Aufgrund von Papiereigenschaften wie der Saugfähigkeit etc. ergibt es jedoch einen bräunlichen Ton. Daher wird Schwarz beigemengt und das Verhältnis der Farben zueinander verändert. Dies erschwert eine Farbkorrektur im CMYK-Modus, da die Auswirkungen schwer einzuschätzen sind.

- ▶ **Vorteil:** Dieser Farbraum eignet sich hervorragend als Arbeits- und Archivfarbraum.
- ▶ **Nachteil:** Er kann nicht direkt auf dem Drucker ausgegeben werden. Darüber hinaus gibt es keine Vorgaben dafür, wie die Farben dargestellt werden. Jede Hard- und Software kann ihre eigene Farbinterpretation generieren.

CMY, CMYK | Cyan, Magenta und Gelb (Yellow) sind die Komplementärfarben von Rot, Grün und Blau. Sie sind – im Gegensatz zu den RGB-Farben – auch physikalisch anfassbar, zum Beispiel im Druck.

Beim Vermischen der drei Farben zu gleichen Teilen entsteht jedoch nicht wie im RGB-Farbsystem Weiß, sondern Schwarz. Dieses Schwarz ist jedoch aus den Farben zusammengesetzt und besitzt nicht genügend Schwärzung von »reinem« Schwarz. Das kommt daher, dass Druckfarben in der Herstellung nie so rein produziert werden können, dass sie gemischt ein echtes tiefdunkles Schwarz ergeben. Die entstehende Farbe ist eher ein dunkles Braun. Aus diesen Gründen hat man zusätzlich das Schwarz in den Farbraum eingeführt.

Bei der Separation werden die Farben so verteilt, dass Farben, die zu gleichen Anteilen Cyan, Magenta und Gelb enthalten, durch echtes Schwarz ersetzt werden. Dieser Vorgang, zusammen mit der Rasterung, spart zusätzlich auch viel Geld durch die Einsparung von Druckfarbe und Trockenzeit zwischen den Druckprozessen. Auch kann man damit verhindern, dass die Farben »zurückschlagen« – dass also die eine Farbe die nächste im Druck aufgetragene abweist.

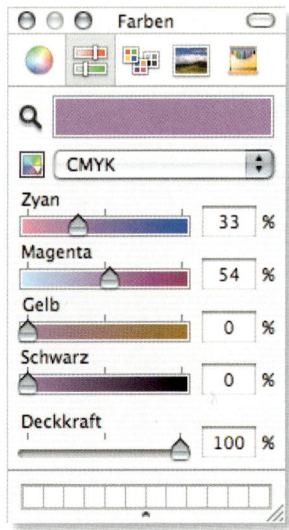

▲ **Abbildung 3.22**
CMYK-Werte werden in Prozent angegeben, da es dabei darauf ankommt, wie stark der Farbauftrag beim Druck ausgeführt werden soll – von 0 % bis 100 %.

- ▶ **Vorteil:** Man kann die Farben physikalisch anfassen und ausdrucken.
- ▶ **Nachteil:** Die Farbdarstellung ist vom Untergrund, vom Farbhersteller, von der Luftfeuchtigkeit, der Druckmaschine, dem Farbauftrag etc. abhängig. Die Farben können außerdem nicht am Monitor dargestellt werden. Und die Grauwerte besitzen nicht die gleichen Anteile der Einzelfarben, was die Farbkorrektur schwierig macht.

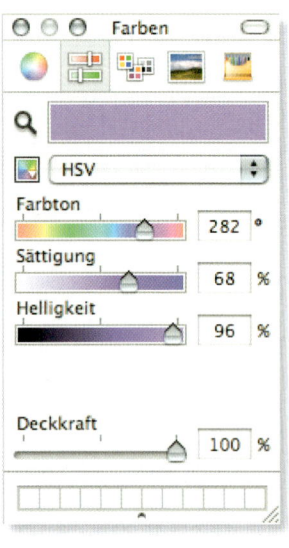

▲ **Abbildung 3.24**
Der HSB-Standard trennt den Farbton von der Sättigung und Helligkeit ab. In diesem Farbmodus lassen sich gut Farbkorrekturen durchführen.

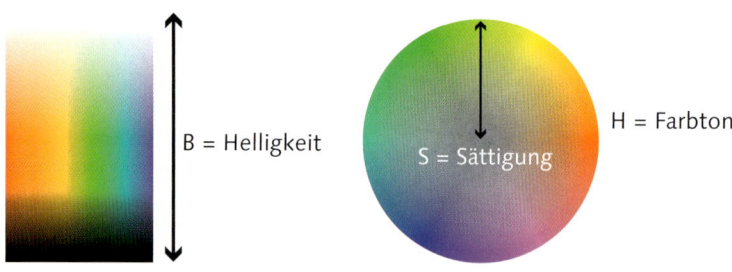

▲ **Abbildung 3.23**
Der HSB-Farbmodus wird vor allem zur Veränderung von einzelnen Farben verwendet. Diese können dann nach Helligkeit, Sättigung und Farbton getrennt bearbeitet werden.

HSB, HSL | Es gibt noch ein weiteres Farbsystem. Dieses begegnet Ihnen weniger beim Farbmanagement, sollte aber trotzdem erwähnt werden, da es sich nach der Wahrnehmung des menschlichen Auges richtet. Es wird gern bei der Bearbeitung von Bildern eingesetzt. Bei der Arbeit in Lightroom findet es bei der selektiven Farbkorrektur, also dem Verändern von ausgewählten Farben, Anwendung.

Abbildung 3.25 ▶
Das CIE-Farbsystem ist geräteunabhängig. Die Farben werden in einem Koordinatensystem platziert. Es enthält mehr Farben, als ein Gerät darstellen kann, und dient somit als Referenzfarbraum für alle Farbberechnungen.

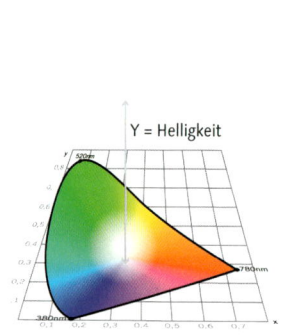

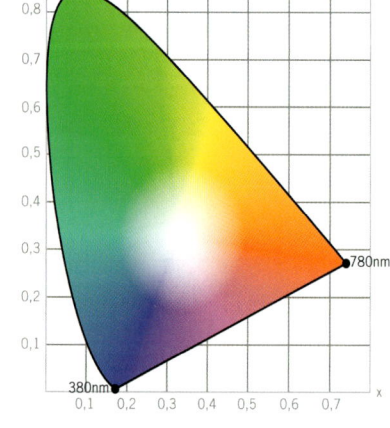

Im HSL-/HSB-Modell gibt der Hue-Wert (H) den Winkel des Farbtons in Grad auf dem Farbkreis an. S ist die Sättigung in Prozent und B ist die Brightness (Helligkeit) – auch Luminanz (L) genannt.

▶ **Vorteil:** Änderungen an Farbton und Sättigung sind einfacher als in RBG auszuführen.

▶ **Nachteil:** Dieses Farbsystem kann nicht direkt dargestellt werden und muss erst in RGB oder CMYK umgerechnet werden.

CIE, CIELAB | Das Farbmodell CIE bzw. CIELAB (Commission Internationale de l'Eclairage) ist das einzige Modell, das unabhängig von Ausgabemedium und Wahrnehmung arbeitet. Zudem ist darin die Beleuchtung bei Normlicht berücksichtigt (D50, D65). Die CIE-Farbmodelle sind im Gegensatz zu allen anderen gängigen Farbsystemen geräteunabhängig. Dadurch können über diese Systeme alle Farbkonvertierungen stattfinden. Die Farbsysteme der CIE gelten dabei als Referenz.

Die Farben werden im CIE-Farbdreieck angeordnet. In diesem Dreieck werden der Farbton und die Sättigung der sichtbaren Farben beschrieben. Die Helligkeit wird in der dritten Dimension angegeben.

Im Farbumfang des CIE-Modells sind alle anderen Farbmodelle enthalten, da der maximale Farbumfang dieser Modelle kleiner ist als der des CIE-Standards. In der Praxis heißt das, dass es im Druck zum Beispiel kein absolutes Schwarz gibt. Es wird immer

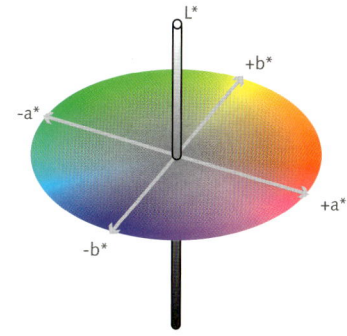

▲ **Abbildung 3.26**
Das CIELAB, auch L*a*b*-Farbsystem genannt, arbeitet mit drei Parametern. Die Helligkeit (L*) wird von den Farben getrennt. Der Wert a* beschreibt einen Wert zwischen Rot und Grün, b* einen Wert zwischen Blau und Gelb.

▼ **Abbildung 3.27**
Ohne Farbmanagement weicht die Ausgabe aufgrund der unterschiedlichen Farbcharakteristika auf jedem Ausgabegerät vom gewünschten Ergebnis ab.

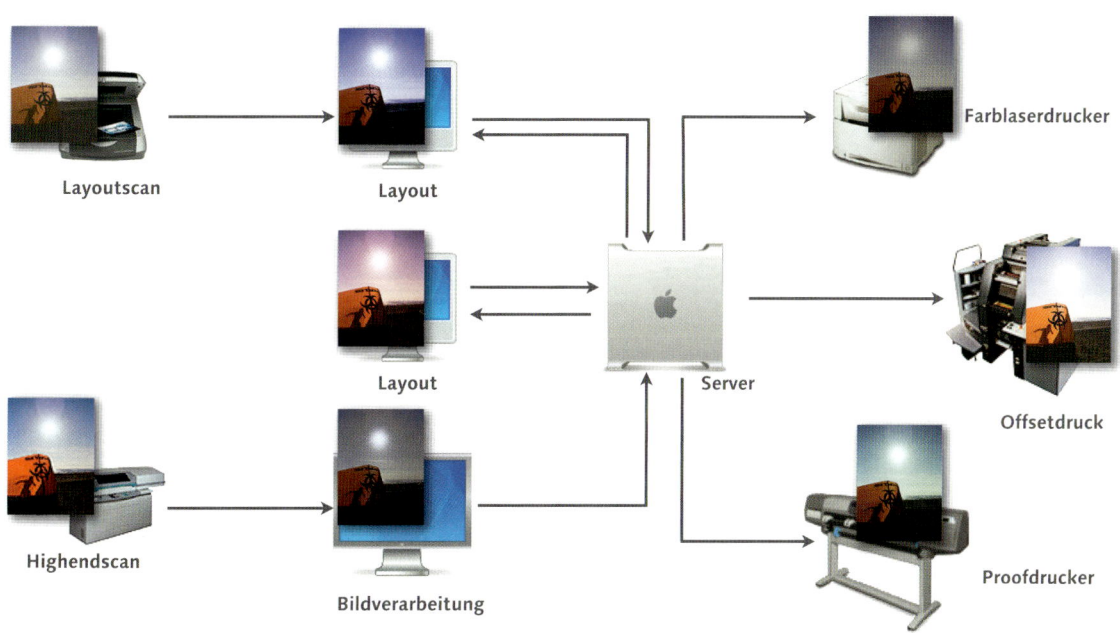

Layoutscan

Layout

Highendscan

Layout

Bildverarbeitung

Server

Farblaserdrucker

Offsetdruck

Proofdrucker

Licht zurückgeworfen. Im CIE-Modell ist das anders. Hier gibt es das absolute Schwarz.

► **Vorteil:** Das Modell eignet sich zum Speichern von farbneutralen Daten. Die Zeichnung liegt im Helligkeitskanal. Dadurch lassen sich beispielsweise Farbänderungen ohne Kontrastverlust durchführen.

► **Nachteil:** Das Bearbeiten der Farben, zum Beispiel über die Gradationskurve, ist schwierig, da es ungewohnt ist, über die Farbachsen Änderungen durchzuführen.

3.1.4 Farbmanagement mit ICC-Farbprofilen

In einer Agentur arbeiten oft viele Personen an unterschiedlichen Rechnern. Eingescannte oder fotografierte Bilder werden auf einem Server abgelegt, in Layouts integriert, auf Farblaser- oder Tintenstrahldruckern ausgegeben. Am Ende wird alles im Offsetdruck gedruckt. Ein typisches Szenario, das auch im Kleinen zu Hause funktioniert. Auf der einen Seite stehen die Eingabegeräte wie der Scanner oder die Digitalkamera, auf der anderen Seite die Ausgabegeräte wie der Fotodrucker, das Digitallabor und das Internet. Diese Geräte sollten die Farben immer so darstellen, dass sie dem Original möglichst nahekommen.

Da alle Ein- und Ausgabegeräte neben dem entsprechenden Farbsystem (RGB oder CMYK) eigene Farbcharakteristika besitzen, wird eine Art Meldesystem benötigt. Dieses gibt die Information

[ICC]
Das ICC (International Color Consortium) ist ein Zusammenschluss von Hard- und Softwareherstellern, die zusammen einen plattformunabhängigen Standard für das Farbmanagement geschaffen haben. Alle ICC-Farbprofile richten sich danach.

▼ **Abbildung 3.28**
Mit einem Farbmanagement mit Farbprofilen kann auf allen Ein- und Ausgabegeräten eine nahezu identische Darstellung erreicht werden.

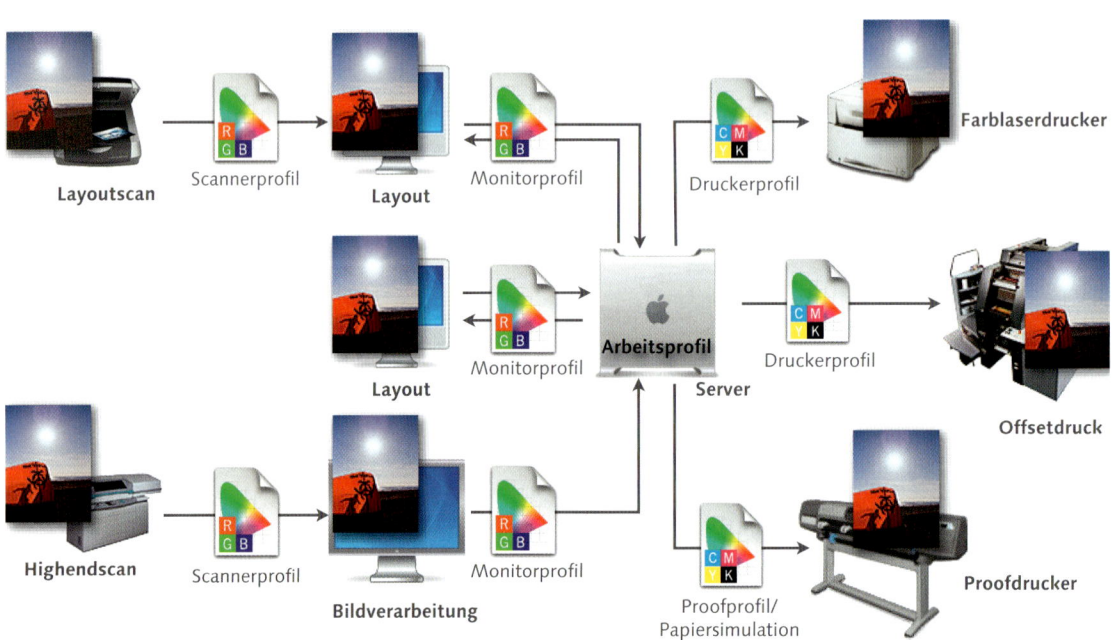

weiter, mit welchem Gerät ein Bild gerade erstellt, bearbeitet oder betrachtet wird. Bei jeder Weitergabe findet dann eine Anpassung an die jeweiligen Eigenheiten des Gerätes statt, welches das Bild gerade verarbeitet.

Dafür besitzt jedes Gerät optimalerweise ein eigenes Farbprofil. Dieses beschreibt den Farbraum und die Farbcharakteristika des Gerätes. Zusätzlich benötigt man noch eine Basis, von der aus die Farbinformationen in alle anderen Geräte umgerechnet werden können. Dies ist der Arbeitsfarbraum, der in der Bilddatei mitgespeichert werden kann.

Dieses Arbeitsprofil besitzt einen möglichst großen Farbraum, damit auch alle eventuellen Ausgabefarbräume darin Platz haben. Denn wäre ein Ausgabeprofil größer als das Arbeitsprofil, würden ja Farben verschenkt. Der Arbeitsfarbraum ist somit der Farbraum des Bildes. Jede Ausgabe rechnet die Farbinformation ausgehend von diesem Arbeitsfarbraum in den Ausgabefarbraum der jeweiligen Geräte um.

Damit dies auch alles richtig funktioniert, benötigen Programme ein Werkzeug, mit dem die Arbeitsfarbräume eingestellt und verändert werden können. Das Arbeiten mit den Farbräumen in den verschiedenen Arbeitsschritten funktioniert dann wie folgt beschrieben:

▶ **Bei der Aufnahme:** Das Bild wird mit einer Digitalkamera oder mit dem Scanner aufgenommen. Dabei wird dem Bild ein Kameraprofil (bzw. Scannerprofil) angeheftet. Digitale Spiegelreflexkameras haben meist mehrere Profile zur Auswahl, Kompaktkameras arbeiten meist mit einem Standardprofil mit geringerem Farbraum.

▶ **Bei der Bearbeitung:** Das Bild wird in einem Bildverarbeitungsprogramm wie Adobe Photoshop geöffnet. Dabei kann man jetzt den im Bild gespeicherten Farbraum als Arbeitsfarbraum verwenden oder ihn in einen anderen, eventuell besser geeigneten Farbraum konvertieren. Bei der Anzeige auf dem Bildschirm rechnet das Betriebssystem die Farbinformation vom Arbeitsfarbraum in den Monitorfarbraum um. Das geschieht unbemerkt im Hintergrund.

▶ **Beim Drucken:** Das Bild wird beim Drucken in den Druckerfarbraum konvertiert. Der Farbraum des Bildes bleibt dabei bestehen. Nur der Ausdruck wird angepasst.

▶ **Für Web und E-Mail:** Das Bild wird in einen allgemeinen Farbraum konvertiert, der möglichst auf allen Systemen vorhanden ist und einen Querschnitt durch alle möglichen Ausgabemöglichkeiten darstellt. Er gewährleistet, dass es bei allen Betrachtern einigermaßen gleich aussieht.

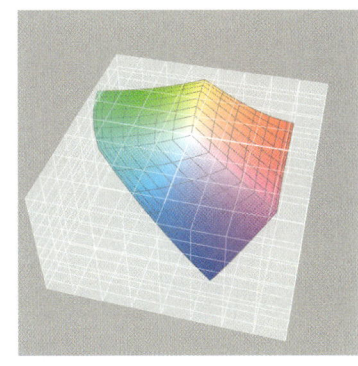

▲ **Abbildung 3.29**
Größenvergleich zwischen LAB (heller Quader) und dem eciRGB-Profil, dem Standardarbeitsprofil in der Druckindustrie

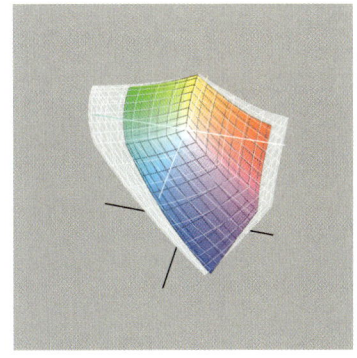

▲ **Abbildung 3.30**
Größenvergleich zwischen eciRGB und sRGB. Letzteres wird auch für das Internet verwendet.

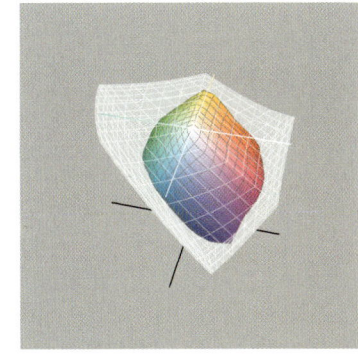

▲ **Abbildung 3.31**
Größenvergleich zwischen eciRGB und ISO Coated v2, dem Standard für den Offsetbilderdruck

Größe von Farbräumen und Konvertierung | Farbräume kann man sich wie echte dreidimensionale Räume vorstellen. Die Ausdehnung der Räume ist durch die maximal darstellbaren Farben begrenzt. Vergleicht man Farbräume miteinander, so passt der kleinere in den größeren hinein (siehe Abbildungen unten).

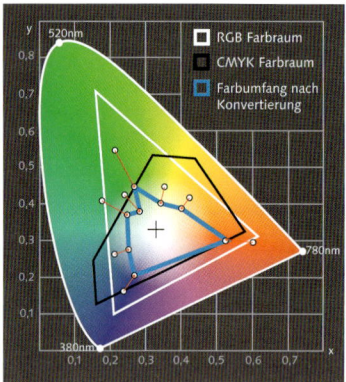

▲ **Abbildung 3.32**
Bei der Umrechnung nach dem Perzeptiv-Verfahren werden alle Farben des Ausgangsfarbraums in den Zielfarbraum skaliert. Dabei ändern sich jedoch die Farben im Zielfarbraum.

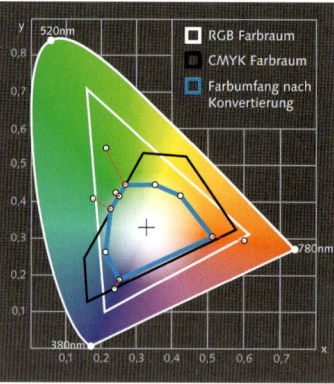

▲ **Abbildung 3.33**
Bei der Umrechnung nach dem Relativ-farbmetrisch-Verfahren werden nur die Farben abgeschnitten, die außerhalb des Zielfarbraums liegen. Die Farben innerhalb des Zielfarbraums bleiben erhalten.

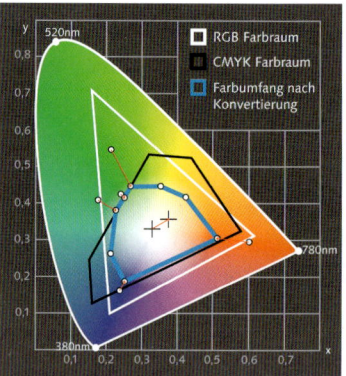

▲ **Abbildung 3.34**
Bei der Umrechnung nach dem Absolut-farbmetrisch-Verfahren werden die Farben außerhalb des Zielfarbraums abgeschnitten. Zusätzlich wird der Weißpunkt verschoben.

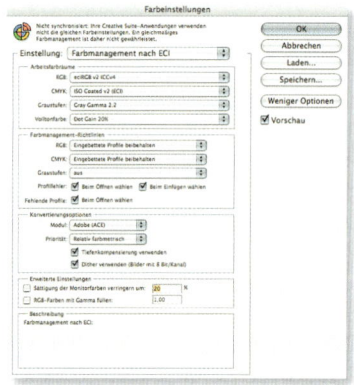

▲ **Abbildung 3.35**
Adobe Photoshop bietet viele Einstellungen zum Farbmanagement, da mit diesem Programm auch in der Druckvorstufe gearbeitet wird. Diese Möglichkeiten bietet Lightroom nicht, da sie von Fotografen nicht benötigt werden.

Ist der neue, hinzugefügte Farbraum größer als der ursprüngliche, befindet sich um den Ausgangsfarbraum herum eine Art von Nichts. Alle Farben des ersten Farbraums sind also auch in dem größeren Farbraum vertreten. Es treten keine Probleme durch eventuell fehlende Farben auf.

Problematisch wird es nur, wenn der zweite Farbraum kleiner ist als der erste. Dann muss dieser in den Farbraum mit dem geringeren Raum verkleinert werden. Dazu kann man die überstehenden Farben einfach abschneiden oder den gesamten Farbraum verkleinern. Es gibt vier Verfahren, auch **Rendering Intents** genannt, um Arbeitsfarbräume zu konvertieren:

▶ **Perzeptiv/wahrnehmungsorientiert:** Hierbei wird der größere Farbraum einfach so weit proportional verkleinert, bis er in den Zielfarbraum passt. Das Problem ist, dass sich dabei alle Farben verändern, auch die, die bereits innerhalb des Zielfarbraums liegen. Das Gute an dieser Konvertierungsart ist, dass die Farbkontraste der Farben zueinander bestehen bleiben.

▶ **Relativ farbmetrisch:** Dabei werden Farben, die außerhalb des Zielfarbraums liegen, abgeschnitten. Es gehen dabei oft Kontraste zwischen nahe beieinanderliegenden und außerhalb des Farbraums liegenden Farben verloren. Farben, die innerhalb des Zielfarbraums liegen, bleiben dafür bestehen.

▶ **Absolut farbmetrisch:** Dieses Verfahren entspricht der relativ farbmetrischen Umrechnung mit dem Unterschied, dass auch der Weißpunkt des Zielprofils berücksichtigt wird. Dies ist zum Beispiel dann wichtig, wenn das zu verwendende Druckpapier kein reines Weiß bietet – wie bei Zeitungspapier. Man kann damit im Druck auf rein weißem Papier das Weiß des Zeitungspapiers simulieren.

▶ **Sättigung:** Dieses Verfahren ist für die Umrechnung von Businessgrafiken gedacht, bei denen es nicht so sehr auf die Farbtreue, sondern mehr auf eine möglichst hohe Farbsättigung ankommt. Es wird in der Fotografie und in der Druckindustrie nicht verwendet.

Ein zusätzlicher Einflussfaktor ist die »Rechenmaschine«, die die Farbprofile konvertiert, das sogenannte CMM (Color Management Modul). Es spielt aber eine eher untergeordnete Rolle, da die Unterschiede sehr gering sind und quasi keine Auswirkung auf das Bildergebnis haben.

3.1.5 Erstellung von Farbprofilen

Das Anfertigen von eigenen Farbprofilen ist keine Hexerei. Für Eingabegeräte benötigt man dafür nur eine Vorlage, zum Beispiel eine Farbtafel, deren Farbwerte bekannt sind. Diese wird dann unter Normlicht abfotografiert oder eingescannt. Das Ergebnis mit den Ist-Werten wird schließlich mit den Soll-Werten verglichen. Die Abweichung wird in das Profil hineingeschrieben und kann dann in der Farbverarbeitung beachtet werden.

Für Ausgabeprofile von Druckern läuft das Erstellen von Farbprofilen nach dem gleichen Schema ab. Hier wird die Farbtafel mit den Soll-Werten ausgedruckt. Dann werden die Werte mit einem Densitometer gemessen und die Abweichungen in das Profil geschrieben. Durch Messung des Papierweiß wird die Abweichung anschließend herausgefiltert.

Auch Monitorprofile werden nach diesem Prinzip erstellt. Extra vorgegebene Farben werden auf dem Monitor angezeigt. Ein Sensor vermisst diese und korrigiert die Darstellung mit dem resultierenden Monitorprofil.

Da ein kalibrierter Monitor für das Arbeiten mit digitalen Fotos elementar ist, finden Sie eine Anleitung zum Kalibrieren in Abschnitt 3.3, »Monitorkalibrierung«.

▲ **Abbildung 3.36**
Mit genormten und speziell vermessenen Testcharts können Scanner und Digitalkameras kalibriert werden.

▲ **Abbildung 3.37**
Zum Kalibrieren von Druckern werden Ausdrucke mithilfe eines Densitometers vermessen.

▲ **Abbildung 3.38**
Auf dem Monitor werden die Farben mit einem Messgerät – hier ein Colorvision Spyder – gemessen, und daraus wird ein Profil erstellt.

3.2 Farbmanagement in Lightroom

Das Farbmanagement in Lightroom ist eines der meistdiskutierten Themen in den Foren rund um die Software. Viele Profis bemängeln die Einschränkung im Farbmanagement. Diese ist auf der einen Seite wirklich gegeben, auf der anderen Seite vereinfacht sie die Handhabung enorm und bietet trotzdem eine ausreichende Flexibilität.

Die Entwickler von Lightroom wollten ein Programm erschaffen, das einfach zu erlernen und zu bedienen ist. Farbmanagement ist zwar in sich logisch, bleibt aber trotzdem ein komplexes Thema. Daher entschied sich Adobe für einen anderen Weg als bei Photoshop.

Ziel war es, das Farbmanagement in Lightroom für den Benutzer nahezu unsichtbar zu machen. Für die Bildausgabe arbeitet Lightroom aber auch mit einem ICC-Farbmanagement – wie zum Beispiel Adobe Photoshop. Und um in Lightroom farbneutrale Bilder zu erhalten und zu bearbeiten, benötigt man daher genauso einen kalibrierten Monitor.

3.2.1 Bibliothek und Entwickeln

Der wesentliche Unterschied bei Lightroom liegt in der Verarbeitung der RAW-Bilddaten. Das Programm ist voll auf die Arbeit mit »rohen« Bildern ausgerichtet. RAW-Bilder werden erst bei der Ausgabe in RGB-Daten gerendert. Vorher sind sie nichts anderes als Graustufenbilder (siehe Seite 76), die durch eine spezielle Filterung in Farbbilder umgerechnet werden. Dabei arbeitet Lightroom nach dem ProPhoto-RGB-Farbprofil. Dieses besitzt einen speziell auf die Digitalfotografie und auf RAW hin optimierten Farbraum. Darin werden alle Konvertierungen erledigt. Mit anderen Worten, man arbeitet innerhalb von Lightroom immer mit einem Arbeitsprofil.

3.2.2 Drucken

Hier verhält es sich schon etwas komplizierter. Im Bedienfeld gibt es zwar die Möglichkeit, ein Ausgabeprofil sowie zwischen den beiden Rendering Intents PERZEPTIV und RELATIV FARBMETRISCH zu wählen, aber es ist nicht möglich, ein anderes Papierweiß zu definieren oder einen Softproof zu erstellen.

Vor allem das Anzeigen von Softproofs wäre wünschenswert, da damit das Druckergebnis vor der Ausgabe überprüft werden könnte. Ohne kann es passieren, dass man ein unvorhergesehenes Ergebnis bekommt und den Druck mit anderen Einstellungen wiederholen muss, was wiederum Zeit, Tinte und Papier kostet.

Hinweise für die Farbeinstellungen beim Drucken finden Sie in Kapitel 10, »Das Drucken-Modul«, ab Seite 369.

Und beim Bildimport?
Beim Laden der Bilder direkt von der Kamera hat man keine Möglichkeit, ein Profil anzugeben. Dies ist aber auch gar nicht nötig, da RAW-Bilder keine RGB-Informationen besitzen und die Farben erst im Konverter erzeugt werden.

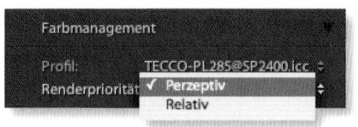

▲ **Abbildung 3.39**
In Lightroom stehen Ihnen nur zwei Rendering Intents zur Verfügung. Die anderen sind für Fotografen eher nebensächlich.

[Proof]
Um den Druck von Bildern besser vorhersehen zu können, werden diese vorher zur Überprüfung ausgedruckt. Solche farbverbindlichen Ausdrucke heißen Proofs.

[Softproof]
Bei Softproofs werden die Proofausdrucke am Monitor simuliert. Dabei werden die Bilder mit dem Farbprofil des Druckers angezeigt, mit dem sie später gedruckt werden.

3.2.3 Web

Im Web-Modul hat man keinerlei Möglichkeiten, ein Farbprofil auszuwählen. Hier werden alle Bilder einfach generell in das sRGB-Farbprofil konvertiert. Dies gewährleistet, dass die Farben auf allen RGB-Ausgabegeräten innerhalb des jeweiligen Farbraums liegen. Im Internet liegt man damit auf jeden Fall auf der sicheren Seite.

3.2.4 Diashow

Auch hier ist keine spezielle Konvertierung der Farbräume erforderlich. Die Ausgabe findet schließlich noch innerhalb von Lightroom statt, sodass kein Gerätewechsel erfolgt, für den man ein Farbprofil benötigen würde. Die optimale Ausgabe erfolgt, wie auch bei der normalen Anzeige auf dem Bildschirm, mit dem Monitorprofil.

3.2.5 Zusammenarbeit mit anderen Programmen

Grundsätzlich besitzt man zwei Möglichkeiten, mit anderen Programmen zusammenzuarbeiten. Man kann die Bilder exportieren und dann mit einer anderen Anwendung weiterbearbeiten. Die geänderten Bilder haben dann allerdings keinen Bezug mehr zu Lightroom und werden auch nicht mehr in seiner Bibliothek geführt.

Alternativ öffnet man die Bilder direkt aus Lightroom heraus in einem externen Programm. Nach der Bearbeitung werden sie dann in der Bibliothek von Lightroom als extern editierte Versionen des Originals weitergeführt.

In beiden Fällen besitzt man die Möglichkeit, ein Farbprofil zu wählen. Wird Photoshop zur Weiterverarbeitung verwendet, empfiehlt es sich, das ProPhoto-RGB-Profil bei 16 Bit Farbtiefe in der PSD-Datei weiterzureichen und Farbraum sowie Farbtiefe erst in Photoshop anzupassen. So verliert man keine Farben und Kontraste. Mit der Softproof-Funktionalität in Photoshop kann man zudem Farbverschiebungen und Einschnitte bereits vorher erkennen.

3.2.6 Fazit

Insgesamt bietet Lightroom eigentlich durchaus schon eine ausreichende Farbmanagement-Funktionalität. Das Verändern von CMYK-Daten ist ohnehin nicht möglich und auch nicht erforderlich. Lightroom ist schließlich eine Software für Fotografen und nicht für die Druckvorstufe. Natürlich wäre es wünschenswert, eigene Profile für den Export integrieren zu können, aber eigentlich nur als Nebensächlichkeit, da man mit externen Bildverarbeitungsprogrammen wie Photoshop diese Aufgaben hervorragend erledigen kann. Einzig eine Softproof-Möglichkeit für den Druck wäre wirklich wünschenswert.

▲ **Abbildung 3.40**
Bilder können in Photoshop bearbeitet werden und anschließend in Lightroom als zusätzliche Version mit dem Originalbild gruppiert werden.

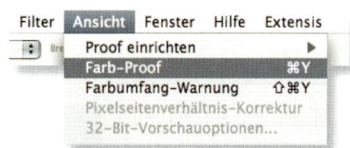

▲ **Abbildung 3.41**
Das Adobe-Photoshop-Menü zur Aktivierung der Softproof-Anzeige. In Lightroom fehlt diese leider.

▲ **Abbildung 3.42**
Beim Softproof ist es möglich, sich nicht druckbare Farben, hier in Pink dargestellt, als Farbwarnung anzeigen zu lassen.

3.3   Monitorkalibrierung

Damit alle Bilder am Ende auch so aus dem Drucker kommen, wie man es sich wünscht, ist schon die Qualität der Darstellung am Monitor entscheidend, da ausschließlich dort die Bearbeitung und Kontrolle der Bilder erfolgt. Ist die Farbdarstellung am Bildschirm nicht genauso wie in der Kamera, wird das Bild unter Umständen falsch korrigiert. Belichtungskorrekturen, Farbstichentfernung und Weißabgleich werden zum Glücksspiel. Ein kalibrierter Monitor ist daher absolute Pflicht.

Aber nicht jeder Monitor ist auch für eine Kalibrierung geeignet. Vor allem ältere Röhrenmonitore lassen in der Darstellungsqualität deutlich nach. Die Einstellung der Helligkeit und des Kontrastes kann nicht mehr in den gewünschten Bereichen geregelt werden, da sie eventuell bereits am Anschlag steht. Günstige Flachbildschirme oder ältere Geräte haben erst gar nicht den nötigen Kontrastumfang oder einen zu geringen Abstrahlwinkel. Bei diesen Geräten ändert sich die Darstellung des Monitorbildes schon, wenn man nicht direkt davorsitzt oder auch nur leicht den Kopf in der Höhe bewegt.

3.3.1   Der richtige Monitor

Röhrenmonitore waren bis vor ein, zwei Jahren noch die erste Wahl für die Bildverarbeitung. Nur teure LCD-Geräte konnten da mithalten. Die Preise für Flachbildschirme sind jedoch enorm gefallen, und das bei einer immer höheren Bildqualität. Trotzdem sollte man nicht zum günstigsten Gerät greifen – nicht nur wegen der besseren Farbdarstellung, sondern auch wegen der Augenfreundlichkeit und Haltbarkeit.

Ein 23"-Monitor muss es zwar nicht unbedingt sein, aber größer ist in jedem Fall besser. Gerade die Bedienfelder in Lightroom nehmen viel Platz ein, so dass entspanntes Arbeiten erst ab einer horizontalen Auflösung von 1600 Pixeln möglich ist. Bei Monitoren mit geringerer Auflösung muss man schon mal öfter die Bedienfelder ausblenden. Folgende Leistungsdaten sind für die Arbeit mit Lightroom empfehlenswert:

▶ Technologie: TFT-Aktivmatrix-LCD-Flachbildschirm
▶ Horizontale Auflösung: 1600 Pixel, entspricht ca. 20" (mindestens 1200 Pixel)
▶ Helligkeit: 300–400 cd/m²
▶ Kontrastumfang: 700:1
▶ Blickwinkel: ca. 178°
▶ Anschluss: digital über DVI (Digital Visual Interface)

▲ **Abbildung 3.43**
Bei der Auflösung von 1280 x 800 Pixeln wird fast der halbe Bildschirm durch die Bedienfelder verdeckt.

▲ **Abbildung 3.44**
Ab einer Auflösung von 1440 x 960 Pixeln kann man mit Lightroom ganz gut arbeiten.

▲ **Abbildung 3.45**
Ab einer Auflösung von 1920 x 1200 Pixeln macht das Arbeiten richtig Spaß.

Ob sich ein Monitor gut kalibrieren lässt, ist nur durch Ausprobieren herauszufinden. Einige Hersteller geben dazu auch Informationen in den Datenblättern. Spezielle Monitore für die Bildverarbeitung besitzen interne Messeinheiten zum Kalibrieren oder werden im Paket mit Kalibrierungsinstrumenten verkauft. Sie sind dann aber auch preislich höher angesiedelt. Erfahrungsgemäß hat man an einem Monitor von einem Markenhersteller mehr und länger Freude.

3.3.2 Softwarekalibrierung

Kalibrierungshardware arbeitet genauer und ist unabhängig vom Betrachtungswinkel auf den Monitor beziehungsweise von der persönlichen Verfassung des messenden Betrachters. Wer aber nicht darauf zurückgreifen kann, sollte eine Softwarekalibrierung durchführen. Mac OS X bietet eine solche an. Für Windows muss man dafür auf spezielle Anwendungen zurückgreifen.

TIPP

Der Mac ist traditionell die Domäne der Grafiker und Fotografen. Eine Software zum Kalibrieren von Monitoren ist hier im Betriebssystem schon eingebaut. Ältere Apple-Röhrenmonitore hatten sogar eine interne Hardwarekalibrierung. Die neuen Cinema-Displays besitzen dieses Feature nicht mehr. Daher muss als Messinstrument das menschliche Auge herhalten.

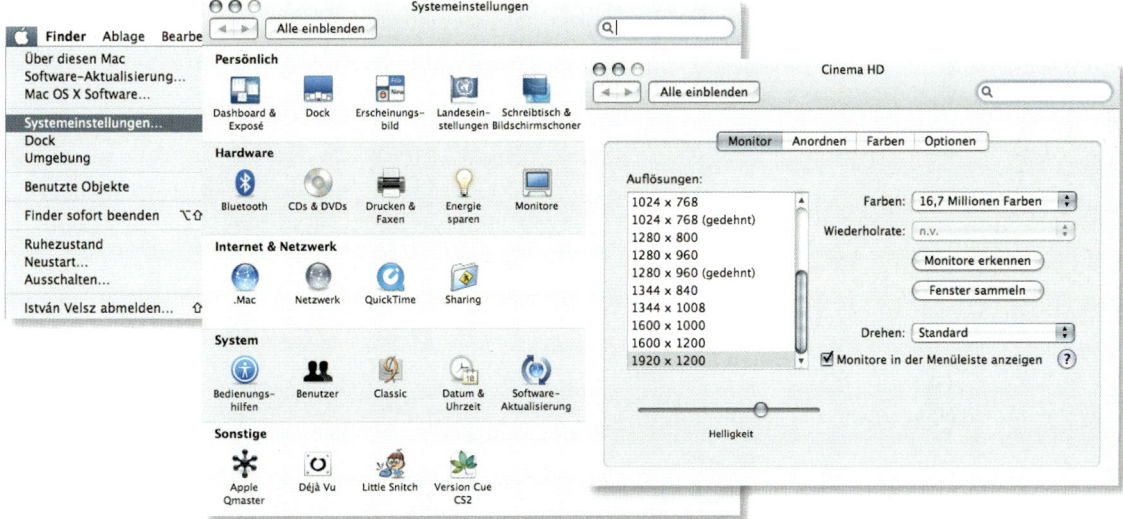

▲ **Abbildung 3.46**
Einstellungen für Monitor und Farben lassen sich im Dialogfeld MONITOR in den SYSTEMEINSTELLUNGEN einrichten.

Eine Softwarekalibrierung besteht aus einer Reihe an Dialogfeldern, in denen Sie den Monitortyp angeben und einen visuellen Abgleich vornehmen müssen. Um dabei eine möglichst hohe Exaktheit herzustellen, sollten Sie die Monitorkalibrierung nicht allein durchführen, sondern Ihre Einstellungen von einer Testperson gegenprüfen lassen.

▲ Abbildung 3.47
Die Monitoreinstellungen finden
Sie in Mac OS X unter SYSTEMEIN-
STELLUNGEN im Bereich HARDWARE.

Abbildung 3.48 ▶
Im FARBEN-Register können Sie
ein beliebiges RGB-Farbprofil auswählen. Beim Start einer Kalibrierung wird ein ausgewähltes Profil
aktiviert.

Schritt für Schritt: Softwarekalibrierung unter Mac OS X

1 Kontrollfeld »Monitor« öffnen

Die Software zum Kalibrieren von Monitoren befindet sich bei Mac
OS X im MONITOR-Kontrollfeld der Systemeinstellungen. Die Systemeinstellungen lassen sich über das APFEL-Menü aufrufen. Dort finden Sie das Kontrollfeld in der Gruppe der HARDWARE.

Nachdem Sie es angeklickt haben, öffnet sich auf jedem der
angeschlossenen Monitore ein eigener Einstellungsdialog – bei einer
Zweischirmlösung also auf beiden Bildschirmen.

Wenn Sie dort das Kontrollkästchen MONITORE IN DER MENÜLEISTE
ANZEIGEN aktivieren, können Sie den Dialog auch direkt über die
Menüleiste aufrufen.

2 Starten der Kalibrierung

Wechseln Sie in das Register FARBEN. Hier finden Sie eine Liste
bereits installierter Farbprofile. Haben Sie Ihren Monitor noch nicht
kalibriert, kann er auch nicht in dieser Liste stehen. Eine Auswahl
eines Profils vor der Kalibrierung ist sowieso irrelevant, da diese
immer ohne Profil startet.

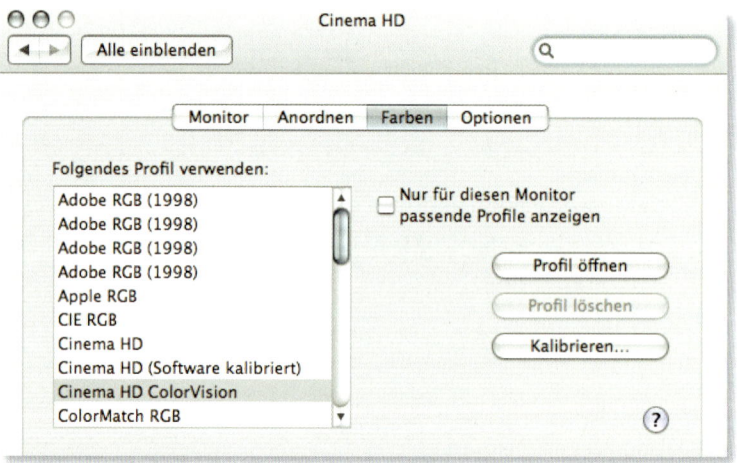

Klicken Sie also auf die KALIBRIEREN-Schaltfläche, um den Vorgang
zu starten.

3 Kalibrieren mit Experten-Modus

Haben Sie die Schaltfläche gedrückt, so kann es passieren, dass der
Monitor die Farbdarstellung verändert. Dies geschieht, weil er das
derzeit verwendete Profil deaktiviert und in seinen Ursprungszu-
stand wechselt.

Aktivieren Sie das Kontrollkästchen EXPERTEN-MODUS. Dabei
werden weitere Einstellmöglichkeiten aktiviert.

4 Wiedergabekurve einstellen

Das Dialogfeld zeigt Ihnen jetzt den Einstelldialog. Dabei sehen Sie drei Quadrate. Das mittlere erscheint etwas anders als die Fläche im Hintergrund. Ziel ist es nun, mit den beiden Reglern links und rechts die Helligkeit und Farbe des Apfels so zu verändern, dass er mit dem Hintergrund verschmilzt. Kneifen Sie dafür am besten die Augen etwas zusammen, und schielen Sie etwas. Schieben Sie dann den linken Regler nach oben und unten – so lange, bis die Helligkeit von Apfel und Hintergrund gleich ist. Verschieben Sie danach noch den Farbregler nach rechts, um die Farbtönung anzugleichen.

Wenn Sie fertig sind, klicken Sie auf FORTFAHREN. Es erscheinen weitere Einstelldialoge mit unterschiedlichen Helligkeiten. Passen Sie diese nach dem gleichen Muster an.

▼ **Abbildung 3.49**
Der Experten-Modus erlaubt eine genauere Kalibrierung der Wiedergabekurve. Über Schieberegler werden Helligkeit und Farbton eingestellt.

5 Gamma-Wert einstellen

Sind alle Einstellungen in der Wiedergabekurve erledigt, gilt es, den Gamma-Wert anzupassen.

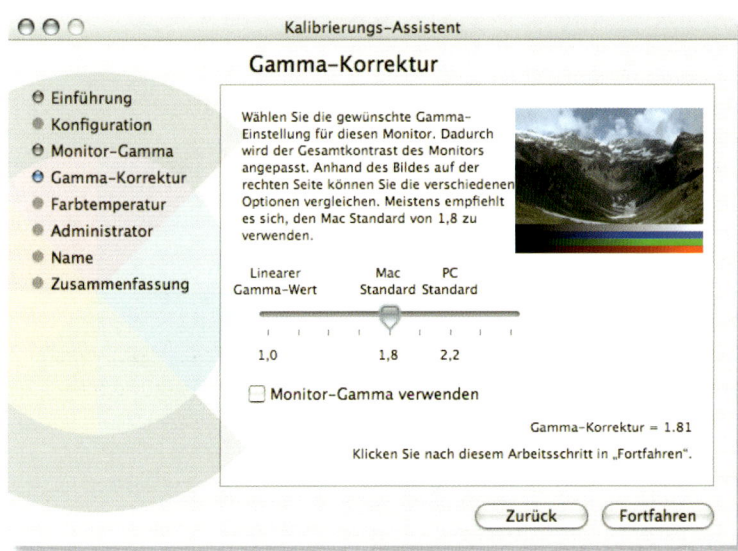

. passt den Hel-
◄ **Ab** die Sehgewohn-
Der nschlichen Auges an.
ligk
hei

onitorkalibrierung | 65

Der Gamma-Wert dient dazu, den Helligkeitsverlauf von Schwarz nach Weiß an das menschliche Sehvermögen anzupassen. Mac OS X verwendet einen Gamma-Wert von 1,8, während Windows-PCs mit einem Gamma-Wert von 2,2 arbeiten.

Deaktivieren Sie die Kontrollbox MONITOR-GAMMA VERWENDEN, falls diese aktiviert ist. Schieben Sie den Regler hier auf 1,8. Die Stelle ist bereits mit der Bezeichnung MAC STANDARD markiert.

Zur Kontrolle sollten Sie nun im rechten Testbild alle Details erkennen. Der Verlauf darunter sollte einen gleichmäßigen Helligkeitsübergang besitzen. Klicken Sie dann auf FORTFAHREN.

6   Farbtemperatur anpassen

Als letzte Einstellung stellen Sie im Dialogfeld zur Farbtemperatur einen Wert von 6 500 K ein. Dies entspricht dem Normlicht D65.

Haben Sie die Möglichkeit, die Farbtemperatur über Ihr Monitormenü einzustellen, können Sie das auch dort machen. Sie müssen dann allerdings die Kontrollbox UNKORRIGIERTE FARBTEMPERATUR VERWENDEN aktivieren.

Das Monitorbild wird Ihnen zunächst ziemlich rotstichig vorkommen. Wenn Sie sich unsicher sind, halten Sie einfach ein Blatt weißes Papier neben eine weiße Fläche im Monitor. Sie werden sehen, dass die Weißtöne einander in etwa entsprechen. Nach einer Stunde haben Sie sich an die neue Monitordarstellung gewöhnt.

Probieren Sie einmal den Gegencheck: Wenn Sie jetzt den Monitor zurück auf den alten Wert stellen, in der Regel auf 9 300 K, erkennen Sie den Blaustich. Nach der Einstellung klicken Sie auf FORTFAHREN.

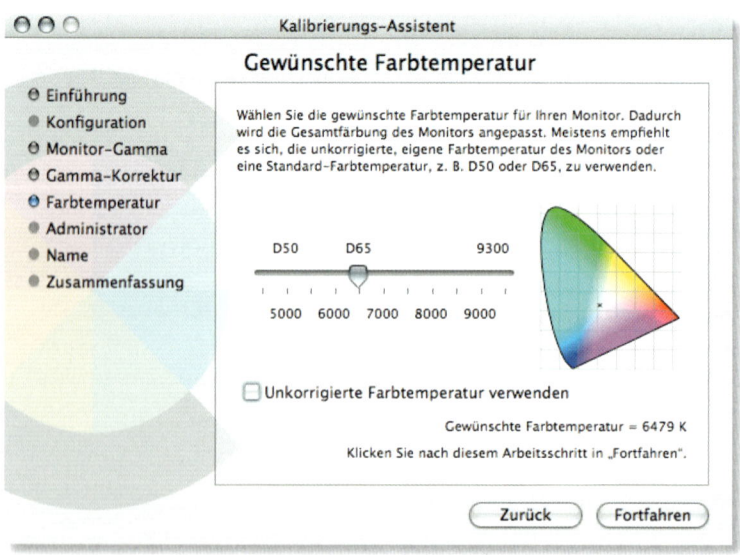

7   Benutzerfreigabe und Speicherung

Zum Abschluss wird das Profil generiert und gespeichert. Wollen Sie es allen Benutzern auf Ihrem Rechner zur Verfügung stellen, klicken Sie die entsprechende Kontrollbox im aktuellen Dialogfeld an. Das Profil wird dann im ColorSync-Ordner gespeichert, auf den alle Benutzer zugreifen können. So muss nicht jeder Benutzer den Monitor extra kalibrieren.

▼ **Abbildung 3.52**
Wählen Sie einen klaren Namen für Ihr Profil, vor allem wenn andere Benutzer auf Ihr Profil zugreifen können.

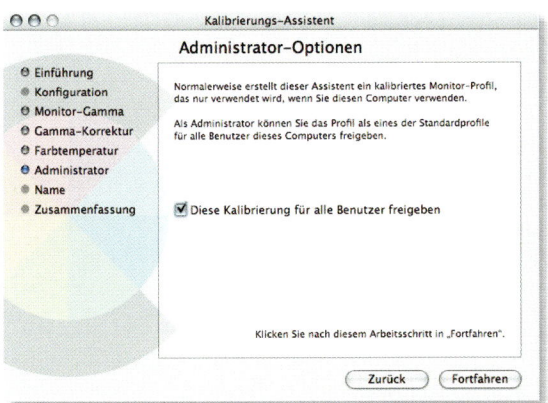

Wenn Sie anschließend fortfahren, können Sie dem Profil einen Namen geben. Es empfiehlt sich, den Produktnamen des Herstellers und ein Datum zu verwenden, um festzuhalten, um welches Profil es sich genau handelt.

Arbeiten Sie mit einem Zweischirmsystem, so können Sie die Schritte auch für den anderen Monitor durchführen. Dazu wählen Sie auch für den Zweitmonitor das Register FARBEN und anschließend die Schaltfläche KALIBRIEREN. ■

Schritt für Schritt: Softwarekalibrierung mit Adobe Gamma

Unter Microsoft Windows gibt es keine integrierte Betriebssystemfunktion zum Kalibrieren eines Monitors. Hier muss man sich mit Programmen von Drittherstellern behelfen. Besitzt man Adobe Photoshop, so wird eine eigene kleine Software, Adobe Gamma, mitgeliefert.

1   Öffnen von Adobe Gamma und Starten des Assistenten

Das Kontrollfeld ADOBE GAMMA.CPL befindet sich im Verzeichnis C:\PROGRAMME\GEMEINSAME DATEIEN\ADOBE\CALIBRATION. Je nach Installation finden Sie das Programm auch in der Systemsteuerung. Diese erreichen Sie über den Windows-Menüpfad STARTMENÜ • SYSTEMSTEUERUNG.

Öffnen Sie das Programm, indem Sie im Verzeichnis auf das Kontrollfeld doppelklicken. Verwechseln Sie das Kontrollfeld nicht mit

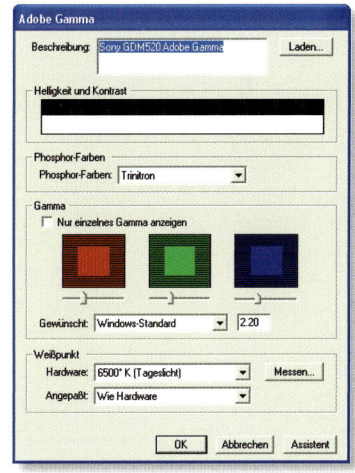

▲ **Abbildung 3.53**
Adobe Gamma erlaubt eine grobe Kalibrierung. Alternativ zur Systemsteuerung gibt es auch einen Schritt-für-Schritt-Assistenten.

dem Programm ADOBE GAMMA LOADER.EXE. Dieses dient zum Laden der Monitoreinstellungen und sollte auch über das Startmenü unter PROGRAMME • AUTOSTART erreichbar sein.

Sie können bei der Softwarekalibrierung zwischen einer schrittweisen Einrichtung über einen Assistenten-Dialog und der manuellen Kontrolle per Systemsteuerung wählen. Wählen Sie den Assistenten.

▼ Abbildung 3.54
Normalerweise befindet sich das Kontrollfeld in der Systemsteuerung, doch leider nicht immer. Wenn nicht, finden Sie es auch im Programmordner unter GEMEINSAME DATEIEN.

▼ Abbildung 3.55
Der Assistent führt den Nutzer Schritt für Schritt durch die Kalibrierung und gibt Hinweise. Für fortgeschrittene Anwender kann auch direkt das Kontrollfeld eingeblendet werden.

2   **Beschreibung des Profils**

Nachdem Sie den Assistenten gestartet haben, können Sie eine Beschreibung des Profils angeben. Geben Sie hier den Namen Ihres Monitors, die Software der Kalibrierung (Adobe Gamma) und eventuell ein Datum an. Haben Sie eine Beschreibung angelegt, klicken Sie auf WEITER.

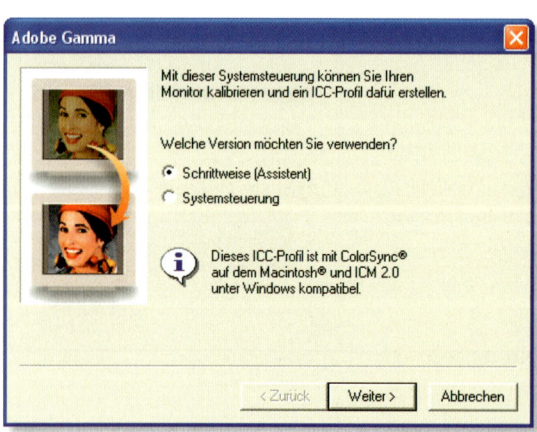

3   **Grundeinstellung des Monitors**

Damit der Monitor kalibriert werden kann, stellen Sie den Kontrast am Monitor auf den Maximalwert. Passen Sie dann die Helligkeit so an, dass Sie im Quadrat gerade noch das schwarze Feld in der Mitte erkennen (siehe Abbildung 3.56). Der weiße Rahmen sollte so hell wie möglich sein. Haben Sie die Einstellung getroffen, klicken Sie auf WEITER.

4 Phosphor-Farben

Sie können auch den Farbumfang Ihres Monitors vorauswählen. Dies hat aber nur sehr geringen Einfluss auf die Darstellung und macht meiner Meinung nach optisch keinen Unterschied.

Um auf Nummer sicher zu gehen, stellen Sie das Menü PHOS-PHOR-FARBEN für einem normalen Röhrenbildschirm auf P22-EBU oder auf TRINITRON, wenn Sie ein Sony-Trinitron-Monitormodell verwenden. Alle anderen Auswahlpunkte sind für Fernsehmonitore gedacht. Auch wenn Sie einen LCD-Monitor verwenden, benutzen Sie am besten die Einstellung TRINITRON. Klicken Sie dann auf WEITER.

5 Gamma-Wert einstellen

Den Kern des Kontrollfeldes bilden drei Farbfelder mit dazugehörigen Reglern. Diese verändern den Gamma-Wert für jede einzelne Farbe. Ist das Kontrollkästchen NUR EINZELNES GAMMA ANZEIGEN aktiv, sehen Sie nur ein graues Rechteck. Deaktivieren Sie das Kontrollkästchen in diesem Fall.

Als Vorgabe für die gewünschte Gamma-Kurve wählen Sie im Drop-down-Menü GEWÜNSCHT den Punkt WINDOWS-STANDARD aus. Dies entspricht dem Gamma-Wert von 2,2. Dies sollte aber auch schon voreingestellt sein und bedarf dann keiner weiteren Änderung.

Die farbigen Quadrate darüber bestehen aus einem Farbraster und einer Farbfläche. Das Raster besteht aus schwarzen Pixeln und dem jeweiligen Farbwert in der maximalen Helligkeit. Dadurch wird bei erhöhtem Betrachtungsabstand und mit zusammengekniffenen Augen ein optischer Mittelwert generiert. Im Inneren des Rasters befindet sich eine Farbfläche mittlerer Helligkeit.

Ziel ist es jetzt, über den Regler unter dem Rechteck dem äußeren und dem inneren Bereich optisch die gleiche Helligkeit zu verleihen. Dazu kneift man erneut die Augen zusammen und geht etwas weiter vom Monitor weg als gewohnt, bis die Flächen verschwimmen.

Verstellen Sie den ersten Regler so, dass kein Unterschied mehr zwischen den beiden Bereichen sichtbar ist. Wiederholen Sie diesen Vorgang für die beiden anderen Farben. Wenn Sie fertig sind, klicken Sie auf WEITER.

6 Weißpunkt einstellen

Nach der Einstellung der Gamma-Werte müssen Sie noch den Weißpunkt festlegen. Dazu gibt es zwei Möglichkeiten, die von den Einstellmöglichkeiten Ihres Monitors abhängig sind. ■

▲ **Abbildung 3.56**
Der Kontrast und die Helligkeitseinstellungen begrenzen die Gamma-Einstellung am hellsten und dunkelsten Ende des Farbraums.

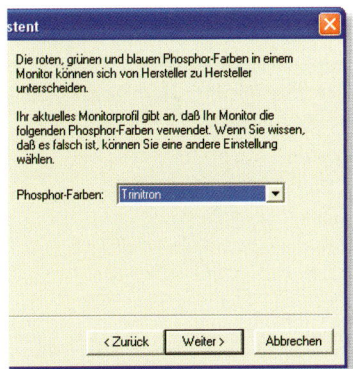

▲ **Abbildung 3.57**
Die Phosphor-Farben passen den Farbraum an die Bildröhre an. Die Unterschiede sind aber marginal.

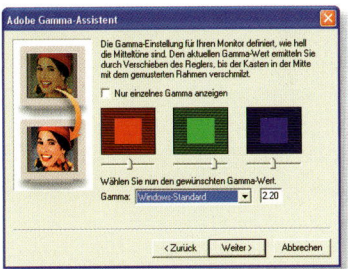

▲ **Abbildung 3.58**
Die Gamma-Einstellung korrigiert den Helligkeitsverlauf des Monitors. Durch die Korrektur der Farben werden Farbstiche eliminiert.

Weißpunkt am Monitor einstellen | Besitzen Sie einen Monitor, der es Ihnen erlaubt, den Weißpunkt über das Monitormenü festzulegen, stellen Sie dort den Wert auf 6500 K. Danach stellen Sie diese Farbtemperatur auch im Assistenten von Adobe Gamma ein.

▲ **Abbildung 3.59**
Erlaubt der Monitor eine Einstellung der Farbtemperatur im eigenen Menü, sollte man diese dort vornehmen.

Unbekannten Weißpunkt messen | Können Sie keine Farbtemperatur an Ihrem Monitor angeben, müssen Sie diese messen. Messen ist etwas übertrieben, herantasten wäre das bessere Wort. Klicken Sie dazu auf MESSEN. Es erscheinen drei mehr oder weniger graue Felder. Das Feld in der Mitte repräsentiert die aktuelle Einstellung, links blauere Weißtöne, rechts rötlichere Weißtöne. Durch Klicken auf eines der seitlichen Felder wird die jeweilige Farbe in die Mitte übernommen. Die seitlichen Felder verändern sich dann so, dass ihr Weißton entweder noch blauer oder aber rötlicher wird.

▲ **Abbildung 3.60**
Nur wenn der Monitor keine Einstellung der Farbtemperatur zulässt, muss man sich an den Weißpunkt herantasten.

Klicken Sie sich so durch die Farbfelder, bis das Feld in der Mitte grau erscheint. Wenn Sie eine Graukarte besitzen, können Sie diese zum Vergleich heranziehen. Wenn das mittlere Feld den richtigen

Grauton besitzt, klicken Sie dieses an. Der Wert wird dann übernommen. Entspricht er keinem Normlichtwert, so steht EIGENE im Dropdown des Hardware-Weißpunkts. Klicken Sie auf WEITER.

Angepasster Weißpunkt | Wenn der Weißpunkt eingestellt worden ist, erscheint ein weiteres Menü zur Einstellung eines Weißpunkts. Geben Sie hier WIE HARDWARE an. Eine andere Einstellung wäre nur dann nötig, wenn Sie für die Darstellung einen abweichenden Wert angeben wollen. Klicken Sie auf WEITER.

7 Vergleichen und Speichern

Zum Abschluss können Sie noch die Kalibrierung mit der unkalibrierten Darstellung vergleichen. Dazu klicken Sie einfach die jeweilige Optionsbox an. Klicken Sie dann auf WEITER, so erscheint ein SPEICHERN UNTER-Dialog. Sichern Sie die Datei in dem vorgegebenen Ordner. Verwenden Sie dabei einen Dateinamen, der zumindest Ihre Monitorbezeichnung und die Software, mit der Sie den Monitor kalibriert haben, enthält.

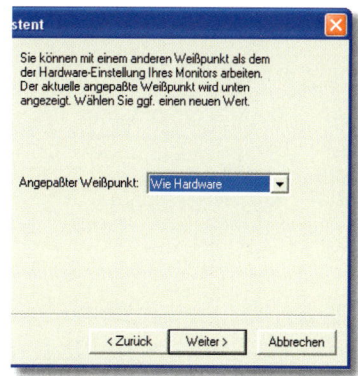

▲ **Abbildung 3.61**
Der angepasste Weißpunkt sollte der gleiche sein wie der reale Weißpunkt des Monitors. Hier müsste man nur einen anderen Weißpunkt einstellen, wenn die Monitordarstellung bewusst abweichen soll.

◄ **Abbildung 3.62**
Das erstellte Profil lässt sich mit dem unkalibrierten Zustand vergleichen und abschließend speichern.

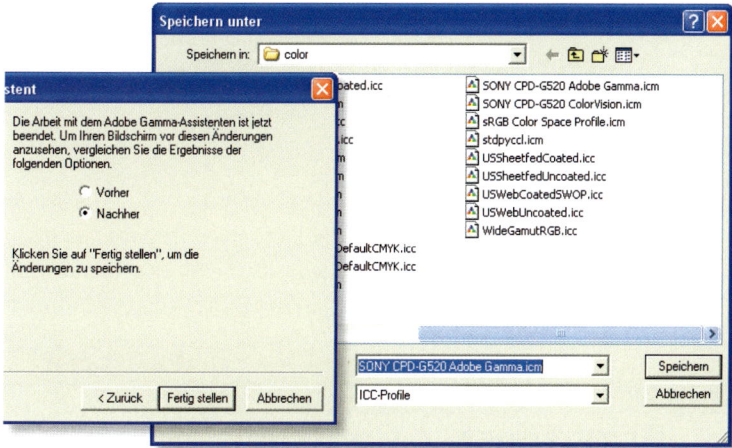

Das gespeicherte Monitorprofil wird schließlich als Farbprofil in der Farbverwaltung des Betriebssystems eingestellt. Diese befindet sich in den erweiterten Einstellungen des ANZEIGE-Kontrollfeldes in der Systemsteuerung. ■

Schritt für Schritt: Kalibrierung mit Monitor Calibration Wizard

Nicht jeder Anwender besitzt eine Version von Adobe Photoshop. Ohne Adobe Gamma ist man auf frei verfügbare Tools angewiesen. Eines dieser Tools ist der Monitor Calibration Wizard. Eine frei verfügbare Version (Monitor Calibration Wizard 1.0) ist unter »Products« auf der Website *www.hex2bit.com* erhältlich.

▲ **Abbildung 3.63**
Das Monitorprofil wird direkt in den Anzeige-Dialog der Farbverwaltung eingetragen. Hier muss keine Einstellung mehr vorgenommen werden.

1 Öffnen des Programms und Grundeinstellungen

Nach der Installation öffnen Sie das Programm über STARTMENÜ • ALLE PROGRAMME • MONITOR CALIBRATION WIZARD. Damit das erstellte Profil beim Starten direkt geladen wird, aktivieren Sie das Kontrollkästchen LOAD AT WINDOWS STARTUP. Um zu verhindern, dass andere Programme Profile laden, aktivieren Sie das zweite Kontrollkästchen PERSISTENT PROFILE, DON'T LET THE CURRENT PROFILE CHANGE. Danach können Sie den Monitor kalibrieren.

Abbildung 3.64 ▶
Der Monitor Calibration Wizard. Hier stellen Sie ein, dass das Monitorprofil beim Starten von Windows geladen wird.

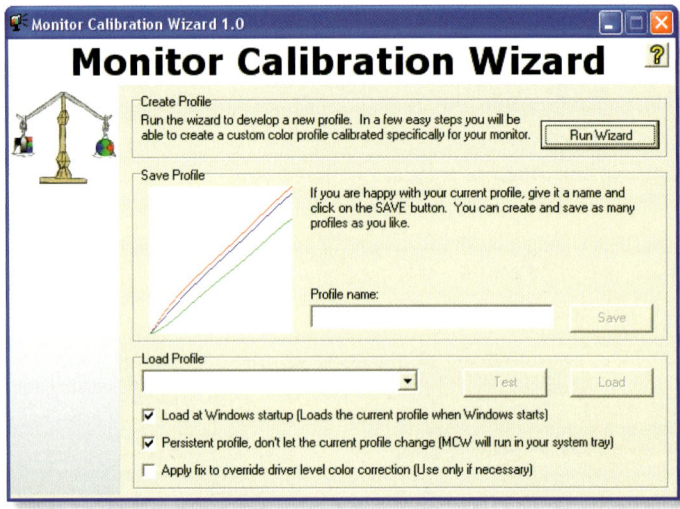

2 Helligkeit und Kontrast einstellen

Klicken Sie auf die Schaltfläche RUN WIZARD. Nach einem Hinweisfenster wird der Vorgang gestartet. Dazu müssen Sie, wie bei Adobe Gamma auch, zunächst die Helligkeit und den Kontrast des Monitors einstellen.

Abbildung 3.65 ▶
Wie in jeder anderen Kalibrierungssoftware muss der Kontrast am Monitor auf den Maximalwert gesetzt werden. Stellen Sie dann mit Blick auf die Farbkästen die Helligkeit ein.

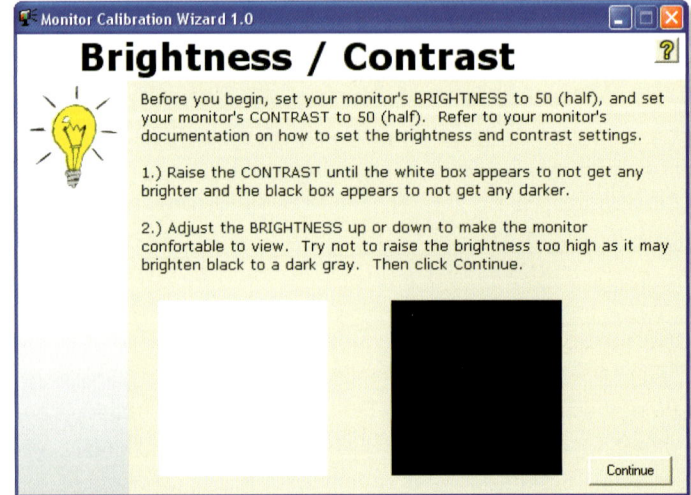

Stellen Sie den Kontrast des Monitors auf den hellsten Wert. Danach stellen Sie die Helligkeit so ein, dass das weiße Feld nicht zu dunkel und das schwarze nicht zu hell wird. Klicken Sie dann auf die Schaltfläche CONTINUE.

3 Gamma-Werte einstellen

Als Erstes stellen Sie die Korrekturkurve für die Farbe Rot ein. Dazu müssen Sie in den beiden linken Einstellfeldern zunächst die hellste und dunkelste Stelle festlegen. Diese Felder sind zweigeteilt. In der oberen Hälfte ist die Farbe im Soll-Zustand, darunter im Ist-Zustand.

Verschieben Sie die Regler unter den beiden linken Feldern so weit, bis in den beiden Hälften kein Unterschied mehr sichtbar ist. Beginnen Sie dazu mit einer Einstellung, mit der ein deutlicher Unterschied feststellbar ist.

▼ Abbildung 3.66
Durch die Gamma-Korrektur mit mehreren Feldern wird die Farbcharakteristik des Monitors so herausgefiltert, dass am Ende eine neutrale Darstellung erreicht wird.

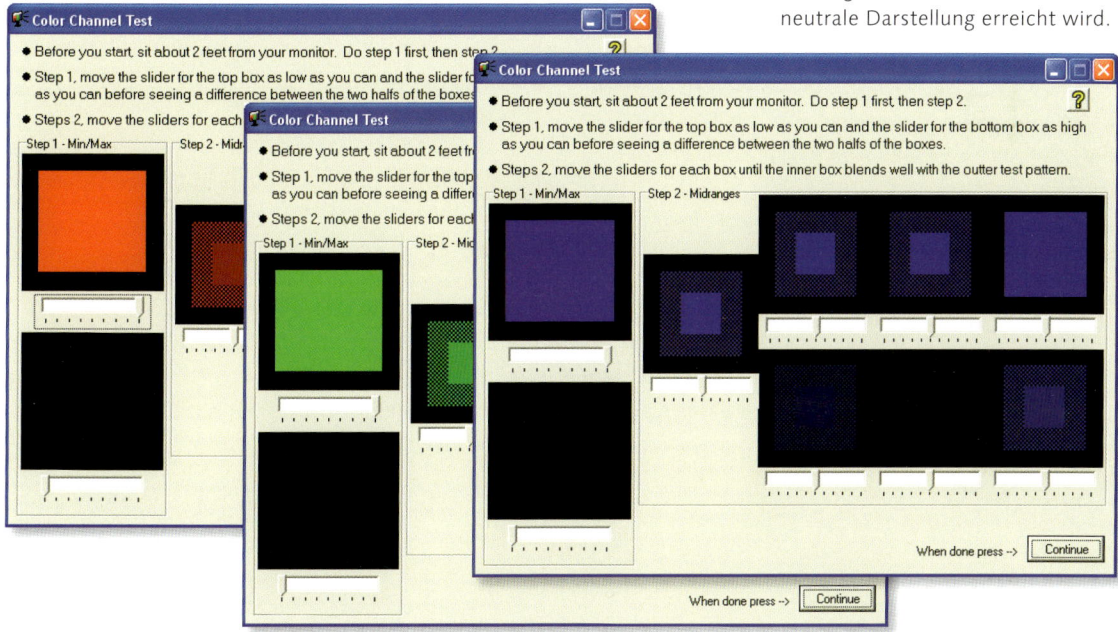

Anschließend stellen Sie bei den anderen Feldern die Regler so ein, dass zwischen dem Quadrat in der Mitte und dem Bereich darum herum kein Unterschied mehr zu sehen ist. Kneifen Sie dazu am besten die Augen ein wenig zu, und entfernen Sie sich etwas vom Monitor. Wenn das Raster der Umrandung der Quadrate verschwimmt, haben Sie die richtige »Augenstellung«, um den Gamma-Wert zu beurteilen. Wenn Sie mit einer Farbe fertig sind, klicken Sie auf CONTINUE und stellen auch die beiden anderen Farben nach dem gleichen Verfahren ein.

4 **Profil testen**

Nach Abschluss der Gamma-Korrektur sehen Sie die Korrektur-kurve. Über die Schaltfläche 15 SECOND TEST können Sie das Profil jetzt testen. Ist Ihnen das Bild zu dunkel oder zu hell, können Sie das Profil über den Schieberegler BRIGHTNESS korrigieren. Wenn Sie fertig sind, können Sie über APPLY das Profil anwenden.

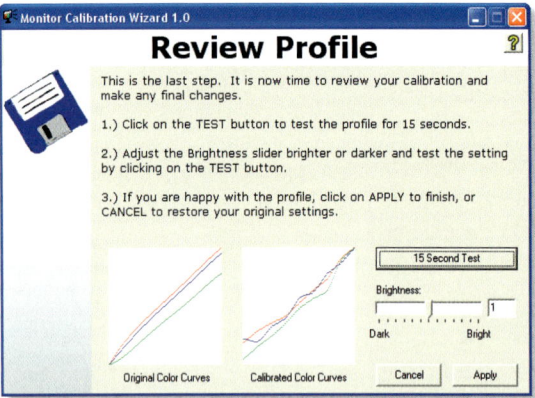

▲ **Abbildung 3.67**
Nach der Korrektur kann das erstellte Profil getestet werden.

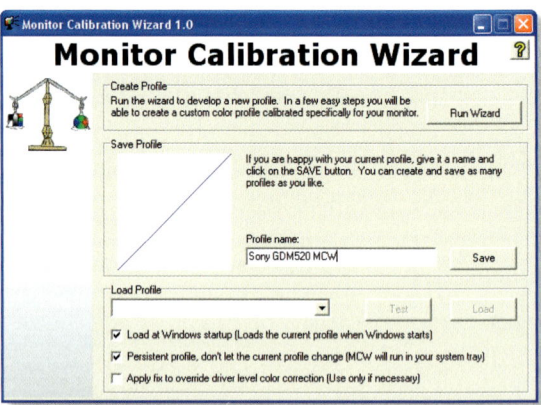

▲ **Abbildung 3.68**
Das gespeicherte Profil kann nur über den Monitor Ca-libration Wizard geladen werden. Es handelt sich nicht um ein standardisiertes ICC-Profil.

5 **Profil speichern**

Nach dem Anwenden des Profils kommen Sie wieder zurück zum Start-Dialogfeld, wo Sie das Profil nun speichern können. Geben Sie dafür einen eindeutigen Namen ein. Dieser kann beispielsweise aus dem Monitornamen und dem Datum bestehen.

Bitte beachten Sie, dass das hier gespeicherte Profil kein ICC-Farbprofil ist und nur über den Monitor Calibration Wizard geladen werden kann. ■

▲ **Abbildung 3.69**
Pakete zur Hardwarekalibrierung bestehen aus einem Spektrometer und der dazugehörigen Software – hier ein Spyder2 von Colorvision. Diese Werkzeuge erlauben eine sehr genaue Kalibrierung.

3.3.3 Hardwarekalibrierung

Die Hardwarekalibrierung läuft eigentlich nach dem gleichen Schema ab wie eine Softwarekalibrierung. Der Unterschied besteht lediglich in der Verwendung eines Spektrometers, das das manuelle visuelle Abschätzen unnötig macht. Es misst eine Reihe von abge-strahlten Farben und erstellt dadurch eine Korrekturkurve.

Diese Spektrometer arbeiten viel genauer und objektiver als das menschliche Auge. Daher sind sie sicher die erste Wahl. Allerdings sind sie auch mit zusätzlichen Kosten verbunden. Empfehlenswerte Geräte sind das »eyeONE Display 2« von X-Rite und das »Spyder« von Colorvision (siehe Abbildung links).

4 Das RAW-Datenformat

Das Arbeiten mit RAW-Bilddaten gilt als der beste Weg im Umgang mit digitalen Fotografien. Viele ambitionierte Hobbyfotografen und noch mehr Profifotografen arbeiten mit diesen Daten, da sie im Vergleich zu normalen Datenformaten wie JPEG oder TIFF viele Vorteile bringen. Welche das sind, was das RAW-Format genau ist, wie RAW-Bilder entstehen und wie man damit umgeht, erklärt dieses Kapitel.

4.1 Was sind RAW-Daten?

Eine RAW-Datei ist wie ein Rohdiamant. Ungeschliffen ist ein solcher unförmig, rau und ohne Glanz. Erst das Schleifen macht ihn zu dem, wovon viele träumen. Ähnliches trifft es auf RAW-Bilder zu. Sie sind in ihrer Rohform, wenn sie aus der Kamera kommen, noch gänzlich unbearbeitet und damit frei von allen durch die Kamera vorgegebenen Zwängen wie Farbbalance oder Dateiformat. Wie diese »digitalen Negative« dann weiterverarbeitet, also entwickelt werden, ist für die Bildqualität entscheidend.

RAW-Daten speichern nur die reine Information des Kamerachips ab, ohne diese zu interpretieren oder zu verändern. Chips können aber nur Helligkeitsinformationen aufnehmen und abspeichern, daher verhält sich ein RAW-Bild eher wie ein Schwarzweißnegativ.

4.1.1 Analoger Film

Um den Unterschied zum analogen Film deutlich zu machen, werfen wir zuerst einen kurzen Blick in die analoge Welt. Herkömmlicher Film besteht aus mehreren Schichten (siehe auch Abbildung 4.1):

Zwischen dem Trägermaterial und einer UV-Filterschicht befinden sich drei farbempfindliche Schichten. Je nach Wellenlänge dringt das Licht mehr oder weniger tief in diese Farbschichten ein und belichtet die Kristalle in der jeweiligen Farbschicht. Die Auflösung wird dabei durch die Größe der Kristalle bestimmt. Da die Schichten übereinanderliegen, kann also theoretisch jedes »Filmkorn« jede Farbe annehmen.

Schutzschicht
UV-Sperrschicht
Blauempfindliche Schicht
Gelbfilter
Grünempfindliche Schicht
Rotfilter
Rotempfindliche Schicht
Lichthof-Schutz
Trägermaterial

▲ **Abbildung 4.1**
Beim analogen Film werden die Farben in drei übereinanderliegenden Schichten gespeichert. Jedes »Filmkorn« besitzt somit die komplette Farbinformation.

Bei der Entwicklung werden dann die ungebrauchten Schichten entfernt und die lichtempfindlichen Kristalle fixiert. Durch die drei übereinanderliegenden Farbschichten kann dabei jede beliebige Farbe erzeugt werden.

Die Farbtemperatur eines analogen Films wird durch die chemische Zusammensetzung fest definiert. Tageslichtfilme haben eine Farbtemperatur von 5500 K. Verwendet man einen solchen Film bei Kunstlicht, erscheinen die Bilder extrem rot. Daher gibt es spezielle Kunstlichtfilme. Diese sind auf niedrigere Farbtemperaturen von ca. 3400 K eingestellt.

4.1.2 Digitale Sensorchips

Wie entsteht aber nun das digitale Foto? Sensorchips in Digitalkameras bestehen aus in Gitterform angelegten kleinen Sensorelementen. Jedes Element misst die Helligkeit, die es empfängt. Die Elemente können keine Farben messen, sondern nur Helligkeiten. Sie zählen quasi die Photonen. Je mehr Photonen einströmen, umso höher ist die Helligkeit.

Der Messwert der Helligkeit wird in digitale Werte mit 12 Bit umgewandelt. Das entspricht einem Wert von 4096 Helligkeitsabstufungen. 0 bedeutet dabei Schwarz, Weiß wird durch den Wert 4095 repräsentiert.

▼ **Abbildung 4.2**
Da Fotosensoren keine Farben sehen können, werden Farbfilter vorgeschaltet. Die hinter dem Filter gemessenen Helligkeitswerte werden dann in Farbwerte umgesetzt und zu einem Bild verrechnet.

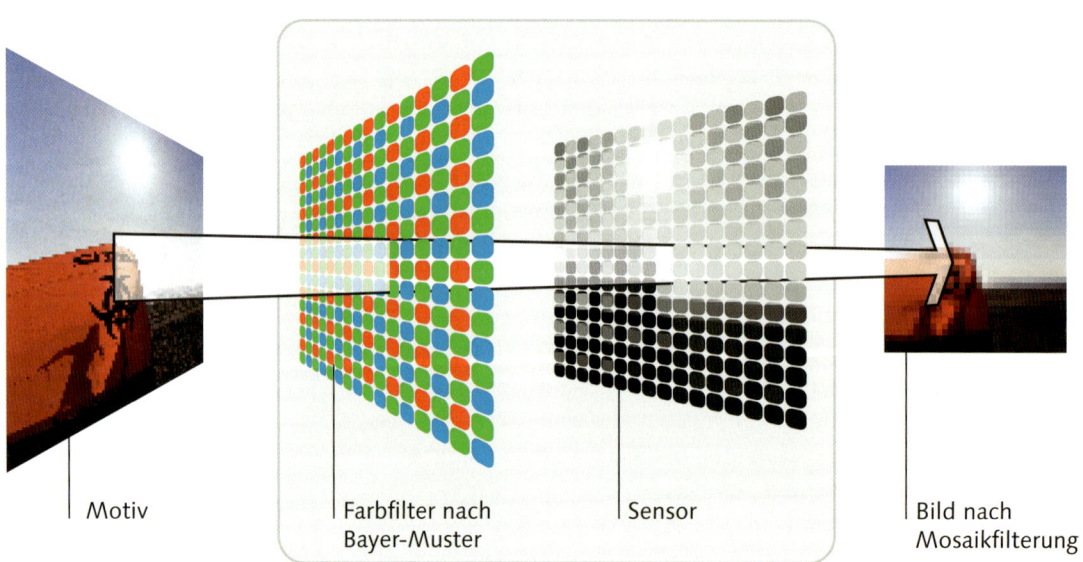

Motiv | Farbfilter nach Bayer-Muster | Sensor | Bild nach Mosaikfilterung

4.1.3 Von der Helligkeit zur Farbe

Die meisten Sensorchips besitzen nicht mehrere Farbschichten wie ein analoger Film, sondern nur eine Ebene und können auf dieser nur Helligkeitsinformationen verarbeiten. Wie gelangt also die Farbe in die digitalen Bilder?

Um diese zu erzeugen, wird vor dem Sensorchip ein Farbfilter platziert. Da ein Lichtstrahl aus der Kombination von Rot, Grün und Blau jede erdenkliche Farbe ergeben kann, benötigt man nur drei Filter. Diese werden in einem bestimmten Muster über den Sensoren platziert. Das am meisten eingesetzte Muster ist das Bayer-Muster (siehe Abbildung 4.3).

Das Bayer-Muster berücksichtigt die größere Grünempfindlichkeit des menschlichen Auges. Daher befinden sich doppelt so viele grüne Filter wie blaue oder rote in diesem Muster.

Es gibt auch andere Muster oder Farbfilterungen, die aber nicht so verbreitet sind. Erwähnenswert ist der Foveon-Chip. Dieser arbeitet nicht wie die anderen Sensoren mit nur einer Ebene, sondern, ähnlich wie ein analoger Film, mit drei Schichten. Auch hier dringen die Farben des Lichts unterschiedlich tief ein. Der Vorteil dabei ist, dass jedes Pixel gleich die komplette Farbinformation erhält.

Bei einschichtigen Chips empfängt jedes Pixel aber nur einen Teil der gesamten Farbinformation. Um jedes Pixel mit der kompletten Farbinformation abzubilden, muss diese erst aus den benachbarten Pixeln über komplizierte Rechenprozesse interpoliert werden. Dieses Verfahren nennt sich Mosaikfilterung. Wichtig ist, dass die dahinter operierenden Algorithmen zuverlässig arbeiten und beispielsweise auch harte Kontrastkanten im Bild erkennen und darstellen können.

Je nach Anordnung des Filters und je nach Kamerahersteller werden bei der Berechnung unterschiedliche Filteralgorithmen angewendet. Auch eine Software wie Lightroom, die RAW-Dateien verarbeitet, benötigt solche Filter, da sie von der Kamera ja nur die unberechneten RAW-Daten bekommt und die Farbinformation selbst errechnen muss. Daher ist die Art der Filterung ein Qualitätsmerkmal von RAW-Programmen.

4.1.4 Warum mit RAW fotografieren?

Werden Bilder in der Kamera als JPEG oder TIFF gespeichert, werden die RAW-Daten gleich zusammen mit weiteren Informationen verarbeitet. Dabei passiert Folgendes:

1. Die RAW-Helligkeitsdaten werden mit einem Farbmosaikfilter zu einem Farbbild zusammengerechnet.
2. Zusätzlich eingerechnet wird die Information über den in der Kamera eingestellten Weißabgleich.
3. Auf die Bildinformation wird dann ein Scharfzeichnungsfilter angewendet.
4. Das Bild wird schließlich automatisch von der Kamera in eine Farbtiefe von 8 Bit konvertiert und dann komprimiert abgespeichert. Bei JPEG ist die Kompression zusätzlich mit Verlusten behaftet.

▲ **Abbildung 4.3**
Das Bayer-Raster der meisten Sensorchips berücksichtigt die höhere Empfindlichkeit des menschlichen Auges gegenüber Grün.

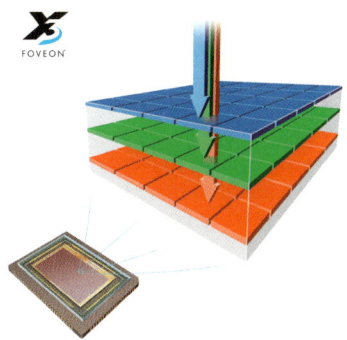

▲ **Abbildung 4.4**
Der Foveon-Chip ist bisher der einzige Chip, der keinen Mosaikfilter benötigt. Jedes Pixel verarbeitet die Information aller drei Farben wie bei einem herkömmlichen Film.

Durch die Verwendung des RAW-Datenformats entfallen all diese Bearbeitungsschritte in der Kamera. Die Möglichkeiten dafür sind kameraintern auch eher gering.

Mit RAW können Sie die Bilder später am weitaus leistungsstärkeren Computer mit einer viel feiner arbeitenden RAW-Software selbst zu Ende entwickeln. So behalten Sie die komplette Kontrolle über die Bilddaten.

Vorteile des RAW-Workflows | Die Vorzüge von RAW-Bildern liegen auf der Hand. Man erreicht damit eine größere Kontrolle und Präzision:

▶ Sie haben die volle Kontrolle über den Entwicklungsprozess Ihrer Bilder bis zum Ergebnis und können Weißpunkt, Schärfe, Farbbalance, Sättigung etc. auch nachträglich noch ändern.

▶ RAW-Daten sind noch nicht auf eine Farbtiefe von 8 Bit reduziert. Sie haben darin den vollen Zugriff auf 12 Bit und können so detailliertere Bearbeitungen durchführen.

▶ Sie haben Zugriff auf den vollen Farbumfang des Chips. Es findet keine Beschränkung durch ein angewendetes Farbprofil wie zum Beispiel sRGB statt.

▶ Von einem RAW-Bild als »digitalem Negativ« können mehrere unterschiedliche Varianten, quasi als Abzüge, angefertigt werden. Die RAW-Datei selbst bleibt dabei als Negativdatei unberührt.

▶ Durch den größeren Helligkeitsumfang können auch Fehlbelichtungen korrigiert werden.

▶ Es entstehen keine Kompressionsfehler oder -artefakte wie bei JPEG-Bildern.

▶ In RAW-Bildern lassen sich Licht- und Schattendetails besser herausholen.

Nachteile des RAW-Workflows | Sicher gibt es auch einige Nachteile in Verbindung mit dem RAW-Format, die hauptsächlich im Verzicht auf den Komfort einer schnellen, automatischen Entwicklung der Bilder liegen:

▶ Der größte Nachteil ist die deutlich höhere Dateigröße. Selbst bei verlustfreier Kompression kann eine Datei bei einer 12-Megapixel-Kamera schon mal 10 MB besitzen. Das macht die Handhabung nicht einfacher: Die Kamera benötigt länger, bis die Daten auf die Speicherkarten geschrieben werden. Auch das Herunterladen auf den Rechner dauert länger.

▶ Der zweite Punkt ist, dass man bei RAW-Bildern nicht um die Nachbearbeitung herumkommt. Die Bilder müssen mit einer Software nachbearbeitet werden, um ansehnlich oder gar präsentierbar gemacht zu werden. Die RAW-Daten können somit

Was bedeuten die Blendenwerte wie f2.8?

Die Irisblende der Kamera verringert beim Schließen die Fläche des einfallenden Lichts. Entscheidend für den Blendeneffekt ist das Verhältnis zwischen Brennweite und Blendendurchmesser.

Ein Verhältnis von Brennweite »f« (Focus) und Blende von 1.0 bedeutet, dass der Durchmesser der Brennweite entspricht. Bei 50 mm wäre der Blendendurchmesser also ebenfalls 50 mm. Jedes Abblenden um eine Stufe halbiert die einfallende Lichtmenge.

Da es sich dabei um Flächenangaben handelt, verursacht nicht die Verdoppelung der Blendenwerte eine Halbierung der Lichtmenge, sondern die Quadratwurzel aus 2, also ca. 1.4. Das ergibt dann eine Wertefolge von 1.0, 1.4, 2.0, 2.8, 4.0, 5.6, 8, 11, 16 usw.

f2.8 – also eigentlich f/2.8 – bei 50 mm bedeutet einen Blendendurchmesser von 17,86 mm. Dadurch wird auch klar, warum lange Brennweiten höhere Ausgangsblenden besitzen.

auch nicht direkt von der Kamera gedruckt oder präsentiert werden. Sie müssen erst durch eine Software in druckbare Bildformate konvertiert werden.

Ein Abwägen zeigt recht schnell: Die Vorteile überwiegen eindeutig. Daher fotografieren auch so viele Profis im RAW-Modus ihrer Kamera. Nur wenn Schnelligkeit und geringe Datenmengen wichtiger sind als die Bildqualität, kann vom RAW-Workflow abgesehen werden – das ist beispielsweise in der Sport- oder Reportagefotografie der Fall. Dort werden die Bilder häufig noch während einer Veranstaltung per Mobilfunk in die Redaktion geschickt. Hier gewinnt der schnellere Workflow mit JPEG.

Für den Fotografen, dem es auf Präzision ankommt und der trotzdem auch erste Ansichten seiner Bilder schnell präsentieren möchte, bietet es sich an, an seiner Kamera gleichzeitig JPEG- und RAW-Dateien zu erzeugen. Die ersten kann er dann schnell vorzeigen, die zweiten kann er in aller Ruhe entwickeln.

▼ Abbildung 4.5
RAW-Daten werden von der Kamera linear aufgenommen. Die Bilder erscheinen zu dunkel, enthalten aber die komplette Bildinformation. Das Histogramm zeigt, dass sich die Daten im linken Bereich sammeln.

4.2   Belichtung im RAW-Workflow

Ein großer Unterschied zwischen Film und digitalen Sensoren ist, wie diese jeweils auf Licht reagieren. Film verhält sich dabei wie das menschliche Auge, das nichtlinear auf eine Lichtmenge reagiert. Das Auge, oder besser unser Gehirn, führt dabei eine automatische Gamma-Korrektur durch.

Was ist das genau? Schalten wir in einem dunklen Raum eine 40 Watt starke Glühbirne an, nehmen wir eine bestimmte Helligkeit wahr. Wird dann eine zweite Glühbirne mit 40 Watt zugeschaltet, erscheint uns das Licht zwar heller, aber nicht gleich doppelt so hell.

Und eine dritte Glühbirne verdreifacht erst recht nicht die Helligkeit. Je mehr Licht erzeugt wird, umso geringer scheint die Zunahme der Helligkeit zu sein. Der Vorteil dieser Art der Wahrnehmung ist, dass wir dadurch einen sehr großen Belichtungsraum bis zum Faktor 10000 erfassen können.

Sensoren besitzen dieses Kompressionsverfahren nicht. Sie messen ganz linear die Anzahl von Photonen. Verdoppeln sich die Photonen, so verdoppelt sich auch die Spannung am Sensor.

▲ **Abbildung 4.6**
Nach einer Gamma-Korrektur erscheint das Bild so, wie wir es sehen. Das Histogramm zeigt jetzt eine normale Verteilung.

4.2.1 Lineare Aufnahme

Digitale Sensoren arbeiten mit einem linearen Gamma. An der Kamera erfassen sie Helligkeiten üblicherweise mit 12 Bit. Das entspricht einem Wert von 4096 Helligkeitsstufen. 2048 entspricht der Hälfte davon und das wiederum einer Blende am Objektiv. Jede weitere Blende halbiert die einfallende Lichtmenge weiter.

Abbildung 4.7 ▶
Jede Blendenstufe halbiert die einfallende Lichtmenge. Das bedeutet analog eine Halbierung der Tonwerte je Blende.

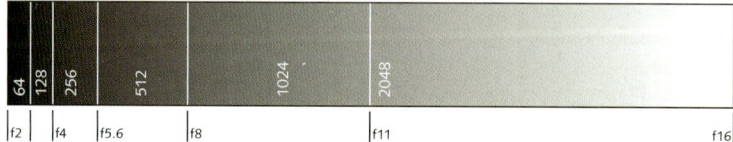

Nehmen wir als Beispiel einen Bereich von sechs Blenden, was dem üblichen Spielraum einer Digitalkamera im RAW-Modus entspricht, so erhalten wir folgende Abstufung der Helligkeitswerte:

▶ 2048 Stufen im Bereich der offenen Blende bis zur ersten geschlossenen Blende. Das entspricht den hellsten Stellen im Bild.

- 1 024 Stufen im Bereich der ersten zur zweiten Blende. In diesem Bereich finden sich die helleren Bildbereiche.
- 512 Stufen im Bereich der zweiten zur dritten Blende. Das sind die mittleren Helligkeiten im Bild.
- 256 Stufen im Bereich der dritten zur vierten Blende.
- 128 Stufen im Bereich der vierten zur fünften Blende. Dort befinden sich die dunkleren Stellen.
- 64 Stufen im Bereich der fünften zur sechsten Blende. Dort befinden sich die dunkelsten Stellen.

In JPEGs mit 8 Bit entspricht der gesamte Belichtungsbereich nur 256 Abstufungen. Das ergibt eine Anzahl von lediglich vier Tonwerten in den dunkelsten Stellen.

Wird ein Bild um eine Blende unterbelichtet, verliert man die Hälfte der verfügbaren Töne, und man hat bei 12 Bit nur noch 2 048 Tonwertabstufungen für das gesamte Bild zur Verfügung.

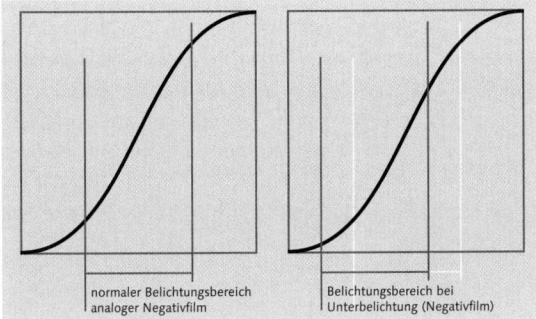

normaler Belichtungsbereich analoger Negativfilm

Belichtungsbereich bei Unterbelichtung (Negativfilm)

normaler Belichtungsbereich digitaler Sensor

Belichtungsbereich bei Unterbelichtung (Sensor)

▲ **Abbildung 4.8**
Der S-förmige Belichtungsverlauf von analogen Negativfilmen verzeiht auch Belichtungsfehler von mehr als einer Blende. Durch die abgeflachte Kurve bleiben Details erhalten. Nur der Kontrast verringert sich.

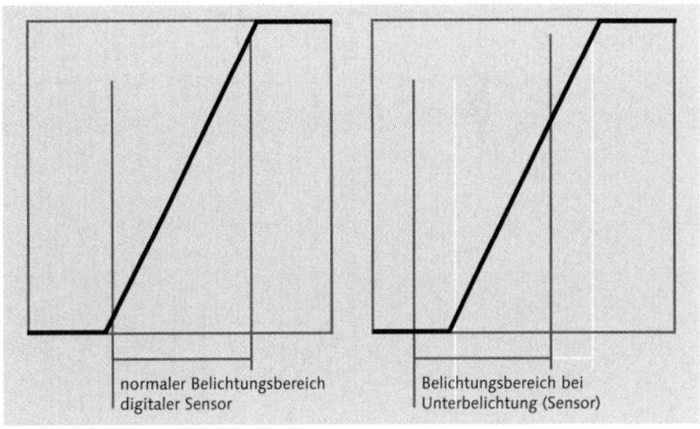

▲ **Abbildung 4.9**
Sensoren schneiden alles ab, was außerhalb des Belichtungsbereichs liegt. Daher gehen bei einer Fehlbelichtung von mehr als einer Blende Details verloren.

Ein weiteres Phänomen der Kamerasensoren erschwert die Belichtung zusätzlich. Überträgt man die Empfindlichkeit eines Sensors in einen Graphen, entsteht eine gerade Linie von der hellsten bis zur dunkelsten Stelle.

Film besitzt im Gegensatz dazu eine S-förmige Kurve. Diese fällt zu den Belichtungsgrenzen hin flach ab. An den Grenzen zur jeweils minimalen bzw. maximalen Belichtung erhält man daher einen weichen Übergang, der den Belichtungsspielraum etwas erweitert und die Detailauflösung in Grenzbereichen erhöht. Sensoren dagegen schneiden an den hellsten und dunkelsten Stellen abrupt die Werte ab, die außerhalb ihres Belichtungsbereichs liegen.

▲ Abbildung 4.10
Extreme Überbelichtungen verursachen ein Übersteuern einzelner Farben und einen Überlauf zwischen den Sensorelementen, was zu Farbverschiebungen führt.

4.2.2 Belichtung auf helle Stellen

Aus diesen Erkenntnissen heraus sollte man schon beim Fotografieren Folgendes beachten, um Probleme mit Über- oder Unterbelichtung zu vermeiden:

Die Belichtung sollte so genau wie möglich sein, denn zu helle oder zu dunkle Stellen werden radikal abgeschnitten. Bei Bildern mit großem Tonwertumfang ist das durchaus ein Problem.

Die Belichtung sollte auf die hellen Bereiche ausgerichtet sein. Belichten Sie im Zweifelsfall also lieber ein wenig über, das erhöht die Tiefendetails. Die Überbelichtung sollte aber nicht mehr als eine Blende betragen, da eine stark gesättigte Grundfarbe, z.B. ein Blau im Himmel, sein Maximum erreicht und nicht mehr weiter ansteigen kann. Jede weitere Überbelichtung verschiebt dann den Farbton zu jener Grundfarbe hin, deren Anteil an zweiter Stelle liegt. Zusätzlich können Photonen von einem Sensor auf einen benachbarten überlaufen. Im Extremfall entstehen dann nur Graustufen, da alle Elemente aufgrund des Überlaufs gleich viele Photonen messen.

Vorsicht ist auch mit Einstellungen der Empfindlichkeit geboten. Einige Kameras nehmen es mit den ISO-Werten nicht so genau. ISO 100 können sich wie »wahre« ISO 125 oder auch nur ISO 75 auswirken. Es kann einige Zeit dauern, bis man die eigentliche Empfindlichkeit seiner Kamera herausgefunden hat.

▲ Abbildung 4.11
Normalbelichtung: Das Histogramm zeigt, dass sowohl dunkle als auch helle Töne ideal verteilt sind und keine Detailverluste auftreten.

▲ Abbildung 4.12
Belichtung auf Lichter: Das Bild wurde leicht überbelichtet. Es entstehen Spitzen auf der rechten Seite des Histogramms.

▲ Abbildung 4.13
Korrektur: Die hellsten Stellen wurden korrigiert und abgedunkelt. Dadurch gehen keine Details verloren. Gleichzeitig bleiben alle Schattendetails erhalten.

Histogramme zeigen immer die Häufigkeit von Helligkeitswerten an. Je höher die Spitze, umso mehr Pixel besitzen den entsprechenden Helligkeitswert bzw. die jeweilige Farbe oder Luminanz (die zusammengerechnete Gesamthelligkeit der Farben). Die Luminanz wird grau wiedergestellt – Rot, Grün und Blau in ihren jeweiligen Farben. Überlagern sich zwei Farben, wird die jeweilige Mischfarbe dargestellt. Im unteren Beispiel überlagern sich vor allem Rot und Grün, was Gelb ergibt. Links im Histogramm werden die dunkelsten, rechts die hellsten Stellen angezeigt.

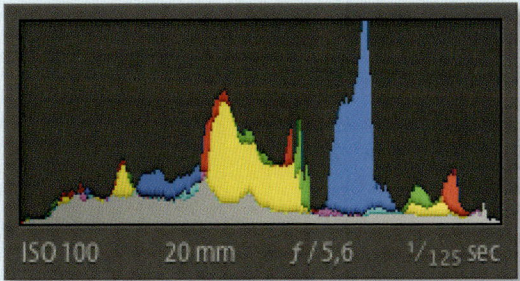

Eine ideale Helligkeitsverteilung: Weder die hellsten noch die dunkelsten Stellen weisen Spitzen auf.

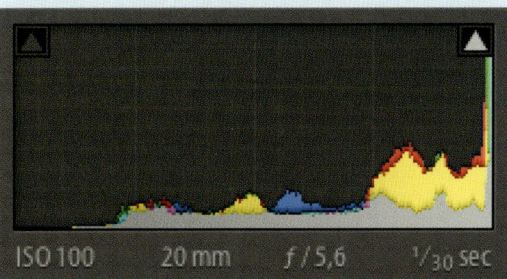

Befinden sich Spitzen am rechten Rand des Histogramms, deutet dies auf eine Überbelichtung hin. An den hellsten Stellen des Bildes gehen dabei Details verloren.

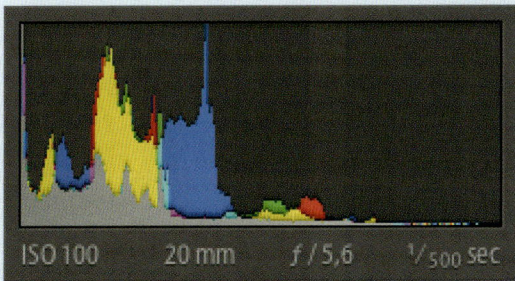

Sind die Spitzen dagegen am linken Rand, weist das auf eine Unterbelichtung hin. Hier gehen Details in den dunklen Bereichen des Bildes verloren.

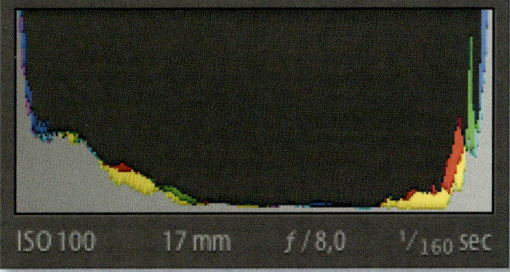

Befinden sich Spitzen an beiden Seiten, ist der Dynamikumfang (Helligkeitsumfang) zu groß, um ohne Verluste abgebildet werden zu können. Dies ist oft bei Gegenlichtaufnahmen der Fall.

Die Grenzen des Histogramms | Viele Digitalkameras der Kompaktklasse und durchgängig alle digitalen Spiegelreflexmodelle besitzen die Möglichkeit, ein Histogramm anzeigen zu lassen. Dieses zeigt die Helligkeitsverteilung im Bild. Allerdings stellt es nur die Verteilung in einer JPEG-Datei dar. Die Darstellung stimmt nicht ganz für RAW-Daten. Vor allem an den Rändern, also den dunkelsten und den hellsten Stellen, werden eventuell noch vorhandene Helligkeitsstufen abgeschnitten, da diese in der 8-Bit-Umsetzung eines JPEGs nicht erfasst werden können.

Bei einer Belichtung auf helle Stellen, das sind die rechten Bereiche im Histogramm, kann der Graph daher eine Überbelichtung anzeigen, obwohl dort in Wirklichkeit noch Informationen vorhanden sind. Belichtet man das Histogramm also im RAW-Modus, hat man noch etwas mehr Spielraum.

4.3 DNG – das Standard-RAW-Format?

Für RAW-Dateien gibt es kein standardisiertes Dateiformat. Das bedeutet, dass jeder Kamerahersteller sein eigenes RAW-Format erzeugen kann. Und das geschieht auch: Es existieren Dutzende verschiedene Formate mit Namen wie NEF (Nikon-Exposure-Format) von Nikon, CRW (Canon-RAW-Format), ORF (Olympus-RAW-Format) und viele mehr.

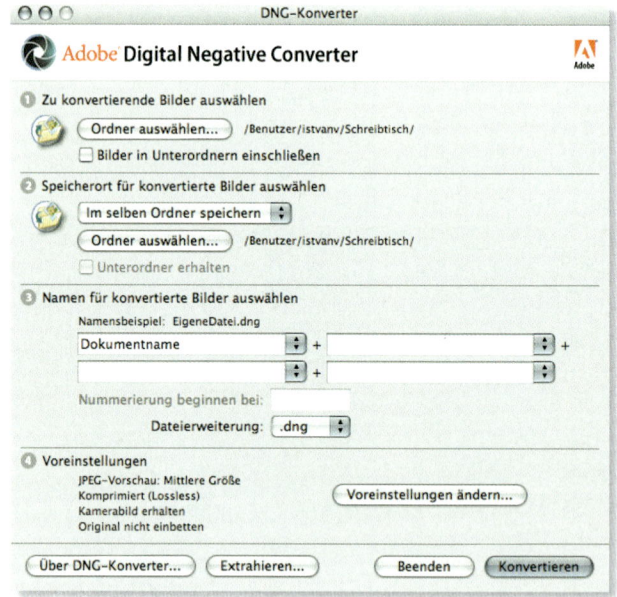

Abbildung 4.14 ▶
Der DNG-Konverter von Adobe konvertiert RAW-Daten diverser Hersteller in das DNG-Format.

Das macht auch Sinn, denn RAW-Daten werden in der Kamera mit diversen kameraspezifischen Parametern in JPEG-Bilder umgerechnet. Hier sind je nach Modell unterschiedliche Einstellungen möglich. So können sogar Kameras von einem Hersteller unterschiedliche RAW-Daten erzeugen.

Der Computer bietet größere Ressourcen an als der kleine Prozessor der Kamera, was einen größeren Funktionsumfang in der Entwicklungssoftware möglich macht. Auch hier gibt es kein Standardprogramm. Vielmehr liefert jeder Hersteller auch eine Software zur Bearbeitung mit, die dann nach offiziellen Informationen besonders gut zu dem nativen RAW-Format der Kamera passen soll.

Das wirft jedoch einige Probleme auf. Ist man mit dem Funktionsumfang der Software des Herstellers nicht zufrieden, hat man zunächst keine Möglichkeit, mit einem anderen Programm zu arbeiten. Denn viele Hersteller geben die Spezifikationen ihrer RAW-Formate nicht frei und verhindern so, dass unabhängige Hersteller eventuell bessere Programme entwickeln können.

Ein weiteres Problem ist die Langzeitarchivierung. Neuere Programme unterstützen eventuell alte Kameratypen nicht mehr, oder die mitgelieferte Software läuft nicht mehr auf einem Rechner mit dem neuesten Betriebssystem.

Aus all diesen Gründen ist es aus Benutzersicht wie auch aus Sicht der Softwarehersteller erforderlich, dass ein herstellerneutrales, auf Langzeitarchivierung ausgelegtes RAW-Format entwickelt wird.

Den Anfang machte dabei Adobe mit dem DNG-Format, und das mit großem Erfolg.

4.3.1 DNG (Digital Negative)

Adobe hat mit DNG ein RAW-Format geschaffen, das alle Anforderungen an die RAW-Technologie erfüllt. Das Format beinhaltet einen Container für die Metadaten und einen für die RAW-Bilddaten. Die Bilddaten selbst werden so wie in den meisten anderen RAW-Formaten als TIFF gespeichert. Dieses kann auch Informationen speichern, die von seinem Standard abweichen, und somit auch herstellereigene Daten berücksichtigen.

In den Metadaten werden alle Informationen abgelegt, die zur Weiterverarbeitung der Daten benötigt werden. Dazu zählen nicht nur die für uns »informativen« Daten zu Kamera, Objektiv etc., sondern auch rein technische Daten, die ganz spezifische Aufnahmedaten enthalten und die zur Weiterverarbeitung erforderlich sind – wie zum Beispiel die Bit-Tiefe (meistens 12 Bit), defekte Pixel (diese werden dann interpoliert), Linearisierung, Kompression etc.

4.3.2 Probleme von DNG

Doch wie wird aus einem herstellereigenen RAW-Format wie CR2 nun eine DNG-Datei? Um ein DNG zu erzeugen, müssen die RAW-Dateien der Kamera in das DNG-Format konvertiert werden. Da dies natürlich nicht durch die herstellereigene Software erledigt wird – die meisten Hersteller wollen an ihren nativen Formaten festhalten –, gibt es dafür den DNG-Konverter von Adobe. Diesen kann man frei im Internet unter *http://www.adobe.com/de/dng/* herunterladen. In Lightroom ist er jedoch schon fest integriert.

Bei jeder Neuerscheinung einer Kamera muss ein neues, herstellereigenes RAW-Format in den DNG-Konverter integriert werden. Daher dauert es in der Regel einige Zeit, bis eine entsprechende, alle neuen Kameramodelle unterstützende Version des Konverters verfügbar ist. Auch von Lightroom erscheint aus diesem Grund

Kompression der RAW-Daten von Nikon
Nikon-Kameras ermöglichen eine Kompression der RAW-Dateien im NEF-Format. Diese soll visuell ein verlustfreies Ergebnis liefern. Die Daten werden je nach Helligkeit anders komprimiert. Vor allem helle Stellen werden stärker zusammengerechnet. Dies kann jedoch zu einem Verlust an Zeichnung führen – vor allem bei stärkeren Helligkeitskorrekturen. Für die Anwendung des Grundsatzes »besser etwas heller belichten« kann dies problematisch sein.

TIPP

Auf der DNG-Website von Adobe (*http://www.adobe.com/products/dng/*) erfahren Sie, welche Programme und Kameras das DNG-Format unterstützen. Einige Kamerahersteller erzeugen sogar direkt DNG-Dateien.

Welche Blende liefert das schärfste Bild?

Der kreisförmige Querschnitt von Linsen führt zur sphärischen Aberration, die ein scharfes Bild mit einem unscharfen überlagert. Wird die Blende geschlossen, werden die schräg einfallenden Strahlen reduziert, was die Bildschärfe erhöht.

Bei der Reduzierung der Blendenöffnung wird das Licht an den Rändern der Blende jedoch gebeugt, was die Schärfe wiederum reduziert.

Sowohl eine offene Blende als auch eine zu weit geschlossene Blende erzeugt eine leichte Unschärfe. Die Verwendung einer mittleren Blende erzeugt daher die besten Ergebnisse – das entspricht bei Spiegelreflexkameras etwa der Blende f5.6, f8 bis f11.

alle paar Monate eine neue Version mit der Unterstützung neuer RAW-Kameraformate.

Darüber hinaus haben viele Hersteller ihre eigenen RAW-Spezifikationen nicht veröffentlicht. So können eventuell nicht alle Informationen erkannt und richtig interpretiert werden. Aus diesem Grund sprechen einige Brancheninsider von einem verlustbehafteten Format und stellen DNG in Frage. Ob die zusätzlichen Daten jedoch Einfluss auf die Bildwirkung bzw. Darstellung haben, ist fraglich.

4.3.3 Arbeiten mit DNG

DNG wird von Adobe als offenes RAW-Format propagiert. Da es aber aufgrund der erwähnten Einschränkungen nicht hunderprozentig »verlustfrei« ist, gibt es für den Umgang damit die folgenden Optionen:

Mit Originaldateien arbeiten | Man verzichtet auf die Konvertierung in das DNG-Format und arbeitet mit der RAW-Datei der Kamera. Allerdings hat man in Lightroom dann auch nicht Zugriff auf alle Daten, da die vom Hersteller unveröffentlichten Funktionen nicht in die Bearbeitung einfließen können. Man muss dann gegebenenfalls auf die herstellereigene RAW-Software ausweichen.

Originaldaten einkapseln | Man integriert die RAW-Daten in das DNG als gekapselten Teil. Dabei werden die Bilddaten jedoch sehr groß, da nicht nur die DNG-Daten, sondern auch die Originaldaten in einer Datei gespeichert werden.

Originaldateien archivieren | Man konvertiert einfach alle Bilder in DNG und speichert die Originaldaten extern ab. Werden diese sofort auf CD gebrannt, nehmen sie keinen Platz auf dem Rechner ein und können später wiederhergestellt werden. Dabei besteht jedoch die Gefahr, dass die CDs vorher Schaden nehmen oder verschleißen.

Konsequente DNG-Konvertierung | Die letzte Möglichkeit ist die radikalste: Man konvertiert alle RAW-Bilder in DNG, vernachlässigt den Datenverlust und löscht die Originaldateien. Das ist sicher die platzsparendste Methode, für Qualitäts- und Kontrollfreaks aber ein Graus. Ich persönlich arbeite mit dieser radikalen Variante. Bis jetzt konnte mir niemand den Beweis dafür erbringen, dass die Qualität eines DNG schlechter ist als die der Originaldaten. Mir sind aus dieser Methode noch keine echten Nachteile entstanden.

5 Die Arbeitsoberfläche

Als Sie das erste Mal einen Blick auf Photoshop Lightroom geworfen haben, wird Ihnen sicher gleich aufgefallen sein, dass es anders aussieht als die Programme, die man sonst so kennt – sei es Ihr Betriebssystem, Ihre Textverarbeitung oder auch die anderen Adobe-Programme wie Photoshop und Co. Mit Lightroom folgt Adobe dem Trend, nicht auf das Standarddesign des Betriebssystems zurückzugreifen. Das dunkle *Look-and-feel* ist für die Bearbeitung von Fotos ideal, es rückt das Bild in den visuellen Mittelpunkt und lässt es vom Monitor strahlen.

◄ **Abbildung 5.1**

Im Zentrum der Oberfläche befindet sich immer das Bild bzw. eine Bildauswahl, links befinden sich globale Bedienelemente, während sich rechts immer die Funktionen zur direkten Bearbeitung der Auswahl befinden. Unten zeigt ein Filmstreifen die engere Bildauswahl.

Die Benutzeroberfläche bietet auch einige interaktive Attraktionen: So bekommt der Benutzer zu allen Einstellungen, die er auf ein Bild anwendet, ein direktes Feedback in der Ansicht. Er muss keinen OK-Knopf mehr drücken, um eine Bearbeitung anzuwenden. Darüber hinaus findet man sogar spielerische Elemente, die sich nach persönlichen Wünschen anpassen lassen – wie die Erkennungstafel mit den Modulnamen. Auch der Gebrauch der rechten Maustaste lohnt sich. Hinter vielen Elementen verbergen sich Zusatzfunktionen, die dem Benutzer das Leben erleichtern.

Auf die einzelnen Regler und Schalter, die Sie in den Modulen finden, wird in den späteren Kapiteln eingegangen. Dieses Kapitel soll Ihnen zunächst dabei helfen, sich in den Arbeitsbereichen von Photoshop Lightroom zurechtzufinden.

Bibliothek | Entwickeln | Diashow | Drucken | Web

▲ **Abbildung 5.2**
Durch den Aufbau in Modulen werden immer nur die für die jeweilige Aufgabe nötigen Werkzeuge zur Verfügung gestellt.

5.1   Module

Die fünf Funktionsbereiche entsprechen dem Workflow der Verwaltung, Bearbeitung und Ausgabe Ihrer digitalen Fotos. Sie werden nacheinander abgearbeitet.

Ein jedes Modul hat eine eigene, auf seine Funktionen zugeschnittene Bedienoberfläche:

▶ So bietet das erste Modul BIBLIOTHEK vor allem eine variable Vorschau auf die Bilder und sogar eine Zoomfunktion.

▶ Das Modul ENTWICKELN hält viele Paletten und noch mehr Regler für die Anpassung von Belichtung, Weißabgleich, Tonwert, Sättigung etc. parat.

▶ Die Module, DIASHOW, DRUCKEN und WEB dienen zur Präsentation der Bilder. Hier kann man Kontaktbögen, Bilderschauen und Webgalerien zusammenbauen – und schon dabei das Ergebnis live in der Voransicht betrachten.

5.2   Bedienelemente

Das Anwendungsfenster von Lightroom ist in sechs Bereiche unterteilt. Diese finden sich in allen Modulen, wenn auch mit entsprechend geänderten Funktionen. Werden die Bedienelemente nicht gebraucht, können sie auch weggeklappt werden, um mehr Platz für die anderen Bereiche zu haben.

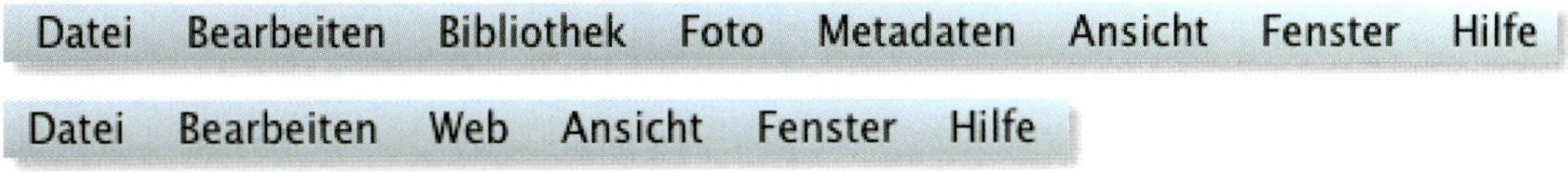

| Datei | Bearbeiten | Bibliothek | Foto | Metadaten | Ansicht | Fenster | Hilfe |

| Datei | Bearbeiten | Web | Ansicht | Fenster | Hilfe |

▲ **Abbildung 5.3**
Die Menüleiste stellt nur die Befehle zur Verfügung, die für das jeweilige
Modul benötigt werden.

5.2.1 Menüleiste

Natürlich hat Lightroom – wie alle anderen Programme auch – eine
Menüleiste. Diese wird aber nur sehr selten verwendet, da sich fast
alle Funktionen, die darüber aufzurufen sind, auch über das Anwendungsfenster durchführen lassen. Sie passt sich je nach dem verwendeten Modul an. In den Ausgabemodulen Diashow, Drucken
und Web gibt es beispielsweise keine Bibliotheksfunktionen.

Nur Befehle für globale Einstellungen müssen über das Menü
aufgerufen werden. Alternativ können die meisten auch über das
Klicken mit der rechten Maustaste an Stellen ausgeführt werden, an
denen sie sinnvoll sind. Ein Foto lässt sich beispielsweise über das
Menü wie auch über den Rechtsklick im Bibliotheksmodul löschen.

5.2.2 Erkennungstafel mit Erkennungsgrafik

Die Erkennungstafel besitzt nur eine wichtige Funktion. Sie dient
zum Umschalten zwischen den Modulen ❸ Bibliothek, Entwickeln, Diashow, Drucken und Web. Diese lassen sich per Klick auf
einen Modulnamen oder per Tastenkürzel aufrufen. Hat man sich
die Tastenkürzel einmal eingeprägt, kann man die Tafel per Klick auf
den Pfeil ❷ auch komplett ausblenden.

Zur Anpassung an den eigenen Geschmack kann die Erkennungsgrafik ❶ auch komplett gegen ein eigenes Bild ausgetauscht werden. In der Grundeinstellung zeigt sie das Programmlogo und die
Versionsnummer an. Die Schriftart und -größe der Modulbezeichnungen können ebenfalls angepasst werden. Die personalisierte
Erkennungsgrafik können Sie auch in der Diashow einblenden,
mitdrucken oder als Kopfzeile in einer Webgalerie verwenden. Es
besteht sogar die Möglichkeit, mehrere Erkennungsgrafiken zu definieren. So lassen sich bei der Diashow, beim Drucken oder in der
Webgalerie auf die Ausgabe hin optimierte Grafiken generieren.

▲ **Abbildung 5.4**
Die Erkennungstafel mit Modulumschaltung und Erkennungsgrafik

Schritt für Schritt: Eigene Erkennungstafel konfigurieren

1 **Generieren der Erkennungstafel**

Um eine eigene Erkennungstafel zu erstellen, benötigen Sie ein externes Bildbearbeitungsprogramm – etwa Adobe Photoshop.

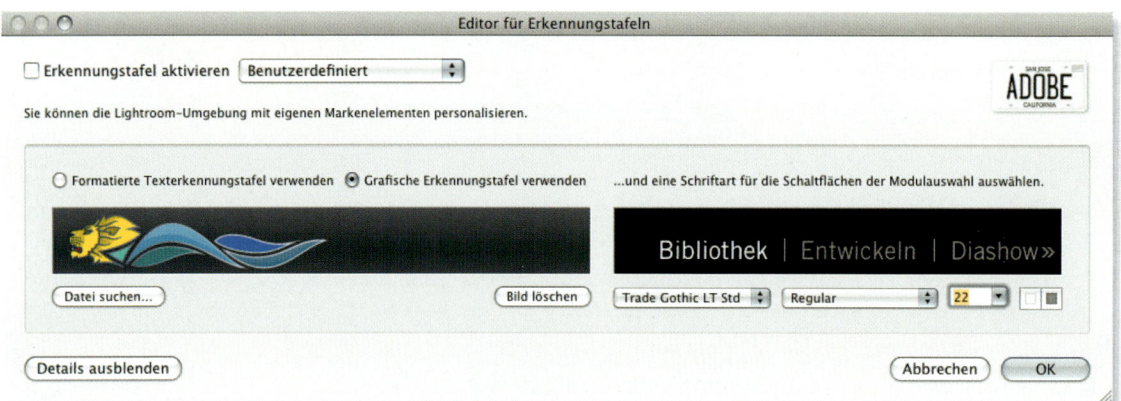

▲ **Abbildung 5.5**
Erstellt man eine Grafik mit 60 Pixeln in der Höhe und Monitorbreite, kann die Erkennungstafel nach eigenen Wünschen gestaltet werden.

In diesem erstellen Sie eine Grafik, die unbedingt 60 Pixel hoch sein muss. Die Breite der Erkennungstafel richtet sich nach der Breite Ihres Monitors. Wollen Sie die Erkennungstafel auf mehreren Rechnern verwenden oder arbeiten Sie mit einer Zweischirmlösung, dann nehmen Sie die Breite des höher auflösenden Monitors.

Falls Sie ein Logo in die Erkennungstafel integrieren wollen, achten Sie darauf, dass sich dieses nur in der linken Hälfte befinden darf, da es sonst von den Modulbezeichnungen überlagert wird.

Speichern Sie die Erkennungstafel als PSD, TIFF, JPEG, PNG, GIF oder als PDF ab.

2 **Aktivieren der eigenen Erkennungstafel**

Zum Konfigurieren der Erkennungstafel rufen Sie am Mac den Menüpunkt Lightroom • Einrichtung der Erkennungstafel bzw. unter Windows Bearbeiten • Einrichten der Erkennungstafel auf. Aktivieren Sie das Kontrollkästchen Erkennungstafel aktivieren.

▲ **Abbildung 5.6**
Alternativ zur eigenen grafischen Erkennungstafel kann man auch eine einfache Texttafel verwenden. Dafür aktivieren Sie einfach die Option »Formatierte Texterkennungstafel verwenden« statt der Option für die grafische Erkennungstafel.

3 **Erkennungstafel speichern**

Über das Dropdown-Menü daneben können Sie Ihre Einstellungen speichern, nachdem Sie alle Konfigurationen vorgenommen haben, um schneller zwischen mehreren Erkennungstafeln umzuschalten. Sie können beispielsweise auch in der Diashow eine andere Erkennungstafel einblenden, die höher als 60 Pixel ist.

4 **Eigene grafische Erkennungstafel laden**

Aktivieren Sie die Option Grafische Erkennungstafel verwenden, und laden Sie diese, nachdem Sie die erscheinende Schaltfläche

DATEI SUCHEN angeklickt haben, über den Dialog des Dateibrowsers. Nach dem Auswählen der eigenen Erkennungstafel sollte diese links im Vorschaufenster abgebildet werden.

5 **Schriften für Modulbezeichnung wählen**
Rechts neben der VORSCHAU DER ERKENNUNGSTAFEL sehen Sie die Vorschau für die Modulbezeichnungen. Darunter befinden sich zwei Dropdown-Menüs. Über diese können Sie die Schrift, den Schriftschnitt, die Größe und die Farbe definieren. Das linke Farbkästchen dient zur Festlegung des aktiven Moduls. ■

5.2.3 Linke Bedienfeldpalette

Die vertikale Bedienfeldpalette links stellt übergeordnete Verwaltungsfunktionen zur Verfügung. Alle Funktionen, die Sie über dieses Menü aufrufen, dienen der Auswahl. Sie sind Voreinstellungen, die fest vorgegeben sind oder die Sie als Preset (Vorgabe) gespeichert haben, oder sie betreffen den Arbeitsablauf. Die Funktionen des Bedienfeldes ändern sich je nach verwendetem Modul wie folgt:

Bibliothek | Hier weisen Sie Bildern in der linken Palette Stichwörter, Metadaten, Sammlungen, Ordner usw. zu und können darüber Auswahlen von Bildern vornehmen bzw. Bildbestände nach beliebigen Kriterien filtern:

▲ **Abbildung 5.7**
Das linke Bedienfeld in der Bibliothek dient als Verwaltungszentrale. Hier können die Bilder nach Such- oder Filterkriterien per Mausklick sortiert werden.

▶ **Navigator:** Hier wird das im Ansichtsfenster ausgewählte Bild in einer Vorschau angezeigt. Sie können dieses auch einzoomen, der angezeigte Bildausschnitt wird dann mit Positionsrahmen in der Bildminiatur gezeigt. Befinden Sie sich in der Rasteransicht und klicken im Navigator auf das Bild, wird für die Dauer des Mausklicks in die Lupenansicht gewechselt.

▶ **Katalog:** Hier finden Sie automatische Zusammenstellungen von Bildern aus dem letzten Import, aus allen bisher importierten Fotos, aus Schnellsammlungen sowie fehlende und fehlerhafte Bilder.

▶ **Ordner:** Hier können Sie importierte Bilderordner anzeigen oder per Klick auf das Pluszeichen in den Dateibrowser gehen, um weitere Ordner in Lightroom einzubinden. Jedes Laufwerk, von dem Bilder importiert wurden, wird mit seinem Status angezeigt.

▶ **Sammlungen:** Haben Sie Bilder in Sammlungen zusammengefasst, können Sie diese hier aufrufen. Ein Bild kann dabei auch in mehreren Sammlungen eingebunden sein. Über das Pluszeichen können Sie neue Sammlungen erstellen.

▶ **Importieren/Exportieren:** Über diese beiden Schaltflächen können Sie Bilder von Festplatte, Wechseldatenträger oder Speicherkarte in Lightroom laden beziehungsweise darauf auslagern.

▲ Abbildung 5.8
Globale Vorgaben, nur für das Bild gültige Schnappschüsse und ein Entwicklungsprotokoll finden Sie in der linken Bedienfeldpalette des Entwickeln-Moduls.

Entwickeln | Im zweiten Modul dient das Bedienfeld nicht nur dem Zuweisen von Vorgaben, sondern zeigt auch den Verlauf Ihrer bereits ausgeführten Bearbeitungsschritte an. Im Einzelnen finden Sie hier die Rubriken:

▶ **Navigator:** Die Vorschau des Bildes funktioniert hier genauso wie in der Bibliothek – ebenso die Zoomfunktion mit dem Positionsrahmen in der Miniaturansicht.

▶ **Vorgaben:** Hier können Sie vordefinierte Entwicklungseinstellungen auf ein Bild anwenden – aus den mitgelieferten Lightroom-Vorgaben oder aus eigenen, benutzerdefinierten Vorgaben, die Sie über das Pluszeichen erstellen können.

▶ **Schnappschüsse:** Hier können Sie als Schnappschüsse gespeicherte Zwischenstufen aus einer Entwicklung aufrufen. Das ist zum Beispiel sinnvoll, wenn man verschiedene Entwicklungen vergleichen will. Sie machen einen Schnappschuss von der gegenwärtigen Entwicklungsstufe des rechts angezeigten Bildes, indem Sie auf das Pluszeichen klicken.

▶ **Protokoll:** Hier wird Ihnen eine Liste der ausgeführten Entwicklungsschritte des ausgewählten Bildes angezeigt. Sie können zwischen den Stufen hin- und herspringen, etwa wie in der Protokoll-Palette von Photoshop.

Diashow, Drucken, Web | Bei diesen Modulen können Sie über das linke Bedienfeld Vorgaben wie zum Beispiel fertige Layouts, Rahmen usw. laden. Zusätzlich wird die gewählte Präsentation immer als Vorschau gezeigt.

▶ **Vorschau:** Die Vorschau zeigt das Dia, den Abzug usw. immer mit den aktivierten Einstellungen an. Bewegen Sie im linken Bedienfeld die Maus über eine Vorgabe, so wird das Vorschaubild entsprechend verändert. So können Sie die Auswirkungen sehen, bevor diese zugewiesen werden.

▶ **Vorlagenbrowser:** Aus der Liste können Sie in Lightroom mitgelieferte oder selbst erstellte Vorlagen direkt auf Ihre Bildauswahl anwenden.

▶ **Sammlungen:** Hier werden die gleichen Sammlungen wie in der Bibliothek angezeigt. Speichert man jedoch in den Modulen Diashow, Drucken oder Web eine Sammlung, werden die dazugehörigen Einstellungen mitgespeichert. Sammlungen besitzen dann ein entsprechendes Symbol. Die Sammlungen können aber auch modulübergreifend verwendet werden.

▶ **JPEG/PDF exportieren:** Die Einzelbilder einer Diashow können als JPEG-Dateien exportiert werden. Exportiert man die Diashow als PDF, erhält man eine Präsentation mit Übergängen, die mit dem Acrobat Reader abgespielt werden kann. Diese können Sie dann auch als E-Mail verschicken.

▲ Abbildung 5.9
Das linke Bedienfeld des Dia-
show-Moduls mit Vorschau und
Vorlagenbrowser

▲ Abbildung 5.10
Das linke Bedienfeld des Web-
Moduls mit Vorschau und Vor-
lagenbrowser für HTML- und
Flash-Galerien

▲ Abbildung 5.11
Das linke Bedienfeld des Drucken-
Moduls mit Layoutvorschau und
Vorlagenbrowser für Seitenraster

TIPP: Bedienelemente verdecken

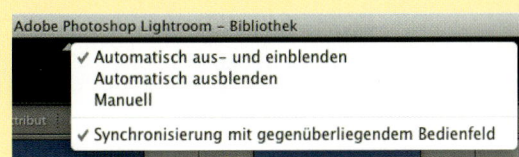

Durch Klicken auf das kleine Dreieck am Rand der Bedienfelder können Sie Bedienbereiche ein- und ausblenden. Über das Drücken der rechten Maustaste können
Sie das Verdecken mit verschiedenen Optionen regeln:

▸ **Automatisch aus- und einblenden:** Damit wird das
Bedienfeld angezeigt, wenn Sie den Mauszeiger an
den äußeren Rand des Anwendungsfensters bewegen,
und wieder ausgeblendet, wenn Sie den Zeiger wegbewegen.

▸ **Automatisch ausblenden:** Diese Option blendet
das Bedienfeld aus, wenn Sie den Zeiger vom Bedienfeld wegbewegen. Öffnen können Sie es manuell
durch Anklicken des kleinen Dreiecks.

▸ **Manuell:** Hiermit blenden Sie die Bedienfelder
durch Klicken auf das Dreieck am Rand ein und aus.

▸ **Synchronisieren mit gegenüberliegendem Bedienfeld:** Dabei werden die gegenüberliegenden Bedienfelder gleich behandelt und können gemeinsam ein-
bzw. ausgeblendet werden. Diese Option aktiviert
sich dann auch im gegenüberliegenden Bedienfeld.

Die Option GESPERRT ÖFFNEN aus Lightroom 1 ist nicht
mehr vorhanden.

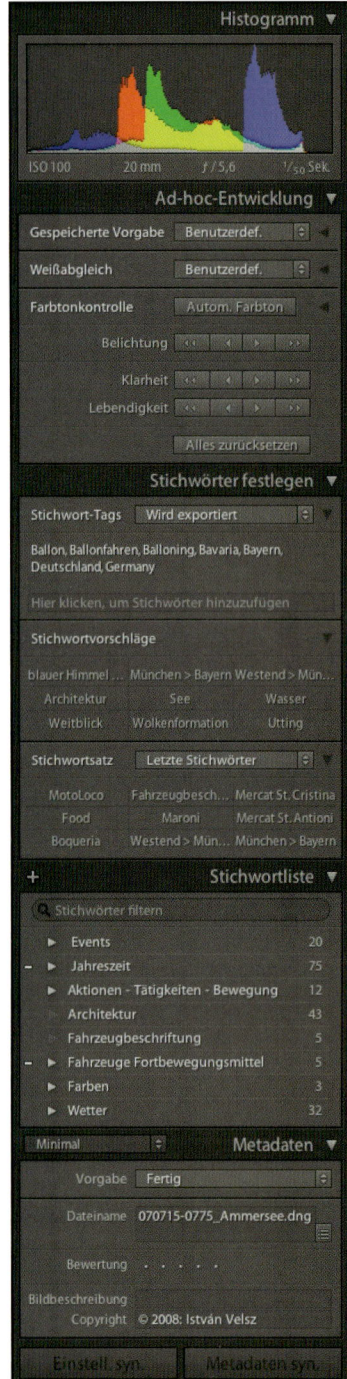

▲ Abbildung 5.12
Die rechte Bedienfeldpalette des Bibliothek-Moduls bietet Schnell-entwicklung, Stichwortverwaltung und Bildangaben.

▶ **Seite einrichten und Druckeinstellungen:** Im Drucken-Modul können unter SEITE EINRICHTEN das Papierformat und die Ausrichtung eingestellt werden. Das Seitenformat hat Auswirkungen auf die Layouteinstellungen. Über die Druckeinstellungen wird der Drucker konfiguriert. Die Einstellmöglichkeiten sind vom verwendeten Drucker und Druckertreiber abhängig.

▶ **Vorschau:** Erzeugt man im Web-Modul eine Vorschau, wird die Galerie mit allen HTML- und Flashdateien exportiert und im Browser angezeigt. Dadurch ist eine Kontrolle der Webgalerie möglich, bevor diese auf den Webserver hochgeladen wird.

5.2.4 Rechte Bedienfeldpalette

Im rechten Bedienfeld können Sie in allen fünf Modulen sämtliche Einstellungen an Ihren Bildinformationen, Entwicklungen und Präsentationen vornehmen. Hier findet die eigentliche Bearbeitung statt. Es gibt unzählige Einstellparameter, die – je nach Art ihrer Auswirkung – gruppiert sind. Das schafft mehr Überblick. Ist Ihnen die Vielfalt der Regler zu hoch, können Sie einzelne Gruppen auch ausblenden.

Bibliothek | Nach dem Import können Sie hier eine erste grobe Bearbeitung der Bilder durchführen. Des Weiteren können Sie direkt Stichwörter zu einzelnen oder einer Auswahl von Bildern über ein Textfeld eingeben. Bei der schnelleren Zuweisung helfen die Stichwortsets. Ebenso können Metadaten betrachtet und eingestellt werden. Im Einzelnen:

▶ **Histogramm:** Hier können Sie gleich bei der Bildauswahl einen Eindruck von der Farb- und Helligkeitsverteilung im ausgewählten Bild gewinnen. Diese kann schon mal ein gelungenes Bild von einem weniger gelungenen unterscheiden.

▶ **Ad-hoc-Entwicklung:** Hier können Sie in einer Schnellentwicklung erste grobe Korrekturen schon während der Durchsicht der Bilder durchführen. Das kann dabei helfen, viele Bilder in kurzer Zeit zumindest so aufzubereiten, dass sie beispielsweise beim Kunden präsentiert werden können.

▶ **Stichwörter festlegen:** Hier können Sie neue Stichwörter eingeben oder bereits bestehende Stichwörter zuweisen. Auf die Dauer werden dabei viele Stichwörter zusammenkommen. Daher bietet es sich an, zueinanderpassende Stichwörter in Sätzen zu gruppieren. Die einzelnen Sätze können hier aufgerufen werden. Die darin befindlichen Stichwörter werden darunter angezeigt. Lightroom erkennt Stichwörter, die bereits mit anderen Stichwörtern zusammen vergeben wurden, und bietet diese als Stichwortvorschläge an. Je mehr Stichwortkombinationen vergeben wurden, umso treffender sind die Vorschläge.

▶ **Stichwortliste:** Hier werden alle Stichwörter aufgelistet, die Sie Bildern per Drag & Drop zuweisen können. Die Stichwörter können auch hierarchisch verknüpft werden. Um bei einer Vielzahl von Stichwörtern den Überblick zu behalten, können Sie diese über ein Textfeld filtern.

▶ **Metadaten:** In der letzten Gruppe können Sie die Bildinformationen in den Metadaten der Bilder einsehen und zum Teil auch verändern. In dem Dropdown-Menü können Sie verschiedene Metadaten-Kategorien aufrufen.

Entwickeln | Hier findet die eigentliche Bearbeitung und Entwicklung der Bilder statt. Über die vielen Regler in dieser Palette werden Farbeindruck, Helligkeit, Kontrast, Schärfe, Rauschen und alle anderen Parameter eines Bildes verändert. Hier werden sämtliche Korrekturen und Optimierungen vorgenommen. Die Palette unterteilt sich in neun Gruppen:

▶ **Histogramm:** Gerade bei der Bearbeitung Ihrer Bilder sollten Sie die Farb- und Helligkeitsverteilung im Auge behalten – insbesondere wenn Sie Belichtungs- oder Farbkorrekturen vornehmen. Sie können die Kurven mit einem Anfasser strecken oder stauchen.

▶ **Bereichswerkzeuge:** Unter dem Histogramm befinden

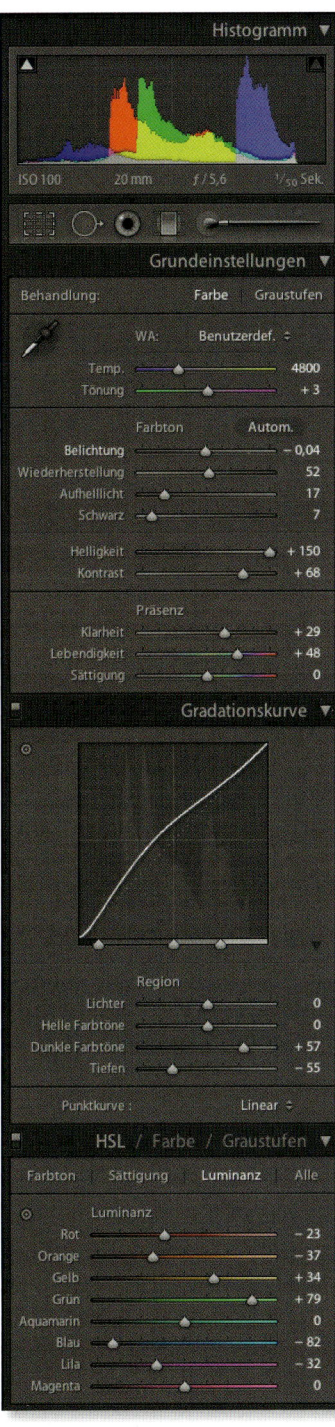

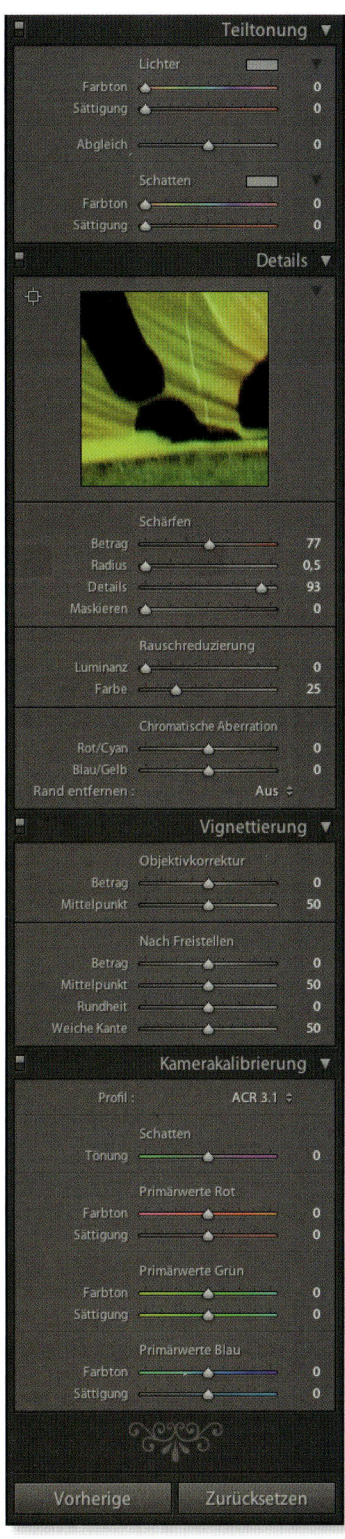

Abbildung 5.13 ◄ ►
Zweigeteilte Darstellung der rechten Bedienfeldpalette des Entwickeln-Moduls: Hier werden die Bildkorrekturen vorgenommen.

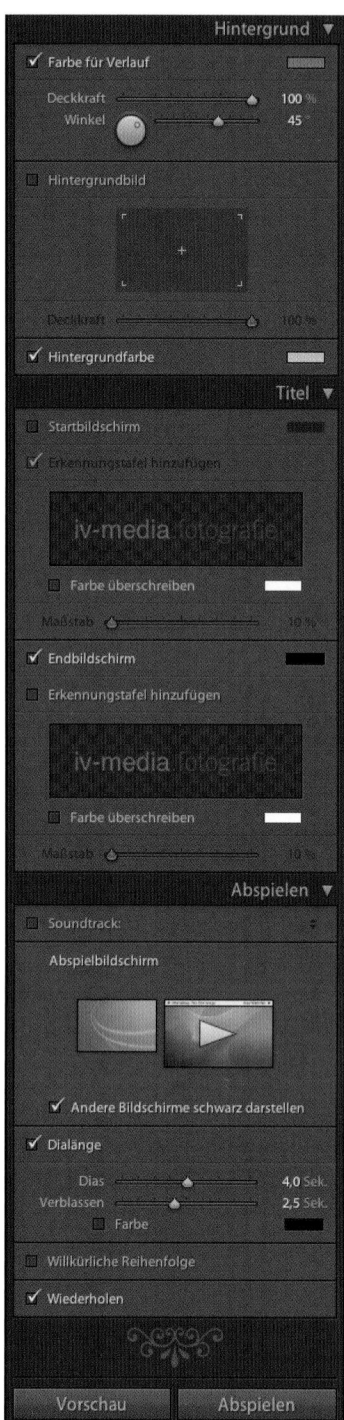

Abbildung 5.14 ▲ ▶
Zweigeteilte Darstellung der
rechten Bedienfeldpalette des Diashow-Moduls. Hier werden die
Darstellungsparameter der Präsentation eingestellt.

sich Werkzeuge, um das Bild
zu beschneiden, zu rotieren,
rote Augen und Sensorstaub
zu entfernen oder den Bear-
beitungsbereich der Ent-
wicklung auf ausgewählte
Bereiche zu begrenzen.

▶ **Grundeinstellungen:** Hier
geht es um die wichtigsten
Parameter für die Basisent-
wicklung Ihrer Bilder. Eingestellt werden zum Beispiel
Weißabgleich, Belichtung,
Helligkeit, Kontrast, Sättigung, Lichter und Schatten.

▶ **Gradationskurve:** In dem Dia-
gramm sind Tonwert- und
Gradationskurve zugleich abgebildet. Sie können mit beiden Werkzeugen das Kon-
trastverhalten Ihrer Bilder
fein einstellen – ganz so wie
in Adobe Photoshop.

▶ **HSL/Farbe/Graustufen:**
Über die drei Register, die
Sie über den kleinen Pfeil
links auch noch weiter aus-
klappen können, lassen sich
Ton, Sättigung und Helligkeit der Farben im Bild fein
regeln. HSL und FARBE führen zu den gleichen Ergeb-
nissen, bieten aber unterschiedliche Wege dazu an.
GRAUSTUFEN ermöglicht eine
kanalbasierte Entfärbung des
Bildes – ganz ähnlich wie mit
der Schwarzweißfunktion in
Adobe Photoshop.

▶ **Teiltonung:** Hier können die
Farbtöne in Lichtern und
Schatten separat verändert
werden.

▶ **Details:** Diese Gruppe für
die Bildkorrektur dient zum

Schärfen des Bildes, zum Filtern von digitalem Rauschen, wie es etwa durch hohes ISO erzeugt wird, und zum Entfernen von optischen Farbverschiebungen (Chromatische Aberration), die durch Objektive verursacht werden können. Die Vorschau ermöglicht eine Beurteilung des Ergebnisses, ohne das Bild im Ansichtsfenster auf die Größe 1:1 skalieren zu müssen.

▶ **Vignettierung:** Der Randabdunkelung, die vor allem bei extremen Weitwinkelobjektiven auftritt, können Sie mit diesen Reglern entgegenwirken. Um diesen Effekt kreativ verwenden zu können, gibt es hier Einstellmöglichkeiten, die erst auf das beschnittene Bild angewendet werden können.

▶ **Kamerakalibrierung:** In dieser Gruppe können Sie ein Kameraprofil benutzen oder Ihre Kamera nachträglich kalibrieren – etwa wenn es zu Farbstichen durch eine unzureichende Farbkalibrierung des Sensors kommt.

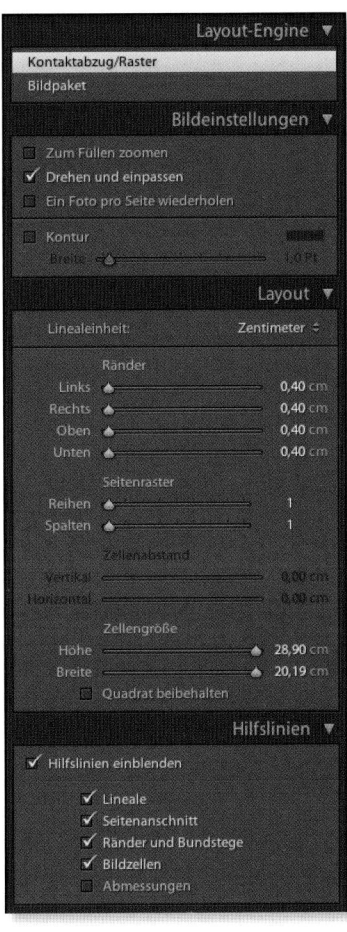
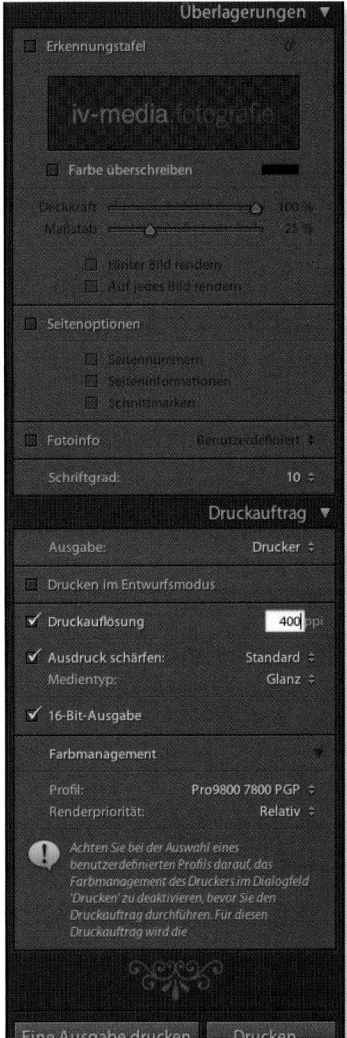

▲ **Abbildung 5.15**
Zweigeteilte Ansicht des Drucken-Moduls. Hier finden Sie Einstellungen zu Seitenaufteilung und Druckqualität.

Diashow | Die Einstellungen in dieser Gruppe betreffen die Art der Präsentation Ihrer Bilder in einer Diashow. Sie legen die Darstellungsgröße der Bilder fest, die Art des Rahmens, die Anzeigedauer pro Bild usw.

▶ **Optionen:** Hier nehmen Sie die Einstellungen für das Einpassen der Bilder sowie für Konturen und Schatten vor.

▶ **Layout:** Definieren Sie hier den Abstand, den das Bild zum Rand einnimmt. Die Hilfslinien sind dabei nützlich.

▶ **Überlagerungen:** Hier bestimmen Sie, ob und wie Erkennungstafel, Bewertungssterne und Text eingeblendet werden sollen.

▶ **Hintergrund:** Gestalten Sie Ihre Diashow hier mit Hintergrundfarben oder -bildern.

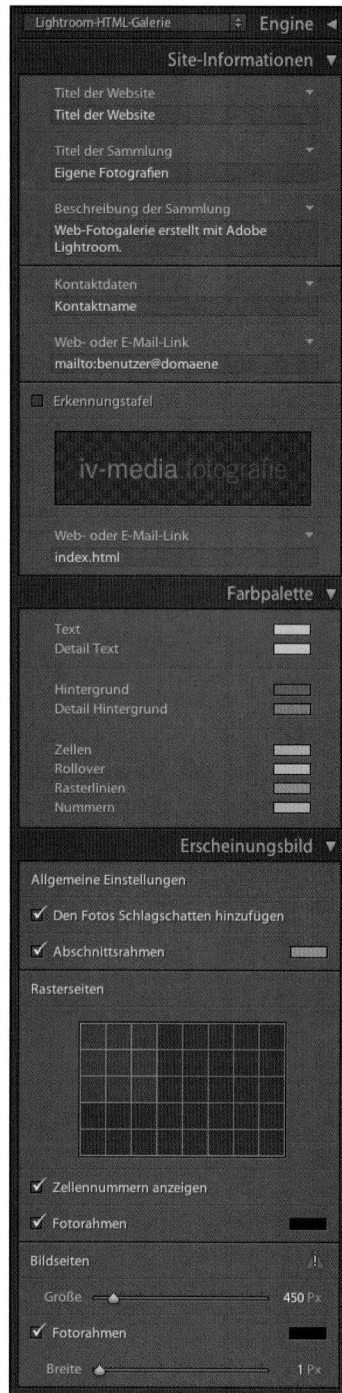

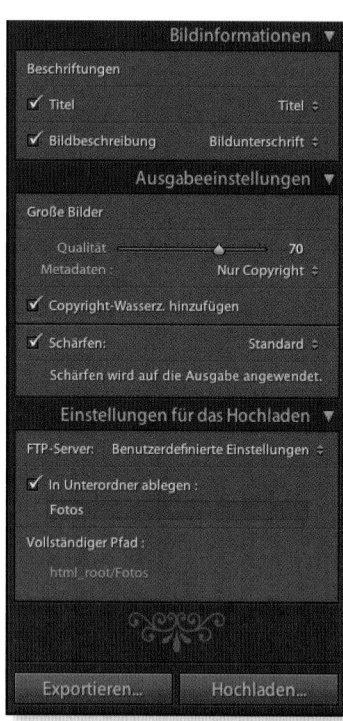

- ▶ **Titel:** Als Start- und Endbild-schirm der Diashow können einfarbige Folien mit indi-viduellen Erkennungstafeln erscheinen.

- ▶ **Abspielen:** Hier bestimmen Sie, wie lange ein Bild ange-zeigt werden soll und ob die Bilder in einer zufälligen Reihenfolge präsentiert wer-den. Sie können sogar einen Ordner mit Musikdateien als Soundtrack anfügen.

Drucken | Gedruckt werden können aus Lightroom her-aus sowohl Einzelbilder als auch Kontaktbögen. Über das rechte Bedienfeld kön-nen Sie die Bildanzahl pro Seite, die Größe und auch

die Beschriftungen festlegen. Das zentrale Ansichtsfenster wird dabei dynamisch aktualisiert.

- ▶ **Layout-Engine:** Lightroom stellt unterschiedliche Layoutvarian-ten mit jeweils eigenen Parametern bereit. Diese können über das Dropdown-Menü ausgewählt werden.

- ▶ **Bildeinstellungen:** Hier legen Sie die Darstellung Ihrer Bilder auf der Seite beziehungsweise innerhalb eines Feldes auf einem Kontaktbogen fest. Über KONTUR verleihen Sie den Bildern einen Rand.

- ▶ **Layout:** Mit dieser Option legen Sie die Seitenränder fest und ebenso, wie viele Bilder auf einer Abzugseite gedruckt werden sollen.

- ▶ **Hilfslinien:** Zur einfacheren Platzierung und besseren Kontrolle lassen sich Hilfslinien und Lineale einblenden. Diese sind nur in der Ansicht sichtbar und werden nicht gedruckt.

- ▶ **Überlagerungen:** Bei dieser Option geht es um das Einbinden zusätzlicher Elemente in die Druckseite. Zur Verfügung stehen dafür eine Erkennungstafel, Bewertungssterne und zusätzlicher Text.

- ▶ **Druckauftrag:** Hier konfigurieren Sie Ihre Drucker und das Farb-management Ihres Geräteworkflows. Zusätzlich können auch Farbprofile für verschiedene Drucker eingebunden werden, um die Farben auf Drucker wie auch auf verwendetem Fotopapier zu optimieren. Bilder, die gedruckt werden sollen, können hier auch

▲ **Abbildung 5.16**
Zweigeteilte Darstellung der rech-ten Bedienfeldpalette des Web-Moduls zum Bearbeiten von HTML- und Flash-Galerien

leicht geschärft werden. Es besteht die Möglichkeit, die Bilder auch als 6-Bit-Version auf den Drucker zu senden. Damit werden vor allem bessere Verläufe ohne Stufen erzeugt.

Web | In dem Bedienfeld des Web-Moduls können Sie Ihre Web-galerie konfigurieren und die Ausgabe als HTML- oder Flash-Film bestimmen. Je nach Galerieart stehen Ihnen entsprechende Einstell-möglichkeiten zur Verfügung. Die Galerie kann auch gleich auf einen Webserver übertragen werden.

▸ **Engine:** Wählen Sie hier die Art der Galerie aus – Flash oder HTML. Das Dropdown mit den verfügbaren Galeriedesigns wird zur Liste, wenn das Dreieck neben dem Bedienfeldtitel angeklickt wird (siehe Abbildung 5.17).

▸ **Site-Informationen:** Verleihen Sie der Galerie hier die notwen-dige Beschriftung mit Titel, Beschreibungen, Kontaktdaten etc.

▸ **Farbpalette:** Hier legen Sie die Farben für Hintergrund, Text und Links fest.

▸ **Erscheinungsbild:** Die weitere Gestaltung nehmen Sie hier vor, indem Sie das Layout der Übersichtsseiten und einige visuelle Effekte vorgeben. Die Einstellungen können je nach gewählter Engine und Designvorlage stark variieren.

▸ **Bildinformationen:** Geben Sie hier an, welche Daten zu den Bil-dern auf den Seiten angezeigt werden – man kann dabei auf die Metadaten verlinken.

▸ **Ausgabeeinstellungen:** Hier werden Einstellungen zur Qualität (und damit auch zur Größe von JPEG-Bilddateien) und zu Was-serzeichen vorgenommen.

▸ **Einstellung für das Hochladen:** Hier können Sie Ihren FTP-Zugang für den Upload auf einen Webserver sowie die Vorschau im Browser konfigurieren.

TIPP: Bedienfelder verdecken

Durch Rechtsklicken auf die Gruppenbe-zeichnungen in den Bedienfeldern rechts und links können einzelne Parameter-gruppen komplett verdeckt werden. Das Sternchen neben einer Gruppe kenn-zeichnet die aktuell aktive Gruppe. Entfernen Sie das Häkchen links neben ei-ner Gruppenbezeichnung, wird diese aus dem Bedienfeld entfernt. Sie kann aber über das Menü wieder angezeigt werden. Der SOLOMODUS erweitert nur die aktive Gruppe. Wird eine andere Gruppe durch Anklicken der entsprechenden Kopfzeile geöffnet, werden andere offene Gruppen geschlossen.

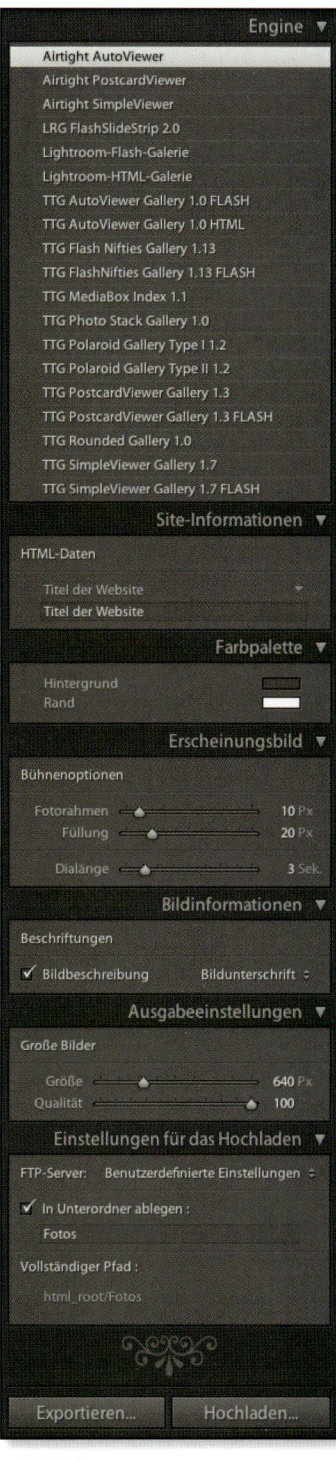

▲ **Abbildung 5.17**
Darstellung der Bedienfelder einer Flash-Galerie.

5.2.5 Das Ansichtsfenster

Die Raster- oder Bildansicht in der Mitte des Fensters ist der größte und zentrale Arbeitsbereich in Lightroom. Hier wird je nach Modul eine entsprechende Darstellung mit einer Live-Vorschau der getroffenen Bearbeitungen angezeigt. Die Bibliothek bietet eine Übersicht über die Bilder aus aufgerufenen Ordnern, Sammlungen oder Filtern. Das Entwickeln-Modul zeigt das darin geöffnete Bild in einer großen Ansicht an und gibt auch gleich die im rechten Bedienfeld vorgenommenen Bearbeitungen wieder. Einige Bearbeitungen können auch direkt in der Ansicht durchgeführt werden. Die drei Präsentationsmodule zeigen die Diashow, Druckseite und Webgalerie an, an der man gerade arbeitet.

▼ Abbildung 5.18
Im Zentrum des Programmfensters befindet sich das Ansichtsfenster. Hier ist die Rasteransicht der Bibliothek abgebildet. Über dem Ansichtsfenster sind die Filterwerkzeuge, darunter die Werkzeugleiste.

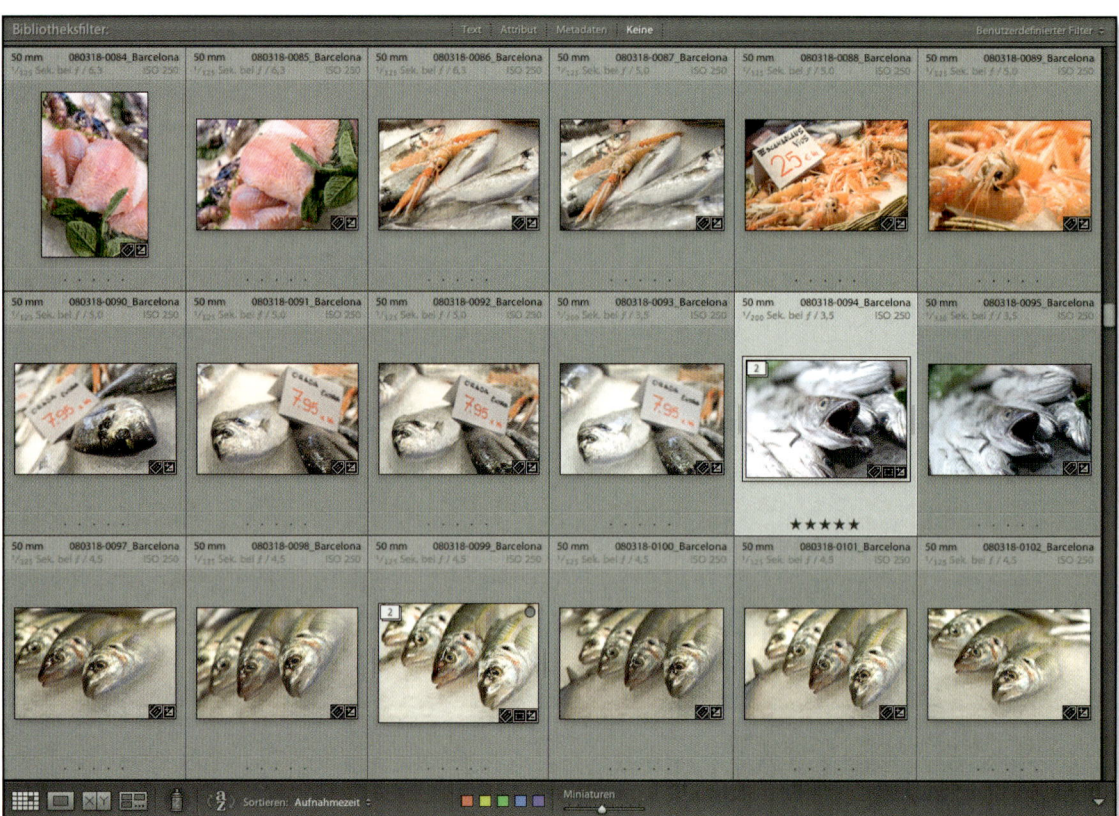

5.2.6 Filterwerkzeuge

Im Bibliothek-Modul befinden sich über dem Ansichtsfenster die Filterwerkzeuge. Ist eine Filterart aktiviert, wird die dazugehörige Leiste eingeblendet. Hinter dem Begriff TEXT verbirgt sich die Suche. Die Filterung von Bildern nach Metadaten funktioniert beispielsweise wie in der Übersicht in iTunes. Filterzusammenstellungen lassen sich als BENUTZERDEFINIERTER FILTER speichern.

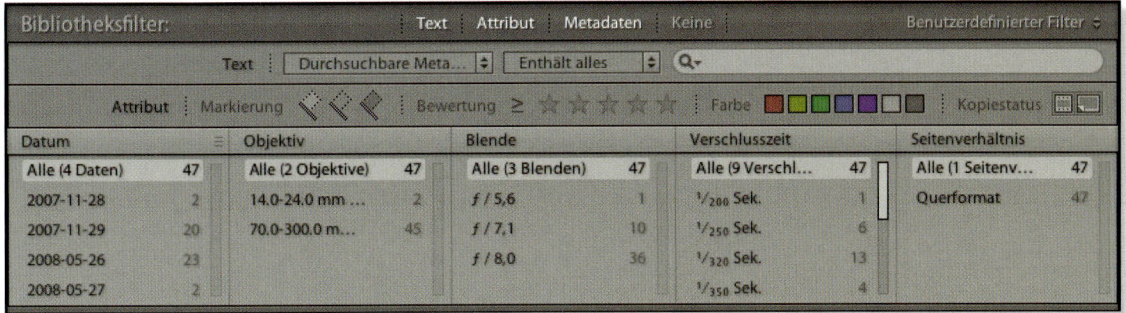

5.2.7 Die Werkzeugleiste

Unterhalb des zentralen Ansichtsfensters befindet sich die Werkzeugleiste. Abhängig vom Modul enthält diese jeweils andere Steuerelemente – in der Bibliothek zum Beispiel zum Durchsuchen, zum Arbeiten mit Stichwörtern, Metadaten und zum Wechseln der Anzeige der Bilder, im Entwickelnmodul kleinere Bearbeitungswerkzeuge sowie bei den drei Ausgabemodulen eine Abspielleiste zum Starten der Diashow und zum Blättern zwischen Druck- und Webseiten.

▲ **Abbildung 5.19**
Die Filterwerkzeuge finden sich in der Rasteransicht der Bibliothek.

▼ **Abbildung 5.20**
Die Werkzeugleiste stellt Funktionen zum Ansichtsfenster bereit. Über das rechte Dreieckssymbol lassen sich weitere Werkzeuge einblenden.

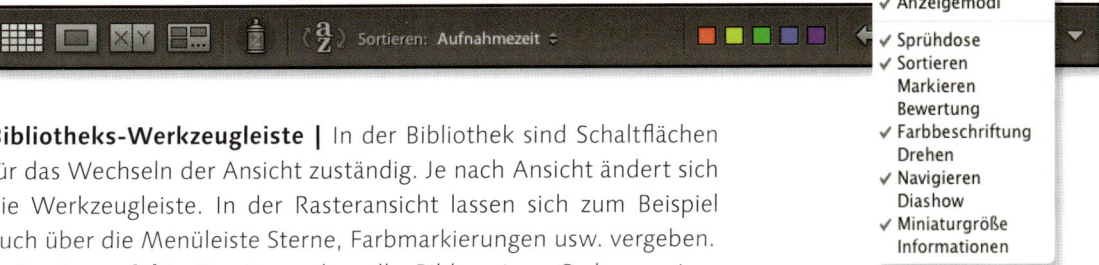

Bibliotheks-Werkzeugleiste | In der Bibliothek sind Schaltflächen für das Wechseln der Ansicht zuständig. Je nach Ansicht ändert sich die Werkzeugleiste. In der Rasteransicht lassen sich zum Beispiel auch über die Menüleiste Sterne, Farbmarkierungen usw. vergeben.

▶ **Rasteransicht:** Damit werden alle Bilder eines Ordners, einer Sammlung, Stichwortauswahl, Metadatenauswahl oder Filterung im Ansichtsfenster als kleine Thumbnails in einem tabellarischen Raster angezeigt.

▼ **Abbildung 5.21**
Werkzeugleiste der Rasteransicht des Bibliothek-Moduls

▶ **Lupenansicht:** Es wird nur ein Bild angezeigt. Per Klick zoomt man sich in das Bild ein.

▼ **Abbildung 5.22**
Werkzeugleiste der Lupenansicht des Bibliothek-Moduls

▶ **Vergleichsansicht:** Zwei Bilder werden nebeneinander zum direkten Vergleich angezeigt.

▼ **Abbildung 5.23**
Werkzeugleiste der Vergleichsansicht des Bibliothek-Moduls

▶ **Erfassungsansicht/Überprüfungsansicht:** Hier werden selektierte Bilder nebeneinander dargestellt – zum Zusammenstellen einer Serie oder für eine Auswahl der besten Bilder.

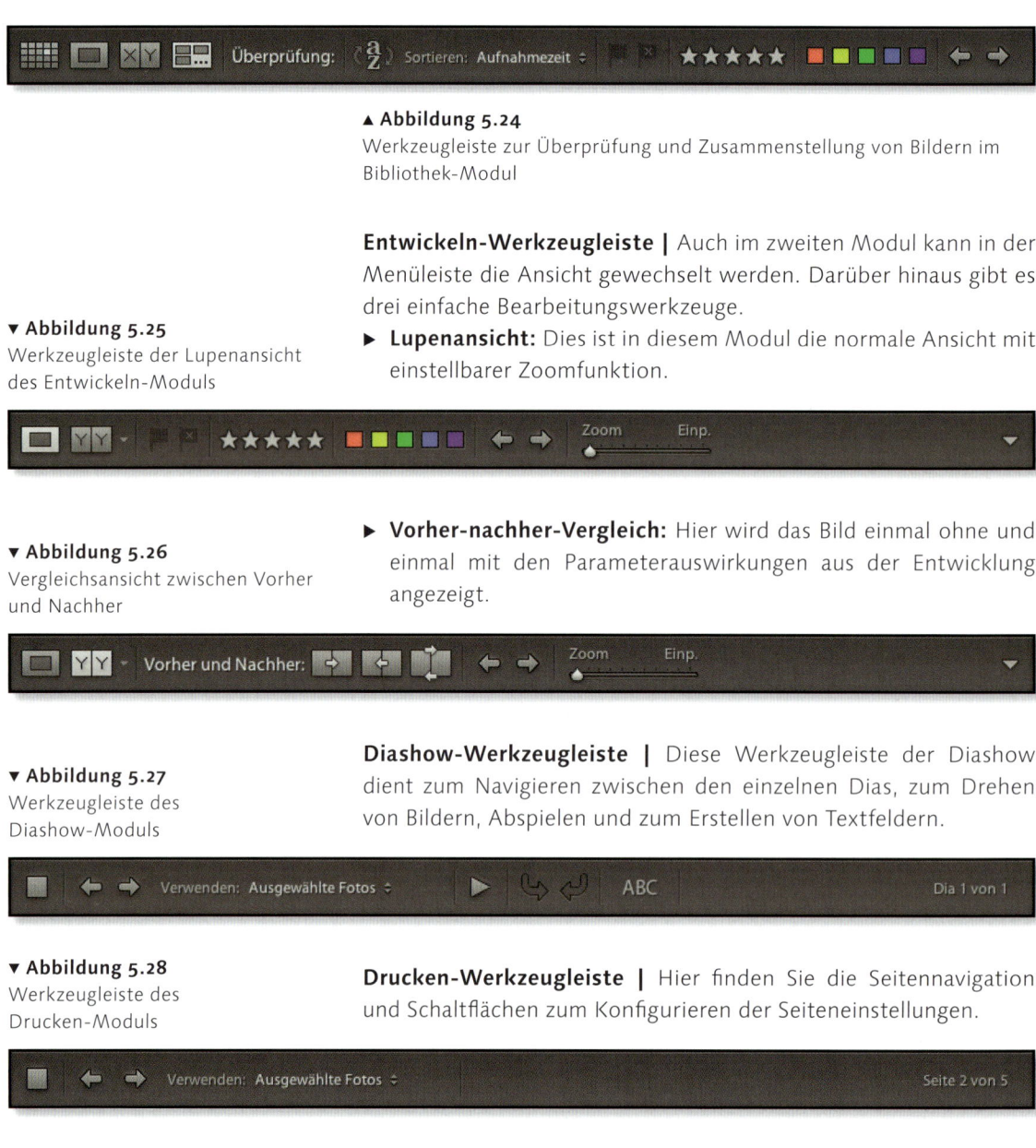

▲ Abbildung 5.24
Werkzeugleiste zur Überprüfung und Zusammenstellung von Bildern im Bibliothek-Modul

Entwickeln-Werkzeugleiste | Auch im zweiten Modul kann in der Menüleiste die Ansicht gewechselt werden. Darüber hinaus gibt es drei einfache Bearbeitungswerkzeuge.

▼ Abbildung 5.25
Werkzeugleiste der Lupenansicht
des Entwickeln-Moduls

▶ **Lupenansicht:** Dies ist in diesem Modul die normale Ansicht mit einstellbarer Zoomfunktion.

▼ Abbildung 5.26
Vergleichsansicht zwischen Vorher
und Nachher

▶ **Vorher-nachher-Vergleich:** Hier wird das Bild einmal ohne und einmal mit den Parameterauswirkungen aus der Entwicklung angezeigt.

▼ Abbildung 5.27
Werkzeugleiste des
Diashow-Moduls

Diashow-Werkzeugleiste | Diese Werkzeugleiste der Diashow dient zum Navigieren zwischen den einzelnen Dias, zum Drehen von Bildern, Abspielen und zum Erstellen von Textfeldern.

▼ Abbildung 5.28
Werkzeugleiste des
Drucken-Moduls

Drucken-Werkzeugleiste | Hier finden Sie die Seitennavigation und Schaltflächen zum Konfigurieren der Seiteneinstellungen.

▼ Abbildung 5.29
Werkzeugleiste des Web-Moduls

Web-Werkzeugleiste | Hier finden Sie die Seiten- und Bildnavigation und die Schaltfläche zur Vorschau der Webgalerie im Webbrowser.

5.2.8 Filmstreifen

Unter der Menüleiste befindet sich der letzte Bereich der Arbeitsoberfläche in Lightroom: Der Filmstreifen stellt eine Art Mini-Bibliothek Ihrer Bilder dar. Dort werden auch in den Modulen Entwickeln bis Web alle Bilder angezeigt, die im Bibliothek-Modul angezeigt werden. Wird die Auswahl dort über die Filterung nach Sammlungen, Stichwörtern etc. eingeschränkt, geschieht dies auch gleichzeitig im Filmstreifen in den anderen Modulen.

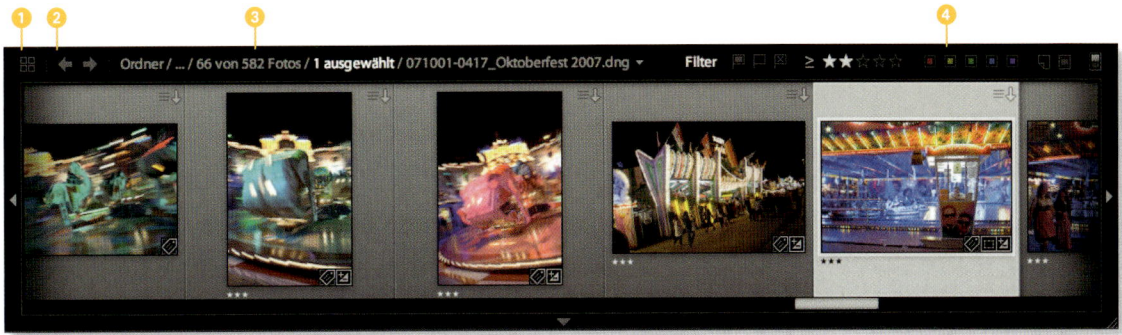

▲ **Abbildung 5.30**
Über den Filmstreifen lassen sich einzelne Bilder auswählen, ohne dass man dafür extra in die Bibliothek wechseln muss.

Über die Schaltfläche zur BIBLIOTHEK-RASTERANSICHT ❶ wechseln Sie zur entsprechenden Ansicht im Bibliothek-Modul. Mithilfe der Pfeiltasten ❷ wird durch die vorherigen Ansichten und durch die zuvor verwendeten Module geschaltet – eine Art History nur für die verwendeten Ansichten und Module. Zusätzlich erhalten Sie noch Angaben zur aktuellen Bildauswahl ❸. Durch das Anklicken des kleinen Dreiecks am Ende öffnet sich ein Dropdown mit den zuletzt dargestellten Bildauswahlen.

Unabhängig davon lassen sich im Filmstreifen über die Schaltflächen rechts darüber zusätzliche Filter ❹ nach Bewertung, Farbetiketten oder Markierungsstatus anwenden und somit die Auswahlen schnell weiter einschränken.

Die Auswahl von einer Reihe von Bildern im Filmstreifen schränkt in den Modulen Diashow, Drucken und Web die jeweils in den Präsentationen verwendeten Bilder ein. Nur die unten ausgewählten Bilder werden gedruckt, präsentiert oder als Webgalerie übernommen. Ist kein Bild ausgewählt, werden automatisch alle Bilder aus dem Filmstreifen verwendet.

▲ **Abbildung 5.31**
Durch Anklicken des Symbols für den zweiten Monitor wird ein Bibliotheks-Ansichtsfenster auf dem zweiten Monitor dargestellt.

▲ **Abbildung 5.32**
Alternativ kann man ein zweites Fenster öffnen, das im Vordergrund schwebt. Das Symbol wechselt dabei sein Aussehen.

5.3 Arbeiten mit einem zweiten Monitor

Lightroom 2 bietet die Unterstützung eines zweiten Monitors. Aber auch Anwender ohne einen zusätzlichen Monitor profitieren von dieser Funktion. Das Bild, das normalerweise auf dem zweiten Monitor angezeigt wird, erscheint dann in einem Fenster, das über dem Hauptfenster von Lightroom schwebt.

Auf dem zweiten Monitor wird das Ansichtsfenster der Bibliothek sichtbar. Dies macht auch Sinn, denn man kann auf dem Nebenmonitor Bilder auswählen oder sortieren, während auf dem Hauptmonitor die Bearbeitung stattfindet. Zwei Entwicklungsvorgänge gleichzeitig machen da keinen Sinn.

Hat man den zweiten Monitor durch Anklicken des Symbols im Filmstreifen aktiviert, stehen einem die gleichen Darstellungsformen zur Verfügung, wie Sie sie im Bibliothek-Modul finden.

 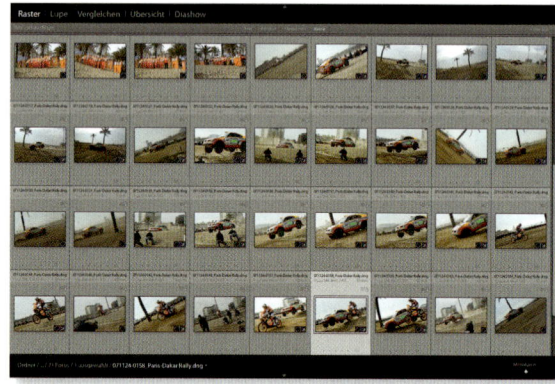

▲ **Abbildung 5.33**
Auf dem Hauptmonitor (links) findet die Entwicklung statt. Im Nebenmonitor (rechts) können Bilder ausgewählt werden. Der Filmstreifen als Mini-Bibliothek kann dann entfallen.

Lightroom achtet darauf, welche Ansicht im jeweils anderen Monitor dargestellt wird. Ist auf dem Hauptmonitor die Rasteransicht aktiv, so schaltet diese automatisch in die Lupenansicht, wenn am Nebenmonitor ebenfalls die Rasteransicht gewählt wird.

Die Darstellungsmodi im Nebenmonitor können entweder im Fenster über die Kopfzeile oder durch Anklicken und Gedrückthalten der Maustaste auf das jeweilige Monitorsymbol umgeschaltet werden.

5.3.1 Einstellen des Darstellungsmodus

Das Anklicken des Symbols für das Hauptfenster öffnet direkt das Einstellungsmenü. Es zeigt alle Modi an, die für das aktuelle Modul zur Verfügung stehen und die auch über die Werkzeugleiste ausgewählt werden können. Bei dem zweiten Monitor besitzt das Symbol eine Doppelfunktion. Einfaches Anklicken aktiviert die Anzeige auf dem zweiten Monitor oder das schwebende Fenster. Um das Einstellungsmenü zu öffnen, müssen Sie die Maustaste gedrückt halten.

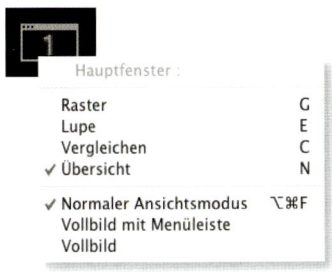

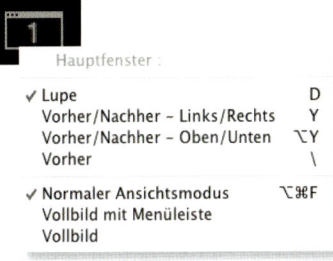

▲ **Abbildung 5.34**
Das Anklicken des Symbols öffnet ein Dropdown zum Auswählen der Darstellungsform.

▲ **Abbildung 5.35**
Je nach Modul stehen andere Darstellungen zur Verfügung – hier das des Entwickeln-Moduls.

▲ **Abbildung 5.36**
Die möglichen Darstellungsformen des zweiten Fensters bzw. Monitors bleiben in allen Modulen gleich.

5.3.2 Darstellungsarten des zweiten Fensters

Im Hauptfenster können Sie nur die Funktionen des Ansichtsfensters aktivieren, die das aktuelle Modul bereitstellt und die auch über die Werkzeugleiste angewählt werden können. Zusätzlich können Sie den Ansichtsmodus wählen (siehe Seite 101).

▲ **Abbildung 5.37**
Die Bedienelemente des zweiten Fensters im Rastermodus

◄ **Abbildung 5.38**
Die Bedienelemente des zweiten Fensters im Lupenmodus

Das zweite Fenster ist eine eingeschränkte Bibliothek. Man kann hier alle Darstellungen der Bibliothek ❶ wählen, allerdings fehlt die linke und rechte Bedienfeldpalette. Das zweite Fenster dient daher vor allem der Auswahl und Überprüfung von Bildern. Wer eine andere Sammlung oder Bilder aus einem anderen Ordner wählen will, muss wieder zurück in die Bibliothek. Einzig das Dropdown-Feld ❸ unter dem Ansichtsfenster gibt die Möglichkeit, zuletzt gewählte Ordner und Sammlungen auszuwählen.

Natürlich können Sie im Ansichtsfenster auch zoomen. Unten rechts ❺ können Sie die Zoomstufe auswählen. In der Rasteransicht haben Sie einen Schieberegler zum Zoomen. Wenn die Kopf- und Fußleiste Sie stören, können Sie diese wie die Bedienfeldpaletten über die Dreieckssymbole unten und oben ❹ ein- und ausblenden.

Die drei Schaltflächen rechts in der Kopfleiste ❷ stellen das Reaktionsverhalten des zweiten Fensters in der Lupenansicht ein. Andere Darstellungsformen besitzen diese Funktionen nicht.

Normal | Ist diese Option eingestellt, wird immer das aktuell ausgewählte Bild in der Lupenansicht des zweiten Fensters angezeigt. Erst wenn ein anderes Bild aktiv angeklickt wird, erscheint dieses in der Lupenansicht.

Abbildung 5.39 ▶
Ist die Option LIVE aktiviert, wird der Ausschnitt mit der Mausposition synchronisiert.

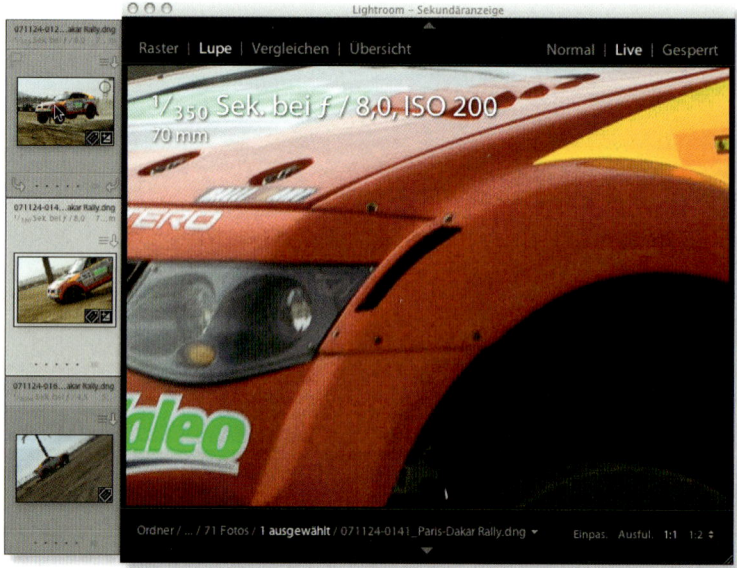

Live | Hier reagiert das Fenster direkt auf jede Mausbewegung. Bewegt man die Maus über ein Vorschaubild der Rasteransicht des Hauptfensters, wird es sofort in der Lupenansicht des zweiten Fensters angezeigt. Ist nur ein Ausschnitt in der Lupenansicht sichtbar, wird dieser entsprechend der Mausposition auf dem Vorschaubild verschoben. Hier hat man dann eine echte Lupenfunktion, diese erfordert aber auch mehr Rechenleistung, da jede Mausveränderung auch den Ausschnitt im zweiten Fenster verändern muss.

Befindet man sich nicht über einem Bild, sondern beispielsweise über einem Bedienfeld, wird das ausgewählte Bild angezeigt.

Gesperrt | Dabei wird immer das Bild angezeigt, das zum Zeitpunkt der Aktivierung des Modus GESPERRT ausgewählt ist – unabhängig davon, ob später ein anderes Bild ausgewählt wurde. Um ein neues Bild anzuzeigen, muss dann erst die Sperrung aufgehoben werden.

5.4   Voreinstellungen

Den Voreinstellungsdialog erreichen Sie unter Mac OS X über das Menü LIGHTROOM • VOREINSTELLUNGEN. Bei Windows finden Sie ihn unter BEARBEITEN • VOREINSTELLUNGEN. Im Folgenden werfen wir einen Blick auf die einzelnen Register und Einstellungen.

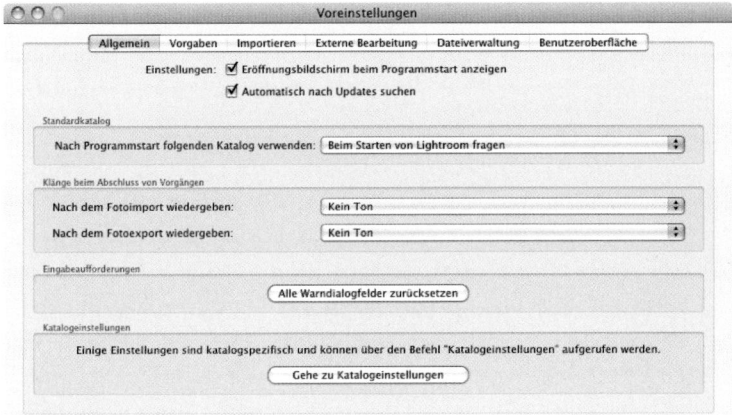

◄ **Abbildung 5.40**
Der Dialog für die allgemeinen Voreinstellungen

5.4.1   Register »Allgemein«
Im Register ALLGEMEIN lassen sich Voreinstellungen zurücksetzen, alternative Katalogdateien angeben, Tonsignale und Updatefrequenz einstellen:

▶ **Eröffnungsbildschirm beim Starten zeigen:** Beim Start von Lightroom wird grundsätzlich eine Tafel, auch Splashscreen genannt, angezeigt. Diese bleibt so lange stehen, bis das Programm komplett hochgefahren ist. Wird sie ausgeblendet, startet das Programm, subjektiv gesehen, geringfügig schneller.

▶ **Automatisch nach Updates suchen:** Ist diese Option aktiviert, sucht Lightroom automatisch in regelmäßigen Abständen im Internet nach Updates. Will man selbst die Kontrolle behalten, sollte man diese Option deaktivieren.

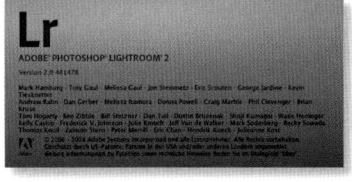

▲ **Abbildung 5.41**
Der Eröffnungsbildschirm (Splashscreen) kann über die Voreinstellungen ausgeblendet werden.

Standardkatalog | Hier treffen Sie Einstellungen zum Verhalten der Bibliotheken beim Programmstart. Über NACH PROGRAMMSTART

FOLGENDEN KATALOG VERWENDEN können Sie Lightroom veranlassen, mit einem alternativen Katalog zu starten bzw. Sie beim Programmstart eine Auswahl alternativer Kataloge anzubieten. Nähere Informationen zum Arbeiten mit Katalogen erfahren Sie in Kapitel 6, »Arbeiten mit Katalogen«, ab Seite 123.

Klänge beim Abschluss von Vorgängen | Laufen Berechnungen im Hintergrund ab, bekommt man oft nicht mit, wann diese beendet sind. Dafür ist es hilfreich, ihnen ein Tonsignal zuzuweisen:

▶ **Nach dem Fotoimport wiedergeben:** Es ertönt ein Signal, nachdem alle Bilder importiert wurden.

▶ **Nach dem Fotoexport wiedergeben:** Das Signal ertönt, nachdem ein Exportvorgang beendet ist.

Abbildung 5.42 ▶
Sich wiederholende Warnmeldungen können ganz schön stören. Vor allem wenn sie überflüssig sind. Daher können sie Warnmeldungen deaktivieren, indem Sie auf das Kontrollkästchen NICHT ERNEUT ANZEIGEN klicken.

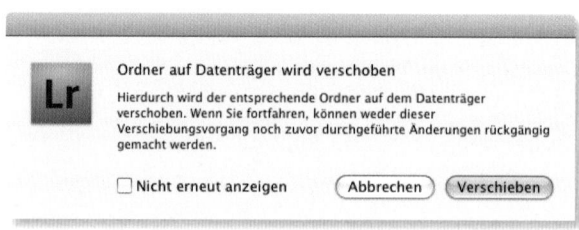

Eingabeaufforderungen | Beim Arbeiten in Lightroom erscheinen an einigen Stellen Warnmeldungen – zum Beispiel beim Verschieben von Bildern in andere Ordner. Diese Dialogfelder besitzen meist Kontrollkästchen, mit denen Sie die Warnmeldung unterbinden können. Wollen Sie, dass die Warnungen wieder erscheinen, klicken Sie auf ALLE WARNDIALOGFELDER ZURÜCKSETZEN.

Katalogeinstellungen | Über diese Schaltfläche haben Sie eine Querverweis auf den Dialog der KATALOGEINSTELLUNGEN, der sich auch unter Mac OS X unter dem Menüpunkt LIGHTROOM • KATALOGEINSTELLUNGEN und unter Windows unter BEARBEITEN • KATALOGEINSTELLUNGEN befindet.

5.4.2 Register »Vorgaben«

Haben Sie Entwicklungseinstellungen für ein Bild vorgenommen, können Sie diese als Vorgaben speichern, um sie auch auf andere Bilder anzuwenden. Für die Massenbearbeitung ist diese Funktion äußerst hilfreich – etwa wenn ein Weißabgleich oder eine Grundschärfung auf eine ganze Aufnahmereihe angewendet werden soll.

Standardentwicklungseinstellungen | Hier wird angegeben, wie die Standardvorgaben auf Bilder zum Beispiel beim Import oder bei der Wandlung in Graustufen angewendet werden. Mit den Kontrollkästchen können Sie die Verwendung steuern:

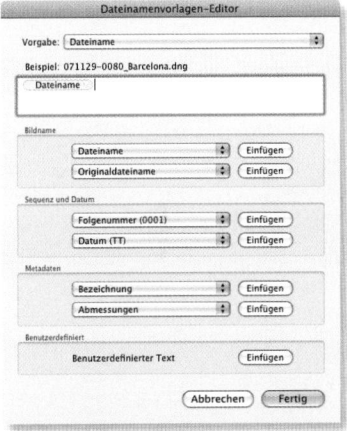

 ◄ Abbildung 5.4
Der Dialog für den Umgang mit
Vorgaben in Lightroom

▸ **Automatische Farbkorrektur anwenden:** Aktivieren Sie dieses Kontrollkästchen, so wird auf die Bilder während des Imports eine automatische Farbkorrektur angewendet.

▸ **Beim Konvertieren in Graustufen automatische Graustufen-Kanalanpassung anwenden:** Ist diese Kontrollbox aktiviert, wird beim Zuweisen einer Graustufenkonvertierung eine automatische Korrektur durchgeführt, um bei gleichen Luminanzwerten einen höheren Kontrast zu erzielen.

▸ **Standardeinstellungen an Seriennummer der Kamera ausrichten:** Arbeiten Sie mit mehreren Kameras gleicher Bauart, können Sie für jede einzelne eigene Standardvorgaben festlegen. Die entsprechenden Vorgaben werden dann abhängig von der angeschlossenen Kamera angewendet.

▸ **Standardeinstellungen an ISO-Wert der Kamera ausrichten:** Hiermit kann man für verschiedene ISO-Einstellungen unterschiedliche Vorgaben einstellen, zum Beispiel um bei hohen ISO-Werten eine stärkere Rauschreduzierung anzuwenden. Diese Einstellung kann auch mit der vorhergehenden Option kombiniert werden.

Vorgaben mit Katalog speichern | Exportiert man Kataloge, kann man wahlweise die Vorgaben in die exportierte Bibliothek integrieren. Über die Schaltfläche LIGHTROOM-VORGABENORDNER ANZEIGEN rechts daneben wird der Ordner, in dem die Vorgaben abgelegt werden, im Finder bzw. Windows-Explorer angezeigt. Sie lassen sich dann einfach sichern oder kopieren und müssen nicht erst in den Tiefen des Betriebssystems gesucht werden.

Lightroom-Standardeinstellungen | Lightroom merkt sich an vielen Stellen die zuletzt vorgenommenen Einstellungen und erlaubt es Ihnen, die Standardvorgaben des Programms zu überschreiben. Das Überschreiben, ob absichtlich oder unabsichtlich, kann aber auch wieder zurückgenommen werden. Unter eigenen Namen

▲ Abbildung 5.44
Lightroom ermöglicht es, nahezu alle Parameter in Vorgaben zu speichern: beispielsweise Dateinamenvorgaben (oben) oder Stichwortsätze (unten).

erstellte Vorgaben bleiben davon jedoch unberührt und müssen, falls gewünscht, per Hand gelöscht werden. Zu den Vorgaben können Sie folgende Einstellungen vornehmen:

▶ **Vorgaben wiederherstellen:** Über diese Schaltflächen können Sie die Urzustände für Stichwortsätze, Exportvorgaben, Dateinamenvorlagen, Textvorlagen, lokale Korrekturvorgaben, Farbbeschriftungen und Bibliotheksfilter wiederherstellen.

5.4.3 Register »Importieren«

Der Dialog in diesem Register kümmert sich um die generellen Importeinstellungen in Lightroom und um die Optionen für die Konvertierung der RAW-Bilder in DNG-Daten. Im oberen Bereich können Sie die folgenden Aktionen vorgeben:

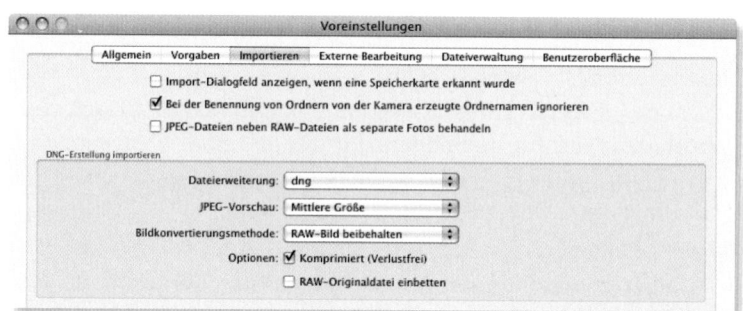

Abbildung 5.45 ▶
Dialog für die Importeinstellungen, im unteren Bereich zur DNG-Konvertierung, die Lightroom automatisch übernehmen kann.

Überlagerungen
Überlagerungen tauchen in Lightroom in allen Ausgabemodulen (Diashow, Drucken, Web) auf. Dabei werden Texte oder Erkennungstafeln über die Bilder gelegt. Diese können beispielsweise als Schmuck oder als Wasserzeichen dienen.

▶ **Import-Dialogfeld anzeigen, wenn eine Speicherkarte erkannt wurde:** Wird eine Speicherkarte (SD-Card, Compact Flash etc.) vom Rechner initialisiert, kann der Import automatisch gestartet werden. Allerdings erscheint dann wirklich jedes Mal der Import-Dialog, wenn eine Speicherkarte erkannt wird – auch wenn Sie gar nichts importieren wollen.

▶ **Bei der Benennung von Ordnern von der Kamera erzeugte Ordnernamen ignorieren:** Ordner, die von der Kamera auf der Speicherkarte erzeugt werden, besitzen meist kryptische Bezeichnungen ohne Aussagekraft (DCIM, 101NCD2X). Diese Bezeichnungen können beim Import ignoriert werden. Dazu ist standardmäßig die Kontrollbox aktiviert.

▶ **JPEG-Dateien neben RAW-Dateien als separate Fotos behandeln:** Einige Fotografen ziehen es vor, ihre Bilder gleichzeitig als RAW- und als JPEG-Bilder abzulegen. Dies verhindert zusätzlichen Zeitaufwand für die Konvertierung nach JPEG, etwa um die Bilder dem Kunden zur Auswahl vorzulegen. Allerdings hat man so auch immer zwei unabhängige Dateien, erhöhten Platzbedarf und Verwaltungsaufwand – etwa beim Umbenennen oder Löschen. Mit dieser Option in Lightroom können Sie angeben, wie die zusätzlichen JPEG-Dateien gehandhabt werden. Ist das

Kontrollkästchen deaktiviert, werden JPEGs und RAW-Bilder als ein Bild behandelt. Wird es angeklickt, werden JPEGs als eigene, vom RAW-Bild unabhängige Bilder betrachtet und importiert.

DNG-Erstellung importieren | RAW-Bilder können von Lightroom direkt beim Import in das DNG-Format konvertiert werden. Wer bereits früher mit DNG-Bildern gearbeitet hat, kennt eventuell das Programm DNG-Konverter. Die dortigen Voreinstellungen entsprechen denen von Lightroom:

▶ **Dateierweiterung:** Hier können Sie zwischen der Groß- und Kleinschreibung der Dateierweiterung wählen.

▶ **JPEG-Vorschau:** Da RAW-Daten immer erst zu Bilddaten umgerechnet werden müssen (siehe ab Seite 75), viele Programme oder Betriebssysteme dies aber nicht direkt können oder einfach zu viel Zeit dafür benötigen, ist es möglich, JPEG-Vorschaudateien in die DNG-Bilder zu integrieren. Arbeitet man ausschließlich mit Lightroom, benötigt man diese Vorschauen eigentlich nicht, da Lightroom eigene Vorschaubilder erstellt. Man kann dann die Option OHNE aus dem Dropdown wählen. Wer sich nicht sicher ist, ob er seine Bilder auch mit anderen Programmen betrachten will, sollte mindestens MITTLERE GRÖSSE einstellen.

▶ **Bildkonvertierungsmethode:** Wie schon in Kapitel 4 über RAW-Fotografie beschrieben, müssen die Daten immer erst in ihre visuelle Darstellung umgerechnet werden. Wie dies zu geschehen hat, variiert von Kamera zu Kamera. Die Informationen dafür werden in Kameraprofilen gespeichert und beim Import interpretiert. Benutzen Sie neben Lightroom Programme, die nicht mit Kameraprofilen arbeiten können, müssen Sie die Option IN LINEARES BILD KONVERTIEREN wählen, um dort eine korrekte Darstellung zu erreichen.

▶ **Komprimiert:** DNG ermöglicht eine verlustfreie Kompression. Da diese Option keine Qualitätsverluste verursacht, kann man mit ihr Speicherplatz sparen.

▶ **RAW-Originaldaten einbetten:** Beim Konvertieren von RAW-Bildern können nur Daten berücksichtigt werden, deren Funktion bekannt ist. Einige Kamerahersteller schreiben aber Informationen in ihre RAW-Daten, deren Beschreibung sie nicht freigeben. Daher weiß Lightroom – wie auch andere RAW-Bearbeitungsprogramme – dann nicht, wie diese zu interpretieren sind. Die Zusatzinformationen darin gehen also bei der Konvertierung verloren. Damit man aber trotzdem auch später noch auf diese Daten zugreifen kann, kann die Original-RAW-Datei in die DNG-Datei eingebettet werden – dies aber auf Kosten von erheblich mehr Speicherplatz. Dabei ist es fraglich, ob in den Daten Informationen stecken, die für die Darstellung und Bearbeitung wich-

[Chromatische Aberration]
Fällt Licht durch eine Linse, wird dieses je nach Wellenlänge unterschiedlich gebrochen. Dadurch entstehen Farbsäume, vor allem an Bildrändern. Der Effekt ist abhängig von der Brennweite – bei Weitwinkel stärker – und der Qualität des Objektivs.

Von Bits und Bytes
Ein Bit kann zwei Werte, 0 und 1, besitzen. Beginnt man zu zählen, benötigt man ab 2 eine neue Stelle. Die nächste Stelle ab der Zahl 4. Die Zahl 255 schreibt man dann beispielsweise 11111111. Das sind 8 Bit (= 1 Byte) und entspricht inklusive der Null 256 Werten. Ordnet man jedem Wert eine Helligkeitsstufe zu, haben wir 256 Helligkeitswerte bei 8 Bit. Nehmen wir für Rot, Grün und Blau jeweils 8 Bit, kommen wir auf 24 Bit Farbtiefe. Das entspricht dann insgesamt ca. 16,7 Mio. Farben.
Digitalkameras speichern RAW-Daten mit 12 Bit pro Farbe. Dies bedeutet pro Farbe 4096 Abstufungen und eine Gesamtanzahl von ca. 68,7 Mrd. Farben.

tig sind. Wenn Sie auf Nummer sicher gehen wollen, aktivieren Sie das Kontrollkästchen.

Abbildung 5.46 ▶
Dialog für die Zusammenarbeit mit externen Programmen

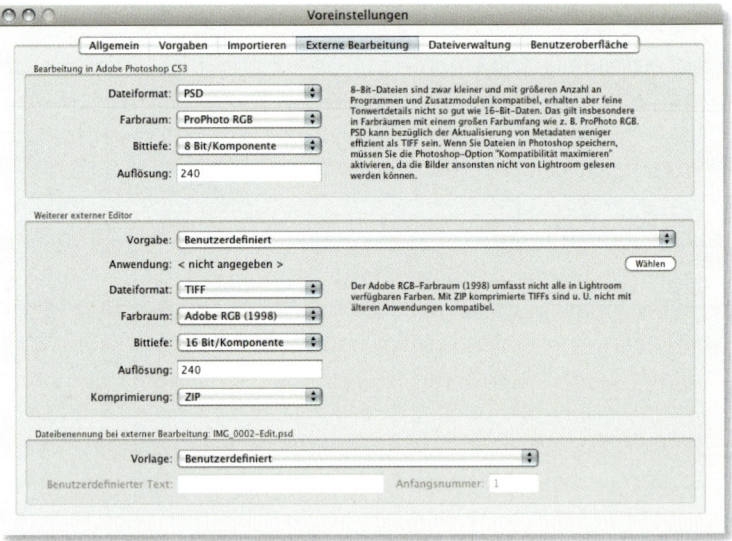

5.4.4 Register »Externe Bearbeitung«

Auch in Lightroom kann es erforderlich sein, mit anderen Programmen zusammenzuarbeiten. Zum Beispiel, wenn Bilder kombiniert oder extrem verfremdet werden müssen, benötigt man ein Programm, das auch Ebenen und Masken unterstützt. Adobe bietet mit Photoshop ein solches Programm an. Andere Editoren wären beispielsweise Paintshop Pro, Gimp, LightZone oder PhotoImpact. Unter Umständen möchte man auch gewisse Arbeitsschritte, die Lightroom unterstützt, lieber in einem anderen RAW-Konverter erledigen. All das ist möglich – mit den folgenden Voreinstellungen:

▶ **Vorgabe:** Alle im Bereich WEITERER EXTERNER EDITOR gemachten Einstellungen können als Vorgabe gesichert werden. Diese können dann direkt im Menü oder am Bild angewählt werden.

Abbildung 5.47 ▶
Gespeicherte Vorgaben für externe Editoren, hier für Adobe Illustrator, können direkt am Bild aufgerufen werden. Die Anwendung wird dann gestartet und das Bild im angegebenen Format geladen.

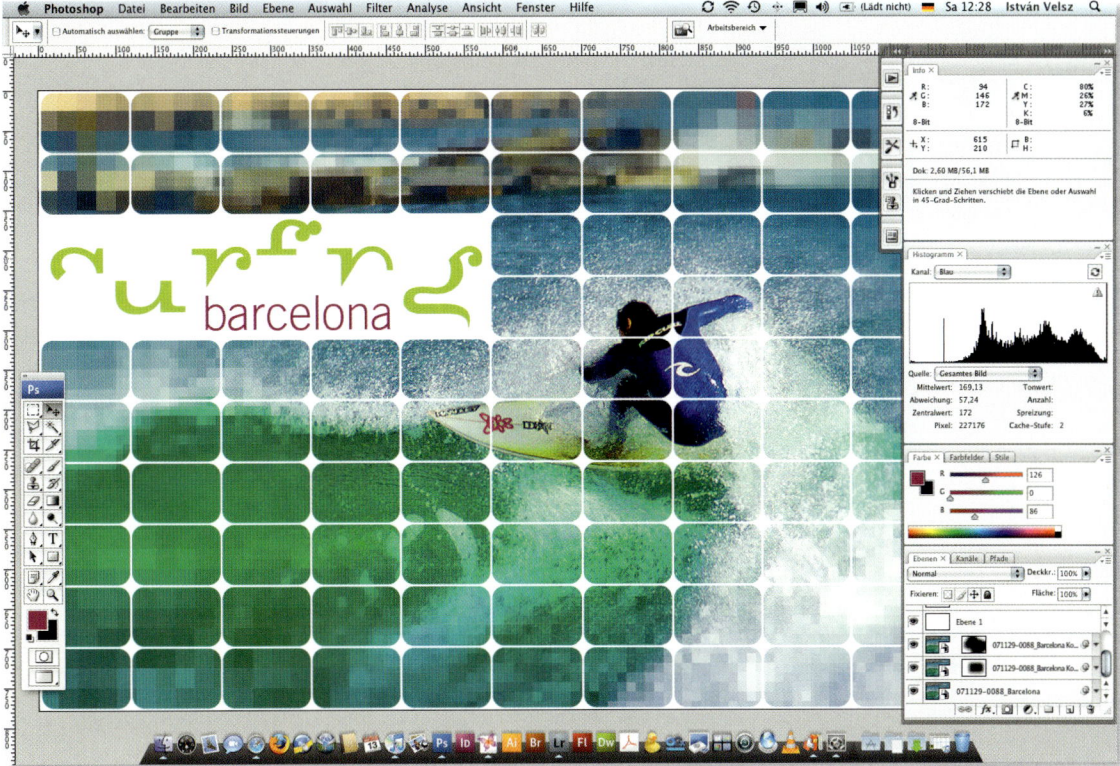

▲ **Abbildung 5.48**
Um mit Bildern kreativ zu arbeiten, können die Bilder direkt einer anderen Anwendung, hier Adobe Photoshop, übergeben werden.

▶ **Anwendung:** Mithilfe der Schaltfläche Wählen kann ein beliebiges Programm zur externen Bearbeitung eingerichtet werden.

▶ **Dateiformat:** Lightroom unterstützt zur externen Bearbeitung nur das Photoshop-Format (PSD) und das TIFF-Format. Für einen fremden Editor sollte man das TIFF-Format wählen, PSD wird nur von Photoshop vollständig unterstützt. TIFF bietet außerdem die Möglichkeit einer verlustfreien Kompression.

▶ **Farbraum:** Für das Arbeiten mit externen Programmen sollte ein möglichst großer Farbraum verwendet werden. Hier sollte Adobe RGB oder ProPhoto RGB eingestellt werden. Mehr zum Thema Farbmanagement finden Sie ab Seite 43.

▶ **Bittiefe:** Will man im externen Programm gravierende Helligkeits- oder Farbänderungen durchführen, sollte man 16 Bit/Komponente wählen. Für einfaches Nacharbeiten wie Scharfzeichnen oder Effektfilter reichen auch 8 Bit/Komponente aus. RAW-Daten werden meistens in 12 Bit Farbtiefe abgespeichert. Mehr zum Thema Bits und Bytes finden Sie auf der Seite 111.

▶ **Auflösung:** Gibt die Pixeldichte pro Inch (dpi) an. Je höher diese Zahl ist, desto dichter und kleiner sind die Pixel. Die Abmessungen werden dann geringer, das Bild wirkt im Ausdruck aber schärfer. 300 dpi sind für den Offsetdruck geeignet. Für großformatige Ausdrucke, die größer sind als DIN A3, reichen 200 dpi.

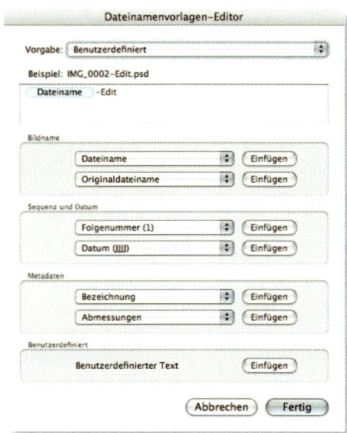

▲ Abbildung 5.49
Zum Speichern von Dateien können Kombinationen aus Variablen verwendet werden. Diese können wiederum als Vorgabe gespeichert werden.

Abbildung 5.50 ▶
Dialog für die Grundeinstellung des Dateimanagements

Für noch größere Formate wie DIN A0 und größer reichen oft schon 100 dpi, da auch der Betrachtungsabstand größer ist.

▶ **Komprimierung:** Beim TIFF-Format können Sie eine verlustfreie Komprimierungsart angeben. Diese verändert den Bildinhalt nicht. Bei 8 Bit Farbtiefe können Sie zwischen Ohne, LZW und ZIP wählen. Bei 16 Bit steht nur die ZIP-Kompression zur Verfügung. Da die Kompression verlustfrei ist, sollten Sie sich auf jeden Fall für eine entscheiden. Das spart Platz auf der Festplatte.

▶ **Dateibenennung bei externer Bearbeitung:** Extern bearbeitete Bilder werden in die Lightroom-Bibliothek reimportiert. Dabei erhalten die Bilder eigene Namen. Normalerweise werden die ursprünglichen Dateinamen einfach um die Bezeichnung »Edit« erweitert.

5.4.5 Register »Dateiverwaltung«

Einige Betriebssysteme und Programme reagieren empfindlich auf Sonderzeichen in Dateinamen. Auch speichern manche Programme Metainformationen anders ab. Wie davon betroffene Daten interpretiert werden, können Sie in diesem Register einstellen.

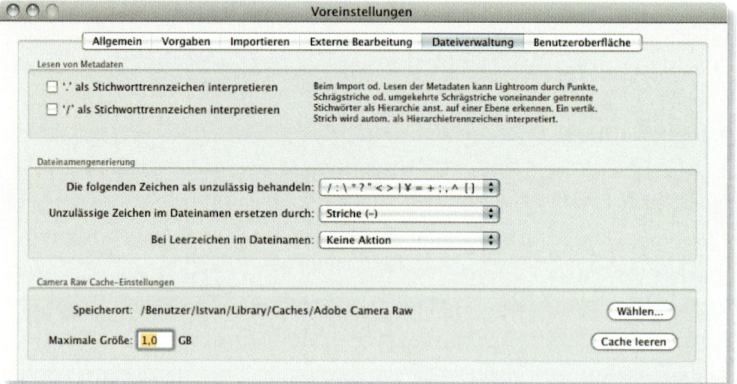

Lesen von Metadaten | Stichwörter werden als aneinandergereihte Wörter angegeben. Die Begriffe werden durch Kommata getrennt. Lightroom unterstützt auch Stichworthierarchien. Diese werden durch Punkt oder Schrägstrich gekennzeichnet. Verwenden andere Programme diese Zeichen zur Trennung von Stichwörtern, wird daher von Lightroom eine Hierarchie erkannt, wo eigentlich keine ist. Um dies zu verhindern, können die Zeichen zur Trennung von Stichwörtern anders eingestellt werden. Hierarchien werden dann nicht mehr als solche fehlinterpretiert.

Dateinamengenerierung | Hier können unzulässige Dateinamen automatisch in allgemein zulässige Dateinamen konvertiert werden. Im Einzelnen bedeutet dies:

- **Die folgenden Zeichen als unzulässig behandeln:** Sie können aus zwei Varianten unzulässiger Zeichen wählen.
- **Unzulässige Zeichen im Dateinamen ersetzen durch:** Hier können Sie auswählen, was mit den unzulässigen Zeichen passieren soll.
- **Bei Leerzeichen in Dateinamen:** Hier können Leerzeichen durch Bindestriche (-) oder Unterstriche (_) ersetzt werden.

Camera-RAW-Cache-Einstellungen | Im Cache werden Dateien zwischengespeichert, auf die oft zugegriffen werden muss. Der Zugriff auf den Cache ist schneller, als jedes Mal die benötigten Informationen aus den Originaldaten zu generieren. Hier können Sie die Größe und das Verzeichnis angeben.

5.4.6 Register »Benutzeroberfläche«

In Lightroom lässt sich die Benutzeroberfläche nach eigenen Wünschen anpassen – zumindest in einem gewissen Rahmen.

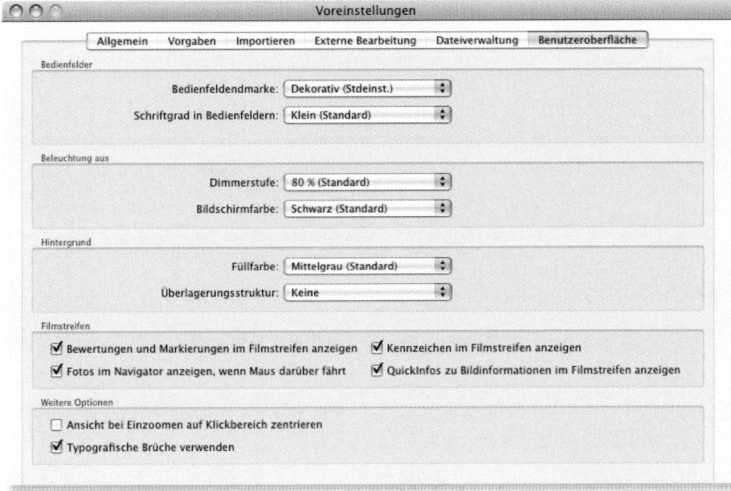

◀ **Abbildung 5.51**
Dialog für die Voreinstellungen der Benutzeroberfläche

Bedienfeldendmarke | Die geschwungene Bedienfeldendmarke unter dem letzten Bedienfeld markiert das Ende. Sie ist eigentlich nur eine grafische Spielerei, sieht aber nett aus. Wer es jedoch lieber schlicht hat, der kann statt »Dekorativ« auch »Kästchen« wählen. Nicht jeder Benutzer kann die kleine, graue Schrift auf schwarzem Grund gut lesen. Die Einstellung Grösser unter Schriftgrad in Bedienfeldern ermöglicht es, die Bezeichnungen der Parameter größer darzustellen und somit die Lesbarkeit zu erhöhen. Dies ist aber nur auf großen Monitoren empfehlenswert, da es sonst zu Platzproblemen kommt.

▲ **Abbildung 5.52**
Eigentlich nur Schnickschnack sind die Bedienfeldmarken am Ende der Bedienfelder. Man kann sie auch ausblenden.

Beleuchtung aus | Über den Menübefehl ANSICHT • BELEUCHTUNG AUS können Sie die Bedienfeldpaletten in zwei Stufen abdunkeln. GEDÄMPFTES LICHT blendet die Paletten teilweise aus, BELEUCHTUNG AUS blendet alles bis auf die Bildansicht schwarz ab.

▶ **Dimmerstufe:** Diese Einstellung gibt an, wie stark sich der Effekt im Zustand GEDÄMPFTES LICHT auswirkt.

▶ **Bildschirmfarbe:** Geben Sie hier die Hintergrundfarbe vor, zu der hin ausgeblendet werden soll.

Hintergrund | Befindet man sich in der Lupenansicht und hat dabei kein Bild markiert, kann auch kein Bild angezeigt werden. Der sichtbare leere Hintergrund kann hiermit eingefärbt werden. Er wird dann auch als Hintergrund in den anderen Modulen sichtbar.

▶ **Füllfarbe:** Wählen Sie hier eine Farbe, mit der der Hintergrund gefüllt werden soll.

▶ **Überlagerungsstruktur:** Gibt eine Struktur für den Hintergrund an – etwa ein Streifenmuster.

Filmstreifen | Der Filmstreifen stellt eine Art Mini-Bibliothek ausgewählter Bilder dar und ist in allen Modulen vorhanden. Mit folgenden Vorgaben können Sie ihn einstellen:

▲ **Abbildung 5.53**
Auch zusätzliche Informationen wie Farbmarkierungen, Bewertung, Quickinfos etc. können im Filmstreifen mit angezeigt werden.

▶ **Bewertungen und Markierungen im Filmstreifen anzeigen:** Normalerweise werden im Filmstreifen keine Bewertungssterne angezeigt. Ist diese Option aktiviert, werden die Sterne und Markierungen (Flags) unter den Bildern eingeblendet.

▶ **Kennzeichen im Filmstreifen anzeigen:** Ist diese Option aktiviert, werden in der rechten unteren Ecke kleine Kennzeichen eingeblendet, wenn das Bild mit Stichwörtern versehen, beschnitten oder im Entwickeln-Modul verändert wurde.

▶ **Fotos im Navigator anzeigen, wenn Maus darüber fährt:** Ist dieses Kontrollkästchen aktiviert, wird das Bild auch im Navigator-Bedienfeld angezeigt. Dies ist vor allem dann sinnvoll, wenn der Filmstreifen nur recht klein dargestellt wird.

▶ **Quickinfos im Filmstreifen anzeigen:** Bewegt man die Maus über ein Bild und »parkt« sie dort einen Moment, erscheint ein gelbes Feld mit Quickinfos zum Bild. Diese Anzeige kann mit dieser Option verhindert oder erlaubt werden.

Weitere Optionen | Unten im Dialogfeld finden sich noch die folgenden Optionen:

▶ **Ansicht bei Einzoomen auf Klickbereich zentrieren:** Diese Einstellung zentriert die Ansicht auf den angeklickten Bereich beim Zoomen von Bildern.

▶ **Typografische Brüche:** In den Metadaten angezeigte Bruchzahlen werden mit dieser Einstellung typografisch korrekt dargestellt – zum Beispiel bei »$\frac{1}{3}$-Blenden«.

5.5   Einstellen des Bildmodus

Wenn der Platz auf dem Monitor nicht ausreicht oder die Menüleiste, die Windows-Taskleiste oder das Dock in Mac OS X stören, hat man die Möglichkeit, diese auszublenden. Dabei wird Lightroom so vergrößert, dass es diese Elemente überlagert. Inklusive der Standardansicht sind in Lightroom drei Bildmodi möglich:

▲ **Abbildung 5.54**
Dock oder Taskleiste und Menüleiste lassen sich über das Umschalten des Bildmodus ausblenden.

▶ **Normal (Standardmodus):** Menüleiste, Taskleiste und Dock sind eingeblendet. Zusätzlich wird die Titelzeile des Fensters beziehungsweise des Programms angezeigt.

▶ **Vollbildschirm mit Menüleiste (Vollbild mit Menü):** In diesem Modus wird nur der Fensterbalken ausgeblendet. Dadurch ist es nicht mehr möglich, das Fenster zu skalieren oder zu verschieben.

▶ **Vollbildschirm (Vollbild):** Hier wird zusätzlich die Taskleiste beziehungsweise das Dock ausgeblendet. Lightroom nimmt den kompletten Platz auf dem Bildschirm ein, Elemente des Betriebssystems sind nicht mehr zu erkennen. Bewegt man in diesem Modus die Maus an den oberen Bildschirmrand, wird die Menüleiste wieder eingeblendet.

Die Beleuchtung der Arbeitsoberfläche kann in Lightroom gedimmt oder komplett abgedunkelt werden. Wählen Sie dafür im Menü FENSTER den Punkt BELEUCHTUNG, und aktivieren Sie darin den Unterpunkt GEDÄMPFTES LICHT. Mit BELEUCHTUNG AUS werden die Bedienelemente komplett ausgeblendet. Sie können die Beleuchtungsmodi auch mit der Taste ⌊L⌋ durchschalten.

5.6 Die Dateistruktur von Lightroom

Dank dieser Fülle an Einstellungsmöglichkeiten nimmt Lightroom dem Benutzer viel manuelle Verwaltungsarbeit ab. Dabei erzeugt es jede Menge Dateien, die es in einer speziell dafür entworfenen Dateistruktur ablegt. Ein Blick darauf kann nicht schaden – vor allem, wenn man einmal manuell eingreifen muss.

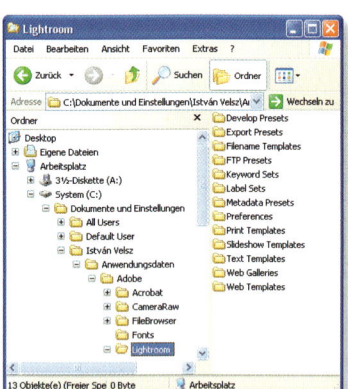

▲ **Abbildung 5.55**
Die Abbildung zeigt den Pfad zum Vorlagenordner unter Microsoft Windows.

5.6.1 Die Vorgaben-Dateien

Lightroom legt alle Vorgaben in externen Verzeichnissen ab. Diese befinden sich auf dem Mac im Benutzerordner unter LIBRARY/APPLICATION SUPPORT/ADOBE/LIGHTROOM. Unter Windows befinden sich die Dateien unter DOKUMENTE UND EINSTELLUNGEN/ {BENUTZERNAME}/ANWENDUNGSDATEIEN/ADOBE/LIGHTROOM.

Vorgaben können nicht in einem gemeinsam genutzten Ordner für alle Benutzer abgelegt werden, sondern müssen per Hand in den Ordner der anderen Benutzer kopieren. Für weniger versierte Benutzer können Vorgaben exportiert und unter einem anderen Benutzer wieder importiert werden. Das Austricksen per Alias bzw. Verknüpfung funktioniert leider nicht.

Vorgaben werden grundsätzlich als Textdateien abgelegt. Ihr Inhalt erinnert an eine Scriptsprache wie zum Beispiel JavaScript. Wer sich ein wenig damit beschäftigt, kann theoretisch auch eigene Vorgaben programmieren. Allerdings stellt sich die Frage nach dem Warum, denn es müsste sich dabei um Aufgaben handeln, die mit den bestehenden Funktionen im Programm nicht möglich wären – und da fällt einem auch nach längerem Arbeiten nicht viel ein.

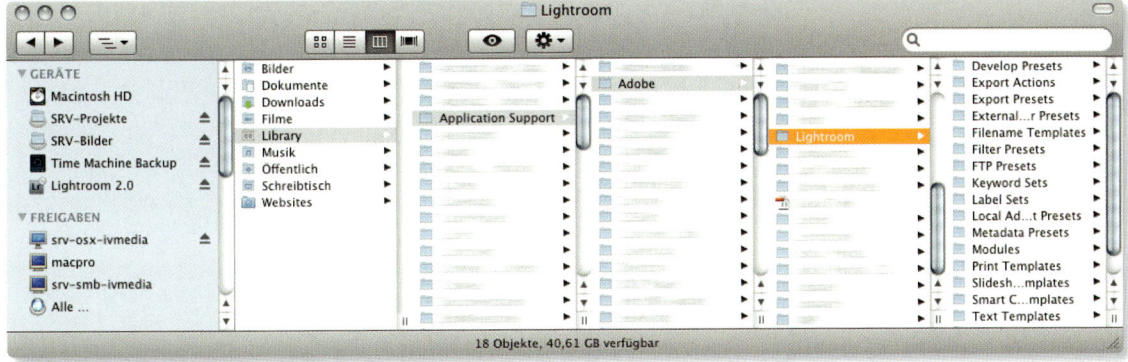

▲ Abbildung 5.56
Die Abbildung zeigt den Pfad zum Vorlagenordner unter Mac OS X.

5.6.2 Die Lightroom-Datenbank

Interessant ist die Struktur der Datenbank, in der Lightroom alle relevanten Bildinformationen speichert. Die Default- bzw. Standard-Datenbank wird im Ordner BILDER/LIGHTROOM auf dem Mac beziehungsweise unter EIGENE BILDER/LIGHTROOM auf dem Windows-PC des angemeldeten Benutzers erzeugt. Sie besteht aus der Katalogdatei (LIGHTROOM DATABASE.LRDB), einer externen Datei mit den gerenderten Vorschaubildern (LIGHTROOM PREVIEWS.LRDATA) und einem Verzeichnis namens BACKUP. Dort hinein wird in regelmäßigen Abständen die Datenbank gesichert. Den Namen der Datenbank kann man auch ändern, etwa wenn man mit mehr als nur einer Datenbank arbeiten möchte.

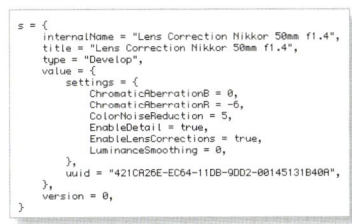

▲ Abbildung 5.57
Vorgaben werden als scriptähnliche Textdateien gespeichert.

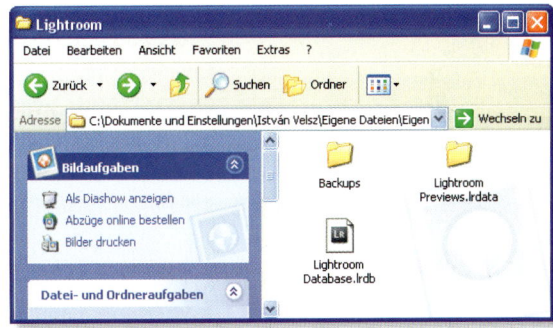

▲ Abbildung 5.58
Vorschaubilder werden getrennt von der Datenbank gespeichert. Das reduziert die Dateigröße der wichtigen Datei. Previews lassen sich jederzeit neu generieren, eine Datenbank kann nicht mehr rekonstruiert werden. Deshalb auch die Backup-Funktionen.

Bei einem Backup wird nur die Datenbank selbst gesichert, die Vorschaubilder können ja aus der Datenbank neu generiert werden. Außerdem kann die Datei mit den Vorschaubildern bei mehreren tausend Bildern schnell auf ein paar Gigabyte anwachsen.

5.7 Zusatzmodule für Lightroom 2

Adobe Lightroom bietet für den Export von Bildern eine eigene Plug-in-Schnittstelle an. Über diese Schnittstelle kann der Funktionsumfang für den Export von Bildern erweitert werden. Neue Funktionalitäten für die Module können jedoch nicht integriert werden.

Dennoch sind diese Zusatzmodule sehr hilfreich, denn Sie ermöglichen es beispielsweise, Onlinebilddatenbanken wie Gallery2, Coppermine, Flickr etc. direkt mit Bildern zu versorgen.

▲ **Abbildung 5.59**
Der ZUSATZMODUL-MANAGER wird über das DATEI-Menü aufgerufen.

5.7.1 Zusatzmodule installieren

Im Gegensatz zu Vorgaben können Plug-ins systemübergreifend in einem für alle Benutzer gemeinsamen Ordner abgelegt werden. Plug-ins können sogar an beliebigen Plätzen gespeichert werden.

Sinnvollerweise sollten die Zusatzmodule immer am selben Ort abgelegt werden. Lightroom sieht dafür einen Standardordner vor. Dieser befindet sich unter Mac OS X im Verzeichnis LIBRARY • APPLICATION SUPPORT • ADOBE • LIGHTROOM • MODULES auf Ihrer Festplatte. Unter Windows sollten die Zusatzmodule unter DOCUMENTS AND SETTINGS • ALL USERS • ANWENDUNGSDATEN • ADOBE • LIGHTROOM • MODULES zu finden sein.

Nach dem Kopieren in die entsprechenden Verzeichnisse, sollten die Zusatzmodule im Zusatzmodul-Manager von Lightroom aufgelistet werden. Wenn dies nicht der Fall ist, müssen Sie diese dort hinzufügen.

5.7.2 Zusatzmodul-Manager

Im Zusatzmodul-Manager können sie Plug-ins hinzufügen, aktivieren oder deaktivieren. Darüber hinaus zeigt der Manager auch noch weitere Informationen zu jedem Plug-in an.

Abbildung 5.60 ▶
Mithilfe des Zusatzmodul-Managers lassen sich die Plug-ins verwalten.

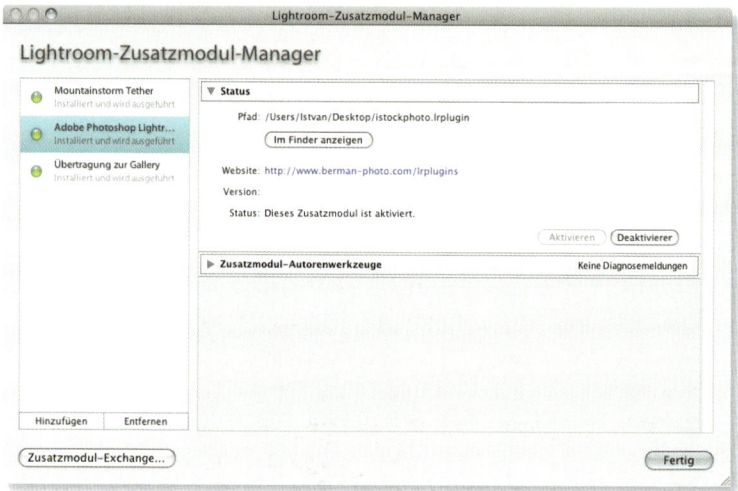

Hinzufügen | Über die Schaltfläche links unten können Sie neue Zusatzmodule hinzufügen. Nach dem Anklicken öffnet sich ein Dateidialog mit dessen Hilfe Sie den Speicherort des Plug-ins angeben können.

Entfernen | Natürlich können Sie Zusatzmodule auch wieder löschen. Dazu wählen Sie ein Plug-in aus der Liste aus und klicken auf die ENTFERNEN-Schaltfläche. Es können aber nur Plug-ins entfernt werden, die nicht im Standardverzeichnis für Module (siehe oben) liegen.

Zusatzmodul-Exchange | Über diese Schaltfläche gelangen Sie direkt auf die Website von Adobe Exchange. Dort können Sie Plug-ins herunterladen.

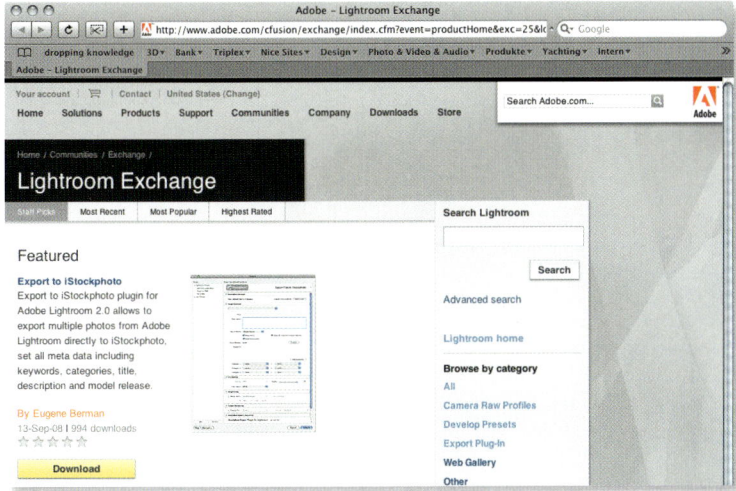

Aktivieren und Deaktivieren | Ist ein Zusatzmodul ausgewählt, können Sie dieses im Informationsbereich rechts temporär deaktivieren und später auch wieder aktivieren. Das ist erforderlich, falls sich Plug-ins gegenseitig beeinflussen und dann eventuell nicht richtig funktionieren. Dann hilft es oft, diese vorübergehend zu deaktivieren.

Zusatzmodul-Autorenwerkzeuge | Hier können Entwickler die Darstellung von Fehlermeldungen aktvieren. Weiterhin können instabile Zusatzmodule bei jeder Verwendung neu geladen werden.

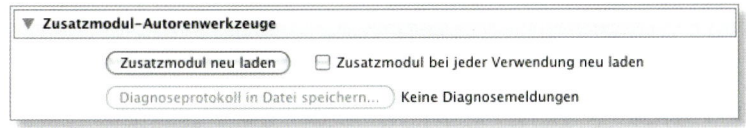

◄ **Abbildung 5.61**
Für Entwickler bietet der Manager zusätzliche Einstellungen zur Fehlerdiagnose.

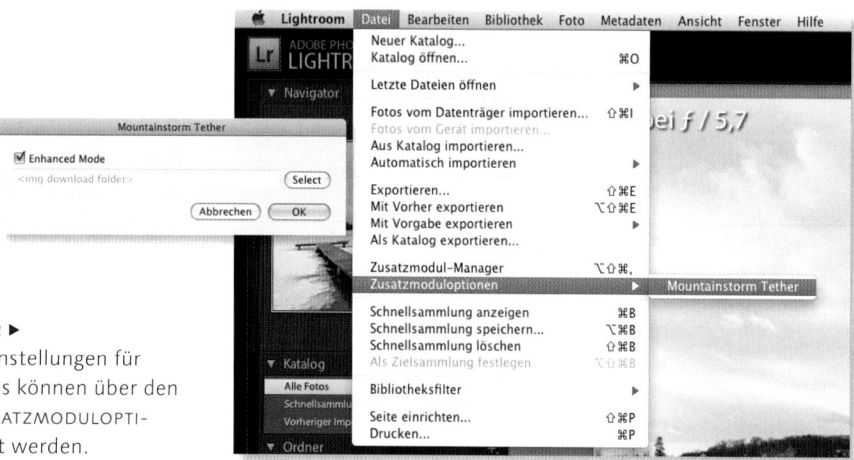

Abbildung 5.62 ▶

Erforderliche Einstellungen für
einzelne Plug-ins können über den
Menüpunkt ZUSATZMODULOPTI-
ONEN eingestellt werden.

5.7.3 Zusatzmoduloptionen

Einige Plug-ins benötigen zusätzliche Parameter, wie zum Beispiel
Speicherorte etc. Diese können auch ohne den Weg über den
Zusatzmodul-Manager eingestellt werden. Dazu müssen Sie nur im
Menü DATEI • ZUSATZMODULOPTIONEN das entsprechende Plug-in
anwählen.

6 Arbeiten mit Katalogen

Der Katalog ist die physikalische Datenbankdatei von Lightroom. Darin werden alle Bildhinweise, Metadaten, Schlüsselwörter, Entwicklungseinstellungen etc. gespeichert. Der Katalog ist quasi die Projektdatei für Ihre Arbeit mit Lightroom. Geht sie verloren, sind womöglich alle Entwicklungen und Informationen zu den Bildern verschwunden. Man sollte also wissen, wie man mit Katalogen umgeht.

In diesem Kapitel erfahren Sie, wie Sie Kataloge verwalten, prüfen und sichern. Sie erfahren auch, wie Sie Kataloge austauschen und was erforderlich sein kann, wenn Sie auf wechselnden Rechnern arbeiten – etwa auf einem Desktop-Computer und einem Notebook.

▼ **Abbildung 6.1**
Katalogordner liegen auf beiden Betriebssystemen in den benutzereigenen Bildordnern.

6.1 Einer oder mehrere Kataloge?

Zu Beginn eine Vorüberlegung: Theoretisch ist es möglich, mehrere Kataloge für Lightroom anzulegen. Die Frage ist nur, warum sollte man das tun? Sicher könnte man dann jeden Auftrag oder jede Fotoreise in eine eigene Datenbank importieren. Der Vorteil, dass Sie mit Lightroom all Ihre Bilder in einer Software verwalten können, geht dann aber verloren. Mehrere Kataloge machen nur Sinn, wenn sich Bilder in ihren Themen oder Einsatzzwecken nicht überschneiden.

Ich selbst arbeite normalerweise mit zwei Bibliotheken und noch mit einer zusätzlichen nur für dieses Buch. Die erste enthält sämt-

▶ **Video-Training**

Zum Thema »Mit Katalogen arbeiten« finden Sie eine Video-Lektion auf der Buch-DVD.

liche Ausgangsbilder für meine 360°-Panoramafotos. Da hier ein komplettes Panoramabild aus bis zu 75 Einzelbildern besteht, habe ich mich entschlossen, den Katalog auszulagern.

Darüber hinaus nutze ich für die Bilder aus diesem Katalog vor allem das Entwicklungsmodul – eine Stichwort- und Metadatenverwaltung ist nicht notwendig. Die fertig gerechneten Panoramabilder importiere ich anschließend in den Standardkatalog.

Die fertig zusammengesetzten Panoramabilder kommen in einen zweiten Katalog, meine Hauptbibliothek. Diese ist die zentrale Datenbank für alle meine Bilder. Hier landen Reisefotos genauso wie Städteporträts, Hochzeitsfotos oder Studio-Auftragsarbeiten.

Wenn Sie Lightroom zum ersten Mal starten, geht das Programm davon aus, dass Sie mit nur einem Katalog arbeiten wollen, und legt einen Standardkatalog an. Dieser trägt sinnigerweise den Namen LIGHTROOM CATALOG.LRCAT und ist unter Mac OS X zu finden unter dem Benutzerordner in BILDER • LIGHTROOM und auf dem Windows-PC unter EIGENE BILDER • LIGHTROOM. Es können beliebig viele Kataloge angelegt oder geöffnet werden, allerdings nicht mehrere gleichzeitig. Auch das Importieren von einzelnen Katalogen in andere Kataloge ist möglich.

6.2 Katalogeinstellungen

Jeder Katalog besitzt in Lightroom seine eigenen Voreinstellungen. Diese schreiben zum Beispiel das Backup-Intervall, die Vorschaugrößen oder das Verarbeiten der Metadaten fest. Das Voreinstellungsmenü erreichen Sie über den Menübefehl DATEI • KATALOGEINSTELLUNGEN.

Abbildung 6.2 ▶
Katalogeinstellungen zur allgemeinen Dateiinformation, zum Backup und zur Datenbankoptimierung

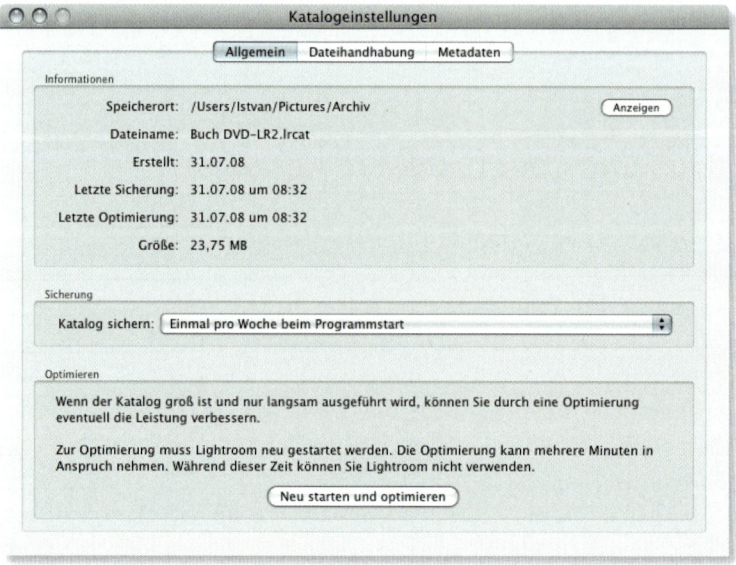

6.2.1 Register »Allgemein«

Im ersten Bereich finden Sie Dateiinformationen und Speicherpfad des aktuell aufgerufenen Katalogs. Zudem können Sie ein automatisches Backup einstellen und die Dateigrößen optimieren. Im Einzelnen:

Informationen | Hier werden Ort, Größe und Bearbeitungsdatum der Katalogdatei angegeben. Über ANZEIGEN wird der Ordner der Katalogdatei geöffnet, und die Datei darin wird sichtbar.

Sicherung | Kataloge sollten in regelmäßigen Abständen als Kopie gesichert werden. Über das Dropdown-Menü wird dafür ein automatisches Intervall festgelegt. Am besten brennt man die gesicherte Bibliotheksdatei dann noch auf eine DVD. Gesicherte Kataloge befinden sich im Ordner BACKUP des jeweiligen Katalogs.

Optimierung | Von Zeit zu Zeit sollte man die Datenbank optimieren. Dabei werden nicht mehr benötigte Einträge eliminiert und die Daten neu sortiert. Das beschleunigt das Arbeiten und lohnt sich vor allem nach größeren Veränderungen wie dem kompletten Umsortieren von Kollektionen oder Ordnern.

6.2.2 Register »Dateihandhabung«

Das zweite Register dreht sich um die im Modul BIBLIOTHEK angezeigten Miniaturen der Bilder aus dem jeweiligen Katalog. Zudem kann Ordnung in den Bildimport gebracht werden.

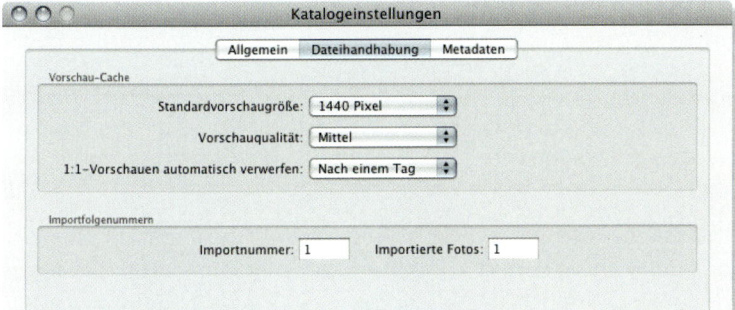

Vorschau-Cache | Damit Dateien in der Bibliothek schneller angezeigt werden, erstellt Lightroom Vorschaubilder und legt diese in einer Cachedatei ab. Im oberen Bereich des Einstellungsmenüs kann man die Erstellung und den Umgang mit diesen Vorschaubildern steuern:

▶ **Standardvorschaugröße:** Hier wird angegeben, in welche Pixelgröße die Vorschaubilder heruntergerechnet werden sollen.

▲ **Abbildung 6.3**
Im Bibliotheksordner befindet sich auch der Backup-Ordner. So hat man alle wichtigen Ordner und Dateien zusammen.

◀ **Abbildung 6.4**
Katalogeinstellungen zur Größe von Previewdateien und zur Nummerierung von Bildern beim Import

▶ **Vorschauqualität:** Previews werden als komprimierte JPEGs gespeichert. Die Qualität ist dabei abhängig von der Kompressionsrate. Je geringer die Qualitätsstufe, umso geringer ist der benötigte Speicherplatz. MITTEL ist ein guter Kompromiss.

▶ **1:1-Vorschauen automatisch verwerfen:** Bei RAW-Daten errechnet Lightroom die Vorschaubilder zuerst aus den Einstellungen in den Metadaten. Die dann gezeigten Bilder besitzen die volle Auflösung und sind unkomprimiert. Daher benötigen sie, je nach Auflösung der Kamera, viel Platz – bis zu 30 MB und mehr. Um nicht für Daten, die selten oder nur einmal gebraucht werden, Speicherplatz zu verschwenden, vergisst sie Lightroom nach einiger Zeit wieder. Arbeitet man aber nur mit kurzen Unterbrechungen an einem Bild, wird der Workflow durch die 1:1-Vorschauen beschleunigt. Das Zeitintervall, in dem die 1:1-Vorschauen gelöscht werden, können Sie hier wählen.

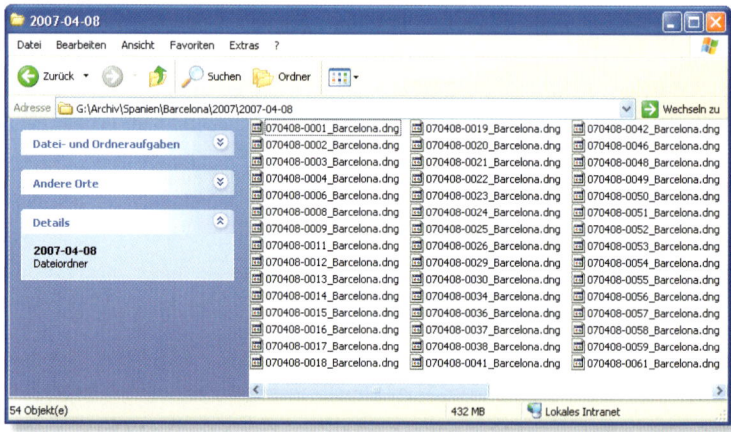

Abbildung 6.5 ▲
Dateien können beim Import mit Nummern versehen werden. So wird beispielsweise verhindert, dass aus Versehen doppelte Dateinamen entstehen.

Importfolgenummern | Beim Import können die Bilder automatisch durchnummeriert werden. Dazu wird ein Token (Textbaustein) verwendet. Bei jedem Import, der dieses Token verwendet, wird der Zähler für die Bildnummer erhöht. Zusätzlich wird dann auch noch die Anzahl der Importsitzungen (Sequenzen) mitgezählt. Somit werden doppelte Nummern vermieden. Durch Eingabe eines beliebigen Wertes kann in die Zählung eingegriffen werden, zum Beispiel bei einer fehlerhaften Importsequenz.

▶ **Importnummer:** Gibt die Anzahl der Importsitzungen/Sequenzen unter Verwendung des entsprechenden Tokens vor.

▶ **Importierte Fotos:** Gibt die Anzahl aller importierten Fotos unter Verwendung des entsprechenden Tokens vor.

◄ **Abbildung 6.6**
Katalogeinstellungen zur Verarbeitung und Speicherung von Metadaten im Katalog

6.2.3   Register »Metadaten«

Das letzte Register dient dazu, die Anzeige und das Speichern der Metadaten zu konfigurieren. Hier kann auch eingestellt werden, dass Lightroom die Metadaten in XMP-Daten schreibt, die auch von anderen Programmen ausgelesen werden können.

Vorschläge von zuletzt eingegebenen Werten anbieten | Werden Metadaten für ein Bild eingetragen, speichert Lightroom diese in einer Liste. Beim Eintippen neuer Metadaten wird dort nachgesehen, ob die Buchstabenkombination bereits existiert, und die entsprechenden Wörter werden als Vorschlag angezeigt. Dieses Verfahren wird auch als »Autovervollständigen« bezeichnet und beispielsweise in Webbrowsern bei Webadressen verwendet. Die Liste können Sie mit der Schaltfläche rechts neben der Beschreibung löschen.

Entwicklungseinstellungen für JPEG, TIFF und PSD in XMP schreiben | Entwicklungseinstellungen können in die Lightroom-Datenbank oder in den XMP-Teil der Dateien geschrieben werden. Bei aktiviertem Kontrollkästchen schreibt Lightroom die Daten in die Datei. Andere Programme können somit die Entwicklungseinstellung übernehmen. Allerdings funktioniert das bisher nur mit Lightroom und ACR (Adobe Camera Raw). Das hat aber den Vorteil, dass selbst bei einem Verlust der Datenbank die Einstellungen in den Dateien erhalten bleiben. Beim Neuimport sind dann die Einstellungen wieder vorhanden. Für Benutzer, die mit ACR arbeiten, stehen die Einstellungen somit ebenfalls zur Verfügung.

Änderungen automatisch in XMP schreiben | Gerade wenn man mit anderen Benutzern an einer Sammlung gleicher Bilder arbeitet, will man nicht unbedingt, dass die Metadaten bei jeder Änderung in die Datei geschrieben werden. Man könnte sonst die jeweils vom anderen vorgenommenen Einstellungen überschreiben. Dabei hilft es, diese Option zu deaktivieren und die Metadaten »von Hand« in die Dateien zu schreiben. Wer aber ausschließlich mit Lightroom

Vorschaubilder
Lightroom zeigt in der Bibliothek in der Regel sehr viele Bilder auf einmal an. Das geht auf die Systemauslastung, vor allem wenn es sich um speicherintensive RAW-Daten handelt. Um die Ressourcen zu schonen, arbeitet Lightroom mit klein gerechneten Vorschaudateien. Ein weiterer Vorteil dabei ist, dass man Bilder so auch betrachten kann, ohne die Originalbilder mit dabeizuhaben – beispielsweise wenn man ohne externe Festplatte mit Laptop unterwegs ist. Sogar eine Diashow kann man aus Previewbildern erzeugen.

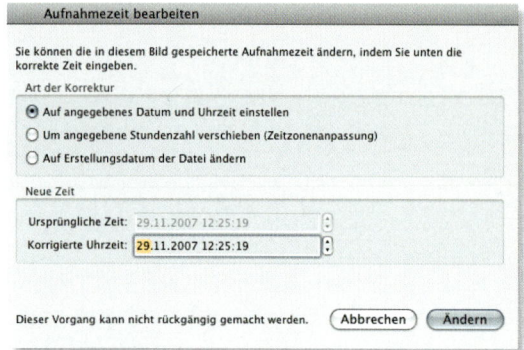

▲ Abbildung 6.7
Normalerweise können die EXIF-Aufnahmedaten nicht geändert werden. Nur das Datum kann angepasst werden, um es beispielsweise an Zeitzonen anzupassen.

arbeitet, kann sie auch aktivieren. Sind sehr viele Dateien in der Bibliothek, kann das Schreiben der Metadaten einige Zeit dauern.

Datums- oder Zeitänderungen in proprietäre RAW-Dateien schreiben | Mit dieser Option wird gesteuert, ob Lightroom ein neues Datum und die Uhrzeit in proprietäre RAW-Dateien schreibt, wenn Sie mithilfe des Menübefehls des Bibliothekmoduls METADATEN • AUFNAHMEZEIT BEARBEITEN die Metadaten zur Aufnahmezeit eines Fotos ändern. Standardmäßig ist diese Option deaktiviert.

6.3 Prüfen und Optimieren eines Katalogs

Da es sich bei Lightroom um eine echte Datenbank handelt, können auch hier datenbankspezifische Inkonsistenzen auftreten – vor allem, wenn viele Dateien umbenannt, gelöscht oder Verzeichnisse verschoben werden. Bei solchen Operationen bleibt immer ein Rest in der Datenbank bestehen und erzeugt beispielsweise »tote« Verknüpfungen. Der Verwaltungsaufwand erhöht sich somit, was den Betrieb von Lightroom verlangsamen kann. Es gibt jedoch Möglichkeiten, Datenbanken zu säubern.

Um kleinere Integritätsprobleme zu beheben, kann man die Datenbank beim Starten von Lightroom überprüfen lassen.

Eine Optimierung dagegen sortiert die Einträge neu und legt einen komplett sauberen Katalog an. Man kann das mit einer Defragmentierung der Festplatte vergleichen. Dadurch wird die Verarbeitung beschleunigt. Die Optimierung dauert länger als eine Prüfung.

Schritt für Schritt: Prüfen der Datenbankkonsistenz

1 **Ändern der Starteinstellungen**
Öffnen Sie das Menü LIGHTROOM • VOREINSTELLUNGEN beziehungsweise BEARBEITEN • VOREINSTELLUNGEN und darin das Register ALLGEMEIN. Ändern Sie das Dropdown-Menü neben NACH PROGRAMMSTART FOLGENDEN KATALOG VERWENDEN auf BEIM STARTEN

Abbildung 6.8 ▶
Beim Starten von Lightroom kann man das Programm zwingen, eine Katalogauswahl anzubieten.

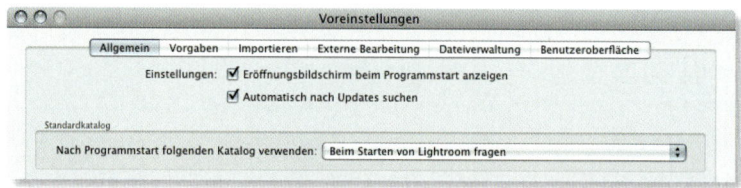

VON LIGHTROOM FRAGEN. Arbeiten Sie bereits mit mehreren Datenbanken, können Sie diesen Schritt auslassen.

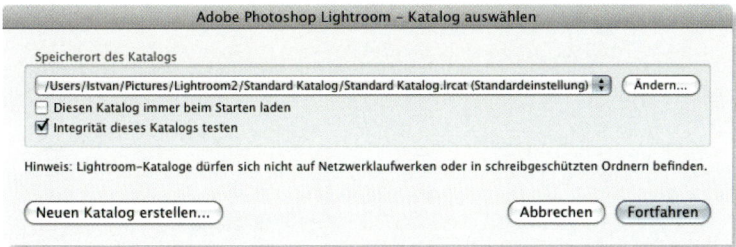

◄ **Abbildung 6.9**
Über die Auswahl alternativer Bibliotheken kann auch die Konsistenz der Datenbank geprüft werden.

2 Prüfen der Datenbank

Wenn Sie jetzt Lightroom neu starten, erscheint ein Dialogfeld zum Auswählen einer alternativen Datenbank.

Unter dem Dropdown-Menü finden Sie ein Kontrollkästchen mit der Beschreibung INTEGRITÄT DIESES KATALOGS TESTEN. Aktivieren Sie dieses, und die Datenbank wird geprüft, sobald Sie die Schaltfläche FORTFAHREN drücken. ■

Schritt für Schritt: Katalog optimieren

1 Katalogeinstellungen ändern

Eine Optimierung kann, wie die Überprüfung auch, nur beim Neustart des Programms durchgeführt werden.

Dazu rufen Sie den Dialog zu den Katalogeinstellungen über das Menü DATEI • KATALOGEINSTELLUNGEN auf.

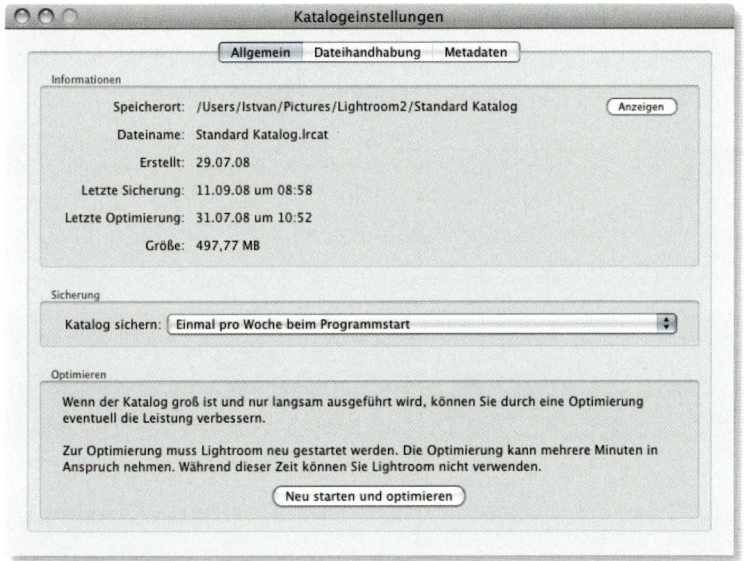

◄ **Abbildung 6.10**
Die Katalogeinstellungen sind getrennt von den allgemeinen Voreinstellungen, da sie für jeden Katalog individuell geregelt werden können.

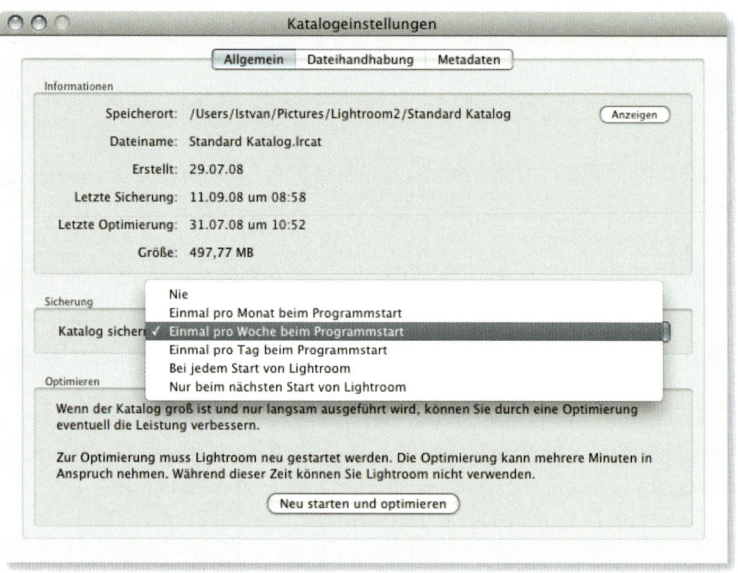

Abbildung 6.11 ▶
In regelmäßigen Abständen können Kataloge als Backup gesichert werden. Dabei wird immer eine neue Version angelegt.

Klicken Sie im Register ALLGEMEIN auf die Schaltfläche NEU STARTEN UND OPTIMIEREN. Lightroom wird daraufhin neu gestartet und die Datenbank optimiert. ■

6.4 Sichern von Katalogen

Lightroom sichert Ihre Datenbank automatisch in ein Backup-Verzeichnis mit aktuellem Datum. Dieses liegt im selben Ordner wie die Datenbank. Standardmäßig wird Ihre Datenbank einmal pro Woche gesichert. Ältere Backups werden dabei nicht überschrieben. Diese müssen Sie gegebenenfalls manuell aus dem Verzeichnis löschen.

Vor einem automatischen Backup wird die Datenbank auch auf Inkonsistenzen geprüft.

Möchten Sie die Voreinstellung für das Backup-Intervall ändern, öffnen Sie den Menüpunkt LIGHTROOM • KATALOGEINSTELLUNGEN. Im Register ALLGEMEIN können Sie über das Dropdown-Menü neben KATALOG SICHERN das gewünschte Intervall für die automatischen Backups einstellen.

Abbildung 6.12 ▶
Bevor ein Backup durchgeführt wird, erhalten Sie noch eine Abfrage zum Speicherort und zur Integritätsprüfung.

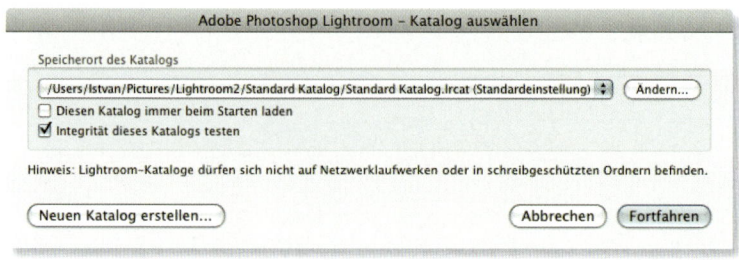

Bevor ein Backup ausgeführt wird, werden Sie noch gefragt, ob Sie die Sicherung auch wirklich durchführen wollen. Sie können das Backup dann auch um ein Intervall verschieben oder einen alternativen Speicherort wählen.

6.5 Lightroom unterwegs

Für Benutzer, die lokal und unterwegs an ein und demselben Gerät arbeiten, gibt es eigentlich nichts Besonderes zu beachten, wenn der Computer mit auf Reisen gehen soll – außer, dass Sie vor einer Tour am besten alle Daten sichern. Liegen die Bilder auf einer externen Festplatte oder auf einem Server, müssen Sie die Originale nicht mitnehmen, wenn Sie sie nicht bearbeiten wollen. Zum Präsentieren reichen die Vorschaubilder aus.

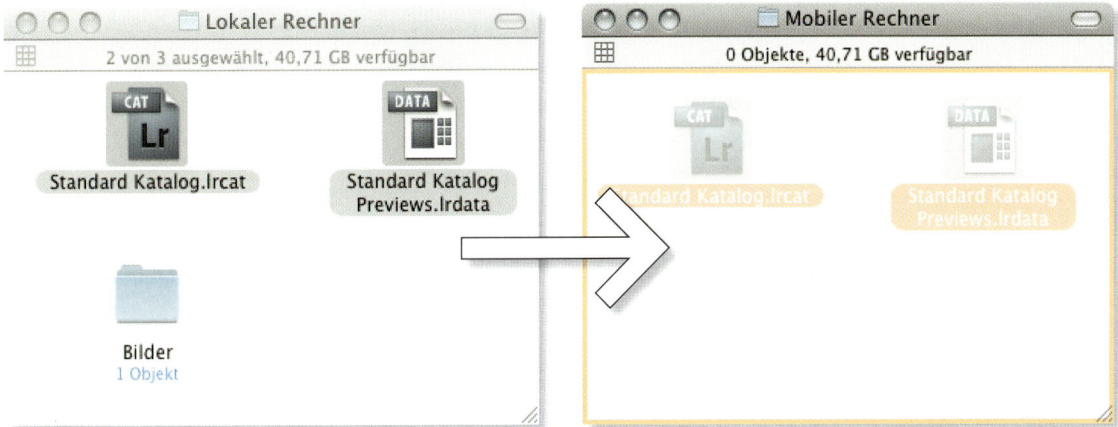

Für Lightroom-Anwender, die unterwegs ein Notebook einsetzen und lokal an einem stationären Desktop-System arbeiten, gibt es bei der Migration der Lightroom-Kataloge einiges zu beachten. Um Ihre Datenbanken portabel zu machen, haben Sie zwei Möglichkeiten:

Hauptkatalog mitnehmen | Sie nehmen den aktuellen Katalog mit und importieren dann alle neuen Bilder in ihn hinein. Nach der Reise kopieren Sie den Katalog wieder auf den lokalen Rechner.

▸ **Vorteil:** Sie können auch unterwegs Ihre Bilder gut präsentieren. Außerdem haben Sie alle Stichwörter parat und müssen diese nicht erst hin- und herportieren. Alle Bilder sind bereits importiert und müssen nur noch lokal kopiert werden. Darüber hinaus sind sämtliche Zuweisungen zu Kollektionen und virtuelle Kopien bereits angelegt.

▸ **Nachteil:** Sie müssen die Daten immer vor der Tour auf das Notebook und danach wieder auf den lokalen Rechner kopieren. Dabei

▲ **Abbildung 6.13**
Wenn man auch unterwegs seine Bilder präsentieren will, muss man den bestehenden Katalog inklusive der Vorschaudatei auf den mobilen Rechner kopieren.

sollten Sie die Preview-Datei nicht vergessen, da sonst in der Bibliothek keine Vorschaubilder angezeigt werden können. Man kann mit dieser Methode auch schon mal damit durcheinanderkommen, auf welchem Rechner der aktuelle Katalog liegt.

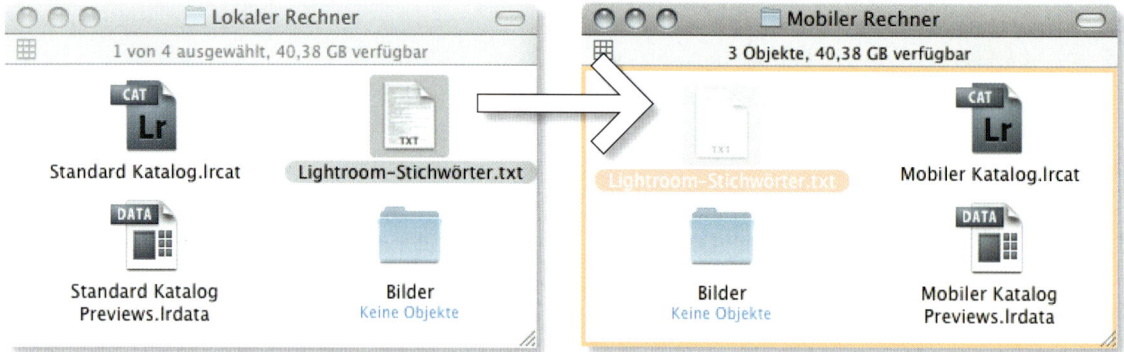

▲ **Abbildung 6.14**
Man kann unterwegs auch mit einem eigenen Katalog arbeiten. Dann benötigt man allerdings die Stichwörter.

Nebenkatalog anlegen | Die zweite Möglichkeit besteht darin, immer einen neuen Katalog pro Reise anzulegen. Zu Hause importiert man dann die Bilder in den bestehenden lokalen Hauptkatalog.

▶ **Vorteil:** Neue Kataloge lassen sich schneller handhaben. Auch muss man nicht so genau arbeiten. Stichwörter oder Kollektionen weist man erst zu Hause zu, wenn man mehr Zeit dafür hat. Man kann unterwegs etwas schlampiger arbeiten. Oft hat man sowieso nicht die Zeit, den Katalog sauber zu pflegen.

▶ **Nachteil:** Wenn die Stichwörter des Hauptkatalogs auch in dem portablen Katalog zur Verfügung stehen sollen, muss man diese erst übertragen.

Ich persönlich bevorzuge es immer, meinen kompletten Katalog dabeizuhaben, da man nie weiß, welche Bilder man vielleicht doch auf Reisen präsentieren will. Außerdem gibt es immer wieder mal Zwangspausen, in denen man an der Optimierung seiner Bibliothek arbeiten kann – zum Beispiel im Flieger oder Zug.

Aber die Möglichkeit, Bilder aus unterschiedlichen Katalogen über die Importfunktion zusammenzuführen, gibt einem genügend Freiraum, und jeder kann seine Arbeitsmethode selbst bestimmen.

TIPP

Wenn Sie eine Verknüpfung zu Ihrem Vorgaben-Ordner in dem Ordner ablegen, in dem auch die Katalogdateien liegen, haben Sie schnell Zugriff auf die Vorgaben, um sie auf den mobilen Rechner zu kopieren.

Schritt für Schritt: Mobiles Arbeiten mit mobilem Katalog

1 Stichwörter exportieren

Bevor man einen neuen Katalog anlegt, sollte man zuerst die Stichwörter exportieren, um sie auch im neuen Katalog zuweisen zu können. Sonst kann es schnell zu inkonsistenten Schreibweisen kommen, was im Endergebnis ärgerlich ist.

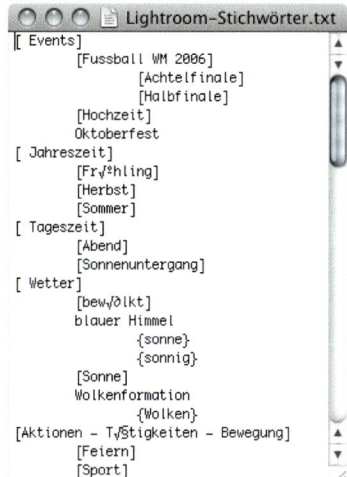

Öffnen Sie Ihren Standardkatalog. Wählen Sie dann aus dem Menü METADATEN den Befehl STICHWÖRTER EXPORTIEREN.

Speichern Sie die Stichwörter auf der lokalen Festplatte ab – etwa auf dem Schreibtisch oder auf dem Desktop. Beenden Sie danach Lightroom auf dem lokalen Computer.

▲ **Abbildung 6.15**
Stichwörter können inklusive Hierarchie und Synonyme exportiert und in neue Kataloge wieder importiert werden. Stichwortdateien sind einfache Textfiles.

2 Stichwörter auf mobilen Rechner kopieren

Damit Sie die Stichwörter unterwegs nutzen können, müssen Sie diese auf den mobilen Rechner kopieren. Wechseln Sie in das Verzeichnis, in dem die Stichwortdatei liegt, und kopieren Sie sie auf den mobilen Rechner.

Das Kopieren können Sie über eine Netzwerkverbindung, eine externe Festplatte oder einen USB-Stick durchführen.

3 Vorgaben kopieren

Vergessen Sie nicht die Vorgaben. Haben Sie besondere Voreinstellungen erstellt, mit denen Sie oft arbeiten, sollten Sie diese ebenfalls auf den mobilen Rechner kopieren. Wo sich diese befinden, erfahren Sie auf Seite 119.

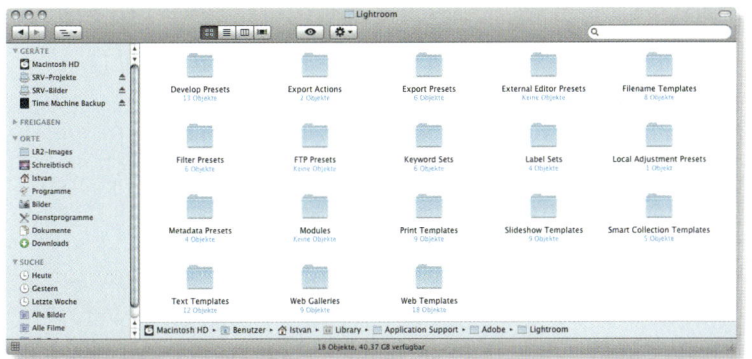

◄ **Abbildung 6.16**
Damit alle Vorgaben auch am mobilen Rechner zur Verfügung stehen, sollte man alle Unterordner des Lightroom-Vorgaben-Ordners auf den mobilen Rechner kopieren.

Abbildung 6.17 ▲▶
Erstellen Sie einen leeren Katalog für den mobilen Einsatz.

Lightroom im Netzwerk
Lightroom ist nicht besonders netzwerkfähig. Die Originalbilder können zwar im Netzwerk auf einem Server liegen, aber die Kataloge und Voreinstellungen nicht. Eine netzwerkfähige Version wäre vor allem für größere Studios und Agenturen wünschenswert.

▲ Abbildung 6.18
Damit die Stichwörter im neuen Katalog zur Verfügung stehen, müssen sie importiert werden.

4 Neuen Katalog auf mobilem Rechner anlegen

Öffnen Sie auf dem mobilen Computer Lightroom. Wählen Sie dann aus dem Menü DATEI den Befehl NEUER KATALOG. Danach können Sie über ein Dialogfeld die Benennung und den Speicherort bestimmen.

Für jede Bibliothek wird ein Ordner mit dem angegebenen Katalognamen erzeugt. In diesem werden die Katalogdatei, Backups und die Datei mit den Previews abgelegt.

Ist der neue Katalog angelegt, starten Sie Lightroom erneut. Der Katalog wird dann geladen.

5 Stichwörter importieren

Als Letztes müssen Sie noch die Stichwörter in den Katalog laden. Dazu wählen Sie im Menü METADATEN den Befehl STICHWÖRTER IMPORTIEREN. Wählen Sie dann die Textdatei mit den Stichwörtern aus, die Sie unter Schritt 1 erzeugt haben.

Natürlich können Sie den Katalog auch auf dem lokalen Rechner anlegen und diesen zusammen mit den Vorgaben auf den mobilen Rechner kopieren. Hat man einen leeren Katalog mit Stichwörtern angelegt, könnte man ihn auch als »Vorlage« auf CD brennen. Veränderungen an den Stichwörtern und Vorgaben erfordern dann aber eine Vorlagen-CD. ■

Schritt für Schritt: Bilder aus dem Katalog importieren

Sie kommen wieder nach Hause und wollen die Daten in den lokalen Katalog übernehmen? Nun kommt es vor allem darauf an, wo der mobile Katalog liegt und wie Sie die Verbindung zum mobilen Arbeitsplatz herstellen – über Netzwerk, Festplatte oder USB-Stick.

1 Katalog auf lokalen Computer kopieren

Kopieren Sie den Ordner mit dem Katalog und den Vorschaudateien auf den lokalen Computer. Dieser Schritt ist nötig, da Lightroom Kataloge nicht über das Netzwerk öffnen kann. Die Bilder können bleiben, wo sie sind, sie müssen nur über das Netzwerk verfügbar sein. Haben Sie die Daten auf einer externen Festplatte, schließen Sie diese an den lokalen Rechner an.

2 Verknüpfungen aktualisieren – bei Netzwerkverbindung

Haben Sie den Katalog über das Netzwerk kopiert, fehlen die Bezüge zu den Bildern. Dies erkennen Sie daran, dass nach dem Öffnen des kopierten Katalogs auf Ihrem lokalen Rechner im Bedienfeld ORDNER die Verzeichnisse mit einem Fragezeichen gekennzeichnet sind.

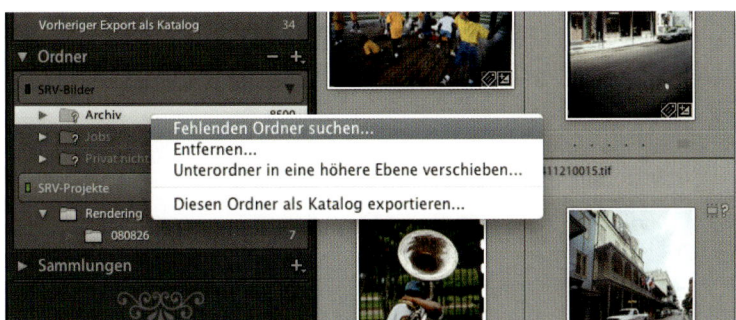

◄ **Abbildung 6.19**
Findet Lightroom die angegebenen Ordner nicht mehr, so können diese neu zugewiesen werden. Fehlende Ordner werden mit einem Fragezeichen gekennzeichnet.

Klicken Sie mit der rechten Maustaste auf den Ordnernamen in der obersten Hierarchie und verwenden Sie aus dem Dropdown-Menü den Befehl FEHLENDEN ORDNER SUCHEN. Wählen Sie daraufhin im Dialogfeld den entsprechenden Ordner auf dem Netzwerkvolumen aus, normalerweise ist das der Name des mobilen Computers. Dann verschwinden die Fragezeichen.

3 Import-Dialog öffnen

Öffnen Sie jetzt den Standardkatalog bzw. den Katalog, in den Sie die Bilder des mobilen Katalogs importieren möchten. Um den Import-Dialog aufzurufen, wählen Sie den Menübefehl DATEI • AUS KATALOG IMPORTIEREN.

4 Bilder auswählen

Wenn Sie nicht alle Bilder importieren wollen, können Sie auch unerwünschte Bilder vom Import ausschließen. In der Liste INHALTE DES KATALOGS ist es sogar möglich, ganze Ordner zu deaktivieren und somit zu verhindern, dass Bilder daraus importiert werden.

Einzelne Bilder können Sie ausschließen, indem Sie zunächst die Vorschau aktivieren. Dazu klicken Sie das Kontrollkästchen VOR-

▲ **Abbildung 6.20**
Bilder können auch aus anderen Katalogen importiert werden. Einstellungen wie Kollektionen, virtuelle Kopien etc. werden dann übernommen.

SCHAU ANZEIGEN ❶ an. Bei Bildern, die Sie nicht importieren wollen, deaktivieren Sie die Kontrollbox.

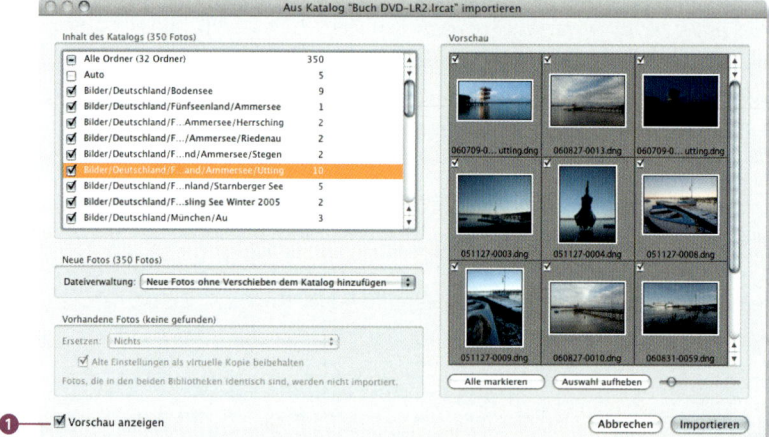

5 **Dateiverwaltung wählen**

Als Nächstes müssen Sie angeben, was mit den Bildern geschehen soll. Befinden sie sich noch auf dem mobilen Rechner, müssen sie an den Ort kopiert werden, an dem sich auch die anderen Bilder befinden. Haben Sie die Bilder schon an ihren endgültigen Ort kopiert, müssen diese nur noch importiert werden. Wählen Sie aus dem Dropdown-Menü DATEIVERWALTUNG eine der folgenden drei Möglichkeiten aus:

▶ **Neue Fotos ohne Verschieben dem Katalog hinzufügen:** Hierbei werden keine Bilder verschoben. Sie bleiben an ihrem Platz. Die Bilder müssen für diese Option also schon an ihren endgültigen Platz kopiert oder verschoben worden sein.

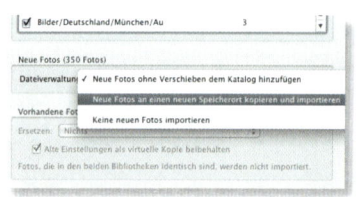

▶ **Neue Fotos an einen neuen Speicherort kopieren und importieren:** Hier werden die Bilder an einen Ort kopiert, den Sie mit der Schaltfläche auswählen, die unter dem Dropdown erscheint. Links neben der Schaltfläche wird der aktuelle Zielordner angezeigt.

▶ **Keine neuen Fotos importieren:** Dies ist ein Sonderfall. Hier werden nur Bilder ersetzt, die bereits in der Datenbank vorhanden sind.

6 **Metadaten von vorhandenen Bildern übernehmen**

Importieren Sie Bilder, die sich bereits im Ordner befinden, werden nur die Metadaten übernommen. Sie können dazu verschiedene Optionen angeben:

▶ **Ersetzen:** Hier geben Sie an, welche Metadaten ersetzt werden sollen. Mit NUR METADATEN UND ENTWICKLUNGSEINSTELLUNGEN ÜBERNEHMEN bleiben die Dateien unangetastet. Die Einstellungen aus der Bibliothek und aus dem Entwickeln-Modul werden jedoch aktualisiert. Sollen auch die RAW-Daten überschrieben werden, so wählen Sie die Variante METADATEN, ENTWICKLUNGS-EINSTELLUNGEN UND NEGATIVDATEIEN. Der Menüpunkt NICHTS verhindert den Import von bereits vorhandenen Bildern.

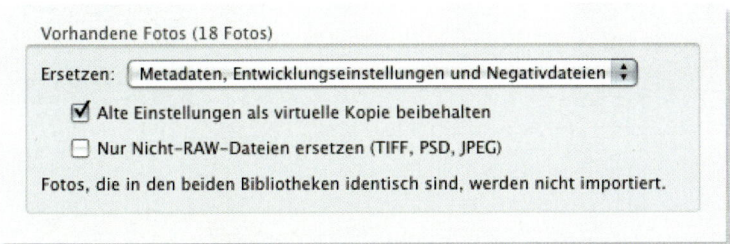

◄ **Abbildung 6.23**
Um zu verhindern, dass Bilder überschrieben werden, hat man die Möglichkeit, bestehende Einstellungen als virtuelle Kopien zu belassen.

▶ **Alte Einstellungen als virtuelle Kopie beibehalten:** Werden bereits vorhandene Bilder mit anderen Entwicklungseinstellungen und Metadaten importiert, so kann verhindert werden, dass die Einstellungen überschrieben werden. Ist das Kontrollkästchen aktiviert, werden die bereits bestehenden Bilder als virtuelle Kopien angelegt.

▶ **Nur Nicht-RAW-Dateien ersetzen:** Existieren neben doppelten RAW-Dateien auch noch dazugehörige TIFF-, PSD- oder JPEG-Dateien, so können auch nur diese importiert werden. Die dazugehörigen RAW-Dateien werden ignoriert, soweit diese schon im Katalog vorhanden sind. ■

Virtuelle Kopien
Virtuelle Kopien sind alternative Varianten eines Bildes. Dabei werden nur die Einstellungen als Alternative zum Original gespeichert. Alle virtuellen Kopien eines Originals greifen auf die gleiche Negativdatei zu wie das Original.

Grundsätzlich werden in Lightroom bereits vorhandene Bilder nur dann importiert, wenn ihre Metadaten oder Entwicklungseinstellungen von der vorhandenen Version abweichen. Identische Kopien werden nicht importiert.

6.6 Kataloge anlegen und löschen

Neben dem Sichern, Optimieren und Portieren von Katalogen lassen sich in Lightroom selbstverständlich auch einfach neue Kataloge anlegen oder bestehende löschen.

6.6.1 Neuen Katalog anlegen

Kataloge liegen letztlich auch nur als normale Dateien auf der Festplatte vor. Sie können somit ebenfalls beliebig neu angelegt werden. Dabei wird ein Ordner mit dem Namen des Katalogs erzeugt. In diesem befindet sich dann die gleichnamige Katalogdatei und die Datei mit den JPEG-Preview-Dateien.

Um einen neuen Katalog anzulegen, wählen Sie aus dem Menü DATEI den Befehl NEUER KATALOG. Danach können Sie über ein Dialogfeld Namen und Speicherort vorgeben.

Abbildung 6.24 ▶
Menübefehl zum Anlegen eines
neuen Katalogs

Ist der neue Katalog angelegt, muss Lightroom zuerst neu gestartet und dann der neue Katalog über DATEI • KATALOG ÖFFNEN geladen werden. Dies macht Lightroom aber automatisch.

Abbildung 6.25 ▶
Menübefehl zum Öffnen eines
neuen Katalogs

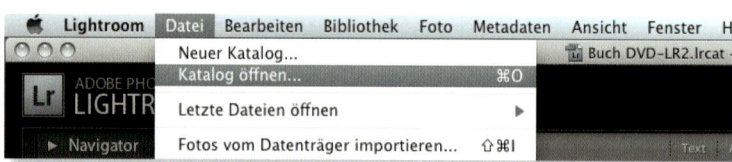

▲ **Abbildung 6.26**
Eine Auswahl von Bildern kann als
Katalog exportiert werden.

6.6.2 Bildauswahl als Katalog speichern

Sie können auch Bilder aus einem Katalog auswählen und aus ihnen einen neuen Katalog erzeugen. Dabei können nicht nur Metadaten und Entwicklungseinstellungen, sondern auch die dazugehörigen RAW-Dateien und Previews kopiert werden. Vor allem für Backups oder für das Speichern erledigter Aufträge ist das eine sinnvolle Funktion.

Selektieren Sie zuerst im Bibliotheksmodul die gewünschten Bilder, indem Sie die Bilder beispielsweise mit gedrückter ⌘-Taste (Windows: Strg) anklicken. Sie können auch Kollektionen, Ordner oder nach Metadaten gefilterte Bilder in einen neuen Katalog umschichten. Mehr zur Auswahl von Bildern erfahren Sie auf Seite 159.

> **TIPP**
>
> Der Menübefehl LETZTE DATEIEN ÖFFNEN zeigt Ihnen eine Liste mit den zuletzt geöffneten Katalogen an.
>
>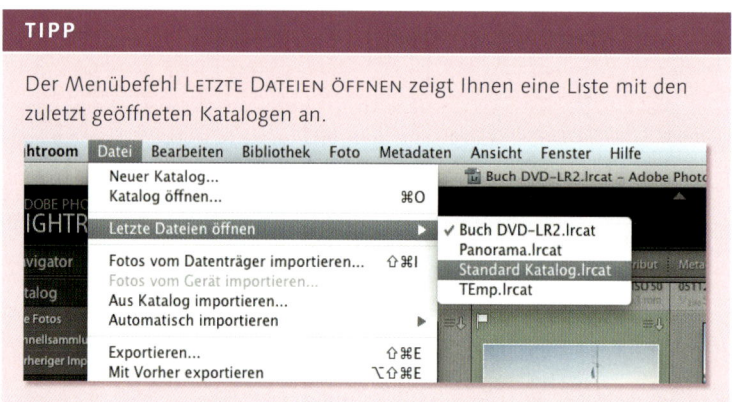

Wählen Sie dann den Menüpunkt Datei • Als Katalog exportieren. Sie können dann aus den folgenden drei Optionen auswählen:

▶ Nur ausgewählte Fotos exportieren: Deaktivieren Sie diese
Kontrollbox, so werden alle Bilder des Katalogs exportiert. Einen
Sinn habe ich darin noch nicht gefunden, da ich in diesem Fall ja
auch einfach den ganzen Katalog kopieren könnte.

▶ Negativdateien exportieren: Dabei werden auch die zugehörigen RAW-Dateien an den Zielort verschoben.

▶ Verfügbare Vorschaubilder einschliessen: Hier werden auch
Previews exportiert und müssen somit nicht neu erstellt werden.

6.6.3 Löschen eines Katalogs

Einen Katalog löschen können Sie nicht innerhalb von Lightroom,
sondern nur über die Benutzeroberfläche des Betriebssystems.

Schließen Sie dafür Lightroom, und wechseln Sie in das Verzeich-
nis, in dem sich der Katalogordner befindet, den Sie löschen wollen.
Ziehen Sie dann einfach das gesamte Verzeichnis in den Papierkorb.
Achten Sie dabei unbedingt darauf, dass sich darin keine anderen
Kataloge befinden.

▲ **Abbildung 6.27**
Um einen Katalog zu löschen, müssen Sie den kompletten Ordner mit Ka-
talog- und Preview-Datei in den Papierkorb verschieben.

Wenn Sie auch die dazugehörigen Bilder löschen möchten, sollten
Sie das vorher über das Bibliothek-Modul erledigen. Befinden sich
neben den zu löschenden Bildern auch noch weitere im Katalog, ist
eine Operation über das Betriebssystem nicht so komfortabel. Man
löscht dann eventuell auch die falschen Bilder.

7 Das Bibliothek-Modul

Die Bibliothek ist die Schaltzentrale von Photoshop Lightroom. Von ihr aus werden alle anderen Module bedient. Egal ob Sie ein Bild bearbeiten oder eine Auswahl als Diashow präsentieren oder drucken – die Bilder werden dafür immer aus der Bibliothek geholt. Hier ist es also besonders wichtig, den Überblick zu behalten. Eine sinnvolle Verwaltungsstrategie erleichtert das Auffinden von einzelnen Bildern – besonders in Sammlungen mit mehreren zehntausend Aufnahmen.

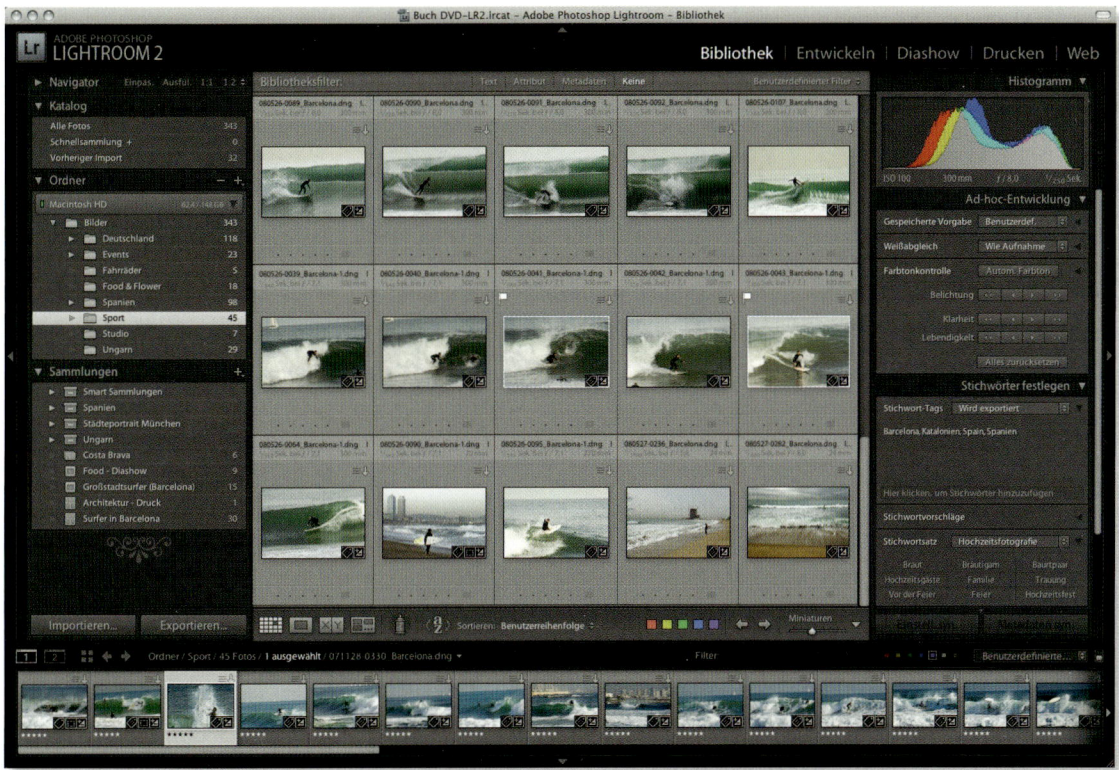

In diesem Kapitel erfahren Sie, wie Sie Bilder in die Bibliothek importieren und diese dort optimal verwalten, bewerten, sortieren und gruppieren. Die Unterkapitel sind jeweils so angeordnet, dass Sie der Reihe nach erfahren, wie Sie Ihre Bildverwaltung immer weiter verfeinern und strukturieren.

▲ **Abbildung 7.1**
Das Bibliothek-Modul ist die Schaltzentrale. Auf seine Inhalte greifen alle anderen Module zu.

7.1   Bilder importieren

Bevor die Bilder mit Lightroom verwaltet werden können, müssen sie erst einmal in den Lightroom-Katalog importiert werden.

Die meist angewandte Methode ist der Import von einer Kamera, von einem Kartenleser oder von der Festplatte. Darüber hinaus lassen sich in Lightroom auch Bilder aus anderen Katalogen importieren oder neue Inhalte mit Einstellungen aus bereits importierten Ordnern synchronisieren. Alternativ kann ein Ordner auf der Festplatte auch überwacht werden. Werden darin dann neue Bilder abgelegt oder bearbeitet, werden diese auch automatisch in den ausgewählten Lightroom-Katalog importiert.

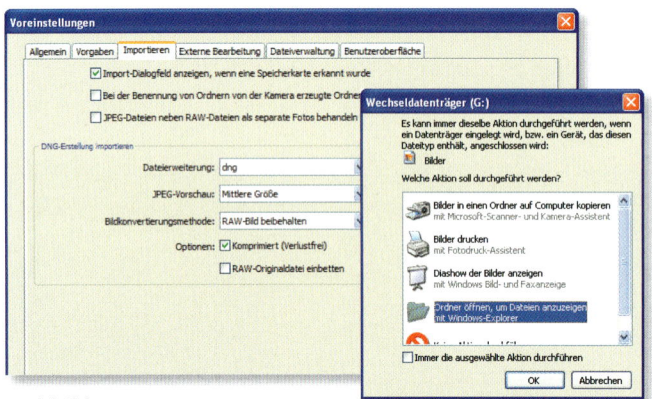

▲ **Abbildung 7.2**
Unter Windows erscheint nach dem Anschließen normalerweise eine Eingabeaufforderung, in der man aus einer Reihe von Aktionen auswählen kann. Ist in Lightroom das Kontrollkästchen Import-Dialogfeld anzeigen, wenn eine Speicherkarte erkannt wurde aktiviert, wird Lightroom automatisch gestartet.

▲ **Abbildung 7.3**
Unter Mac OS X kann über den Dialog Einstellungen des Programms Digitale Bilder eingestellt werden, ob Photoshop Lightroom gestartet wird, wenn eine Kamera angeschlossen oder eine Speicherkarte eingelegt wird.

Unter Mac OS X und auch unter Windows kann automatisch festgelegt werden, was passiert, wenn eine Kamera oder ein Kartenleser an den Computer angeschlossen werden. Hier können Sie dann automatisch Lightroom starten lassen. Ich persönlich bin kein Freund davon, da ich mir nicht gerne vorschreiben lasse, was passiert, wenn ich ein Gerät in die USB-Schnittstelle einstecke. Eventuell will ich die Daten ja auch zuerst auf die Festplatte kopieren oder andere Dinge erledigen.

Bildimport von Kamera, Kartenleser oder Festplatte | Der Import von der Kamera beziehungsweise von einem Ordner oder Kartenleser ist nahezu identisch. Im Folgenden wird beispielhaft der Import von einem Compact-Flash-Cardreader beschrieben.

Import starten | Am unteren Ende der linken Bedienfeldpalette befindet sich die Schaltfläche IMPORTIEREN. Klicken Sie diese an, um den Importvorgang zu starten.
Sie können auch den

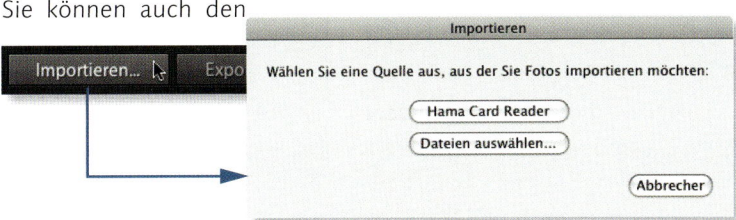

▲ **Abbildung 7.4**
Beim Import über die Schaltfläche in der linken Bedienfeldpalette können Sie auswählen, ob Sie die Bilder vom Kartenleser oder aus einem Ordner auf der Festplatte importieren möchten.

▲ **Abbildung 7.5**
Sie können den Import auch über das Menü starten.

Befehl FOTOS VOM DATENTRÄGER IMPORTIEREN oder, soweit eine Kamera angeschlossen ist, den Befehl FOTOS VOM GERÄT IMPORTIEREN aus dem Menü DATEI verwenden. Ist im Voreinstellungsdialog im Register IMPORTIEREN die Option IMPORT-DIALOGFELD ANZEIGEN, WENN EINE SPEICHERKARTE ERKANNT WURDE aktiviert, wird der Importvorgang automatisch gestartet. Ist eine Kamera oder ein Kartenleser angeschlossen, steht Ihnen im Menü auch der Punkt FOTOS VOM DATENTRÄGER IMPORTIEREN zur Verfügung.

▼ **Abbildung 7.6**
Der Import-Dialog erscheint nach der Auswahl des Mediums.

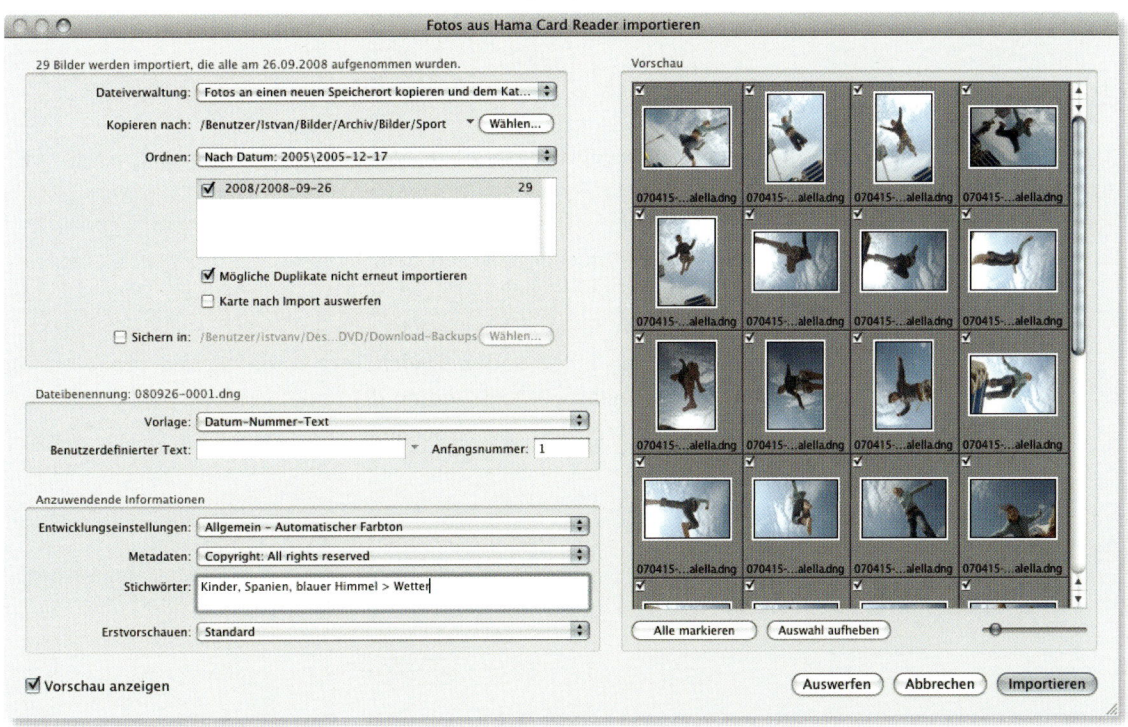

Nach der Auswahl des Mediums erscheint der Importdialog. Dieser beinhaltet einige Optionen zur Dateiverwaltung wie Dateiformat, Zielordner, Dateibenennung, Metadaten und Entwicklungseinstellungen. Über das Kontrollkästchen am linken unteren Rand kann die Vorschau der zu importierenden Bilder aktiviert werden.

DNG

Das DNG-Format ist ein Quasi-Standard für RAW-Daten. Er wird von den meisten Softwareherstellern unterstützt – im Gegensatz zu den Formaten der Kamerahersteller, die mit jeder neuen Kamera auch Aktualisierungen an ihren RAW-Formaten durchführen.

Als DNG oder RAW importieren | Sie können Bilder als RAW-Daten importieren, wie sie Ihre Kamera erzeugt, oder auch gleich in das DNG-Format konvertieren. Mehr über das DNG-Format erfahren Sie ab Seite 84. Das DNG-Format ist herstellerneutral und ermöglicht eine verlustfreie Kompression. Es ist daher fast immer empfehlenswert, das DNG-Format zu verwenden. Probieren Sie es aus, und archivieren Sie Ihre originalen Kamera-RAW-Daten zunächst auf einem Backup-Laufwerk. Sie werden bald feststellen, dass Sie sie nicht mehr brauchen.

Um die Bilder im DNG-Format zu importieren, wählen Sie aus dem Dropdown Dateiverwaltung den Punkt Fotos als digitales Negativ (DNG) kopieren und dem Katalog hinzufügen. Wollen Sie das nicht, wählen Sie Fotos an einen neuen Speicherort kopieren und dem Katalog hinzufügen. Dabei werden die Bilder nur an einen anderen Ort auf der Festplatte kopiert und im herstellereigenen RAW-Format importiert.

Abbildung 7.7 ▶
Bilder können im herstellereigenen Format oder auch als DNG importiert werden.

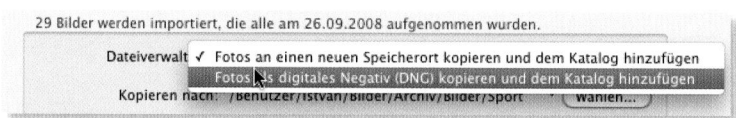

Optionen beim Import | Importieren Sie die Daten von der Festplatte, bietet Ihnen Lightroom zusätzlich noch die folgenden Optionen an:

▶ **Fotos ohne Verschieben dem Katalog hinzufügen:** Dabei werden die Bilder dort belassen, wo sie liegen, und im herstellerabhängigen Format importiert.

▶ **Fotos an einen neuen Speicherort kopieren und dem Katalog hinzufügen:** Hierbei werden die Bilder in einen beliebigen Ordner verschoben und anschließend im herstellereigenen Format importiert.

Abbildung 7.8 ▶
Beim Import von der Festplatte können Sie bestimmen, ob die Dateien kopiert oder verschoben werden sollen.

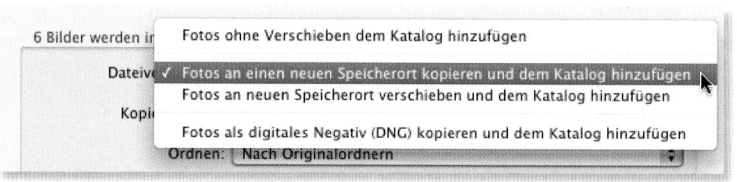

Import anderer Formate wie TIFF, JPEG oder PSD | Sie können auch andere Formate importieren. Diese können wahlweise auch in das DNG-Format konvertiert werden. In diesem Fall macht das aber keinen Sinn, da die Daten ja keine RAW-Informationen enthalten. Sie sollten also die ursprünglichen Dateiformate beibehalten.

Zielordner auswählen | Unter dem Dropdown der DATEIVERWALTUNG können Sie einen Zielordner angeben. Der aktuelle Ordner wird mit seiner Verzeichnisstruktur angezeigt. Über die Schaltfläche WÄHLEN suchen Sie einen beliebigen Ordner aus oder erstellen einen neuen. Über das kleine Dreieck links neben der Schaltfläche öffnen Sie eine Liste mit den zuletzt verwendeten Ordnern. Hier können Sie auch schnell bereits angelegte Ordner auswählen.

◄ **Abbildung 7.9**
Auswahl des Zielordners für die importierten Bilder

Bilder ordnen | Beim Kopieren oder Verschieben der Bilder können diese auch bereits geordnet werden. Die Bilder können alle in einen Ordner beziehungsweise in einen Unterordner des oben ausgewählten Ordners kopiert und nach Datum sortiert werden.

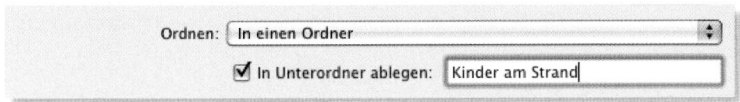

◄ **Abbildung 7.10**
Die Bilder können bereits beim Import geordnet werden – zum Beispiel in einem neuen Unterordner.

Um alle Bilder der Speicherkarte in einen gemeinsamen Ordner zu platzieren, wählen Sie aus dem Dropdown ORDNEN den Menüpunkt IN EINEN ORDNER. Sie können dann noch optional einen neuen Unterordner erstellen lassen. Die Bilder können auch in nach Datum sortierten Ordner verteilt werden. Hier haben Sie die Möglichkeit, die Unterteilung nach Tag, Monat und Jahr über das Dropdown zu variieren. Es wird dann je nach Auswahl eines Menüpunktes eine entsprechend tiefe Verzeichnisstruktur erstellt. Im Dropdown steht dabei der Backslash »\« jeweils für eine neue Verzeichnisebene.

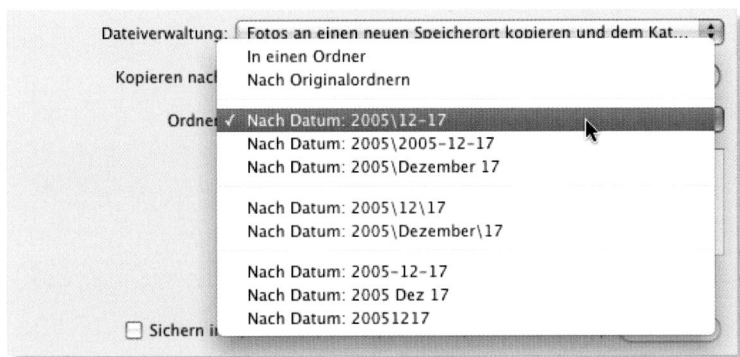

◄ **Abbildung 7.11**
Die Bilder können auch nach dem Aufnahmedatum geordnet werden. Je nach Auswahl werden dabei unterschiedlich tiefe Verzeichnisstrukturen generiert.

Zu importierende Bilder auswählen | Nicht immer will man alle Bilder importieren. Um Bilder auszuschließen, können Sie diese in der Vorschau deaktivieren. Dazu klicken Sie einfach an den Fotos, die Sie ausschließen wollen, das Kontrollkästchen in der Vorschau weg.

Abbildung 7.12 ▶
Bilder, die in der Vorschau deaktiviert sind, werden nicht importiert.

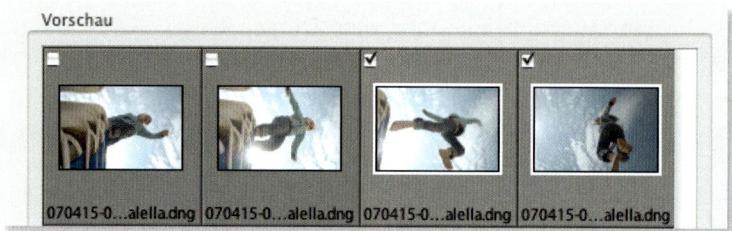

Wenn Sie Bilder nach dem Aufnahmedatum ordnen, haben Sie zusätzlich die Möglichkeit, Zeiträume auszuschließen, indem Sie das Kontrollkästchen an den entsprechenden Tagen deaktivieren.

Abbildung 7.13 ▶
Beim Ordnen nach dem Aufnahmedatum können einzelne oder auch mehrere Tage ignoriert werden. Auch bereits importierte Bilder können ausgelassen werden.

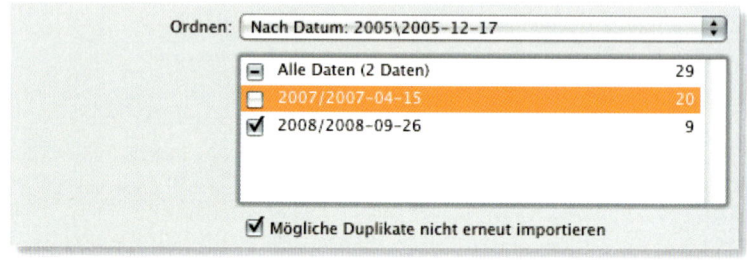

Handling von Duplikaten | Importieren Sie einen Ordner erneut, weil sich sein Inhalt verändert hat, so können Sie bereits importierte Bilder ignorieren. Importieren Sie Fotos erneut, werden die

Abbildung 7.14 ▶
Erkannte Duplikate werden aufgelistet, auch wenn sie einen anderen Namen besitzen.

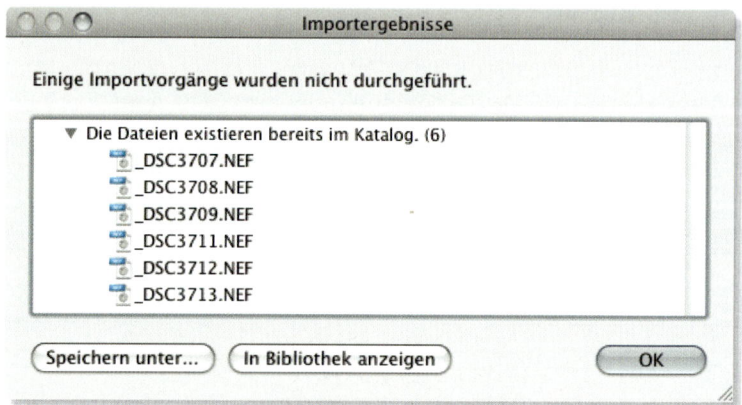

Bilder mit einer Nummer am Ende des Dateinamens versehen, wenn dieser der gleiche ist wie bei einer bereits importierten Datei. Lightroom erkennt Duplikate selbsttätig – auch wenn diese beim Import umbenannt wurden.

Karte nach Import auswerfen | Nach dem Importvorgang können Sie die Speicherkarte auswerfen lassen. Dazu aktivieren Sie das entsprechende Kontrollkästchen. Haben Sie eine Kamera angeschlossen, funktioniert das natürlich auch, da sie von Lightroom genau so wie eine Speicherkarte gehandhabt wird.

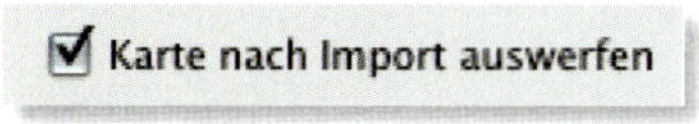

Backup der Originalbilder | Um auch wirklich auf der sicheren Seite zu sein, können die unkonvertierten Originalbilder von der Speicherkarte an einem beliebigen Ort gesichert werden. Im Fall der Fälle können diese dann erneut importiert oder in anderen Programmen ohne DNG-Unterstützung verwendet werden.

Ist das Kontrollkästchen aktiviert, können Sie über die Schaltfläche WÄHLEN einen Sicherungsordner auswählen.

▲ **Abbildung 7.16**
Die Originale von der Speicherkarte können zusätzlich gesichert werden.

Benennung der Dateien | Die Benennung von mehreren Dateien in einem Durchgang ist keine einfache Sache, wenn man verhindern will, dass ein Dateiname zweimal auftaucht. Übernimmt man beispielsweise eine vierstellige Zahlenfolge, beginnt die Kamera nach 9999 wieder bei 0001 zu zählen. Auch die Vergabe von Begriffen und Nummern schützt nicht vor Inkonsistenzen.

Lightroom bietet ein sehr flexibles Werkzeug zur Benennung an. Dieses wird an mehreren Stellen verwendet, zum Beispiel auch beim Exportieren oder im Web-Modul. Dabei wird der Dateiname aus verschiedenen Variablen wie Folgenummern, Sequenznummern und Datum zusammengesetzt. Eine erstellte Benennungsvariante kann als Vorlage abgespeichert und wiederverwendet werden.

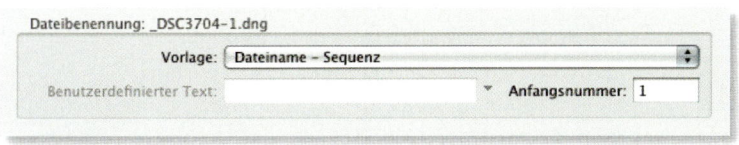

▲ **Abbildung 7.18**
Je nach gewählter Vorlage erscheinen weitere Felder für Zusätze zum Dateinamen.

☑ Karte nach Import auswerfen

▲ **Abbildung 7.15**
Ist das Kontrollkästchen aktiviert, wird die Karte nach dem Import ausgeworfen.

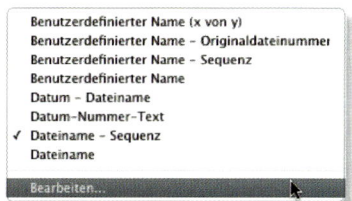

▲ **Abbildung 7.17**
Klickt man bei VORLAGE auf das Dropdown, so erhält man eine Vorlagenliste. Über den Punkt BEARBEITEN können Sie neue Vorlagen erstellen oder bereits gespeicherte ändern.

Schritt für Schritt: Dateinamenvorlage erstellen

In der folgenden Anleitung erstellen Sie eine Vorlage nach dem Beispiel des oben beschriebenen Tipps.

1 Vorlagen-Editor öffnen

Wählen Sie aus dem Dropdown den Punkt BEARBEITEN. Daraufhin erscheint der DATEINAMENVORLAGEN-EDITOR zum Ändern und Speichern von Vorlagen. Dieses Dialogfeld wird Ihnen so oder mit mehr Variablen auch an anderen Stellen von Lightroom wiederbegegnen.

Abbildung 7.19 ▶
Über den Dateinamenvorlagen-Editor lassen sich flexible Dateinamen für Bildsequenzen erstellen und als Vorlage abspeichern. Einzelne Variablen werden aus Dropdowns ausgewählt und als Tokens eingefügt.

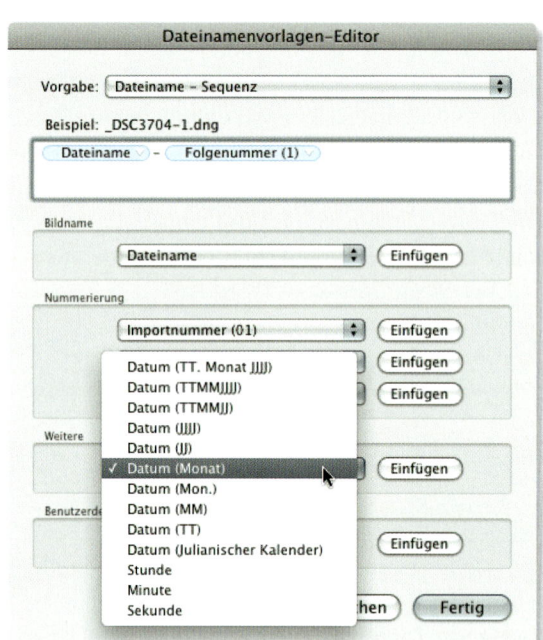

TIPP

Durch die umgekehrte Reihenfolge im Datum (Jahr-Monat-Tag) werden die Bilder immer fortlaufend sortiert.

2 Datumsvariablen kombinieren

Markieren Sie die beiden Variablen im Eingabefeld, und löschen Sie diese. Variablen werden immer mithilfe von hellblauen Metadaten-Tokens dargestellt. Das Feld sollte jetzt leer sein.

Wählen Sie dann unter der Parametergruppe WEITERE aus dem Dropdown den Punkt DATUM (JJ) aus. Es wird automatisch ein Token für die zweistellige Jahreszahl eingefügt.

Wählen Sie nun nacheinander aus derselben Dropdownliste die Punkte DATUM (MM) und DATUM (TT) aus. Es entsteht eine Datumsangabe aus JJMMTT. Es gibt auch bereits ein Token mit der vierstelligen Jahresangabe, das ebenfalls verwendet werden kann. Man verschenkt dann aber zwei Stellen.

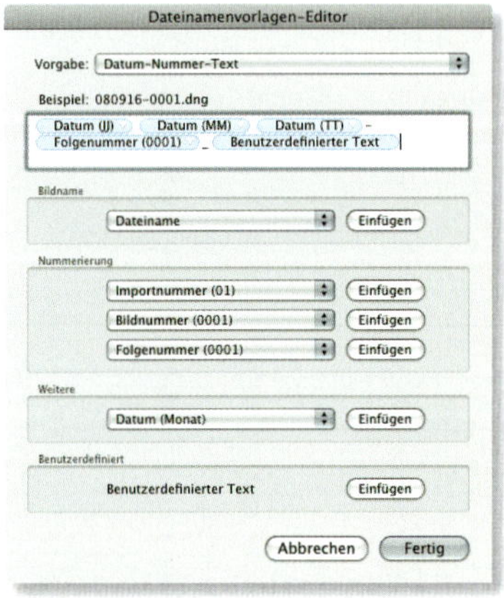

▲ Abbildung 7.20
Zusammenstellung der Tokens für die Dateinamenvorlage

3 Mit Folgenummern nummerieren

Jetzt geben Sie einen Bindestrich »-« über die Tastatur ein. Dieser trennt das Datum vom Zähler. Es gibt vier Varianten der Nummerierung:

- IMPORTNUMMER: Das ist die Nummerierung der Importvorgänge. Bei jedem Import wird der Zähler um einen Wert erhöht.
- BILDNUMMER: Dieser Zähler wird bei jedem Importvorgang wieder auf 1 gesetzt. Jedes Bild erhöht den Zähler jeweils um 1.
- FOLGENUMMER: Den Anfangswert des Zählers können Sie selbst festlegen.
- GESAMTZAHL: Bezeichnet die Anzahl aller Bilder eines Imports.

Wählen Sie im Dropdown FOLGENUMMER die Variante mit den vier Stellen (0001).

4   Zusätzlicher Text für nähere Beschreibung

Geben Sie als weiteres Trennzeichen einen Unterstrich »_« an. Zum Abschluss klicken Sie auf die Schaltfläche EINFÜGEN neben der Variable BENUTZERDEFINIERTER TEXT.

5   Vorlage speichern

Um die Vorlage zu speichern, wählen Sie im Dropdown VORGABE über dem Eingabefeld den Punkt AKTUELLE EINSTELLUNGEN ALS NEUE VORGABE SPEICHERN. Geben Sie für die Vorgabe einen eindeutigen Namen an, zum Beispiel »Datum-Nummer-Text«.

Nach der Fertigstellung beenden Sie den Dialog über die Schaltfläche ERSTELLEN.

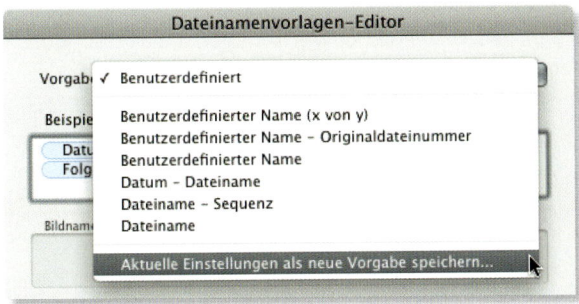

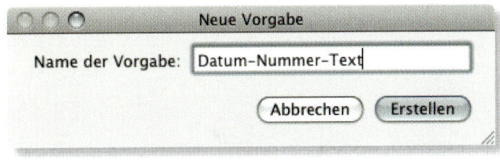

◀▲ **Abbildung 7.21**
Die erstellte Vorgabe kann unter einem neuen Namen gespeichert werden.

Sie können jetzt noch im Import-Dialog in das Feld einen benutzerdefinierten Text eingeben, beispielsweise den Ort oder den Anlass der Aufnahmen. Zusätzlich können Sie im Wertefeld daneben eine Anfangszahl eingeben. Der Zähler der Folgenummern startet dann bei diesem Wert.

◀ **Abbildung 7.22**
Die Angabe über den Ort oder Anlass erleichtert das Auffinden von Bildern, da man anhand der Nummern keinen Rückschluss auf den Inhalt ziehen kann. ■

Entwicklungseinstellungen festlegen | Schon beim Import können Bildern Vorgaben für ihre Entwicklung zugewiesen werden – zum Beispiel eine Konvertierung in Graustufen oder auch die Korrekturautomatik. Wählen Sie dazu aus dem Dropdown eine Vorgabe aus. Näheres zum Erstellen und Abspeichern von Entwicklungseinstellungen erfahren Sie auf Seite 258.

Abbildung 7.23 ►
Während des Imports lassen sich bereits Entwicklungseinstellungen zuweisen.

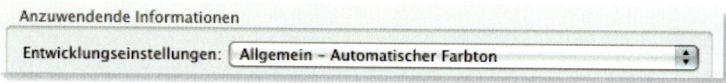

Metadaten-Vorgabe zuweisen | Die Bilder können auch schon während des Imports mit Metadaten wie Copyright-Informationen oder Angaben zum Fotografen ausgestattet werden. Dies geschieht über die IPTC-Daten (siehe Seite 40 und 190). Sie können dabei aus einer Liste von gespeicherten IPTC-Datensätzen auswählen oder eine neue Vorlage erstellen.

Es ist ratsam, sich eine Vorlage zu generieren, die Adresse und Copyright-Informationen beinhaltet. So können Sie sichergehen, dass diese Daten schon beim Importieren im Bild gespeichert werden und dass Sie es somit später nicht vergessen.

▲ **Abbildung 7.24**
Den Bildern können beim Importieren IPTC-Datensätze zugewiesen werden. Diese beinhalten beispielsweise Copyright-Informationen und Informationen über den Fotografen.

Die Vorgabe IPTC DEFAULT ist meine persönliche Vorlage des Metadatensatzes. Sie wird jedem Bild, das ich in Lightroom importiere, zugewiesen.

Schritt für Schritt: Metadaten-Vorgabe erstellen
In dieser Anweisung erstellen Sie eine IPTC-Vorlage mit Copyright-Informationen und den Angaben zum Fotografen nach dem Muster meiner Standardvorlage.

1 **Vorgabeneditor öffnen**
Wählen Sie aus dem Dropdown METADATEN den Punkt NEU, um den Vorgaben-Dialog zu öffnen.

Abbildung 7.25 ►
Über das Dropdown können Sie auch neue Metadatensätze erzeugen.

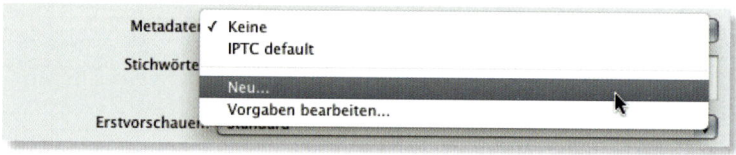

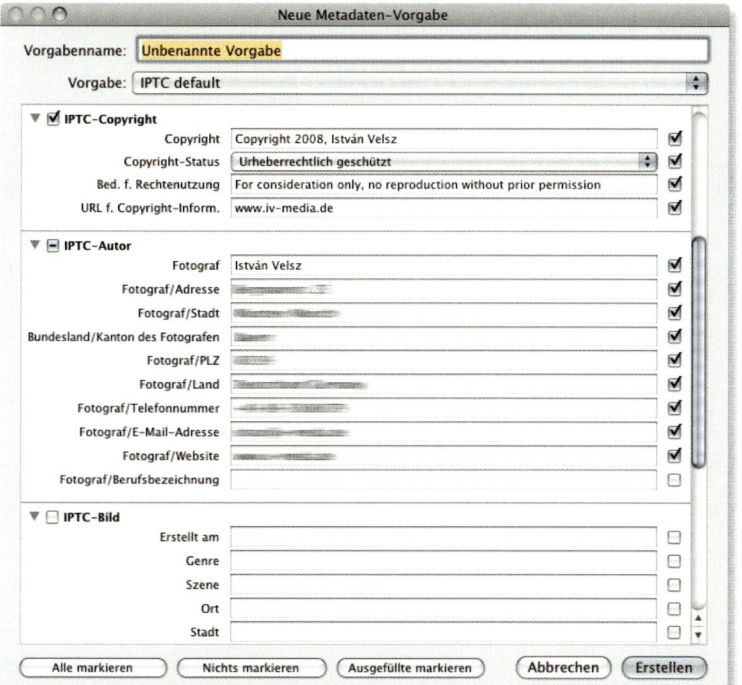

2   Metadaten angeben

Geben Sie in die Textfelder in den Bereichen IPTC-COPYRIGHT und
IPTC-AUTOR die erforderlichen Angaben ein. Jedes Feld und jede
Eingabegruppe besitzt ein eigenes Kontrollkästchen. Ist dieses akti-
viert, wird die Angabe beim Import übernommen.

▼ **Abbildung 7.27**
So speichern Sie die
Metadatenvorlage.

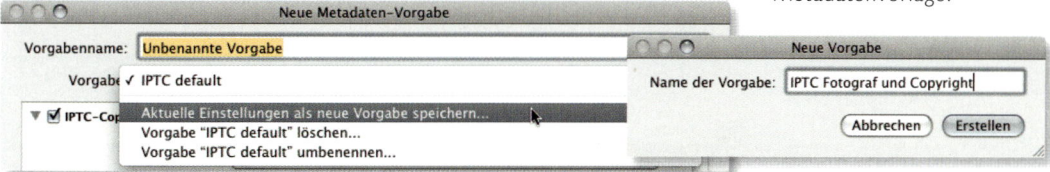

3   Datensatz speichern

Zum Sichern des Datensatzes wählen Sie im Dropdown VORGABE
den Punkt AKTUELLE EINSTELLUNGEN ALS NEUE VORGABE SPEICHERN.
Vergeben Sie einen eindeutigen Namen, und drücken Sie die Schaltfläche ERSTELLEN.

Abschließend klicken Sie im Vorgabeneditor ebenfalls auf die
Schaltfläche ERSTELLEN, um den Dialog zu schließen.

Die Vorgabe kann jetzt über das Dropdown METADATEN ausgewählt werden. ■

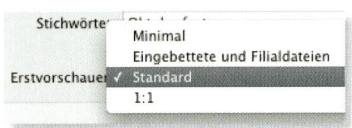

▲ Abbildung 7.28
Vorschauen können beim Import berechnet werden. Die Minimalvorschau nimmt am wenigsten Platz weg, eignet sich aber nur für einen stationären Betrieb. Bei fehlenden Originalbildern, zum Beispiel im mobilen Einsatz, wird die Darstellung damit ziemlich pixelig.

Stichwörter angeben | Im Import-Dialog finden Sie ein Eingabefeld, in dem Sie den importierten Bildern gleich eine Reihe an Stichwörtern zuweisen können.

Bereits während der Eingabe des Wortes überprüft Lightroom, ob selbiges schon unter den bereits vorhandenen Stichwörtern zu finden ist, und macht beim Tippen Vorschläge zur Vervollständigung des Wortes. Das verhindert, dass Sie dieselben Stichwörter mit unterschiedlichen Schreibweisen verwenden.

Haben Sie eine Stichworthierarchie angelegt, wird diese entsprechend mitsamt Synonymen übernommen. Neue Stichwörter werden in die Stichwortliste geschrieben. Mehr zu Stichwörtern finden Sie ab Seite 183.

▲ Abbildung 7.29
Das Textfeld zur Eingabe von Stichwörtern beim Import von Bildern aus der Kamera oder von einem Datenträger

Erstvorschauen | Sie können Lightroom beim Import veranlassen, Standard- oder 1:1-Vorschauen zu rendern. Die Standardvorschaugröße geben Sie in den Voreinstellungen an (siehe Seite 125). Dieser Vorgang dauert etwas länger, dafür muss die Ansicht später nicht in der Lupenansicht oder beim Bearbeiten berechnet werden. 1:1-Vorschauen nehmen erheblich mehr Platz auf der Festplatte ein. Daher sollten Sie sich auf die Standardvorschauen beschränken.

▼ Abbildung 7.30
Die Bilder nach dem Import als Miniaturen in der Rasteransicht

7.2 Raster- und Lupenansicht

Normalerweise arbeitet man in der Bibliothek hauptsächlich in der Rasteransicht und in der Lupenansicht. In der Rasteransicht werden die Bilder als kleine Vorschaubilder angezeigt. In der Lupenansicht wird immer nur ein Bild angezeigt. Dieses kann dann in verschiedenen Stufen bis auf Pixelgröße gezoomt werden.

7.2.1 Rasteransicht

In der Rasteransicht erhalten Sie einen Überblick über alle Bilder in Ihrer Bibliothek. Jedes Bild wird dabei als Miniatur dargestellt. Die Miniaturen werden beim Import aus der Datei ausgelesen beziehungsweise erzeugt.

Die Rasteransicht wird durch Drücken der $\boxed{G}$-Taste aktiviert. Wenn Sie sich in einem anderen Modul befinden, springen Sie beim Drücken der Taste direkt in das Bibliothek-Modul. Die Rasteransicht bietet zwei Darstellungsformen für Miniaturbilder: eine kompakte und eine erweiterte, die mehr Informationen über das Bild bereithält. Die Ansichtsmodi können über die Ansicht-Optionen umgeschaltet werden.

▲ **Abbildung 7.31**
Klicken Sie in der Werkzeugleiste auf dieses Symbol, so wird die Rasteransicht aktiviert.

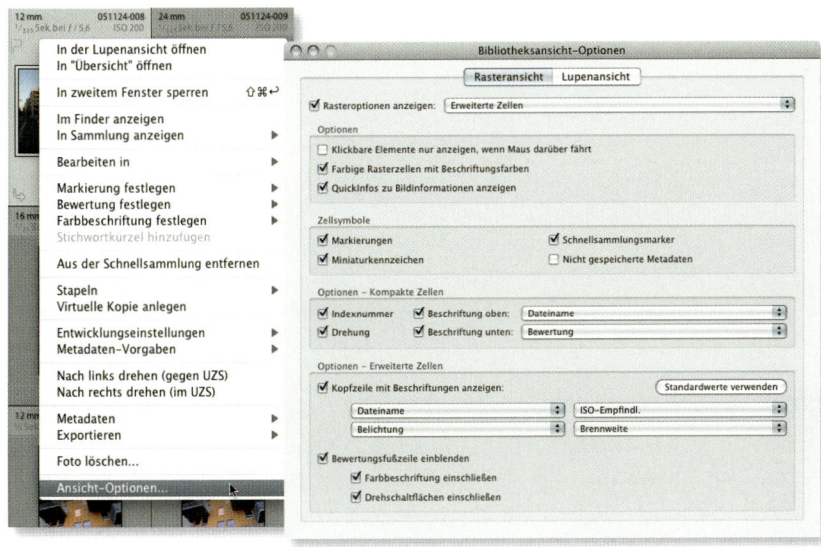

◄ **Abbildung 7.32**
Über den Menüpunkt Ansicht-Optionen kann die Darstellung der Informationen zum Miniaturbild eingestellt werden. Der Dialog lässt sich aus dem Kontextmenü heraus öffnen.

Blioktheksansicht-Optionen | Das Dialogfeld kann über das Menü Ansicht • Ansicht-Optionen oder über das Rechtsklickmenü der Miniaturbilder aufgerufen werden. Hier können Sie auch die Darstellung beider Ansichtsmodi konfigurieren. Widmen wir uns zunächst der Rasteransicht.

▶ **Rasteroptionen anzeigen:** Über die Kontrollbox aktivieren Sie die generelle Darstellung von Informationen und Funktionen in der Zelle. Über das nebenstehende Dropdown können Sie zwischen der Darstellung KOMPAKTE ZELLEN und ERWEITERTE ZELLEN wählen.

▶ **Kompakte Zellen:** Hier können Sie Elemente nur bei der Darstellung KOMPAKTE ZELLEN angeben. Sie können die Symbole für die graue INDEXNUMMER im Hintergrund oder die 90°-Drehung ein- bzw. ausblenden. Zusätzlich können Sie festlegen, welche Beschriftung, zum Beispiel Dateiname oder Belichtungsinformationen, über und unter dem Miniaturbild eingeblendet wird.

▲ **Abbildung 7.33**
Kompakte Zelle ohne sichtbar anklickbare Elemente

▲ **Abbildung 7.34**
Beim Rollover werden die anklickbaren Elemente eingeblendet.

▲ **Abbildung 7.35**
Bei zugewiesener Farbmarkierung werden Zellen farbig dargestellt. Zusätzlich ist die QuickInfo eingeblendet.

▶ **Erweiterte Zellen:** Ähnlich wie bei den Optionen der kompakten Zelle können Sie auch hier die Beschriftung ändern. Allerdings stehen dafür vier statt nur zwei Beschriftungsoptionen zur Verfügung. Zusätzlich können die FARBBESCHRIFTUNG, die BEWERTUNGSSTERNE und die DREHSCHALTFLÄCHEN eingeschlossen oder ausgeblendet werden.

▶ **Klickbare Elemente nur zeigen, wenn Maus darüberfährt:** Einige Symbole in der Zelle sind anklickbar. Sie rufen entsprechende Befehle wie ZUWEISEN ZUR SCHNELLAUSWAHL oder BILD UM 90° DREHEN auf. Sie sind normalerweise nur aktiv, wenn sich der Mauszeiger über der Zelle befindet. Beim Deaktivieren der Kontrollbox sind sie ständig sichtbar.

▲ **Abbildung 7.36**
Alternative Beschriftungsvariante über und unter dem Miniaturbild

▶ **Farbige Rasterzellen mit Beschriftungsfarben:** Ist diese Kontrollbox aktiviert, werden die Zellenhintergründe und Rahmen um die Miniaturbilder in der Farbe der gewählten Farbmarkierung dargestellt.

▶ **QuickInfos zur Bildinformation anzeigen:** Blendet einen Tooltipp ein, wenn sich die Maus über einem Bild befindet und ca. eine Sekunde lang nicht bewegt wurde.

▶ **Zellsymbole:** Hier kann spezifiziert werden, welche Zellensymbole aktiviert werden können. Eine nähere Beschreibung der einzelnen Symbole finden Sie im Folgenden.

Symbole der Rasterzellen | Nachfolgend finden Sie eine Beschreibung der dargestellten Elemente in den Rasterzellen der kompakten und der erweiterten Zellendarstellung:

▶ **Indexnummer ❶:** Diese Zahl gibt die Nummer der Zelle an und hat nichts mit der Bildnummer zu tun. Sie wird nur in der kompakten Darstellung angezeigt.

▶ **Nicht gespeicherte Metadaten ❷:** Gibt an, ob die Metadaten in der Bibliothek und in der Datei übereinstimmen.

 Metadaten sind im Katalog neuer als in der Datei. Auf Klick werden sie in die Datei geschrieben.

 Metadaten in der Datei wurden von einem externen Programm, zum Beispiel Adobe Bridge, geändert. Auf Klick werden die Daten in den Katalog übernommen.

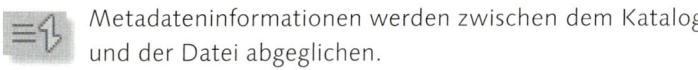 Metadateninformationen werden zwischen dem Katalog und der Datei abgeglichen.

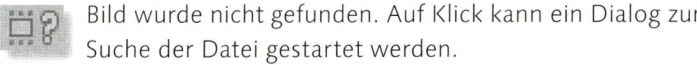 Bild wurde nicht gefunden. Auf Klick kann ein Dialog zur Suche der Datei gestartet werden.

▶ **Schnellsammlungsmarker ❸:** Fügt ein Bild in der Schnellsammlung hinzu oder entfernt es daraus (siehe Seite 182).

▶ **Miniaturkennzeichen ❹:** Zeigt an, ob das Bild IPTC-Metadaten enthält, ob es beschnitten wurde oder ob es Entwicklungseinstellungen enthält. Klickt man eines der Symbole an, so springt man direkt zu der jeweiligen Funktion im entsprechenden Modul.

▶ **Drehschaltflächen ❺:** Über diese Schaltflächen kann das Bild in 90°-Schritten im oder gegen den Uhrzeigersinn gedreht werden.

▶ **Bewertungssterne ❻:** Zeigt die Wertung von maximal fünf Sternen an. Durch Anklicken eines der Sterne kann eine entsprechende Bewertung abgegeben werden.

▶ **Farbbeschriftung ❼:** Zeigt die entsprechende Farbe als Markierung oder Rahmen an.

▶ **Beschriftung ❽:** Zeigt Metadaten an. Durch Rechtsklick auf die vorhandene Beschriftung kann diese durch eine andere ersetzt werden. Da in der erweiterten Ansicht der Platz relativ gering ist, klicken Sie am besten in die Nähe des ersten Buchstabens oder neben die Zahl der Beschriftung.

▶ **Kennzeichnung ❾:** Diese Option zeigt an, ob ein Bild als MARKIERT, UNMARKIERT oder ABGELEHNT gekennzeichnet ist. Über einen Rechtsklick auf das Symbol kann die Kennzeichnung geändert werden.

▲ **Abbildung 7.37**
Die Miniaturdarstellung als kompakte Zelle. Die Bildzelle nimmt relativ wenig Platz ein.

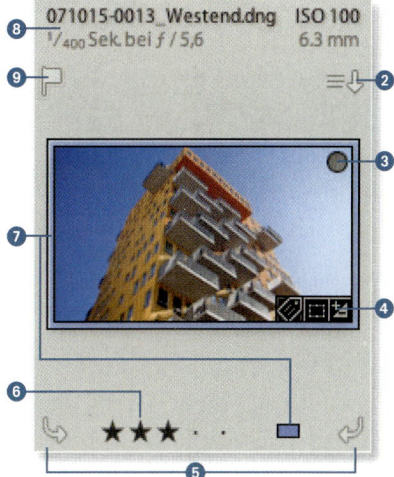

▲ **Abbildung 7.38**
In der Darstellung als erweiterte Zelle werden Bildinformationen, Bewertungen usw. angegeben.

▲ **Abbildung 7.39**
Der Markierungsstatus kann mit einem Rechtsklick auf das Symbol geändert werden.

Größe der Miniaturbilder festlegen | Die Miniaturbilder lassen sich über den Schieberegler MINIATUREN in der Werkzeugleiste in der Größe regulieren. Dadurch werden entsprechend mehr oder weniger Rasterzellen dargestellt.

Wird der Regler nicht angezeigt, können Sie ihn über das Dropdown-Menü einblenden, das sich öffnet, wenn Sie auf das Dreieck am rechten Rand der Werkzeugleiste klicken. Der zugehörige Punkt heißt MINIATURGRÖSSE.

▼ **Abbildung 7.40**
Die Größe der Miniaturen lässt sich über einen Schieberegler verändern.

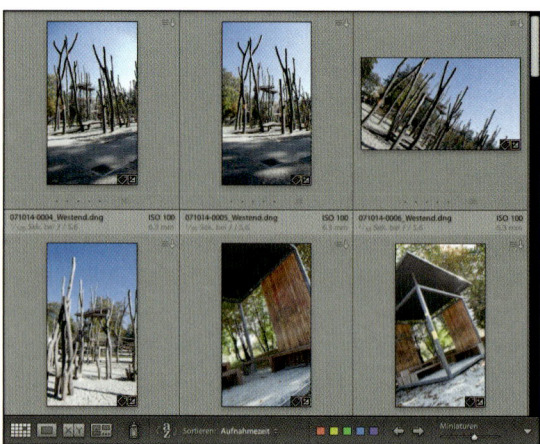

7.2.2 Lupenansicht

In der Lupenansicht wird das aktuell ausgewählte Bild im gesamten Ansichtsbereich angezeigt. In dieser Ansicht haben Sie die Möglichkeit, auch in das Bild hineinzuzoomen.

Um die Lupenansicht zu aktivieren, drücken Sie die E-Taste auf Ihrer Tastatur. Befinden Sie sich in einem anderen Modul, springt Lightroom dann automatisch in die Lupenansicht des Bibliothek-Moduls. Sie können natürlich auch auf das Symbol in der Werkzeugleiste klicken.

TIPP

Werkzeuge in der Werkzeugleiste lassen sich über das Dropdown-Menü am rechten Rand der Werkzeugleiste ein- und ausblenden. Dies ist vor allem auf Monitoren mit geringer Auflösung hilfreich. Dort haben nämlich nicht alle Werkzeuge Platz.

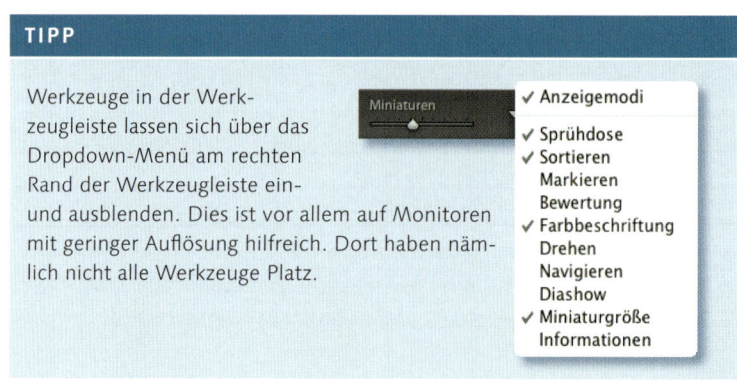

◄ **Abbildung 7.41**
In der Lupenansicht wird das aktuell ausgewählte Bild angezeigt.

▲ **Abbildung 7.42**
Klicken Sie in der Werkzeugleiste auf dieses Symbol, so wird die Lupenansicht aktiviert.

Zoomen in der Lupenansicht | Die Funktionalität der Lupenansicht entspricht im Großen und Ganzen der selben Ansicht im Entwickeln-Modul. Im Folgenden werden nur kurz die wichtigsten Möglichkeiten angerissen, die dieses Werkzeug bietet. Nähere Informationen erhalten Sie auf Seite 214. Es gibt mehrere Möglichkeiten, in Bilder hineinzuzoomen:

▶ **Bedienfeld Navigator:** Lightroom bietet mehrere Zoomstufen, die Sie über den NAVIGATOR abrufen können. Ein weißer Ausschnittsrahmen zeigt Ihnen im Vorschaufenster des Bedienfeldes an, welchen Ausschnitt Sie im Ansichtsfenster sehen. Verschieben Sie den Rahmen, so verschiebt sich der Ausschnitt in der Lupenansicht mit.

▶ **Einfacher Mausklick:** Sicher ist Ihnen das Lupen-Symbol schon aufgefallen, das erscheint, sobald Sie sich mit der Maus über dem Bild befinden. Klicken Sie damit einmal kurz in das Bild, so wird dieses noch näher herangezoomt. Klicken Sie erneut ins Bild, wird wieder aus ihm herausgezoomt. In der gezoomten Ansicht erscheint eine Hand anstatt der Lupe. Mit gedrückter Maustaste können Sie jetzt das Bild anfassen und den Bildausschnitt verschieben.

▶ **Temporärer Zoom:** Klicken Sie mit der Maustaste in das Bild, und halten Sie die Maustaste gedrückt. Das Bild wird so lange gezoomt, bis Sie die Maustaste wieder loslassen. Während das Bild einzoomt und Sie die Maustaste gedrückt halten, können Sie den Ausschnitt des Bildes verschieben, um ausgewählte oder besonders kritische Bildstellen zu kontrollieren.

▲ **Abbildung 7.43**
Aktivierung des Zooms über die Tasten der Zoomstufen-Bezeichnungen im NAVIGATOR-Bedienfeld

▲ Abbildung 7.44
Die Farbe des Hintergrunds kann über ein Dropdown-Menü verändert werden.

Abbildung 7.45 ▶
In der Lupenansicht werden die Textinformationen über dem Bild angezeigt.

Hintergrundfarbe ändern | In der Lupenansicht können Sie die Hintergrundfarbe im Ansichtsfenster ändern. Auf Grau leuchten die Bilder zwar sehr schön, gedruckt wird aber oft auf Weiß. Daher ist es manchmal sinnvoll, das Bild auf einem völlig farblosen Hintergrund zu kontrollieren. Auch eine aus Linien bestehende Hintergrundstruktur kann man einblenden, diese stört aber eher.

Klicken Sie mit der rechten Maustaste auf die Hintergrundfläche, und wählen Sie eine Farbe aus dem Dropdown-Menü aus.

Lupeninformationen einblenden | In der Lupenansicht stellen zwei konfigurierbare Blöcke bestimmte Informationen zum Bild zur Verfügung. Es kann ausgewählt werden, welcher der beiden Blöcke angezeigt wird.

Um die Informationen einzublenden, wählen Sie den Menüpunkt Ansicht • Lupeninformation • Informationen anzeigen. Im selben Menü können Sie die Auswahlsätze tauschen. Wählen Sie einfach Information 1 oder 2 aus. Über die Taste ⓘ schalten Sie zwischen den Informationen um oder blenden diese aus.

Welche Informationen Sie in welchem Block anzeigen wollen, regeln Sie im Dialog Ansicht-Optionen.

Die Lupeninformationen bleiben auch in der Ansicht des Entwickeln-Moduls sichtbar und können dort über das gleiche Menü konfiguriert werden.

Bibliotheksansicht-Optionen | Den Dialog kennen Sie schon von der Rasteransicht. Er lässt sich in der Lupenansicht nicht über das Rechtsklickmenü in der Ansicht aufrufen. Öffnen Sie ihn daher über den Menüpunkt Ansicht • Ansicht-Optionen.

▶ **Informationen anzeigen:** Mit dem Kontrollkästchen können Sie die Darstellung der Informationen aktivieren. Über das Dropdown wählen Sie die verwendete Information aus.

▶ **Lupeninformationen:** Es können zwei Lupeninformationen konfiguriert werden. Beide bieten die gleichen Parameter. Aus den Dropdowns können Sie drei Informationen auswählen. Über die

Schaltfläche STANDARDWERTE VERWENDEN wird die jeweilige Einstellung zurückgesetzt.

▶ **Bei Änderungen am Foto kurz anzeigen:** Dabei wird die Information nur kurz eingeblendet, wenn sich das Bild geändert hat. Ansonsten bleibt die Information verdeckt.

▶ **Beim Laden oder Rendern von Fotos Meldung anzeigen:** Werden Bilder gezoomt, muss die 1:1-Vorschau neu erstellt werden. Je nach Rechenleistung kann das etwas dauern. Während des Vorgangs wird eine Meldung über das Bild geblendet.

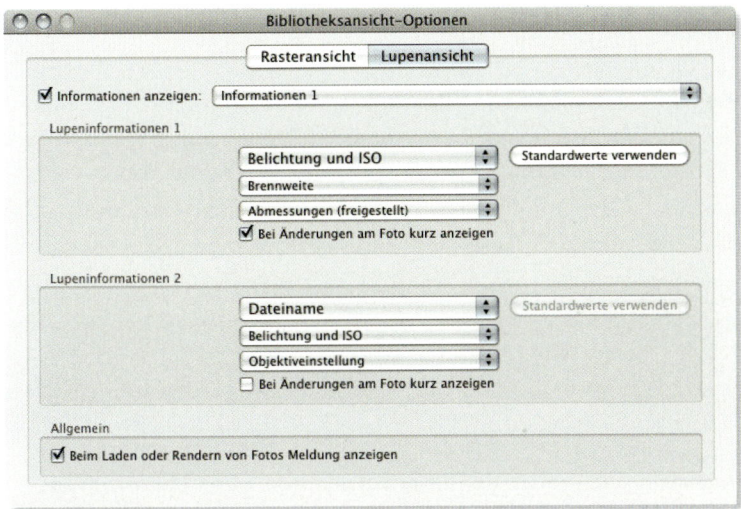

▲ **Abbildung 7.46**
Der Dialog zum Konfigurieren der Lupeninformation

◀ **Abbildung 7.47**
Während 1:1-Vorschauen neu berechnet werden, wird eine Meldung auf dem Bild angezeigt.

7.3 Globale Verwaltungsaufgaben

In diesem Abschnitt lernen Sie einige Verwaltungsaufgaben kennen. Diese sollen Ihnen das Arbeiten und Sortieren der Daten erleichtern. Einige der im Folgenden geschilderten Aufgaben können nur in der Ordnerverwaltung durchgeführt werden – so zum Beispiel das Gruppieren von Bildern zu Stapeln.

7.3.1 Bilder auswählen
Diese Aufgabe wurde schon geschildert, der Vollständigkeit halber soll sie aber noch einmal kurz angesprochen werden. Das Verfahren zur Auswahl funktioniert auch im Filmstreifen und eigentlich auch

in allen anderen Bereichen – und das nicht nur bei Bildern, sondern zum Beispiel auch bei der Auswahl von Stichwörtern.

Auswahl eines Bildes | Klicken Sie mit der linken Maustaste auf ein Bild, so wird es aktiviert – zu erkennen an der hellgrauen Hintergrundfläche.

Abbildung 7.48 ▶
Ein einzelnes Bild wurde ausgewählt.

Auswahl von mehreren Bildern in einer Reihe | Klicken Sie mit der linken Maustaste auf das erste Bild der Reihe. Gehen Sie dann zum letzten Bild, halten die ⬆-Taste gedrückt und klicken das letzte Bild an. Danach können Sie die ⬆-Taste wieder loslassen. Eine zusammenhängende Auswahl wird aktiviert.

Abbildung 7.49 ▶
Mehrere Bilder in einer Reihe wurden ausgewählt.

Auswahl von mehreren Bildern | Klicken Sie mit der linken Maustaste auf das erste Bild. Gehen Sie dann zum nächsten Bild, halten die ⌘/Strg-Taste gedrückt und klicken ein weiteres beliebiges Bild an. So können Sie vereinzelte Bilder, die nicht nebeneinander in der Bibliothek liegen, einer Auswahl hinzufügen. Klicken Sie bei gedrückter ⌘/Strg-Taste auf ein bereits ausgewähltes Bild, so wird es aus der Auswahl entfernt.

Abbildung 7.50 ▶
Mehrere Bilder, die nicht in einer Reihe stehen, wurden ausgewählt.

Auswahl umkehren | Dieser Befehl ist nur über die Menüleiste anzuwählen. Er selektiert alle nicht ausgewählten Bilder und hebt die bereits ausgewählten auf.

Abbildung 7.51 ▶
Die Auswahl wurde umgekehrt.

Alles auswählen | Um alle Bilder auszuwählen, verwenden Sie die Tastenkombination ⌘/⌐Strg⌐+⌐A⌐ oder den Menübefehl BEARBEITEN • ALLES AUSWÄHLEN.

◄ **Abbildung 7.52**
Alle Bilder wurden ausgewählt.

Auswahl aufheben | Um eine Auswahl aufzuheben, drücken Sie die Tastenkombination ⌘/⌐Strg⌐+⌐D⌐ oder wählen den Menübefehl BEARBEITEN • AUSWAHL AUFHEBEN. Befinden Sie sich in der Lupenansicht, wird ein leeres Ansichtsfenster angezeigt.

◄ **Abbildung 7.53**
Die vorherige Auswahl wurde aufgehoben.

Das erste Bild in der Bibliothek ist immer in der Ansicht aktiv und wird beispielsweise im Entwickeln-Modul bearbeitet. Der Hintergrund der Miniatur ist etwas heller als bei den anderen ausgewählten Bildern. Innerhalb einer Auswahl können Sie durch Anklicken ein anderes Bild hervorheben.

7.3.2 Bedienfeld »Katalog«

Im ersten Bedienfeld auf der linken Seite kann man diverse automatische Bildzusammenstellungen aktivieren. Ein Klick auf die Bezeichnung zeigt dann die entsprechenden Bilder an. Die Zahl vor dem Schrägstrich gibt die Anzahl der Elemente an. In Stapeln gruppierte Bilder werden als ein Element gerechnet. Hinter dem Schrägstrich steht die absolute Anzahl der Bilder.

▲ **Abbildung 7.54**
In den Sammlungen der Bibliothek werden automatisch erzeugte Sammlungen angezeigt.

▶ **Alle Fotos:** Zeigt alle im Katalog vorhandenen Fotos an.

▶ **Schnellsammlung:** Bilder können temporär in der Schnellsammlungen gespeichert werden. Das Plus neben der Bezeichnung definiert die Schnellsammlung als aktive Zielsammlung. In der Zielsammlung werden alle Bilder abgelegt, die mithilfe der Taste ⌐B⌐ der Sammlung zugewiesen werden.

▶ **Vorheriger Import:** Zeigt alle Bilder des letzten Importvorgangs an.

▶ **Fehlende Dateien:** Zeigt alle fehlende Dateien an. Fehlen keine Dateien, wird die Option nicht angezeigt.

▶ **Fehlerhafte Bilder:** Wurde bei der Verarbeitung von Aufgaben ein Fehler festgestellt, werden die entsprechenden Bilder hier aufgelistet.

▲ Abbildung 7.55
Im Bedienfeld Ordner wird die Verzeichnisstruktur der Festplatte abgebildet.

Abbildung 7.56 ▶
Die Anzeige der Bilder aus Unterelementen kann deaktiviert werden (rechts). Es werden dann nur Bilder angezeigt, die sich in dem Ordner befinden. Bilder aus Unterordnern werden in diesem Fall nicht angezeigt.

Abbildung 7.57 ▶
Ordner können über das Plus-Symbol neben der Bedienfeldbezeichnung erstellt werden.

7.3.3 Mit Ordnern arbeiten

Sind die Bilder importiert, wird die Ordnerstruktur im linken Bedienfeld Ordner angezeigt. Diese entspricht der Struktur auf der Festplatte oder im Netzwerk. Es werden aber nur Ordner angezeigt, deren Inhalte in Lightroom importiert wurden.

Als oberstes Element wird immer die Festplatte oder das Netzwerklaufwerk angezeigt. Dieses besitzt links neben der Bezeichnung eine Statusanzeige in Form eines kleinen Rechtecks. Ist dieses grün, ist das Laufwerk verfügbar. Als Zusatzinformation werden Ihnen der freie Platz und die Gesamtgröße des Laufwerks angezeigt. Diese können Sie auch ausblenden und in die Anzahl der Bilder oder den Verfügbarkeitsstatus ändern. Dazu klicken Sie mit der rechten Maustaste auf den Balken des entsprechenden Laufwerks und wählen aus dem Dropdown die gewünschte Zusatzinformation aus.

Über das Anklicken der Dreiecke ▶ können Sie Ordner auf- und zuklappen. Wird ein Dreieck gepunktet dargestellt, besitzt der Ordner keinen Unterordner ■. Am Ende der Ordnerzeile wird die Anzahl der enthaltenen Elemente beziehungsweise Bilder angezeigt.

Fotos aus Unterordnern einschließen | Wird ein Ordner angeklickt, so werden alle darin befindlichen Bilder angezeigt – auch die in den Unterordnern. Die Anzahl der Bilder wird dabei entsprechend zusammengerechnet. Über den Menübefehl Bibliothek • Fotos aus Unterordnern einschliessen kann die Anzeige auch eingeschränkt werden. Es werden dann nur die Bilder angezeigt, die sich direkt in dem Ordner befinden.

Ordner erstellen | Um einen Ordner zu erstellen, gibt es mehrere Möglichkeiten. Die erste besteht über einen Klick auf das ■-Symbol neben der Bezeichnung des Bedienfelds. Dabei haben Sie die Wahl, einen Ordner an beliebiger Stelle auf der Festplatte oder einen Unterordner zu erstellen. Der Unterordner kann aber nur erstellt werden, wenn Sie einen Ordner im Bedienfeld ausgewählt haben, der als übergeordnetes Element fungiert.

Eine andere Möglichkeit, einen neuen Ordner zu erstellen, ist mithilfe des Klicks mit der rechten Maustaste auf einen bestehenden Ordner. Wählen Sie dann den Befehl ORDNER IN "ORDNERNAME" ERSTELLEN aus dem Kontextmenü (Rechtsklickmenü) aus.

In beiden Fällen geben Sie im Dialogfeld ORDNER ERSTELLEN einen Namen an. Sind Bilder ausgewählt, so können Sie diese über das Kontrollkästchen AUSGEWÄHLTE FOTOS EINSCHLIESSEN in den neuen Ordner verschieben. Der Ordner wird normalerweise als Unterordner des angeklickten Ordners erstellt.

◀ **Abbildung 7.58**
Über das Rechtsklickmenü können Sie diverse Ordneroperationen, wie das Umbenennen oder das Erstellen neuer Ordner ausführen.

Im Finder anzeigen (Im Explorer anzeigen) | Wird dieser Befehl über das Rechtsklickmenü aufgerufen, öffnet sich der entsprechende Ordner im Dateibrowser des Betriebssystems.

Informationen (Eigenschaften) | Mit diesem Befehl wird die Betriebssysteminformation über den Ordner angezeigt.

Ordner umbenennen | Um den Namen eines Ordners zu ändern, klicken Sie mit der rechten Maustaste auf den gewünschten Ordner und wählen aus dem Dropdown-Menü den Befehl UMBENENNEN.

Ordner entfernen | Über das ▦-Symbol im Bedienfeldtitel sowie im Rechtsklickmenü über den Punkt ENTFERNEN können Sie Ordner löschen. Dabei werden der Ordner und die enthaltenen Bilder nur aus dem Katalog entfernt. Die Bilder verbleiben weiterhin auf der Festplatte. Befinden sich keine Bilder im Ordner, so wird er von der Festplatte gelöscht.

Metadaten speichern | Normalerweise werden Metadaten zunächst nur im Katalog gespeichert. Um sie in sämtliche Bilder in einem Ordner zu schreiben, wählen Sie über das Rechtsklickmenü den Punkt METADATEN SPEICHERN.

Ordner synchronisieren | Verschiebt man auf Betriebssystemebene Bilder oder Unterordner in einen bereits importierten Ordner, so erscheinen sie nicht automatisch in Lightroom, da die Ordner nicht ständig überwacht werden.

Über den Befehl ORDNER SYNCHRONISIEREN werden die Daten abgeglichen. Neue Bilder werden dabei importiert und nicht vorhandene gelöscht. Die Metadaten können ebenfalls abgeglichen werden.

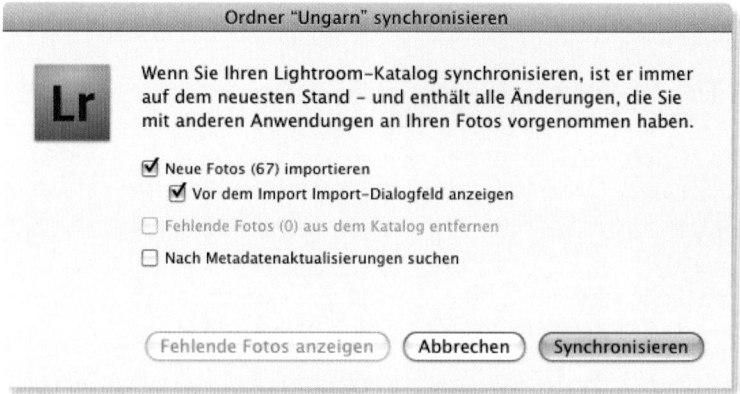

Speicherort des Ordners aktualisieren | Wurde ein Ordner auf Betriebssystemebene verschoben oder gelöscht, kann Lightroom nicht mehr darauf zugreifen. Das Verzeichnis wird dann mit einem Fragezeichen am Ordnersymbol als fehlend gekennzeichnet. Über das Rechtsklickmenü können Sie den Ordner im Dateibrowser suchen und neu zuweisen.

Sie können fehlende Ordner auch direkt mit der rechten Maustaste anklicken und über den Befehl FEHLENDEN ORDNER SUCHEN den Ablageort aktualisieren.

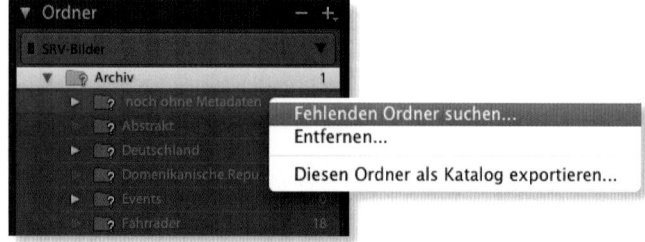

Diesen Ordner als Katalog exportieren | Sie können einen Ordner als eigenen Katalog exportieren. Dies kann im Projektgeschäft hilfreich sein. Dadurch können Sie einen kompletten Ordner mit Inhalt, Metadaten, Schlüsselwörtern etc. als eigenen Katalog in Form eines Backups sichern oder an andere Personen übergeben.

Ordner verschieben | Sie können Ordner verschieben, indem Sie einen Ordner anklicken und diesen mit gedrückter Maustaste an einen neuen Ort bewegen. Ziehen Sie den Ordner auf ein Verzeichnis mit Unterordnern, so klappen diese nach einer kurzen Wartezeit auf. Sie können auf diese Weise durch Verzeichnisse navigieren, bevor Sie die Dateien ablegen.

▲ **Abbildung 7.61**
Ordner können per Drag & Drop verschoben werden.

7.3.4 Bildverwaltung in Ordnern

Viele der oben aufgeführten Funktionen lassen sich auch für jedes einzelne Bild ausführen.

Bilder verschieben | Sie können Bilder von einem Ordner in einen anderen bewegen, indem Sie die ausgewählten Bilder aus der Rasteransicht auf einen beliebigen Ordner im Bedienfeld ziehen.

Dabei werden die Bilder immer verschoben. Eine Kopierfunktion gibt es nicht. Das macht auch keinen Sinn. Jedes Bild soll schließlich nur einmal im Katalog vorkommen – virtuelle Kopien ermöglichen das Abspeichern mehrerer Varianten, die auf einer Datei beruhen.

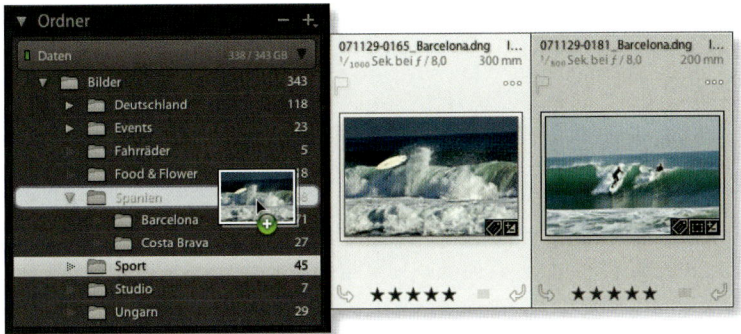

◄ **Abbildung 7.62**
Bilder können per Drag & Drop zwischen Ordnern verschoben werden.

Bilder löschen | Beim Löschen haben Sie die Möglichkeit, die Bilder nur aus dem Katalog oder komplett von der Festplatte zu entfernen. Wirklich löschen können Sie nur Bilder im Bibliothek-Modul, wenn ein Ordner oder eine der automatischen Sammlungen (ALLE BILDER, VORHERIGER IMPORT etc.) ausgewählt ist.

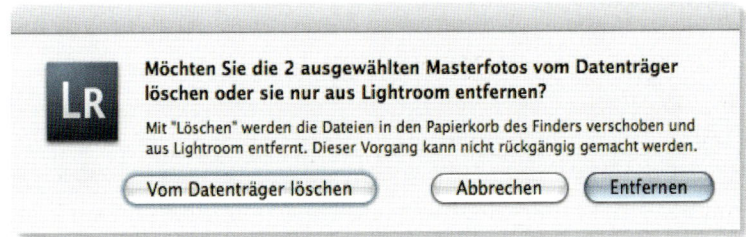

◄ **Abbildung 7.63**
Beim Löschen können Sie sich entscheiden, ob Sie die Bilder nur aus dem Katalog entfernen oder komplett vom Datenträger löschen wollen.

Klicken Sie mit der rechten Maustaste auf ein Bild, und wählen Sie aus dem Dropdown den Befehl FOTO LÖSCHEN. Sind mehrere Bilder markiert, klicken Sie mit der rechten Maustaste auf eines davon und wählen den Befehl FOTOS LÖSCHEN.

Bilder umbenennen | Namen von Fotos können über den Menüpunkt BIBLIOTHEK • FOTOS UMBENENNEN verändert werden. Sie können dabei auf die Dateinamenvorlagen zurückgreifen, die schon beim Bildimport angelegt wurden. Wie Sie eine neue Vorlage erstellen, erfahren Sie auf Seite 148.

Abbildung 7.64 ▶
Auch mehrere Bilder können Sie nach einem vorgegebenen System auf einmal umbenennen.

▲ **Abbildung 7.65**
Dieses Symbol in der Rasterzelle zeigt an, dass ein Bild nicht gefunden wurde.

Fehlende Bilder suchen | Haben Sie einzelne Bilder auf Betriebssystemebene verschoben oder umbenannt, kann Lightroom sie nicht mehr finden. Es wird dann in der Rasterzelle ein entsprechendes Symbol angezeigt. Klicken Sie es an, so öffnet sich ein Dialog, mit dem Sie das Bild neu zuweisen können.

Bilder in DNG konvertieren | Sie können alle Bilder in ein Digitales Negativ (DNG) konvertieren – auch JPEGs, TIFFs und Photoshop-Dateien. Allerdings müssen Sie bei diesen Formaten Nachteile in Kauf nehmen, etwa größere Dateien oder den Verlust von Ebenen bei Photoshop-Dateien. Die Konvertierung von herstellerabhängigen RAW-Bildern ist jedoch empfehlenswert.

Abbildung 7.66 ▶
RAW-Bilder können auch noch nachträglich in das DNG-Format konvertiert werden.

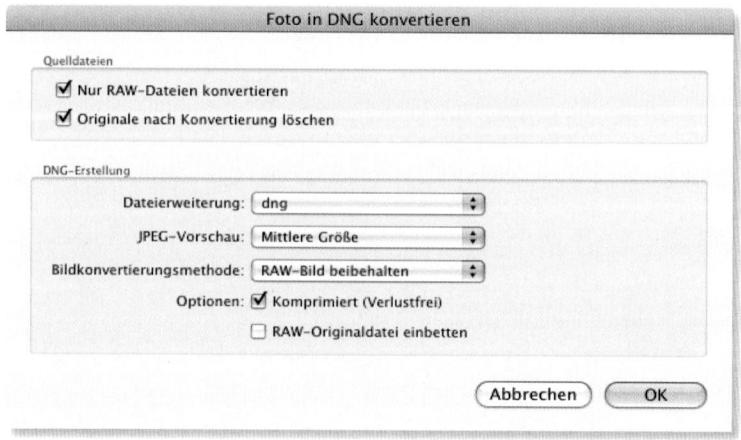

Vorschauen erstellen | Haben Sie beim Importieren nicht auch gleich die Vorschauen erstellen lassen, können Sie den Vorgang nachträglich anstoßen. Es lassen sich dabei sowohl die Standardvorschauen wie auch 1:1-Vorschauen generieren. Sie finden die entsprechenden Befehle unter dem Menüpunkt BIBLIOTHEK • VORSCHAUEN.

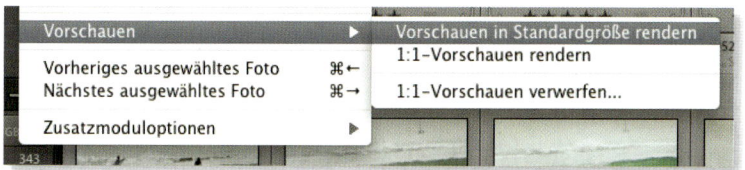

◄ **Abbildung 7.67**
Sie können Lightroom auch händisch veranlassen, Vorschauen zu erstellen.

Haben Sie viele 1:1-Vorschauen erstellt beziehungsweise im Voreinstellungsdialog eingestellt, dass diese Vorschauen nicht automatisch gelöscht werden sollen, dann können Sie sie hier über den Befehl 1:1-VORSCHAUEN VERWERFEN wieder aus dem Cache entfernen – das spart Platz.

7.3.5 Bilder um 90° drehen

Nicht jede Kamera erkennt von sich aus, ob sie ein Bild im Quer- oder im Hochformat aufgenommen hat. Wenn Sie Bilder um 90° drehen wollen, klicken Sie in der Rasteransicht auf eines der Rotationssymbole – je nachdem ob Sie das Bild im oder gegen den Uhrzeigersinn drehen wollen.

Sie können die Bilder auch in den anderen Ansichten drehen, wenn Sie am rechten Rand in der Werkzeugleiste das Drehen-Werkzeug über das Dropdown-Menü aktivieren.

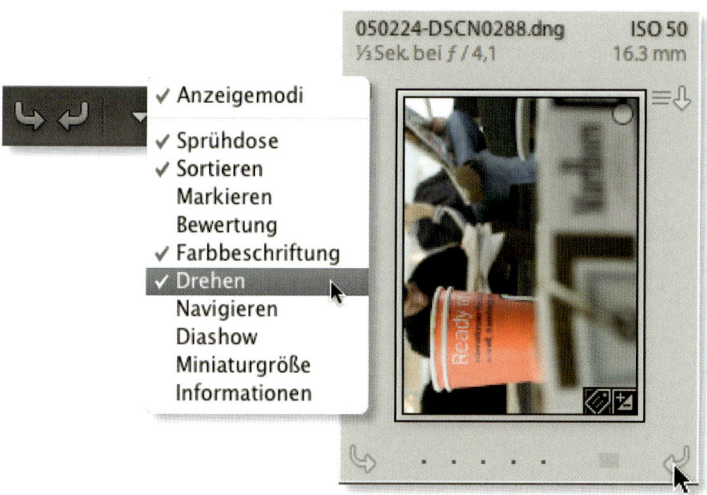

◄ **Abbildung 7.68**
In der Lupenansicht können Sie die Bilder nur dann drehen, wenn Sie dort das Drehen-Werkzeug aktiviert haben. Über die Pfeile im unteren Teil der Rasterzelle können die Bilder dann in 90°-Schritten gedreht werden.

7.3.6 Bilder in der Ansicht anordnen und sortieren

Die übliche Sortierung in der Rasteransicht erfolgt nach den Namen der Dateien. Sie können die Bilder aber auch nach Aufnahmezeitpunkt, Bewertung, Dateityp, Seitenverhältnis und einigen anderen

Kriterien ordnen. Die Sortierung rufen Sie über die Werkzeugleiste auf. Dort befindet sich auch eine Schaltfläche **❶**, die zwischen auf- und absteigender Sortierung umschaltet. Sie können die Bilder aber auch in einer beliebigen Reihenfolge sortieren. Dazu ziehen Sie ein Bild in der Rasteransicht per Drag & Drop an eine andere Position. Die Sortierart zeigt dann BENUTZERDEFINIERT an.

7.4 Bilder filtern

Über Filter können Sie Fotos in der Rasteransicht ausblenden. Auch eine Suche ist eine Art Filter, der bei jeder Sucheingabe neu definiert wird. Nur Bilder, die dem Suchergebnis entsprechen, werden durch den Filter gelassen. Generell sind Filter in der Sprache von Lightroom nichts anderes als vordefinierte Suchen, die Bilder nach Farbbeschriftung, Bewertung, Markierung, Kopierstatus oder Metainformation durchsuchen und ausfiltern.

Die Filterung kann zwar in allen Modulen und Ansichtsmodi durchgeführt werden, nirgendwo ist sie aber so flexibel wie in der Rasteransicht des Bibliothek-Moduls.

7.4.1 Filter über Menüleiste

Grundsätzlich können Filter über die Menüleiste unter dem Menüpunkt BIBLIOTHEK • FILTER AKTIVIEREN ein- und ausgeschaltet werden. Welche Filter Sie verwenden wollen, können Sie über die darunter befindlichen Menüpunkte auswählen. Befinden Sie sich in der Rasteransicht, wird die Bibliotheksfilterleiste erweitert. Über das Menü eingestellte Filter werden dann in der Bibliotheksfilterleiste angezeigt und können dort direkt verändert werden.

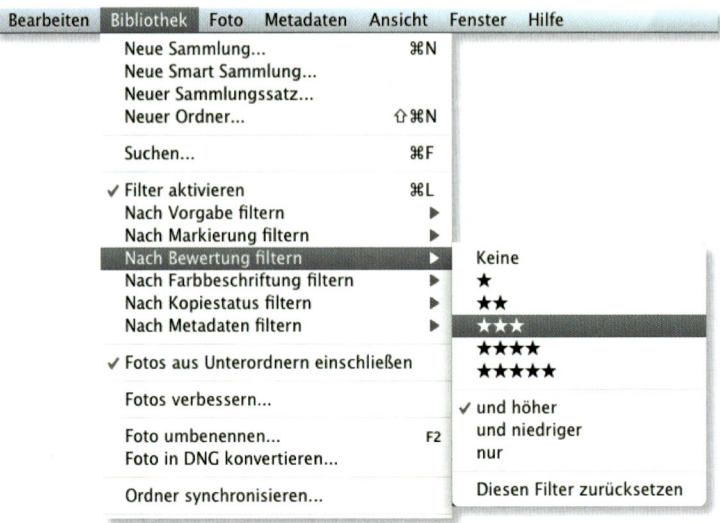

7.4.2 Bibliotheksfilterleiste

Befinden Sie sich in der Rasteransicht, werden alle Filter über die Bibliotheksfilterleiste eingestellt. Ist kein Filter aktiviert, ist nur eine schmale Leiste sichtbar. Die Suche wird immer in einem selektierten Ordner oder in einer bestimmten Sammlung durchgeführt. Wenn Sie alle Bilder Ihrer Bibliothek durchsuchen wollen, müssen Sie daher im Bedienfeld KATALOG die Liste ALLE FOTOS wählen.

Neu in Lightroom 2

▼ **Abbildung 7.71**
Die zugeklappte Bibliotheksfilterleiste

Wird ein Filter aktiviert, wird die entsprechende Leiste ausgeklappt. Werden zwei Filterarten mit gedrückter ⌘ - bzw. Strg -Taste ausgewählt, sind diese als Kombination konfigurierbar. Lightroom bietet Ihnen drei Filtersysteme an, die auch kombiniert werden können.

Text | Dahinter befindet sich nichts anderes als eine Volltextsuche. Neben dem Textfeld zur Eingabe des Suchbegriffs befinden sich zwei Dropdowns. Das linke dient zur Einschränkung der zu durchsuchenden Informationen. Das rechte gibt an, wie der Text verarbeitet werden soll.

▼ **Abbildung 7.72**
Die Suchfunktion der Filterleiste

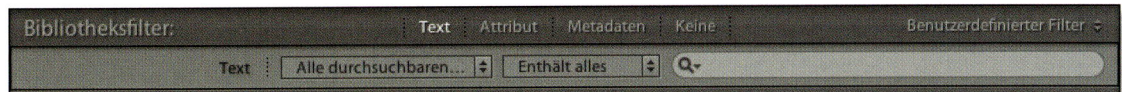

Attribut | Hierüber können Sie nach Bewertungssternen, Markierungen, Farbbeschriftungen oder dem Kopierstatus filtern. Dazu klicken Sie einfach die entsprechenden Attribute an. Diese können auch kombiniert werden. Um Attributfilter zu deaktivieren, klicken Sie das gesetzte Attribut erneut an.

▼ **Abbildung 7.73**
Filterung nach Attributen

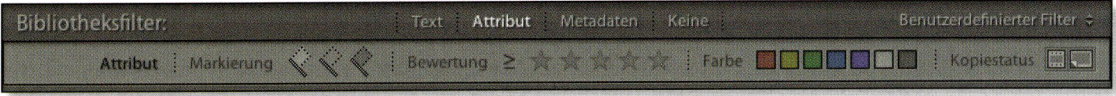

Metadaten | Sie können nach jeder Metainformation filtern, dazu zählen alle Kamerainformationen (EXIF) und die bildbezogenen IPTC-Daten. Die Filterung nach Metadaten funktioniert ähnlich wie beispielsweise die Übersicht in iTunes. Die Metadaten sind in Spalten sortiert. Wird eine Metainformation angezeigt, werden nur noch die Bilder dargestellt, die diese Metainformation enthalten.

▼ **Abbildung 7.74**
Filterung nach Metadaten

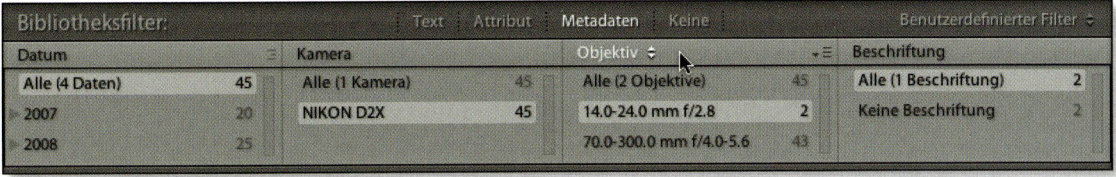

Die Filter können auch kombiniert werden, indem diese mit gedrückter ⌘- bzw. Strg-Taste ausgewählt werden. Die Anzahl der dargestellten Filter verringert sich dadurch mit jedem gesetzten Filter, da immer weniger Bilder den gesetzten Filtern entsprechen.

Die Informationen jeder Spalte können Sie ändern, indem Sie mit der Maus auf den Spaltentitel klicken und aus dem Dropdown eine andere Metadatenquelle auswählen.

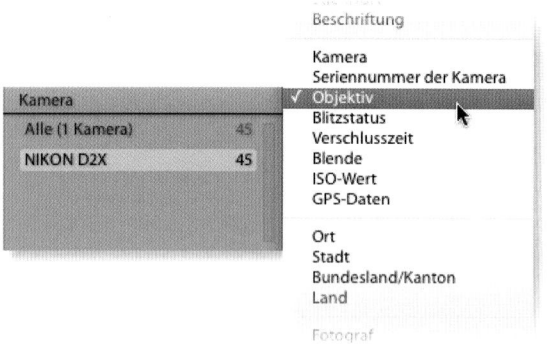

▲ **Abbildung 7.75**
Über das Anklicken des Spaltentitels können Sie eine andere Metadatenquelle angeben.

▲ **Abbildung 7.76**
Eine Spalte können Sie über das rechte Symbol des Spaltentitels hinzufügen oder löschen.

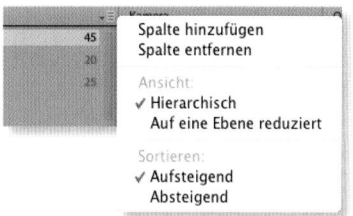

▲ **Abbildung 7.77**
Die Anzeige hierarchischer Metadaten können Sie auch deaktivieren oder in der Sortierung umdrehen.

Auf Wunsch können auch neue Spalten hinzugefügt werden. Dazu klicken Sie auf das ▪≡- Symbol in der Titelzeile und wählen aus dem Dropdown die Option Spalte hinzufügen. Dort finden Sie auch die Option, eine Spalte wieder zu entfernen.

Haben Sie eine Metadatenquelle aktiviert, die hierarchische Informationen wie das Datum enthalten kann, haben Sie die Möglichkeit, über das Listensymbol in der Titelzeile die hierarchische Darstellung zu deaktivieren oder die Sortierreihenfolge zu ändern.

7.4.3   Sichern von Filtereinstellungen

Eingestellte Filter können zur erneuten Verwendung als Vorgabe gesichert werden. Dabei werden alle Einstellungen der Textsuche, Attributfilter, Spalteneinstellungen und angewählten Metadaten in einer Vorgabe abgespeichert.

Um einen gesicherten Filter auszuwählen, haben Sie drei Möglichkeiten: über die Menüleiste unter dem Menüpunkt Bibliothek • Nach Vorgabe filtern, über das Dropdown rechts in der Bibliotheksfilterleiste oder über das Dropdown in der Filterleiste über dem Filmstreifen.

Das Speichern kann aber nur über die beiden Dropdowns in der Werkzeugleiste und in der Bibliotheksfilterleiste erfolgen. Dazu klicken Sie auf die Doppelpfeile und wählen den Befehl Aktuelle Einstellungen als neue Vorgabe speichern. Vergeben Sie anschließend einen Namen für die Vorgabe, und drücken Sie die Erstellen-Schaltfläche.

Änderungen an einer bestehenden Vorgabe sowie das Löschen einer Vorgabe können Sie mit dem Befehl Vorgabe "Vorgabenname" aktualisieren im gleichen Dropdown übernehmen.

7.4.4 Filter über Filmstreifen

Filter können auch im Filmstreifen gesetzt werden. Generell gelten

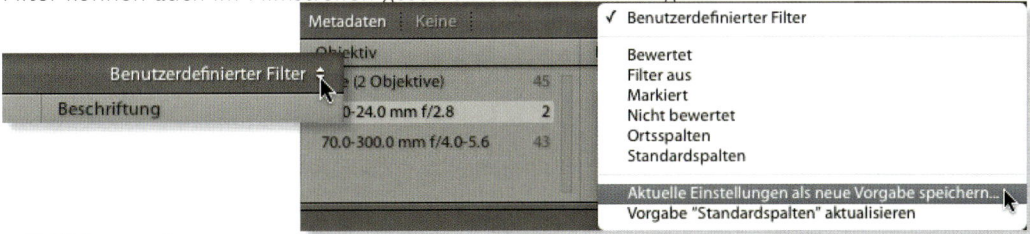

▲ **Abbildung 7.78**
Filter können als Vorgabe gespeichert und über ein Dropdown ausgewählt werden.

sie auch immer für alle anderen Module. Zum Aktivieren eines Filters klicken Sie das entsprechende Symbol an. Die hellere Darstellung kennzeichnet die aktivierten Filter. Sie können auch mehrere Filter kombinieren.

▼ **Abbildung 7.79**
Die Filterleiste im Filmstreifen ist in jedem Modul verfügbar.

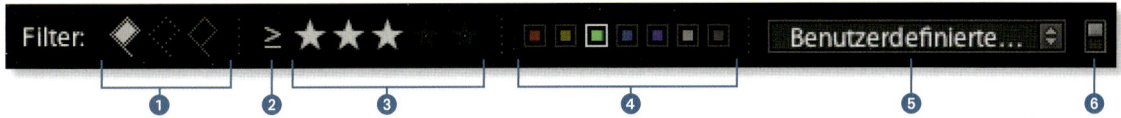

Folgende Filterungen sind möglich:
▶ Filter, die auf dem Markierungsstatus basieren ❶
▶ Filter nach Bewertung ❷: Die Anzahl der Bewertungssterne ❸ muss mindestens der der aktivierten Sterne entsprechen. Über das Dropdown ist es möglich, auch die Mengeneinschränkung Bewertung ist niedriger oder entspricht oder Bewertung entspricht genauer auszuwählen.
▶ Filter nach Farbbeschriftung ❹
▶ Dropdown zur Auswahl einer Filtervorgabe ❺

Die Filter können generell ein- oder ausgeschaltet werden ❻. Die jeweiligen Einstellungen bleiben auch in inaktiven Filtern erhalten. Dies entspricht ebenfalls der Vorlage Filter aus. Im Gegensatz zur Bibliotheksfilterleiste können Sie im Filmstreifen nicht nach dem Kopierstatus filtern.

7.5 Bilder in Stapeln gruppieren

Bilder können in Stapeln gruppiert werden. Im zusammengeklappten Zustand wird nur das erste Bild im Stapel angezeigt. Bilder lassen sich nur dann stapeln, wenn sie in einem gemeinsamen Ordner liegen. Das Stapeln in Sammlungen ist nicht möglich.

Bilder stapeln | Markieren Sie die Bilder, die gestapelt werden sollen, und wählen Sie den Menüpunkt Foto • Stapeln • In Stapeln gruppieren aus dem Hauptmenü. Die Bilder werden dann zusammengepackt. Das Miniaturbild erhält oben links ein Stapelsymbol mit der Nennung der Anzahl der im Ordner enthaltenen Bilder ❶.

▲ **Abbildung 7.80**
Stapel werden durch ein Symbol gekennzeichnet. In diesem wird auch die Anzahl der eingeschlossenen Bilder angezeigt.

Bilder automatisch stapeln | Bilder können auch automatisch nach ihrem Aufnahmedatum gestapelt werden. Wählen Sie dazu den Menüpunkt Foto • Stapeln • Automatisch nach Aufnahmezeit stapeln. Im Einstellungsdialog geben Sie den Zeitraum an, in dem die Bilder aufgenommen worden sein müssen, um zu einem Stapel gruppiert zu werden.

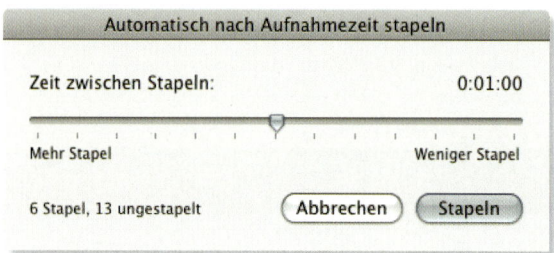

Abbildung 7.81 ▶
Bilder werden gestapelt, wenn sie innerhalb eines angegebenen Zeitraums aufgenommen wurden.

Stapel ein- und ausblenden | Rechts und links neben dem Stapel finden Sie zwei schmale Anfasserstreifen ❷. Werden diese angeklickt, so werden die einzelnen Bilder ein- bzw. ausgeblendet. Sie können auch mit der rechten Maustaste auf das Stapel-Symbol klicken und die entsprechenden Befehle dort auswählen.

▼ **Abbildung 7.82**
Im aufgeklappten Zustand werden zwischen den gestapelten Bildern keine Trennlinien angezeigt.

Bild im Stapel verschieben | Innerhalb eines Stapels können die Bilder beliebig verschoben werden. Dies kann über das Kontextmenü (Rechtsklickmenü) ausgeführt werden. Sie können aber auch einfach im Stapel ein Bild anklicken und dieses mit gedrückter Maustaste an eine andere Stelle verschieben. Bewegen Sie ein Bild an die erste Stelle des Stapels, so wird dieses im eingeklappten Modus als Miniatur angezeigt.

▲ Abbildung 7.83
Die Bilder können im Stapel mit der Maus per Drag & Drop umsortiert werden.

Bilder zu Stapeln hinzufügen | Ziehen Sie ein Bild außerhalb des Stapels einfach per Drag & Drop in den Stapel, so wird es hinzugefügt.

Bilder aus Stapel entfernen | Ziehen Sie auch hier mit der Maus ein Bild aus dem Stapel heraus, und es wird daraus entfernt. Sie können ein Bild auch über das Kontextmenü aus dem Stapel entfernen. Das erste Bild im Stapel können Sie nur über das Kontextmenü löschen, denn wenn es verschoben wird, wird der gesamte Stapel an eine andere Stelle bewegt.

TIPP

Klicken Sie mit der rechten Maustaste direkt auf das Stapel-Symbol, so wird nur das Stapel-Menü als Kontextmenü angezeigt.

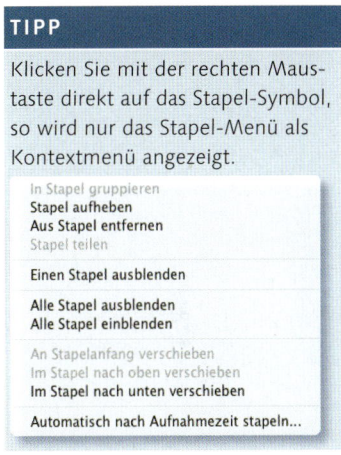

Stapel teilen | Enthält ein Stapel mehr als drei Bilder, so können Sie ihn auch teilen. Klicken Sie dazu mit der rechten Maustaste auf das erste Bild des abzutrennenden Stapels, und wählen Sie aus dem Kontextmenü den Menüpunkt STAPEL • STAPEL TEILEN.

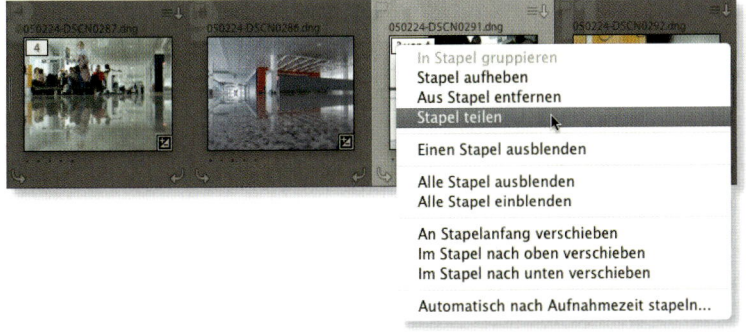

◄ Abbildung 7.84
Stapel können auch in kleinere Stapel aufgeteilt werden.

7.6 Bildvarianten durch virtuelle Kopien

Physikalisch vorhandene Bilder werden in Lightroom Masterfotos genannt. Von ihnen können virtuelle Kopien angelegt werden. Diese verweisen auf das Masterfoto, können jedoch eigene Entwicklungseinstellungen und Metadaten besitzen. Eine virtuelle Kopie benötigt sehr wenig Speicherplatz, da nur die in Relation zum Original geänderten Daten gespeichert werden. So kann man von einer Datei zum Beispiel eine Farb- und eine Graustufenvariante erstellen.

◂ **Abbildung 7.85**
Virtuelle Kopien verweisen auf das Masterfoto, können aber eigene Entwicklungseinstellungen besitzen.

Virtuelle Kopie erstellen | Zum Erstellen von virtuellen Kopien klicken Sie mit der rechten Maustaste auf ein Bild und wählen den Punkt Virtuelle Kopie anlegen. Die virtuellen Kopien werden mit dem Masterfoto gestapelt, können aber aus dem Stapel herausgelöst werden. Sie können virtuelle Kopien auch aus einer Sammlung heraus erstellen. Diese sind dann in der aktuellen Sammlung und in dem Ordner sichtbar, in dem sich das Original befindet, aber nicht in anderen Sammlungen.

Virtuelle Kopie löschen | Virtuelle Kopien, die im Ordnerbrowser gelöscht werden, werden auch aus den entsprechenden Sammlungen gelöscht. Werden diese jedoch in einer Sammlung gelöscht, bleiben sie im Ordner erhalten. Sie verhalten sich diesbezüglich wie Masterfotos.

7.7 Bilder kennzeichnen

Es gibt drei Möglichkeiten, Bilder in Lightroom zu markieren, um sie besser klassifizieren und ordnen zu können. Die **Bewertungssterne** und **Beschriftungseinstellungen** werden global in allen Sammlungen angewendet. Der **Markierungsstatus** hingegen ist eine lokale Einstellung. In unterschiedlichen Sammlungen können auch unterschiedliche Markierungen verwendet werden.

7.7.1 Markierungen

Die Markierungszeichen werden als kleine Fahnen in der linken oberen Ecke der Miniaturen angezeigt. Es gibt die drei Zustände »unmarkiert«, »markiert« und »abgelehnt«. Diese Bezeichnungen geben einen ersten Hinweis auf den Verwendungszweck. Man verwendet die Markierungen vor allem bei der ersten Durchsicht der Bilder nach dem Import: Bilder, die auf den ersten Blick misslungen sind, werden abgelehnt. Markierte Bilder erfordern mehr Aufmerksamkeit und sollten zuerst entwickelt werden. Unmarkierte Bilder schaut man sich in einem zweiten Durchgang noch einmal an.

▼ **Abbildung 7.86**
Markierungen werden als kleine Fahnen in der linken oberen Ecke der Miniatur dargestellt. Die unmarkierte Variante (links) ist nur bei Rollover sichtbar.

Markierungen zuweisen | Sie können Markierungen über den Menüpunkt FOTO • MARKIERUNGEN FESTLEGEN zuweisen. Schneller geht es, wenn Sie mit der rechten Maustaste auf das Flaggen-Symbol in der Miniatur klicken und den Zustand über das Kontextmenü aufrufen. Am schnellsten aber weisen Sie Markierungen über die Tastatur zu (siehe rechts). Es gibt zusätzlich noch weitere Tastaturbefehle, die das Markieren beschleunigen:

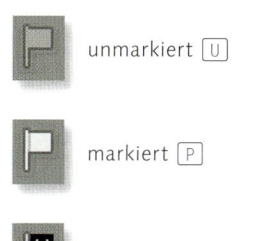

▶ **Den Markierungsstatus eingeben und zum nächsten Bild springen:** Drückt man zusätzlich zur Taste des Markierungsstatus die ⬦-Taste, wird nach der Markierung sofort das nächste Bild ausgewählt. Das ist besonders bei der Durchsicht in der Lupenansicht hilfreich.

▶ **Den Markierungsstatus erhöhen bzw. verringern:** Durch Drücken der Tasten ⌘/Strg und ↑ oder ↓ wird der Markierungsstatus erhöht beziehungsweise verringert.

Abgelehnte Fotos löschen | Nach der Durchsicht können Sie mit FOTO • ABGELEHNTE FOTOS LÖSCHEN alle abgelehnten Bilder entfernen. Befinden sie sich in einem Ordner, werden die Bilder von der Festplatte gelöscht, in Sammlungen aber nur aus der Sammlung.

Fotos verbessern | Mit dieser Funktion werden alle nicht markierten Fotos als abgelehnt und alle markierten als unmarkiert gekennzeichnet. Zusätzlich wird ein Filter aktiviert, der nur unmarkierte Bilder anzeigt. Diese können anschließend entwickelt werden. Man hat so nach Abschluss der Korrekturen gleich alle wichtigen Bilder korrigiert und deren Markierungsstatus aufgehoben.

Abgelehnte Bilder können dann entfernt werden. Es werden zudem auch immer die neuen abgelehnten Fotos gelöscht, die vorher unmarkiert waren. So bleiben am Ende nur noch die korrigierten Bilder übrig.

7.7.2 Bewertungen

Bewertungssterne tauchen auch in anderen Programmen auf – beispielsweise in iTunes. In Lightroom können Sie damit Bilder benoten. Je mehr Sterne ein Bild erhält, umso höher wird es bewertet.

Die Bewertungssterne können entweder direkt durch Anklicken des entsprechenden Sterns unter der Miniatur zugewiesen werden oder über die Tasten 1 bis 5. Die Taste 0 entfernt eine vergebene Bewertung wieder. Natürlich können Sie dies auch über den Menüpunkt FOTO • BEWERTUNG FESTLEGEN erledigen.

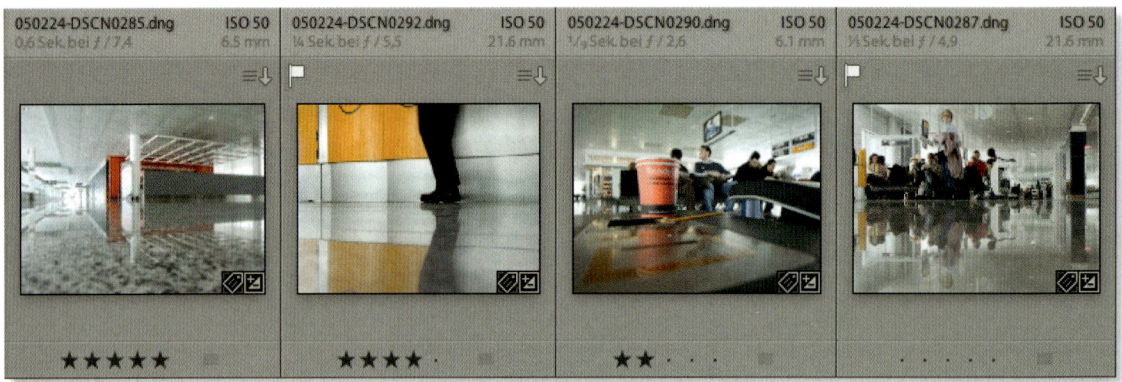

7.7.3 Farbbeschriftung

Eine wertungsneutrale Kennzeichnung ist die Farbbeschriftung. Diese weist den Bildern eine von fünf Farbmarken zu. Welche Bedeutung die Farben haben, bleibt Ihnen überlassen. Sie können Farben dazu verwenden, um einen Bearbeitungsstatus festzulegen oder um anzugeben, ob ein Bild für den Druck oder für das Web gedacht ist beziehungsweise ob es bereits für eine Broschüre verwendet wurde und daher für die nächste Zeit gesperrt ist.

Farben können Sie über das Menü unter FOTO • FARBBESCHRIFTUNG FESTLEGEN zuweisen. Alternativ finden Sie den Menüpunkt auch im Kontextmenü. Zudem können Sie die ersten vier Farben auch über die Tasten 6 bis 9 vergeben.

Stellen Sie die Miniaturen in erweiterten Zellen dar, so können Sie auch auf das Farbfeld neben den Bewertungssternen klicken und die Farbe aus dem Menü wählen.

▲ **Abbildung 7.88**
Farbbeschriftungen weisen den Bildern Farben zu. Die Bedeutung der Farben können Sie selbst definieren.

7.8 Bilder in Sammlungen zusammenfassen

Die Sammlungen in Lightroom verhalten sich zwar wie Ordner, sind jedoch besser mit Auswahlsätzen vergleichbar. Der entscheidende Unterschied liegt darin, dass ein Bild gleichzeitig in mehreren Sammlungen liegen kann. Die darin vorhandenen Bilder verweisen lediglich auf das Original in den Ordnern – ähnlich wie auch virtuelle Kopien. Sie können mit einer Sammlung beispielsweise die Bildauswahl für eine Diashow speichern. Oder ein Bild sowohl in einer Sammlung mit Herbstimpressionen als auch in einem Portfolio über Architekturfotografie ablegen. Sammlungen sind für solche Mehrfachzuweisungen ein sehr flexibles Ordnungssystem.

Bis auf das Entwickeln-Modul können in allen Modulen Sammlungen erzeugt werden. Während in der Bibliothek die Bilder in

▲ **Abbildung 7.89**
Bedienfeld zur Verwaltung von Sammlungen

einer Sammlung ohne weitere Eigenschaften liegen, werden in den Modulen Diashow, Drucken und Web die jeweils getätigten Einstellungen mitgesichert. Wie Sie mit Sammlungen in den Ausgabemodulen arbeiten, erfahren Sie auf Seite 333.

Alle Sammlungen können in Ordnern, sogenannten Sammlungssätzen, zusammengefasst werden. Diese helfen Ihnen dabei, den Überblick zu behalten.

7.8.1 Sammlungssätze erstellen und bearbeiten

Sammlungssätze sind Ordner, die Sammlungen oder andere Sammlungssätze beinhalten können. Sie lassen sich entweder über das ⊞-Symbol neben dem Bedienfeldtitel oder mit einem Rechtsklick im Bedienfeld SAMMLUNGEN über das Kontextmenü erstellen, umbenennen oder löschen.

Abbildung 7.90 ▶
Das Dropdown für die Erstellung von Smart Sammlungen öffnet sich mit einem Rechtsklick ins Bedienfeld.

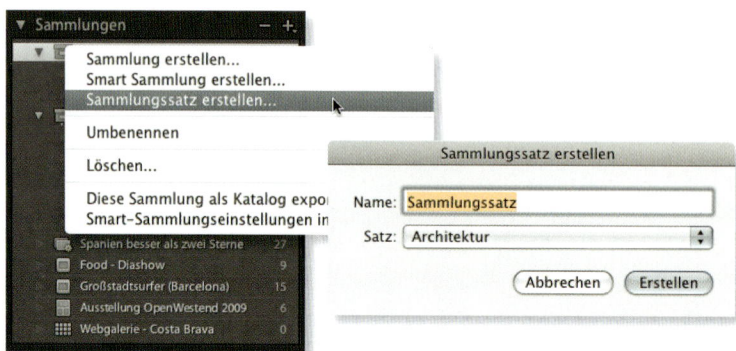

Neu in Lightroom 2 **Lr**

7.8.2 Smart Sammlungen

Smart Sammlungen sind eine besondere Sammlungsart. Sie stellen die Bildauswahl automatisch nach Kriterien wie ausgesuchten Metadaten oder Attributen zusammen.

Abbildung 7.91 ▶
Das Kontextmenü der Smart Sammlungen stellt die gleichen Funktionen zur Verfügung wie für einfache Sammlungen.

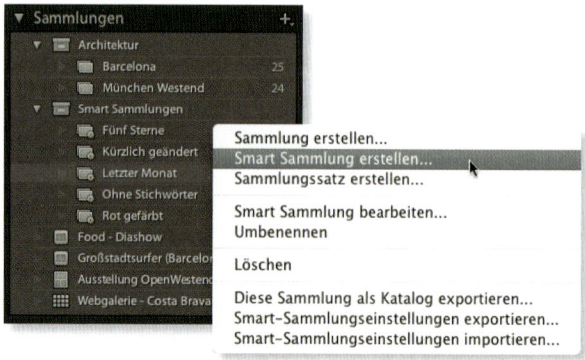

Smart Sammlung erstellen | Zum Erstellen einer Smart Sammlung müssen Sie zunächst auf das ⊞-Symbol neben dem Bedienfeldtitel klicken. Alternativ können Sie auch im Bedienfeld an einer beliebigen

Stelle mit der rechten Maustaste klicken. Wählen Sie in beiden Fällen den Punkt Smart Sammlung erstellen aus dem Dropdown aus.

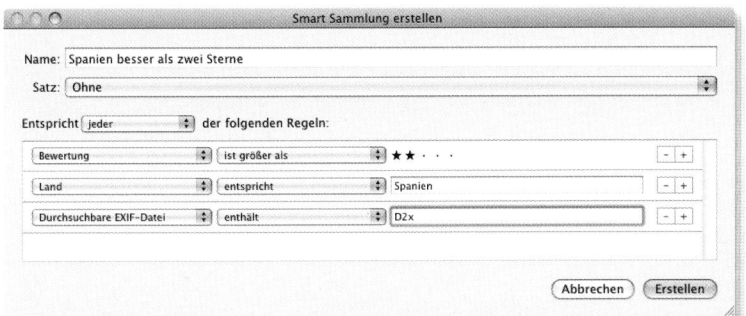

◄ **Abbildung 7.92**
Das Dialogfeld zum Erstellen und Speichern von Smart Sammlungen

Es öffnet sich das Dialogfeld für die Einstellungen der Smart Sammlungen mit folgenden Parametern:

▲ **Abbildung 7.93**
Smart Sammlungen besitzen zusätzlich ein kleines Zahnrad am Symbol.

▶ **Name:** Bezeichnung des Sammlungssatzes, der im Bedienfeld angezeigt wird.

▶ **Satz:** Hier können Sie einen übergeordneten Sammlungssatz auswählen. Die Smart Sammlung wird dann als Unterobjekt des gewählten Satzes erstellt.

▶ **Entspricht ... der folgenden Regel:** Hier haben Sie die Möglichkeit, über das Dropdown auszuwählen ob alle (Jeder) Regeln erfüllt sein müssen oder ob nur eine (Mindestens einer) der generierten Regeln reicht, um ein Bild in die Sammlung aufzunehmen.

▶ **Regelliste:** In dem Listenfeld werden die Regeln angegeben. Hier können auch mehrere Regeln definiert werden. Im Dropdown links geben Sie das Attribut oder die Metadatenquelle an, die als Basis für die Regel gelten soll. Je nach gewählter Quelle passen sich die Parametereinstellungen und das Dropdown an dessen Verwendung an. So können Sie bei den Bewertungssternen angeben, wie viele zur Aufnahme nötig sind, während Sie bei einer Ortsangabe die Angabe in ein Textfeld eingeben können. Über das Pluszeichen am Ende einer Zeile können Sie weitere Regeln generieren. Sind mehrere Regeln vorhanden, erscheint zusätzlich ein Minus-Symbol, mit dem Sie Regeln löschen können.

Smart Sammlungen managen | Sie können mit Smart Sammlungen die gleichen Arbeitsschritte erledigen wie mit allen anderen Objekten auch. Sie können sie verschieben, löschen, umbenennen, bearbeiten und als Katalog exportieren. Diese Arbeitsschritte können Sie über das Kontextmenü aufrufen, das durch Rechtsklick auf eine Smart Sammlung erscheint (Abbildung 7.91). Um zum Dialogfeld (Abbildung 7.91) zum Ändern der Sammlungskriterien zu gelangen, wählen Sie im Kontextmenü den Befehl Smart Sammlung Bearbeiten.

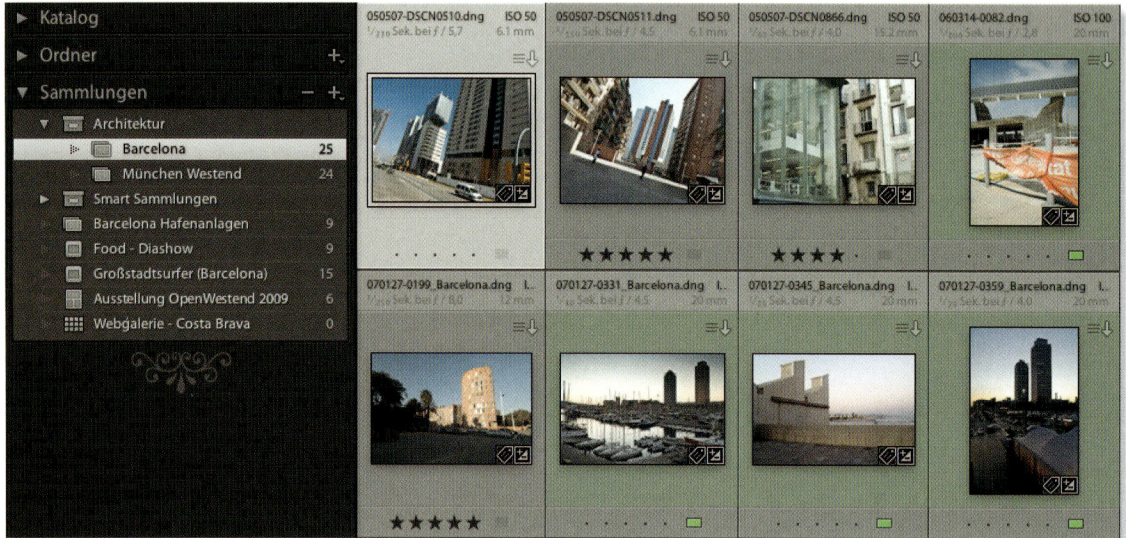

▲ **Abbildung 7.94**
Fotos können in mehreren Sammlungen liegen, beruhen aber auf
der Originaldatei im Ordner.

▼ **Abbildung 7.95**
Sammlungen lassen sich über das
Kontextmenü im Bedienfeld oder
über das Plus-Symbol im Bedienfeldtitel erzeugen und verwalten.

7.8.3 Bildzusammenstellungen als Sammlungen

Sammlungen verhalten sich bis auf wenige Ausnahmen wie Ordner
und können daher genauso gehandhabt werden. Auch Menübe-
fehle wie FOTOS AUS UNTERORDNERN EINSCHLIESSEN (siehe Seite 162)
funktionieren hier.

Über das Anklicken der Dreiecke ▶ können Sie Sammlungssätze
auf- und zuklappen. Wird ein Dreieck gepunktet dargestellt ▦,
besitzt der Satz keine Unterelemente. Am Ende der Satzzeile wird
immer die Anzahl der enthaltenen Elemente bzw. Bilder angezeigt.

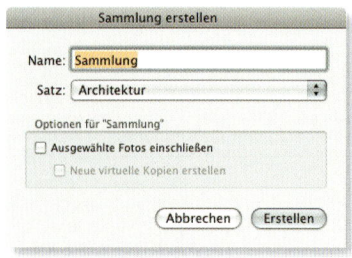

▲ **Abbildung 7.96**
Der Dialog zum Erstellen einer
neuen Sammlung

Sammlungen erstellen | Eine Sammlung können Sie erstellen,
indem Sie auf das ✚-Symbol neben dem Bedienfeldtitel klicken
oder per Rechtsklick das Kontextmenü öffnen und den Befehl
SAMMLUNG ERSTELLEN aufrufen.

Im Dialogfeld SAMMLUNG ERSTELLEN geben Sie einen Namen an.
Sind Bilder markiert, können Sie diese über das Kontrollkästchen
AUSGEWÄHLTE FOTOS EINSCHLIESSEN in die neue Sammlung kopieren.
Wahlweise lassen sich dabei auch virtuelle Kopien erstellen.

Sammlungen verschieben | Sie können eine Sammlung verschie-
ben, indem Sie eine solche anklicken und mit gedrückter Maustaste
in eine andere hineinbewegen.

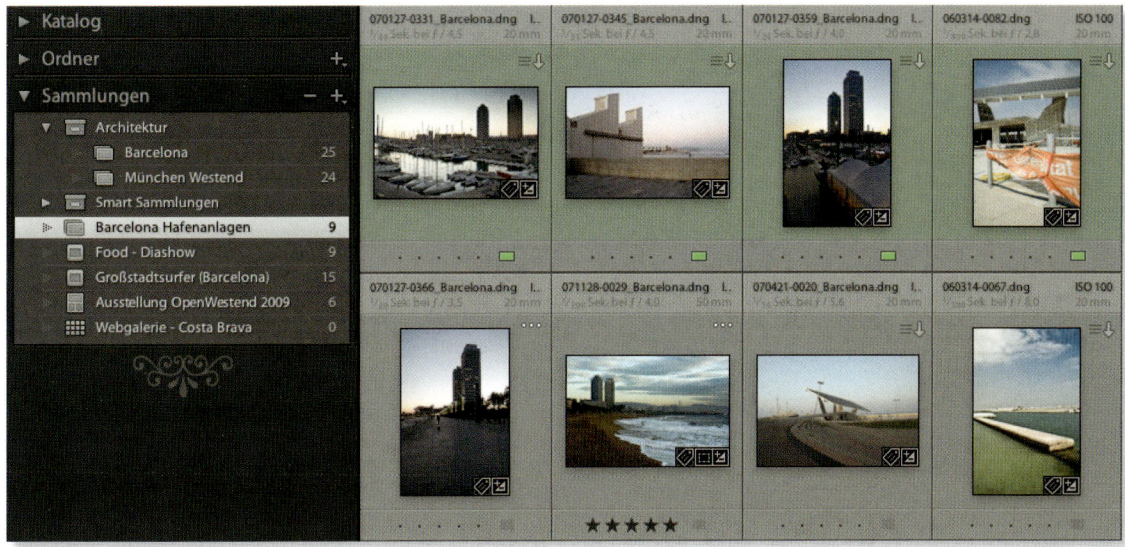

Legen Sie die Sammlung in eine andere mit Untersammlungen ab, so klappt dieses nach einer kurzen Wartezeit auf. Sie können so leicht durch die Struktur navigieren.

Sammlungen umbenennen | Um den Namen einer Sammlung zu ändern, klicken Sie mit der rechten Maustaste auf die gewünschte Sammlung und wählen aus dem Dropdown-Menü den Befehl UMBENENNEN.

Sammlungen löschen | Über das ▄-Symbol im Bedienfeldtitel oder über das Rechtsklickmenü können Sie eine Sammlung löschen. Die Zuweisung von Bildern geht dabei verloren. Die Bilder bleiben aber in anderen Sammlungen und in den Ordnern weiterhin erhalten.

▲ **Abbildung 7.97**
Die grün gekennzeichneten Bilder liegen sowohl in der Sammlung für »Architektur > Barcelona« (siehe Abbildung 7.94) als auch in der Sammlung »Barcelona Hafenanlagen«.

◄ **Abbildung 7.98**
Bilder werden zwischen Sammlungen kopiert und nicht verschoben.

Bilder in Sammlungen ablegen | Sie können Bilder aus dem Ansichtsfenster einfach per Drag & Drop auf eine Sammlung ziehen. Sie werden dann in der neuen Sammlung abgelegt. Wird der Inhalt einer Sammlung angezeigt, so werden die darin befindlichen Bilder in die andere Sammlung kopiert. Das Verschieben von Bildern aus einer Sammlung in eine andere ist nicht möglich.

Bilder aus Sammlungen löschen | Markieren Sie ein Bild, und drücken Sie die [Entf]-Taste. Sie können natürlich auch den Befehl BILD AUS SAMMLUNG ENTFERNEN aus dem Haupt- oder aus dem Kontextmenü verwenden.

7.8.4 Schnell- und Zielsammlung

Im Kapitel 6, »Arbeiten mit Katalogen«, wurde die Schnellsammlung bereits erwähnt. Dabei handelt es sich um eine Sammlung, die vor allem zum temporären Ablegen von Bildern dient. Sie können dort schnell Bilder zusammenfassen, um diese zu exportieren oder auf CD zu brennen. Die Schnellsammlung befindet sich auch nicht im Bedienfeld SAMMLUNGEN, sondern unter dem Katalog. Am schnellsten können Sie Bilder durch Drücken der Taste [B] zur Schnellsammlung hinzufügen. Sie können dies aber auch per Drag & Drop oder über das Kontextmenü und den Befehl ZUR SCHNELLSAMMLUNG HINZUFÜGEN erledigen. Vor allem über das Tastaturkürzel lassen sich so sehr schnell Bilder der Sammlung zuweisen.

Lightroom bietet aber auch die Möglichkeit, jede Sammlung zur Schnellsammlung umzuwandeln. Sobald das Schnellsammlungsziel nicht mehr auf die Schnellsammlung zeigt, sondern auf eine andere Sammlung, wird diese als Zielsammlung bezeichnet. Alle Bilder, die Sie jetzt über die Taste [B] zuweisen, landen in der Zielsammlung. Natürlich geht das auch über das Kontextmenü: Der Befehl lautet dann ZUR ZIELSAMMLUNG HINZUFÜGEN.

Welche Sammlung gerade als Ziel dient, wird durch das Pluszeichen neben dem Namen der Sammlung signalisiert.

Eine Sammlung als Zielsammlung festlegen | Um eine Sammlung als Zielsammlung zu definieren, klicken Sie mit der rechten Maustaste auf die gewünschte Sammlung und wählen aus dem Kontextmenü den Befehl ALS ZIELSAMMLUNG FESTLEGEN.

▲ **Abbildung 7.99**
Die Schnellsammlung wird im Bedienfeld KATALOG aufgelistet.

▲ **Abbildung 7.100**
Das Pluszeichen hinter einer Sammlung signalisiert, dass diese die aktuelle Zielsammlung ist.

▼ **Abbildung 7.101**
Nach der Aktivierung einer Zielsammlung ist neben dem Befehl ein Häkchen zu sehen, das beim Deaktivieren wieder verschwindet.

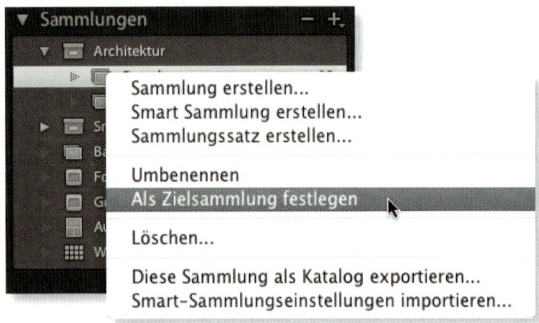

Zielsammlung deaktivieren | Um wieder die Schnellsammlung zu aktivieren, führen Sie den oben erwähnten Befehl erneut aus. Das Häkchen vor dem Menüeintrag wird entfernt, und die Schnellsammlung erhält wieder das Pluszeichen.

7.9 Bilder verschlagworten

Stichwörter zuzuweisen stellt eine weitere effektive Möglichkeit dar, seine Bilder besser zu ordnen und zu finden. Stellen Sie sich vor, Sie suchen nach Aufnahmen mit Wasser und blauem Himmel. Sind Ihre Bilder gut verschlagwortet, geben Sie die Begriffe in die Suche ein und erhalten dann eine passende Auswahl.

Das Verschlagworten benötigt etwas Disziplin, hilft aber gerade in großen Katalogen enorm – wie sonst finden beispielsweise Bildagenturen Ihre Bilder? Lightroom bietet hier fast alle gewünschten Möglichkeiten. So können Sie zu einzelnen Stichwörtern auch Synonyme angeben, die ebenfalls zugewiesen werden. Es lassen sich auch mehrsprachige Stichwörter zuteilen. Oder Sie verknüpfen die Stichwörter hierarchisch, beispielsweise für den Standort, der mit einer Stadt und einem Land verbunden ist. Sie müssen dann nur die Location zuweisen, die übergeordneten Stichwörter werden automatisch mit übernommen.

7.9.1 Aufbau einer Stichwortliste

Natürlich hat man nicht von vornherein eine vollständige Stichwortliste. Diese entsteht nach und nach, wenn man seine Bilder in Lightroom erfasst. Am besten beginnen Sie gleich beim ersten Import damit und sortieren anschließend die vergebenen Stichwörter. Die Änderungen werden automatisch abgeglichen. Diesen Vorgang wiederholen Sie bei jedem Import. Ab einer gewissen Anzahl müssen Sie die Stichwörter nicht mehr sortieren.

Es gibt dabei allerdings einen Nachteil: Beim Import werden die Stichwörter immer direkt allen Bildern zugewiesen, eine Verschlagwortung einzelner Bilder ist also nicht möglich. Daher beschränken sich die verwendeten Begriffe am besten auf passende allgemeine Kriterien wie Jahreszeit, Location oder Wetter. Nach dem Import können Sie weitere Stichwörter individuell zuweisen.

Meine Stichwortliste ist stark hierarchisch geordnet. Sie beinhaltet Angaben zu Tageseit, Jahreszeit, Wetter, Objekten, Fahrzeugen, Landmarken, Locations, Flora und Fauna, Farben, Personen und Personengruppen, Kunden etc. Diese Obergruppen besitzen jeweils mehrere Unterbegriffe, die teilweise wieder eigene Unterbegriffe beinhalten. Die oberste Ebene dient also nur der Gruppierung.

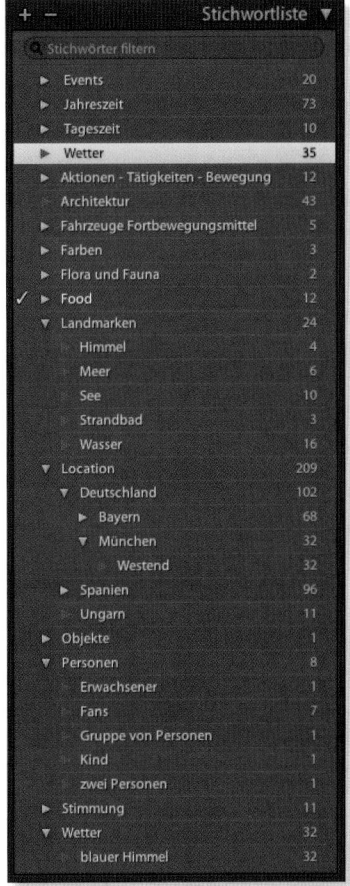

▲ **Abbildung 7.102**
Hierarchische Stichwortlisten erleichtern es, den Überblick zu behalten. Auch ganze Zweige lassen sich mit nur einem Klick zuweisen.

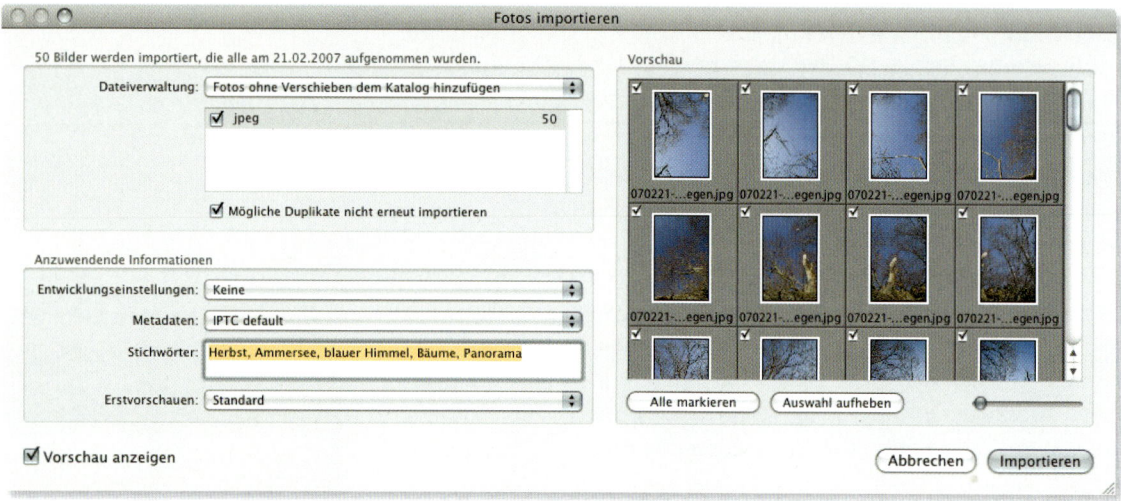

▲ **Abbildung 7.103**
Stichwörter können in Lightroom
bereits beim Import zugewiesen
werden.

7.9.2   Stichwörter mit Synonymen

Stichwörter, die beim Import neu angelegt werden, besitzen keine
Synonyme. Diese können Sie aber auch noch nachträglich – am besten gleich nach dem Import – angeben.

Stichwort neu eingeben | Um ein neues Stichwort einzugeben,
klicken Sie auf das ■-Symbol neben der Bedienfeldbezeichnung.
Es öffnet sich das Dialogfeld STICHWORT-TAG ERSTELLEN. Geben Sie
in das Feld STICHWORT-TAG ein Schlagwort ein. Verwenden Sie nur
feststehende Begriffe und keine Satzzeichen.

Synonym angeben | Zusätzlich können Sie in das Feld SYNONYME
gleichbedeutende Begriffe eintragen. Wenn Sie hier mehrere Wör-
ter angeben, trennen Sie diese mit einem Komma.

Abbildung 7.104 ▶
Bei der Eingabe von Stichwörtern
können Synonyme mit angegeben
werden. Dies ermöglicht Stichwörter in mehreren Sprachen oder das
Verwenden ähnlicher Begriffe. Die
Stichwortverwaltung wird damit
sehr leistungsfähig.

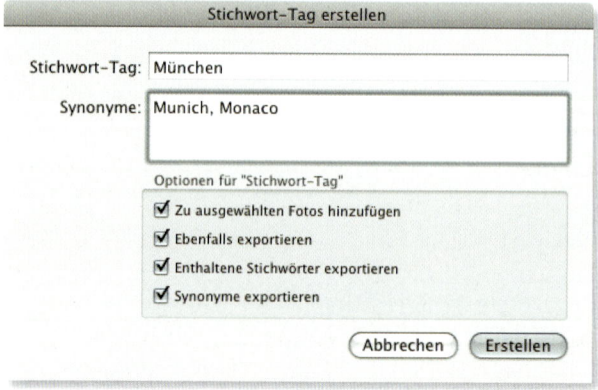

Optionen angeben | Zusätzlich können Sie noch weitere Optionen
angeben, die das Verhalten auch bei hierarchischer Verknüpfung
regeln:

► **Zu ausgewählten Fotos hinzufügen:** Diese Option ist nur dann aktiv, wenn Bilder ausgewählt sind. Schon beim Erstellen eines Stichworts kann sie direkt den Bildern zugewiesen werden.

► **Ebenfalls exportieren:** Gibt an, ob das Stichwort exportiert wird. Wird es als Oberbegriff – zum Beispiel »Location« – verwendet, sollte es nicht in die Datei geschrieben werden.

► **Enthaltene Stichwörter exportieren:** Ist dieses Kontrollkästchen aktiv, wird die gesamte übergeordnete Hierarchie eines Stichworts exportiert, es sei denn, Sie haben die Option EBEN-FALLS EXPORTIEREN deaktiviert. So lassen sich durch Zuweisen des untersten Begriffs einer Stichworthierarchie auch alle übergeordneten Stichwörter mit einer einzigen Zuweisung exportieren.

► **Synonyme exportieren:** Gibt an, ob Synonyme mit exportiert werden.

Stichwörter bearbeiten | Sie können Stichwörter jederzeit ändern. Dazu klicken Sie mit der rechten Maustaste auf den gewünschten Begriff und wählen aus dem Menü den Punkt STICHWORT-TAG BEARBEITEN.

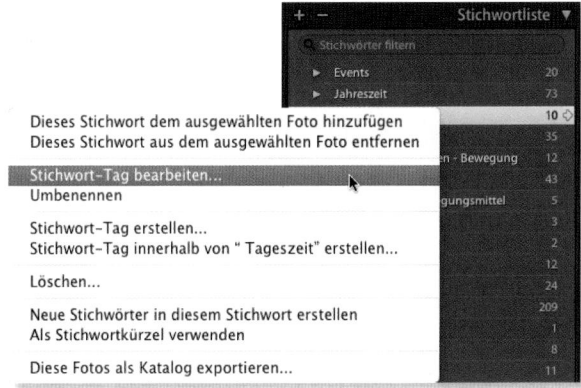

◄ **Abbildung 7.105**
Stichwörter lassen sich auch direkt als untergeordnete Begriffe erstellen.

7.9.3 Stichwörter hierarchisch anordnen

Eine der Stärken von Lightroom ist die hierarchische Verknüpfung der Stichwörter. Sie können ein Stichwort schon bei seiner Erstellung einem anderen unterordnen und es auch später per Drag & Drop verschieben.

Zum Erstellen eines untergeordneten Stichworts klicken Sie mit der rechten Maustaste auf den gewünschten Oberbegriff und wählen aus dem Menü den Punkt STICHWORT-TAG ALS UNTERGEORDNETES ELEMENT VON STICHWORT-TAG ERSTELLEN. Geben Sie dann die Daten wie gewünscht in das Dialogfeld ein.

Sie können Stichwörter auch noch nachträglich hierarchisch anordnen. Dazu ziehen Sie ein Stichwort mit gedrückter Maustaste auf ein anderes und lassen dann die Maustaste los.

▲ **Abbildung 7.106**
Stichwörter können per Drag & Drop als neue untergeordnete Begriffe in andere Stichwörter verschoben werden.

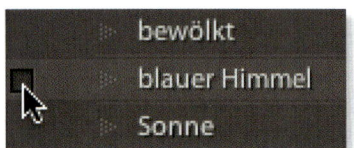

7.9.4 Stichwörter zuweisen

Die Stichwörter müssen natürlich den Bildern noch zugewiesen werden. Dies kann über das Rechtsklickmenü auf ein Stichwort mit dem Befehl DIESES STICHWORT DEM AUSGEWÄHLTEN FOTO HINZUFÜGEN erledigt werden.

Haben Sie ein oder mehrere Bilder ausgewählt, erscheint beim Rollover über ein Schlagwort ein kleines Kontrollkästchen. Wird dieses angeklickt, wird der Begriff dem Bild hinzugefügt, und es erscheint ein Häkchen.

Sie können einem Bild Stichwörter zuweisen, indem Sie auf das entsprechende Bild einfach mit gedrückter Maustaste ein Stichwort ziehen und dann die Maustaste loslassen.

▲ **Abbildung 7.108**
Sie können per Drag & Drop Bilder auf Stichwörter oder umgekehrt auch Stichwörter auf Bilder ziehen.

Es funktioniert aber auch andersherum. Ziehen Sie ein Stichwort auf eines der ausgewählten Bilder, und das Schlagwort wird sogleich allen selektierten Fotos zugewiesen. Ist kein Bild ausgewählt, so wird der Begriff nur dem einzelnen Bild zugeteilt, auf das er gezogen wurde.

▲ **Abbildung 7.109**
Das Pluszeichen kennzeichnet den Begriff als Stichwortkürzel.

7.9.5 Stichwortkürzel

Über die Tastenkombination ⌘+K unter Mac OS X bzw. Strg+K unter Windows können Sie ein Bild einem Stichwortkürzel zuweisen. Vorher müssen Sie jedoch ein Schlagwort als Stichwortkürzel definieren. Dies können Sie über das Rechtsklickmenü auf das entsprechende Stichwort mit dem Befehl ALS STICHWORTKÜRZEL VERWENDEN erledigen. Hinter dem Stichwort signalisiert dann ein Pluszeichen den Zustand. Deaktivieren können Sie das Stichwortkürzel über den gleichen Befehl.

Die Befehle zum Zuweisen eines Stichwortkürzels finden Sie natürlich auch in der Menüleiste unter dem Punkt FOTO oder über das Kontextmenü eines Bildes.

7.9.6 Stichwörter filtern

Die Liste der Stichwörter kann mit der Zeit ziemlich lang werden. Um in einer langen Liste Begriffe besser zu finden, ist am Anfang des Bedienfeldes ein Suchfeld platziert. Sobald Sie hier einen Buchstaben eingeben, wird die Liste nach diesem Buchstaben durchsucht und gefiltert. Jeder weitere Buchstabe schränkt die Liste weiter ein.

7.9.7 Bilder nach Stichwörtern filtern

Stichwörter machen nur dann Sinn, wenn man nach ihnen auch Bildbestände filtern kann. Vielleicht haben Sie schon bemerkt, dass rechts ein Pfeil erscheint, wenn Sie mit der Maus über ein Stichwort rollen. Klicken Sie den Pfeil an, dann werden alle Bilder angezeigt, die dieses Schlagwort besitzen.

Wenn Sie nach mehreren Stichwörtern gleichzeitig filtern möchten, müssen Sie den Weg über die Bibliotheksfilterleiste (Seite 169) gehen. Dort können Sie in der Filterrubrik METADATEN auch mehrere Stichwörter anwählen. Befinden Sie sich bereits in der Rasteransicht, wird die Filterleiste automatisch eingeblendet, sobald Sie auf den Pfeil beim Stichwort klicken.

7.9.8 Bedienfeld »Stichwörter festlegen«

Das Bedienfeld dient ebenfalls zum Zuweisen von Stichwörtern zu Bildern. Die dort befindlichen Funktionen sollen vor allem den Vorgang beschleunigen. Dazu ist es in drei Funktionsgruppen unterteilt:

- **Anzeige und Eingabe:** Hier werden Ihnen alle aktuell zugefügten Stichwörter angezeigt, weitere können direkt über ein Textfeld eingegeben werden.
- **Stichwortvorschläge:** Hier gibt Lightroom Stichwörter vor. Die Zusammenstellung der neun Stichwörter erfolgt nach einem internen Verfahren.
- **Stichwortsätze:** Wichtige Stichworte können zu einem Satz zusammengefasst werden. Man kann einen Satz auswählen und die beinhalteten Stichwörter schnell über Tastenkombinationen zuweisen.

Stichwort-Tags eingeben | Im ersten Funktionbereich des Bedienfelds werden Ihnen alle bereits zugewiesenen Stichwörter aufgelistet. Im Dropdown über dem Anzeigefeld können Sie aus drei Funktionen für das Feld auswählen:

- **Stichwörter eingeben:** Das Anzeigefeld wird editierbar, und Sie können direkt Begriffe eingeben.

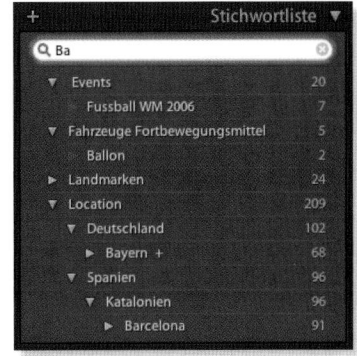

▲ **Abbildung 7.110**
Über das Textfeld am Anfang des Bedienfeldes lassen sich Stichwörter filtern.

▲ **Abbildung 7.111**
Klicken Sie den Pfeil am Stichwort an, werden nur die Bilder angezeigt, die dieses Schlagwort besitzen.

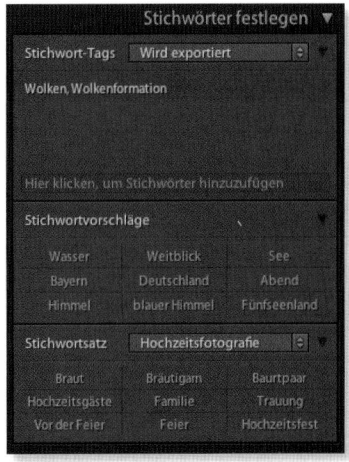

▲ **Abbildung 7.112**
Das Bedienfeld zur Stichworteingabe in der rechten Bedienfeldpalette

▶ **Stichwörter & Enthält Stichwörter:** Hier werden alle zugewiesenen Stichwörter, Synonyme und hierarischen Bezüge angezeigt, auch wenn diese nicht exportiert werden.

▶ **Wird exportiert:** Zeigt alle Stichwörter, Synonyme etc. an, die auch wirklich in die Datei exportiert werden.

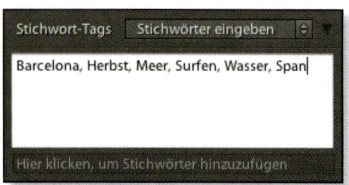

▲ **Abbildung 7.113**
Das Anzeigefeld wird zu einem editierbaren Textfeld.

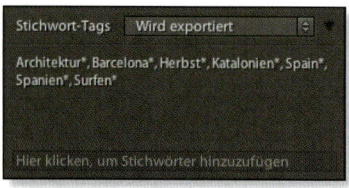

▲ **Abbildung 7.114**
Zur Kontrolle der exportierten Stichwörter kann man sich Synonyme und übergeordnete Begriffe anzeigen lassen. Sterne kennzeichnen bei einer Mehrfachauswahl Begriffe, die nicht allen Bildern zugewiesen sind.

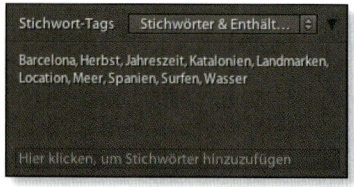

▲ **Abbildung 7.115**
Es werden alle Stichwörter, Synonyme und übergeordneten Begriffe angezeigt, auch wenn diese nicht exportiert werden.

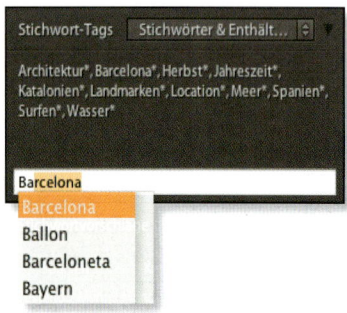

▲ **Abbildung 7.116**
Das Eingabefeld unter dem Anzeigebereich schlägt alternative Begriffe während des Tippens vor.

▲ **Abbildung 7.117**
Stichwortvorschläge werden automatisch generiert, liegen aber häufig daneben.

Unter dem Anzeigefeld finden Sie ein Textfeld, in das Sie direkt Stichwörter eingeben können. Während des Tippens zeigt Lightroom Ihnen als Vorschläge bereits vorhandene Stichwörter an und vervollständigt so das Getippte. Dies reduziert Fehleingaben und das Eingeben gleicher Stichwörter mit verschiedenen Schreibweisen.

Sind mehrere Bilder ausgewählt, so kann es vorkommen, dass neben den Stichwörtern ein »*« steht. Das bedeutet, dass dieser Begriff nur einem Teil der Bilder zugewiesen ist.

Stichwortvorschläge | Lightroom generiert automatisch einen Satz an Stichwörtern. Die Zusammenstellung wird anhand eines Algorithmus erstellt, der unter anderem die Häufigkeit von Schlagworten auswertet und Begriffe berücksichtigt, die andere Bilder besitzen, die zu einem ähnlichen Zeitpunkt aufgenommen wurden.

Um einen Vorschlag zuzuweisen, muss mindestens ein Bild markiert sein. Dann können Sie einfach auf das Stichwort klicken, um es hinzuzufügen.

Stichwörter aus Sätzen zuweisen | Eine weitere Methode um Schlagwörter zuzuweisen, sind Stichwortsätze. Dabei werden Stichwörter in Gruppen, den Stichwortsätzen, zusammengefasst. Es werden dann immer nur Stichwörter aus dieser Gruppe zugewiesen. Die Anzahl ist auf neun Stichwörter pro Gruppe beschränkt.

Diese Methode ist dann geeignet, wenn Sie Stichwörter zu einem bestimmten Event, zum Beispiel einer Hochzeit, verteilen wollen.

Der Stichwortsatz Hochzeit beinhaltet dann Begriffe wie Braut, Bräutigam, Brautpaar, Hochzeitsgäste, Buffet, Geschenke, Trauung etc. Sie können Schritt für Schritt durch die Bilder gehen und nur Schlagwörter aus diesem Satz zuweisen. Das geht schneller als das Heraussuchen der Begriffe aus einer langen Liste. Vor allem deswegen, weil jedem Stichwort ein Tastenkürzel zugewiesen ist: ⌥+1 bis ⌥+9 unter Mac OS X oder Alt+1 bis Alt+9 unter Windows.

Unter dem Eingabefeld finden Sie die Stichwortsätze. Aus dem Dropdown daneben können Sie einen Satz auswählen und einen neuen erstellen oder bearbeiten. Darunter finden Sie neun Schaltflächen, über die die entsprechenden Begriffe zugewiesen werden können.

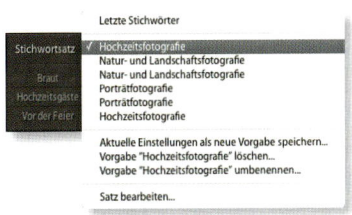

▲ **Abbildung 7.118**
Über ein Dropdown können Sie verschiedene Stichwortsätze auswählen.

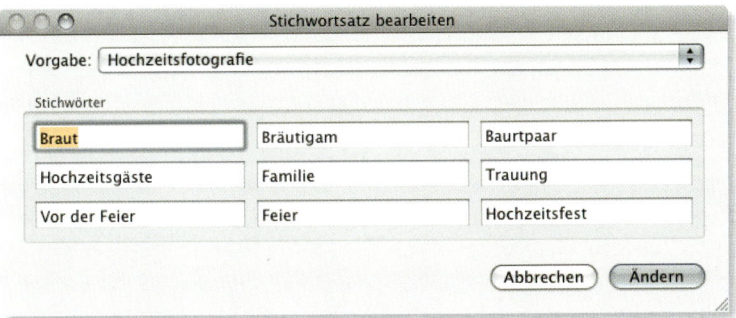

◄ **Abbildung 7.119**
Das Dialogfeld zum Anpassen der Stichwortsätze

Um einen Stichwortsatz zu ändern, wählen Sie den Punkt Satz bearbeiten aus dem Dropdown aus. Welchen Satz Sie ändern möchten, können Sie im Dialogfeld auswählen. Schreiben Sie dann bis zu neun Stichwörter in die Textfelder. Auch hier gibt Ihnen Lightroom Alternativen vor.

Wollen Sie den Stichwortsatz unter einem neuen Namen speichern, können Sie das über das Dropdown im Dialogfeld tun, ebenso können Sie den Satz umbenennen oder löschen.

Als Letztes gibt es noch automatisch generierte Stichwörter. Diese zeigen die letzten Stichwörter an, die zugewiesen wurden.

▲ **Abbildung 7.120**
Der Stichwortsatz »Letzte Stichwörter« zeigt die neun Stichwörter an, die als letzte zugewiesen wurden.

7.9.9 Stichwörter entfernen oder löschen

Um ein Stichwort von einem Bild zu entfernen, wählen Sie dieses aus und klicken mit der rechten Maustaste auf das betreffende Stichwort. Gehen Sie im Menü auf den Punkt Dieses Stichwort aus dem ausgewählten Foto entfernen. Das Stichwort bleibt in der Liste und wird nur vom Bild entfernt.

Wenn Sie im Dropdown den Befehl Löschen wählen, wird das Schlagwort komplett gelöscht. Gleichzeitig wird es auch von allen anderen Bildern entfernt, denen es zugewiesen ist.

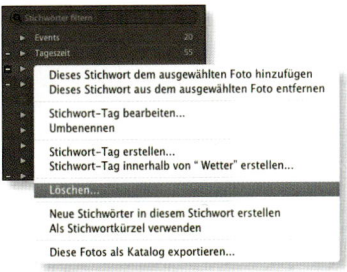

▲ **Abbildung 7.121**
Stichwörter lassen sich über das Rechtsklickmenü löschen.

▲ Abbildung 7.122
Das Bedienfeld zur Meta-
dateneingabe in der rechten
Bedienfeldpalette

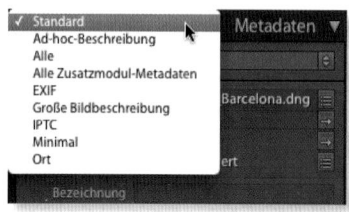

▲ Abbildung 7.123
Über das Dropdown können verschiedene Zusammenstellungen
von Metadaten angezeigt werden.

7.10 Metadaten bearbeiten und verwalten

Neben Ordnern, Sammlungen und Stichwörtern gibt es noch eine
vierte Verwaltungsmöglichkeit in Lightroom: die Organisation über
Metadaten. Sind die ersten drei Lösungen programmspezifisch für
Lightroom, so ist die Verwaltung mit Metadaten systemübergreifend. Denn die Metadaten bleiben immer bei den Bildern – egal wie
diese bearbeitet werden. Viele der Metadaten, wie die EXIF-Daten
der Kamera, werden beim Fotografieren erzeugt und bleiben über
den ganzen Lebenszyklus in das Bild eingebrannt. Andere Metadaten, wie die IPTC-Daten zu Fotograf, Copyright, Inhalt und Verbreitung, können in Lightroom ins Bild hineingeschrieben werden.
Mehr darüber finden Sie auf Seite 127 und 154.

In Lightroom können Sie Metadaten auslesen, eingeben und
damit auch Bilder selektieren – ähnlich wie mit Stichwörtern. Allerdings können Sie keine neuen Felder editieren oder Metadaten in
Ordnern strukturieren. Dies übernimmt Lightroom für Sie.

Metadaten verwalten | Die Metadaten befinden sich in der rech-
ten Bedienfeldpalette unter den Stichwörtern. Neue Metadaten
geben Sie in der im Bedienfeld METADATEN ein. Hier können Sie alle
Informationen sehen, die Ihr Bild praktisch oder theoretisch besitzen kann.

Metadatenmaske auswählen | Die Anzahl der möglichen, von
Lightroom unterstützten Metadaten ist ziemlich groß. Sie liegt um
die 60 unterschiedlicher Informationen.

Um bei der Eingabe oder Kontrolle alle nicht benötigten Metadaten auszublenden, befindet sich im Titel des Bedienfeldes ein
Dropdown-Menü. Folgende Kategorien stehen zur Verfügung:

▶ **Standard:** Die wichtigsten Metadaten, die auch im Metadaten-
browser als Auswahl zur Verfügung stehen.

▶ **Ad-hoc-Beschreibung:** Wer mit Nachrichtenagenturen zusam-
menarbeitet, muss seine Bilder mit Bildunterschriften versehen.
Dafür werden bei dieser Auswahl die nötigen Felder dargestellt.

▶ **Alle:** Zeigt alle verfügbaren Metadaten an.

▶ **Alle Metadaten von Zusatzmodulen:** Falls Sie keine Zusatzmodule installiert haben, werden Dateiname, Name der Kopie und
Ordner angezeigt, ansonsten die der installierten Zusatzmodule.

▶ **EXIF:** Zeigt Aufnahmedaten und Kamerainformationen an.

▶ **Große Bildbeschreibung:** Zeigt ein großes Textfeld zum Eingeben langer Bildunterschriften an.

▶ **IPTC:** Zeigt Fotograf, Copyright und Bildinformationen des IPTC-
Standards an.

▶ **Minimal:** Zeigt nur Dateiname, Bewertung, Bildbeschreibung und Copyright an.

▶ **Ort:** Zeigt vor allem Felder zum Aufnahmeort an.

Metadatenvorgaben | Einige Bildinformationen sind unveränderlich – dazu zählen beispielsweise der Name des Fotografen und die Copyright-Information. Diese können daher nur einmal eingegeben und als Vorlage abgespeichert werden.

Sie können aber auch kombiniert werden. Die Vorlage eines Fotografen kann beispielsweise mit einer anderen Copyright-Vorlage verbunden werden. Solange sich Angaben in den Feldern nicht gegenseitig überschreiben, lassen sich viele derartige Vorlagenkombinationen erstellen. Wie Sie eine Metadatenvorlage erstellen, erfahren Sie auf Seite 151. Um eine Vorlage zuzuweisen, wählen Sie einfach eine gespeicherte Version im Dropdown-Menü VORGABE aus.

▲ **Abbildung 7.124**
Über das Dropdown VORGABE können nen gespeicherte Metadatensätze zugewiesen werden.

Metadaten eingeben | Eigene Metadaten geben Sie in die Textfelder neben den Feldnamen ein. Auch hier wird die Autovervollständigen-Funktion angewendet. Diese macht Ihnen während der Eingabe bereits Vorschläge zu Begriffen, die schon einmal in das Feld eingegeben wurden. Sind mehrere Bilder selektiert, so werden die Daten in alle ausgewählten Bilder geschrieben.

Über diese Schaltfläche können Sie alle Bilder anzeigen, die die angegebene Information besitzen. Bei Internetadressen wird dabei der Browser aufgerufen.

Zusatzfunktionen zu Metadaten | Neben einigen Metadatenfeldern befinden sich Schaltflächen. Diese ermöglichen das Ausführen feldbezogener Funktionen. Zum Beispiel können Sie über die ▦-Schaltfläche neben dem Feld der Internetadresse des Fotografen auch seine Website aufrufen oder sich alle Bilder anzeigen lassen, die den angegebenen Feldinhalt besitzen, wie es auch über den Metadatenbrowser möglich ist.

Über diese Schaltfläche werden Einstellungsdialoge, wie zum Beispiel die Stapelumbenennung, aufgerufen.

Über die ▦-Schaltfläche werden feldabhängige Vorgänge gestartet. So werden etwa Metadaten abgeglichen oder die Stapelumbenennung aufgerufen.

Nach Metadaten filtern | Natürlich können Sie Bilder auch anhand mehrerer Metadaten filtern. Dazu verwenden Sie die Bibliotheksfilterleiste in der Rasteransicht. Klicken Sie eine Metainformation in

▼ **Abbildung 7.125**
Eine Bildauswahl anhand von Metadaten lässt sich über die Bibliotheksfilterleiste zusammenstellen.

Bibliotheksfilter:		Text	Attribut	**Metadaten**	Keine		Benutzerdefinierter Filter ⌄
Datum			**Ort**			**Stichwort**	
Alle (98 Daten)	343		Alle (5 Orte)		46	Jahreszeit	
▶ 2004	26		Barcelonetta		25	Landmarken	
▶ 2005	48		Carmel		2	Location	
▶ 2006	85		Parc Diagonal Mar		4	Personen	
▶ 2007	138		Parc Güell		2	▼ Stimmung	
▶ 2008	46		Unbekannter Ort		13	Action	25

einer Spalte an, werden nur die Bilder gezeigt, die diese Information besitzen. Sie können die Metadatenquelle der Spalten nach Ihren Wünschen anpassen oder erweitern. Mehr zur Bibliotheksfilterleiste erfahren Sie auf Seite 169.

TIPP

Über die Website *www.iptc.org* des IPTC *(International Press Telecommunications Council)* erhalten Sie Informationen zur Bedeutung der diversen Metadatenangaben, wie etwa zum IPTC-Motivcode.

7.11   Die Sprühdose

◄ **Abbildung 7.126**
Mit der Sprühdose können Sie Eigenschaften auf Bilder »sprühen«.

Die Sprühdose ist ein Werkzeug, mit dem man schnell Einstellungen, Markierungen, Metadaten, Beschriftungen etc. einfach den Bildern zuordnen kann. Man stellt einfach die zu sprühende Information ein, und jedes Bild, das »angesprüht« wird, erhält die entsprechende Eigenschaft.

▲ **Abbildung 7.127**
Über das Dropdown MALEN wählen Sie die zu sprühende Eigenschaft aus.

Schritt für Schritt: Entwicklungseinstellungen aufsprühen

In diesem Beispiel werden wir eine gespeicherte Entwicklungseinstellung auf einige Bilder aufsprühen.

1   **Werkzeug auswählen**

Klicken Sie auf das Werkzeug SPRÜHDOSE in der Werkzeugleiste. Der Mauszeiger wird zur Sprühdose.

2 Zu sprühende Eigenschaft auswählen

Als Nächstes wird angegeben, welche Eigenschaften auf die Bilder aufgetragen werden sollen.

Klicken Sie auf die aktuelle Eigenschaft neben dem Begriff MALEN. Daraufhin wird ein Dropdown-Menü geöffnet, mit dem Sie die unterschiedlichen Parameter auswählen können. Wählen Sie den Punkt EINSTELLUNGEN.

Anschließend legen Sie in dem Dropdown rechts daneben eine Vorgabe fest – zum Beispiel KREATIV – SEPIA.

▲ **Abbildung 7.128**
Je nach Eigenschaft können Sie weitere Informationen angeben. Bei Entwicklungseinstellungen sind es die gespeicherten Vorgaben.

3 Eigenschaften aufsprühen

Klicken Sie jetzt nacheinander die Bilder an, denen Sie die Entwicklungseinstellung zuweisen wollen. Halten Sie die Maustaste gedrückt, und fahren Sie damit über die Bilder. Diesen werden dann die Einstellungen aufgesprüht. ■

Zum Beenden legen Sie die Sprühdose einfach auf die Kreisfläche zurück, von der Sie sie aufgenommen haben, und klicken dort mit der Maustaste.

7.12   Bilder exportieren

Solange Sie die Bilder nur in Lightroom verarbeiten, präsentieren oder drucken, können Sie mit den Originaldaten arbeiten. Wollen Sie die Bilder jedoch auf CD oder per E-Mail verschicken oder für den Offsetdruck weitergeben, müssen Sie sie exportieren. Sie können alle Formate, die Lightroom lesen kann, auch exportieren. Je nach gewähltem Export-Plug-in können die Bilder danach direkt auf CD gebrannt oder auf eine Bilddatenbank übertragen werden.

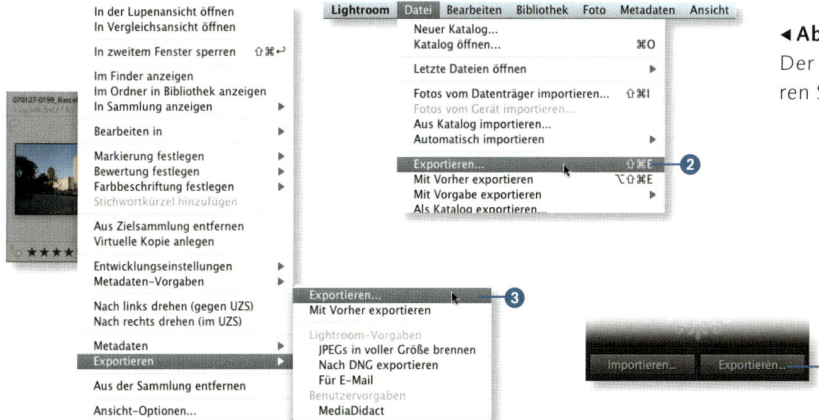

◄ **Abbildung 7.129**
Der Exportvorgang kann an mehreren Stellen ausgelöst werden.

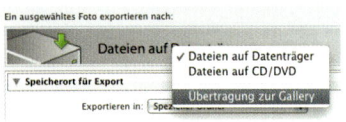

Export-Plug-ins

Auf der Adobe Website gibt es eine eigene Rubrik mit Plug-ins. Unter *www.adobe.com/de/products/photoshoplightroom/* klicken Sie auf den Navigationspunkt PLUG-INS FÜR LIGHTROOM.

Um Bilder zu exportieren, wählen Sie sie aus und drücken die Schaltfläche EXPORTIEREN ❶ (siehe vorige Seite) am Ende der linken Bedienfeldpalette. Alternativ können Sie auch den Befehl EXPORTIEREN aus dem Menü DATEI ❷ wählen. Auch das Kontextmenü hält den Befehl ❸ bereit. Ist kein Bild ausgewählt, so werden alle Bilder exportiert, die in der Rasteransicht angezeigt werden.

7.12.1 Exporteinstellungen festlegen

Beim Starten des Exportvorgangs öffnet sich ein Dialogfeld. In diesem können Sie die Exportvorgaben wie Zielordner, Dateibenennung, Format, Bildeinstellungen und Metadaten angeben. Die Parameter sind allerdings abhängig vom gewählten Export-Zusatzmodul.

Export-Zusatzmodul auswählen | Bei der Installation von Lightroom werden zwei Export-Plug-ins mitgeliefert, die bezüglich der Parameter nahezu identisch sind. Die Auswahl von Plug-ins wird über das Dropdown erledigt, das sich öffnet, wenn Sie auf den Begriff DATEIEN AUF DATENTRÄGER im Kopf des Dialogs oder auf die Doppelpfeile rechts klicken.

▲ **Abbildung 7.130**
Das gewünschte Export-Plug-in lässt sich über das Kontextmenü der Kopfzeile aufrufen.

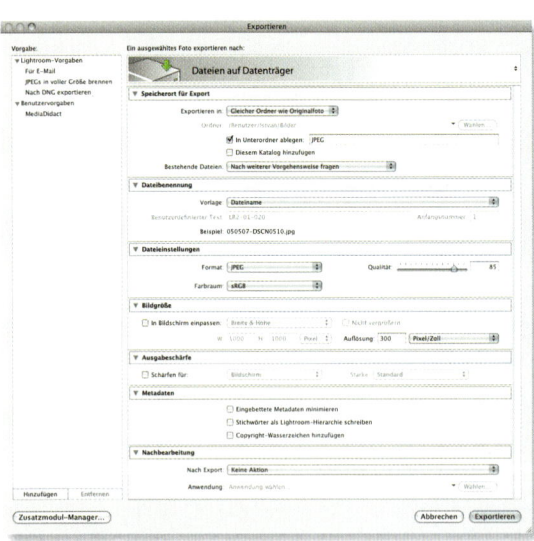

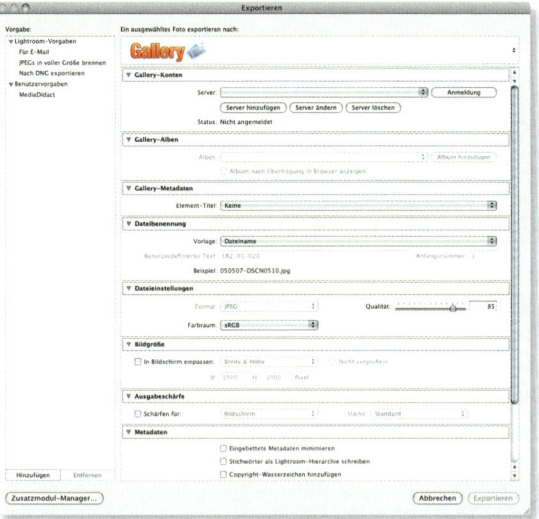

▲ **Abbildung 7.131**
Die Angaben für den Export richten sich nach dem gewählten Export-Plug-in – links das Standardmodul für den einfachen Dateiexport. Im rechten Plug-in können die Bilder direkt auf eine Open-Source-Bilddatenbank hochgeladen werden.

Vorgaben | Links im Dialog befindet sich die Liste mit gespeicherten Vorgaben. Diese können in Ordnern abgelegt werden, die mithilfe der Dreieck-Symbole ▼ auf- und zugeklappt werden können.

Durch Drücken der Schaltfläche HINZUFÜGEN können Sie neue Vorgaben oder Ordner erstellen. Für eine neue Vorgabe geben Sie in dem Dialogfeld NEUE VORLAGE (Abb. 7.133) einen Namen der Vorlage an und wählen über das Dropdown, das sich unter dem Eingabefeld befindet, einen Zielordner aus. Über den Dropdown-Befehl NEUEN ORDNER können Sie einen neuen Ordner anlegen.

Weitere Funktionen zu den Vorgaben, wie das Exportieren und Importieren zum Übertragen auf andere Rechner oder Accounts, oder das Löschen von Vorgaben etc. können Sie durch Rechtsklick auf eine Vorgabe aufrufen. Vorgaben können allerdings nicht umbenannt werden. Dazu müssen diese zunächst ausgewählt und unter einem neuen Namen gespeichert werden. Die Originaleinstellung wird danach gelöscht.

Speicherort für Export | Neben Exportieren in wird der gerade aktuelle Pfad angegeben. Sie können auch einen anderen Ordner auswählen, indem Sie die Schaltfläche Wählen anklicken.

Klicken Sie auf das Dreieck-Symbol ▼, so öffnet sich ein Dropdown-Menü, aus dem Sie die zuletzt verwendeten Ordner auswählen können. Besitzen Sie einen allgemeinen Exportordner, so können Sie darin einen Unterordner erstellen. Aktivieren Sie dazu die Kontrollbox bei In Unterordner ablegen und geben Sie in das Textfeld eine Bezeichnung für den Ordner ein.

Die exportierten Bilder können auch wieder in den Katalog reimportiert werden. Dazu müssen Sie das Kontrollkästchen Diesem Katalog hinzufügen aktivieren. Dadurch können beispielsweise eigenständige Kopien erstellt werden.

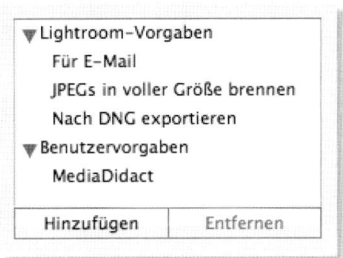

▲ **Abbildung 7.132**
Die Exporteinstellungen können als Vorgaben gespeichert und wieder abgerufen werden.

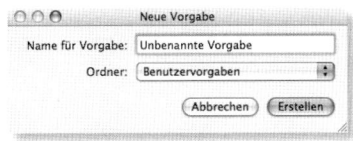

▲ **Abbildung 7.133**
Dialogfeld zur Eingabe einer Bezeichnung für neue Vorgaben

◄ **Abbildung 7.134**
Auswahl des Zielordners für den Export und das Dateihandling

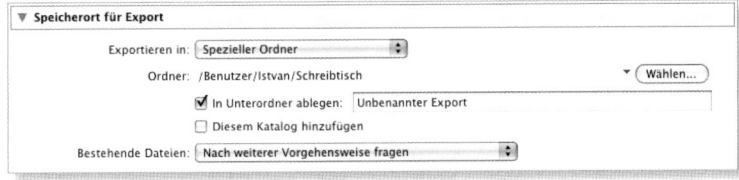

Existiert bereits eine Datei mit gleichem Namen, können Sie im Dropdown Bestehende Dateien angeben, wie Lightroom vorgehen soll. Beispielsweise können Sie die Datei überschreiben, einen neuen Namen vergeben oder die Datei einfach auslassen.

Dateibenennung | Normalerweise übernimmt man den gleichen Namen der Datei und wählt im Dropdown-Menü den Punkt Dateiname. Dieser ist darin bereits als Standard vorgegeben. Auf Wunsch können Sie aber auch eine andere Vorlage verwenden oder eine eigene anlegen. Das Erstellen der Vorlage funktioniert analog zum Import. Eine genaue Beschreibung hierzu finden Sie auf Seite 148.

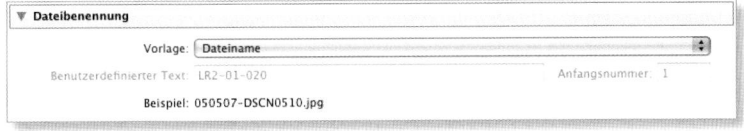

◄ **Abbildung 7.135**
Auswahl der Vorlage zur Dateibenennung beim Export

Dateieinstellungen | In dieser Parametergruppe können Sie das Format angeben. Je nach Datei lassen sich auch noch Zusatzoptionen wie Kompressionsart oder -faktor angeben. Das hier angegebene Dateiformat beeinflusst möglicherweise auch die Bildeinstellungen. Beispielsweise können Sie JPEGs nur in 8 Bit abspeichern.

Abbildung 7.136 ▶
Beim Export nach JPEG können Sie über den Schieberegler die Kompressionsrate und somit die Qualität festlegen.

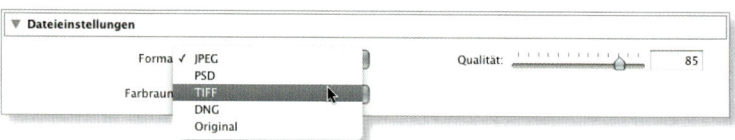

▶ **Farbraum:** Hier stehen zunächst nur drei Farbprofile zur Auswahl. Wenn Sie Bilder als JPEGs zur Ansicht verschicken wollen, verwenden Sie am besten das Profil sRGB. Dieses besitzt einen Farbraum, der auf allen gängigen Ausgabegeräten wie Monitoren, Druckern etc. dargestellt werden kann. Das Farbprofil ADOBERGB (1998) eignet sich für die direkte Weiterverarbeitung im Druck, während man PROPHOTO RGB für weitere Optimierungen in Photoshop verwenden sollte. Sie können der Liste aber auch weitere Profile hinzufügen. Klicken Sie dazu im Dropdown auf den Punkt ANDERE. Dann erhalten Sie ein Dialogfeld, aus dem Sie weitere Profile auswählen können. Aktivieren Sie für jedes Profil das dazugehörige Kontrollkästchen. Sehen Sie nur Druckprofile, aktivieren Sie das Kontrollkästchen ANZEIGEPROFILE EINSCHLIESSEN, um auch wichtige Arbeitsfarbräume oder Monitorprofile auswählen zu können.

Abbildung 7.137 ▶
Damit die Liste der Farbprofile nicht unübersichtlich wird, stehen zunächst nur drei Profile zur Verfügung. Weitere können auf Wunsch hinzugefügt werden.

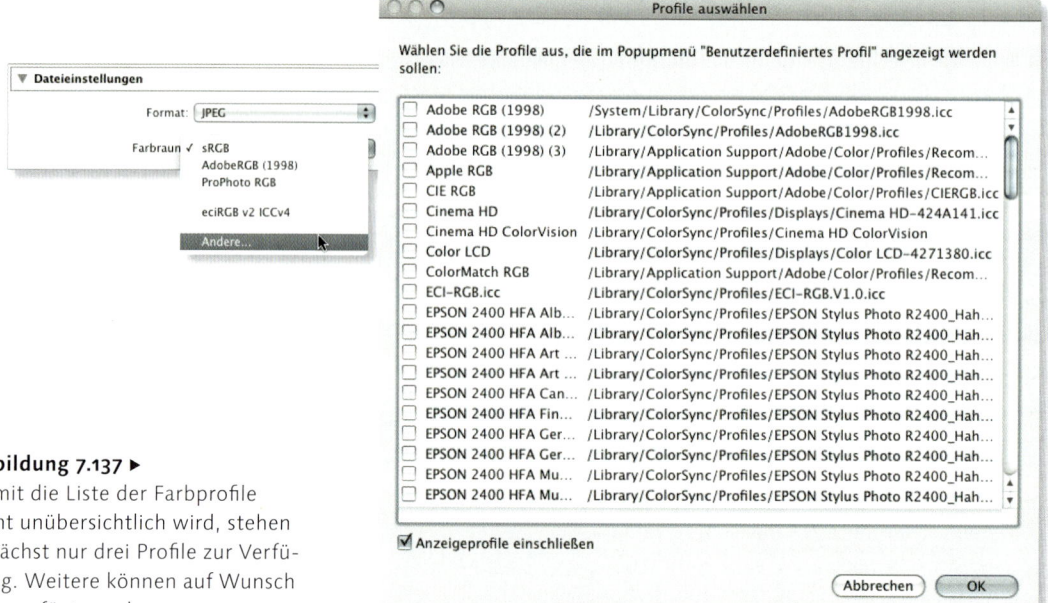

▶ **Bittiefe:** Dieses Dropdown können Sie nicht bei JPEGs verwenden, da es nur eine Farbtiefe von 8 Bit unterstützt. Bei den anderen Formaten können Sie auch 16 Bit verwenden. Dies ist aber nur dann nötig, wenn Sie später noch stärkere Farb- und Helligkeitskorrekturen durchführen wollen.

Bildgröße | Beim Export sollen Bilder oft in der Größe verändert werden, um sie besser verschicken zu können oder um sie für eine bestimmte Druckgröße zu optimieren.

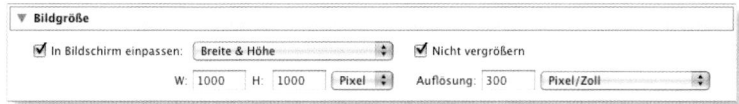

◀ **Abbildung 7.138**
Bei der BILDGRÖSSE bestimmen Sie die Größe der exportierten Bilder.

▶ **In Bildschirm einpassen:** Ist dieses Kontrollkästchen aktiviert, wird die Bildgröße umgerechnet. Über das Dropdown daneben können Sie wählen, wie die Angaben verarbeitet werden sollen. Beispielsweise können Sie auch nur die Abmessung an der langen Kante angeben. Dann wird die kurze Seite entsprechend angepasst. Diese Option ist beispielsweise von Vorteil, wenn Sie Hoch- und Querformatbilder zusammen skalieren wollen.

▶ **Nicht vergrößern:** Sind die Abmessungen größer als einzelne Bilder, können Sie durch dieses Kontrollkästchen verhindern, dass diese Bilder hochgerechnet werden.

▶ **W *(Width*/Breite), H *(Height*/Höhe) und Einheit:** In die Felder geben Sie die gewünschten Abmessungen ein. Über das nebenstehende Dropdown können Sie die Einheit der angegebenen Werte bestimmen.

▶ **Auflösung:** Hier wird die Auflösungsdichte angegeben. Je mehr Pixel pro Zentimeter oder Zoll, umso kleiner wird ein Bild in seinen absoluten Abmessungen (cm oder Zoll). Für die Ausgabe auf Tintenstrahldruckern reicht eine Auflösung von 200 Pixel/Zoll aus, für den Offsetdruck werden 300 Pixel/Zoll benötigt (siehe Tabelle auf Seite 264).

Ausgabeschärfe | Vor allem beim Verkleinern können Bilder etwas unscharf wirken. Ebenso zeichnet ein Drucker durch sein Raster die Bilder etwas weicher als auf einem Monitor dargestellt. Über diese Parameter können Sie die Bilder während des Exports scharfzeichnen. Da dieser Effekt nach dem Herunterrechnen angewendet wird,

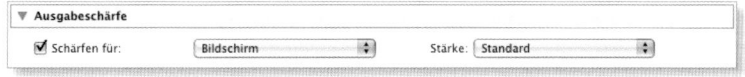

◀ **Abbildung 7.139**
Bilder können beim Export nachgeschärft werden.

empfiehlt es sich, die Bilder scharfzuzeichnen. Je nach Ausgabemedium wird ein etwas anderer Algorithmus verwendet:

▶ **Schärfen für:** Das Kontrollkästchen aktiviert den Effekt, und über das Dropdown können Sie das Ausgabemedium angeben. Für den Druck stehen zwei Papiersorten zur Auswahl.

▶ **Stärke:** Sie haben für jedes Medium drei Stärken zur Auswahl. Generell sollte man nicht zu stark nachschärfen, da die Bilder sonst unnatürlich wirken.

Metadaten | Grundsätzlich werden alle Metadaten in die Datei geschrieben. Um nur Copyright-Informationen in der Datei mitzuspeichern, müssen Sie die Kontrollbox EINGEBETTETE METADATEN MINIMIEREN anklicken.

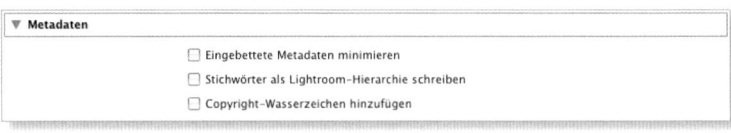

Ist das Kontrollkästchen STICHWÖRTER ALS LIGHTROOM-HIERARCHIE SCHREIBEN aktiviert, wird ein vertikaler Strich »|« verwendet, um eine über- beziehungsweise untergeordnete Position der Stichwörter in den Metadatenfeldern anzugeben (zum Beispiel »Deutschland|Bayern«).

Ist das Kontrollkästchen COPYRIGHT-WASSERZEICHEN HINZUFÜGEN aktiviert, so werden der Name des Fotografen und der angegebene Copyright-Hinweis aus den Metadaten mitgedruckt.

Abbildung 7.141
In das exportierte Bild kann ein Wasserzeichen mit Copyright-Informationen hineingedruckt werden.

Nachbearbeitung | Nach dem Export können die Bilder im Ordner angezeigt, auf CD gebrannt oder in einem externen Programm geöffnet werden. Welche Aktion Sie ausführen, wählen Sie im Dropdown-Menü aus.

Sie können auch eigene Programme in die Liste aufnehmen. Dazu wählen Sie den Punkt JETZT ZUM ORDNER "EXPORT ACTIONS" WECHSELN. Legen Sie in diesem Ordner eine Verknüpfung des Programms ab, das Sie nach dem Export öffnen wollen – zum Beispiel auf den E-Mail-Client, um Bilder zu verschicken. Diese Bilder werden dann automatisch als Anhang in eine leere E-Mail-Nachricht gepackt.

Abbildung 7.142 ▶
Nach dem Export können die Bilder in einem anderen Programm aufgerufen oder auf CD gebrannt werden.

Ganz oben im Dialogfeld wird Ihnen übrigens angezeigt, wie viele Dateien exportiert werden. Gestartet wird der Vorgang schließlich durch Drücken der Schaltfläche EXPORTIEREN.

7.12.2 Schnelles Exportieren

Die Einstellungen müssen nicht bei jedem Export neu festgelegt werden. Über das Hauptmenü oder das Kontextmenü gibt es noch zwei weitere Menüpunkte, die schneller zum Ziel führen:

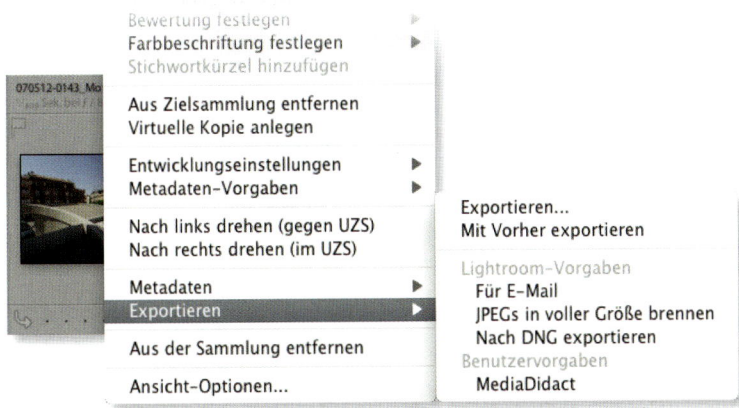

◄ **Abbildung 7.143**
Wiederholen sich die Exportaufgaben, kann das Dialogfeld auch übergangen werden. Dann können Sie die letzten Einstellungen oder direkt gespeicherte Vorgaben verwenden.

Mit Vorher exportieren | Wählen Sie diesen Menüpunkt, so werden die zuletzt verwendeten Exporteinstellungen benutzt – unabhängig davon, ob diese als Vorgaben gesichert wurden oder nicht.

Mit Vorgabe exportieren | Unter dem Menüpunkt MIT VORHER EXPORTIEREN befindet sich eine Auswahlliste mit den gespeicherten Exportvorgaben. Im Kontextmenü der Bilder sind die Vorgaben direkt unter dem Menüpunkt EXPORTIEREN aufgelistet.

7.12.3 Als Katalog exportieren

Jede Bildauswahl kann auch als neuer Katalog gespeichert werden. Mit diesem werden auch alle Einstellungen wie Metadaten, Stichwörter, Sammlungen etc. exportiert.

Wählen Sie den Menüpunkt DATEI • ALS KATALOG EXPORTIEREN oder klicken Sie mit gedrückter ⌥/Alt-Taste auf die Schaltfläche KATALOG EXPORTIEREN am Ende der linken Bedienfeldpalette.

Im Dialogfeld zum Katalogexport können Sie den Zielordner und weitere Optionen festlegen:

▶ **Nur ausgewählte Fotos exportieren:** Speichert nur ausgewählte Bilder im neuen Katalog ab. Ansonsten werden alle Bilder des ausgewählten Ordners oder der Sammlung exportiert.

▶ **Negativdateien exportieren:** Kopiert die Originaldateien in den Ordner mit dem Katalog. Ansonsten werden nur die Verweise auf die Originaldaten verwendet.

▶ **Verfügbare Vorschaubilder einschließen:** Für die exportierten Bilder werden die Vorschaubilder mit im neuen Katalog gespeichert.

7.13 Die Ad-hoc-Entwicklung

In den seltensten Fällen sind Bilder von Haus aus perfekt belichtet – selbst im Studio schwankt die Belichtung. Um schnell grobe Bildkorrekturen durchzuführen, muss man in Lightroom nicht erst in das Entwickeln-Modul wechseln. Auch in der Bibliothek gibt es die Möglichkeit, die wichtigsten Korrekturen wie Belichtung, Lichter- und Schattenkorrektur, Helligkeit, Kontrast und Lebendigkeit durchzuführen. Alle Arbeitsschritte werden im Protokoll des Bildes gespeichert und können auch wieder rückgängig gemacht werden.

Mit der Ad-hoc-Entwicklung können Sie nach einem Shooting schnell viele Bilder auf einmal korrigieren und sie in vorzeigbaren Varianten Ihren Kunden oder Freunden präsentieren.

7.13.1 Ad-hoc-Entwicklung zuweisen

Die Ad-hoc-Entwicklung wird auf ausgewählte Bilder angewendet. Sie können also große Aufnahmeserien in einem Schwung korrigieren. Dabei sind die Änderungen relativ. Das heißt, dass der Wert, der im Entwickeln-Modul oder über die Automatik bereits zugewiesen wurde, immer um einen bestimmten Betrag erhöht oder verringert wird. Der genaue Wert wird in den Reglern festgelegt – doch dazu später mehr. Das Histogramm hilft Ihnen bei der Kontrolle.

Selektieren Sie also die gewünschten Bilder, und klicken Sie anschließend auf einen der Pfeile, um den Wert zu verändern. Für

▲ **Abbildung 7.145**
Mit der Ad-hoc-Entwicklung kann man in der Bibliothek schnell erste Korrekturen durchführen.

den Weißabgleich und die Auswahl einer Entwicklungsvorgabe stehen Dropdown-Menüs zur Verfügung.

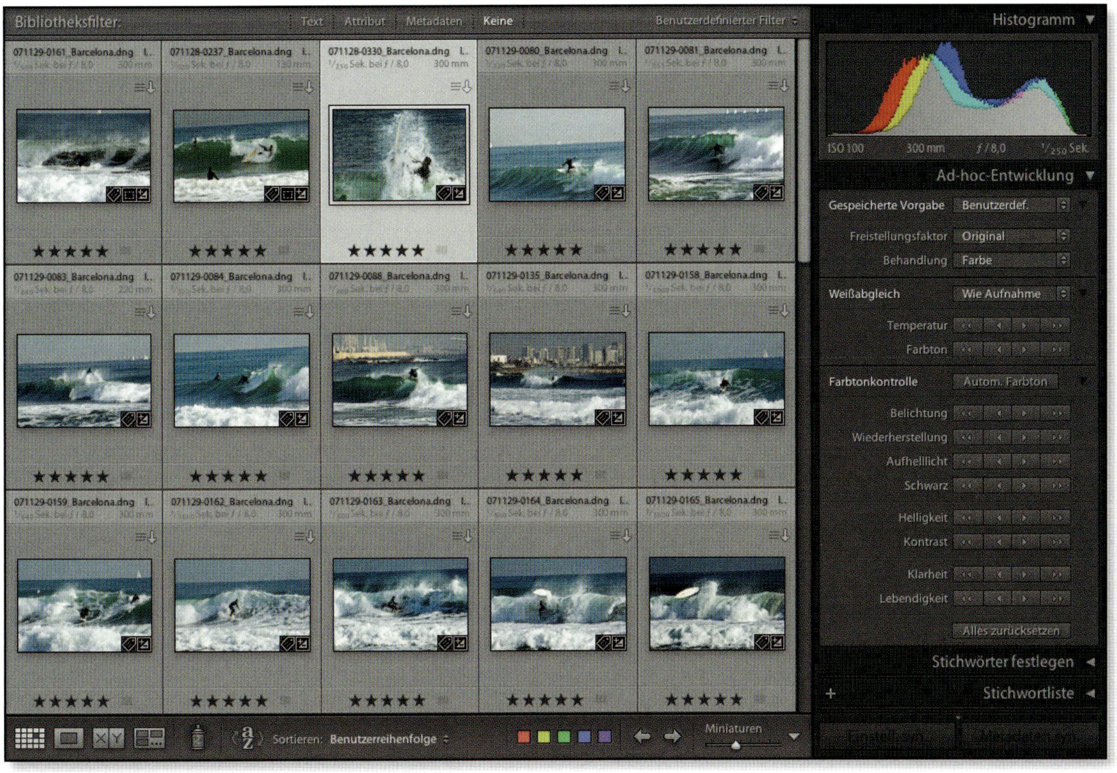

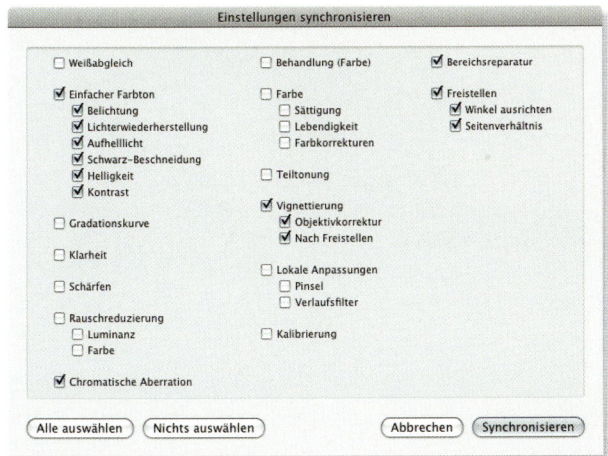

▲ **Abbildung 7.146**
Für die ausgewählten Bilder wurde hier der Belichtungswert erhöht. Die Veränderungen werden auf alle selektierten Bilder angewendet.

Einstellungen synchronisieren | Wollen Sie Einstellungen von einem Bild auf ein anderes übertragen, wählen Sie zunächst das Bild aus, das die zu übertragenden Einstellungen besitzt. Anschließend klicken Sie mit gedrückter ⌘/⌃Strg⌄-Taste auf die Bilder, die die Einstellungen bekommen sollen.

◀ **Abbildung 7.147**
Welche Einstellungen synchronisiert werden sollen, legen Sie im Dialogfeld fest.

Sind alle Bilder ausgewählt, drücken Sie die Schaltfläche EINSTELL. SYN. unter der rechten Bedienfeldpalette und wählen aus dem Dialogfeld die Parameter aus, die übertragen werden sollen. Da dies der Dialog aus dem Entwickeln-Modul ist, werden hier auch einige Parameter angezeigt, die Sie nicht über die Ad-hoc-Entwicklung verändern können. Diese sind daher im Menü ausgegraut und können nicht angeklickt werden.

7.13.2 Kurzbeschreibung der Korrekturmöglichkeiten

In diesem Abschnitt werden die Parameter nur kurz angerissen. Eine genauere Beschreibung der Einstellungen und deren Auswirkungen erhalten Sie in Kapitel 8, »Entwickeln«, ab Seite 213.

▲ **Abbildung 7.148**
Über das Dropdown GESPEICHERTE VORGABE können gesicherte Entwicklungsvorgaben zugewiesen werden.

Gespeicherte Vorgabe | In diesem Dropdown können Sie gespeicherte Entwicklungsvorgaben auswählen und zuweisen. Neue Vorgaben können Sie nur im Entwickeln-Modul erzeugen.

Weißabgleich | Diese Einstellung reguliert die Farbtemperatur in der Aufnahme, um weiße Bildstellen auch wirklich weiß erscheinen zu lassen. Sie können aus dem Dropdown-Menü nur feste Werte für bestimmte Lichtsituationen festlegen oder die Lightroom-Automatik aufrufen.

▲ **Abbildung 7.149**
Auswahl von voreingestellten Farbtemperaturwerten

Farbtonkontrolle | Durch Anklicken der Schaltfläche AUTOM. FARBTON wird eine automatische Korrektur der Belichtung durchgeführt.

Belichtung | Der einzelne Pfeil erhöht beziehungsweise verringert die Belichtung in ⅓-Blendenstufen. Der Doppelpfeil erhöht oder verringert die Belichtung um eine ganze Blendenstufe.

▲ **Abbildung 7.150**
Die Belichtungskorrektur arbeitet entsprechend der Blenden-Zeit-Einstellung an der Kamera.

Wiederherstellung | Die WIEDERHERSTELLUNG regelt die Lichterdetails. Der Wert wird mit dem einzelnen Pfeil um den Wert »5« verändert. Der Doppelpfeil ändert den Wert um »20«.

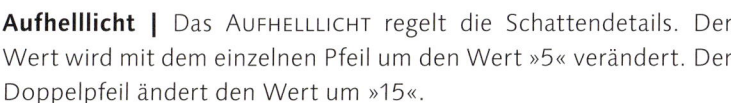

Aufhelllicht | Das Aufhelllicht regelt die Schattendetails. Der Wert wird mit dem einzelnen Pfeil um den Wert »5« verändert. Der Doppelpfeil ändert den Wert um »15«.

▲ **Abbildung 7.151**
Die Wiederherstellung bringt wieder mehr Zeichnung in die hellen Stellen im Bild.

Schwarz | Dieser Parameter stellt den Schwarzwert ein. Der Wert wird mit dem einzelnen Pfeil um den Wert »1« verändert. Der Doppelpfeil ändert den Wert um »10«.

▲ **Abbildung 7.152**
Aufhelllicht und Schatten verändern die Schattendetails und den Schwarzpunkt. Flaue Bilder erhalten damit mehr Tiefe.

Helligkeit | Der Helligkeitswert steuert die Gesamthelligkeit. Dabei werden die Tiefen stärker beeinflusst als bei der Belichtungskorrektur. Der Wert wird mit dem einzelnen Pfeil um den Wert »5« verändert. Der Doppelpfeil ändert den Wert um »20«.

▲ **Abbildung 7.153**
Der Kontrast wurde verstärkt und die Helligkeit erhöht.

Kontrast | Dieser Parameter verstärkt oder verringert den Kontrast. Der Wert wird mit dem einzelnen Pfeil um den Wert »5« verändert. Der Doppelpfeil ändert den Wert um »20«.

Klarheit | Die KLARHEIT erhöht die Tiefenwirkung im Bild. Der Wert wird mit dem einzelnen Pfeil um den Wert »5« verändert. Der Doppelpfeil ändert den Wert um »20«.

▼ **Abbildung 7.154**
Die KLARHEIT verstärkt die Tiefenwirkung durch eine Kontrastverstärkung an den Kanten.

Lebendigkeit | Die LEBENDIGKEIT verstärkt die Sättigung von gering gesättigten Farben. Der Wert wird mit dem einzelnen Pfeil um den Wert »5« verändert. Der Doppelpfeil ändert den Wert um »20«.

Schärfen | Dieser Parameter wird anstelle der KLARHEIT sichtbar, wenn Sie die ⌥/Alt -Taste gedrückt halten. Er schärft das Bild. Der Wert wird mit dem einzelnen Pfeil um den Wert »5« verändert. Der Doppelpfeil ändert den Wert um »20«.

▼ **Abbildung 7.155**
Das SCHÄRFEN unterstützt die Detailzeichnung in den Bildern.

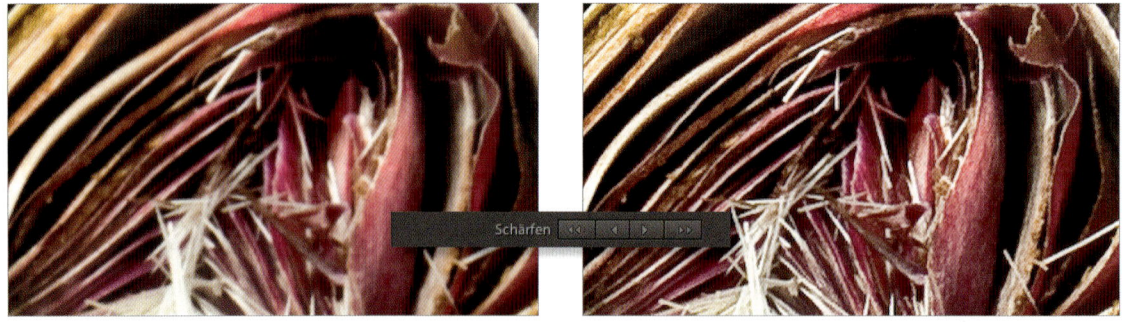

Sättigung | Dieser Parameter wird anstelle der LEBENDIGKEIT sichtbar, wenn Sie die ⌥/Alt -Taste gedrückt halten. Er steuert die Sättigung des Bildes. Der Wert wird mit dem einzelnen Pfeil um »5« verändert. Der Doppelpfeil ändert den Wert um »20«.

Alles zurücksetzen | Mit dieser Schaltfläche werden alle Parameterwerte auf die Standardwerte von Lightroom zurückgestellt.

Einzelne Parameter zurücksetzen | Sie können auch einzelne Parameter zurückstellen, indem Sie auf die Bezeichnung des entsprechenden Parameters klicken.

7.14 Die Vergleichsansicht – welches ist das beste Bild?

Neben der Raster- und der Lupenansicht gibt es noch zwei weitere Ansichten. Eine davon ist die Vergleichsansicht. Mit ihr werden zwei Bilder nebeneinander angezeigt. Dies dient beispielsweise zum Finden des besten Fotos aus einer Serie.

▼ Abbildung 7.156
In der Vergleichsansicht können zwei Bilder einander gegenübergestellt werden. Das bessere wird erhalten und das schlechtere ersetzt. So findet man das beste Bild einer Serie.

Sie beginnen mit den ersten zwei Fotos aus einer Reihe. Das bessere Bild bleibt als AUSWAHL bestehen, und das schlechtere wird durch das nächste Bild als KANDIDAT ersetzt. Der Kandidat wird so oft

▲ **Abbildung 7.157**
Die Schaltfläche zum Starten der
Vergleichsansicht

durch ein neues Bild ausgetauscht, bis dieses besser als die aktuelle
Auswahl ist. Dann wird die Auswahl durch den Kandidaten ersetzt.
Dieser Vorgang wird fortgesetzt, bis das beste Bild übrig bleibt.

Die Vergleichsansicht öffnen Sie durch einen Klick auf ihr Symbol
in der Werkzeugleiste.

7.14.1 Benutzerinterface der Vergleichsansicht

Die Vergleichsansicht halbiert die Ansicht in zwei Fenster. Links
befindet sich die AUSWAHL ❶. Das ist das favorisierte Bild. Rechts
wird der KANDIDAT ❷ platziert.

Unter jedem Bild befindet sich eine Leiste ❸, mit der Sie das
jeweilige Bild kennzeichnen können. Sie können Markierungen,
Farbbeschriftungen und Bewertungssterne vergeben. Mit dem
Symbol am Ende der Leiste löschen Sie das aktuelle Foto aus dem
Fenster. Es wird kein neues Bild geladen.

In der Werkzeugleiste befinden sich Tools zur Handhabung beim
Vergleich von Bilddetails. Beide Ansichten können gezoomt ❺ werden. Das Schloss ❹ sperrt die Positionen zueinander, so dass sich
beim Verschieben oder Zoomen des einen Bildes das andere mit-
bewegt beziehungsweise mitgezoomt wird. Die Schaltfläche SYN-
CHRONISIEREN ❻ gleicht die Position der beiden Bilder an.

Am rechte Ende der Werkzeugleiste befinden sich die Schaltflächen zum Wechseln des Kandidaten und der Auswahl ❼. Die
Schaltfläche FERTIG ❽ beendet die Vergleichsansicht und springt in
die Lupenansicht des Favoriten.

Abbildung 7.158 ▶
Die Bedienelemente der Vergleichsansicht im Überblick

7.14.2 Fotos auswählen und vergleichen

Für einen Vergleich in der Ansicht benötigen Sie zwei Bilder. Am besten erstellen Sie sich dafür eine Schnellsammlung oder eine ähnliche Auswahl, um alle zu vergleichenden Kandidaten im Filmstreifen zu sehen.

Schritt für Schritt: Bilder vergleichen

In dieser Anleitung werden die Bilder einer Aufnahmeserie miteinander verglichen, bis am Ende das beste Bild gefunden ist.

1 Bilder auswählen

Wählen Sie die ersten beiden Bilder im Filmstreifen aus. Das Bild im Auswahlfenster erhält eine schwarze Raute, der Kandidat eine weiße Raute in der Miniaturansicht.

▼ Abbildung 7.159
Eine schwarze Raute markiert die Auswahl, eine weiße den Kandidaten.

2 Kanditaten wechseln

Ist der Kandidat schlechter als die Auswahl, können Sie einfach einen neuen wählen:

Sie sollten dabei am besten systematisch vorgehen, um kein Bild auszulassen. Klicken Sie deshalb auf den Navigationspfeil, der nach rechts zeigt.

▲ Abbildung 7.160
Über die Navigationspfeile können Sie das nächste beziehungsweise das vorherige Bild als Kandidat auswählen.

◄ Abbildung 7.161
Das nächste Bild wurde als Kandidat ausgewählt. Ist das Fenster des Kandidaten weiß eingerahmt, ist es aktiv. Jetzt kann man auch mit der Maus einen neuen Kandidaten im Filmstreifen auswählen.

Klicken Sie alternativ einmal mit der Maus neben das Bild des Kandidaten, um dessen Fenster zu aktivieren – es erhält dann einen weißen Rahmen. Jetzt können Sie ein beliebiges Bild im Filmstreifen auswählen.

3 Kandidat als Auswahl übernehmen

Haben Sie einen Kandidaten gefunden, der Ihnen besser als die Auswahl gefällt, klicken Sie auf die Schaltfläche AUSWAHL VORNEHMEN. Dabei wird der Kandidat zur Auswahl und das nächste Bild automatisch zum neuen Kandidaten.

▼ **Abbildung 7.162**
Durch die Schaltfläche AUSWAHL VORNEHMEN wird der Kandidat zur Auswahl, und das nächste Bild wird als Kandidat genommen.

Wählen Sie dann über die Navigationspfeile das nächste Bild aus, und beginnen Sie erneut. Führen Sie diesen Vorgang so oft durch, bis Sie einmal alle Bilder miteinander verglichen haben. Die Aufnahme, die als letzte im Auswahlfenster angezeigt wird, ist die beste. ■

▼ **Abbildung 7.163**
Kandidat und Auswahl können auch vertauscht werden.

Es gibt noch eine weitere Schaltfläche zum Wechseln der Auswahl. Mit Klick auf VERTAUSCHEN wird der Kandidat durch die Auswahl ausgetauscht.

7.14.3 Detailvergleich

Manchmal müssen Sie in die Ansicht zoomen, um die Bilder anhand von Details vergleichen zu können. Grundsätzlich haben Sie dazu alle Zoom- und Verschiebemöglichkeiten wie auch in der Lupenansicht. Sie können hier also auch per Mausklick vergrößern und im gezoomten Zustand mit gedrückter Maustaste das Bild im Ausschnitt verschieben. Dabei gibt es die folgenden Optionen:

Fenster koppeln | Sie können die Ansichten miteinander koppeln. Wird dann eine Ansicht gezoomt oder das Bild darin verschoben, macht die andere Ansicht dieselbe Veränderung »live« mit. Klicken Sie dafür einfach auf die Schaltfläche mit dem Schloss. Zeigt das Symbol ein geschlossenes Schloss, sind beide Ansichten gegenseitig gesperrt.

▼ **Abbildung 7.164**
Über das Schloss lassen sich die Ansichten koppeln. Jede Veränderung der einen wird dann sofort auf die andere Ansicht übertragen.

Mit der ⬆-Taste lässt sich der Zustand des Schlosses für die Dauer des Tastendrucks umkehren. Das hilft, wenn die Ansichten gesperrt sind, Sie aber den Ausschnitt in nur einem Bild verändern wollen.

Fenster synchronisieren | Über die Schaltfläche SYNCHRONISIEREN wird die Vergrößerung und die Position der aktiven Ansicht auf die andere Ansicht übertragen. Der Zustand des Schlosses bleibt davon unberührt.

▼ **Abbildung 7.165**
Die SYNCHRONISIEREN-Schaltfläche überträgt Zoomfaktor und Bildposition auf die inaktive Ansicht.

7.15 Die Überprüfungsansicht – passen meine Bilder zusammen?

Die Überprüfungsansicht wird in der Online-Hilfe von Lightroom auch als »Erfassungsansicht« bezeichnet, der Tooltipp über der Schaltfläche zeigt aber »Überprüfungsansicht« an. Meiner Meinung nach trifft es das eher.

▲ Abbildung 7.166
In der Überprüfungsansicht können Bildzusammenstellungen kontrolliert werden.

▲ Abbildung 7.167
Die Überprüfungsansicht öffnet sich durch das Anklicken des Symbols in der Werkzeugleiste.

Die Überprüfungsansicht ist eine Art Leuchttisch. In ihr werden alle ausgewählten Bilder angezeigt und im Fenster so platziert, dass sie alle stets sichtbar sind. Fügt man Fotos hinzu, werden alle Bilder kleiner. Entfernt man Bilder, werden die verbleibenden größer – immer so, dass dabei der Platz optimal genutzt wird.

Sie können in dieser Ansicht vor allem Zusammenstellungen von Bildern prüfen – passen sie zusammen, erzählen sie die richtige Geschichte, passen die Farben zueinander etc.?

Zum Aufrufen der Überprüfungsansicht klicken Sie auf das Symbol in der Werkzeugleiste.

7.15.1 Bilder auswählen und entfernen

Alle Bilder, die in der Rasteransicht verfügbar sind und somit im Filmstreifen angezeigt werden, können zur Überprüfungsansicht hinzugefügt werden.

Bilder hinzufügen | Haben Sie bereits Bilder ausgewählt, werden diese in der Ansicht angezeigt. Neue Bilder fügen Sie hinzu, indem Sie die ⌘/Strg-Taste gedrückt halten, während Sie mit der Maustaste weitere Bilder anklicken. Für jedes neue Bild wird die Ansicht neu berechnet, so dass die Bilder die gesamte Fläche ausfüllen.

▼ **Abbildung 7.168**
Die Größe der Bilder wird immer so berechnet, dass alle Bilder in der Überprüfungsansicht sichtbar sind – egal wie viele es sind.

Wenn Sie im Filmstreifen nur ein Bild auswählen, verlassen Sie automatisch die Überprüfungsansicht und wechseln in die Lupenansicht.

Bilder entfernen | Fahren Sie mit dem Mauszeiger über ein Bild, so erscheint in der Ecke unten rechts ein ⊠-Symbol. Klicken Sie es an, um das Bild aus der Auswahl und somit auch aus der Überprüfungsansicht zu entfernen.

Alternativ können Sie auch mit gedrückter ⌘/Strg-Taste auf ein Bild in der Ansicht oder im Filmstreifen klicken.

7.15.2 Bilder kennzeichnen

In der Überprüfungsansicht können Sie die Bilder auch direkt kennzeichnen. Dazu finden Sie unter den Bildern die Werkzeuge für die Bewertungssterne ❶, Farbbeschriftungen ❷ und Markierungen ❸. Durch Anklicken der jeweiligen Symbole werden die Bilder markiert.

▲ **Abbildung 7.169**
Fotos können in der Überprüfungsansicht auch gekennzeichnet werden.

8 Das Entwickeln-Modul

Jetzt kommen wir zum Herzstück von Photoshop Lightroom – in den Bereich, in dem die Bilder entwickelt und korrigiert werden. Das dafür zuständige Modul »Entwickeln« enthält die Steuerelemente zur Anpassung von Weißabgleich, Belichtung, Farb- und Tonwerten. Hier werden Bilder beschnitten, gedreht, rote Augen oder Staubflecken entfernt.

Diese Anpassungen werden nicht in das Bild hineingeschrieben, sondern als Einstellungen extra in den Metadaten abgespeichert. Alle Bearbeitungen können also ganz einfach wieder zurückgenommen werden – ganz im Sinne des nichtdestruktiven Workflows.

Am Ende der Arbeiten im Entwickeln-Modul steht ein perfekter Fotoabzug, der dann abgespeichert an andere Programme wie Photoshop für weitere gestalterische Arbeiten oder aber an die Ausgabemodule von Lightroom übergeben werden kann.

▼ **Abbildung 8.1**
Das Entwickeln-Modul zur Bearbeitung von Bildern im Überblick

8.1 Ansichtssteuerung

Bevor Sie damit beginnen, Ihre Bilder im Entwickeln-Modul zu bearbeiten, sollten Sie sich mit der Handhabung der Bilder in Lightroom vertraut machen. Denn dafür gibt es einige hilfreiche Werkzeuge. Wichtig ist etwa zu wissen, wie man die Bildansicht in Lightroom so einstellen kann, dass man an einem Bild möglichst gut arbeiten kann.

Es gibt verschiedene Möglichkeiten, in ein Bild hineinzuzoomen und den Bildausschnitt zu verändern. Eine weitere Funktion der Ansicht ist die gleichzeitige Vorher-/Nachher-Darstellung. Diese ist bei der Entwicklung von Bildern sehr hilfreich, da man damit direkt sehen kann, welchen Grad an Verbesserung eine Bearbeitung in einem Bild bewirkt hat.

▲ Abbildung 8.2
Aktivierung des Zooms über die Tasten der Zoomstufen-Bezeichnungen im Bedienfeld NAVIGATOR

8.1.1 Zoomen von Bildern

Das gesamte Bild im Ansichtsfenster zu sehen erleichtert zwar den guten Überblick beim Bearbeiten von Farben und Helligkeit. Beim Beurteilen von Schärfe, chromatischer Aberration und Bildrauschen jedoch müssen Sie schon näher an das Bild herangehen, um jedes Pixel einzeln betrachten zu können.

Lightroom bietet für solche Arbeiten mehrere Zoomstufen an, die Sie über das linke Bedienfeld NAVIGATOR aufrufen können. Ein weißer Ausschnittsrahmen zeigt Ihnen im Vorschaufenster dieses Bedienfeldes an, welchen Ausschnitt Sie gerade im Ansichtsfenster sehen.

Zum Einzoomen klicken Sie auf die Bezeichnung der gewünschten Zoomstufen neben dem Bedienfeldnamen: EINPAS., AUSFÜL., 1:1 oder 4:1. Diese Bezeichnungen bedeuten im Einzelnen:

▶ **Einpassen:** Hierbei wird das Bild immer komplett im Ansichtsfenster angezeigt, der Ausschnittsrahmen umrahmt das gesamte Bild. Diesen Ausschnitt wird man vor allem dann wählen, wenn Farb- oder Helligkeitskorrekturen durchgeführt werden, denn dafür muss immer das ganze Bild sichtbar sein.

▶ **Ausfüllen:** Das Bild wird vergrößert, bis es das Ansichtsfenster ausfüllt. Hochformatfotos passen dabei zwar in der Breite ins Fenster, werden jedoch in der Höhe beschnitten, während Querformatbilder seitlich beschnitten werden.

▶ **Originalgröße (1:1):** In dieser Zoomstufe werden Pixel in der Größe dargestellt, in der sie einem Pixel der Monitorauflösung entsprechen. Das bedeutet, dass in dieser Stufe keine Größenumrechnungen stattfinden und Sie jedes Pixel so sehen, wie es im Bild tatsächlich vorhanden ist. Diese Darstellung sollten Sie beim Schärfen, bei der Rauschfilterung und bei der Korrektur der chromatischen Aberration verwenden.

◄ **Abbildung 8.3**
In der Zoomstufe Einpas. wird das Bild in das Ansichtsfenster eingepasst.

◄ **Abbildung 8.4**
In der Zoomstufe Ausfül. passt sich das Bild in das Ansichtsfenster ein, bis eine Seite den Rand berührt – in diesem Fall die Breite.

◄ **Abbildung 8.5**
In der Zoomstufe 1:1 füllt jedes Pixel des Bildes ein Pixel des Monitors aus.

► **Konfigurierbare Zoomstufe (1:4 bis 11:1):** Die letzte Zoomstufe können Sie selbst festlegen. Sie wählen sie über das Dropdown aus, das nach einem Mausklick auf die Pfeile neben der aktuell eingestellten Zoomstufe erscheint. Die Stufen lassen sich von der Darstellung in 25 % (= 1:4) über die Originalgröße (1:1) bis zu einer Vergrößerung von 1100 % (11:1) einstellen.

▼ **Abbildung 8.6**
Über ein Dropdown können Sie die vierte Zoomstufe einstellen.

8.1.2 Bildausschnitt verändern

Passt das Bild in der aktuellen Zoomstufe nicht in das Ansichtsfenster, gibt es drei Möglichkeiten, den Ausschnitt zu verändern:

► **Verschieben im Ansichtsfenster:** Bewegen Sie die Maus auf das Ansichtsfenster und halten dabei die Maustaste gedrückt, so erscheint eine Hand anstatt der Lupe. Verschieben Sie nun den Ausschnitt mit der Maus.

► **Verschieben im Navigator:** Befindet sich die Maus über dem Vorschaubild im NAVIGATOR-Bedienfeld, wird an der Mausposition ein Kreuz angezeigt. Klicken Sie an eine beliebige Stelle in der Vorschau, und der Ausschnitt verschiebt sich an diesen Punkt. Angezeigt wird das durch das Wandern des weißen Rechtecks, das den aktuellen Ausschnitt anzeigt.

▲ **Abbildung 8.7**
Der Rahmen zeigt die Position des Bildausschnitts an. Klickt man mit dem Kreuz-Mauszeiger an einer anderen Stelle, wird der Ausschnitt um diesen Punkt zentriert.

► **Verschieben mit dem Mausrad:** Besitzer einer Maus mit Mausrad oder der Mighty-Mouse von Apple haben auch noch die Möglichkeit, den Ausschnitt damit zu verschieben. Das Scrollen mit dem Mausrad bewegt den Ausschnitt auf und ab. Das seitliche Wegdrücken des Rades bewegt den Ausschnitt seitlich. Diese Variante ist eventuell nicht mit jeder Maus möglich, probieren Sie es einfach aus.

8.1.3 Zoomen auf Mausklick

Für erfahrene Benutzer und Profis bedeutet jede Strecke, die man mit der Maus zurücklegen muss, einen Zeitverlust. Sie greifen auf die fortgeschrittene Mausbedienung zurück, zumal diese keine versteckte Wunderwaffe ist. Alles geschieht einfach auf Mausklick.

Einfacher Mausklick | Sicher ist Ihnen das Lupen-Symbol schon aufgefallen. Es erscheint, sobald Sie sich mit der Maus im Ansichtsfenster über dem Bild befinden.

Klicken Sie mit dem Lupen-Symbol einmal kurz in das Bild, so wird es herangezoomt. Der Punkt, an dem Sie geklickt haben, ist dabei immer der Mittelpunkt des neu entstandenen Ausschnitts. Klicken Sie erneut in das Bild, und es wird wieder ausgezoomt.

Temporärer Zoom | Klicken Sie mit der Maustaste in das Bild und halten dabei die Maustaste gedrückt, bleibt das Bild so lange gezoomt, bis die Maustaste wieder losgelassen wird. Währenddessen können Sie den Ausschnitt des Bildes frei verschieben, um ausgewählte Bildstellen gezielt zu kontrollieren.

Zoomgrenzen festlegen | Das Zoomen auf Mausklick bietet noch eine weitere Möglichkeit, derer man sich zunächst nicht bewusst ist:

Arbeitet man in der Zoomstufe EINPAS. (Einpassen), wird das Bild beim Klicken auf ORIGINALGRÖSSE (1:1) gezoomt. Ein weiterer Klick verkleinert das Bild wieder. Wenn man nun aber im Bedienfeld NAVIGATOR auf KONFIGURIERBARE ZOOMSTUFE klickt, wird beim nächsten Zoomvorgang diese anstelle der Originalgröße verwendet. Man wechselt jetzt also zwischen EINPAS. und beispielsweise 4:1 anstatt zwischen EINPAS. und 1:1.

Die Zoomstufen werden somit quasi umgeschaltet. Dies funktioniert übrigens auch auf der anderen Seite mit EINPAS. und AUSFÜL. Zoomt man von der eingepassten Ansicht, ist dies auch der nächste Ausgangspunkt des Zoomvorgangs.

8.1.4 Zoomen in der Werkzeugleiste

Es gibt noch eine weitere Variante zum Zoomen. In der Werkzeugleiste kann ein Regler eingeblendet werden, über den die Zoomstufe reguliert wird. Alle anderen Zoomfunktionen bleiben erhalten. Sie verändern nur den Wert der konfigurierbaren Zoomstufe.

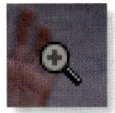

▲ **Abbildung 8.8**
Erscheint das Lupen-Symbol, so können Sie auf Mausklick zoomen.

TIPP

Über das Dropdown hinter der dreieckigen Schaltfläche am rechten Rand der Werkzeugleiste können Sie in allen Modulen die dafür vorgesehenen Werkzeuge ein- und ausblenden. Denn vor allem bei niedrigen Auflösungen von Notebooks haben eventuell nicht alle Werkzeuge Platz.

◄ **Abbildung 8.9**
Zoomregler in der Werkzeugleiste

Ist der Regler bei Ihnen nicht sichtbar, müssen Sie ihn erst zur Werkzeugleiste hinzufügen. Klicken Sie dazu auf die dreieckige Schaltfläche am rechten Rand der Werkzeugleiste. Im geöffneten Dropdown wählen Sie den Punkt ZOOM aus. Dadurch wird die Anzeige des Reglers in der Werkzeugleiste aktiviert (siehe Tipp auf der vorhergehenden Seite).

Der Zoomregler hat die gleichen Auswirkungen wie die Einstellung der KONFIGURIERBAREN ZOOMSTUFE im Navigationsbedienfeld. Regler und Zoomfaktor sind voneinander abhängig, die Veränderung eines der beiden Werkzeuge passt den Wert des jeweils anderen an.

HISTOGRAMM

Das Histogramm gibt an, wie oft ein Farb- oder Helligkeitswert im Verhältnis zu allen anderen Werten vorkommt. Rechts im Histogramm befinden sich die hellen Stellen, links die dunklen. Das Histogramm geht von einer Abstufung von 8 Bit = 256 Stufen aus.

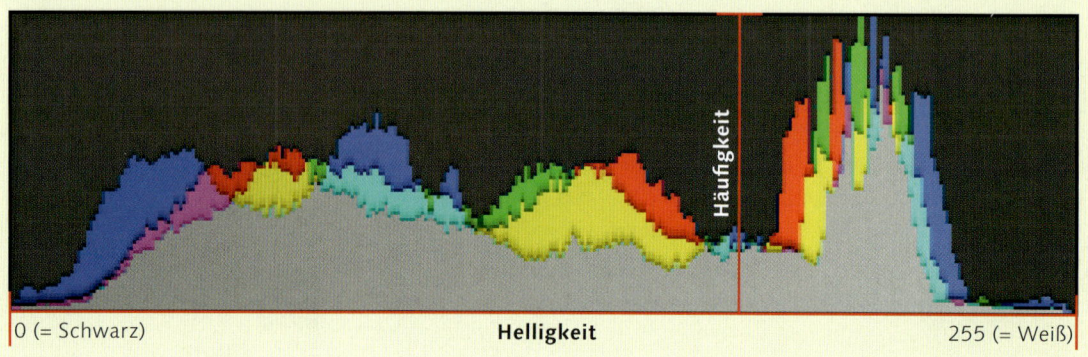

0 (= Schwarz)   **Helligkeit**   255 (= Weiß)

8.2 Bildbeurteilung mit dem Histogramm

Jedes Pixel eines Bildes besitzt einen Farbwert mit einer bestimmten Helligkeit. Durch die Verteilung der Farben und Helligkeitswerte auf die Bildpixel wird der Inhalt des Bildes für uns erst sichtbar.

Auf Monitoren wird der gesamte Helligkeitsumfang eines Bildes nicht immer korrekt dargestellt. Dies hat mehrere Gründe: Zum einen ist kein qualitativ noch so hochwertiger Monitor in der Lage, eine dem menschlichen Auge entsprechende Auflösungsfähigkeit darzustellen. Zum anderen ist der Monitor selten so eingestellt, dass er Farben und Helligkeiten wirklich korrekt wiedergibt. Die Farben werden am Monitor quasi komprimiert angezeigt. Dadurch werden vor allem an hellen und dunklen Bildstellen die Helligkeitsunterschiede nicht so deutlich, wie man es für eine wirklich präzise Beurteilung benötigt und wie man es vielleicht in der Realität gesehen hat. Am besten wäre eine Beurteilung der Farb- und Helligkeitsverteilung anhand einer inhaltsneutralen Form.

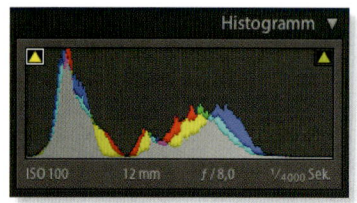

▲ **Abbildung 8.10**
Das Histogramm wird in den Modulen BIBLIOTHEK und ENTWICKELN angezeigt. Während der Entwicklung ist es ein unverzichtbares Kontrollwerkzeug.

8.2.1 Farb- und Helligkeitsverteilung im Histogramm

Diese inhaltsneutrale Darstellung der Farb- und Helligkeitsverteilung wird über das Histogramm erreicht. Es zeigt die Menge und die Verteilung der Helligkeitswerte in einem Bild an.

Die waagerechte Achse definiert die Helligkeit: Rechts sind die hellen Werte zu finden, links die dunklen. In Zahlen ausgedrückt: Rechts befindet sich ein Helligkeitswert von 255 (Weiß), links ein Wert von 0 (Schwarz). Die Abstufungen entsprechen den 256 Stufen der 8-Bit-Darstellung pro Farbe.

Die vertikale Achse gibt an, wie häufig ein Wert im Bild vorkommt. Je mehr Pixel einen bestimmten Helligkeitswert besitzen, umso höher ist der Balken bei dem entsprechenden Helligkeitswert.

▼ **Abbildung 8.11**
Das Histogramm zeigt nicht nur die Gesamthelligkeit, sondern auch die Helligkeit der einzelnen Grund- und Komplementärfarben an.

Farbdarstellung im Histogramm | Das Histogramm von Lightroom zeigt für jede Farbe ein eigenes Histogramm an. Diese Kurven liegen hinter der Gesamthelligkeit und werden in der jeweiligen Farbe dargestellt. Sie kommen vor allem in solchen Fotos zum Vorschein, die eine hohe Farbsättigung haben und in denen die Farben stark voneinander getrennt sind.

In der oben abgebildeten Aufnahme herrschen die Farben Blau und Gelb vor. Das zarte Gelb der Hauswand hat eine wärmere Färbung, gekennzeichnet durch den roten Bereich im Histogramm. Der Grün- und Cyananteil entsteht durch die Farbe der Glasverkleidung an den Balkonen.

Sind alle Farben in einem Helligkeitswert enthalten, wird der gemeinsame Anteil als Gesamthelligkeit in einer grauen Kurve dargestellt.

HINWEIS

In diesem Abschnitt erfahren Sie vieles über die optimale Belichtung von Bildern. Grundsätzlich gilt aber natürlich: Optimal ist, wenn das Bild gefällt. Für die hier beschriebene Beurteilung wird angenommen, dass eine Detailzeichnung in allen Bereichen des Bildes gewünscht wird.

Verlauf der Gesamthelligkeit | Der graue Verlauf im Histogramm gibt also die Gesamthelligkeit aller Farben zusammen an. Nur wenn beispielsweise mindestens ein Pixel alle drei Grundfarben mit voller Helligkeit besitzt – also Rot, Grün und Blau den Wert 255 besitzen –, kann am linken Rand des Histogramms ein grauer Balken erscheinen. Ein Pixel allein erzeugt aber noch keinen hohen Kurvenausschlag. Nur wenn viele Pixel diesen Wert haben, wird eine Kurve sichtbar. Blitzen hinter dem grauen Graphen nur wenige Farbspitzen auf, besitzt das Bild eine geringe Farbsättigung.

Dieser graue Graph ist für uns der wichtigste. Die Farbkanäle sind nur in zweiter Linie interessant. Ist der Histogrammverlauf in der Gesamthelligkeit optimal, so spielen die Farbgraphen keine Rolle.

▲ **Abbildung 8.12**
Bei Bildern mit einer geringen Farbsättigung deckt sich der Verlauf der Gesamthelligkeit mit den Graphen der Farben.

8.2.2 Beurteilung der Bildqualität mit dem Histogramm

Das Histogramm gibt uns mit den Graphen Informationen über die Qualität eines Bildes bezüglich seiner Zeichnung und seines Helligkeitsverlaufs. Unter Zeichnung oder Detailzeichnung versteht man den Helligkeitsunterschied benachbarter Pixel. Denn nur wenn Pixel von unterschiedlicher Farbe oder Helligkeit sind, kann man die feinen Details in Bildern erkennen.

Eine Aussage über die Bildqualität kann schon bei der Aufnahme getroffen werden, da die meisten Digitalkameras die Darstellung eines Histogramms erlauben. Somit können Sie bereits beim Fotografieren über das Histogramm die Qualität der Aufnahme in Bezug auf ihre Belichtung überprüfen und eventuell mit einer anderen Belichtungswahl eine neue, korrigierte Aufnahme machen.

Optimale Verteilung im Histogramm | Ein Bild gilt dann als optimal belichtet, wenn es weder komplett schwarze noch vollständig weiße Bildstellen hat. Auf das Histogramm bezogen bedeutet dies, dass

ganz rechts und ganz links keine hohen Balken bzw. Spitzen zu sehen sein sollten. Nur dann enthält das Bild alle Details. Am einfachsten erreicht man das bei weichem Vormittags- oder Nachmittagslicht, das von hinten einfällt, oder bei stark bewölktem Himmel.

Aus einem optimal belichteten Bild lassen sich auch ganz bewusst Über- oder Unterbelichtungen erstellen, während dies umgekehrt normalerweise nicht möglich ist.

Überbelichtung | Überbelichtung bedeutet, dass zu viel Licht auf den Sensor gefallen ist. Dabei entstehen viele extrem helle Pixel. Auf der rechten Seite des Histogramms bildet sich ein hoher Berg, und die Detailzeichnung im hellen Bereich geht verloren. Im abgebildeten Beispiel ist davon sogar der Kontrast zwischen Himmel und Wasser betroffen. Fehlt die Detailzeichnung im Bild infolge einer Überbelichtung, so kann sie auch später in der Farbkorrektur nicht wiederhergestellt werden.

▲ **Abbildung 8.13**
Ein optimaler Histogrammverlauf besitzt weder Spitzen an der hellsten (ganz rechts) noch an der dunkelsten Stelle (ganz links).

▼ **Abbildung 8.14**
Bei einem überbelichteten Bild entstehen im rechten Bereich des Histogramms Spitzen. Dort geht die Detailzeichnung verloren.

Gegenlicht | Mit Überbelichtungen kämpft man vor allem bei Gegenlicht. Fotografieren Sie direkt in die Sonne, werden Sie das nicht vermeiden können. Sie laufen nämlich sonst Gefahr, dass der Rest des Bildes unterbelichtet wird. Hier hilft es nur, im Notfall das Schicksal zu akzeptieren und sein Augenmerk auf den Rest des Bildes zu lenken.

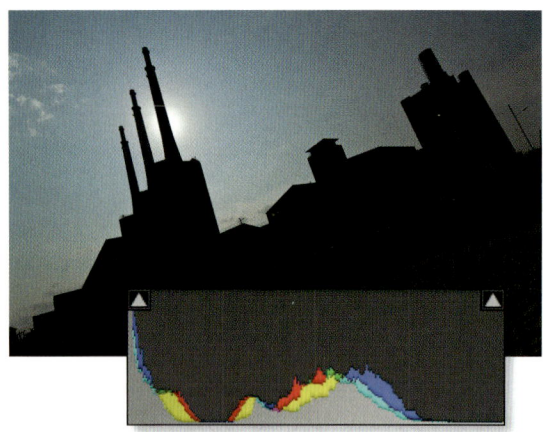

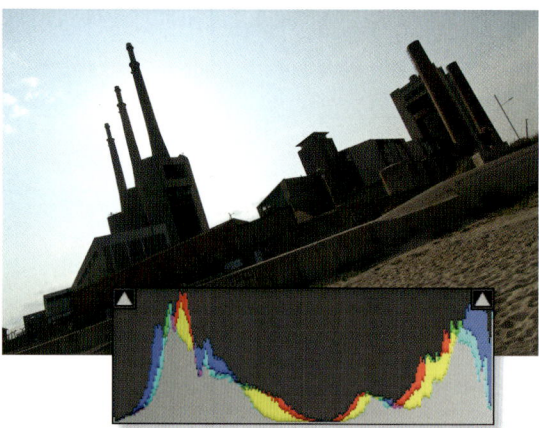

▲ **Abbildung 8.15**
Versucht man bei Gegenlichtaufnahmen durch geringe Belichtung die Detailzeichnung an den hellen Stellen zu erhalten, so erhält man meist eine eher unterbelichtete Aufnahme.

▲ **Abbildung 8.16**
Bei Gegenlicht ist ein Überstrahlen der Sonne nicht zu vermeiden. Es entsteht zwar eine Spitze im Histogramm, dafür erkennt man aber noch die Details in den anderen Bereichen.

Unterbelichtung | Bei der Unterbelichtung eines Bildes entsteht das gleiche Problem wie bei der Überbelichtung – nur auf der anderen Seite des Histogramms. Das vorhandene Licht reicht in einem solchen Fall nicht aus, um die Detailinformationen in den dunklen Bildbereichen zu erhalten.

Abbildung 8.17 ▶
Bei einem unterbelichteten Bild entstehen am linken Rand des Histogramms Spitzen. Dabei geht die Detailzeichnung in den dunklen Bereichen verloren.

▲ Abbildung 8.18
Der Hintergrund ist bewusst unterbelichtet, um störende Objekte auszublenden. Das Augenmerk liegt dabei auf der Person und der Fischtheke.

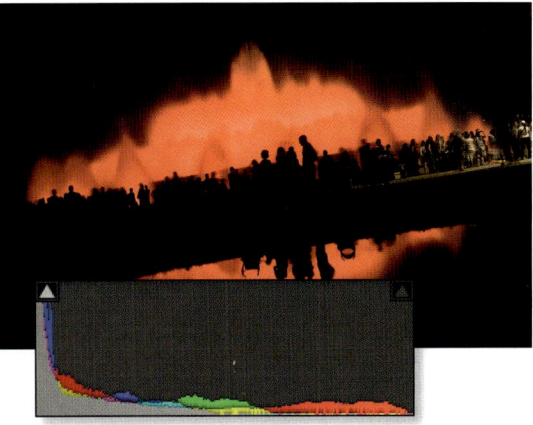

▲ Abbildung 8.19
Hier heben sich die Personen als Silhouetten von den Wasserspielen des Brunnens ab. Durch die Unterbelichtung wird auch kein Rauschen im Bild sichtbar.

Natürlich gibt es auch gewollte Unterbelichtungen – zum Beispiel bei Nachtaufnahmen oder um Personen und Gegenstände im Licht besser hervorzuheben. Dabei wird der unerwünschte Hintergrund ausgeblendet. Das satte Schwarz verdeckt auch das Bildrauschen, das besonders bei langen Belichtungszeiten und bei hohen Empfindlichkeiten in dunklen Bereichen auftritt.

Extremer Dynamikumfang | Leider besitzen Digitalkameras einen eher geringen Dynamikumfang. Dieser liegt im Bereich von vier bis sechs Blendenstufen. Durch das RAW-Format lässt sich der Umfang zwar etwas erweitern, allerdings gibt es bislang keine Geräte, die diesen Helligkeitsumfang tatsächlich reproduzieren können.

◀ Abbildung 8.20
Spitzen am rechten und linken Rand des Histogramms zeigen einen zu hohen Dynamikumfang an.

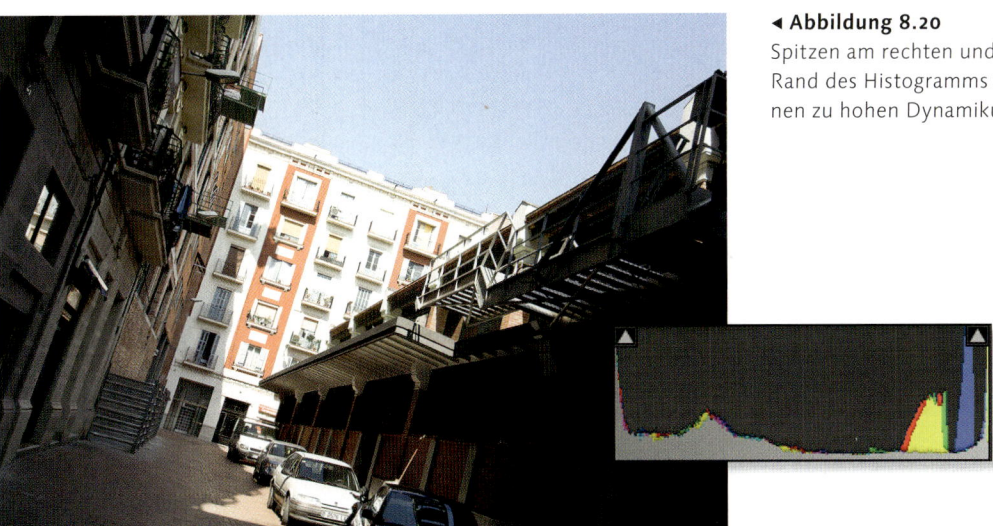

Daher werden Sie vor allem dann Probleme bekommen, wenn sehr helle und sehr dunkle Stellen zugleich im Bild vorkommen.

Charakteristisch sind Spitzen an beiden Seiten des Histogramms. Da bei RAW-Daten eine Unterbelichtung besser ausgeglichen werden kann, sollten Sie in diesem Fall darauf achten, die hellen Stellen entweder gar nicht oder nur ganz wenig überzubelichten. Das Rauschen an den dunklen Stellen nimmt dann allerdings zu. Um auf Nummer sicher zu gehen, machen Sie einfach eine Belichtungsreihe.

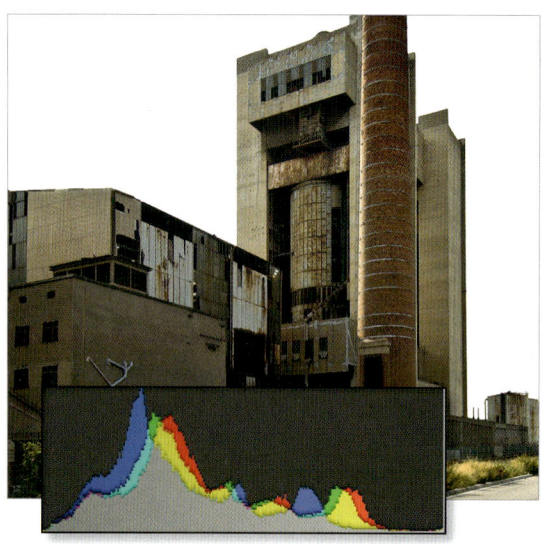

▲ **Abbildung 8.21**
Bilder mit überbelichteten Bereichen besitzen im Histogramm am linken Rand eine Spitze und oft eine Lücke zu den nächstdunkleren Werten.

▲ **Abbildung 8.22**
Die Überbelichtung lässt sich hier nicht mehr korrigieren. Das ist in diesem Beispiel allerdings kein Beinbruch. Die gewollte Wirkung bleibt dennoch erhalten.

8.2.3 Fehlbelichtungen im Histogramm erkennen

Manchmal werden Sie es nicht vermeiden können, dass Teile des Bildes über- oder unterbelichtet werden. Fotografiert man im RAW-Modus, so hat man die Möglichkeit, Fehlbelichtungen auch noch im Nachhinein zu korrigieren – in einem gewissen Rahmen zumindest. Es gibt dabei zwei Aspekte zu beachten: Unterbelichtungen zu korrigieren bedeutet erhöhtes Rauschen in den dunklen Bildpartien. Überbelichtung verursacht einen Photonenüberlauf zwischen den Sensorelementen, was die Farben verfälschen kann und somit das Korrigieren erschwert.

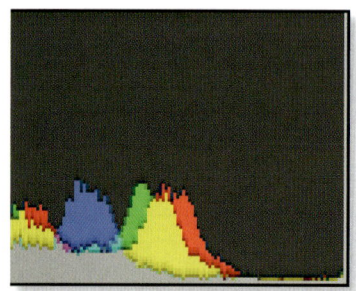

▲ **Abbildung 8.23**
Überbelichtungen, die extreme Spitzen aufweisen, lassen sich nicht mehr korrigieren.

Wie viel man über- oder unterbelichten kann, ist unter anderem von der Kamera abhängig. Haben Sie schon Erfahrungswerte mit Ihrem Gerät gesammelt, können Sie bereits am Verlauf des Histogramms erkennen, ob sich eine Fehlbelichtung überhaupt noch korrigieren lässt.

▲ **Abbildung 8.24**
Knapp überbelichtete Bilder enthalten in der Regel so
viel Reserven ...

▲ **Abbildung 8.25**
... dass in der Korrektur noch Details herausgearbeitet
werden können.

Steigt das Histogramm in den Grenzbereichen plötzlich an und
klafft eine Lücke zu den nächsten Werten, deutet das auf einen
großen Bereich mit extremer Helligkeit oder Dunkelheit hin. Diese
Stellen lassen sich meist nicht mehr nachkorrigieren. Aber wie an
den Beispielen zu erkennen ist, stört eine Überbelichtung auch
nicht grundsätzlich.

▲ **Abbildung 8.26**
Bei Gegenlicht neigt man zur Unterbelichtung. Wenn
Sie diese aber in Grenzen halten, ...

▲ **Abbildung 8.27**
... können Sie diese jedoch fast vollständig korrigieren.
Ein Blitz zum Aufhellen wäre hier dennoch hilfreich
gewesen.

Wenn man aufgrund des Helligkeitsumfangs keine andere Möglichkeit hat, als eine Über- oder Unterbelichtung in Kauf zu nehmen,
sollte man beim Fotografieren darauf achten, dass im Histogramm
die Helligkeitswerte neben den Spitzen möglichst weich ansteigen

▲ Abbildung 8.28
Weiche Anstiege im Histogramm weisen auf Detailzeichnung trotz Überbelichtung hin. Hier hat man gute Chancen, die Überbelichtung zu korrigieren.

beziehungsweise abfallen. Das bedeutet, dass in diesen Bereichen noch Detailzeichnung vorhanden ist, und das heißt wiederum, dass man von der optimalen Belichtung nicht allzu weit entfernt sein kann. Eine halbe oder ganze Blende lässt sich dann meist noch problemlos korrigieren. In einem solchen Fall ist es immer besser, das Bild unterzubelichten.

8.2.4 Hellste und dunkelste Stellen anzeigen

Das Histogramm gibt zwar darüber Auskunft, ob ein Bild falsch belichtet ist, über die genaue Stelle und die tatsächliche Menge der über- bzw. unterbelichteten Pixel sagt es jedoch nichts aus. Im Entwickeln-Modul bietet Lightroom aber noch eine andere Möglichkeit, um die hellsten und dunkelsten Pixel anzeigen zu lassen – und zwar direkt dort, wo sie im Bild vorkommen.

Schritt für Schritt: Vorschau der hellsten und dunkelsten Pixel

1   **Anzeige der dunkelsten Pixel temporär aktivieren**

Achten Sie darauf, dass Sie sich im Entwickeln-Modul befinden. Bewegen Sie den Mauszeiger über das linke Dreieck am rechten oberen Rand des Histogramms.

Sobald sich der Mauszeiger über dem Dreieck befindet, wird er zum Handcursor. Zugleich werden jetzt im Ansichtsfenster alle Pixel, die im Bild rein schwarz sind, in Blau dargestellt.

Wenn Sie den Mauszeiger wieder von dem Dreieck wegbewegen, werden die Pixel in ihrer Originalfarbe angezeigt.

▲ Abbildung 8.29 ▶
Über das linke Dreieck-Symbol wird die Vorschau der dunkelsten Stellen im Bild aktiviert.

2 Anzeige dauerhaft aktivieren

Um die Anzeige der dunkelsten Pixel dauerhaft zu aktivieren, klicken Sie das Dreieck an. Das Feld wird daraufhin weiß umrandet, und die Tiefenwarnung bleibt nun im Bild, auch wenn Sie die Maus von dem Dreieck wegbewegen.

Nicht immer sind die dunkelsten Pixel im Bild schwarz. Sie können auch nur aus einer oder zwei anderen Farben bestehen. Dies wird durch die Färbung des Dreiecks angezeigt. Neben den Grundfarben (Rot, Grün, Blau) und den Komplementärfarben (Cyan, Magenta, Gelb) gibt es noch Weiß als neutralen Ton sowie Grau. Letzteres bedeutet, dass kein Pixel mit einem Helligkeitswert von Null in mindestens einer Farbe vorkommt.

3 Anzeige der hellsten Pixel aktivieren

Analog zu den dunkelsten Pixeln funktioniert auch die Vorschau der hellsten Pixel. Diese werden rot eingefärbt.

Bewegen Sie den Mauszeiger zur Anzeige der hellsten Pixel über das rechte Dreieck des Histogramms.

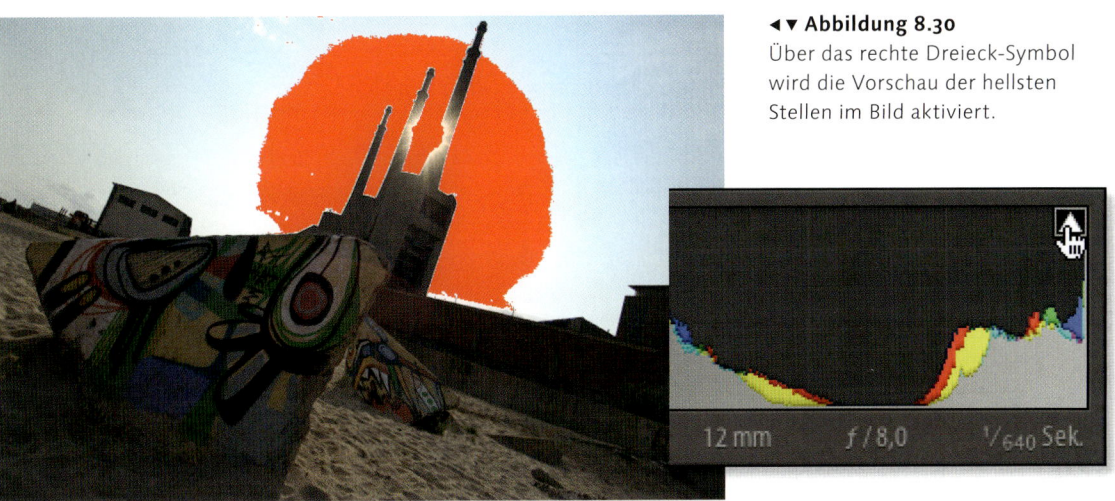

◄▼ **Abbildung 8.30**
Über das rechte Dreieck-Symbol wird die Vorschau der hellsten Stellen im Bild aktiviert.

Klicken Sie auch hier das Dreieck an, um die Warnung der hellsten Pixel dauerhaft festzulegen. Ein weiteres Anklicken entfernt die Vorschau wieder. ■

8.3   Grundeinstellungen

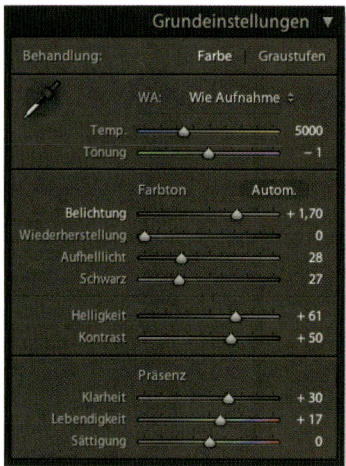

▲ **Abbildung 8.31**
Das Bedienfeld GRUNDEINSTELLUN-GEN im Entwickeln-Modul gibt die richtige Reihenfolge der Bearbeitungen vor. Gehen Sie immer von oben nach unten vor.

Die Anordnung der Bedienfelder und Parameter gibt einen möglichen Entwicklungsablauf vor. Als Erstes wird im Bedienfeld GRUND-EINSTELLUNGEN ausgewählt, ob man aus dem digitalen Negativ ein Farbbild oder ein Schwarzweißbild entwickeln möchte. Diese Entscheidung hat Auswirkung auf die Regler darunter.

Als Nächstes führt man den Weißabgleich durch. Anschließend werden – am besten genau in dieser Reihenfolge – Belichtung, Lichter, Schatten, Helligkeit und Kontrast korrigiert. Danach kann man dann noch die Klarheit – eine Art großflächige Scharfzeichnung zur Erhöhung der Tiefenwirkung – und Sättigungseinstellungen anpassen. Doch beginnen wir mit dem ersten Parameter:

8.3.1   Farbe oder Graustufen?

Am Anfang einer jeden Korrektur steht die Entscheidung, ob man ein Farb- oder ein Graustufenbild wünscht. Denn davon hängen wiederum weitere Steuerelemente ab. Alle Parameter, die die Sättigung betreffen, werden im Graustufenmodus deaktiviert.

Um von Farbe auf Graustufen umzuschalten, klicken Sie im Bedienfeld BEHANDLUNG auf GRAUSTUFEN. Sie können jederzeit wieder in den Farbmodus zurückkehren, indem Sie den Begriff FARBE anklicken.

▲ **Abbildung 8.32**
Grundsätzlich werden digitale Fotos in der Kamera in Farbe aufgenommen. Farben bieten viele Parameter, über die das Bild bearbeitet werden kann.

▲ **Abbildung 8.33**
Farbbilder können jedoch auch in Graustufenbilder umgewandelt werden. Sättigungseinstellungen sind dann nicht mehr möglich.

 **Video-Training**

Zum Thema »Die RAW-Basisent-wicklung« finden Sie eine Video-Lektion auf der Buch-DVD.

Grundsätzliche Farbeinstellungen wie Weißabgleich und selektive Farbkorrekturen sind auch im Graustufenmodus möglich, da sie Einfluss auf die Umwandlung der einzelnen Farben in Graustufen haben.

8.3.2 Weißabgleich

Wann ist Weiß wirklich weiß? Je nach der Lichtfarbe, die abhängig von Tageszeit und Wetter schwanken kann, erscheint das Weiß im Bild anders, da die Zusammensetzung der Farben im Licht variiert. Nachmittags bei Sonnenschein haben wir rötlicheres Licht als mittags oder bei bewölktem Himmel. Dann ist das Licht bläulicher und wirkt kälter. Die Färbung des Lichts wird in der Farbtemperatur definiert und in Grad Kelvin angegeben. Mehr über die Zusammensetzung von Licht und über die Farbtemperatur können Sie auf Seite 43 nachlesen.

Unser Gehirn korrigiert die Farbtemperatur so, dass für uns Weiß immer als Weiß erscheint — egal welchen Farbstich es besitzt. Bei Fotos schaltet unser Gehirn diese Korrektur aber ab, und somit erscheint uns dort Weiß manchmal rötlicher oder bläulicher – ganz abhängig von den Lichtverhältnissen bei der Aufnahme. Die Korrektur muss also noch zusätzlich stattfinden. Das geht entweder beim Fotografieren selbst oder in der Nachbearbeitung.

Es muss also ein Weißabgleich vorgenommen werden. Dabei wird ein Farbwert gemessen und dessen Abweichung von einem reinen Weiß beziehungsweise neutralen Grauton mit gleicher Helligkeit analysiert. Anschließend wird die Färbung des Bildes so weit korrigiert, bis der gemessene Punkt eine neutrale Färbung besitzt.

In Lightroom gibt es oben im Bedienfeld GRUNDEINSTELLUNGEN vier Steuerelemente zur Einstellung des Weißabgleichs.

Auswahl einer voreingestellten Farbtemperatur | Neben der Parameterbezeichnung WA (WEISSABGLEICH) befindet sich ein Dropdown-Menü. Dieses ist, solange Sie noch keinen anderen Wert eingestellt haben, mit WIE AUFNAHME beschriftet. Dabei wird die im Bild gespeicherte Weißlichtangabe der Kamera übernommen.

▲ Abbildung 8.34
Dreimal dasselbe Motiv. Durch die unterschiedliche Lichtfärbung (Farbtemperatur) entsteht jedes Mal ein anderer Eindruck.

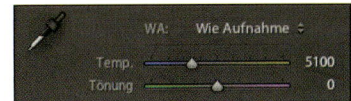

▲ Abbildung 8.35
Die Einstellregler für den Weißabgleich

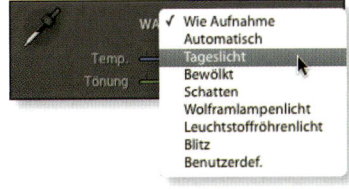

▲ Abbildung 8.36
Über ein Dropdown-Menü kann aus einer Liste von voreingestellten Farbtemperaturen ausgewählt werden.

▲ Abbildung 8.37
Das Ausgangsbild, wie es von der Kamera gesehen wird. Der Wert 4 900 K ist etwas zu niedrig. Die Farben wirken kalt.

▲ Abbildung 8.38
Hier wurde über das Menü die Voreinstellung Tages-licht angewendet. Dieser Wert kommt dem realistischen Eindruck schon sehr nahe.

▲ Abbildung 8.39
Der Weißabgleich Automatisch wählt eine zu hohe Farbtemperatur. Das Bild wirkt gelblich – ähnlich wie ein alter Abzug auf Fotopapier.

▲ Abbildung 8.40
Der manuell eingestellte Wert verstärkt noch etwas das warme Licht im Gegensatz zum Wert des Tageslichts. Das ist für diese Aufnahme die optimale Lösung.

Klicken Sie das Dropdown-Menü an, können Sie aus verschiedenen Lichtsituationen auswählen oder Automatisch eine Korrektur durchführen lassen. Diese sucht sich einen hellen, möglichst neutralen Wert und führt anhand dessen den Weißabgleich durch.

Sie können auch wieder zur Kameraeinstellung zurückkehren, wenn keiner der Werte den gewünschten Effekt bringt.

Halbautomatischer Weißabgleich mit der Pipette | Im Gegensatz zum vollautomatischen Weißabgleich können Sie hier den Wert, der als neutral gelten soll, selbst auswählen.

Dazu steht Ihnen ein eigenes Werkzeug zur Weißabgleichsauswahl [W], auch Pipette genannt, zur Verfügung.

▲ **Abbildung 8.41**
Pipette zur Weißabgleichsauswahl

Schritt für Schritt: Weißabgleich mit der Pipette

1 Pipette aktivieren

Zur Aktivierung der Pipette klicken Sie sie einfach an. Sie wird dann von der Oberfläche gelöst und folgt dem Cursor ins Bild.

2 Neutralen Farbton auswählen

Bewegen Sie die Pipette über das Bild, so erscheint zusätzlich die Lupe. Diese zeigt Ihnen in einem Fenster die aktuellen und umliegenden Pixel vergrößert an. Dadurch können Sie genau das Pixel wählen, das Sie als Referenzton benutzen wollen.

▲ **Abbildung 8.42**
Bei der Pipette wird die Lupe angezeigt. Sie zeigt das aktuelle Pixel in starker Vergrößerung an. Im Navigator erhalten Sie eine Vorschau des Weißabgleichs. Wählen Sie am besten eine Stelle mit einem neutralen Grauton aus – wie in diesem Beispiel.

Das Umschalten auf die 1:1-Ansicht kann noch zusätzlich helfen, da die Bewegung der Maus in einer verkleinerten Ansicht oft mehrere Pixel überspringen kann.

Klicken Sie zur Auswahl das gewünschte Pixel mit der Maustaste an. Die Wahl des richtigen Farbwertes ist entscheidend für die Farbwirkung im Bild. Im Beispiel nehmen wir mit der Pipette einen Wert von einer weißen Wand auf, die weder komplett im Schatten liegt noch direkt von der Sonne angestrahlt wird. Dieser Punkt wird anschließend als neutral definiert und das Bild entsprechend korrigiert.

3 **Ablegen der Pipette**

Die Pipette bleibt auch nach der Auswahl des Farbwertes als Werkzeug aktiv. Sie können damit jederzeit ein anderes Pixel auswählen und verschiedene Weißabgleiche ausprobieren. Um die Pipette abzulegen, führen Sie sie zurück in das Bedienfeld und klicken Sie einmal. Der Bereich ist durch ein dunkelgraues Feld gekennzeichnet. Oder Sie drücken einfach erneut die Taste W . ■

Stimmung beim Weißabgleich erhalten

Wenn man den Weißabgleich durchführt, sollte man sich möglichst an die Stimmung während des Fotografierens erinnern. In dieser Situation ist die in der Kamera gewählte Farbtemperatur zu niedrig (links), und das Bild wirkt zu warm. Das Anwählen einer weißen Fläche im Kerzenschein hat hier zur Folge, dass die Stimmung verloren geht. Die Bilder sehen dadurch eher so aus, als seien sie bei Blitzlicht fotografiert worden (Mitte). Stellen Sie den Weißabgleich manuell ein. Dabei können Sie die Stimmung besser kontrollieren (rechts). Nur bei rein technischen Reproduktionen – zum Beispiel beim Abfotografieren von Gemälden – ist ein genauer Weißabgleich nötig.

Manueller Weißabgleich | Beim manuellen Weißabgleich können Sie über den Schieberegler einen beliebigen Wert zwischen 2000 und 5000 Grad Kelvin angeben.

Verschieben Sie den Regler TEMP. (Temperatur) so weit, bis Sie den gewünschten Eindruck erhalten.

Tönung | Wenn die Bilder nach dem Weißabgleich noch einen Farbstich aufweisen, so können Sie diesen durch den Regler TÖNUNG (Farbton) eliminieren. Durch Verschieben des Reglers nach links bringen Sie mehr Grün, nach rechts mehr Magenta ins Bild.

Weißabgleich ohne RAW | Arbeiten Sie in Lightroom mit JPEG-, TIFF- oder Photoshop-Dateien, fehlt Ihnen die Information über die Original-Farbtemperatur des Bildes. Eine Weißabgleicheinstellung wie bei RAW-Daten funktioniert dann nicht.

◀▲ **Abbildung 8.43**
Bei der Korrektur von Nicht-RAW-Daten kann keine echte Korrektur der Farbtemperatur nach Werten erfolgen. Man kann sie jedoch relativ zur derzeitigen Darstellung verschieben und somit das Bild wärmer oder kälter erscheinen lassen.

Aus diesem Grund können Sie keine Temperaturvoreinstellung auswählen. Auch der Schieberegler für die Temperatur sieht anders aus: Er steht nicht auf einem Temperaturwert, sondern bietet nur die Möglichkeit, das Bild kälter oder wärmer erscheinen zu lassen.

▲ **Abbildung 8.44**
Mit einer kälteren Färbung wirkt das Bild blauer.

▲ **Abbildung 8.45**
Mit einer wärmeren Färbung wirkt das Bild gelblich.

Tageslicht-Diafilme sind beispielsweise auf eine Temperatur von ca. 5500 Kelvin geeicht und erfordern somit bei anderen Lichtverhältnissen unter Umständen eine Anpassung. Negativfilme sind da etwas »verträglicher«. Farbstiche lassen sich auch noch bei der Vergrößerung herausfiltern.

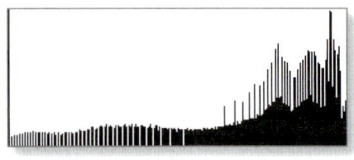

▲ Abbildung 8.46
Eine Helligkeitskorrektur in einem 8-Bit-Bild zeigt im Histogramm von Photoshop Lücken. Diese entstehen, da nicht genügend Tonwertabstufungen vorhanden sind.

Werden Negative digital eingescannt, wird man den gewünschten Farbeindruck bereits während des Erfassens in der Scansoftware erstellen. Denn in diesem Fall kann jede Korrektur einen Informationsverlust bedeuten. Man arbeitet hier selten mit einer 16-Bit-Farbtiefe pro Kanal, und 8 Bit besitzen nicht genügend Abstufungen, um größere Farb- und Helligkeitskorrekturen durchzuführen.

8.3.3 Farbton

Über die Steuerelemente des FARBTON-Bedienfeldes können Sie die Belichtung, Helligkeit, den Kontrast und die Detailzeichnung der Lichter und Schattenpartien eines Bildes justieren. Diese Parameter sind neben dem Weißabgleich die wichtigsten und wohl am häufigsten eingesetzten in der RAW-Entwicklung.

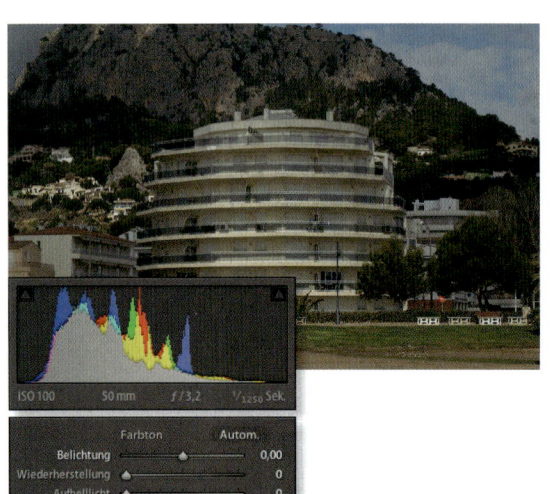
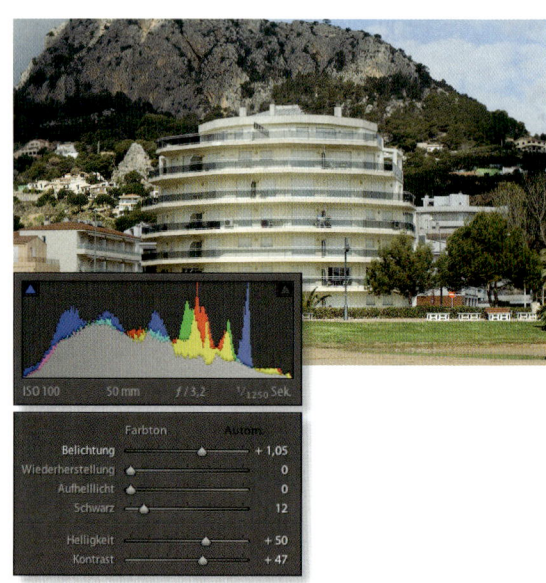

▲ ▶ Abbildung 8.47
Im Histogramm links erkennt man, dass zwar alle Helligkeiten vorhanden sind, trotzdem ist das Bild zu dunkel und besitzt keine »Strahlkraft«. Die automatische Anpassung streckt das Histogramm (rechts) bis an die Grenzen, hellt das Bild auf und erhöht den Kontrast. Nicht immer funktioniert die Automatik so gut wie hier.

Automatische Korrektur | Die automatische Farbtonoptimierung passt alle Parameter der Steuerelemente des Bedienfeldes automatisch an. Die Automatik kann Bilder nur nach ihren internen Regeln angleichen. Daher dient sie eher nur für grobe Korrekturen.

Sie hilft vor allem dann, wenn man viele Bilder schnell anpassen muss, um sie beispielsweise beim Kunden in einer Vorauswahl zu präsentieren, oder als Ausgangspunkt für manuelle Korrekturen, die für eine Feinoptimierung des Farbtons auf jeden Fall erforderlich sind. Doch dazu gleich mehr.

Zum Aktivieren der Automatik klicken Sie zunächst auf die Schaltfläche AUTOM. (Automatisch) rechts neben FARBTON.

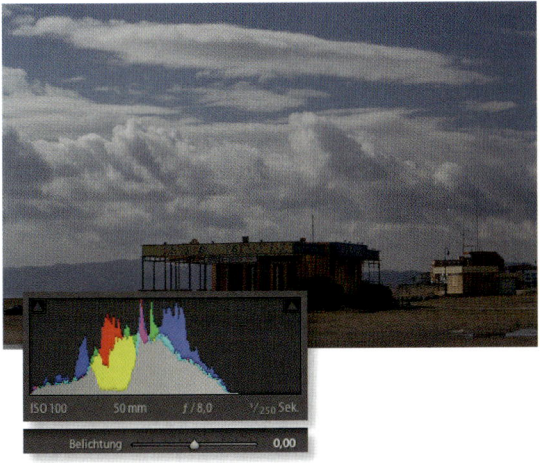 

Belichtung | Der Belichtungsregler simuliert eine Belichtungsänderung, wie sie eine Veränderung der Blende bzw. Verschlusszeit an der Kamera bewirken würde. Dabei werden vor allem die helleren Bildbereiche stärker beeinflusst als die dunkleren.

Die Belichtungskorrektur in Lightroom ist nur für eine globale Korrektur der Belichtung geeignet und arbeitet am besten bei unterbelichteten Bildern. Sie ist nicht zum Aufhellen ausgesuchter dunkler Bildstellen geeignet, die hellen Bereiche würden dabei zu stark mitverändert.

Bei stark unterbelichteten Bildern ist eine kombinierte Anpassung aus BELICHTUNG und HELLIGKEIT oftmals effektiver, da die Verschiebung hier für den gesamten Helligkeitsbereich stattfindet.

▲ **Abbildung 8.48**
Ein unterbelichtetes Bild vor (links) und nach der Belichtungskorrektur (rechts).

Bei Überbelichtungen mit sehr hellen und dunklen Stellen ist die Belichtungskorrektur überfordert. Der Einflussbereich in den dunklen Bereichen ist wiederum so groß, dass hier auch Stellen abgedunkelt werden, die besser hell bleiben sollten. Lightroom bietet für solche Fälle das Steuerelement WIEDERHERSTELLUNG.

▲ **Abbildung 8.49**
Bei einem überbelichteten Bild werden bei einer Veränderung der Belichtung auch die Töne abgedunkelt, die bestehen bleiben sollen.

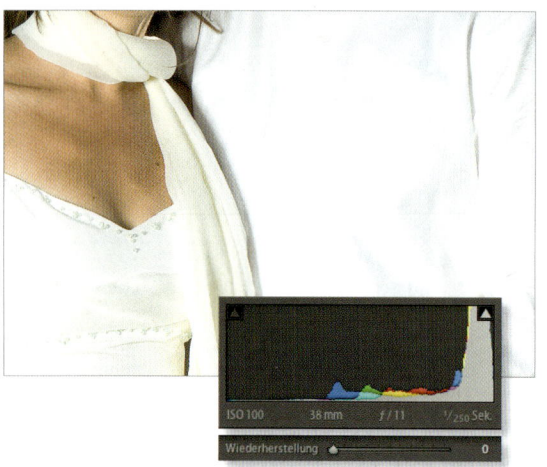

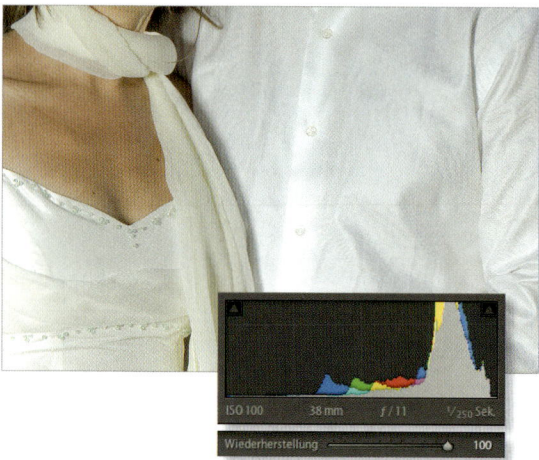

▲ **Abbildung 8.50**
Der WIEDERHERSTELLUNG-Regler
restauriert überbelichtete Bildinhalte und erhöht somit die
Details in den Lichtern.

Wiederherstellung | Mit dem Regler WIEDERHERSTELLUNG kön-
nen Sie die Helligkeit extremer Lichter im Bild reduzieren und die
verloren gegangene Zeichnung in überbelichteten Bildern wiederherstellen – ohne dabei auch die mittleren Helligkeitswerte zu
beeinflussen.

Die Wiederherstellung von Details in den Lichtern erreicht dann
ihre Grenzen, wenn die Überbelichtung alle drei Farbkanäle betrifft
und mehrere Blendenstufen umfasst. Auch lassen sich die Details
nur dann restaurieren, wenn dies auch über die Belichtung der
Kamera möglich gewesen wäre. Eine extreme Überbelichtung lässt
sich nicht korrigieren.

Auch unerwünschte Effekte an Kanten mit hohem Kontrast sollten Sie stets im Auge behalten. Treffen helle und dunkle Flächen
aufeinander, kann es zu störenden Kontrastverschiebungen im
Übergangsbereich kommen. Hier ist der Wirkungsbereich des Steuerelements zu eng. Daher sollten Sie diese Stellen am besten in der
1:1-Ansicht kontrollieren.

Abbildung 8.51 ▶
Bei angrenzenden Flächen mit
hohem Kontrast kann es zu uner-
wünschten Kanteneffekten – wie
hier im rechten Bild zur Saumbil-
dung – kommen.

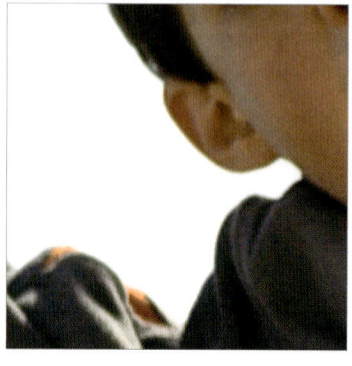

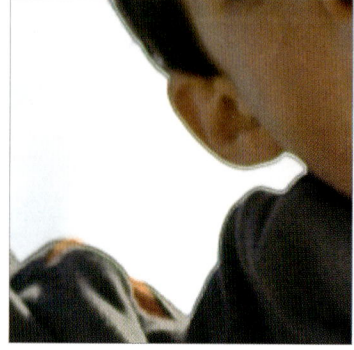

Aufhelllicht | Der Regler AUFHELLLICHT verhält sich ähnlich wie
der für die Wiederherstellung, er beeinflusst aber nur die dunk-

len, »zugelaufenen« Stellen im Bild. Die Korrektur erhöht damit die Detailzeichnung und die Helligkeit in den Schattenpartien des Bildes und lässt dabei die absoluten Schwarztöne nahezu bestehen.

Dies ist zum Beispiel sehr hilfreich bei Gegenlichtaufnahmen, da sich damit nur die unterbelichteten Bereiche aufhellen lassen können. Auch in Aufnahmen, die am Abend entstanden sind, erhöht der Parameter die meist nicht mehr optimale Detailzeichnung in den Schatten.

▼ **Abbildung 8.52**
Das AUFHELLLICHT erhöht die Helligkeit und die Details in den Schattenpartien – hier in den Bäumen und im Gras.

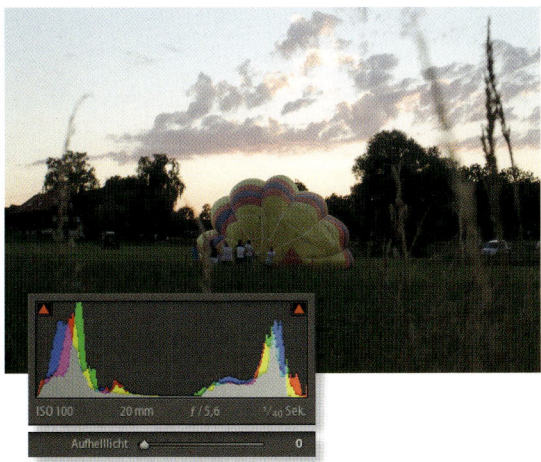 

Bei stark unterbelichteten Bereichen gibt es aber einen unschönen Nebeneffekt: Das Bildrauschen wird verstärkt, weil das Rauschen des Sensors stärker sichtbar wird. Zusätzlich sind in dunklen Bildpartien nicht genug Helligkeitsabstufungen vorhanden (siehe Seite 80).

◄ **Abbildung 8.53**
Sicher ein Extremfall, aber die Zunahme des Rauschens durch das AUFHELLLICHT wird in diesem Beispiel gut sichtbar.

Schwarz | Dieser Parameter legt fest, welche Werte im Bild wirklich schwarz dargestellt werden sollen. Wird der Wert erhöht, werden Farbtöne, die bisher nicht schwarz waren, dunkler. Nahezu schwarze Töne werden dann vollends schwarz.

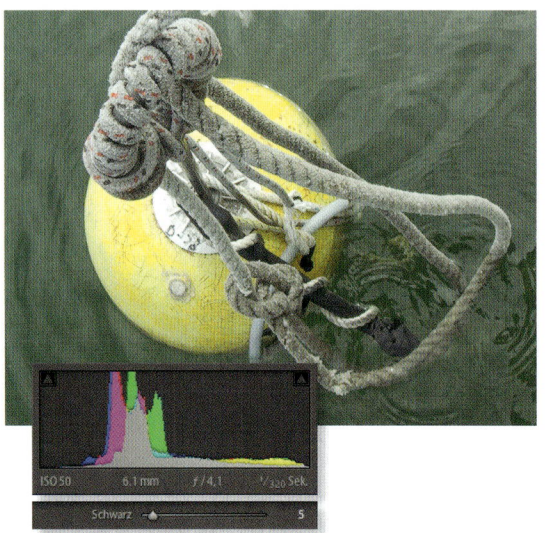
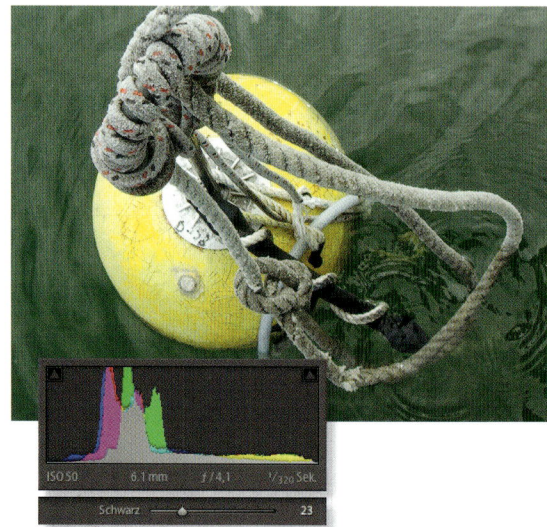

▲ Abbildung 8.54
Das Steuerelement SCHWARZ regelt nur die dunkelsten Stellen des Bildes. Bei überbelichteten Bildern erhöht es den Kontrast.

Überbelichtete Bilder erhalten somit mehr Kontrast. Aber auch aufgehellte Schwarztöne, die durch eine Anwendung des Parameters AUFHELLLICHT entstanden sind, kann man mit dem Regler wieder abdunkeln, ohne dabei die Schattenpartien zu stark zu beeinflussen.

Als Anfangswert wird ein Wert von »5« vorgegeben. Durch eine Herabsetzung dieses Wertes ist es möglich, schwarze, unterbelichtete Bildbereiche aufzuhellen und diesen mehr Tiefenzeichnung zu geben. Vor allem in Kombination mit dem AUFHELLLICHT lassen sich auch in unterbelichteten Bildern noch Details in die Tiefen zaubern. Tiefen werden durch dieses Steuerelement stärker beeinflusst als helle Stellen.

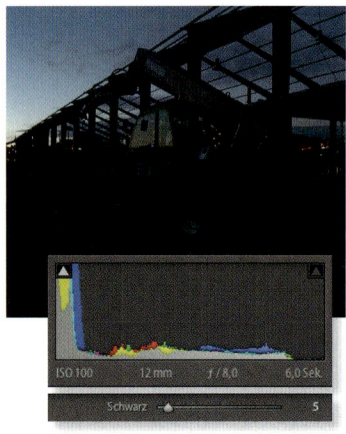
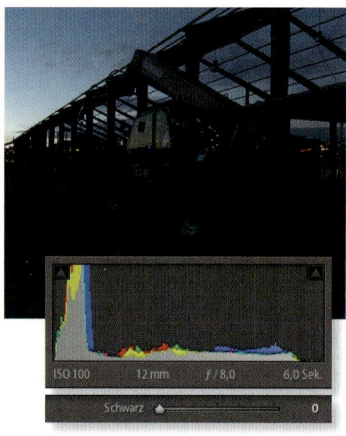

▲ Abbildung 8.55
Reduziert man den SCHWARZ-Wert, so lassen sich auch in unterbelichteten Bereichen noch Details erkennen. In Kombination mit dem AUFHELLLICHT können selbst sehr dunkle und unterbelichtete Bereiche noch so weit aufgehellt werden, dass diese wieder Zeichnung bekommen.

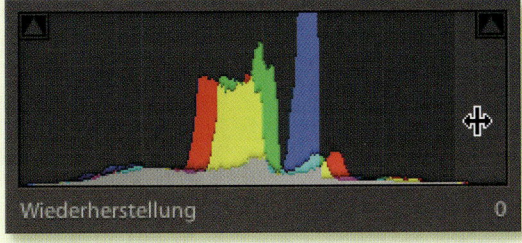
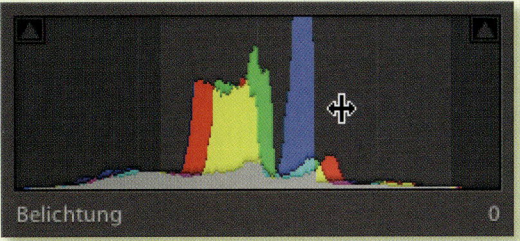
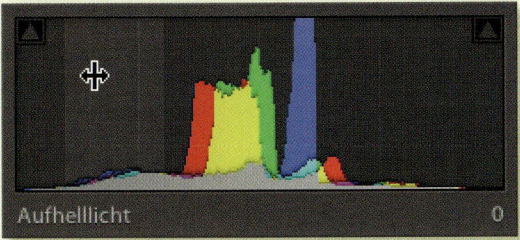
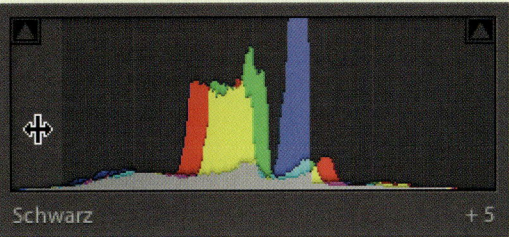

Lightroom bietet die Möglichkeit, die Korrekturen BELICHTUNG, WIEDERHERSTELLUNG, AUFHELLLICHT und SCHWARZ auch direkt im Histogramm durchzuführen. Dies beschleunigt das Korrigieren der Bilder enorm, da alle Änderungen an einer Stelle vorgenommen werden können, ohne zwischen den Steuerelementen hin und her springen zu müssen. Bewegen Sie dafür den Mauszeiger einfach in das Histogramm hinein. Es erscheint ein Verschiebe-Cursor. Je nach Position im His-togramm können Sie jetzt einen der Parameter durch seitliches Ziehen mit gedrückter Maustaste verändern. Den Einflussbereich des Steuerelements erkennen Sie an der hellgrauen Unterlegung im Histogramm. Welchen Parameter Sie gerade modifizieren und welchen aktuellen Wert Sie einstellen, ist unter dem Histogramm angegeben. Zum Beenden der Einstellung lassen Sie die Maustaste einfach wieder los.

Helligkeit | Wie der Name schon verrät, regulieren Sie über diesen Regler die Helligkeit eines Bildes. Am besten stellen Sie diese erst nach der Korrektur von Belichtung, Wiederherstellung, Aufhelllicht und Schwarz ein. Umfangreiche Helligkeitsänderungen wirken sich nämlich auf die Tiefen- beziehungsweise Lichterdetails aus und müssen eventuell nachgeregelt werden.

▼ **Abbildung 8.56**
Das Bild vor und nach dem Einstellen der Helligkeit. Die dunklen Stellen werden aufgehellt und schieben die helleren Stellen im Histogramm nach rechts, hellen diese also ebenfalls auf – jedoch nicht so stark wie mithilfe des Belichtungsreglers.

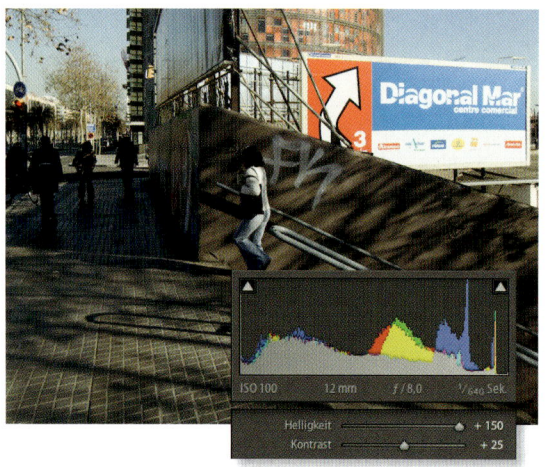
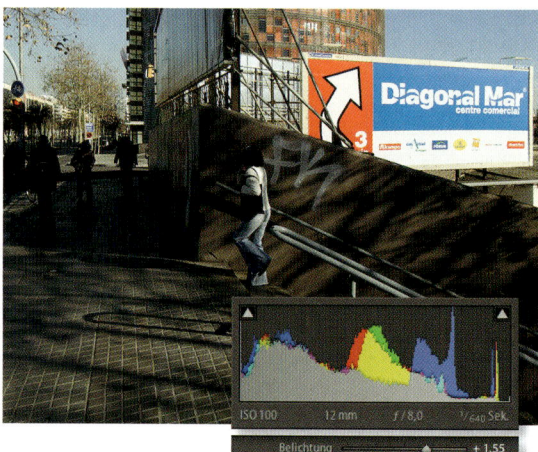

▲ Abbildung 8.57
Die Helligkeitskorrektur wirkt sich auf die mittleren und dunklen Bildbereiche aus. Dafür fehlt dann in den hellen Stellen der Kontrast – das ist gut am Werbeplakat zu sehen. Rechts die Veränderung über den Belichtungsregler.

Die Steuerelemente HELLIGKEIT und BELICHTUNG korrigieren beide die Helligkeit in den Bildern. Vergleicht man die jeweiligen Ergebnisse, so fällt auf, dass bei der Korrektur mit HELLIGKEIT zwar die Mitten bis in die dunklen Bereiche hinein heller werden, in den hellen Bereichen dafür aber der Kontrast verloren geht. Es findet also vor allem eine Aufhellung der Mitten statt. BELICHTUNG regelt hingegen überproportional die hellen Stellen im Bild nach.

Möchte man unterbelichtete Bilder anpassen, ist daher oft eine Kombination aus Belichtungskorrektur und Helligkeitsanpassung am effektivsten. Dabei wird der gesamte Tonwertumfang im Bild aufgehellt, nicht nur die helleren Bereiche oder die Mitteltöne.

Kontrast | Zur Verstärkung des Kontrastes werden die Tiefen abgedunkelt und die Lichter weiter aufgehellt. Damit sich der Detailverlust in Grenzen hält, wirkt sich der Kontrast vor allem auf die Mitten aus. Der Kontrast kann erhöht oder verringert werden, der Schieberegler bietet in beiden Richtungen Spielraum. Eine Reduzierung des Kontrastes kann vor allem bei Bildern mit einem sehr

▼ Abbildung 8.58
Eine Kontrastverstärkung erhöht nebenbei auch die Sättigung im Bild.

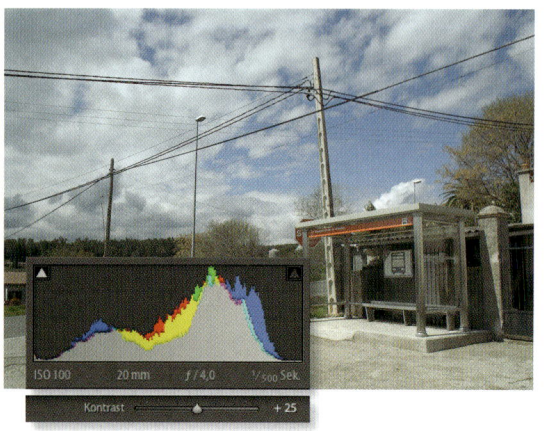
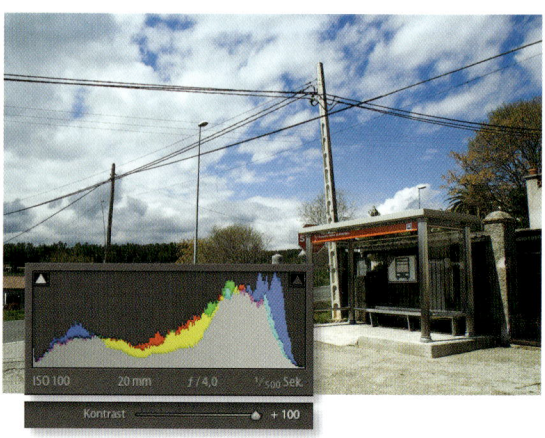

▲ Abbildung 8.59

Eine Kontrastverringerung bewirkt, dass in den Tiefen und Lichtern mehr Details sichtbar werden. Dabei verringert sich auch die Sättigung – hier gut am Himmel zu erkennen.

hohen Dynamikumfang hilfreich sein, um darin die Tiefen- und Lichterdetails zu verstärken. Außerdem wirkt das Bild dann in den Tiefen heller. Dabei kann man im Histogramm erkennen, dass die Kontrastminderung die extremen Tiefen und Lichter in die Mitte des Histogramms zieht.

8.3.4 Präsenz

Das Bedienfeld PRÄSENZ beinhaltet drei Steuerelemente. Diese regulieren die Sättigung und Tiefenwirkung des Bildes. Im Einzelnen:

Klarheit | Dieses Steuerelement arbeitet wie ein Scharfzeichner. Es betrachtet nebeneinanderliegende Punkte und verstärkt dort den Kontrast. Allerdings werden dabei nicht einzelne Pixel verglichen, sondern größere Bildbereiche. Treffen unterschiedlich helle Bereiche aufeinander, so wird hier der Kontrast verstärkt. Dies geschieht auf eine relativ weiche Art, so dass kein Scharfzeichnungseffekt an den Kanten entsteht, sondern nur die gewünschte höhere Tiefenwirkung.

▼ Abbildung 8.60

Die KLARHEIT verstärkt die Tiefenwirkung. Es scheint so, als würde ein Schleier vom Bild genommen.

▲ Abbildung 8.61
Die LEBENDIGKEIT gibt dem Foto ein frischeres, knackigeres Aussehen, ohne dabei den Effekt zu übertreiben.

Lebendigkeit | Mit dem Regler LEBENDIGKEIT erhöhen Sie die Sättigung im Bild. Dabei berücksichtigt dieses Steuerelement die bereits vorhandene Sättigung eines Farbwertes. Werte, die bereits eine höhere Farbsättigung besitzen, sind daher nicht so stark betroffen wie Pixel mit einer niedrigeren Sättigung. Die Korrekturen führen daher zu einer weichen, oftmals angenehmeren Farbsättigung im Bild.

Sättigung | Im Gegensatz zur LEBENDIGKEIT erhöht dieser Regler die Sättigung unabhängig von den vorhandenen Farbwerten. Dadurch kann es vorkommen, dass in bereits gesättigten Bereichen die Detailzeichnung verloren geht. Hier wird jeglicher Kontrast durch die hohe Sättigung überstrahlt.

Darüber hinaus läuft man Gefahr, durch eine hohe Sättigung Probleme in der Druckausgabe zu bekommen, da Farben mit einer extremen Farbsättigung oftmals nicht mehr im Farbraum des Druckers liegen.

▼ Abbildung 8.62
Die SÄTTIGUNG erhöht die Farbsättigung aller Pixel gleich. Dadurch läuft man Gefahr, dass die Bilder unnatürlich wirken. Zusätzlich riskiert man einen Zeichnungsverlust im Druck.

▲ Abbildung 8.63
Bei der Reduzierung der LEBENDIGKEIT werden niedrig gesättigte Pixel stärker reduziert. Dadurch bleiben in stark gesättigten Pixeln auch bei einem Wert von »0« noch Farben sichtbar.

▲ Abbildung 8.64
Bei einer Reduzierung der SÄTTIGUNG auf »0« entsteht ein Graustufenbild, da dem Bild alle Farbwerte entzogen werden.

Die Steuerelemente SÄTTIGUNG und LEBENDIGKEIT lassen natürlich auch die Reduzierung der Sättigung zu. Entsprechend den dahinterliegenden Algorithmen erhält man dabei über die LEBENDIGKEIT ein sehr niedrig gesättigtes Bild, das aber immer noch Farbwerte enthält. Reduziert man hingegen die SÄTTIGUNG auf »0«, so erhält man ein Graustufenbild.

8.4 Gradationskurve

Die Gradationskurve in Lightroom ist eine grafische Darstellung der Tonwertskala. Sie zeigt Änderungen der Tonwerte gegenüber den ursprünglichen Helligkeitswerten an.

Die Gradationskurve verwendet zwei gleich lange Achsen. Auf der X-Achse werden die ursprünglichen Tonwerte aus dem Bild angezeigt. Dabei befinden sich ganz links Schwarz und ganz rechts Weiß.

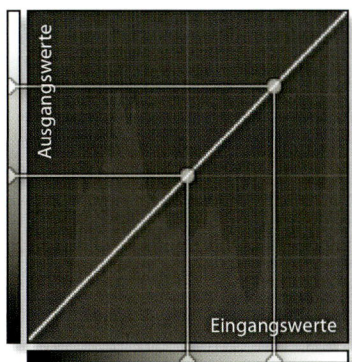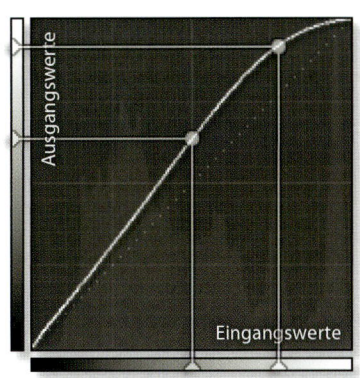

◀ Abbildung 8.65
Bei einer unveränderten Gradationskurve entspricht der Eingangswert dem Ausgangswert (links). Wird die Kurve verändert, so weicht der Ausgangswert vom Eingangswert ab. Die Tonwerte/Helligkeiten im Bild verschieben sich (rechts).

Senkrecht dazu steht auf der Y-Achse die Tonwertskala, die die veränderten Werte repräsentiert. Hier befindet sich Schwarz unten und Weiß oben.

Bei einem unveränderten Bild entspricht der Eingangswert dem Ausgangswert. So entsteht eine Diagonale. Verändert man diese gerade Linie, so verändert sich der Ausgangswert gegenüber dem Eingangswert. So kann man die Helligkeit über die Gradationskurve steuern.

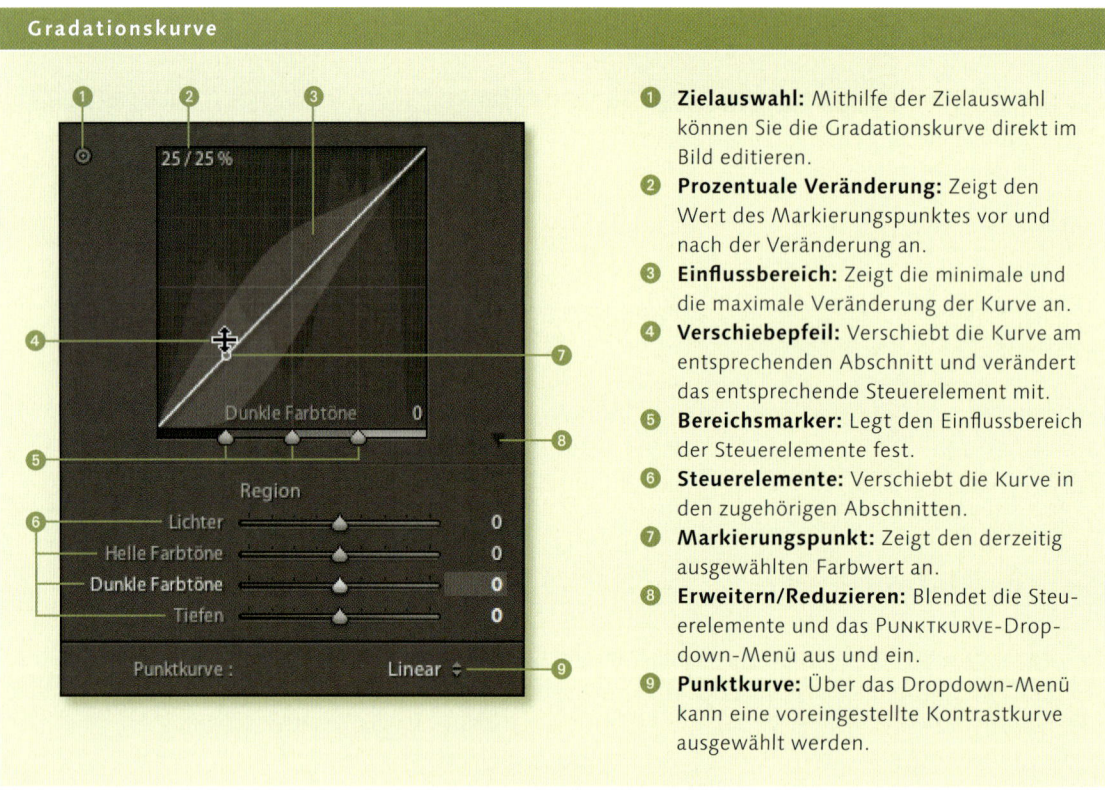

Gradationskurve

① **Zielauswahl:** Mithilfe der Zielauswahl können Sie die Gradationskurve direkt im Bild editieren.

② **Prozentuale Veränderung:** Zeigt den Wert des Markierungspunktes vor und nach der Veränderung an.

③ **Einflussbereich:** Zeigt die minimale und die maximale Veränderung der Kurve an.

④ **Verschiebepfeil:** Verschiebt die Kurve am entsprechenden Abschnitt und verändert das entsprechende Steuerelement mit.

⑤ **Bereichsmarker:** Legt den Einflussbereich der Steuerelemente fest.

⑥ **Steuerelemente:** Verschiebt die Kurve in den zugehörigen Abschnitten.

⑦ **Markierungspunkt:** Zeigt den derzeitig ausgewählten Farbwert an.

⑧ **Erweitern/Reduzieren:** Blendet die Steuerelemente und das PUNKTKURVE-Dropdown-Menü aus und ein.

⑨ **Punktkurve:** Über das Dropdown-Menü kann eine voreingestellte Kontrastkurve ausgewählt werden.

Anpassen der Gradationskurve | Lightroom bietet die Möglichkeit, die Kurve über vier Regler zu beeinflussen. Diese Steuerelemente repräsentieren je einen Abschnitt im Tonwertverlauf. Auch ihr Einflussbereich kann variiert werden. Dies ermöglicht eine sehr genaue Steuerung der Kurve. Zusätzlich kann man aus drei Punktkurven auswählen, die als Basis für Korrekturen verwendet werden können.

Ein weitere wichtige Funktion ist die Möglichkeit, die Kurve über eine Zielauswahl direkt im Bild zu verändern – ähnlich wie beim Histogramm im Graphen.

◄▼ **Abbildungen 8.66, 8.67, 8.68**
Oben: Dies ist das Ausgangsbild
für die Kontraststeigerung über die
Gradationskurve.

Mitte: Eine steilere Kurve bedeutet
eine Verstärkung des Kontrasts –
man erkennt die typische S-Form.

Unten: Wird die Kurve abgeflacht,
wird der Kontrast reduziert.

8.4 Gradationskurve | 245

▲ Abbildung 8.69
Durch Verschieben des Bereichs-
markers für die Tiefen nach links
wird der Einflussbereich des TIE-
FEN-Reglers nur auf die dunkelsten
Farbtöne beschränkt. Dies wird
hier vor allem im Gras sichtbar.

Steuern der Gradationskurve über Regler | Unter der Gradations-
kurve befinden sich vier Regler. Diese regeln jeweils einen Abschnitt.
Unterteilt sind sie in TIEFEN, DUNKLE FARBTÖNE, HELLE FARBTÖNE und
LICHTER. Durch Verschieben dieser Regler wird die Kurve an den
entsprechenden Stellen verformt. Dabei wird die maximal mögliche
Verformung als hellgraue Fläche gleich hinter der Kurve angezeigt.

Werden die dunklen Farbtöne weiter abgedunkelt und gleichzeitig die hellen Farbtöne aufgehellt, so wird die Kurve steiler. Das
ergibt mehr Kontrast. Zu den Enden hin wird die Kurve aber flacher.
Dies gewährleistet, dass die Tonwertänderung zu den weißen und
schwarzen Tönen hin weich verläuft und keine Zeichnung verloren
geht. Eine S-Form steht für eine klassische Kontraststeigerung.

▼ Abbildung 8.70
Die hier dargestellte Gradationskurve entspricht dem Verhalten
eines Diafilms mit hoher Farbsättigung – zum Beispiel eines Fuji
Velvia oder des Kodak Professional
100VS.

Bereichsmarkierung verändern | Um die Gradationskurve möglichst flexibel verändern zu können, kann auch der Einflussbereich der Regler variiert werden. Dazu verschiebt man die Markierungspfeile für die Tiefen, Mitten und Lichter unter der Kurve. Bewegt man die Tiefen-Markierung nach links, steuert man über den Tiefenregler nur die ganz dunklen Stellen im Bild.

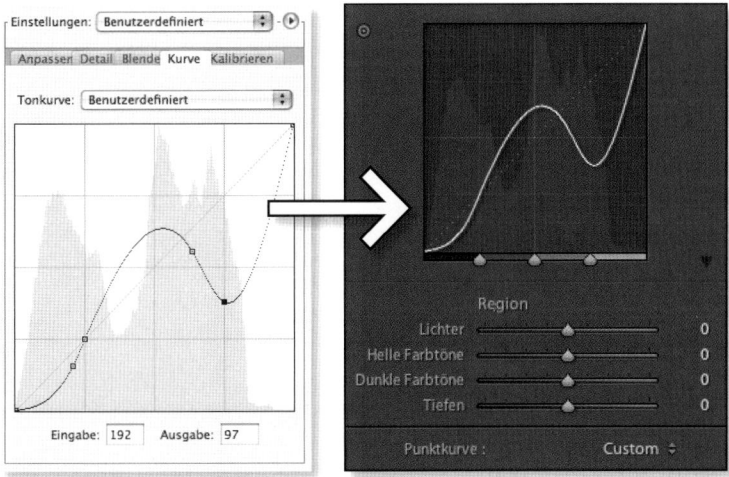

◄ **Abbildung 8.71**
In Adobe Camera Raw erstellte Gradationskurven werden als Punktkurven beim Import von RAW-Dateien übernommen.

Punktkurve einstellen | Punktkurven sind voreingestellte Gradationskurven. Es gibt drei voreingestellte Kurven:

▶ **Linear:** eine lineare Kurve ohne Kontrastverstärkung
▶ **Mittlerer Kontrast:** eine Kurve, bei der die dunklen Töne abgedunkelt werden, dadurch erhöht sich der Kontrast etwas.
▶ **Starker Kontrast:** eine S-Kurve, die den Kontrast verstärkt

Die gewählte Punktkurve wird als neue Gradationskurve angezeigt, die Bereichsregler bleiben jedoch unberührt. Die Standardeinstellung für die Punktkurve ist Mittlerer Kontrast. Haben Sie vor dem Import des Bildes eine eigene Kurve mit Adobe Camera Raw – dem RAW-Konverter von Photoshop – erstellt, so erscheint diese Kurve hier als Custom-Kurve und verhält sich wie eine der anderen Punktkurven. Wählen Sie eine andere Punktkurve aus, so geht die Custom-Kurve verloren.

Anpassen der Kurve im Graphen | Die Kurve kann auch direkt im Graphen bearbeitet werden. Sobald Sie sich mit dem Mauszeiger über der Gradationskurve befinden, erscheint ein Verschiebepfeil, und ein Markierungspunkt zeigt an, welchen Bereich der Gradationskurve Sie verändern können. Der dazugehörige Parameter der Schieberegler Lichter, Helle Farbtöne, Dunkle Farbtöne beziehungsweise Tiefen wird dann entsprechend angepasst.

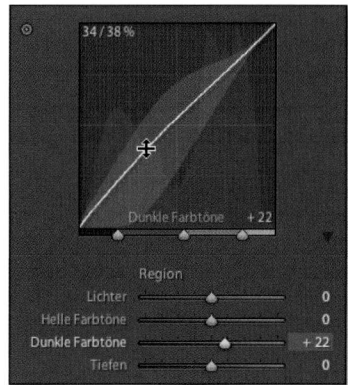

▲ **Abbildung 8.72**
Die Parameter der Kurve lassen sich mit der Maus auch direkt in der Gradationskurve verändern.

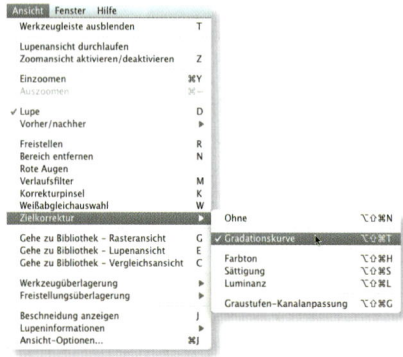

Links über dem Graphen werden dabei jeweils der Eingangs- und
der veränderte Ausgangswert angezeigt. Unten rechts finden Sie
immer den Wert des dazugehörigen Steuerelements. Diese Anzeige
ist hilfreich, wenn Sie die Steuerelemente ausgeblendet haben.

Verändern der Gradationskurve mit der Zielauswahl | Die Grada-
tionskurve kann auch direkt im Ansichtsfenster verändert werden.
Der Vorteil dabei ist, dass Sie sich eine bestimmte Stelle im Bild aus-
suchen können, um diese heller oder dunkler zu ziehen. Die Gradationskurve passt sich dabei entsprechend an. So muss man gar nicht
erst suchen, welcher Regler den gewünschten Bereich beeinflusst.
Man sieht die Auswirkungen vielmehr direkt am Ergebnis.

Klicken Sie dazu mit der Maus auf das Symbol der Zielauswahl –
das ist das Symbol oben links im Bedienfeld GRADATIONSKURVE. Der
Mauszeiger übernimmt das Symbol.

Suchen Sie den zu verändernden Farbton im Bild und ziehen die Maus an dieser Stelle mit gedrückter Taste nach oben oder unten. Der entsprechende Teil der Gradationskurve wird dabei angepasst.

Sie können die Zielkorrektur auch über das Menü aufrufen. Sie finden sie unter ANSICHT • ZIELKORREKTUR • GRADATIONSKURVE. Wie Sie dort sehen können, gibt es auch noch andere Steuerelemente, die eine Korrektur über die Zielauswahl ermöglichen.

Zum Verlassen der Zielauswahl klicken Sie erneut auf das Zielauswahl-Symbol im Bedienfeld.

8.5 HSL/Farbe/Graustufen

Mit dem Bedienfeld HSL/FARBE/GRAUSTUFEN können die Helligkeit, der Ton und die Sättigung der einzelnen Farben geregelt werden. Sie haben durch die Steuerelemente Zugriff auf alle Grundfarben (Rot, Grün, Blau), Komplementärfarben (Gelb, Cyan, auch Aquamarin genannt, und Magenta) wie auch auf zwei wichtige Mischfarben (Orange und Lila).

▲ **Abbildung 8.76**
Verändern des Farbtons nach Aquamarin (Cyan)

▲ **Abbildung 8.77**
Reduzierung der Sättigung des blauen Himmels

▲ **Abbildung 8.78**
Reduzierung der Helligkeit des blauen Himmels

▲ **Abbildung 8.79**
Reduzierung der Helligkeit des blauen Himmels im Graustufenmodus

Jede dieser Farbe können Sie hier einzeln regulieren. So können Sie beispielsweise einen blauen Himmel wärmer (mit mehr Magenta-Anteil) oder kälter (mit mehr Cyan-Anteil) erscheinen lassen. Zusätzlich können Sie die Sättigung einer selektierten Farbe verändern oder ihre Helligkeit reduzieren.

Für die Graustufenentwicklung haben Sie die Möglichkeit, die Helligkeit jeder einzelnen Farbe zu regulieren, um beispielsweise den Himmel abzudunkeln – damit können Sie gut am Objektiv angebrachte Farbfilter simulieren.

Es werden immer alle Farben eines Tons zugleich angepasst – unabhängig von ihrer Position im Bild. Verändern Sie beispielsweise den Himmel, werden auch andere blaue Objekte wie Autos, Textilien etc. modifiziert. Partielle Farbkorrekturen kann Lightroom nicht durchführen. Dafür benötigen Sie nach wie vor Photoshop.

[HSL]
HSL steht für Hue (Farbton), Saturation (Sättigung) und Luminanz (Helligkeit). Im HSL-Farbraum lassen sich sehr detailliert und selektiv Farben korrigieren.

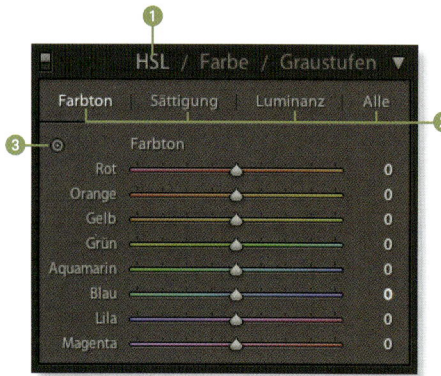

▲ Abbildung 8.80

Das HSL-Bedienfeld – hier mit dem Parameterset für FARBTON. Die anderen Rubriken SÄTTIGUNG und LUMINANZ lassen sich durch Mausklick einblenden. ALLE blendet alle drei Felder ein.

▼ Abbildung 8.81

Das ist die Ausgangssituation: Das Bild soll mithilfe der Zielkorrektur im HSL-Bedienfeld optimiert werden.

8.5.1 HSL

Um die Steuerelemente des HSL-Bedienfeldes zu aktivieren, klicken Sie auf den Begriff HSL ❶ im Titel des Bedienfeldes.

In der Leiste ❷ können Sie wählen, ob Sie nur den FARBTON, die SÄTTIGUNG, die LUMINANZ oder ALLE Steuerelemente gleichzeitig sehen und bearbeiten wollen. Sie können mit gedrückter ⧉-Taste ein ausgeblendetes Parameterset dem angezeigten hinzufügen oder ausblenden.

Haben Sie sich für ein Parameterset entschieden, so können Sie über die Regler der einzelnen Farbtöne die entsprechenden Änderungen vornehmen.

Zusätzlich können Sie über die Zielkorrektur auch direkt im Bild angewählte Farben verändern. Dazu klicken Sie das Zielauswahl-Symbol ❸ an und wählen aus FARBTON, SÄTTIGUNG oder LUMINANZ ein Parameterset aus, das Sie bearbeiten möchten.

Anschließend bewegen Sie den Mauszeiger an die Stelle im Bild, deren Farbe Sie verändern wollen. Durch Ziehen der Maus mit gedrückter Maustaste nach oben oder unten verändert sich der Parameter entsprechend. Die Regler bewegen sich dabei mit.

Schritt für Schritt: Farben mit HSL-Bedienfeld anpassen

Das in Abbildung 8.81 Foto wird mit der Zielkorrektur optimiert. Schwerpunkt ist dabei der Himmel.

1 Zielauswahl aktivieren

Um direkt im Bild arbeiten zu können, aktivieren Sie die Zielauswahl per Klick auf das Symbol links unter FARBTON.

Am Symbol erscheinen nun zwei Pfeile, die signalisieren, dass das Werkzeug aktiv ist. Der Maus-Cursor nimmt die Form des Symbols an, sobald Sie die Maus über das Bild bewegen.

▲ **Abbildung 8.82**
Die Zielauswahl befindet sich in der linken oberen Ecke des Bedienfeldes.

2 Parameterset »Farbton« auswählen

Bevor Sie eine Farbe auswählen können, müssen Sie noch angeben, welches Steuerelement Sie verändern wollen. Beginnen Sie mit dem Farbton. Dazu klicken Sie über den Schiebereglern auf die entsprechende Schaltfläche FARBTON. Das Zielauswahl-Werkzeug bleibt erhalten, so dass Sie dafür jederzeit andere Parameter auswählen können, ohne es neu aufnehmen zu müssen.

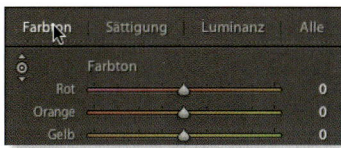

▲ **Abbildung 8.83**
Um die Farbtöne zu verändern, muss zuerst die entsprechende Parametergruppe ausgewählt werden.

3 Farbton des Himmels verändern

Jetzt sind Sie bereit, um das Blau im Himmel zu verändern. Bewegen Sie den Mauszeiger an eine Stelle im Bild, an der der Himmel tiefblau erscheint. Das ist beispielsweise rechts des linken Mastens der Fall. Ziehen Sie dann mit gedrückter Maustaste nach oben, bis der Wert des Steuerelements für Blau den Wert »+14« besitzt.

Eventuell verschiebt sich dabei der Regler für Lila mit. Das bedeutet, dass im Blauton auch ein wenig Lila enthalten ist. Lightroom verschiebt in diesem Fall den Regler aller Farben – analog zu ihrem Anteil, mit dem sie an der ausgewählten Stelle enthalten sind. Die Farbtonproportionen bleiben dadurch erhalten.

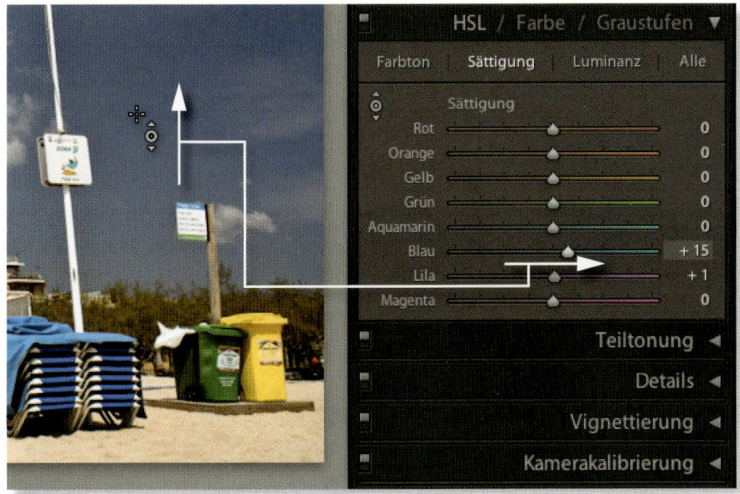

◀ **Abbildung 8.84**
Die vertikale Verschiebung der Zielauswahl mit gedrückter Maustaste verändert den zugehörigen Regler.

4 Helligkeit des Himmels reduzieren

Jetzt soll die Helligkeit des Himmels reduziert werden. Wir dunkeln auch hier nur den Blauanteil ab, wodurch der Kontrast zu den weißen Wolken noch verstärkt wird.

▲ Abbildung 8.85
Durch Absenkung der Luminanz der blauen Anteile im Himmel wird der Kontrast zu den Wolken verstärkt.

Aktivieren Sie im Bedienfeld das Parameterset LUMINANZ, und bewegen Sie den Mauszeiger wieder an den Punkt, an dem auch schon die Änderung des Farbtons durchgeführt wurde.

Halten Sie die Maustaste gedrückt, und ziehen Sie die Maus nach unten. Der Himmel wird dabei abgedunkelt. Bei einem Wert von »–25« für Blau können Sie die Maustaste loslassen.

5 Sättigung anpassen

Zum Abschluss erhöhen Sie noch die Sättigung. Klicken Sie im Bedienfeld einfach auf die gleichnamige Parametergruppe.

▼ Abbildung 8.86
Zum Abschluss wird noch die Sättigung erhöht, um ein strahlendes Blau zu erhalten.

Gehen Sie mit dem Mauszeiger noch einmal an die Stelle, an der auch die beiden vorherigen Anpassungen vorgenommen wurden.

Klicken Sie wiederum die Maustaste, und verschieben Sie die Maus dabei nach oben. Die Sättigung nimmt nun zu, ein Wert von »+40« für Blau sollte genügen. Um die Zielkorrektur zu beenden, klicken Sie auf das Symbol im Bedienfeld.

Die Korrektur des Himmels ist somit beendet. Sie können natürlich auch noch andere Farben im Bild korrigieren. Achten Sie aber darauf, dass zu hohe Sättigungen eventuell nicht druckbar sind. Leider gibt es in Lightroom noch keine Softproof-Funktion, um den Druck mit den entsprechenden Farbräumen und -profilen des Druckers zu simulieren und nicht druckbare Farben zu erkennen. ■

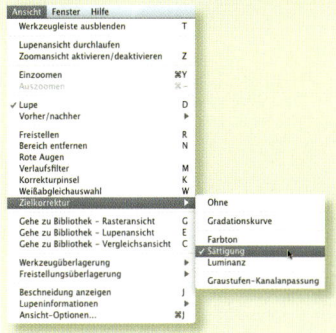

8.5.2 Farbe

Das Bedienfeld FARBE arbeitet mit den gleichen Reglern und besitzt im Wesentlichen auch die gleichen Funktionen wie das Feld HSL. Allerdings sind die Parameter hier anders zusammengefasst: Stehen im HSL-Bedienfeld alle Regler jeweils nach ihrer Funktion getrennt (FARBTON, SÄTTIGUNG, LUMINANZ) zur Verfügung, so sind sie in diesem Bedienfeld nach Farben – zu finden in den Farbfeldern über den Reglern – sortiert.

Sie wählen also immer zuerst das gewünschte Farbfeld an und können dann die dazugehörigen Regler für FARBTON, SÄTTIGUNG und LUMINANZ einstellen. Die Zielkorrektur funktioniert bei diesem Bedienfeld nicht.

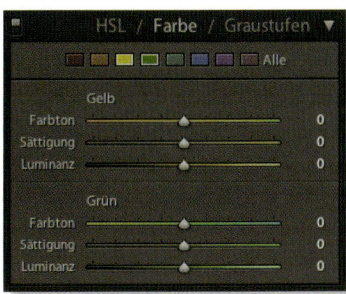

◄ **Abbildung 8.87**
Das FARBE-Bedienfeld sortiert die Regler nicht wie das HSL-Bedienfeld nach dem Einsatzzweck, sondern nach den einzelnen Farben. Man kann sich die Parameter für eine, zwei oder auch alle Farben anzeigen lassen.

Sie können sich auch alle Farben anzeigen lassen, dies benötigt aber viel Platz auf dem Bildschirm.

Alternativ können Sie auch nur zwei Farben aktivieren. Dazu klicken Sie zunächst ein Farbfeld an, halten die ⌘/Strg-Taste gedrückt und klicken dann ein weiteres Farbfeld an. Sie können mit dieser Methode auch noch weitere Farbfelder im Bedienfeld einblenden.

8.5.3 Graustufen

Aktiviert man das Graustufen-Panel, so wird das Bild in den Graustufenmodus versetzt. Alle im Farbmodus getätigten und nicht benötigten Einstellungen bleiben erhalten, werden jedoch deaktiviert. Beim ersten Umschalten wird eine automatische Korrektur der Helligkeit durchgeführt, um ein homogenes Graustufenbild mit möglichst viel Kontrast zu erhalten. Die Automatik kann jederzeit wieder aktiviert werden. Dazu klickt man auf die Schaltfläche Automatisch korrigieren unter den Reglern.

Im Graustufenmodus ist für jede Farbe ein Luminanzregler vorhanden. Die Einstellung kann auch über die Zielkorrektur erfolgen – genau so wie im HSL-Bedienfeld. Reduziert man beispielsweise die Blau-Luminanz, so erhält man einen dunklen Himmel, wie er durch einen dunkelroten Filter bei der analogen Schwarzweißfotografie erzeugt wird. Beachten Sie, dass das Rauschen im Bild zunimmt, wenn Sie eine Farbe extrem abdunkeln.

▼ **Abbildung 8.88**
Im Graustufenmodus können die Helligkeiten der einzelnen Farben verändert werden. Die Automatik sorgt beim ersten Umschalten für ein ausgewogenes Bild mit durchschnittlichem Kontrast.

▼ **Abbildung 8.89**
Anschließend wird die Blau-Helligkeit reduziert, um den Himmel abzudunkeln. Auch die blauen Liegestühle werden dadurch dunkler. Die Automatikschaltfläche wird durch die Veränderung aktiv.

8.6 Teiltonung

Im Bedienfeld TEILTONUNG können Lichter und Tiefen getrennt voneinander mit einem Farbstich versehen werden. Dieser Effekt wird
oft auf Graustufenbilder für Sepiatönungen oder ähnliche Effekte
angewendet. Lichter und Tiefen haben jeweils zwei Regler.

Farbton | Dieser Regler gibt den Farbton der Einfärbung an. Er kann
für Lichter und Schatten getrennt gesteuert werden. Die Farben
Weiß und Schwarz werden dabei nicht beeinflusst.

Sättigung | Hierüber wird die Intensität des Effektes gesteuert.
Steht der Regler auf »0«, gibt es keinen Effekt bei einer Veränderung von FARBTON. Erst bei Erhöhung der SÄTTIGUNG wird der Effekt
sichtbar und zunehmend intensiver.

TIPP

Halten Sie beim Verschieben
des FARBTON-Reglers die Taste
[⌘]/[Alt] gedrückt, so sehen Sie
die Auswirkungen der Einfärbung
auch ohne Anwenden einer Sättigung. Dabei wird einfach temporär
die Sättigung erhöht und beim
Loslassen der Taste wieder reduziert.

▲ **Abbildung 8.90**
Die TEILTONUNG färbt Lichter und
Schatten mit einem Farbton ein.

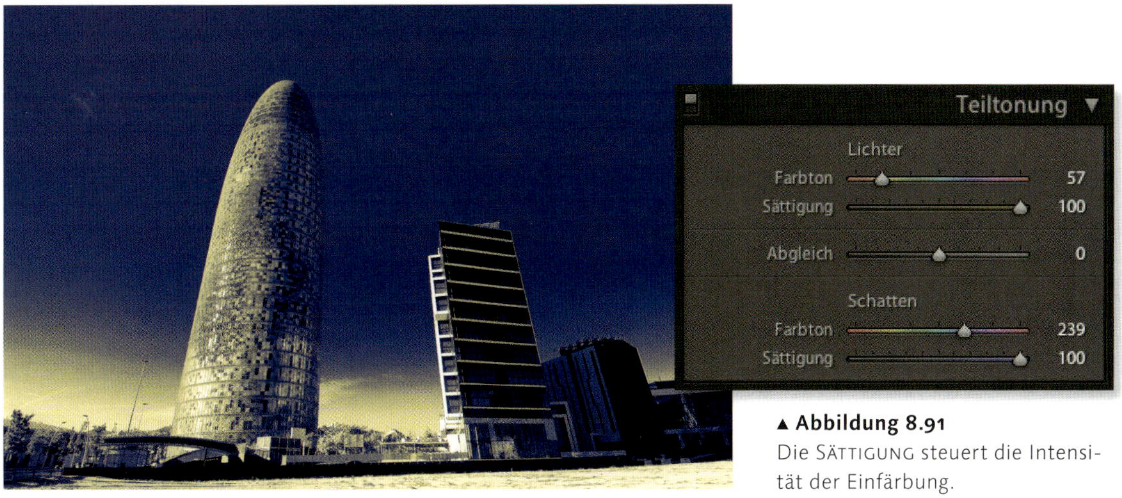

▲ **Abbildung 8.91**
Die SÄTTIGUNG steuert die Intensität der Einfärbung.

▲ Abbildung 8.92
Der Regler für den ABGLEICH gibt den Punkt an, an dem die Überblendung der beiden Farben 50 % beträgt.

Abgleich | Der Übergang zwischen der Schatten- und Lichterfarbe geschieht weich, bei 50 % Helligkeit halten sich beide Farben die Waage. Diesen Wert können Sie in Richtung Lichter oder Tiefen verschieben.

Der Übergang beginnt bei negativen Werten früher, bei positiven später. Früher bedeutet, dass die Farbe der Schatten mehr Gewicht bekommt und auch schon hellere Werte mit dem entsprechenden Farbton eingefärbt werden. Bei positiven Werten kommt der Lichterfarbton stärker durch.

Teiltonung bei Farbbildern | Die Teiltonung ist nicht nur für Graustufenbilder verfügbar. Sie kann auch auf Farbbilder angewendet werden. Damit lassen sich recht gut Effekte wie Fehlentwicklungen von Negativen oder die Alterung von Fotoabzügen nachstellen.

▲ Abbildung 8.93
Eine Teiltonung bei Farbbildern kann beispielsweise den Look von Farbfotos aus den 60er-Jahren simulieren.

8.7   Details

Das Bedienfeld DETAILS enthält die Steuerelemente zur Reduzierung des Bildrauschens, das zum Beispiel durch hohe ISO-Werte entstehen kann, für das Nachschärfen der Bilder und für die Beseitigung der von Objektivfehlern.

◄▲ **Abbildung 8.94**
Das Bedienfeld DETAILS mit ein- und ausgeblendeter 1:1-Vorschau. Nur im Zoomfaktor 1:1 werden die Detailkorrekturen korrekt angezeigt.

Da sich all diese Korrekturen nur in der 1:1-Darstellung richtig kontrollieren lassen, befindet sich in dem Bedienfeld eine 1:1-Vorschau ❷. Den Ausschnitt können Sie im kleinen Vorschaufenster mit der Maus verschieben oder über den Picker ❶ im Ansichtsfenster wählen.

Dazu klicken Sie den Picker an und klicken danach im Ansichtsfenster die Stelle an, die Sie zum Kontrollieren der Detaileinstellungen verwenden wollen.

Das Vorschaufenster können Sie auf Wunsch mithilfe des grauen Dreiecks ❸ auch ausblenden. Dann signalisiert Ihnen ein Achtung-Zeichen ❹, dass Sie den Zoomfaktor 1:1 im Ansichtsfenster wählen sollen, da sonst die Detailkorrekturen nicht richtig dargestellt werden. Falls Sie diesen bereits eingestellt haben, bleibt das Achtung-Zeichen ausgeblendet.

Die 1:1-Darstellung im Ansichtsfenster besitzt die gleiche Qualität wie die Vorschau. Im Ansichtsfenster sehen Sie allerdings meist einen größeren Bildanteil. Dieser lässt sich oft besser beurteilen als ein kleiner Ausschnitt in einem Vorschaufenster.

▲ **Abbildung 8.95**
Obwohl die Darstellung im Zoomfaktor EINPAS. (oben) nahezu der 1:1-Darstellung (unten) entspricht, werden die Detaileinstellungen nicht richtig angezeigt. Nur in der 1:1-Darstellung wird der Scharfzeichnen-Effekt korrekt dargestellt.

▲ **Abbildung 8.96**
Ein Bildausschnitt als ungeschärfte und als geschärfte Variante – diagonal voneinander getrennt.

▶ **Video-Training**

Zum Thema »Details scharfzeichnen« finden Sie eine Video-Lektion auf der Buch-DVD.

▲ **Abbildung 8.97**
Der BETRAG der Schärfung legt die Intensität fest, mit der sich die anderen Parameter auf das Bild auswirken.

8.7.1 Schärfen

Beim Schärfen eines Bildes wird der Kontrast zwischen nebeneinanderliegenden Pixeln verstärkt. Für eine optimale Scharfzeichnung reicht es aber nicht, nur den Kontrast zwischen zwei Bildpunkten zu erhöhen. Der Bereich im direkten Umfeld eines Pixels kann ebenso entscheidend sein für die Angabe, wie hoch der Ausgangskontrast für die Schärfung sein muss. Nicht zuletzt hängt die Schärfeberechnung auch vom Motiv ab.

Lightroom bietet daher in diesem Bedienfeld eine Reihe von Steuerelementen, die es erlauben, je nach Kamera und Aufnahmesituation die richtige Scharfzeichnung individuell einzustellen. Hier spielt vor allem die richtige Kombination der Regler eine Rolle. Kein Parameter kann für sich betrachtet werden, keine Änderung kann ohne die Anpassung eines anderen Parameters erfolgen. Doch schauen wir uns die Parameter zunächst im Einzelnen an:

Betrag | Der BETRAG legt die Stärke des Effektes fest – unabhängig von den anderen Parametern. Stehen alle anderen Regler auf Minimum und nur der BETRAG auf Maximum, findet daher trotzdem eine geringe Scharfzeichnung statt. Man setzt diesen Parameter aber nur im Zusammenspiel mit den anderen ein.

Radius | Dieser Regler gibt an, in welchem Umkreis um ein Pixel herum der Kontrast verstärkt werden soll. Bilder mit vielen feinen Strukturen benötigen kleinere Radien, da sonst Details »übersehen« werden und in der Kontrasterhöhung untergehen können.

Höhere Werte erzeugen hingegen Farbsäume an den scharfgezeichneten Stellen. Sie können das Ergebnis damit aber auch verbessern – etwa bei leicht unscharfen Objekten, da hier der Übergang an Kanten über mehrere Pixel hinweg verläuft.

▼ **Abbildung 8.98**
Der RADIUS beschreibt den Bereich, in dem der Kontrast zum Scharfzeichnen erhöht wird.

Details | Diese Einstellung steht für den Radius, in dem Lightroom nach Kontrasten suchen soll, um sie danach zum Schärfen zu verstärken. Je niedriger der Wert, umso weniger Details werden berücksichtigt. Dabei werden Kanten verstärkt, aber Strukturen in Flächen ignoriert. Bei hohen Werten werden auch feinere Strukturen berücksichtigt und scharfgezeichnet.

Bei »0« werden gar keine Details berücksichtigt, daher kann auch keine Scharfzeichnung erfolgen. Ein geringer Wert sollte daher immer vorhanden sein.

▼ **Abbildung 8.99**
Die DETAILS arbeiten die feinen Strukturen im Bild heraus.

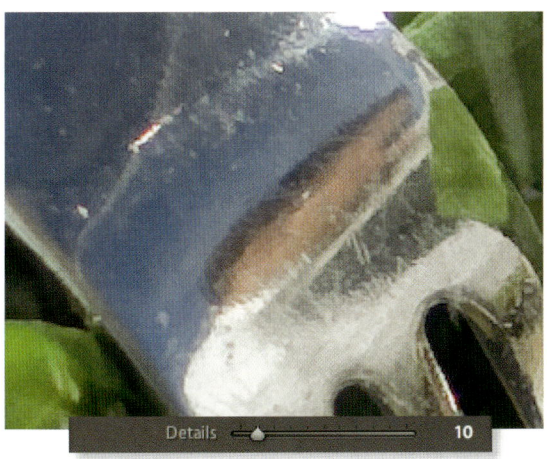

Der Unterschied zwischen DETAILS und RADIUS besteht darin, dass Letzterer den Bereich angibt, in dem scharfgezeichnet werden soll, Ersterer aber bestimmt, ob hier überhaupt scharfgezeichnet werden soll.

Maskieren | Die Einstellung MASKIEREN gibt an, wie hoch der Kontrast sein muss, um von der Scharfzeichnung überhaupt erfasst zu werden. Während die DETAILS beschreiben, wie weit die Pixel auseinanderliegen müssen, gibt die Maske an, wie groß ihr Helligkeitsunterschied sein muss.

Unscharf maskieren

Lr Die SCHÄRFEN-Funktion entspricht weitestgehend der »Unscharf maskieren-Funktion« in anderen Programmen. Dieser Begriff stammt noch aus dem Laboralltag der Analogfotografie. Dabei wurde ein unscharfes Negativ aus dem Bild generiert. Über das Bild gelegt, verstärkt es bei der Nachbelichtung die Kanten. Je nach Unschärfe der Maske wirkt sich der Effekt auf Details oder größere Bereiche aus. Der Parameter RADIUS in Lightroom entspricht der Schärfe der Maske.

Maskierungsvorschau

Wenn Sie die ⎇/Alt-Taste gedrückt halten, während Sie den MASKIEREN-Regler verschieben, so sehen Sie eine Graustufenmaske. Diese zeigt an, welche Bereiche beim Schärfen verändert werden. Nur weiße Stellen werden durch den Scharfzeichner beeinflusst.

▲ Abbildung 8.101
Bilder mit feinen Strukturen benötigen viel Scharfzeichnung in den Details.

▲ Abbildung 8.102
Um in Landschaftsaufnahmen kleinste Details
erkennbar zu machen, benötigen diese eine feine
Detailschärfung.

8.7.2 Schärfen nach Motiv

Die Art und die Stärke, mit der man eine Scharfzeichnung durchführen sollte, hängt immer von mehreren Faktoren ab. Zum einen
hat das Motiv bestimmte Eigenheiten, die man beachten sollte, zum
anderen spielt die Ausgabe eine wichtige Rolle.

Sollen die Bilder zum Beispiel ausgedruckt werden, entschei-
det oft die Größe des Prints über die Scharfzeichnung – je kleiner,
desto mehr Scharfzeichnung, da beim Herunterrechnen oft Details
herausgerechnet werden. Weitere Faktoren sind natürlich auch die
bei der Aufnahme verwendete Kamera und das Objektiv. In der
Folge wollen wir uns einige Fälle anschauen und die passenden
Techniken für die Schärfung veranschaulichen.

Lr **Schärfeebene**
Die Schärfeebene ent-
spricht der Entfernungs-
einstellung. Dabei handelt es sich
aber nicht nur um einen Punkt, der
scharf ist, sondern um alle Punkte,
die in dieser Entfernung liegen.
Sie liegen auf einer Fläche – der
Schärfeebene.

Objekte mit Struktur | Bei technischen Objekten, Textilien oder
auch bei Landschaftsaufnahmen kommt es oft auf die feinen Strukturen im Bild an. Hier wird generell eine höhere Scharfzeichnung
gewünscht, um auch jedes Detail erkennbar machen zu können.
Dabei ist neben einer korrekten Schärfeebene auch die Qualität des
Objektivs und des Sensors entscheidend für das erreichbare Quali-
tätsniveau. Die Parameter sollten wie folgt eingestellt werden:

▶ **Betrag:** Der BETRAG ist eher hoch – bei Objektiven mit schlechterer optischer Leistung höher als bei hochqualitativen.

Front-/Backfokus

Bei manchen Kamera-Objektiv-Kombinationen kann es zu Unschärfen kommen, obwohl das Bild durch den Autofokus richtig scharfgestellt sein sollte. Dies liegt an einer fehlerhaften Abstimmung zwischen Kamera und Objektiv und kann durch den Objektivhersteller behoben werden. In diesem Zusammenhang spricht man von Front-/Backfokus, je nachdem in welcher Richtung der Fehler liegt. Der Frontfokus verschiebt die Schärfeebene zur Kamera hin, der Backfokus verschiebt sie Richtung Motiv.

▶ **Radius:** Hier ist mein Lieblingswert »0,5«. Dabei wird gewährleistet, dass kein Detail von der Kontrastverstärkung überzeichnet wird.

▶ **Details:** Dieser Wert steht meist auf Maximum oder knapp darunter, damit möglichst viele Details im Bild geschärft werden.

▶ **Maskieren:** Jeder Kontrast im Bild, so gering die Unterschiede auch sein mögen, soll scharfgezeichnet werden. Daher steht dieser Wert meist auf »0«.

Porträts | Bei Porträts will man nicht unbedingt jede Pore sehen, trotzdem sollten die Augen klar und die Haare scharf abgebildet werden. Die Haut hingegen sollte nicht geschärft werden:

▶ **Betrag:** Der Wert sollte je nach Grundschärfe gewählt werden, ist aber in der Regel niedriger als bei Objekten mit Struktur.

▶ **Radius:** Der RADIUS sollte bei etwa 1 Pixel liegen. Ganz feine Strukturen werden dadurch unterdrückt.

▶ **Details:** Ein niedriger Wert verhindert das Betonen ganz feiner Details wie Poren, Schminkreste etc.

▶ **Maskieren:** Hier ist auf jeden Fall ein hoher Wert wichtig. Es sollen nur Bereiche mit hohem Kontrast geschärft werden wie die Wimpern oder die Pupillen, aber keine Haut.

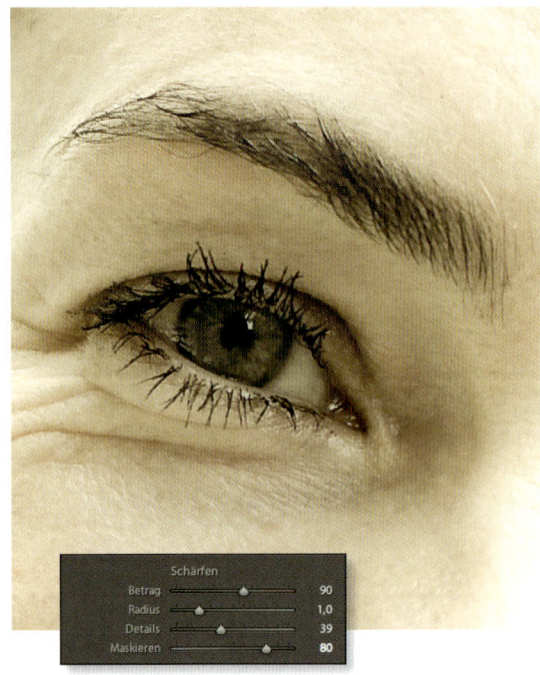

▲ **Abbildung 8.103**
Scharfgezeichnete Wimpern und Pupillen im Kontrast zu weicher Haut ziehen den Blick des Betrachters auf das Wichtigste – die Augen.

▲ **Abbildung 8.104**
Bei moderner Architektur werden die Formen betont, Strukturen treten zurück.

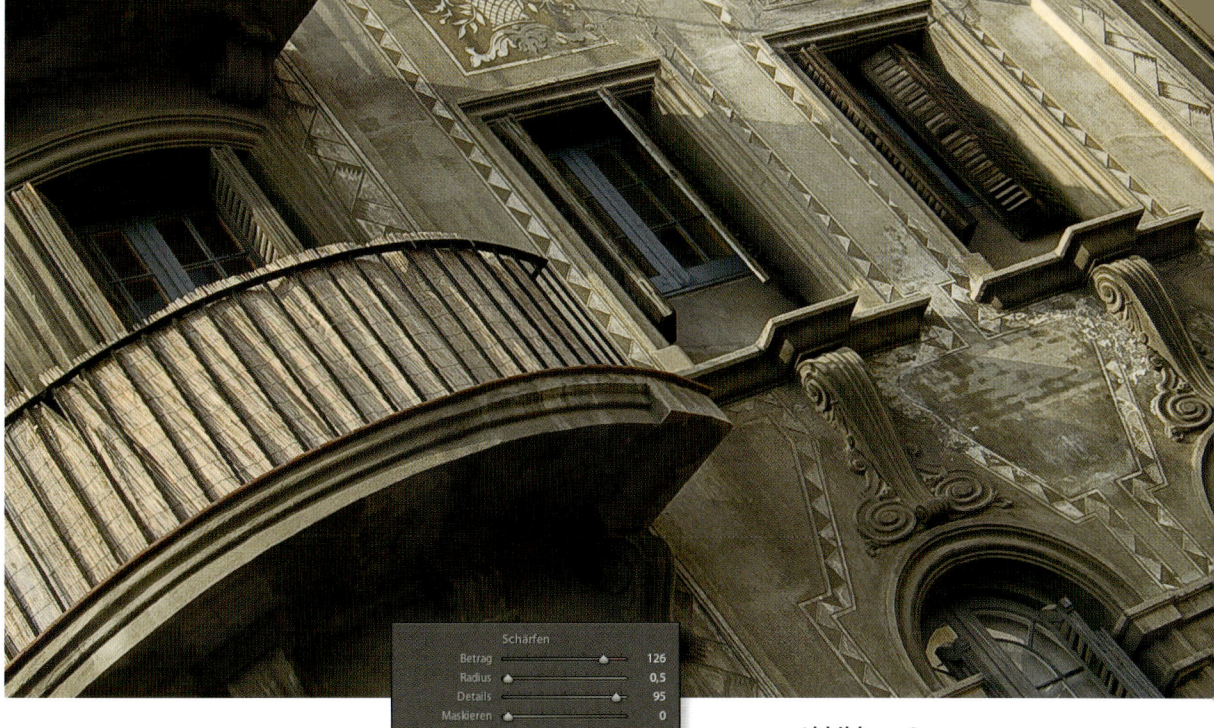

Schärfen		
Betrag		126
Radius		0,5
Details		95
Maskieren		0

Architektur | Bei der Architekturfotografie kommt es vor allem auf die Eigenschaften des Motivs an. Man muss von Fall zu Fall entscheiden, was daran betont und was kaschiert werden soll.

In der modernen Architektur sind die Formen entscheidend, die Struktur der Gebäude ist meist schlicht und tritt in den Hintergrund – das ist eine Gemeinsamkeit mit People-Aufnahmen. Daher werden solche Motive auch mit ähnlichen Einstellungen der Parameter scharfgezeichnet:

▶ **Betrag:** Der Wert sollte je nach vorhandener Grundschärfe gewählt werden, er darf aber nicht zu hoch sein, um nicht zu stark scharfzuzeichnen.

▶ **Radius:** Der Radius sollte in etwa bei 1 Pixel liegen. Ganz feine Strukturen werden dadurch unterdrückt.

▶ **Details:** Ein mittlerer bis hoher Wert holt auch feine Details hervor, ohne diese überzubetonen.

▶ **Maskieren:** Ein mittlerer Wert unterdrückt nur die feinen Strukturen – das ist hier in den meisten Fällen gefragt.

Bei alten Gebäuden mit Stuck, Wandmalereien oder anderen Applikationen stehen die Strukturen im Vordergrund. Entsprechend sollten diese mit der Scharfzeichnung betont werden – etwa mit folgenden Einstellungen:

▶ **Betrag:** Der Betrag ist eher hoch, bei Objektiven mit schlechterer optischer Leistung sollte der Betrag entsprechend höher sein als bei hochqualitativen.

▲ Abbildung 8.106
Moderne Gebäude leben von Kanten und weniger von Strukturen.

▼ Tabelle 8.1
Die Tabelle zeigt, wie groß ungefähr ein Bild bei einer bestimmten Druckauflösung abhängig von der Kameraauflösung in Megapixeln (MP) gedruckt werden kann. Dazu wird angezeigt, wie stark die zugehörige Scharfzeichnung im Verhältnis zur Bildschirmdarstellung sein sollte.

▶ **Radius:** Arbeiten Sie hier mit einem Wert um »0,5«. Damit wird gewährleistet, dass keine Details überzeichnet werden.

▶ **Details:** Dieser Wert steht bei strukturstarken Motiven meist auf Maximum oder knapp darunter.

▶ **Maskieren:** Jeder Kontrast, so gering die Unterschiede auch sein mögen, soll scharfgezeichnet werden. Daher steht dieser Wert meist auf »0«.

8.7.3 Schärfen nach Ausgabeart

Ein weiterer Aspekt der Scharfzeichnung ist das Ausgabemedium. Werden Bilder beispielsweise nach dem Export noch verkleinert, vertragen sie eine stärkere Scharfzeichnung, da die Schärfe beim Skalieren durch die Interpolation (Umrechnung) wieder reduziert wird.

Internet | Bilder, die man für das Web aufbereitet, werden oft stark verkleinert. Eine Reduzierung auf 10 % der Originalgröße ist keine Seltenheit. Das bedeutet, dass ca. 10 Pixel auf ein Pixel geschrumpft werden. In diesem Fall kann der RADIUS einen höheren Wert als gewöhnlich aufweisen, denn je deutlicher ein Bereich hervorgehoben wird, umso stärker wird er bei der Umrechnung berücksichtigt.

Druck | Im Druck wird nicht jedes Pixel einem Druckpunkt zugewiesen. Denn hier werden Farben und Helligkeiten aus nur wenigen Farben mit unterschiedlicher Verteilung zusammengesetzt (siehe Seite 46).

Das bedeutet, dass auch hier, ähnlich wie bei der Skalierung, eine Interpolation stattfindet. Erst wenn die Auflösung des Bildes so gering ist, dass ein Pixel durch das Druckraster komplett abgedeckt werden kann, wird ein einzelnes Pixel sichtbar. Das geschieht je nach Druckverfahren bei unterschiedlichen Auflösungen (siehe Tabelle 8.1).

Grundsätzlich kann beim Druck auch etwas stärker scharfgezeichnet werden. Lightroom bietet die Möglichkeit, im Druck-Dialog eine nachträgliche Schärfung einzustellen. Diese lässt aber keine Feineinstellung zu (siehe Seite 389).

Druckauflösung	Scharfzeichnung	Größe bei 8 MP	Größe bei 10 MP	Größe bei 12 MP	Größe bei 16 MP
300 dpi (Offsetdruck)	Scharfzeichnung stärker als Bildschirmdarstellung	27 x 20 cm	31 x 23 cm	36 x 24 cm	42 x 28 cm
200 dpi (Tintenstrahldruck, optimale Auflösung)	Scharfzeichnung stärker als Bildschirmdarstellung	41 x 31 cm	47 x 35 cm	55 x 36 cm	63 x 43 cm
100 dpi (Tintenstrahldruck, minimale Auflösung)	Scharfzeichnung entspricht Bildschirmdarstellung	83 x 62 cm	93 x 70 cm	109 x 73 cm	127 x 85 cm

8.7.4 Rauschreduzierung

In der Digitalfotografie wird Rauschen vor allem durch eine hohe Lichtempfindlichkeitseinstellung verursacht. Das Signal, das aus dem Sensor kommt, wird dadurch verstärkt. Da hohe ISO-Werte bei schlechten Lichtverhältnissen verwendet werden, bedeutet dies, dass das Bildsignal sowieso eher schwach ist. Die Signalverstärkung intensiviert jedoch nicht nur das Bildsignal, sondern auch das Sensorrauschen. Somit verringert sich der Abstand zwischen beidem. Auch ohne Aufhellung wird dann das Bildrauschen des Sensors sichtbar.

Auch bei niedrigen ISO-Werten tritt Rauschen auf – an dunklen Stellen, die stark aufgehellt werden. Generell hat jede Kamera und jeder Sensor ein eigenes Rauschverhalten.

Es gibt zwei Arten von Rauschen. Eines ist ein reines Helligkeitsrauschen und vermittelt das Gefühl einer Körnung. Dieses ist meistens nicht störend und täuscht in vielen Fällen sogar Details vor. Das andere ist das störende Farbrauschen.

▼ Abbildung 8.107
Ein typisches Bild mit einem hohen ISO-Wert (ISO 400). Das Rauschen ist in einer kleineren Darstellung allerdings kaum störend. (Fotograf: Erol Gurian).

Luminanz | Dieses Steuerelement entfernt das Helligkeitsrauschen. Sie sollten den Parameter mit Vorsicht verwenden, denn er entfernt eventuell auch feine Details aus dem Bild, die oftmals über die Helligkeit und nicht über die Farben transportiert werden.

▼ Abbildung 8.108
Das Luminanzrauschen sollte man nur in Ausnahmefällen entfernen, da es viele kleine Details transportiert.

Darüber hinaus wirken die Bilder plastischer und detailreicher, wenn sie einen gewissen Rauschanteil besitzen. Profifotografen rechnen ihn oftmals zum Beispiel mithilfe von Photoshop sogar noch nachträglich mit hinein.

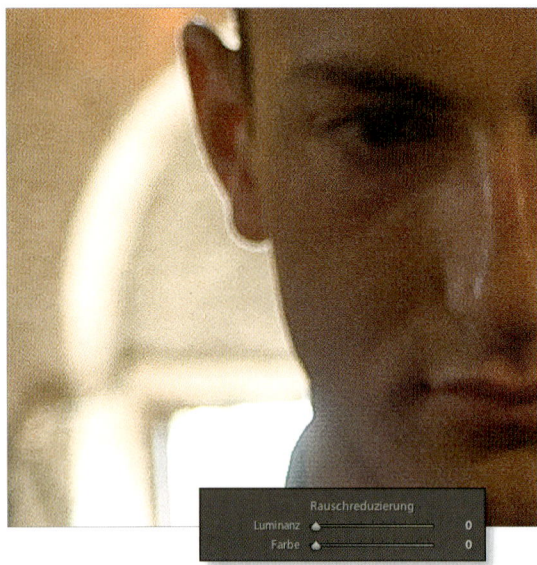

▼ Abbildung 8.109
Das Farbrauschen wirkt erst bei höheren ISO-Werten ab ca. ISO 400 störend und kann leicht entfernt werden. Niedrigere Werte benötigen meist keine Rauschunterdrückung.

Farbe | Dieser Regler entfernt das Farbrauschen. Oft reicht schon ein geringer Wert aus, um es abzustellen. Üblicherweise wird das Farbrauschen erst ab ISO-Einstellungen von ca. ISO 400 zu einem störenden Effekt. Darunter muss keine Unterdrückung durchgeführt werden, da es im Druck entweder gar nicht oder nur bei starker Vergrößerung sichtbar wird.

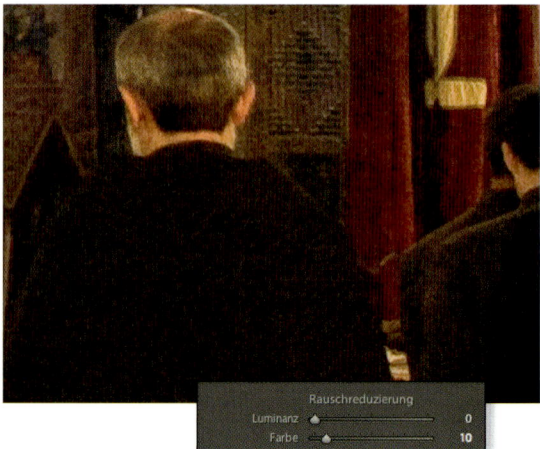

8.7.5 Chromatische Aberration

Wenn Licht durch die Linsen eines Objektivs fällt, werden Farbanteile mit unterschiedlichen Wellenlängen unterschiedlich gebrochen und treffen somit an unterschiedlichen Stellen auf den Sensor.

Es entstehen dabei Farbsäume, die vor allem an Kanten mit hohem Kontrast auftreten. Diese sind zum Bildrand hin stärker, da hier die Strahlen stärker gebrochen werden. Auch bei kurzen Brennweiten, den Weitwinkelobjektiven, wird das Licht stärker gebrochen, was den Effekt verstärkt. Zoomobjektive besitzen bei unterschiedlichen Brennweiten ebenso unterschiedliche Verschiebungen.

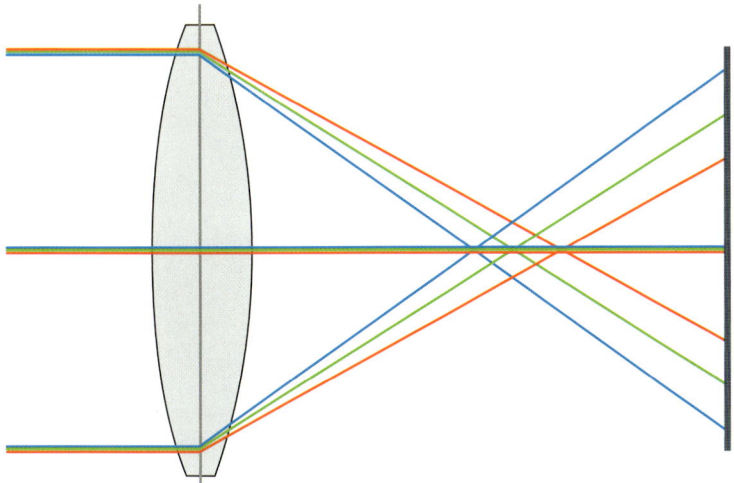

◄ **Abbildung 8.110**
Chromatische Aberration tritt durch unterschiedliche Brechung der Wellenlängen auf. Dabei können Farbsäume entstehen.

Rot/Cyan, Blau/Gelb | Bei der chromatischen Aberration entsteht auf der einen Seite immer ein roter und gegenüberliegend ein cyanfarbiger Farbsaum. Gegenüber einem blauen Farbsaum entsteht ein gelber. Für jede der beiden Varianten bietet Lightroom einen Regler. Diese können in zwei Richtungen verschoben werden.

▼ **Abbildung 8.111**
Beispiel einer chromatischen Aberration (links) und der Korrektur in Lightroom (rechts).

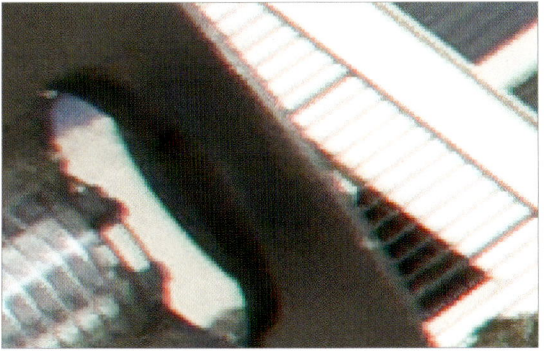
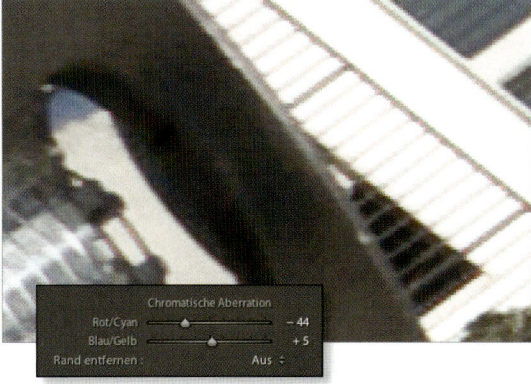

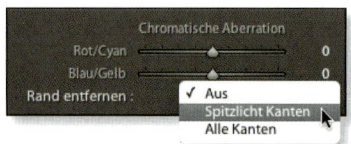

▲ Abbildung 8.112
Die Funktion zum Entfernen von Farbrändern, die durch Überstrahlen von einem Sensorpixel zum nächsten verursacht werden, bietet zwei Methoden an.

Rand entfernen | Unabhängig von der chromatischen Aberration treten an Rändern mit hohem Kontrast zusätzlich noch häufig Farbränder auf. Diese werden verursacht, weil bei hohen Kontrasten die Photonen eines Sensorelements in das benachbarte Element überlaufen. Der Abbildungsfehler lässt sich mit verschiedenen Methoden entfernen. Klicken Sie auf das Dropdown-Menü neben der Bezeichnung RAND ENTFERNEN, und wählen Sie zwischen den beiden folgenden Optionen:

▶ **Spitzlicht Kanten:** Entfernt nur Farbsäume an Kanten mit starken Helligkeitsunterschieden. Beispiele hierfür sind Bäume im Gegenlicht, Sonnenspiegelungen auf Wasseroberflächen oder Häuserkanten im Gegenlicht.

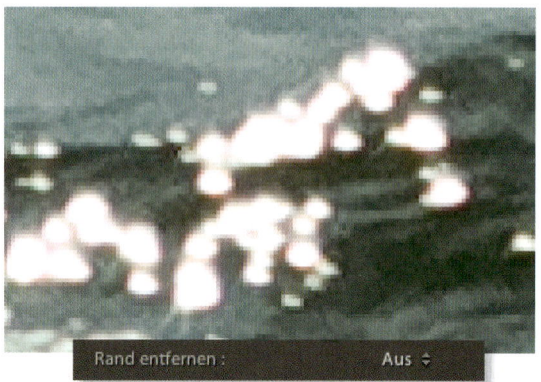

▲ Abbildung 8.113
Nur bei Spitzlichtern werden die farbigen Kanten entfernt.

▶ **Alle Kanten:** Entfernt Farbsäume an allen Kanten, auch bei geringem Kontrast. Dabei können eventuell graue Kanten entstehen, oder die Gesamtsättigung wird etwas reduziert.

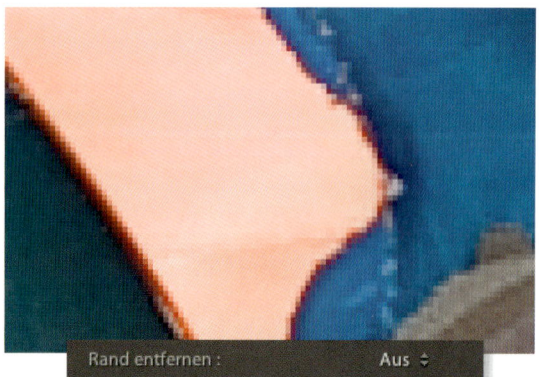
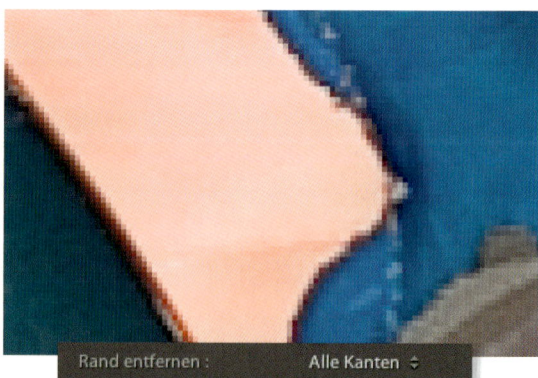

▲ Abbildung 8.114
Das Überlaufen der Farben an den Kanten wird reduziert.

8.8 Vignettierung

Vor allem bei Weitwinkelobjektiven kann ein weiterer Abbildungsfehler auftreten: die Randabdunklung. Je schräger ein Sensorelement durch die Blende schaut, umso mehr erwischt es vom unbeleuchteten Bereich des Objektivs. Und je kleiner die Blende oder der Sensor, desto günstiger entwickelt sich das Verhältnis zwischen Brennweite (Winkel), Blendenöffnung und Sensorgröße. Deshalb haben vor allem Vollformatsensoren in Kombination mit extremen Weitwinkeln Probleme mit der Vignettierung.

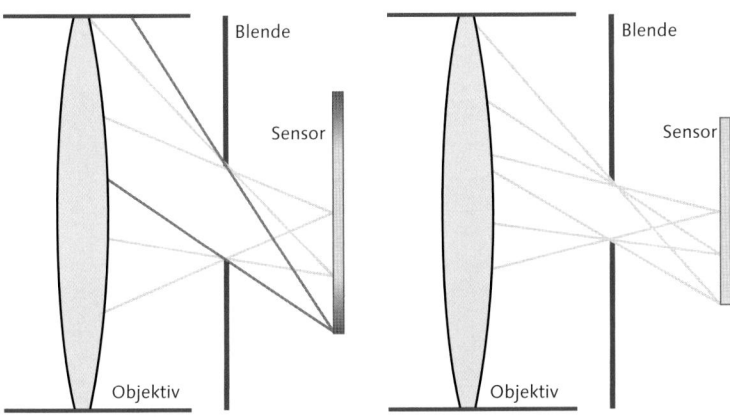

◄ **Abbildung 8.115**
Links wirkt sich die Kombination aus großem Sensor und offener Blende negativ auf die Vignettierung aus, da Sensorelemente an der Linse vorbeischauen und so weniger Licht erhalten.
Rechts die Kombination aus kleiner Blende und kleinerem Chip. Hier ist die Vignettierung schwächer.

Die Vignettierung muss nicht immer störend sein. Sie kann auch den Blick auf das Zentrum des Bildes lenken, da dieses heller ist und strahlender wirkt.

Beim Beschneiden von Bildern entsteht jedoch ein Problem. Eine Vignettierung, die infolge eines ungünstigen Brennweiten-Blende-Sensor-Verhältnisses entstanden ist, muss vor einer Beschneidung herausgefiltert werden. Der kreativen Einsatz der Vignettierung sollte aber erst auf das Endformat angewendet werden, sonst könnte sie unsymmetrisch beschnitten werden.

Aus diesem Grund besitzt Lightroom zwei Vignettierungsfunktionen, eine als Objektivkorrektur und eine als Kreativfilter, der erst nach dem Freistellen angewendet wird.

8.8.1 Vignettierungsfilter zur Objektivkorrektur

Die Vignettierung mithilfe der Objektivkorrektur wird auf das Originalbild ohne Beschnitt oder Rotation angewendet.

Betrag | Der BETRAG legt die Stärke fest, mit der die Vignettierung aufgehellt werden kann. Der Wert kann auch negativ sein, dann wird der Rand weiter abgedunkelt.

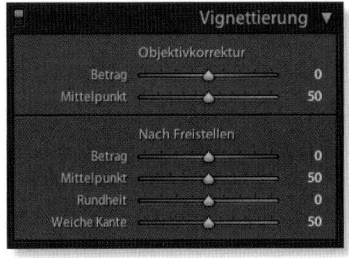

▲ **Abbildung 8.116**
Bedienfeld zur Korrektur und zum kreativen Einsatz der Vignettierung

▲ Abbildung 8.117
Der BETRAG steuert die Aufhellung oder Abdunklung der Vignette.

Mittelpunkt | Je nach Objektiv und Brennweite beginnt die Vignettierung weiter im Bild oder mehr am Rand. Über das Steuerelement MITTELPUNKT legen Sie den Radius fest, ab dem die Vignettierung korrigiert werden soll.

▲ Abbildung 8.118
Der MITTELPUNKT steuert die Weite der Vignettierung .

8.8.2 Vignettierung als Kreativfilter

Wird die Vignettierung kreativ eingesetzt, darf sie erst nach dem Freistellen des Bildes angewendet werden. Dazu wird der zweite Teil des Bedienfeldes verwendet.

Neu in Lightroom 2 · Lr

Betrag | Gibt die Stärke des Effekts an. Negative Werte dunkeln den Rand ab, während positive Werte den Rand aufhellen.

Mittelpunkt | Legt den Startradius fest, ab dem die Vignettierung beginnt. Niedrige Werte bedeuten einen kleineren Radius.

Rundheit | Die Rundheit regelt die Form der Vignettierung. Ein niedriger Wert erzeugt eine kreisförmige Vignettierung. Hohe Werte erzeugen eher ein abgerundetes Rechteck.

▶ Video-Training

Zum Thema »Freistellen & Vignettieren« finden Sie eine Video-Lektion auf der Buch-DVD.

Weiche Kante | Dieser Wert legt die Schärfe der Vignettierungskante fest. Je höher der Wert, umso weicher wirkt die Blende.

▲ **Abbildung 8.119**
Zwei Beispiele für den kreativen Einsatz des Vignettierungsfilters

8.9 Kamerakalibrierung

Die Umwandlung vom RAW-Bild zum darstellbaren Farbbild wird über eine Art »Rechenmaschine« von Abobe erledigt. Dahinter verbirgt sich die komplette RAW-Technologie von Adobe, die allgemein als »Adobe Camera Raw« (ACR) bezeichnet wird. Das Umrechnen kann durch Profile gesteuert werden. Dabei können auch kameraspezifische Eigenheiten berücksichtigt werden. Die Profile arbeiten dann ähnlich wie Farbprofile im Farbmanagement.

Wenn Sie über das Kameraprofil Ihrer Kamera verfügen, können Sie dieses in Lightroom integrieren und erhalten es als Auswahl. Ansonsten muss man sich mit den Vorgaben von Adobe zufriedengeben. Adobe stellt auf seiner Website einen DNG-Profil-Editor zur

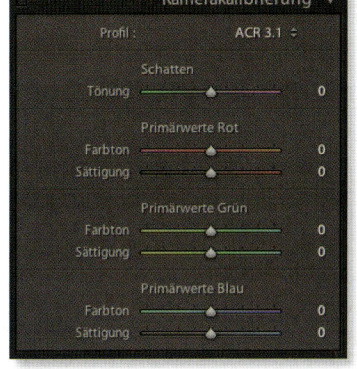

▲ **Abbildung 8.120**
Das Bedienfeld zur Korrektur des Kameraprofils

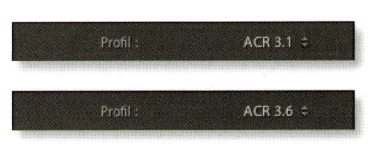

▲ **Abbildung 8.121**
Aktualisierungen am RAW-System werden in neuen Profilen gespeichert und sind auf diverse Kameratypen abgestimmt.

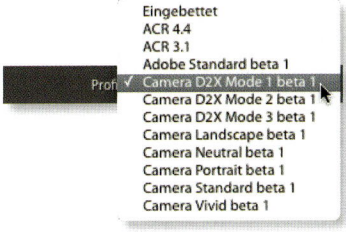

▲ **Abbildung 8.122**
Genauer sind nur Kameraprofile, die speziell für eine Kamera erstellt werden.

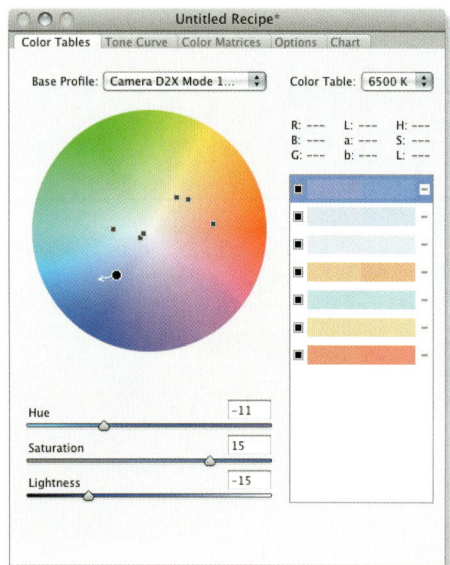

▲ **Abbildung 8.123**
Über den DNG-Profil-Editor können Kameraprofile erstellt und korrigiert werden.

Verfügung. Mit den Steuerelementen im Bedienfeld KAMERAKALIBRIERUNG können Sie einstellen, wie Lightroom die Farben Ihrer Kamera interpretieren soll. Die Regler überschreiben dabei die im Profil gespeicherten Farbmatrix-Werte. Im Normalfall ist das jedoch nicht nötig, weil die Profile bereits gute Ergebnisse liefern. Wenn es jedoch auf absolute Farbtreue ankommt, wie etwa bei Sachaufnahmen für Katalogproduktionen oder Ähnlichem, können Sie hier die Korrekturen durchführen. Die Regler lassen sich zudem auch kreativ nutzen.

Profil | Hiermit wird die Version des für Ihre Kamera zu verwendenden Kameraprofils ausgewählt. Wenn mehrere Profile verfügbar sind, können Sie ein älteres wählen, um konsistente Ergebnisse mit älteren Fotos zu erzielen. EINGEBETTET bedeutet, dass die aktuelle Datei – in der Regel eine TIFF-, JPEG- oder PSD-Datei von gescannten Fotos – ein eingebettetes Profil enthält. Sie können aber auch eigene Profile installieren. Adobe stellt über seine Website einen DNG-Profil-Editor zur Verfügung. Allerdings ist das nur etwas für Perfektionisten und technisch versierte Anwender, denn hier wird auf das RAW-System von Adobe Einfluss genommen.

Schatten | Falls Ihre Kamera an den dunklen Stellen einen Magenta- oder Grünstich aufweist, so kann dieser mit dem SCHATTEN-Regler korrigiert werden. Die Korrektur muss dabei nicht immer nur aus technischen Gründen durchgeführt werden. Auch wenn Sie den Farbton der Schatten generell korrigieren wollen, können Sie das hiermit bewirken.

▼ **Abbildung 8.124**
Die Schattentönung kann zur Färbung dunkler Bereiche verwendet werden.

Farbton und Sättigung | Mit diesen Reglern kann der FARBTON der Grundfarben Rot, Grün und Blau verschoben werden. Der SÄTTIGUNG-Regler reduziert oder erhöht den Farbauftrag.

Die Steuerelemente besitzen eigentlich die gleiche Funktion wie diejenigen im HSL/Farbe/Graustufen-Bedienfeld (siehe ab Seite 249). Daher sind sie für eine kreative Nutzung nicht nötig. Sie dienen hier generell eher zur manuellen Korrektur des Kameraprofils.

8.10   Werkzeuge im Entwickeln-Modul

Unter dem Histogramm der rechten Bedienfeldpalette befindet sich eine Werkzeugleiste. Diese stellt Tools zur Verfügung, die sich auf das Format des Bildes auswirken oder Korrekturen nur auf bestimmte Bereiche des Bildes anwenden.

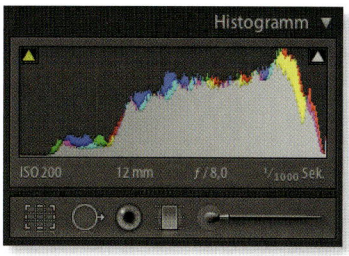

▲ **Abbildung 8.125**
Die Werkzeugleiste im Entwickeln-Modul befindet sich direkt unter dem Histogramm.

Überlagerung freistellen und gerade ausrichten | Dieses Werkzeug erlaubt das Freistellen eines Bildausschnitts und das Drehen des Bildes, um beispielsweise den Horizont auszurichten. Sie können das Werkzeug direkt durch Drücken der [R]-Taste aufrufen oder es mit der Maus anklicken. Nähere Informationen finden Sie auf Seite 274.

Bereichsreparatur | Mit diesem Werkzeug können Sie Staubflecken auf dem Sensor und Objekte aus dem Bild entfernen. Es erlaubt aber auch das Kopieren von Objekten an andere Stellen im Bild. Sie starten das Werkzeug über die Taste [N]. Nähere Informationen finden Sie auf Seite 280.

Rote-Augen-Korrektur | Rote Augen, die durch Blitzlicht verursacht werden, können mit diesem Tool korrigiert werden. Nähere Informationen finden Sie auf Seite 285.

Verlaufsfilter | Mit diesem Werkzeug erstellen Sie eine Verlaufsmaske. Über diese Maske können Sie Belichtung, Helligkeit, Kontrast und einige weitere Korrekturen nur auf einen bestimmten Bereich anwenden. Die Stärke des Filters wird dabei über den Verlauf gesteuert. Sie starten das Werkzeug über die Taste [M]. Nähere Informationen finden Sie auf Seite 287.

Korrekturpinsel | Dieses Werkzeug besitzt die gleiche Grundfunktionalität wie der Verlaufsfilter. Jedoch können Sie die zu korrigierenden Bereiche hier mit einem Pinsel selbst festlegen. Sie malen damit einfach die Maske in das Bild. Sie starten das Werkzeug über die Taste [K]. Nähere Informationen finden Sie auf Seite 292.

Video-Training

Zum Thema »Den Korrekturpinsel nutzen« finden Sie eine Video-Lektion auf der Buch-DVD.

8.11 Freistellen und gerade ausrichten

▼ **Abbildung 8.126**
Beim Ausrichten und Freistellen von Bildern wird ein Drittel-Raster angezeigt, das dabei behilflich ist, einen ausgewogenen Ausschnitt zu wählen.

In Lightroom können Sie Bilder auch beschneiden und ausrichten. Das Werkzeug dafür heißt ÜBERLAGERUNG FREISTELLEN und befindet sich in der Werkzeugleiste unter dem Histogramm. Es kann durch Drücken der Taste R oder durch Anklicken aufgerufen werden.

Mit dem Werkzeug ziehen Sie einen Freistellungsrahmen auf. Der Rahmen kann dabei in einem beliebigen Seitenverhältnis variiert werden. Das Bild wird darin gedreht und verschoben.

Der Rahmen besitzt zusätzlich ein Raster mit Dreiteilung. Dieses erlaubt beim Beschneiden die Ausrichtung bildwichtiger Objekte, um sie nach der Drittelregel zu platzieren. Es können auch andere Unterteilungen wie ein Diagonalraster oder eine Spirale angezeigt werden.

8.11.1 Bild ausrichten

Um Bilder auszurichten, stehen Ihnen mehrere Möglichkeiten zur Verfügung: ein Schieberegler, ein Wasserwaagen-Werkzeug und die Möglichkeit, das Bild direkt in der Ansicht zu drehen. Während der Rotation wird das Drittelraster stärker unterteilt. Dies hilft bei der genaueren Ausrichtung. Bei der Rotation eines unbeschnittenen Bildes wird der Beschnittrahmen gleich mit angepasst, um ein rechteckiges Bild zu erhalten.

▲ **Abbildung 8.127**
Das feinere Raster hilft beim genaueren Ausrichten des Bildes.

▲ **Abbildung 8.128**
Bei der Bilddrehung wird das Bild automatisch so beschnitten, dass es mittig in das bestehende Seitenverhältnis passt.

Ausrichten mit dem Steuerelement | In der Werkzeugleiste können Sie das Bild über den Schieberegler WINKEL um bis zu 45 Grad in beide Richtungen drehen. Mehr macht keinen Sinn, denn dann würde das Bild auf dem Kopf stehen. Wenn es sich bei Ihrem Bild um eine falsche Ausrichtung handelt, können Sie diese in der Bibliothek mit den Schaltflächen am Bild in 90°-Schritten korrigieren (Seite 167). Um eine Gradzahl direkt einzugeben, können Sie auf den angezeigten Wert klicken. Nach der Eingabe eines Wertes bestätigen Sie mit [↵].

Ausrichten direkt in der Ansicht | Sie können das Bild auch direkt in der Ansicht drehen. Bewegen Sie dazu den Mauszeiger nahe an den Freistellungsrahmen, ohne ihn zu berühren. Der Mauszeiger wird somit zum Rotationswerkzeug. Drücken Sie die Maustaste, und halten Sie sie gedrückt. Ziehen Sie die Maus jetzt nach links, rechts, oben oder unten, um das Bild zu drehen. Zum Beenden lassen Sie die Maustaste einfach wieder los.

Gerade-ausrichten-Werkzeug | Dieses Werkzeug erleichtert das Ausrichten des Bildes an einer markanten Linie im Bild. Dabei kann es sich beispielsweise um den Horizont oder um eine Gebäudekante handeln. Das Werkzeug erkennt automatisch, ob es sich um eine senkrechte oder waagerechte Kante handelt.

Schritt für Schritt: Horizont waagerecht ausrichten

Das GERADE AUSRICHTEN-Werkzeug wird in diesem Beispiel zum Ausrichten des Horizonts verwendet.

▲ **Abbildung 8.129**
Die Bildrotation kann über den Schieberegler oder die Werteeingabe vorgenommen werden.

▲ **Abbildung 8.130**
Befindet sich die Maus nahe am Bild, wird der Cursor zum Rotationswerkzeug.

▲ **Abbildung 8.131**
Das GERADE AUSRICHTEN-Werkzeug in der Werkzeugleiste

▲ **Abbildung 8.132**
Das Fadenkreuz markiert die Spitze des Cursors.

1 Werkzeug aufnehmen

Um das Werkzeug aufzunehmen, klicken Sie das Symbol in der Werkzeugleiste an. Danach erscheint es neben einem kleinen Fadenkreuz am Mauszeiger, sobald Sie sich über dem Bild befinden. Das Fadenkreuz markiert den Punkt am Cursor, an dem die Ausrichtungslinie erzeugt wird.

▲ **Abbildung 8.133**
Mit dem GERADE AUSRICHTEN-WERKZEUG wird eine Linie gezogen. Das Bild wird dann anschließend so gedreht, dass die Linie waagerecht wird.

TIPP

Halten Sie während des Erzeugens der Linie die ⌥/Alt-Taste gedrückt, so wird ein feineres Raster eingeblendet. Dieses hilft vor allem beim Ausrichten von Linien in Architekturaufnahmen.

2 Ausrichten des Horizonts

Die Ausrichtung wird gestartet, indem Sie das Fadenkreuz an den ersten Punkt der Ausrichtungslinie bewegen – beispielsweise im linken Bildbereich an eine Stelle am Horizont, an dem sich Wasser und Himmel berühren.

Ziehen Sie dann mit gedrückter Maustaste eine Linie zum rechten Bildrand. Die Linie sollte dabei genau dem Verlauf des Horizonts folgen.

Wenn die Linie richtig platziert ist, lassen Sie die Maustaste los. Danach wird das Bild automatisch gedreht und der Bildbeschnitt festgelegt. ■

8.11.2 Bilder beschneiden

Die Bildwirkung hängt entscheidend vom richtigen Ausschnitt ab. Gerade beim Fotografieren von bewegungsintensiven Szenen ist es in der Kürze der Zeit aber oft nicht möglich, den richtigen Ausschnitt schon bei der Aufnahme festzulegen. Das lässt sich anschließend in der Bildverarbeitung nachholen. Es wird dabei ein Rahmen über dem Bild platziert, den Sie beliebig verschieben können. In Lightroom bleibt dieser Rahmen immer im Zentrum der Ansicht, und das Bild wird dahinter durchgeschoben.

▼ **Abbildung 8.134**
Zwei unterschiedliche Ausschnitte aus demselben Bild. Die Bildwirkung ist komplett unterschiedlich.

Freistellungsüberlagerung einstellen | Bei der Bildgestaltung wird oft von einer Drittelteilung gesprochen. Das bildwichtige Motiv ist dabei nicht immer in der Mitte, sondern befindet sich eher in einem seitlichen Drittel. Dies ist aber stark vom Motiv abhängig. Lightroom bietet noch andere Unterteilungen als die Drittelung.

Diese können Sie über das Menü ANSICHT • ÜBERLAGERUNG FREISTELLEN auswählen. Die verschiedenen Überlagerungen können Sie durch Drücken der Taste $\boxed{0}$ durchlaufen. Die Ausrichtung können Sie ebenfalls über das Menü oder mit der Tastenkombination $\boxed{\Uparrow}$+$\boxed{0}$ durchschalten.

◀ **Abbildung 8.135**
Für dieses Bild eignet sich das Diagonalraster als Freistellungsüberlagerung besser als die Drittelteilung.

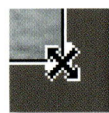

Abbildung 8.136
Befindet sich der Mauszeiger über dem Freistellungsrahmen, so kann dieser verändert werden.

Beschneiden im Ansichtsfenster | Mit dem Überlagerung freistellen-Werkzeug wird das Bild mit dem Freistellungsrahmen überlagert. Befinden Sie sich mit dem Mauszeiger über einer der Kanten des Rahmens, erscheint der Verschiebepfeil.

Bewegen Sie nun die Maus mit gedrückter Maustaste, so können Sie den Freistellungsrahmen verändern. Wenn Sie die Ecken des Rahmens anfassen, können Sie diesen diagonal verschieben.

Ist das Schloss-Symbol geschlossen, wird das Seitenverhältnis gesperrt. Das Verhältnis kann über das Dropdown unter dem Begriff Seitenverhältnis angegeben werden.

Abbildung 8.137
Über das Schloss-Symbol wird das Seitenverhältnis gesperrt (links) oder freigegeben (rechts).

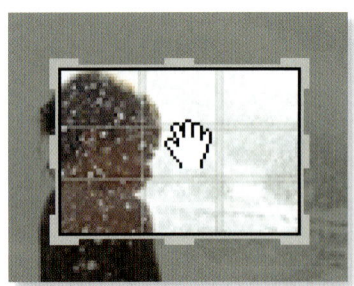

Abbildung 8.138
Das Bild wird hinter dem Rahmen durchgeschoben.

Bild im Ausschnitt verschieben | Das Bild kann im Ausschnitt verschoben werden, indem Sie den Mauszeiger innerhalb des Freistellungsrahmens platzieren – der Cursor wird dann zur Hand. Mit gedrückter Maustaste können Sie das Bild jetzt im Rahmen verschieben. Das Bild wird dabei hinter dem Rahmen bewegt, während der Rahmen an seiner Position bleibt.

Das Freistellungsrahmen-Werkzeug | Wollen Sie einen kleineren Bereich freistellen, so ist die Anpassung im Ansichtsfenster relativ zeitintensiv. Daher bietet Lightroom ein Werkzeug an, mit dem Sie einen Rahmen einfach über einen Bereich ziehen können. Dieser wird dann freigestellt.

Aktivieren Sie das Überlagerung freistellen-Werkzeug in der Werkzeugleiste. Nun können Sie einen Rahmen im Bild aufziehen, indem Sie auf einen Eckpunkt des gewünschten Ausschnitts klicken und die Maus mit gedrückter Taste zur diagonal gegenüberliegenden Ecke des gewünschten Rechtecks ziehen. Hierdurch wird der freizustellende Bereich eingefasst und freigestellt.

Seitenverhältnis auswählen | Neben dem Schloss unter der Beschriftung SEITENVERHÄLTNIS befindet sich die Angabe des aktuellen Seitenverhältnisses. Im Normalfall steht hier ORIGINAL, was dem Seitenverhältnis des Ausgangsbildes entspricht.

Klicken Sie darauf, so öffnet sich ein Dropdown-Menü, aus dem Sie ein beliebiges Seitenverhältnis auswählen können. Um ein eigenes Seitenverhältnis festzulegen, wählen Sie den Punkt BENUTZERDEFINIERT EINGEBEN und geben hier das gewünschte Verhältnis vor.

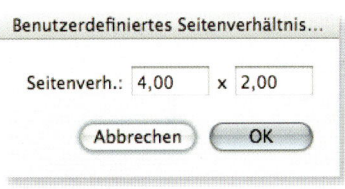

▲ **Abbildung 8.140**
Dialogfeld zur Eingabe eines eigenen Seitenverhältnisses

◄ **Abbildung 8.141**
Ein festes Seitenverhältnis wird über ein Dropdown ausgewählt.

Aus Hochformat wird Querformat und umgekehrt | Manchmal will man aus einem Hochformatbild einen Querformatausschnitt mit dem umgekehrten Seitenverhältnis erstellen. Dazu verschieben

▼ **Abbildung 8.142**
Das senkrechte Verschieben der
Ecke macht aus einem Hochformat
einen Querformatbeschnitt.

Sie eine Ecke des Freistellungsrahmens senkrecht nach unten, bis
der Rahmen »umschnappt«. Bei Querformatbildern müssen Sie die
Ecke waagerecht verschieben.

8.12   Reparatur- und Kopierstempel

Mit dem BEREICHSREPARATUR-Werkzeug lassen sich kleine Fehler
im Bild, wie zum Beispiel Staub auf dem Sensor, reparieren. Dabei
wird der zu reparierende Bereich durch einen anderen Teil des Bildes ersetzt. Neben der Reparaturmöglichkeit haben Sie auch die
Möglichkeit, Bereiche zu kopieren, um damit andere Bildstellen zu
ersetzen. Dabei werden zwei miteinander verbundene Kreise verwendet: Der Zielkreis kennzeichnet die zu reparierende Stelle und

▼ **Abbildung 8.143**
Beim Kopieren können ausgewählte Bildbereiche dupliziert
werden.

der Aufnahmekreis den Ausschnitt des Fotos, der zum Kopieren beziehungsweise Reparieren des Bereichs verwendet werden soll.

Reparatur | Bei der Retusche wird die Umgebung des zu reparierenden Bereichs in Farbe, Helligkeit und Sättigung analysiert und mit der Struktur aus dem Aufnahmekreis gefüllt. Dadurch entsteht eine homogene Fläche, die von der Umgebung nicht zu unterscheiden ist.

Kopie | Beim Kopieren wird ein Bereich an eine andere Stelle dupliziert. Die Kopie wird an den Rändern weich überblendet, um sie möglichst nahtlos in die Umgebung zu integrieren.

▲ **Abbildung 8.144**
Beim Reparieren können Fehler oder Objekte aus dem Bild retuschiert werden.

Schritt für Schritt: Bereiche entfernen

Reparatur und Kopie arbeiten gleich. Der Unterschied liegt nur in der Methode, mit der Aufnahme- und Zielbereich kombiniert werden. Die Methode kann auch nachträglich umgeschaltet werden.

1 **Werkzeug aktivieren und Modus wählen**

Um das Werkzeug aufzunehmen, klicken Sie auf das BEREICHE ENTFERNEN-Symbol in der Werkzeugleiste. Alternativ können Sie auch die Taste N drücken. Wählen Sie neben dem Symbol den Modus aus. Im Beispiel verwenden wir zunächst den KOP. STEMPEL. Zur REPARATUR können Sie auch nachträglich noch umschalten.

2 **Cursorgröße festlegen**

Die Cursorgröße können Sie auch nachträglich korrigieren – sie zu Beginn anzupassen ermöglicht es aber, schon vorher zu sehen, ob der zu kopierende Bereich groß genug ist.

Verschieben Sie das Bild in der Ansicht so, dass Sie sowohl den Bereich, den Sie überschreiben wollen, als auch den Aufnahmebereich sehen können. Bewegen Sie den Mauszeiger über das Bild, so erscheint ein Kreis in der aktuellen Größe. Verändern Sie den Durchmesser über den Schieberegler GRÖSSE, bis er den zu überschreibenden Bereich umschließt.

▲ **Abbildung 8.145**
Die Werkzeugpalette zum Entfernen von Staub oder zum Kopieren von Bildstellen

◄ **Abbildung 8.146**
Die Größe des Werkzeugs sollte den zu überschreibenden Bereich komplett umschließen.

Alternativ können Sie die Cursorgröße auch über das Mausrad festlegen. Das Drehen des Rads nach vorn vergrößert den Bereich. Verkleinert wird der Kreis durch Drehen nach hinten.

▲ **Abbildung 8.147**
Während des Auswahlvorgangs wird im Ansichtsfenster eine Vorschau des Effektes angezeigt.

3 **Ausgangsbereich auswählen und Kopiervorgang starten**
Um den Kopiervorgang zu starten, klicken Sie an der Stelle, die überschrieben werden soll, halten die Maustaste gedrückt und ziehen den Cursor zu dem Punkt, der als Ausgangsbereich gelten soll. Lassen Sie an dieser Stelle die Maustaste los. Der Kopiervorgang wird dann gestartet.

▲ **Abbildung 8.148**
Die Kopierrichtung wird durch einen Pfeil dargestellt. Dieser zeigt vom Ausgangsbereich zum Ziel.

Bereichs- und Ausgangskreis sind mit einem Pfeil verbunden, der die Kopierrichtung anzeigt. Achten Sie immer auf die richtige Reihenfolge: Zuerst wird der Ziel- und erst dann der Ausgangsbereich festgelegt.

4 **Bereiche verschieben**

Sie können jeden Bereich für sich verschieben. Dazu bewegen Sie mit gedrückter Maustaste den gewünschten Bereich. Dabei wird ein Hand-Cursor sichtbar. Sind Sie am Ziel angekommen, lassen Sie die Maustaste wieder los. Schon während des Verschiebens wird der Zielbereich aktualisiert.

◄ **Abbildung 8.149**
Mit gedrückter Maustaste lassen sich die Bereiche verschieben.

5 **Größe eines Bereiches verändern**

Beide Bereiche sind immer gleich groß. Die BEREICHSGRÖSSE können Sie über den Schieberegler in der Werkzeugleiste genau festlegen. Oder Sie klicken mit der Maustaste auf die Kreislinie des Zielbereiches, halten sie gedrückt und ziehen die Maus vom Kreiszentrum weg oder dort hinein – je nachdem ob Sie den Bereich vergrößern oder verkleinern wollen.

▲ **Abbildung 8.150**
Die Bereichsgröße lässt sich nur am Zielbereich über die Maus steuern.

◄ **Abbildung 8.151**
Mit dem REPARIEREN-Modus werden die Figuren komplett aus dem Bild eliminiert.

6 Modus umschalten

Sie können den Modus von Kopieren auf Reparieren und umgekehrt umschalten. Dazu müssen Sie nur auf den Begriff REPARATUR bzw. KOPIEREN in der Werkzeugleiste klicken. ■

▲ **Abbildung 8.152**
Es können auch mehrere Bereiche mit unterschiedlichen Modi kombiniert werden. Jeder Klick erzeugt einen neuen Bereich, bis das Werkzeug beendet wird.

▲ **Abbildung 8.153**
Über den DECKKRAFT-Regler können Sie den Effekt auch transparent erscheinen lassen.

Da schon ein einfaches Klicken einen neuen Bereich festlegt, sind der Ansichtszoom und das Verschieben des Ansichtsausschnitts nur mit gedrückter Leertaste möglich.

Zum Verlassen des Werkzeugs klicken Sie wieder auf das BEREICHE ENTFERNEN-Symbol oder auf ein anderes Werkzeug in der Werkzeugleiste.

Arbeiten mit mehreren Bereichen | Sie können auch mehrere Stellen kopieren bzw. reparieren. Dazu klicken Sie die Maustaste und ziehen die Maus wie bei der Erstellung des ersten Bereiches. Inaktive Bereiche werden dann mit einem einfachen, aufgehellten Kreis gekennzeichnet. Ein Klick dort hinein aktiviert den Bereich und blendet den Ausgangskreis sowie den Pfeil ein.

Bereiche zurücksetzen und löschen | Über die ZURÜCKSETZEN-Schaltfläche werden alle Bereiche gelöscht. Einzelne Bereiche lassen sich nur dann löschen, wenn sie aktiv sind und Sie die [Entf]-Taste drücken.

8.13 Rote-Augen-Korrektur

Lightroom erlaubt auch ein einfaches Entfernen des Rote-Augen-Effektes bei Blitzfotos. Dieser tritt vor allem bei Kompaktkameras auf und entsteht durch den geringen Abstand zwischen Blitz und Objektiv. Dadurch fällt das Licht in einem sehr spitzen Winkel in das Auge und wird von der Netzhaut reflektiert. Je kleiner die Pupille ist, desto spitzer muss der Winkel sein, damit sich der Rote-Augen-Effekt im Bild widerspiegelt. Das Verhältnis zwischen Pupillengröße, Winkel und Abstand zwischen Blitzlicht und Objektiv optimieren Kompaktkameras durch das Abfeuern von Vorblitzen. Die Pupille zieht sich dabei zusammen, und der Winkel wird groß genug, damit der Effekt ausgeschaltet wird.

In manchen Fällen treten rote Augen jedoch weiterhin auf. Auch auf älteren Bildern findet man diesen Fehler noch häufig.

▼ **Abbildung 8.154**
Zum Beseitigen roter Augen gibt es ein eigenes Werkzeug in Lightroom.

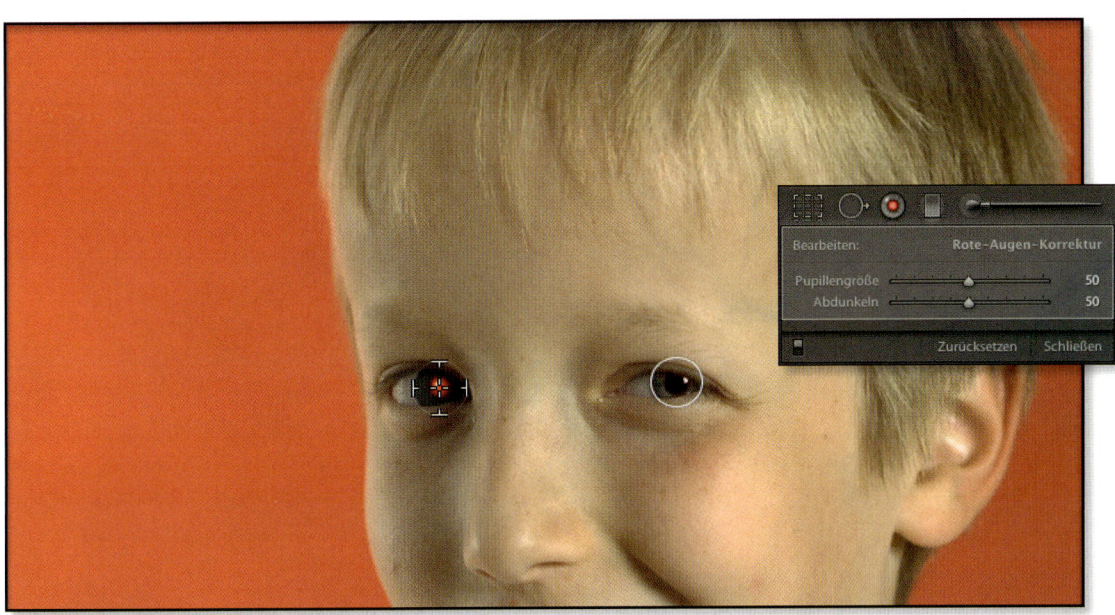

Schritt für Schritt: Rote Augen entfernen

Das Werkzeug für die Rote-Augen-Entfernung befindet sich in der Werkzeugleiste unter dem Ansichtsfenster. Das Symbol besteht unverkennbar aus einem Auge mit roter Pupille.

1   Das Rote-Augen-Werkzeug anwenden

Zum Entfernen der roten Augen wählen Sie zunächst das Werkzeug an. Am Mauszeiger erscheint daraufhin ein Kreis mit einer Größenanzeige, sobald Sie sich wieder über dem Bild im Ansichtsfenster befinden.

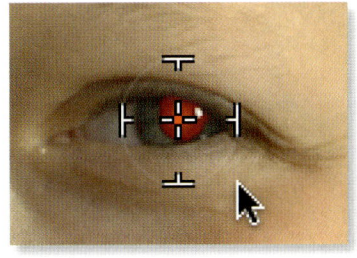

▲ **Abbildung 8.155**
Das Werkzeug wird auf einem Auge platziert.

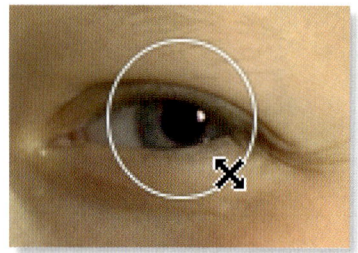

▲ **Abbildung 8.156**
Durch Klicken auf den Rand können Sie den Bereich skalieren.

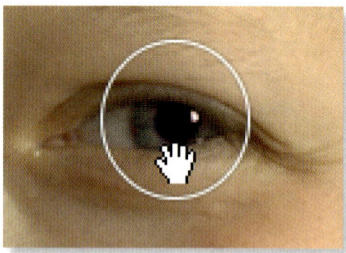

▲ **Abbildung 8.157**
Befindet sich der Mauszeiger im Kreis, können Sie den Bereich verschieben.

Klicken Sie nun in das Zentrum des roten Auges hinein, halten Sie dabei die Maustaste gedrückt und ziehen die Maus diagonal von unten nach oben, um die Größe der zu bearbeitenden Zone ungefähr festzulegen.

Lassen Sie anschließend die Maustaste los. Lightroom sucht jetzt selbstständig nach dem zu korrigierenden Bereich und verändert dabei eventuell auch die Form des Werkzeugs.

2 **Größe oder Position anpassen**

Eventuell erkennt Lightroom die roten Elemente im Auge nicht ganz korrekt, oder der eingeschlossene Bereich ist zu klein. Sie können diesen dann nachträglich anpassen.

Bewegen Sie dafür den Mauszeiger bei aktiviertem ROTE AUGEN ENTFERNEN-Werkzeug auf den Rand des Markierungskreises. Sodann erscheint ein Verschiebe-Cursor. Ziehen Sie diesen mit gedrückter Maustaste in Position, um den Bereich anzupassen.

Zum Verschieben des gesamten Bereichs bewegen Sie den Mauszeiger in den Kreis hinein – es erscheint dann ein Hand-Cursor. Verschieben Sie damit den Bereich bei gedrückter Maustaste. ■

Sie können auch noch weitere rote Augen mit dem Werkzeug entfernen, solange es aktiv ist. Zum Deaktivieren des Werkzeugs klicken Sie noch einmal in der Werkzeugleiste darauf oder wählen Sie ein anderes Werkzeug – zum Beispiel die Lupenansicht.

Pupillengröße | Das ROTE AUGEN ENTFERNEN-Werkzeug wird am besten über die komplette Pupille gezogen. Damit diese jedoch nicht in ihrer eigentlichen Form verändert wird, lässt das Werkzeug einen Rand davon stehen. Dieser definiert dann die Pupillengröße, die sich noch weiter über einen Schieberegler in der Werkzeugleiste anpassen lässt.

Abbildung 8.158 ▶
Die PUPILLENGRÖSSE definiert die Breite der Pupille im Markierungskreis des Werkzeugs.

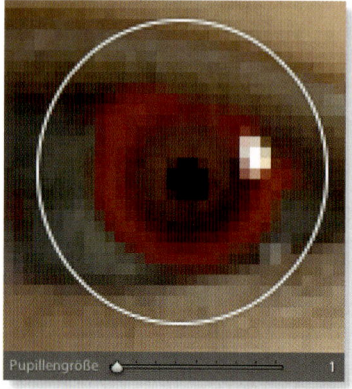
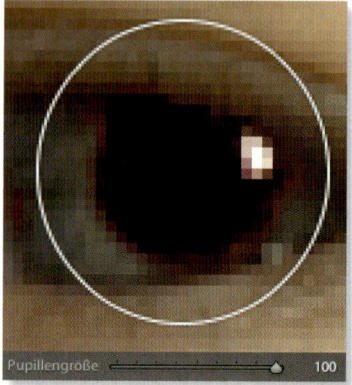

Abdunkeln | Das Werkzeug entsättigt das Rot in den Augen und dunkelt es noch zusätzlich etwas ab. Diesen Effekt können Sie über diesen Regler steuern. Dabei werden vor allem die Glanzpunkte im Auge beeinflusst.

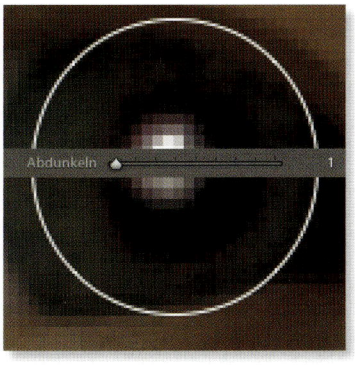 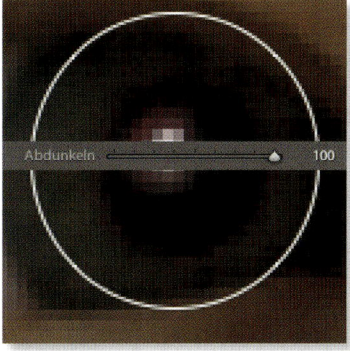

◄ **Abbildung 8.159**
Der Schieberegler ABDUNKELN dunkelt vor allem Glanzeffekte ab.

8.14 Lokale Anpassungen

Bilder mit einem hohen Dynamikumfang mit extrem hellen und sehr dunklen Stellen zu korrigieren, kann sehr kompliziert sein. Jegliche Korrektur an den dunklen Partien des Bildes hat auch auf die hellen Stellen Auswirkungen und umgekehrt. Gerade bei Landschaftsaufnahmen ist es wünschenswert, den Himmel etwas abzudunkeln.

Andere Anforderungen werden in der Porträtfotografie gestellt. Hier soll beispielsweise die Haut weicher als die Augen erscheinen. Dazu muss man diese beiden Flächen getrennt, mit unterschiedlichen Scharfzeichnungen, behandeln. Lightroom bietet hier zwei Werkzeuge, über die die lokalen Anpassungen begrenzt werden können:

▶ **Verlaufsfilter:** Dieser eignet sich vor allem für Landschaftsaufnahmen. Dabei wird ein Verlauf erzeugt, der am Startpunkt die

▲ **Abbildung 8.160**
Bei der einfachen Bildkorrektur (links) wird der Himmel zu hell. Dies kann durch die lokale Anpassung des Himmels (rechts) korrigiert werden.

Korrekturen mit 100 % wirken lässt und bis auf 0 % Wirkung ausläuft. Der Verlauf kann quer über das Bild gezogen werden.

▶ **Korrekturpinsel:** Mit dem Pinsel malt man über die Flächen, die angepasst werden sollen. Dadurch lassen sich die Korrekturen willkürlich aufmalen. Der Pinsel kann in Größe, Deckkraft und Randschärfe verändert werden.

8.14.1 Effekt-Parameter

Beide Werkzeuge können die gleichen Effekt-Parameter besitzen. Eingestellte Effekte können als Vorgabe gespeichert werden, um sie für andere Bilder wiederzuverwenden. Dabei werden nur die Parameter, aber nicht die Masken gespeichert.

▲ **Abbildung 8.161**
Die Angabe der Effekt-Parameter kann über zwei Bedienfelder erledigt werden. Diese schauen unterschiedlich aus, haben aber grundsätzlich die gleiche Funktionalität. Der Schalter oben rechts im Feld ❶ dient zum Umschalten der Darstellungsform.

Die Parameterdarstellung, die Lightroom zunächst einblendet (links in Abbildung 8.161), ist nicht intuitiv zu bedienen. Aber zum Glück gibt es auch noch eine bessere Darstellung, in der alle Parameter übersichtlich als Regler dargestellt werden. Diese aktivieren Sie mit dem Schalter ❶ rechts oben im Bedienfeld.

Es stehen sieben Korrektureffekte zur Verfügung, die als lokale Korrektur angewendet werden können. Diese entsprechen Parametern, die Sie bereits aus den Bedienfeldern der Entwicklungseinstellungen kennen.

▶ **Belichtung:** Regelt die Gesamthelligkeit des Bildes und wirkt sich auf die hellen Stellen stärker aus.

▶ **Helligkeit:** Regelt die Helligkeit vor allem der Mitten und der dunklen Stellen.

▶ **Kontrast:** Verändert den Kontrast vor allem in den mittleren Helligkeitswerten.

▶ **Sättigung:** Verstärkt oder mildert die Gesamtsättigung der Farben im maskierten Bereich.

▶ **Klarheit:** Reguliert den subjektiven Tiefeneindruck des Bildes durch eine großflächige Kontrastverstärkung.

▶ **Schärfe:** Verändert die Schärfe des Bildes. Negative Werte zeichnen das Bild weicher.

Farbe | Neu ist das Farbauswahlfeld. Klicken Sie dieses an, öffnet sich ein Farbdialog. Dort können Sie eine Farbe anwählen, in der der maskierte Bereich eingefärbt werden soll. Je höher die Sättigung der Farbe, umso stärker die Färbung.

Ist der Farbdialog geöffnet, können Sie mit der Pipette in das Farbspektrum klicken. Je weiter oben Sie in dem Spektrum klicken, desto gesättigter ist die Farbe. Sie können die Sättigung aber auch mit dem Regler unter dem Spektrum regulieren. Über dem Farbspektrum können Sie aus fünf voreingestellten Farben wählen. Diese entsprechen den Färbungen bei den wichtigsten Farbtemperaturen.

▲ **Abbildung 8.162**
Je nach Sättigung der gewählten Farbe wird der maskierte Bereich, hier die Wiese im Vordergrund, stärker (links) oder schwächer (rechts) eingefärbt.

Effekt-Vorgaben | Sie können Ihre Effekteinstellungen als Vorgabe sichern. Dazu klicken Sie neben der Bezeichnung EFFEKT auf den aktuell angezeigten Begriff und wählen aus dem Dropdown den Befehl AKTUELLE EINSTELLUNGEN ALS NEUE VORGABE SPEICHERN aus. Danach vergeben Sie einen Namen. Nachdem Sie die Vorgabe erstellt haben, ist diese in der Liste verfügbar.

Wenn Sie eine Vorgabe über das Dropdown ausgewählt haben und Änderungen an den Parametern durchführen, können Sie diese in die Vorgabe übernehmen. Dazu wählen Sie den Befehl VORGABE "VORGABENNAME" AKTUALISIEREN. Weiterhin können Sie über das Dropdown Vorgaben löschen oder umbenennen. Dazu muss aber

▼ **Abbildung 8.163**
Über das EFFEKT-Dropdown können Einstellungen als Vorgaben gespeichert werden. Ist eine Vorgabe ausgewählt, kann diese auch gelöscht, umbenannt oder aktualisiert werden.

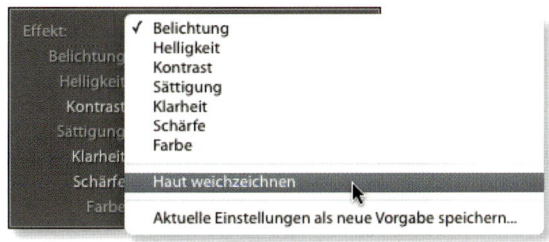 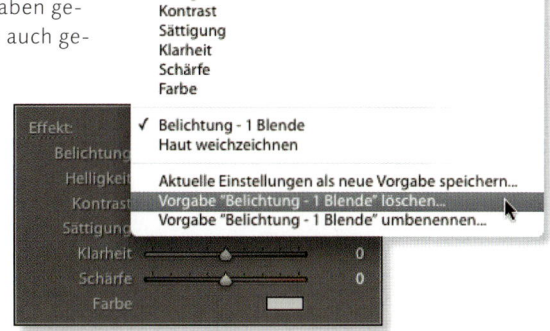

▲ **Abbildung 8.164**
Schaltfläche zum Aktivieren des
Verlaufsfilters

▼ **Abbildung 8.165**
In diesem Fall wurde ein Verlauf
vom Himmel bis zu den Baumspit-
zen erstellt. Der Himmel wird um
eine Blende abgedunkelt.

stets vorher die gewünschte Vorgabe im Dropdown geladen worden sein.

8.14.2 Verlaufsfilter erstellen und anpassen

Mithilfe des Verlaufsfilters erzeugen Sie einen linearen Verlauf. Am
Startpunkt des Verlaufs werden die lokalen Anpassungen mit voller
Kraft angewendet. Die Wirkung nimmt dann bis zum Endpunkt des
Verlaufs kontinuierlich ab. Die Richtung und Länge des Verlaufs
können Sie selbst bestimmen.

Verlaufsfilter erstellen | Sie erstellen einen Verlaufsfilter, indem
Sie am Anfangspunkt des Verlaufs klicken, die Maustaste gedrückt
halten und die Maus bis zum Endpunkt ziehen. Dort lassen Sie die
Maustaste wieder los.

▲ **Abbildung 8.166**
Wird ein zusätzlicher Verlauf erstellt, wird der vorher bearbeitete
als grauer Punkt dargestellt. Der
neue, jetzt aktive Verlauf erhält einen schwarzen Punkt im Zentrum.

Dort, wo Sie den Verlauf begonnen haben, wirkt sich der Effekt
am stärksten aus. Der generierte Verlauf wird durch drei Linien
und einen Punkt gekennzeichnet. Diese Darstellung bleibt so lange
erhalten, bis Sie einen neuen Verlauf erstellen. Dann werden andere
Verläufe nur durch einen grauen Punkt symbolisiert.

Befinden Sie sich im Bearbeitungsmodus eines Verlaufs, müssen
Sie die Schaltfläche NEU anklicken, bevor Sie einen zusätzlichen Ver-
lauf erstellen können. Der Button befindet sich neben dem Begriff
MASKIEREN über den Effektparametern.

Der bisher aktive Verlauf wird als grauer Punkt dargestellt. Der
neue Verlauf besitzt im grauen Punkt zusätzlich einen schwarzen
zur Markierung.

Verlauf bearbeiten | Sie können einen Verlauf auch nachträglich verändern. Sie können Start- und Endlinie verschieben, um die Weite des Verlaufs zu regulieren. Ebenfalls können Sie den Verlauf rotieren, um die Ausrichtung zu ändern oder den gesamten Verlauf zu verschieben.

Sind mehrere Verläufe vorhanden, klicken Sie auf den Punkt, der den Verlauf symbolisiert, den Sie bearbeiten wollen. Dieser wird dann mit schwarzer Füllung dargestellt, und die Begrenzungslinien werden sichtbar. Falls Sie sich nicht im Verlaufswerkzeug befinden, aktivieren Sie dieses zunächst, da sonst die Verlaufspunkte nicht sichtbar sind und somit auch nicht bearbeitet werden können.

▲ **Abbildung 8.167**
Die Begrenzungslinien können verschoben werden, um die Weite des Verlaufs zu regulieren.

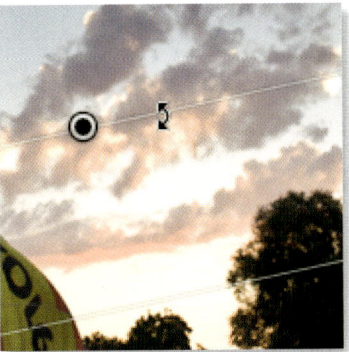

▲ **Abbildung 8.168**
Die Ausrichtung des Verlaufs wird durch die Rotation der Mittellinie angepasst.

▲ **Abbildung 8.169**
Die Position des Verlaufs wird durch Verschieben des Mittelpunkts verändert.

▶ **Begrenzungslinien bearbeiten:** Um eine der Begrenzungslinien zu verschieben, bewegen Sie die Maus über die Linie, bis der Hand-Cursor erscheint. Mit gedrückter Maustaste können Sie die Linie verschieben. Diese wird immer auf der Verlaufsachse verschoben. Lassen Sie die Maustaste los, wird die Linie an der neuen Stelle platziert.

Wird eine Begrenzungslinie verschoben, richtet sich die Mittellinie neu aus, damit sie sich immer im Zentrum des Verlaufs befindet.

▶ **Ausrichtung verändern:** Befindet sich der Mauszeiger über der mittleren Linie, erhalten Sie den Rotations-Cursor. Verschieben Sie jetzt mit gedrückter Maustaste die Mittellinie, wird der gesamte Verlauf gedreht.

▶ **Verlauf verschieben:** Den gesamten Verlauf können Sie verschieben, indem Sie den Mittelpunkt mit gedrückter Maustaste verschieben. Dabei kommt wieder der Hand-Cursor zum Einsatz.

▶ **Verlauf löschen:** Um einen Verlauf zu löschen, drücken Sie unter Mac OS X die ← -Taste und unter Windows die Entf -Taste.

TIPP

Unter den Effekteinstellungen befinden sich drei Schaltflächen. Diese finden Sie auch im Korrekturpinsel. Mit dem Schalter ❶ können Sie die Auswirkung der Werkzeuge temporär deaktivieren, ohne sie zu löschen. ZURÜCKSETZEN ❷ löscht alle Verläufe. SCHLIESSEN ❸ beendet das Werkzeug.

Ist ein Verlauf aktiv, können Sie die erforderlichen Effekte bearbeiten. Ist kein Verlauf aktiv, so gelten die Effektparameter für zukünftig erstellte Verläufe aus Basiseinstellungen.

▲ **Abbildung 8.170**
Das Original (links) besitzt zwar einen schönen Abendhimmel, die Kuh ist allerdings zu dunkel. Rechts wurde nur die Kuh mit dem Korrekturpinsel aufgehellt.

▲ **Abbildung 8.171**
Schaltfläche zum Aktivieren des KORREKTURPINSELS

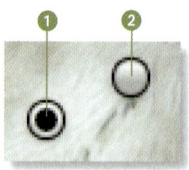

▲ **Abbildung 8.172**
Unterschiedliche Darstellungen einer aktiven ❶ und einer inaktiven Maske ❷

▲ **Abbildung 8.173**
Mithilfe der Schaltfläche NEU können Sie zusätzliche Masken generieren. BEARBEITEN ist dann aktiv, wenn Sie eine Maske ausgewählt haben.

8.14.3 Korrekturmaske mit Pinsel erstellen

Für viele Bilder eignet sich der Verlaufsfilter aber nur bedingt oder gar nicht. Hier sollten die lokale Anpassung beliebig platzieren. Dazu bietet Lightroom die Möglichkeit, die für die Korrektur nötige Maske mit einem Pinsel zu malen. Nur an den Stellen, an denen gemalt wird, ist die lokale Anpassung wirksam.

Zum Erstellen einer Korrekturmaske müssen Sie zunächst das KORREKTURPINSEL-Werkzeug auswählen. Danach können Sie einfach im Bild malen. Solange Sie sich in der aktuellen Maske befinden, können Sie während des Malens auch absetzen, Pinselparameter verändern oder radieren. Während des Malens werden die eingestellten Effektparameter auf die maskierten Bereiche angewendet.

Die aktive Maske ❶ wird, wie auch die Verlaufsmaske, mit einem grauen Punkt mit schwarzem Mittelpunkt dargestellt. Ist eine Maske inaktiv ❷, so wird sie nur durch einen grauen Punkt dargestellt. Anders als Verläufe lassen sich zwar die Markierungspunkte einer Maske verschieben, die Maske selbst bleibt aber am Ursprungsort.

Neue Maske anlegen | Um eine neue Maske anzulegen, müssen Sie sich im Werkzeug befinden. Starten Sie es durch einen Klick auf das Symbol in der Werkzeugleiste, wird automatisch eine neue Maske erstellt. Ist bereits eine Maske aktiv, ist der Begriff BEARBEITEN hervorgehoben. Um eine neue Maske zu erstellen, klicken Sie dann die Schaltfläche NEU an.

Pinselauswahl | Lightroom bietet eine Auswahl von drei Pinseln. Zwei davon dienen zum Malen und können unterschiedliche Pinseleinstellungen besitzen ein dritter dient als Radiergummi. Zum Beispiel können Sie einen breiten Pinsel mit weicher Kante erstellen und einen kleinen Pinsel mit harter Kante. Zwischen den Pinseln können Sie über die Buchstaben A und B im Bedienfeld umschalten ❶.

Haben Sie über den gewünschten Bereich hinausgemalt oder wollen nachträglich Bereiche wieder von der Maske entfernen, können Sie den LÖSCHEN-Pinsel ❷ wählen. Im Gegensatz zum Malpinsel besitzt der LÖSCHEN-Pinsel keine Dichte. Er entfernt die Maske an den entsprechenden Stellen komplett.

Größe | Dieser Parameter stellt die Größe des Pinsels ein. Die Größe wird durch einen entsprechend großen Kreis um den Mauszeiger angezeigt.

Weiche Kante | Erzeugt um die Pinselspitze einen weichen Rand. Dadurch entsteht ein Verlauf am Maskenrand, der den Effekt weich ausblendet. Die Breite der weichen Kante wird durch einen zweiten, größeren Kreis um die Pinselspitze dargestellt.

Fluss | Ein Pinselstrich entsteht, wenn bei Mausbewegung in einer bestimmten Rate weitere Punkte gesetzt werden. Der FLUSS-Parameter stellt diese Rate ein. Je höher der Wert, umso höher die Rate und umso genauer der Strich. Je höher die Flussrate, umso dichter wird der Pinselstrich.

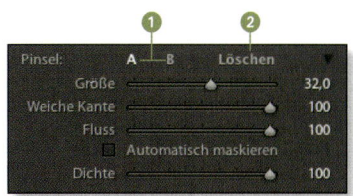

▲ **Abbildung 8.174**
Bedienfeld der Pinseleinstellungen

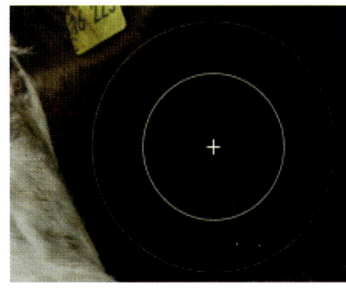

▲ **Abbildung 8.175**
Der innere Kreis zeigt die Größe des Pinsels an. Der Abstand zum äußeren Kreis zeigt die Breite der weichen Kante.

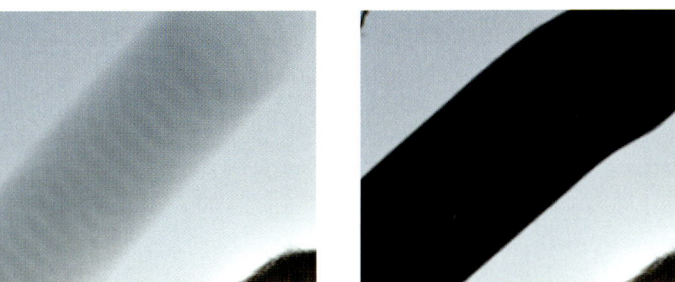

▲ **Abbildung 8.176**
Besitzen Pinsel keine weiche Kante, so entstehen bei einer niedrigen Flussrate unschöne Überlagerungen.

▲ **Abbildung 8.177**
Bei einer hohen Flussrate verschwinden die Überlagerungen. Die Pinseldeckung wird erhöht.

▲ **Abbildung 8.178**
Wird bei einer niedrigen Flussrate eine weiche Kante eingestellt, verschwimmen die Überlagerungen.

Automatisch maskieren | Ist dieses Kontrollkästchen aktiviert, maskiert Lightroom nur Bereiche mit ähnlicher Farbe. Wenn Sie beispielsweise einen Himmel maskieren, werden Gebäude oder Bäume ausgespart. Um dies zu erreichen, betrachtet Lightroom bei jedem Setzen eines Malpunktes, welche Farben sich im Zentrum des Pinsels befinden, und maskiert dann nur ähnliche Farben.

Abbildung 8.179 ▶

Die Funktion AUTOMATISCH MASKIE-REN hat nur den Himmel maskiert und das Gebäude ausgespart, da die Farbe des Gebäudes nicht der des Himmels entspricht.

Dichte | Steuert die Transparenz der Maske. Während des Malens wird die Dichte der Maske an den angegebenen Wert angepasst. Haben Sie vorher eine Maske mit einer höheren Dichte erstellt, reduziert ein niedriger Dichtewert die Maske wieder.

▲ **Abbildung 8.180**
Die Maske mit einem Dichtewert von 100

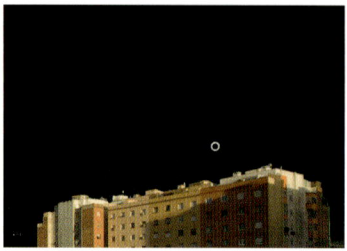

▲ **Abbildung 8.181**
Die Maske mit einem Dichtewert von 100 und einem Malpunkt mit Dichte 70

▲ **Abbildung 8.182**
Die Maske mit einem Dichtewert von 100 und einem Malpunkt mit Dichte 30

Maske in Ansicht anzeigen | Oft sind die Änderungen so gering, dass man auf den ersten Blick die Verteilung der Maske nicht erkennen kann. Um sich die Maske als rote Fläche anzeigen zu lassen, bewegt man die Maus über den Markierungspunkt. Nach circa zwei Sekunden erscheint die Maske als rote Fläche.

Abbildung 8.183 ▶

In der Maskenvorschau wird die Maske als rote Fläche dargestellt. Das macht die Maske sichtbar, auch wenn die lokale Korrektur nur gering ist.

8.15 Entwicklungseinstellungen übertragen

Wer viele Bilder mit Lightroom verarbeitet, wird des Öfteren Einstellungen von einem Bild auf ein anderes übertragen wollen, um sich die Arbeit zu sparen, jedes Bild einzeln angleichen zu müssen – beispielsweise wenn ein Weißabgleich für ein ganzes Shooting angepasst oder eine Auswahl der Bilder mit den gleichen Parametern scharfgezeichnet werden soll.

Schritt für Schritt: Manuelle Synchronisierung

Um Einstellungen zu übertragen, müssen Sie den Filmstreifen eingeblendet haben, um die zu synchronisierenden Bilder auswählen zu können.

1 Zu synchronisierende Bilder auswählen

Bevor Sie Einstellungen synchronisieren, wählen Sie zuerst das Bild aus, von dem die Werte übernommen werden sollen.

Klicken Sie dazu mit gedrückter Maustaste auf das Ausgangsbild, dies kann auch das aktuell im Ansichtsfenster dargestellte Bild sein. In diesem Fall müssen Sie es nicht extra auswählen.

Drücken Sie jetzt die ⌘/Strg-Taste, und wählen Sie im Filmstreifen die Bilder aus, auf die die Werte übertragen werden sollen. Liegen die Bilder nebeneinander, können Sie auch einfach die ⇧-Taste drücken und zuerst das erste und dann das letzte gewünschte Bild in der Reihe anklicken.

▼ **Abbildung 8.184**
Ausgewählte Bilder werden im Filmstreifen hellgrau hinterlegt. Das derzeitig aktive Bild bzw. das Bild, von dem Sie die Einstellungen übernehmen wollen, wird heller als die anderen ausgewählten Bilder dargestellt.

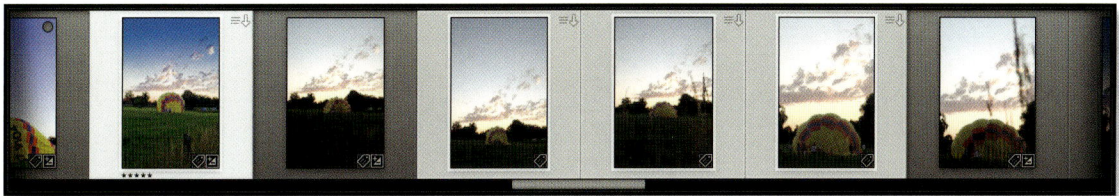

2 Einstellungen synchronisieren

Eines der ausgewählten Bilder ist nun heller als die anderen hinterlegt. Dieses ist das Ausgangsbild. Wollen Sie die Einstellungen von einem anderen Bild der Auswahl übernehmen, können Sie dieses einfach anklicken, um es zu aktivieren. Um die Einstellungen zu übertragen, klicken Sie die Schaltfläche SYNCHRONISIEREN.

In den SYNCHRONISIERUNGSEINSTELLUNGEN können Sie jetzt auswählen, welche Einstellungen des Ausgangsbildes Sie übernehmen wollen. Für jedes Bedienfeld steht ein Kontrollkästchen bereit. Sie können beliebige Kombinationen wählen. Um nur ein Bedienfeld zu übernehmen, drücken Sie zunächst NICHTS AUSWÄHLEN und dann

Synchronisieren...

▲ **Abbildung 8.185**
Die Schaltfläche zum Starten des Dialogs befindet sich in der rechten Palette ganz unten.

die gewünschte Kontrollbox. Mit ALLES AUSWÄHLEN werden alle Kontrollkästchen aktiviert.

TIPP

Wenn Sie die Einstellungen im Dialog beibehalten und nicht ändern wollen, können Sie durch Drücken der ⌥/Alt-Taste den Dialog übergehen und die Synchronisierung sofort ausführen.

▲ **Abbildung 8.186**
Im SYNCHRONISIEREN-Dialog können Sie die zu kopierenden Parameter auswählen. Werte nicht ausgewählter Bedienfelder werden auch nicht synchronisiert.

▼ **Abbildung 8.187**
Die Vorschau zeigt deutlich die Veränderung der synchronisierten Bilder.

Wenn Sie fertig sind, beenden Sie den Dialog über die SYNCHRONISIEREN-Schaltfläche und starten somit die Übertragung. Danach können Sie die Veränderungen in den Bildern im Filmstreifen sehen. ■

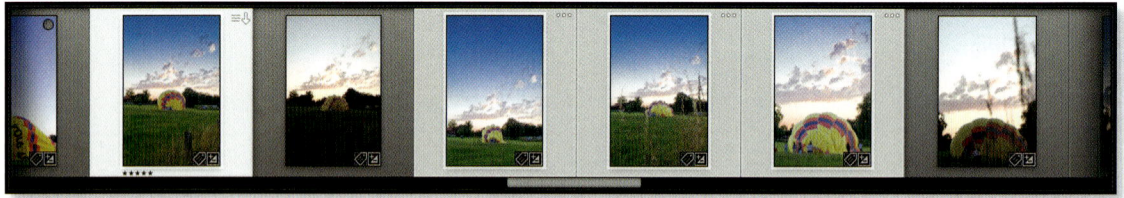

8.15.1 Automatische Synchronisierung

Neben der manuellen Synchronisierung besteht auch die Möglichkeit eines Abgleichs, der automatisch durchgeführt wird. Dabei werden alle Einstellungen sofort für alle ausgewählten Objekte übernommen, während diese am aktuellen Bild durchgeführt werden.

Um die automatische Synchronisierung zu aktivieren, halten Sie die ⌘/Strg-Taste gedrückt. Die SYNCHRONISIEREN-Schaltfläche ändert nun ihre Bezeichnung in AUTOM. SYNCHR. Klicken Sie einmal mit der Maus auf die Taste, um die automatische Synchronisierung einrasten zu lassen. Um wieder in den Normalzustand zurückzukehren, klicken Sie einfach noch einmal auf die Schaltfläche.

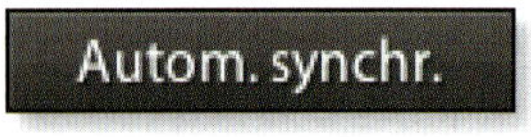

▲ **Abbildung 8.188**
Die automatische Synchronisierung wendet alle Einstellungen, sobald sie am Ausgangsbild vorgenommen wurden, sofort auf alle ausgewählten Bilder an.

8.15.2 Einstellungen kopieren und anwenden

Bisher haben Sie Entwicklungseinstellungen zwischen Bildern synchronisiert. Die Einstellungen werden dabei direkt übertragen und sind nach dem Vorgang vergessen.

Es besteht jedoch auch die Möglichkeit, die Einstellungen in den Zwischenspeicher zu kopieren und sie dann beliebig auf andere Bilder anzuwenden – ganz unabhängig von der aktuell getroffenen Auswahl. Das Kopieren und Einfügen kann von mehreren Stellen aus erledigt werden:

▸ **Bedienfeldpalette links:** Unten in der linken Bedienfeldpalette befindet sich eine KOPIEREN-Schaltfläche. Durch Anklicken öffnet sich das Dialogfeld, das wir bereits für die Auswahl der Synchronisierungseinstellungen verwendet haben. Durch Drücken der ⌥/Alt-Taste können Sie den Einstellungsdialog übergehen und die Einstellungen direkt kopieren. Das Einfügen der Einstellungen lässt sich über die danebenliegende Schaltfläche erledigen.

▸ **Menüleiste:** Die gleichen Befehle finden Sie auch in der Menüleiste unter EINSTELLUNGEN • EINSTELLUNGEN KOPIEREN und EINSTELLUNGEN EINFÜGEN. Hier stehen auch die entsprechenden Tastenkombinationen, die Sie für die Befehle anwenden können: ⇧ + ⌘ + C / ⇧ + Strg + C bzw. ⇧ + ⌘ + V / ⇧ + Strg + V.

▲ **Abbildung 8.189**
Entwicklungseinstellungen können über zwei Schaltflächen in der linken Bedienfeldpalette kopiert und eingefügt werden.

> **TIPP**
>
> Sie können die Entwicklungseinstellungen auch im Bibliothek-Modul synchronisieren und kopieren. Die entsprechenden Funktionen finden Sie im Menü FOTO • ENTWICKLUNGSEINSTELLUNGEN und im Kontextmenü eines Bildes, ebenfalls unter ENTWICKLUNGSEINSTELLUNGEN.

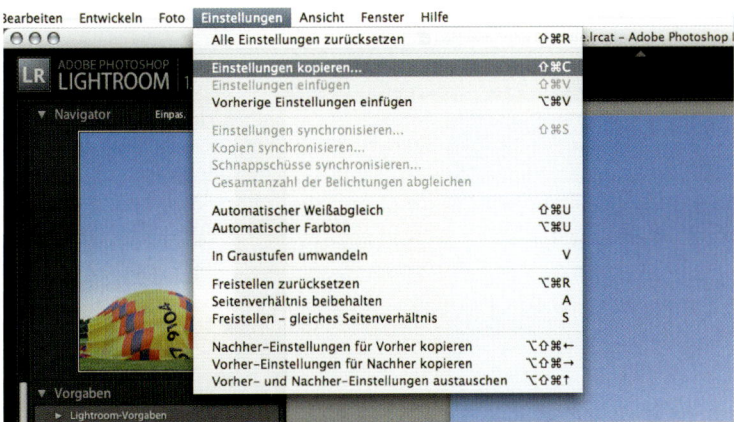

▲ **Abbildung 8.190**
Die Entwicklungseinstellungen können auch über das Menü kopiert und synchronisiert werden.

▸ **Kontextmenü:** Klicken Sie mit der rechten Maustaste auf ein Bild, so öffnet sich ein Dropdown-Menü. Dort finden Sie die Befehle zum Kopieren und Einfügen unter dem Punkt EINSTELLUNGEN. Beides funktioniert übrigens auch im Bibliothek-Modul.

> **TIPP**
>
> Das Kontextmenü lässt sich über die rechte Maustaste auch im Filmstreifen aufrufen, wenn Sie eines oder mehrere Bilder ausgewählt haben.

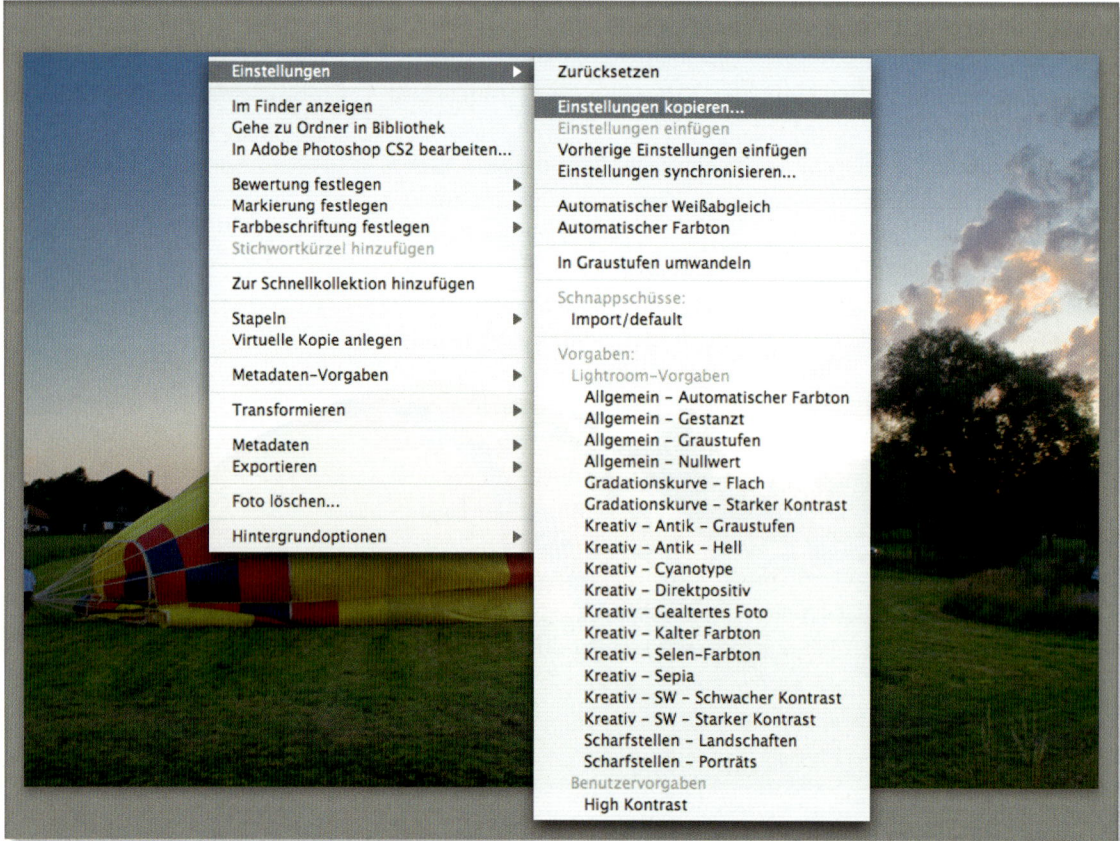

Einstellungen	▶	Zurücksetzen
Im Finder anzeigen		**Einstellungen kopieren...**
Gehe zu Ordner in Bibliothek		Einstellungen einfügen
In Adobe Photoshop CS2 bearbeiten...		Vorherige Einstellungen einfügen
		Einstellungen synchronisieren...
Bewertung festlegen	▶	
Markierung festlegen	▶	Automatischer Weißabgleich
Farbbeschriftung festlegen	▶	Automatischer Farbton
Stichwortkürzel hinzufügen		
		In Graustufen umwandeln
Zur Schnellkollektion hinzufügen		
		Schnappschüsse:
Stapeln	▶	Import/default
Virtuelle Kopie anlegen		
		Vorgaben:
Metadaten-Vorgaben	▶	Lightroom-Vorgaben
		Allgemein – Automatischer Farbton
Transformieren	▶	Allgemein – Gestanzt
		Allgemein – Graustufen
Metadaten	▶	Allgemein – Nullwert
Exportieren	▶	Gradationskurve – Flach
		Gradationskurve – Starker Kontrast
Foto löschen...		Kreativ – Antik – Graustufen
		Kreativ – Antik – Hell
Hintergrundoptionen	▶	Kreativ – Cyanotype
		Kreativ – Direktpositiv
		Kreativ – Gealtertes Foto
		Kreativ – Kalter Farbton
		Kreativ – Selen–Farbton
		Kreativ – Sepia
		Kreativ – SW – Schwacher Kontrast
		Kreativ – SW – Starker Kontrast
		Scharfstellen – Landschaften
		Scharfstellen – Porträts
		Benutzervorgaben
		High Kontrast

▲ **Abbildung 8.191**
Auch über das Kontextmenü können Entwicklungseinstellungen kopiert werden.

8.15.3 Letzte Einstellungen anwenden

Es gibt noch eine weitere Möglichkeit, um Entwicklungseinstellungen zu übertragen: die Wiederholung der Bearbeitungen, die man als Letztes vorgenommen hat.

Lightroom speichert alle Parameterveränderungen, die zuletzt an einem Bild ausgeführt wurden – auch wenn sie von einem anderen Foto übertragen wurden.

Um sie zu wiederholen, klicken Sie auf die Schaltfläche Vorherige in der rechten Bedienfeldpalette oder rufen den Befehl über das Menü Einstellungen • Vorherige Einstellungen einfügen auf. Auch der Aufruf über das Kontextmenü funktioniert.

Die Schaltfläche ist nur dann verfügbar, wenn ein einzelnes Bild ausgewählt ist. Sind mehrere Bilder markiert, wird sie zur Synchronisieren-Schaltfläche. Aber auch dann lässt sich der Befehl noch über das Einstellungen-Menü ausführen. Die vorherigen Einstellungen werden dabei auf alle in der Bibliothek oder im Filmstreifen selektierten Bilder übertragen.

| Vorherige | Zurücksetzen |

▲ **Abbildung 8.192**
Die Schaltfläche Vorherige wendet die zuletzt vorgenommenen Einstellungen auf das aktuelle Bild an.

8.16   Einstellungen zurücksetzen

Hat man zwischendurch den Überblick verloren oder ist beim Entwickeln in eine Sackgasse geraten, möchte man gern einzelne Einstellungen oder sogar die gesamte Bearbeitung auf die Standardeinstellung zurücksetzen. In Lightroom gibt es dafür mehrere Möglichkeiten.

8.16.1   Einzelne Bedienfelder zurücksetzen
Sie können einzelne Bedienfelder zurücksetzen, indem Sie die ⌥/ Alt -Taste gedrückt halten und mit der Maus auf den Namen des Bedienfeldes klicken. Zur Kennzeichnung wird neben den Bezeichnungen der Bedienfelder der Begriff ZURÜCKSETZEN eingeblendet – nur nicht bei RAUSCHREDUZIERUNG. Hier hat die Bezeichnung einfach nicht ausreichend Platz, Sie können sie aber trotzdem zurücksetzen.

8.16.2   Auf Standardeinstellungen zurücksetzen
Um alle Entwicklungseinstellungen auf die Standardeinstellung zurückzusetzen, klicken Sie auf die Schaltfläche ZURÜCKSETZEN am unteren Rand der rechten Bedienfeldpalette. Dieser Befehl wird protokolliert und kann somit jederzeit rückgängig gemacht werden.

Standard festlegen..

▲ **Abbildung 8.193**
Jede Kamera besitzt eigene Standardeinstellungen, die Sie anpassen und als Standard speichern können.

8.16.3   Standardeinstellungen festlegen
Die Standardeinstellungen sind abhängig vom Kameramodell und können für jede Kamera einzeln gespeichert werden.

Halten Sie die ⌥/ Alt -Taste gedrückt, so verwandelt sich die ZURÜCKSETZEN-Schaltfläche in die Schaltfläche STANDARD FESTLEGEN.

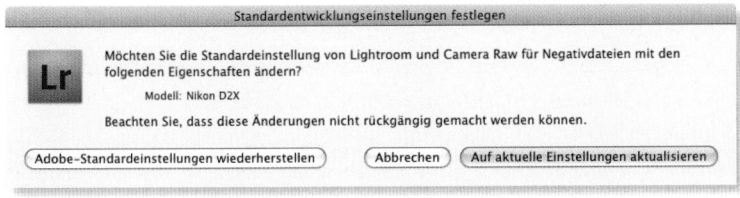

◄ **Abbildung 8.194**
Standardeinstellungen können pro Kamera und sogar nach Seriennummern erstellt werden.

Nach dem Klick auf die Schaltfläche öffnet sich ein Hinweis-Dialog. Darin können Sie die Einstellungen wieder auf die ADOBE-STANDARDEINSTELLUNGEN zurücksetzen.

8.16.4   Auf die Adobe-Einstellungen zurücksetzen
Haben Sie die Standardeinstellungen angepasst, wollen aber trotzdem ein einzelnes Bild auf die Adobe-Einstellungen zurücksetzen, ohne dabei Ihre Standardeinstellungen zu verwerfen, halten Sie die ⇧ -Taste gedrückt. Die ZURÜCKSETZEN-Schaltfläche wird dann zur ZURÜCKS. (ADOBE)-Schaltfläche.

Zurücks. (Adobe)

▲ **Abbildung 8.195**
Selbst von eigenen Standardeinstellungen können Sie zu den Adobe-Einstellungen zurückkehren.

8.17 Die Vorher-/Nachher-Ansicht

In der VORHER-/NACHHER-ANSICHT können Sie den Stand eines Bildes vor und nach der Anwendung von Arbeitsschritten vergleichen. Dafür wird das Ansichtsfenster in zwei Hälften geteilt. Eine Hälfte zeigt den Vorher-Status an, die andere den Status nach der Anwendung der Steuerelemente.

Die VORHER-ANSICHT zeigt immer den Status an, den das Bild hatte, als Sie das letzte Mal die VORHER-/NACHHER-ANSICHT eingeblendet hatten. Wenn Sie die Ansicht zum ersten Mal aktivieren, wird das Bild mit den Entwicklungseinstellungen beim Bildimport dargestellt.

Die NACHHER-ANSICHT zeigt immer den aktuellen Entwicklungsstatus an. Einstellungen des Beschnitts und der Ausrichtung werden auf beide Bilder angewendet, um einen guten Vergleich zu haben.

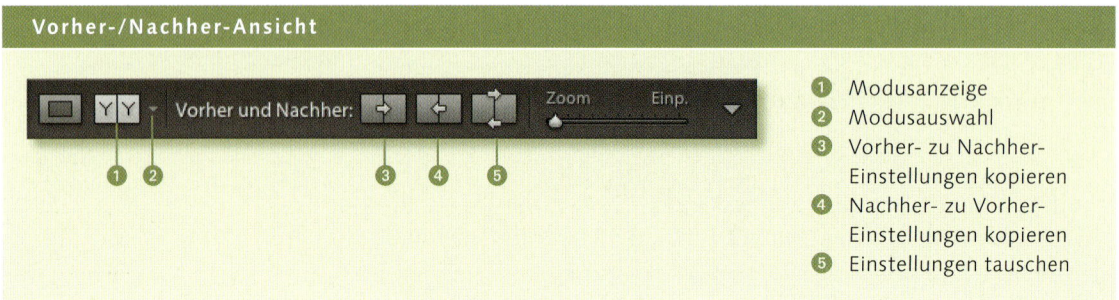

Die Vorher-/Nachher-Ansicht wird über die Werkzeugleiste aktiviert und bietet neben der reinen Anzeige auch die Möglichkeit, Einstellungen zwischen den Ansichten zu übertragen. Hilfreich ist die Anzeige der Farbwerte vor und nach der Bearbeitung. In der Vorher-/Nachher-Ansicht sind auch alle Zoomwerkzeuge vorhanden. Auf Wunsch können Sie den Zoom-Schieberegler in der Werkzeugleiste einblenden. Auf kleinen Monitoren wird dann allerdings ein Teil der Farbinformation ausgeblendet.

Es gibt zwei Ansichtsmodi für beide Anordnungen. Diese zeigen das Bild entweder komplett oder geteilt. Die Bilder können über- oder nebeneinander angeordnet werden.

8.17.1 Umschalten der Modi

Die Modi können über ein Dropdown-Menü ausgewählt werden, das sich nach einem Klick auf das Dreieck öffnet. Alternativ können Sie auch auf das Icon des aktuellen Modus klicken. Es wird daraufhin auf den nächsten Modus weitergeschaltet.

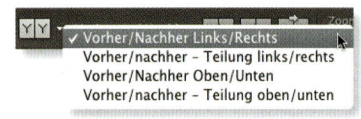

▲ **Abbildung 8.196**
Ein Klick auf das Dreieck öffnet das Dropdown zur Auswahl des Ansichtsmodus.

8.17.2 Komplette Vorher-/Nachher-Ansicht

In der kompletten Vorher-/Nachher-Ansicht wird das vollständige Bild in beiden Ansichten angezeigt. Wird in das Bild hineingezoomt, so geschieht das in beiden Ansichten genau gleich. Beim Verschieben des Bildes in einer Ansicht wird das Bild in der anderen synchron mitverschoben.

▲ **Abbildung 8.197**
In der kompletten Vorher-Nachher-Ansicht wird jeweils der gleiche Ausschnitt angezeigt.

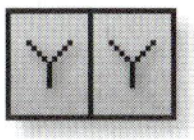

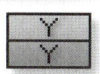

▲ **Abbildung 8.198**
Die Unterteilung kann auch vertikal erfolgen. Alle Zoomfunktionen bleiben aktiv.

8.17.3 Geteilte Vorher-/Nachher-Ansicht

Hier wird das Bild zunächst in der horizontalen oder vertikalen Mitte geteilt. Das Verschieben eines Ausschnitts passt die andere Ansicht so an, dass das Bild dort entsprechend fortgesetzt wird.

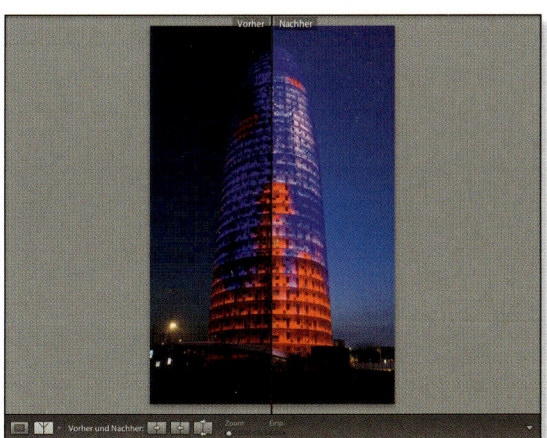

▲ **Abbildung 8.199**
Bei der geteilten Ansicht wird das Bild auf beide Ansichtshälften verteilt. Beide zusammen ergeben den ganzen Ausschnitt.

▲ **Abbildung 8.200**
Die vertikale Variante der geteilten Vorher-/Nachher-Ansicht funktioniert genau so wie die horizontale Variante.

8.17.4 Übertragen von Einstellungen

Die Vorher-/Nachher-Ansicht dient nicht nur zum direkten Vergleich zweier Entwicklungsstufen eines Bildes. Es können auch Entwicklungseinstellungen von Ansicht zu Ansicht übertragen oder zwischen beiden ausgetauscht werden. Im Folgenden werden die Entwicklungsparameter in der vertikalen Teilung übertragen. Die Beschreibung gilt natürlich analog auch für die horizontale Teilung.

Vorher- zu Nachher-Einstellungen kopieren | Dieser Vorgang übernimmt sämtliche Entwicklungen aus dem Bild in der Vorher-Ansicht und wendet sie direkt auf die Parameter in der Nachher-Ansicht an.

▼ **Abbildung 8.201**
Die vorherigen Einstellungen werden auf die Nachher-Ansicht kopiert.

Nachher- zu Vorher-Einstellungen kopieren | Hierbei wird die Vorher-Ansicht zur Nachher-Ansicht. Beide Ansichten zeigen so zunächst den gleichen Entwicklungsstand. Sie können anschließend weitere Einstellungen vornehmen und sehen dann die Veränderungen im Vergleich zur »neuen« Vorher-Ansicht. Das ist eine empfehlenswerte Arbeitsweise, wenn die Bildentwicklung in Stufen erledigt wird.

▼ **Abbildung 8.202**
Die Nachher-Ansicht wird zur Vorher-Ansicht – als Basis für weitere Modifikationen.

Vorher- und Nachher-Einstellungen tauschen | Dabei werden die Einstellungen der beiden Ansichten getauscht. Man kann dann eine alternative Entwicklung durchführen und sich danach entscheiden, welche der beiden man verwenden will. Man stellt also zwei Einstellungen einander gegenüber.

▼ **Abbildung 8.203**
So werden die Einstellungen zwischen Vorher- und Nachher-Ansicht getauscht.

Änderungen der Farbwerte | Befinden Sie sich in der Vorher-/Nachher-Ansicht mit dem Mauszeiger über einem Bild, so werden die Farbwerte der Vorher-Ansicht denen der Nachher-Ansicht unter dem Histogramm gegenübergestellt. Sie erhalten so einen Überblick, wie stark sich einzelne Farbwerte geändert haben – gerade zur Kontrolle der Zeichnung in Lichtern und Tiefen eine wertvolle Information.

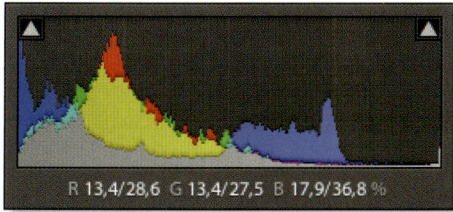

◄ **Abbildung 8.204**
In der Vorher-/Nachher-Ansicht lassen sich auch die RGB-Farbwerte vergleichen – links der Vorher-, rechts der Nachher-Wert.

8.18 Arbeiten mit Vorgaben

Entwicklungseinstellungen lassen sich auch als Vorgaben speichern und auf alle ausgewählten Bilder anwenden. Die Vorgabenliste befindet sich in der linken Bedienfeldpalette.

8.18.1 Vorgaben

Im Vorgabenbrowser wählen Sie die gespeicherten Vorgaben aus und weisen diese durch Anklicken der aktuellen Bildauswahl zu. Dabei werden alle gespeicherten Entwicklungseinstellungen und die des Bereich entfernen-Werkzeugs gespeichert. Freistellung

▲ **Abbildung 8.205**
Vorgaben speichern Entwicklungseinstellungen unter einem Namen ab. Sie können auf jedes Bild angewendet werden.

Vorgabenspeicherung

Durch die Speicherung von Entwicklungsvorgaben können Sie Einstellungen immer wieder auf neue Bilder anwenden, ohne die Parameter neu einzustellen. Denken Sie dabei an die chromatische Verzerrung bei einem bestimmten Objektiv. Ist diese Korrektur einmal als Entwicklungsvorgabe gespeichert, können Sie sie schnell auf alle Bilder anwenden, die mit diesem Objektiv fotografiert wurden. Denkbar sind auch komplette Farbveränderungen, um einen fotografischen Stil umzusetzen, oder die Simulation eines analogen Diafilms.

und das ROTE AUGEN ENTFERNEN-Werkzeug werden nicht gespeichert. Bewegen Sie die Maus über eine Vorgabe, so erscheint eine Vorschau im NAVIGATOR-Bedienfeld.

Schritt für Schritt: Vorgaben speichern und aktualisieren

Gerade wenn Sie sich einige grundlegende Entwicklungs-Workflows erarbeitet haben, die als Basis für immer wiederkehrende Arbeiten anwendbar sind, ist es empfehlenswert, die Einstellungen als eigene Vorgabe zu speichern. Etwa bei einer Graustufenumsetzung oder bei der Verwendung eines bestimmten fotografischen Stils können Sie sich dann in Zukunft die Basisarbeiten sparen und sich allein auf die Entwicklung der Feinheiten in Ihren Bildern konzentrieren.

1   **Vorgabe unter eigenem Namen speichern**

Bevor Sie Ihre Einstellungen als Vorgabe abspeichern können, müssen Sie sie in einem Bild angewendet haben. Haben Sie das getan, klicken Sie danach auf das Plus-Symbol im Bedienfeldtitel von VORGABEN.

Abbildung 8.206 ▶
Im Vorgaben-Dialog können Sie die zu speichernden Parameter festlegen.

▶ **Video-Training**

Zum Thema »Eigene Vorgaben erstellen« finden Sie eine Video-Lektion auf der Buch-DVD.

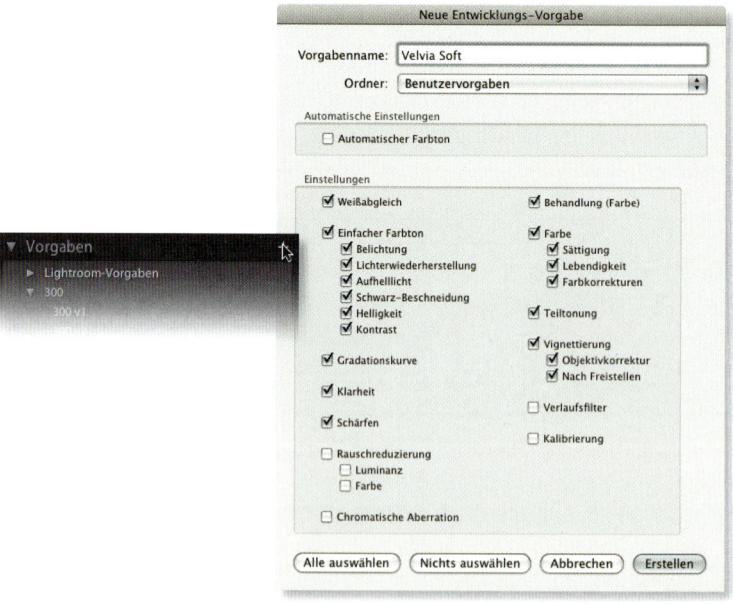

▲ Abbildung 8.207
Über die Speicherung von Entwicklungseinstellungen können Sie einen fotografischen Stil auf alle ausgewählten Bilder übertragen und ihnen einen einheitlichen Look verleihen.

Geben Sie dann im Dialogfeld NEUE ENTWICKLUNGS-VORGABE einen Vorgabennamen an. Anschließend können Sie im Dropdown-Menü darunter einen Ordner auswählen oder einen neuen Ordner anlegen. Sie können auch festlegen, ob Sie alle oder nur ausgewählte Einstellungen speichern möchten – aktivieren Sie dafür einfach die entsprechenden Kontrollkästchen. Klicken Sie schließlich auf ERSTELLEN, um die Vorgabe abzuspeichern.

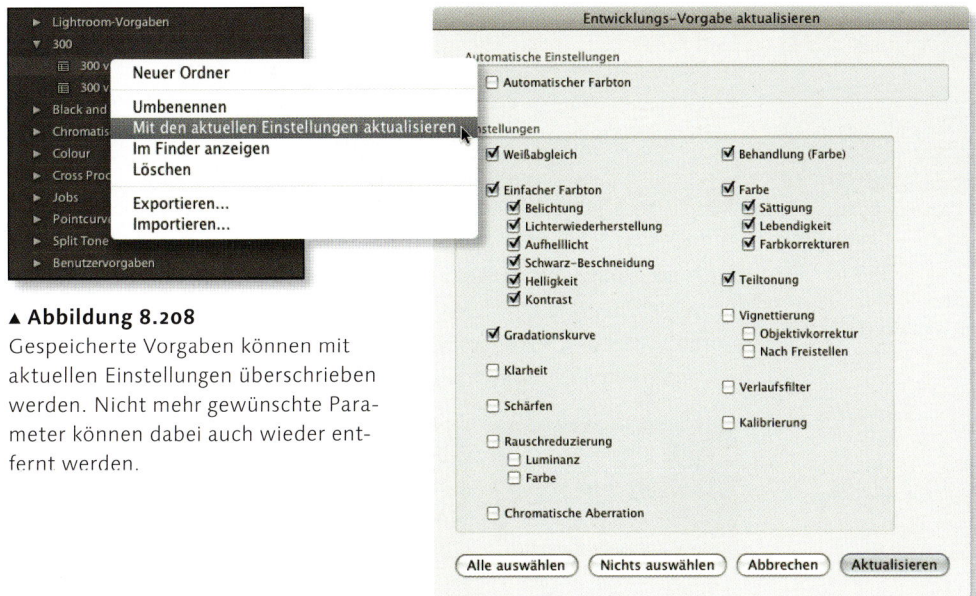

▲ Abbildung 8.208
Gespeicherte Vorgaben können mit aktuellen Einstellungen überschrieben werden. Nicht mehr gewünschte Parameter können dabei auch wieder entfernt werden.

2   Vorgabe mit den aktuellen Einstellungen aktualisieren

Möchten Sie die gespeicherte Vorgabe bearbeiten, öffnen Sie sie aus dem Vorgaben-Bedienfeld heraus und nehmen Sie die neuen Entwicklungseinstellungen vor.

Soll die Vorgabe nun aktualisiert werden, klicken Sie im Vorgabenbrowser mit der rechten Maustaste auf den Vorgabennamen. Wählen Sie dann aus dem erscheinenden Dropdown-Menü den Punkt Mit den aktuellen Einstellungen aktualisieren.

Wählen Sie im Dialogfeld Entwicklungs-Vorgabe aktualisieren alle Einstellungen aus, die in der neuen Version der Vorgabe gespeichert werden sollen – nicht nur die geänderten. Klicken Sie abschließend auf Aktualisieren.

Bitte beachten Sie dabei: Es können nur vom Benutzer angelegte Vorgaben überschrieben werden. Die fest eingebauten Vorgaben von Lightroom lassen sich nicht aktualisieren. ■

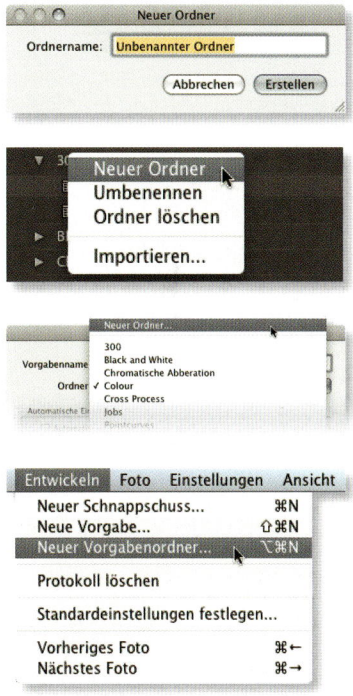

Schritt für Schritt: Vorgaben verschieben und löschen

1   Ordner erstellen

Es gibt vier Varianten, um einen neuen Ordner für Vorgaben zu erstellen:

▶ Halten Sie die ⌥/Alt-Taste gedrückt, und klicken Sie auf das Plus-Symbol, dann wird ein neuer Ordner statt einer neuen Vorgabe erstellt.

▶ Klicken Sie mit der rechten Maustaste in den Vorgabenbrowser, so erscheint ein Dropdown mit der Funktion Neuer Ordner.

▲ Abbildung 8.209
Es gibt mehrere Möglichkeiten, neue Vorgabenordner zu erstellen. Leider ist es nicht möglich, diese ineinander zu verschachteln.

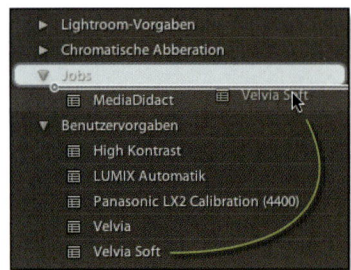

▲ **Abbildung 8.210**
Vorgaben können per Drag & Drop in andere Ordner verschoben werden.

Abbildung 8.211 ▶
Vorgaben oder Vorgabenordner werden mithilfe des Kontextmenüs (rechte Maustaste) gelöscht.

Vorgaben tauschen
Sie können Vorgaben auch im Internet auf Ihrer Website veröffentlichen oder anderen Benutzern in Ihrem Unternehmen zur Verfügung stellen, damit diese einen entwickelten Bildstil mitverwenden können.

Abbildung 8.212 ▶
In Lightroom können Vorgaben nur einzeln exportiert werden – über das Kontextmenü.

▶ Auch beim Erstellen einer neuen Vorgabe gibt es im Dialogfeld NEUE ENTWICKLUNGS-VORGABE eine NEUER ORDNER-Funktion.

▶ Eine weitere Möglichkeit führt über das Menü ENTWICKELN • NEUER VORGABENORDNER.

2 Vorgaben verschieben

Sie können Vorgaben verschieben, indem Sie eine Vorgabe anklicken und diese mit gedrückter Maustaste in einen anderen Ordner bewegen. Beim Loslassen der Maustaste wird die Vorgabe im neuen Ordner abgelegt. Eine Linie zeigt Ihnen dabei, an welcher Stelle die Vorgabe eingefügt wird.

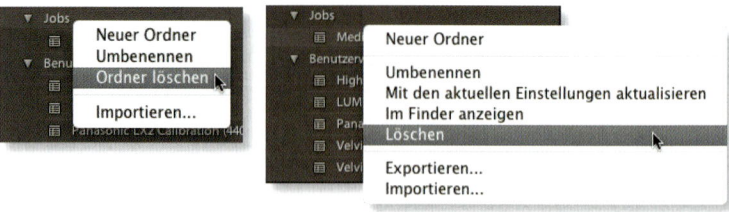

3 Löschen von Vorgaben oder Ordnern

Um eine Vorgabe oder einen Ordner zu löschen, klicken Sie im Vorgabenbrowser mit der rechten Maustaste auf den Namen. Aus dem Dropdown-Menü wählen Sie dann den Punkt LÖSCHEN. ■

Schritt für Schritt: Vorgaben exportieren und importieren

Sie können Vorgaben auch exportieren, um sie auf andere Rechner zu transportieren oder anderen Benutzern zur Verfügung zu stellen.

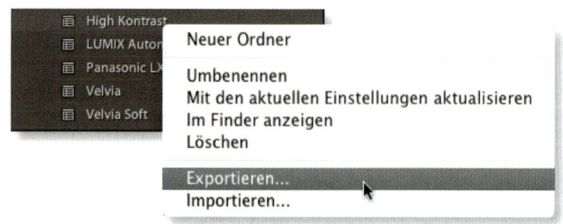

1 Export von Vorgaben

Klicken Sie mit der rechten Maustaste auf eine Vorgabe, und wählen Sie im aufklappenden Dropdown-Menü den Punkt EXPORTIEREN. Speichern Sie die Vorgabe dann an einem Ort, an dem Sie sie leicht wiederfinden, zum Beispiel auf dem Schreibtisch.

Jetzt kann die Vorgabe ganz einfach per E-Mail verschickt werden. Oder Sie speichern sie in einem Verzeichnis, auf das auch andere Benutzer Zugriff haben.

2 **Vorgaben importieren**

Klicken Sie mit der rechten Maustaste auf einen Ordner im Vorgabenbrowser. Wählen Sie dann aus dem Kontextmenü den Punkt IMPORTIEREN. Browsen Sie im Datei-Explorer zu der gewünschten Vorgabendatei, und klicken Sie auf ÖFFNEN. Die Vorgabe wird in den angeklickten Ordner gelegt. Beachten Sie, dass Sie keine Vorgaben in den Ordner LIGHTROOM-VORGABEN importieren können. ■

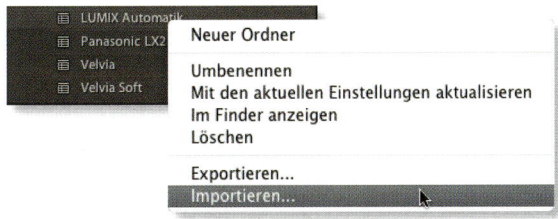

◄ **Abbildung 8.213**
Im Vorgabenbrowser können keine kompletten Ordner importiert werden, sondern nur einzelne Vorgabendateien.

8.19 Protokoll und Schnappschüsse

Jeder Bearbeitungsschritt wird im Bedienfeld PROTOKOLL aufgelistet. Durch Anklicken eines Protokolleintrags springen Sie zu diesem Schritt zurück. Sie können auch zu jedem Zeitpunkt der Entwicklung im Bedienfeld darüber einen SCHNAPPSCHUSS erstellen. Alle bis zu diesem Zeitpunkt durchgeführten Arbeitsschritte werden dort gespeichert.

8.19.1 Protokoll

Das Protokoll merkt sich jede Einstellung, die Sie bei der Entwicklung eines Bildes vornehmen. Dabei heraus kommt eine Liste, die nach oben hin aktueller wird. Für jedes Bild wird ein eigenes Protokoll angelegt. Sie können zu jedem Schritt im Protokoll zurückgehen, wodurch alle danach angewendeten Schritte ihre Gültigkeit verlieren. Das Protokoll bleibt so lange bestehen, bis es selbst oder bis das Bild gelöscht wird.

Neben der Bezeichnung des angewendeten Befehls stehen Zahlen. Die erste Zahl gibt die relative Änderung des Parameterwertes an, die zweite nennt den absoluten Wert.

Protokoll löschen | Es gibt eigentlich keinen Grund, warum ein Protokoll gelöscht werden sollte. Wenn Sie das aber trotzdem tun möchten, drücken Sie auf die LÖSCHEN-Schaltfläche neben dem Bedienfeldnamen.

Protokoll-Vorschau | Befinden Sie sich mit der Maus über einem Protokolleintrag, wird der für diesen Schritt gültige Zustand im Vorschaufenster des NAVIGATOR-Bedienfeldes angezeigt.

▲ **Abbildung 8.214**
Im PROTOKOLL werden alle Bearbeitungsschritte eines Bildes aufgezeichnet.

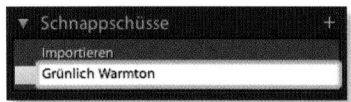

▲ **Abbildung 8.215**
Zwischenstände einer Bearbeitung können als Schnappschuss gespeichert werden.

8.19.2 Schnappschüsse

Zu jedem Zeitpunkt der Bearbeitung können Sie einen Schnappschuss erstellen. Dieser stellt eine Sammlung aller Arbeiten dar, die bis dato an dem Bild erfolgt sind. Schnappschüsse sind immer nur für das gerade ausgewählte Bild gültig und können nicht auf andere Bilder übertragen werden. Der erste Schnappschuss wird von Lightroom während des Imports erstellt. Er beinhaltet auch eventuelle Vorgabeeinstellungen, die beim Import aktiv waren. Um einen Schnappschuss zu laden, klicken Sie ihn in der Liste an.

Schnappschuss anlegen | Um einen Schnappschuss zu erzeugen, klicken Sie auf das Plus-Symbol neben dem Bedienfeldnamen. Geben Sie dann einen Namen dafür an und bestätigen mit ⏎.

Sie können auch einen beliebigen Protokollschritt auswählen, um einen Schnappschuss von diesem Zeitpunkt zu erstellen.

Schnappschuss löschen | Zum Löschen wählen Sie zunächst den gewünschten Schnappschuss aus und klicken dann auf das Minus-Zeichen neben dem Bedienfeldtitel.

Workshop: Entwickeln

Das Entwickeln-Modul ist das Herzstück von Lightroom. Dort können Bilder nicht nur einfach nur entwickelt werden, sondern es bietet Ihnen auch eine kreative Spielwiese. Bilder können in ihrem Eindruck komplett verändert werden. In den folgenden Workshops werden vier Beispiele für typische Entwicklungsprozesse dargestellt.

Landschaftsaufnahme verbessern

Im ersten Workshop werden wir eine Landschaftsaufnahme entwickeln. Diese entstand an einem Nachmittag im Penedès, dem Gebiet, in dem in Spanien Cava produziert wird. Das Sonnenlicht fiel von hinten ein, und somit war die Belichtung kein Problem. Trotzdem fehlt es dem Bild an Ausdruckskraft, unter anderem weil die automatische Belichtungsmessung es um knapp eine Blende unterbelichtet hat. Diese hatte vor allem auf den Himmel gezielt. Im Histogramm erkennt man aber, dass dies bei dem Bild kein Problem darstellt, da weder an den hellsten noch an den tiefsten Stellen Spitzen auftauchen und somit der Dynamikumfang nicht übermäßig groß ist. Diesen werden wir jetzt erhöhen, um dem Bild mehr Brillanz zu verleihen.

[080518-0174_Barcelona.dng]

▼ **Abbildung 1**
Links das Ausgangsbild und rechts das Endergebnis

Schritt für Schritt: Grundeinstellungen
Die ersten Schritte werden im Bedienfeld GRUNDEINSTELLUNGEN vorgenommen. Dort werden die wichtigsten Parameter festgelegt.

▲ Abbildung 2
Im Histogramm des Ausgangsbildes wird sichtbar, dass das Bild leicht unterbelichtet ist.

1 **Belichtung korrigieren**

Im Histogramm des Ausgangsbildes ❶ erkennt man, dass in den hellen Stellen ❷ noch Spielraum vorhanden ist. Deshalb erhöhen Sie zunächst die Belichtung. Verschieben Sie den Regler BELICHTUNG ❸ auf einen Wert von »+1,0«.

2 **Kontrast erhöhen**

Damit der Eindruck eines strahlenden Sonnentages entstehen kann, erhöhen Sie den Kontrast. Stellen Sie den KONTRAST ❺ auf »+60«.

3 **Tiefenwirkung verbessern**

Um die Tiefenwirkung zu verbessern, erhöhen wir den Wert für die KLARHEIT ❻ auf »30«.

4 **Farbeindruck verstärken**

Die Erhöhung der Farbsättigung verstärkt den Eindruck des sonnigen, warmen Tages. Allerdings sollten Sie hier vorsichtig vorgehen, damit die Farben noch druckbar bleiben. Zu hoch gesättigte Farben können oft nicht reproduziert werden.

Stellen Sie den Wert für die LEBENDIGKEIT ❼ auf »+20«. Dabei werden nur die niedrig gesättigten Farben verstärkt. Den Wert für die SÄTTIGUNG belassen Sie auf »0«.

5 **Schwarzpunkt nachkorrigieren**

Durch die Belichtungskorrektur hat sich der Schwarzpunkt etwas verschoben. Stellen Sie daher den Regler SCHWARZ ④ auf »7«.

▼ **Abbildung 3**
Das Bild wirkt nach dem Anwenden der GRUNDEINSTELLUNGEN freundlicher.

Schritt für Schritt: Himmel und Wolken herausarbeiten

Das Bild wirkt jetzt schon viel freundlicher, aber es vermittelt immer noch nicht den Ausdruck der Stimmung, die an dem Tag herrschte, an dem ich das Bild aufgenommen habe. Der Himmel und die Wolken wirkten dramatischer.

1 **Blauhelligkeit reduzieren**

In diesem Fall benötigen wir noch keine lokale Anpassung. Diese würde nicht nur den Blauwert, sondern auch alle anderen Werte reduzieren. Dabei würden auch die Wolken dunkler werden, und das ist nicht erwünscht. Wir können hier viel über eine Reduzierung der Blauhelligkeit erreichen. Blau kommt hier nur im Himmel vor, und somit dunkeln wir nicht unerwünscht eine andere Farbe mit ab.

Wechseln Sie in das Bedienfeld HSL/FARBE/GRAUSTUFEN, und klicken Sie im Bedienfeldnamen auf FARBE ① (Abbildung 4). Wählen Sie das Farbfeld für BLAU ②, und stellen Sie die LUMINANZ ⑤ auf »–40«.

Das Abdunkeln des Blautons reduziert dessen Sättigung. Stellen Sie daher den Regler für die SÄTTIGUNG ④ auf »+15«. Den FARBTON ③ stellen Sie dann auf »+10«. Dadurch wird das Blau etwas wärmer, und wir erhalten somit ein schönes Königsblau.

▲ Abbildung 4
Durch die Reduzierung der Blau-
luminanz treten die Wolken deutlicher hervor.

2 **Lokale Anpassung**

Zum Abschluss der Farbkorrektur werden wir noch eine lokale
Anpassung des Himmels vornehmen. Dabei sollen der Kontrast der
Wolken weiter verstärkt und die Struktur der Wolken hervorgeho-
ben werden.

Aktivieren Sie das Werkzeug für die Verlaufsfilter, und ziehen Sie
einen Verlauf vom unteren Drittel der Wolke bis über den oberen
Teil der Landschaft, so dass sich die Mittellinie auf Höhe des Horizonts befindet.

Abbildung 5 ▶
Der Bereich des Verlaufsfilters

Um die Wolken noch besser herauszuarbeiten, reduzieren Sie im
Verlaufswerkzeug die BELICHTUNG auf »–0,5« ❻ und erhöhen den
KONTRAST auf »+75« ❼. Die Farbsättigung passt jetzt aber nicht
mehr zur grünen Landschaft, sie ist eindeutig zu hoch. Reduzieren
Sie daher die SÄTTIGUNG auf »–35« ❽. Erhöhen Sie zuletzt die KLAR-
HEIT auf »85« ❾. Das verstärkt die Tiefenwirkung der Wolken und
hebt deren Struktur besser hervor.

▲ **Abbildung 6**
Der Verlaufsfilter verstärkt zusätzlich den Kontrast im Himmel. ■

Schritt für Schritt: Details und Beschnitt

Zum Abschluss werden jetzt noch die Detaileinstellungen wie Schärfe
und Rauschunterdrückung angepasst, und anschließend wird das
Bild beschnitten, damit sich die Wolke mehr im Zentrum befindet.

1 Rauschreduzierung zurücknehmen

Beim Import wird eine Standardreduzierung angewendet. Da
dieses Foto wenig dunkle und wenig graue Flächen aufweist, ist
die Rauschunterdrückung zu stark. Dabei gehen sogar einige Details
verloren.

Stellen Sie daher im Bedienfeld Details bei Rauschreduzierung
beide Regler auf »0« (siehe nächste Seite).

◀ **Abbildung 7**
Die ursprüngliche Rauschreduzie-
rung (links) verwischt Details in der
Ferne.

Das ohnehin geringe Rauschen des Sensors erhöht den Eindruck
von Details und gibt dem Bild einen analogen Touch.

2 Detailschärfe

Um die Schärfe besser herauszuarbeiten, erhöhen wir den SCHÄRFEN-Betrag auf »40« ❶. Danach wird der RADIUS auf »0,5« ❷ redziert und der Parameter DETAILS auf »75« ❸ erhöht. Der Wert für MASKIEREN bleibt bei »0« ❹. Diese Einstellungen heben auch die feinsten Strukturen der Landschaft hervor.

▲ **Abbildung 8**
Die Detailschärfe vermag noch die letzten Details aus dem Bild herauszuholen.

3 Chromatische Aberration

Das hervorragende Objektiv besitzt kaum Fehler, aber wer genau hinschaut, erkennt in den Randbereichen eine geringe chromatische Aberration. Diese lässt sich korrigieren, indem der ROT/GRÜN-Wert auf »–15« und der BLAU/GELB-Wert auf »+15« gesetzt wird.

▲ **Abbildung 9**
An den Häusern links im Bild wird die Korrektur der chromatischen Aberration sichtbar: links vor und rechts nach der Korrektur.

◄ **Abbildung 10**
Abschließend wird das Bild
beschnitten.

4 Beschnitt

Zu guter Letzt wird das Bild noch beschnitten. Dazu wählen Sie
das Werkzeug Überlagerung freistellen. Ziehen Sie einen Rahmen von der linken oberen Ecke bis zu dem hohen Schornstein des
Hauses rechts unten im Bild. Nun ist die Wolke zentriert.

▼ **Abbildung 11**
Das Bild wäre übrigens nicht halb
so gut, wäre da nicht der Friedhof
mit der weißen Mauer als zusätzlicher Eye-Catcher. ■

Stilvolle Sepia-Entwicklung

[071003-0056_karin-peter.dng]

Mit den Entwicklungsparametern lassen sich auch ganz andere Effekte erzeugen. Im Folgenden werden wir ein Bild, das auf einer Hochzeitsfeier entstanden ist, nachträglich überbelichten und ihm einen Sepia-Effekt verleihen.

▲ **Abbildung 12**
Die im Schatten befindlichen Kinder vor einem hellen Hintergrund optimal zu belichten, ist schwierig.

Bei dem Bild wäre ein Blitz hilfreich gewesen. Doch das Bild entstand sehr spontan. Nach einer Belichtungskorrektur um eine Blende schauten die Kinder schon wieder in eine andere Richtung. Solche Motive sind immer eine Herausforderung. Die Unterbelichtung ließe sich einfach herauskorrigieren, aber das Bild wird erst durch den Sepia-Effekt und die harten Kontraste wirklich interessant.

Schritt für Schritt: Grundeinstellungen

Beim Erstellen von derartigen Effekten spielen eine korrekte Belichtung und Farbtemperatur sowie eine korrekte Farbdarstellung keine große Rolle.

1 **Belichtung korrigieren**

Als Erstes korrigieren Sie die Unterbelichtung, indem Sie eine Belichtung wählen, in der die Gesichter der Kinder optimal wiedergegeben werden. Der Rest spielt dabei keine Rolle. Erhöhen Sie dafür die BELICHTUNG auf »+1« ❶.

2 Aufhelllicht

Zusätzlich werden die dunklen Stellen noch angehoben, indem Sie den Wert für das AUFHELLLICHT auf »20« ❷ erhöhen. Das hebt vor allem den dunklen Boden und den Ast aus den Tiefen heraus. Ansonsten blieben dort zu dunkle Stellen im Bild bestehen.

3 Kontrast verstärken

Das Bild ist jetzt bezüglich der Gesamthelligkeit in Ordnung, hat aber an Kontrast verloren. Den verstärken wir jetzt auf den Wert von »+50« ❹.

Die Belichtungskorrektur für das Farbbild könnten Sie an dieser Stelle schon abschließen, denn dafür wäre es jetzt perfekt belichtet.

▼ **Abbildung 13**
Nach der Belichtungs- und Helligkeitskorrektur wäre das Bild, als Farbbild, perfekt belichtet.

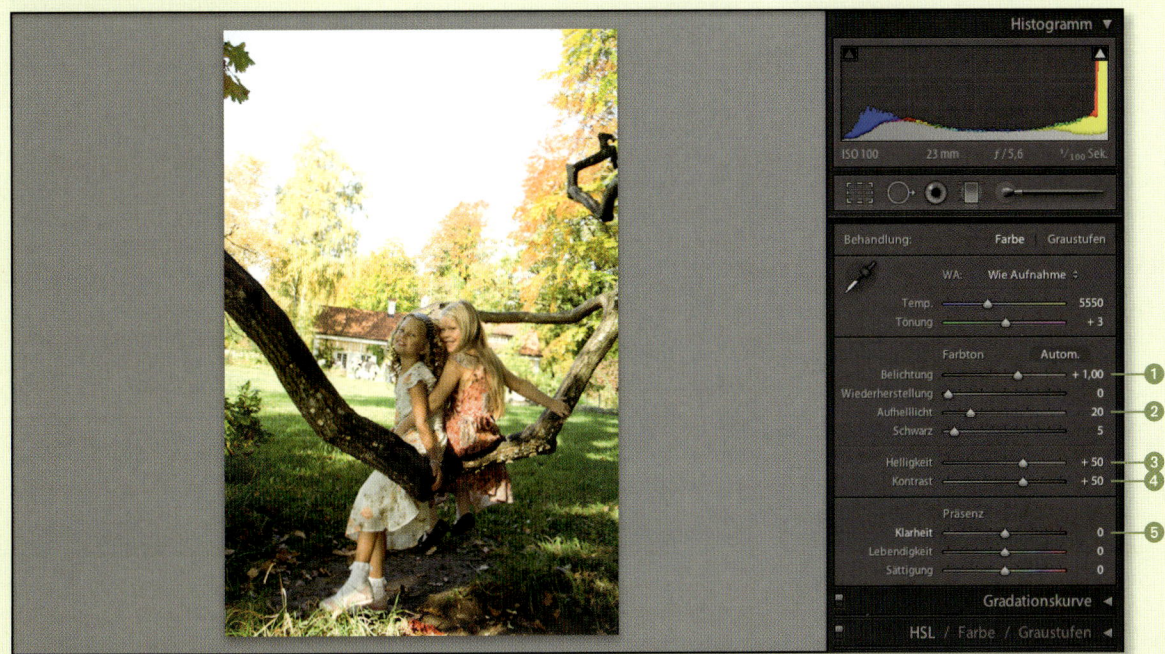

4 High-Key-Effekt

Für die Sepia-Umsetzung hellen Sie das Bild aber noch weiter auf. Vor allem in den dunkleren Bereichen soll es noch heller werden, da diese später durch eine weitere Kontrastverstärkung wieder abgedunkelt werden. Stellen Sie daher für die HELLIGKEIT ❸ einen Wert von »+80« ein.

5 Tiefenwirkung

Eine Erhöhung des Parameters für die KLARHEIT ❺ unterstützt generell die Tiefenwirkung. Es gibt nur ganz wenige Fälle, in denen der Wert reduziert wird. Hier unterstützt ein Wert von »+40« die Wirkung.

▲ Abbildung 14
Das Bild nach der Helligkeitskorrektur und der Verstärkung der Tiefenwirkung

▼ Abbildung 15
Die automatische Graustufenumwandlung (links) im Gegensatz zur Reduzierung der Sättigung (rechts)

6 **Graustufen durch Reduzierung der Farbsättigung**

Um ein Graustufenbild zu erzeugen, reduzieren Sie jetzt die SÄTTI-GUNG ❶ auf »–100«.

Man könnte auch die eingebaute Graustufenumwandlung verwenden. Allerdings passt diese den Farbkontrast an, was in diesem Fall kontraproduktiv wäre. Die automatische Korrektur verdunkelt die Mitten und somit auch die Gesichter der Kinder. Auch die Wiese wird dunkler und lenkt den Blick des Betrachters nach unten. ■

Schritt für Schritt: Sepiatonung erstellen

Die Braunfärbung wird über das Bedienfeld TEILTONUNG generiert. Die Tonung soll dabei in den dunklen Stellen stärker auftreten als in den hellen.

1 Farbe in den helle Stellen

Stellen Sie den FARBTON der LICHTER ❷ auf »50«. Solange noch keine Sättigung angegeben wurde, ist keine Auswirkung sichtbar. Geben Sie dann eine SÄTTIGUNG von »10« an.

2 Farbe in den dunklen Stellen

In den dunklen Bereichen soll der Effekt stärker hervortreten. Geben Sie unter SCHATTEN ❸ den gleichen FARBTON wie bei den Lichtern an, erhöhen Sie aber die SÄTTIGUNG auf »50«.

TIPP

Halten Sie beim Verschieben des FARBTON-Reglers die Taste ⌘/Alt gedrückt, so sehen Sie die Auswirkungen der Einfärbung auch ohne Anwenden einer Sättigung. Dabei wird einfach temporär die Sättigung erhöht und beim Loslassen der Taste wieder reduziert.

▼ **Abbildung 16**
Über die Teiltonung wird der Sepia-Effekt generiert.

Schritt für Schritt: Kontrastverstärkung und Detailarbeiten

Das Bild ist jetzt schon ganz gut bearbeitet, es könnte aber noch mehr Kontrast vertragen. Dies wird über die Gradationskurve geregelt. Hierüber haben Sie eine feine Kontrolle, wo genau der Kontrast verstärkt wird. Anschließend wird die Schärfe noch etwas korrigiert und das Bild beschnitten.

1 Gradationskurve

In der Gradationskurve ist normalerweise bereits eine PUNKTKURVE eingestellt, die den Kontrast etwas verstärkt. Da wir alle Korrek-

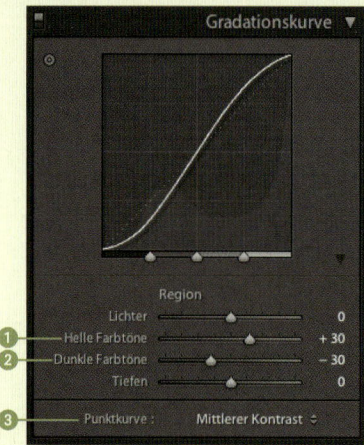

▲ Abbildung 17
Über die Gradationskurve wird der Kontrast weiter verstärkt.

turen mit dieser Kurve im Hintergrund durchgeführt haben, spielt das keine Rolle. Nur wenn Sie die Standardeinstellungen überschrieben haben, müssen Sie die Werte eventuell anpassen, um ein ähnliches Ergebnis zu erhalten. Oder Sie wählen die PUNKTKURVE MITTLERER KONTRAST ❸ aus.

Geben Sie für die Parameter HELLE FARBTÖNE einen Wert von »−30« ❶ und für DUNKLE FARBTÖNE »+30« ❷ an.

2 **Detailverbesserungen und Beschnitt**

Erhöhen Sie den Betrag für SCHARFZEICHNEN auf »40«, und eleminieren Sie die Rauschreduzierung. Eine chromatische Aberration spielt hier keine Rolle.

Zum Abschluss beschneiden Sie das Bild noch so, dass es über dem rechten oberen Ast abgeschnitten wird. Dazu können Sie auch aus dem Dropdown ein Seitenverhältnis von 4:5 wählen. ■

Abbildung 18 ▶
Kinder sind stets ein dankbares Motiv und lassen sich auch meistens gerne fotografieren.

Farbeffekt Teiltonung

Es gibt nahezu unbegrenzte Variationsmöglichkeiten, um Bildern einen eigenen Stil zu geben. Das folgende Beispiel verwendet ein Bild aus der gleichen Serie wie das aus dem Workshop zur Sepiatonung. Dadurch lassen sich die beiden Ansätze für einen unterschiedlichen Stil gut vergleichen. Bis auf die Reduzierung zu Graustufen werden beide Fotos ähnlich entwickelt.

[071003-0060_karin-peter.dng]

▼ Abbildung 19
Ausgangsbild (links) und Endergebnis (rechts)

Schritt für Schritt: Grundeinstellungen und Gradationskurven

Bei diesem Foto gibt es nicht viel zu korrigieren. Die ganze Serie ist knapp eine Blende unterbelichtet, so dass auch dies hier korrigiert werden muss. In diesem Fall wäre statt einer Mehrfeldmessung eine mittenbetonte Messung auf das Motiv – die Kinder – besser gewesen.

1 Belichtungskorrektur

Die Unterbelichtung korrigieren Sie mit einem Wert von »+1,2« ❸ (siehe nächste Seite) für den Belichtungsparameter. Das Mädchen im Hintergrund holen Sie etwas besser hervor, indem Sie für die HELLIGKEIT einen Wert von »+75« ❹ einstellen.

2 Tiefenwirkung

Auch in diesem Beispiel sollte die Tiefenwirkung verstärkt werden. Geben Sie aus diesem Grund für den Parameter KLARHEIT einen Wert von »+40« ❺ an.

3 Farbtemperatur

Da das Bild im Endergebnis eher kühl wirken soll, ist die derzeit eingestellte Farbtemperatur zu hoch. Sie müssten in der Teiltonung zu stark gegenkorrigieren. Daher reduzieren Sie die Temperatur auf 5000 Kelvin ❶ und erhöhen die TÖNUNG auf »+15« ❷. Das Bild wirkt dann etwas kühler, aber nicht unnatürlich.

▲ Abbildung 20
Das Foto nach der Bearbeitung der
GRUNDEINSTELLUNGEN

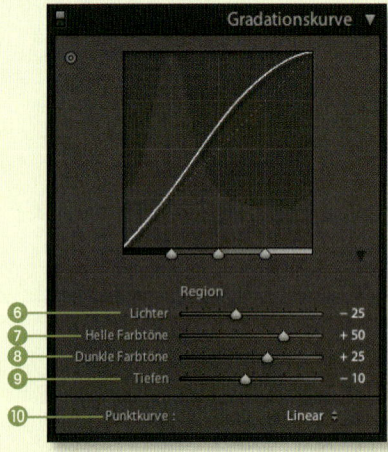

▲ Abbildung 21
Die Gradationskurve hellt vor allem
Mitten und Lichter auf.

4 **Gradationskurve**

Die Gradationskurve soll so eingestellt werden, dass die Lichter und
Mitten aufgehellt werden. Die dunkelsten Stellen sollen aber belassen werden. Stellen Sie aber zunächst die PUNKTKURVE »Linear« ⓾
ein.

Geben Sie für die LICHTER einen Wert von »–25« an ❻. Er begrenzt
die Aufhellung über den Regler HELLE FARBTÖNE ❼. Dieser wird mit
»+50« relativ hoch eingestellt und würde andernfalls die hellen
Stellen ausreißen lassen. Die DUNKLEN FARBTÖNE werden ebenfalls
erhöht, und zwar auf den Wert »+25« ❽. Dabei werden die Tiefen
ebenfalls aufgehellt. Dem können Sie entgegensteuern, indem Sie
für die TIEFEN einen Wert von »–10« ❾ angeben. ■

Schritt für Schritt: Teiltonung

Jetzt werden die Parameter konfiguriert, die den Stil prägen. Dabei
werden den Lichtern und den Schatten zwei Blautöne zugewiesen.

1 **Tönung für Lichter**

Die LICHTER ⓫ werden in einem warmen Blau eingefärbt. Dazu stellen Sie den FARBTON auf »240« und die SÄTTIGUNG auf »50«.

2 **Töung für die Schatten**

Die SCHATTEN ⓬ erhalten ein türkisfarbenen Blauton. Dazu stellen
Sie den FARBTON-Regler auf »200« und die SÄTTIGUNG auf »70«. ■

▲ **Abbildung 22**
Das Foto nach dem Anwenden der Teiltonung.

Schritt für Schritt: Details und Vignettierung

Das Bild sieht nun schon ziemlich interessant aus. Es geht allerdings noch besser: Durch eine nachträglich angewendete Randabdunkelung lässt sich der Blick des Betrachters noch mehr auf das Zentrum lenken. Vorher stellen Sie aber erst einmal noch ein paar Details ein.

1 Schärfe

Bei diesem Bild liegt die Schärfeebene nicht ganz perfekt auf dem Gesicht des ersten Kindes. Im Ausdruck würde das zwar erst ab DIN A3 auffallen, aber es erfordert dennoch eine Scharfzeichnung.

Geben Sie im Bedienfeld DETAILS einen SCHÄRFEN-Betrag von »40« ⑬ an. Den RADIUS erhöhen Sie auf »2,0« ⑭, dadurch wird die leichte Unschärfe erfasst. Den Parameter DETAILS erhöhen Sie auf »70« ⑮, um mehr Feinstrukturen scharfzuzeichnen. Gerade durch den großen Radius benötigen wir auch etwas mehr Details, sonst erhält man einen Effekt, der nach Wasserfarbe aussieht.

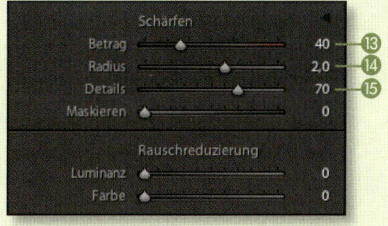

▲ **Abbildung 23**
Die Detaileinstellungen zur Schärfe und Rauschreduzierung

◀ **Abbildung 24**
Beide Bilder wurden mit einem Radius von »2,0« scharfgezeichnet. Das linke Bild bei einem Detailwert von »0«, das rechte mit einem Wert von »70«.

▲ **Abbildung 25**
Die beiden Ausschnitte zeigen
die unterschiedlichen Vignettie-
rungseffekte: oben die Korrektur
NACH FREISTELLEN und unten als
OBJEKTIVKORREKTUR.

2 **Rauschunterdrückung**

Auch bei diesem Bild spielt das Farbrauschen keine Rolle und sollte
daher unterdrückt werden. Stellen Sie dazu beide Regler für das
Farbrauschen auf »0« (siehe Abbildung 23).

3 **Vignettierung**

Wie Sie im auf Seite 269 erfahren haben, gibt es zwei Vignettie-
rungsfilter. Der erste dient zum Entfernen der objektivbedingten
Vignettierung im Bild, der zweite für das nachträgliche Hinzufügen
nach dem Freistellen. Normalerweise würden wir also den zweiten
Filter anwenden. Dieser legt eine schwarze Maske mit Loch über
das Bild. Der BETRAG regelt dabei die Transparenz. Das hat aber
einen Nachteil: Auch die hellen Stellen werden dabei abgedunkelt.
Das schaut nicht immer gut aus – wie in diesem Fall. Die OBJEKTIV-
KORREKTUR arbeitet hingegen wie der Belichtungsregler. Helle Farben erhalten mehr Sättigung und wirken nicht grau.

Daher wird dieses Bild nicht beschnitten und die Vignettierung
über die OBJEKTIVKORREKTUR geregelt. Stellen Sie den BETRAG auf
»–100« und den MITTELPUNKT auf »25«. ■

Alle Bilder eines Ereignisses in diesem kühlen Stil zu entwickeln, ist
nicht unbedingt sinnvoll. Aber zusammen mit anderen Bildern in
einer Sammlung oder einem Fotobuch wirken sie sehr interessant.

Gegenlicht bei Abendstimmung

Man sieht ein Motiv, findet es spannend und zückt die Kamera … Zu Hause betrachtet man das Bild und fragt sich, warum man es aufgenommen hat. Das Bild transportiert nicht den beim Fotografieren entstandenen subjektiven Eindruck: Bei diesem Bild ging die Sonne hinter dem Gebäude unter, und die Wolken schienen wie Flammen aus dem Gebäude zu kommen.

[080526-0167_Barcelona.dng]

Das Schwierigste bei Gegenlichtaufnahmen ist eine gleichmäßige Belichtung zu erreichen. Nur eine halbe Blende daneben kann alles verderben. Ich habe hier eine Belichtungsreihe gemacht. Entweder war der Himmel zu hell oder das Gebäude zu dunkel. Nur eine einzige Belichtung besaß im Himmel genug Abstufungen, ohne dass das Gebäude dabei zu stark unterbelichtet gewesen wäre.

◄ Abbildung 26
Das Original (links) ist ein typisches Gegenlichtbild. Der Himmel ist zu hell und das Gebäude zu dunkel. Aber es trägt genügend Informationen, um den subjektiven Eindruck wiederherzustellen (rechts).

◄ Abbildung 27
Hier das Histogramm eines Fotos, das eine Blende heller belichtet wurde. Das Gebäude ist zwar besser belichtet, dafür ist der Himmel zu hell. Oben das Histogramm des besser belichteten Bildes zum Vergleich.

Schritt für Schritt: Grundeinstellungen

Zunächst müssen Sie die Gesamthelligkeit anpassen. Die Tiefen müssen heller und die Lichter dunkler werden.

1 Belichtung reduzieren

Wir reduzieren zunächst die Belichtung, um die hellen Stellen abzudunkeln und den Himmel besser herauszuarbeiten. Reduzieren Sie dazu die BELICHTUNG auf den Wert »−0,9« **❶**.

2 Helligkeit erhöhen

Jetzt erhöhen Sie die HELLIGKEIT auf »+80« **❺**. Das hebt die Mitten wieder etwas hervor. Im Histogramm wird deutlich, dass sich die Helligkeitsverteilung verbessert hat. An den beiden Seiten sind kaum Spitzen vorhanden.

3 Lichter wiederherstellen

Durch die Helligkeitskorrektur sind die Lichter wieder etwas zu weit aufgehellt worden. Dies korrigieren Sie, indem Sie den Parameter WIEDERHERSTELLUNG auf »25« **❷** setzen.

4 Tiefen aufhellen

Auch die Tiefen könnten noch etwas heller werden. Die Gebäude sind noch zu dunkel. Stellen Sie dazu das AUFHELLLICHT auf »45« **❸**.

Das Foto besitzt jetzt schon annähernd den Eindruck, den ich von der Szene hatte.

▼ **Abbildung 28**
Das Foto nach der Anpassung wichtiger GRUNDEINSTELLUNGEN

5 Schwarzpunkt korrigieren

Durch die Anpassung bei AUFHELLLICHT wurde der Schwarzpunkt zu hell. Korrigieren Sie SCHWARZ auf den Wert »20« ❹.

6 Präsenz

Eine Szene wie diese kann nie genug Tiefenwirkung besitzen. Stellen Sie daher die KLARHEIT auf »+50« ❻. Erhöhen Sie ebenso den Wert für die LEBENDIGKEIT auf »+50« ❼. ∎

Schritt für Schritt: Lokale Anpassungen

Der Himmel könnte noch etwas betont werden, und auch die Gebäude vertragen noch etwas mehr Leuchtkraft. Dies wird über zwei lokale Anpassungen geregelt: über einen Verlaufsfilter und eine Korrekturmaske.

1 Vordergrund abdunkeln

Die Straße im Vordergrund wird abgedunkelt, damit der Blick nach oben zu den Gebäuden wandert.

Erstellen Sie dazu mit dem Verlaufsfilter einen Verlauf vom unteren Bildrand bis zum Anfang der Gebäude. Geben Sie eine BELICHTUNG von »−0,5« ❽ für das Werkzeug an.

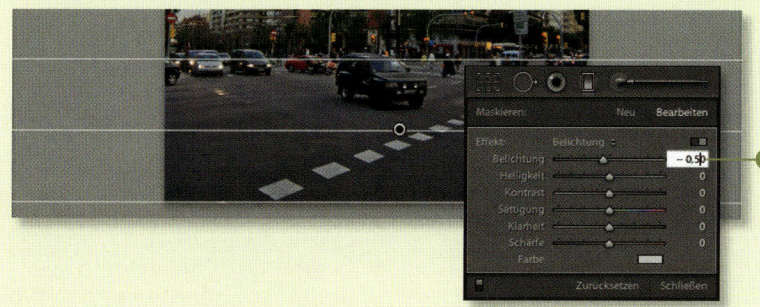

◄ **Abbildung 29**
Das Abdunkeln des Vordergrundes fällt nur im direkten Vergleich auf, lenkt das Auge aber unbewusst nach oben zu den Gebäuden.

2 Himmel und Wolken herausarbeiten

Den Himmel und die Wolken können Sie mit dem Verlaufsfilter leider nicht herausarbeiten, da das Gebäude zu sehr in den Himmel ragt und dadurch zu stark mit beeinflusst werden würde. Daher müssen Sie hier eine Korrekturmaske malen. Dabei müssen Sie darauf achten, dass der Übergang zwischen Himmel und Gebäude weich genug ist. Ansonsten entsteht ein störender, leuchtender Übergang um die Gebäude.

Wechseln Sie zum KORREKTURPINSEL-Werkzeug und stellen Sie für den Pinsel eine GRÖSSE von »16« ❶ ein (siehe nächste Seite). Geben Sie dem Pinsel eine WEICHE KANTE und einen FLUSS von »100« ❷.

Deaktivieren Sie die Kontrollbox für AUTOMASTISCH MASKIEREN ❸ und reduzieren Sie die DICHTE auf »25« ❹.

Malen Sie jetzt eine Maske über den Himmel. Dabei können Sie mit dem äußeren Kreis des Pinsels in die Gebäude kommen, sollten aber vermeiden, mit dem inneren über die Gebäude zu malen, da dort die Korrekturen sonst ebenfalls sichtbar würden.

Wenn Sie damit fertig sind, erhöhen Sie die GRÖSSE des Pinsels auf »30« ❺ und die DICHTE auf »60« ❻ und malen damit über die bestehende Maske. Dabei sollten Sie aber mehr Abstand zu den Gebäuden halten. Der äußere Kreis sollte die Gebäude nun nicht mehr berühren.

▲ **Abbildung 30**
Die Maske nach der ersten Anwendung. Die geringe Deckkraft der magentafarbigen Maske zeigt eine geringe Dichte an.

▲ **Abbildung 31**
Nach dem Übermalen mit höherer Dichte wird die Deckkraft der Maske stärker. Durch den größeren Pinsel und den höheren Abstand zu den Gebäuden entsteht ein weicher Übergang.

Jetzt müssen nur noch die Einstellungen für die Korrekturen der Maske vorgenommen werden. Geben Sie eine BELICHTUNG von »–1,5« und eine HELLIGKEIT von »–30« an ❼. Dies dunkelt den Himmel ab. Anschließend erhöhen Sie den KONTRAST auf »100« ❽ ebenso wie die KLARHEIT ❿. Reduzieren Sie zum Abschluss noch die SÄTTIGUNG auf »–10« ❾. Ansonten passt die Sättigung des Himmels nicht zu den Gebäuden. ◼

Schritt für Schritt: Feinschliff

Die wichtigsten Einstellungen sind erledigt. Was noch folgt, ist der Feinschliff.

1 Gradationskurven

Das Bild ist schon sehr gut, aber im Druck würde es wahrscheinlich etwas zu dunkel wirken. Das korrigieren Sie, indem Sie in der GRADATIONSKURVE den Wert für DUNKLE FARBTÖNE auf »20« setzen. Das hellt die Mitten etwas auf.

2 HSL/Farbe/Graustufen

Rechts vom Gebäude besitzt die Wolke eine Orangefärbung. Diese soll verstärkt werden. Wählen Sie im Bedienfeld HSL/FARBE/GRAUSTUFEN die LUMINANZ aus, und verwenden Sie die ZIELKORREKTUR, um die Helligkeit der Wolke rechts vom Gebäude zu reduzieren. Ist der Wert für ORANGE bei »−35«, lassen Sie die Maustaste los. Der Wert für GELB wird mitverschoben und sollte dann bei etwa »−21« sein.

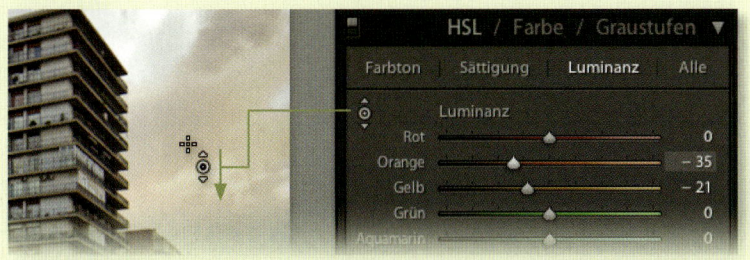

◀ **Abbildung 33**
Über die ZIELKORREKTUR wird die Orangefärbung der Wolke verstärkt.

Verfahren Sie genau so bei der SÄTTIGUNG. Schieben Sie den Orangewert dort auf »+25«.

Sind Sie mit der Zielkorrektur fertig, klicken Sie mit der Maus auf die in der Werkzeugleiste unter dem Ansichtsfenster befindliche Schaltfläche FERTIG.

3 Details

Zum Abschluss wird noch die Schärfe korrigiert und die Rauschunterdrückung reduziert. Da es sich um eine Architekturszene handelt, müssen bei der Schärfung auch feine Strukturen sichtbar werden.

Geben Sie für SCHÄRFEN einen BETRAG von »50« ❶ an, und reduzieren Sie den RADIUS auf »0,5« ❷. Die Strukturen betonen Sie, indem Sie den Regler für DETAILS auf »100« ❸ schieben. Verringern Sie dann bei der RAUSCHREDUZIERUNG den Parameter FARBE auf »5« ❹. Ein Beschnitt wurde bereits in das Ausgangsbild eingearbeitet. ■

▲ **Abbildung 34**
Diese Detaileinstellungen zeichnen auch die kleinsten Details scharf.

Abbildung 35 ▶
Das bearbeitete Foto gibt nun die Stimmung wieder, die ich in Erinnerung habe.

9 Das Diashow-Modul

Eine beliebte und praktische Art, Bilder gleich am Rechner zu präsentieren, sind sogenannte Diashows. Dabei wird ein Bild nach dem anderen auf dem Screen aufgerufen, ohne störende Applikationen. Lightroom ermöglicht eine einfache Erstellung solcher Diashows. Die Bilder sind schnell ausgewählt, die wichtigsten Parameter schnell eingestellt, und es lassen sich auch Vorlagen speichern.

▼ Abbildung 9.1
Modul zur Präsentation
der Fotos als Diashow

9.1 Bilder für die Diashow auswählen

Die Auswahl der Bilder folgt in allen Ausgabemodulen dem gleichen Schema. Daher wird dieser Abschnitt in diesem Kapitel, da es das erste zu den Ausgabemodulen ist, genauer erläutert. In den anderen Kapiteln wird dann dieses Thema nur noch kurz angerissen und auf dieses Kapitel verwiesen. Grundsätzlich gilt, dass alle Bilder, die in der Bibliothek sichtbar sind, in den Ausgabemodulen zur Verfügung stehen. Aktivieren Sie in einem Ausgabemodul eine Sammlung, stehen demnach auch nur die dort enthaltenen Bilder zur Verfügung.

9.1.1 Einfache Auswahl vornehmen

Option Nummer eins ist die einfachste: Dabei werden Bilder in einem bestimmten Ordner oder einer Sammlung mit speziellen Stichwörtern oder Metadaten ausgewählt (siehe Seite 169). Diese werden dann in der Bibliothek angezeigt.

Wechselt man daraufhin in das Diashow-Modul, so wird auch nur diese Zusammenstellung angezeigt. Man kann die Auswahl weiter einschränken, indem man im Filmstreifen unten aus der Schnittmenge weitere Bilder auswählt. Die Anzeige im Ansichtsfenster der Diashow passt sich dabei immer entsprechend an und zeigt das zuerst ausgewählte Bild.

Diese Methode ist einfach, hat jedoch den Nachteil, dass eine neue Auswahl in der Bibliothek auch immer die Zusammenstellung der Bilder in der Diashow aufhebt.

▼ **Abbildung 9.2**
Durch die Auswahl eines Ordners, kombiniert mit einem Stichwort, werden in der Bibliothek – und damit auch in der Diashow – nur die Bilder angezeigt, die beide Eigenschaften besitzen.

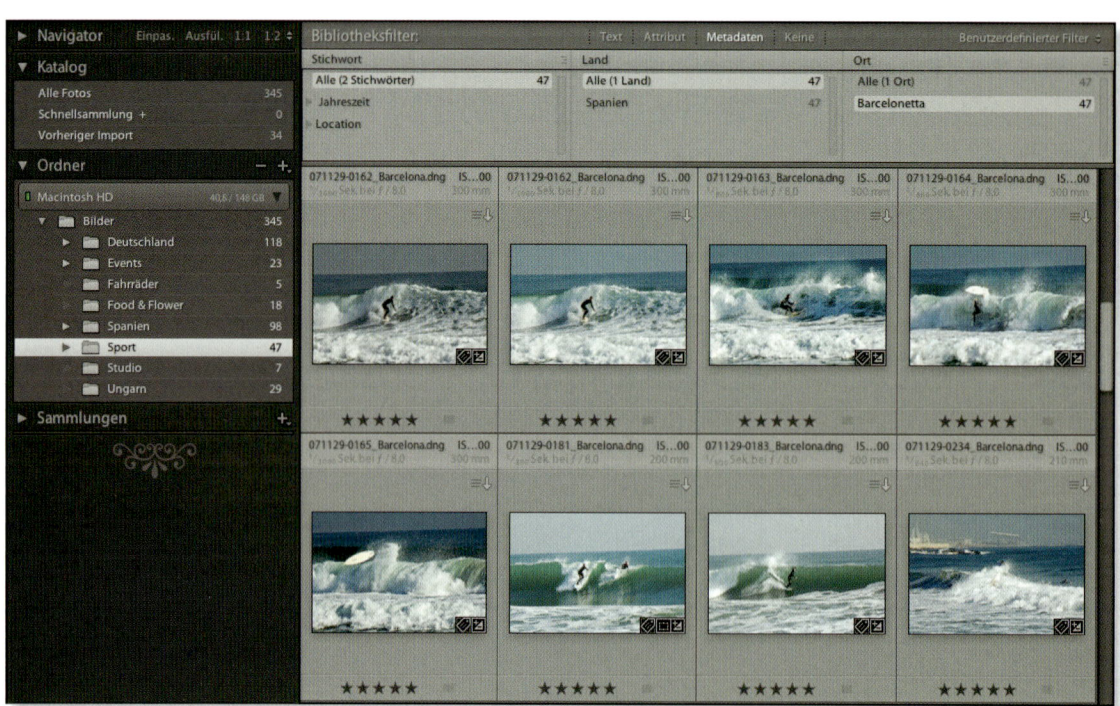

9.1.2 Auswahl über Filter einschränken

Eine andere Möglichkeit, um Bilder auszuwählen, liegt darin, sie anhand einer speziellen Markierung zu selektieren. Zur Selektion bieten sich Markierungen (kleine Fähnchen), Farbbeschriftungen oder Bewertungen an. Nach diesen Bildeigenschaften können die Bilder in der Leiste über dem Filmstreifen gefiltert werden. Der Filter kann auch auf eine bereits erfolgte Auswahl angewendet werden und diese somit weiter einschränken. Die Markierungen und Bewertungen bleiben dann als Bildeigenschaften bestehen, unabhängig, in welchem Modul Sie sich befinden.

▼ **Abbildung 9.3**
Die Anzahl der dargestellten Bilder lässt sich durch das Setzen eines Filters weiter einschränken.

Ein wesentlicher Vorteil dieser Methode besteht in der Kombinationsmöglichkeit von Auswahlen und Filtern. Ein Filter kann zum Beispiel so gesetzt werden, dass nur Bilder mit einer 3-Sterne-Bewertung und einer grünen Farbmarkierung angezeigt und in die Diashow übernommen werden. Nähere Informationen zum Einstellen von Filtern finden Sie auf Seite 171.

Dieser Weg der Bildzusammenstellung lässt sich schnell wiederholen. Es muss nur der Filter neu gesetzt werden. Auch können Filterzusammenstellungen als Vorgabe gespeichert und wiederverwendet werden. Bewertet oder markiert man Bilder neu, ändert sich die Zusammenstellung, da die veränderten Bildeigenschaften dann dem Filter entsprechen oder nicht mehr zutreffen.

9.1.3 Auswahl als Sammlung speichern

Die Speicherung einer Auswahl an Bildern für eine Diashow oder eine andere Ausgabeform (Drucken oder Webgalerie) in eine Sammlung speichert neben der Bildauswahl auch die Moduleinstellungen.

In einer Sammlung lassen sich beliebig viele Bilder hinzufügen oder löschen. Ebenso ist es möglich, neue Sammlungen für weitere Diashows anzulegen. Die Auswahl der Bilder, die einer Kollektion zugeordnet werden sollen, kann mithilfe aller Auswahlmöglichkeiten und Filter in der Bibliothek erfolgen.

Eine Sammlung kann sich auch als Unterobjekt in einem Sammlungssatz befinden. Sammlungssätze sind Ordner, die es Ihnen ermöglichen, Sammlungen besser zu strukturieren.

Beim Anlegen einer Sammlung können auch virtuelle Kopien erstellt werden. Diese können dann speziell für die Ausgabeanforderung, z.B. als Diashow auf 16:9-Monitoren, beschnitten werden. Nachfolgend finden Sie eine Schritt-für-Schritt-Anleitung zur Erstellung einer Diashow-Sammlung. Das Verfahren kann auch für das Drucken- oder das Web-Modul übernommen werden.

▲ **Abbildung 9.4**
Die Bildzusammenstellung von Diashows kann als Sammlung gesichert werden. Dabei werden auch die Moduleinstellungen mitgespeichert.

Schritt für Schritt: Erstellen einer Diashow-Sammlung

1 **Bildauswahl**

▼ **Abbildung 9.5**
Nur die selektierten Bilder sollen
später in die Kollektion wandern.
Selektierte Bilder werden hellgrau
hinterlegt.

Selektieren Sie in der Bibliothek die gewünschte Auswahl der Bilder, die in der Diashow präsentiert werden sollen. Um die Auswahl zu begrenzen, können Sie die Anzahl der gezeigten Bilder auf einen Ordner oder eine Kollektion einschränken. Auch der Einsatz von Filtern (siehe Seiten 171) ist möglich.

Wählen Sie mit gedrückter ⌘/Strg-Taste die Bilder aus, die in der Diashow präsentiert werden sollen. Später können Sie noch weitere Bilder hinzufügen oder wieder aus der Auswahl entfernen.

2 **Auswahl zur Verwendung in Diashow festlegen**

Wechseln Sie in das Diashow-Modul. Damit nur die ausgewählten Bilder in der Sammlung gespeichert werden, aktivieren Sie in der Werkzeugleiste im VERWENDEN-Dropdown die Option AUSGEWÄHLTE FOTOS. Dazu klicken Sie mit der Maus auf den Menüpunkt, den Sie

▼ **Abbildung 9.6**
Über die Werkzeugleiste können
Sie die Verwendung der ausge-
wählten Bilder aktivieren.

unten sehen. Wenn dort bereits ein Häkchen vor dem Begriff AUS-GEWÄHLTE FOTOS angezeigt wird, können Sie zum nächsten Punkt gehen.

Dieser Schritt legt fest, dass nur die Bilder in der Diashow angezeigt werden, die Sie ausgewählt haben. Diese Auswahl wird dann im nächsten Schritt als Sammlung gespeichert.

3 **Auswahl als Diashow-Sammlung speichern**

Klicken Sie mit der Maus auf das Plus-Symbol neben dem Bedienfeld SAMMLUNGEN, und wählen Sie aus dem Dropdown den Punkt DIASHOW ERSTELLEN.

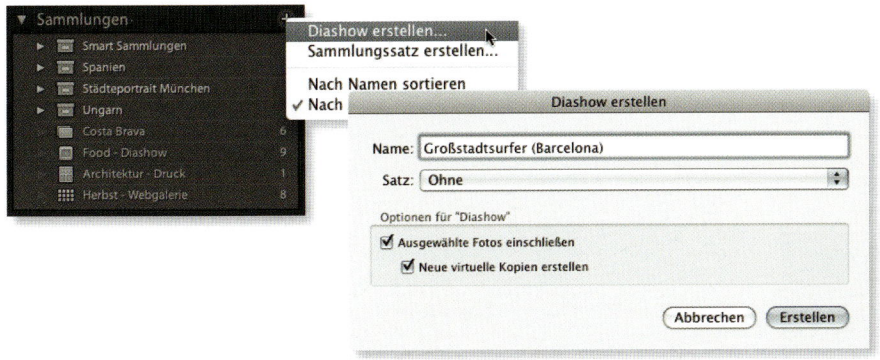

◄ **Abbildung 9.7**
Die neue Kollektion wird nur aus virtuellen Kopien bestehen. Dadurch kann man die Bilder speziell für die Diashow verändern.

Geben Sie im Dialogfeld als Erstes einen Namen an. Haben Sie die Bildauswahl aus einem Sammlungssatz heraus erstellt, wird dieser als Dropdown neben dem Parameter SATZ angezeigt. Hier können Sie jetzt auch einen anderen Sammlungssatz als übergeordneten Ordner angeben. Wählen Sie OHNE, wird die Sammlung auf der obersten Ebene erstellt.

Aktivieren Sie das Kontrollkästchen AUSGEWÄHLTE FOTOS EINSCHLIESSEN. Dadurch werden die ausgewählten Bilder in die Sammlung aufgenommen. Ansonsten würden nur das Aussehen und Verhalten der Diashow in die Sammlung gespeichert, aber keine Bilder.

Je nachdem welche Verwendung in der Werkzeugleiste ausgewählt ist, verändert sich die Funktion neben dem Kontrollkästchen. Es bietet sich an, immer die Bilder zu speichern, die auch in der Diashow angezeigt bzw. verwendet werden.

Als weitere Option können Sie die Bilder, die in die Sammlung übernommen werden, als virtuelle Kopien integrieren. Dies ermöglicht Ihnen, spezielle Einstellungen nur für diesen Ausgabezweck zu generieren. Meistens handelt es sich dabei um eine auf die Diashow angepasste Beschneidung der Bilder. Aber auch angepasste Helligkeitskorrekturen sind denkbar.

▲ **Abbildung 9.8**
Die Sammlung kann mit weiteren Bildern ergänzt werden. Das kann man von jedem Modul aus erledigen.

Es entsteht eine Sammlung, in der sich jetzt nur virtuelle Kopien der Bilder befinden. Wollen Sie neue Bilder hinzufügen, erstellen Sie von ihnen zunächst eine virtuelle Kopie und ziehen diese per Drag & Drop auf die Sammlung. Bilder einer Sammlung hinzufügen, können Sie auch in allen anderen Modulen. Dabei wird immer nur ein Klon der virtuellen Kopie in der Kollektion abgelegt. Das Original der virtuellen Kopie können Sie dann entfernen. ■

9.2   Diashow konfigurieren

Die rechte Bedienfeldpalette im Diashow-Modul folgt einer klaren Struktur – beginnend mit den Optionen zur Bilddarstellung über die Randabstände im Layout und zur Überlagerung mit Erkennungstafel und Text bis hin zur Konfiguration des Fensterhintergrundes. Zu guter Letzt folgen die Abspieleinstellungen.

Die Bedienfelder auf der linken Seite enthalten, wie auch in den Ausgabemodulen Drucken und Web, den Vorlagenbrowser sowie Funktionen zum Speichern und Laden von Vorlagen und Sammlungen. Zusätzlich kann man dort die Diashow als PDF-Präsentation oder als JPEG-Einzelbilder exportieren.

9.2.1   Bedienfeld »Optionen«

Das erste Bedienfeld auf der rechten Seite kümmert sich um die Bilddarstellung. Veränderungen der Parameter werden sofort im Ansichtsfenster angezeigt.

Zoomen | Besitzt ein Bild ein anderes Seitenverhältnis als durch den Bildschirm und die Seitenränder vorgegeben, kann das Bild in dieses Seitenverhältnis eingepasst werden. Dabei wird es so weit vergrößert, bis es genau in das vorgegebene Layout hineinpasst.

Dabei werden die überstehenden Bildbereiche einfach abgeschnitten. Hochformatbilder werden oben und unten beschnitten – aus ihnen wird ein Querformat. Das führt allerdings zu Verlusten in der Bildwirkung. Wenn Sie keine Bereiche verlieren wollen – und das empfehle ich Ihnen –, deaktivieren Sie das Kontrollkästchen besser.

Lassen Sie es hingegen aktiviert – etwa wenn Ihre Diashow nur aus Querformaten besteht –, so haben Sie die Möglichkeit, das Bild mit der gedrückten Maustaste im Rahmen zu verschieben.

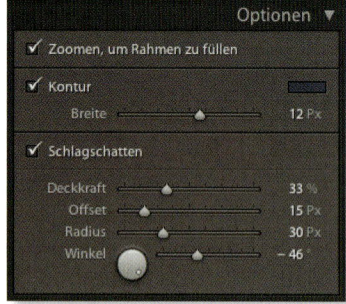

▲ **Abbildung 9.9**
Das OPTIONEN-Bedienfeld kümmert sich um die Darstellung des Bildes vor einem Hintergrund.

▼ **Abbildung 9.10**
Die ZOOMEN-Option skaliert und beschneidet das Bild, bis es komplett in das Layout passt (links). Bei Hochformatbildern ist das problematisch, da hier Bereiche abgeschnitten werden (rechts).

Kontur | Um das Bild herum kann durch Aktivieren des Kontroll-kästchens KONTUR ein Rahmen dargestellt werden. Die Farbe des Rahmens lässt sich über das Farbfeld rechts neben der Bezeichnung anpassen. Wie Sie den Dialog zur Farbdefinition verwenden, erfahren Sie auf Seite 344. Die Breite der Kontur wird über den Schieberegler darunter festgelegt.

▼ **Abbildung 9.11**
Die Option KONTUR erstellt einen Rahmen um das Bild.

Schlagschatten | Das Bild kann mit einem Schlagschatten optisch vom Hintergrund abgesetzt werden. Dadurch entsteht ein leicht dreidimensionaler Eindruck, das Bild scheint vor dem Hintergrund zu schweben. Der Schlagschatten kann in seiner Farbe nicht weiter verändert werden. Er ist immer von Schwarz zu Grau auslaufend. Man kann ihn aber über die folgenden vier Optionen feiner einstellen:

▶ Die **Deckkraft** regelt die Transparenz des Schattens. Je geringer sie ist, umso mehr scheint vom Hintergrund durch. Der optische Effekt der Deckkraft ist auch von der Weichzeichnung des Schattens abhängig. Weichere Schatten wirken eleganter.

▼ **Abbildung 9.12**
Eine niedrige Deckkraft lässt den Schatten weicher erscheinen.

> Der **Offset** regelt die Breite des Schattens um das Bild herum und somit die optisch vorgetäuschte Entfernung des Bildes vom Hintergrund. Steht der Offset auf »0«, so kann man eine dunkle Aura um das Bild erzeugen. Vor allem Bilder, die eine ähnliche Helligkeit wie der Hintergrund besitzen, werden dann besser hervorgehoben.

▼ **Abbildung 9.13**
Der Offset gibt den Abstand des Schattens zum Bild an. Dadurch entsteht der räumliche Eindruck.

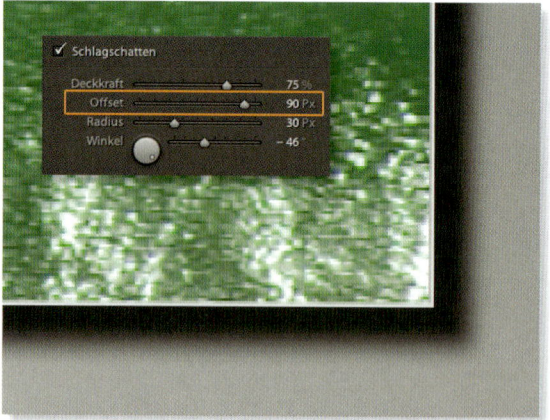

▼ **Abbildung 9.14**
Weiche Schatten (rechts) wirken angenehmer und betonen das Bild. Harte Schatten (links) lenken eher davon ab.

> Der **Radius** legt die Weichzeichnung des Schattens in Pixeln fest. Je höher sein Wert, umso weicher wirkt der Schatten. Weichere Schatten erfordern meistens eine höhere Deckkraft, da sie transparenter wirken als härtere Schatten.

> Über den **Winkel** geben Sie die Richtung an, in die der Schatten projiziert wird. Befindet sich der Schatten rechts unten, empfinden wir ihn am ehesten als realistischen Schatten, was einem Wert von ca. −45° entspricht.

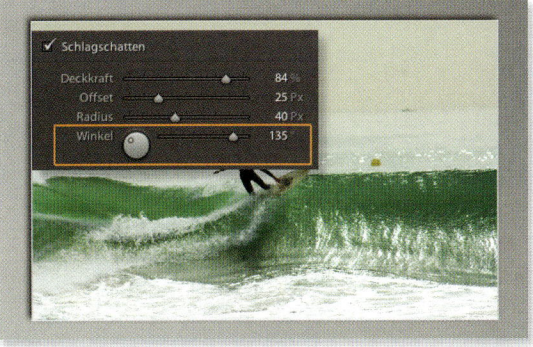

▲ Abbildung 9.15
Der Winkel gibt die Richtung an,
in die der Schatten geworfen wird.

9.2.2 Bedienfeld »Layout«

Als Nächstes folgt das Bedienfeld LAYOUT. Darin legen Sie die
Position der Bilder auf der Diashow-Präsentationsfolie fest. Dies
geschieht über die Definition der Ränder oben und unten sowie an
den Seiten.

▶ **Hilfslinien einblenden:** Damit die Ränder besser sichtbar sind,
sollten Sie die Hilfslinien einblenden. Dies ist vor allem dann
hilfreich, wenn die Option ZOOMEN deaktiviert ist. Dabei wird
das Bild unbeschnitten in den Bereich auf der Folie eingepasst,
der wiederum durch die Breite der Ränder festgelegt wird. Die
somit ausgerichteten Ränder entsprechen dann nicht mehr den
ursprünglich angewendeten Vorlageneinstellungen.

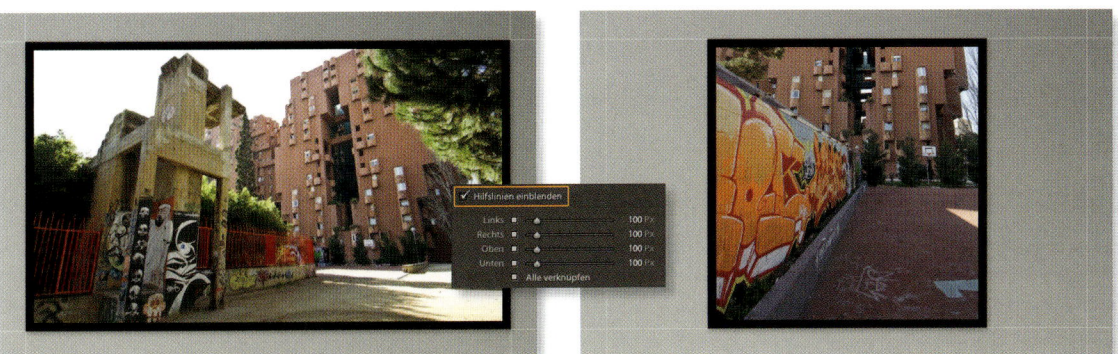

▶ **Links, Rechts, Oben, Unten:** Über die Schieberegler oder über
die Eingabe eines Zahlenwertes können Sie die Ränder einzeln
einstellen. Spielen Sie ruhig damit – auch ungleiche Werte können interessante Präsentationen ergeben.

▶ **Alle verknüpfen:** Als Vorgabe sind dabei alle Seiten miteinander
verknüpft. Ändern Sie einen Wert, so erhalten die übrigen Seiten
den gleichen Rand. Sie können einzelne Rahmen aus der Verknüpfung lösen. Dazu klicken Sie jeweils auf das kleine Quadrat

▲ Abbildung 9.16
Hilfslinien markieren den
Randabstand. Bei deaktivierter
ZOOMEN-Option wird damit die
maximale Bildgröße sichtbar.

neben dem Schieberegler. Es wird dann dunkelgrau, während alle anderen hellgrau bleiben. Durch Klicken auf die Bezeichnung ALLE VERKNÜPFEN wird die Verknüpfung für alle Seiten wiederhergestellt. Ein weiterer Klick deaktiviert die Verknüpfung für alle Seiten.

▲ **Abbildung 9.17**
Alle Ränder sind miteinander verknüpft. Bei der Änderung eines Wertes werden auch alle anderen angepasst.

▲ **Abbildung 9.18**
Der untere Rand wurde aus der Verknüpfung gelöst und ist jetzt breiter. Dadurch wirkt die Platzierung harmonischer.

▲ **Abbildung 9.19**
Die Ränder sind nicht miteinander verknüpft. Jeder Rand kann einen eigenen Wert annehmen.

TIPP

Ist der Rand unten größer als an den anderen Seiten, hat man einen optisch ausgewogeneren Eindruck. Man sagt auch: Das Bild fällt nicht nach unten durch. Das optimale Verhältnis zwischen oberem und unterem Rand entspricht dann 1:1,618 – dem Verhältnis nach dem Goldenen Schnitt. Bei einem oberen Rand von 55 Pixeln entspricht das einem unteren Rand von 89 Pixeln (nach Fibonaccis Zahlenreihe). Im größeren unteren Rand können zudem auch Textanmerkungen platziert werden.

9.2.3 Bedienfeld »Überlagerungen«

Sie können im Bild auch die Erkennungstafel, Bewertungssterne und sogar Textinformationen einblenden. Die Erkennungstafel können Sie dabei auch hinter das Bild auf den Hintergrund setzen, bei Sternen und Text macht das keinen Sinn. Alle Überlagerungen lassen sich auch mit der Maus in der Position verschieben und sogar variabel zum Bild positionieren.

Erkennungstafel | Verwenden Sie eine Haupterkennungstafel, so können Sie diese auch in der Diashow einblenden. In dem kleinen Previewfenster im Bedienfeld erhalten Sie damit eine Vorschau. Über das kleine Dreiecks-Symbol öffnen Sie ein Dropdown-Menü, über das Sie auch eine alternative Grafik auswählen können (siehe auch Seite 90).

▶ **Deckkraft:** Die Erkennungstafel kann über den DECKKRAFT-Regler transparenter gemacht werden.

TIPP

Für Muster mit transparentem Hintergrund – wie im abgebildeten Beispiel die Zeichnung – verwenden Sie am besten eine Photoshop-Datei mit transparenter Hintergrundebene.

◀ **Abbildung 9.20**
Sie können in der Diashow auch eine Erkennungstafel einblenden und Ihre Präsentation damit schmücken.

◀ **Abbildung 9.21**
Deckkraft und Maßstab wurden hier verringert. Dadurch kommt das Bild besser zur Geltung, und die Erkennungstafel wird abgesoftet.

▶ **Maßstab:** Über den Regler MASSSTAB können Sie die Größe verändern.

▶ **Hinter Bild rendern:** Ist dieses Kontrollkästchen aktiviert, so wird die Erkennungstafel hinter dem Bild auf dem Hintergrund platziert. Das Bild verdeckt dann die Erkennungstafel. Dabei muss die Erkennungstafel nicht mit dem Bild verrechnet werden. Auf nicht so schnellen Rechnern kann das sonst die Diashow verlangsamen.

Abbildung 9.22 ▶
Die Erkennungstafel kann auch hinter das Bild gelegt werden, wenn sie dieses nicht verdecken soll.

Lr **Alphakanal**
Der Transparenzkanal wird auch als Alphakanal bezeichnet. Er ist ein Graustufenbild, das in der Bilddatei als eigener Kanal enthalten ist. Schwarze Stellen im Alphakanal sind transparent, weiße deckend. Alle grauen Pixel dazwischen sind teilweise transparent. Wie stark, ist von ihrer Helligkeit abhängig.

Bewertungssterne | Wenn Sie die Bilder bewertet haben, können Sie über dieses Kontrollkästchen auch die zugewiesenen Sterne auf das Bild legen. Sie werden an der linken oberen Ecke platziert, können aber auch mit der Maus verschoben werden. Für die Darstellung stehen Ihnen drei Parameter zur Verfügung:

▶ **Farbe:** Klicken Sie auf das Farbfeld neben dem Kontrollkästchen, um eine Farbe auszuwählen, in der die Sterne dargestellt werden sollen. Eine dezente Farbe ist hier zu bevorzugen.

Abbildung 9.23 ▶
Auch die Bewertungssterne können oben im Bild eingeblendet werden.

▶ **Deckkraft:** Mit diesem Regler wird die Stärke der Transparenz beeinflusst, die Bewertungssterne lassen sich dadurch absoften.

▶ **Maßstab:** Über diesen Regler wird die Größe der dargestellten Sterne eingestellt.

◀ **Abbildung 9.24**
Die Bilder können mit Text überlagert werden, der aus Metadaten zusammengesetzt wird. In diesem Beispiel wurden vier Felder verwendet: IPTC-Land, -Stadt, -Szene und EXIF-Aufnahmedaten.

Textüberlagerungen | Zusätzlich zur Erkennungstafel und zu den Bewertungssternen können auch Textinformationen auf den Folien eingeblendet werden. Die Texte werden aus Tokens zusammengesetzt, das sind Textbausteine, die Lightroom automatisch aus den Metadaten generieren kann.

Tokens beinhalten beispielsweise EXIF- oder IPTC-Daten, Dateiinformationen oder einfach den Namen oder die zugewiesenen Stichwörter des jeweiligen Bildes. Eine Schritt-für-Schritt-Anweisung finden Sie auf Seite 355.

Man kann auch frei geschriebene Textblöcke platzieren und ausformatieren. Die Texteingabe erfolgt in der Eingabezeile über der Werkzeugleiste unterhalb der Bildansicht. Die folgenden Darstellungsparameter können über das Bedienfeld auf der rechten Seite eingestellt werden:

▲ **Abbildung 9.25**
Über die ABC-Schaltfläche wird ein Textfeld erstellt. Dieses kann eigenen Text oder Textbausteine aus Metadateninformationen enthalten.

◀ **Abbildung 9.26**
Jeder Textblock kann unabhängig von anderen Blöcken, aber relativ zum Bild, generiert und formatiert werden.

► **Farbauswahl:** Ist dieses Kontrollkästchen aktiviert, kann durch Klicken auf das Farbauswahlfeld die Farbe des jeweils aktivierten Textes definiert werden.

► **Deckkraft:** Dieser Regler steuert die Transparenz des Textfeldes.

► **Schriftartname:** Über dieses Dropdown-Menü erfolgt die Schriftauswahl für die Textdarstellung.

► **Schriftart:** Besitzt eine Schrift mehrere Schnitte – wie fett, kursiv, light, extrafett etc. – kann der Text über dieses Dropdown-Menü formatiert werden.

Der Farbauswahldialog

Klicken Sie auf ein Farbfeld, erscheint der Farbauswahldialog. Dieser besteht aus einer HSL-Farbpalette ❶. Diese zeigt das Farbspektrum aller Farben von Weiß bis Schwarz. Die Sättigung wird über den Regler rechts daneben ❼ gesteuert. Die aktuelle Sättigung wird dabei durch einen Rahmen eingegrenzt. Die aktuelle Farbe wird mit einem Kästchen markiert ❷ und als aktuelle Farbe ❻ neben der letzten ausgewählten Farbe ❺ zum Vergleich angezeigt. Durch Klicken auf die letzte Farbdefinition ❺ kann diese wieder als aktuelle Farbe hergestellt werden. Vordefinierte Farbfelder für Schwarz und Weiß ❸ und verschiedene Grauwerte ❹ ermöglichen die schnelle Auswahl. Durch den Schalter HEX ❽ kann statt der RGB-Farbwerte ❾ der Hexadezimalwert angezeigt werden.

Schatten | Jede Überlagerung mit Erkennungstafel, Bewertungssternen oder Text kann individuell mit einem Schatten versehen werden. Dazu klickt man zuerst die jeweilige Überlagerung an und aktiviert dann die Kontrollbox SCHLAGSCHATTEN. Die Überlagerung

Abbildung 9.27 ►
Die Erkennungstafel kann einen Schatten auf die dahinterliegenden Objekte werfen.

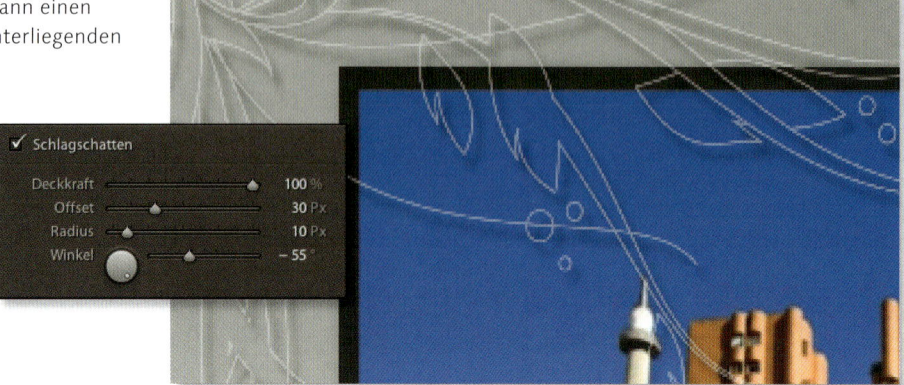

wird durch eine gestrichelte Umrandung gekennzeichnet. Danach kann das Aussehen des Schattens über die folgenden Optionen festgelegt werden:

▶ Die **Deckkraft** regelt die Transparenz des Schattens. Je geringer die Deckkraft eingestellt ist, umso mehr scheint vom Hintergrund durch.

▶ Der **Offset** bestimmt die optische Entfernung des Schattens von der Überlagerung. Je höher der Offset, umso weiter entfernt scheint das Bild vor dem Hintergrund zu schweben.

▶ Der **Radius** definiert die Weichzeichnung des Schattens in Pixeln. Je höher der Wert des Radius, umso weicher ist der Schatten.

▶ Über den **Winkel** geben Sie die Richtung an, in die der Schatten fallen soll.

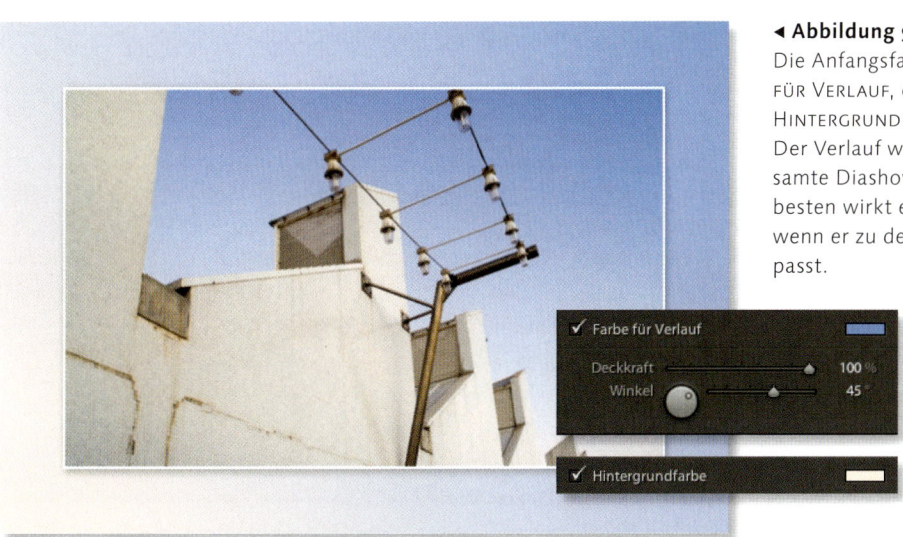

◀ **Abbildung 9.28**
Die Anfangsfarbe wird bei FARBE FÜR VERLAUF, die Zielfarbe bei HINTERGRUNDFARBE eingestellt. Der Verlauf wird dann über die gesamte Diashow-Folie gezogen. Am besten wirkt ein Verlauf natürlich, wenn er zu den Farben im Motiv passt.

9.2.4 Bedienfeld »Hintergrund«

Das drittletzte Bedienfeld auf der rechten Seite konfiguriert den Hintergrund, vor dem die Bilder in der Diashow präsentiert werden. Dafür gibt es drei Gestaltungswerkzeuge: die Hintergrundfarbe, ein Hintergrundbild und ein Verlaufswerkzeug.

Farbe für Verlauf | Der Verlauf wird zwischen der im Bedienfeld angegebenen Hintergrundfarbe und der Verlaufsfarbe erstellt. Die Ausgangsfarbe des Verlaufs kann über das Farbfeld neben dem Kontrollkästchen eingestellt werden.

Der Verlauf nimmt immer die volle horizontale Fensterbreite ein. Dreht man den Verlauf um 90°, so dass er von oben nach unten zeigt, ist nur ein Ausschnitt von ihm sichtbar. Er wird also nicht skaliert und an die Höhe angepasst. Ein Schwarzweißverlauf führt dann nur von Dunkel- zu Hellgrau.

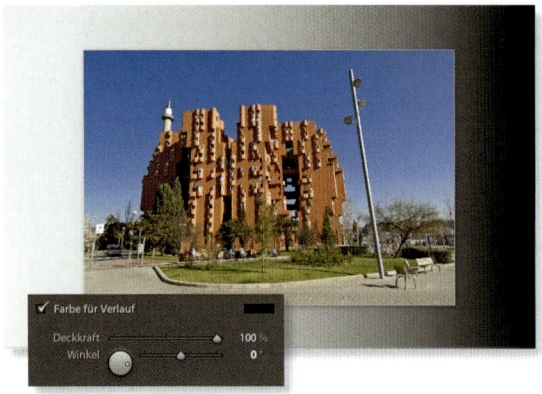

▲ **Abbildung 9.29**
Der Verlauf wird grundsätzlich über die ganze Breite der Präsentation angelegt und bleibt auch beim Drehen erhalten ...

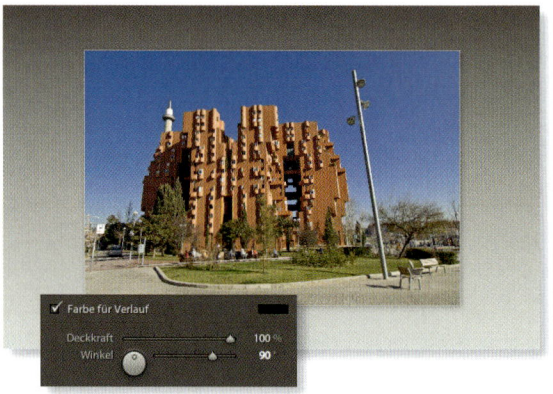

▲ **Abbildung 9.30**
... so dass ein Verlauf von oben nach unten eher einem Grauverlauf als einem echten Schwarzweißverlauf entspricht.

Verläufe werden leider oft etwas streifig angezeigt. Das liegt an der zu geringen Farbtiefe der Monitore. Die Anzahl der Farben reicht nicht aus, um die feinen Abstufungen ohne erkennbare Sprünge darzustellen.

Je geringer der Unterschied zwischen Verlaufs- und Hintergrundfarbe ist, umso gleichmäßiger kann der Verlauf berechnet werden. Ein Schwarzweißverlauf zeigt die meisten, ein Verlauf von Rot nach Gelb oder Magenta deutlich weniger Streifen.

Hintergrundbild | Sie können als Hintergrund auch ein Bild aus dem Filmstreifen verwenden. Dieses ziehen Sie auf das Hintergrundbild-Symbol im Bedienfeld oder einfach auf den Hintergrund im Ansichtsfenster.

▲ **Abbildung 9.31**
Ein Hintergrundbild mit voller Deckkraft. Die Hintergrundfarbe spielt dabei keine Rolle.

▲ **Abbildung 9.32**
Bei geringerer Deckkraft vermischt sich das Hintergrundbild mit der Hintergrundfarbe.

Auch hier kann man wieder die DECKKRAFT einstellen und regelt damit die Transparenz des Bildes zur Hintergrundfarbe. Möchten Sie das Bild aufhellen, so wählen Sie eine helle Hintergrundfarbe, zum Abdunkeln eignet sich ein dunkler Farbton.

Wird zusätzlich zu Hintergrundbild und -farbe auch noch der Verlauf aktiviert, hat Lightroom ein Problem. Normalerweise befindet sich die Hintergrundfarbe hinter dem Bild, beim Verlauf muss sie aber davor liegen, da sie für den Verlauf benötigt wird. Dabei kann es zu ungewollten Farbmischungen kommen. Wird die Hintergrundfarbe deaktiviert, so wird sie nicht mehr in die Verlaufsberechnung miteinbezogen. Sie wird dann so behandelt, als wäre sie transparent.

▲ **Abbildung 9.33**
Ein Hintergrundbild mit Verlauf und Hintergrundfarbe erzeugt unerwartete Ergebnisse (links). Ohne Hintergrundfarbe sieht es besser aus (rechts).

9.2.5 Bedienfeld »Titel«

Über das Bedienfeld TITEL können Sie eine Start- und eine Endfolie für Ihre Diashow festlegen. Sie können für den Start und das Ende jeweils eine Erkennungstafel festlegen.

Startbildschirm, Endbildschirm | Sind diese Kontrollkästchen aktiviert, wird vor bzw. am Ende der Diashow eine Folie platziert. Dessen Hintergrundfarbe lässt sich über das Farbauswahlfeld rechts daneben festlegen.

Erkennungstafel hinzufügen | Wird dieses Kontrollkästchen aktiviert, wird auf der entsprechenden Folie eine Erkennungstafel platziert, ansonsten ist die Folie leer und wird nur in der angegebenen Hintergrundfarbe dargestellt. Klicken Sie in das Vorschaufenster der Erkennungstafel, können Sie eine bereits gespeicherte auswählen oder eine neue erstellen. Mehr über das Definieren von Erkennungstafeln finden Sie auf Seite 90.

Farbe überschreiben | Haben Sie eine Erkennungstafel ausgewählt, wollen diese aber in einer anderen Farbe darstellen, können Sie die

Neu in Lightroom 2 **Lr**

▲ **Abbildung 9.34**
Der Diashow können am Anfang und am Ende individuelle Titelfolien mit Erkennungstafeln hinzugefügt werden.

Voreinstellung überschreiben. Nach dem Aktivieren des Kontrollkästchens können Sie über das Farbauswahlfeld eine neue Farbe festlegen.

Maßstab | Dieser Regler erlaubt die Skalierung der Erkennungstafel. Diese wird immer mittig platziert.

9.2.6 Bedienfeld »Abspielen«

Musik gefällig? Mit einem passenden Soundtrack gewinnt eine Diashow gleich an Atmosphäre. Im Diashow-Modul von Lightroom können Sie ausgewählte Musik zur Untermalung einbinden.

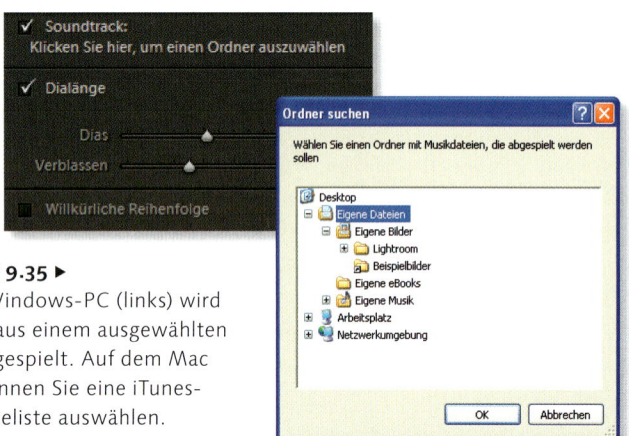

Abbildung 9.35 ▶
Auf dem Windows-PC (links) wird die Musik aus einem ausgewählten Ordner abgespielt. Auf dem Mac (rechts) können Sie eine iTunes-Wiedergabeliste auswählen.

Soundtrack | Um während einer Diashow Musik abzuspielen, müssen Sie das Kontrollkästchen neben Soundtrack aktivieren. Anschließend können Sie am Mac eine iTunes-Wiedergabeliste und am Windows-PC einen Ordner mit MP3-Dateien auswählen.

▶ **Mac:** Erstellen Sie in iTunes eine Wiedergabeliste. Wechseln Sie dann zu Lightroom, und wählen Sie diese durch einen Klick auf den Punkt Wiedergabeliste wählen. Ist die gesuchte Wiedergabeliste nicht im Dropdown aufgeführt, wählen Sie aus dem Pulldown-Menü den Punkt Wiedergabeliste über iTunes aktualisieren, und versuchen Sie danach noch einmal, die Liste auszuwählen.

▲ **Abbildung 9.36**
Wenn Sie an nur einem Monitor arbeiten, ist das Monitorauswahlfeld unsichtbar.

▶ **Windows:** Sie können einen beliebigen Ordner mit MP3-Dateien auswählen. Die Dateien werden dann in der Reihenfolge abgespielt, in der sie im Verzeichnis liegen. Um einen Ordner auszuwählen, klicken Sie auf den Schriftzug unter Soundtrack.

Abspielbildschirm | Dieser Punkt ist nur dann sichtbar, wenn mehr als ein Bildschirm an den Computer angeschlossen ist. Dies kann der

Zweitmonitor, der externe Monitor an einem Notebook oder auch ein Beamer sein.

Das Symbol des aktuellen Abspielmonitors wird mit einem Pfeil gekennzeichnet. Durch Klicken auf das andere Monitor-Symbol kann der Präsentationsbildschirm gewechselt werden. Während des Abspielens wird der inaktive Monitor abgeblendet.

Dialänge | Ein wichtiges Mittel gegen die schnell aufkommende Langeweile bei Diashows ist eine gute Wahl der Einblenddauer für die Bilder. In Lightroom kann dafür bei DIALÄNGE leider nur ein Wert für alle Bilder angegeben werden. Auch gibt es nur einen einfachen Überblendeffekt, nämlich VERBLASSEN, dessen Dauer hier ebenfalls eingestellt werden kann.

Ist die Option DIALÄNGE deaktiviert, können die Bilder beim Abspielen der Diashow durch Drücken der Pfeiltasten ← und → gesteuert werden. Das Klicken mit der Maus unterbricht die Präsentation.

Willkürliche Reihenfolge | Dieses Kontrollkästchen aktiviert einen Zufallsgenerator für die Darstellung der Bilder. Die Pfeiltasten ← und → können auch in diesem Modus zum Blättern zwischen den Bildern genutzt werden.

Wiederholen | Wenn Sie die Diashow als Endlosschleife wiederholen wollen, dann müssen Sie dieses Kontrollkästchen aktivieren. Durch Drücken der Esc-Taste wird die Diashow wieder gestoppt.

9.2.7 »Vorschau« und »Abspielen« der Diashow

Am Ende der rechten Bedienfeldpalette befinden sich noch zwei weitere Schaltflächen. Die ABSPIELEN-Taste startet die Diashow bildschirmfüllend, während die Vorschau nur im Ansichtsfenster angezeigt wird. Die Vorschau kann auch über die Werkzeugleiste gesteuert werden.

Die START-Taste hat dabei die gleiche Funktion wie die VORSCHAU-Schaltfläche in der Bedienfeldpalette. Läuft die Diashow, wird die START- zur PAUSEN-Taste. Sie hält die Präsentation an der aktuellen Folie an, während man nach dem Drücken der STOP-Taste zur ersten Folie zurückspringt. Die Pfeiltasten erlauben das schnelle Navigieren durch die Präsentation.

9.2.8 Exportieren einer Diashow

Diashows lassen sich auch exportieren. Dabei stehen zwei Formate zur Auswahl, als PDF-Präsentation oder als Einzelbilder im JPEG-Format. Sie können somit die Diashow auch an andere Personen weitergeben, die kein Lightroom besitzen.

▲ **Abbildung 9.37**
Bei einer Zweischirmlösung oder einem externen Monitor können Sie einen Präsentationsbildschirm auswählen.

▲ **Abbildung 9.38**
Die Schaltflächen zum Starten der Diashow

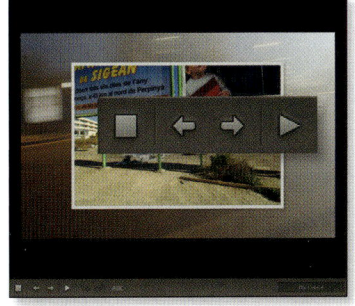

▲ **Abbildung 9.39**
Die Schaltflächen zum Testen und Navigieren der Diashow

Exportieren als PDF | PDF ist das Standardaustauschformat für digitale Dokumente. Für nahezu alle Plattformen gibt es den kostenfreien PDF-Betrachter ACROBAT READER zum Download.

Das Format erlaubt auch bildschirmfüllendes Präsentieren. Dabei werden alle Menüs ausgeblendet und nur die Bilder angezeigt, Hintergrundmusik wird jedoch nicht unterstützt. Die folgenden Parameter können dabei eingestellt werden:

▸ **Qualität:** Die Bilder in der PDF-Präsentation können komprimiert werden. QUALITÄT gibt den Kompressionsgrad und die damit verbundene Qualität an. Je geringer die Qualität, umso geringer die Dateigröße. Bis 75 % ist der Qualitätsverlust kaum sichtbar.

▸ **Automatisch Vollbildschirm anzeigen:** Wird die PDF-Datei geladen, wird sofort der Präsentationsmodus des Readers aktiviert und die Diashow abgespielt.

▸ **Breite, Höhe:** Sie können die Präsentationsgröße beliebig festlegen oder über das Dropdown-Menü GRÖSSE aus einer Auswahl voreingestellter Formate wählen.

▸ **Übliche Größen:** Dieses Dropdown stellt Ihnen eine Auswahl der gängigsten Bildschirmauflösungen bereit. Die Option BILDSCHIRM erkennt die derzeitige Monitorauflösung und verwendet diese als Endformat.

▲ **Abbildung 9.40**
Bei einer Qualität von 60 % (unten) sind bereits deutlich Kompressionsfehler zu erkennen.

Adobe Acrobat ignoriert übrigens die Einstellung der Überblendungsdauer und verwendet stattdessen eine intern festgelegte. Die Dauer der Bilddarstellung wird aber übernommen.

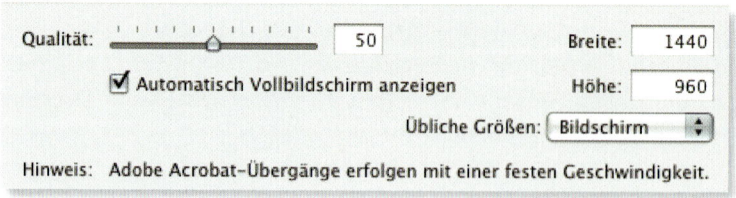

▲ **Abbildung 9.41**
Diashows können als PDF-Präsentationen oder als einzelne JPEG-Bilder exportiert werden.

Exportieren als JPEG | Während Sie im PDF-Format die komplette Präsentation exportieren können, muss im JPEG-Format jede Folie als einzelne Bilddatei gespeichert werden. Man erhält dann aber, je nach Qualitätseinstellung, jeweils eine kleine Datei, die sich als Bild behandeln lässt.

Die Parameter verhalten sich analog zu denen des PDF-Exports, da Bilder dort als JPEG-Dateien in die PDF-Präsentation eingebettet werden.

9.3 Überlagerungen erstellen und anpassen

Wie erwähnt, können die Bilder in einer Diashow mit einer Erkennungstafel, mit Bewertungssternen und mit Textinformationen überlagert werden. Diese Überlagerungen lassen sich beliebig platzieren und skalieren. Es ist auch möglich, mehrere Elemente darzustellen und damit komplexere Bildbeschreibungen in die Diashow einzubinden.

In der folgenden Schritt-für-Schritt-Anleitung erhalten Sie einen Einblick in das Erstellen und Platzieren von Überlagerungen. Die Ausgangsdateien finden Sie auf der DVD zum Buch. Für dieses Beispiel benötigen Sie eine Erkennungstafel. Erstellen Sie diese wie auf Seite 90 beschrieben, und speichern Sie sie unter dem Namen »Diashow Blumen« ab. Wenn Sie den Katalog auf der Buch-DVD verwenden, ist die Erkennungstafel unter dem Dateinamen *Erkennungstafel-Blumen_3.psd* bereits angelegt.

Schritt für Schritt: Diashow mit Überblendungen erstellen

Als Vorlage für die Diashow verwenden Sie im VORLAGENBROWSER die Vorlage »Schritt für Schritt: Überlagerung« aus der Rubrik GALILEO PRESS. Dort sind die Bedienfelder OPTIONEN und LAYOUT bereits voreingestellt. Sie können aber auch eine Diashow mit eigenen Werten erstellen. Diese sind für das Beispiel nicht wichtig.

▲ **Abbildung 9.42**
So wird die Diashow am Schluss aussehen. Sie enthält oben links die Erkennungstafel und ansonsten einen Bildrahmen, Bewertungssterne und eine Einblendung von Stichwörtern.

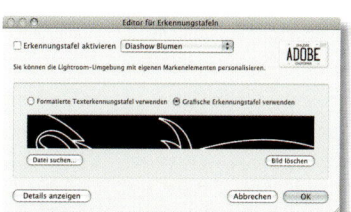

▲ **Abbildung 9.43**
Eine Erkennungstafel können Sie im Voreinstellungsmenü konfigurieren und speichern.

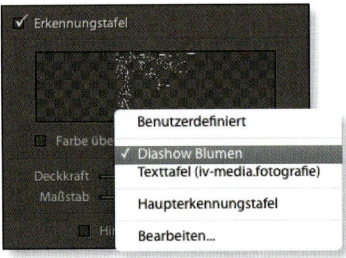

1 **Erkennungstafel auswählen und aktivieren**

Aktivieren Sie im rechten Bedienfeld ÜBERLAGERUNG das Kontrollkästchen ERKENNUNGSTAFEL. Im kleinen Vorschaufenster, das darunter angezeigt wird, sollten Sie dann die Erkennungstafel sehen.

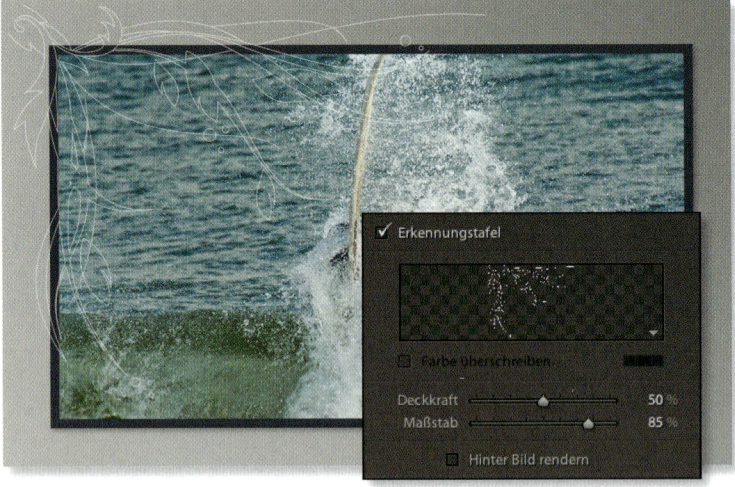

▲ **Abbildung 9.45**
Die Erkennungsgrafik nach der Anpassung von Deckkraft und Maßstab

Ist dies nicht der Fall, klicken Sie auf das kleine Dreieck rechts unten in der Vorschau. Daraufhin öffnet sich ein Pulldown-Menü, aus dem Sie die Grafik mit dem Namen DIASHOW BLUMEN auswählen.

2 **Größe und Deckkraft ändern**

Ihre Erkennungstafel wird anfangs unter Umständen sehr klein eingeblendet. Um sie an die Präsentation anzupassen, geben Sie jetzt bei MASSSTAB einen Wert von 85% an. Als DECKKRAFT geben Sie 50% an. So scheint das darunterliegende Bild durch.

▲ **Abbildung 9.46**
Die Erkennungstafel besitzt zunächst immer einen Abstand zum Rand der Diashow. Dieser muss verringert werden.

▲ **Abbildung 9.47**
Beim Anklicken wird sie mit einem gestrichelten Rahmen und mit Anfasspunkten versehen. Die Hand zeigt an, dass die Tafel verschoben werden kann.

▲ **Abbildung 9.48**
Die Tafel wird nun so weit verschoben, bis die Blätter der Grafik über den Rand hinausragen und teilweise abgeschnitten werden.

3 Platzieren der Erkennungstafel

Damit die Erkennungstafel etwas mehr an den Rand wandert, verschieben Sie sie ein wenig nach rechts und nach oben. Dazu klicken Sie sie mit der Maus an.

Es erscheint ein gestrichelter Rahmen mit Anfasspunkten an den Ecken und in der Mitte der Begrenzungslinien. Fassen Sie diese Anfasspunkte mit der Maus an, und skalieren Sie damit die Erkennungsgrafik. Dabei verändert sich auch der MASSSTAB.

Um die Erkennungsgrafik zu verschieben, halten Sie die linke Maustaste über der Grafik gedrückt. Erscheint anstelle des Mauspfeils die Hand, können Sie die Grafik verschieben. Bewegen Sie die Grafik über den Rand hinaus, bis ihre linke obere Ecke verschwindet.

Die Erkennungstafel ist in der linken oberen Ecke der Präsentation verankert. Das erkennen Sie daran, dass sich dort ein hellgraues Kästchen befindet, das größer als die Eckpunkte des gestrichelten Markierungsrahmens ist. Beim Verschieben der Grafik bleibt das Ankerkästchen an seinem Platz.

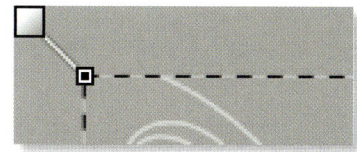

▲ **Abbildung 9.49**
Das Kästchen in der Ecke gibt an, dass die Erkennungstafel an dieser Ecke der Diashow verankert ist.

4 Bewertungssterne einblenden

Aktivieren Sie im Bedienfeld ÜBERLAGERUNGEN das Kontrollkästchen für die BEWERTUNGSSTERNE. Diese werden in der linken oberen Ecke des Bildes angezeigt.

▲ **Abbildung 9.50**
Nach der Aktivierung der Bewertungssterne werden diese in der linken oberen Bildecke angezeigt.

5 Farbe, Maßstab und Deckkraft der Bewertungssterne

Damit man sie deutlicher sehen kann, werden die Bewertungssterne zunächst weiß eingefärbt. Dazu klicken Sie auf das Farbfeld neben dem Kontrollkästchen zum Aktivieren der Überlagerung.

◀ **Abbildung 9.51**
Über die Farbauswahl wird die Farbe der Bewertungssterne eingestellt.

Wählen Sie im Farbdialog die Farbe Weiß aus, und bestätigen Sie die Auswahl, indem Sie links oben auf das »X« klicken. Geben Sie anschließend im Bedienfeld eine DECKKRAFT von 75 % und einen MASSSTAB von 50 % an.

6 Position der Bewertungssterne ändern

Die Bewertungssterne sollten links unter der Präsentationsfläche des Bildes positioniert werden und immer an dieser Stelle stehen bleiben – auch wenn sich die Ecke beim Wechsel von einem quer- zu einem hochformatigen Bild verschiebt. Aus diesem Grund werden die Sterne an die Ecke geheftet.

Abbildung 9.52 ▸
Die Bewertungssterne werden unter die linke untere Ecke des Bildes verschoben. Das Ankerkästchen schnappt an dieser Ecke ein und fixiert somit die Sterne an dieser Stelle des Bildes.

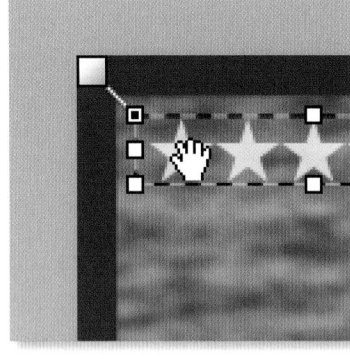
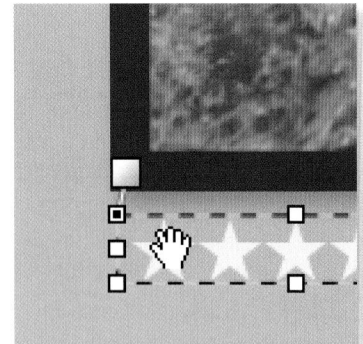

Da die Erkennungstafel nun über den Bewertungssternen liegt, deaktivieren Sie das entsprechende Kontrollkästchen vorübergehend, damit nicht versehentlich die Erkennungstafel ausgewählt wird.

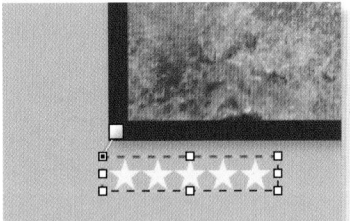

▲ **Abbildung 9.53**
Ist das Ankerkästchen im Bild zu sehen, sind die Sterne angeheftet.

▲ **Abbildung 9.54**
Sie bleiben dann immer an der linken unteren Bildecke positioniert …

▲ **Abbildung 9.55**
… auch wenn statt eines Querformats ein Hochformat gezeigt wird.

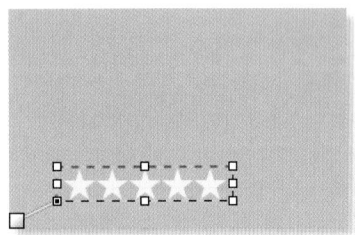

▲ **Abbildung 9.56**
Ist das Ankerkästchen auf dem Hintergrund platziert …

▲ **Abbildung 9.57**
… bleiben die Sterne unabhängig vom Bild an derselben Stelle stehen …

▲ **Abbildung 9.58**
… auch wenn sich das Bildformat ändert.

Klicken Sie dann die Bewertungssterne mit der Maus an, und ziehen Sie sie mit gedrückter Maustaste unter die linke untere Ecke des Bildes.

Das Anker-Symbol springt dabei erst in die Mitte der linken Seite und dann an die untere Ecke. Eine Verbindungslinie zeigt die relative Position der Sterne zum Symbol an. Solange das Anker-Symbol auf dem Bild steht, sind die Bewertungssterne an die Position im Bild geheftet. Wenn man das Ankerkästchen beispielsweise in die linke untere Ecke des Hintergrundes verschiebt, bleiben die Sterne immer an derselben Stelle – auch wenn sich Position und Ausrichtung des Bildes ändern. Das Ankerkästchen gibt es bei jedem überlagernden Element, also auch bei Erkennungstafel und Text.

Sie können die Erkennungstafel jetzt wieder über das Kontrollkästchen aktivieren.

7   Textvorgabe mit Tokens erstellen

Tokens sind kleine Textbausteine, die Informationen aus Metadaten auslesen oder automatisch generierten Text bereitstellen. In dieser Übung werden zwei Vorgaben aus Tokens erstellt und platziert. Das erste Token enthält die Länderangabe aus den IPTC-Daten.

Klicken Sie in der Werkzeugleiste auf die mit ABC gekennzeichnete Schaltfläche. Daneben erscheint ein Texteingabefeld. Links daneben stehen der Begriff TEXT und ein Doppelpfeil. Klicken Sie

▲ **Abbildung 9.59**
Textfelder werden über die Werkzeugleiste erstellt.

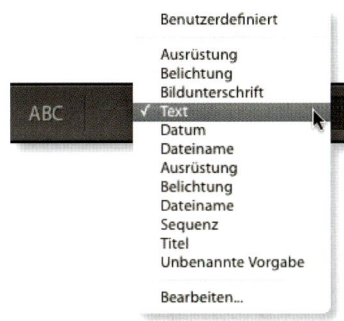

▲ **Abbildung 9.60**
Um ein Token zu erstellen oder zu ändern, klickt man auf die aktuelle Tokenbezeichnung.

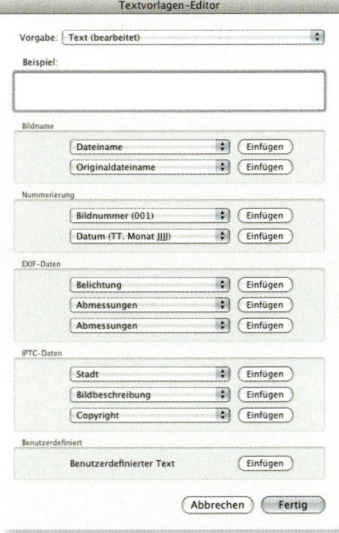

▲ **Abbildung 9.62**
Das Dialogfeld zum Erstellen von Textvorgaben mithilfe von Tokens nach dem Löschen des aktuellen Tokens

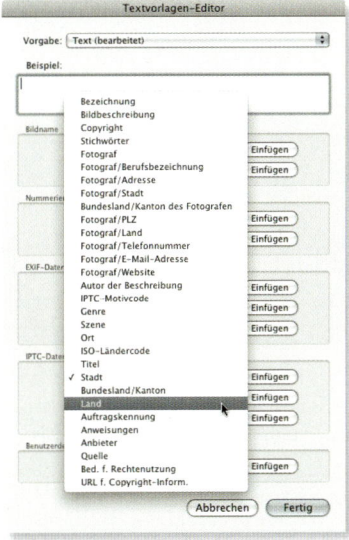

▲ **Abbildung 9.63**
Es wird eine Textvorgabe mit der Länderangabe aus den IPTC-Daten erstellt.

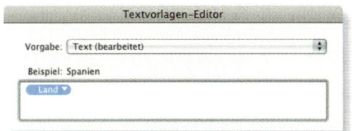

▲ **Abbildung 9.61**
Nach der Auswahl wird das Token im Textfeld abgespeichert.

▲ **Abbildung 9.64**
Die Einstellung kann als Textvorgabe gespeichert werden.

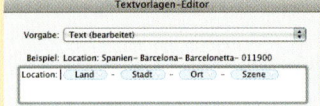
diesen an, und wählen Sie aus dem Dropdown-Menü den Punkt Bearbeiten aus.

Es erscheint der Baukasten zum Zusammensetzen von Textschnipseln. Im Textfeld steht jetzt das Token Benutzerdefinierter Text. Klicken Sie es an, und löschen Sie es mit der ←- bzw. mit der Entf-Taste.

Wählen Sie jetzt in der Rubrik IPTC-Daten aus einem Dropdown den Menüpunkt Land aus. Das entsprechende Token wird automatisch in das Textfeld eingetragen.

Wenn Sie diese mühsam vorgenommene Einstellung nun speichern wollen, öffnen Sie das Dropdown Vorgabe und speichern sie mit dem Menüpunkt Aktuelle Einstellungen als neue Vorgabe speichern ab. Klicken Sie zum Abschluss auf Fertig.

In der rechten unteren Ecke der Diashow steht jetzt die Länderbezeichnung, die aus den Feldern der IPTC-Metadaten entnommen wurde.

Im Dialogfeld Textvorlagen-Editor können Sie auch mehrere Tokens untereinander oder mit eigenem Text kombinieren. Auch komplexere Texte lassen sich darüber automatisch erstellen. Allerdings kann man keinen Zeilenumbruch einfügen, so dass mehrzeilige Kommentare über mehrere Textfelder zusammengebastelt werden müssen, was etwas mühsam ist.

8   Textfeld platzieren und einrichten

Das Textfeld soll in unserem Beispiel rechts unten im Bild relativ groß platziert werden. Damit es das Bild aber nicht »erschlägt«, wird die Deckkraft reduziert.

Abbildung 9.65 ▶
Mithilfe der Anfasspunkte können Textfelder, Bewertungssterne und Erkennungstafel skaliert werden.

Klicken Sie das Textfeld an, und verschieben Sie es mit gedrückter Maustaste an die rechte untere Ecke des Bildes. Achten Sie dabei darauf, dass sich das Anker-Symbol an der Ecke des Bildes ausrichtet.

Klicken Sie mit der Maus auf den linken oberen Ankerpunkt des gestrichelten Rahmens. Sogleich erscheint das Skalierungs-Symbol. Ziehen Sie es mit gedrückter Maustaste ein gutes Stück nach links oben – dadurch wird das Textfeld entsprechend vergrößert. Skalieren Sie es auf ungefähr ein Drittel der Breite des Bildes.

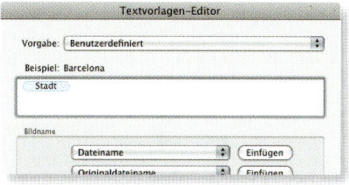

◄ Abbildung 9.66
Das fertig erstellte Textfeld greift auf den Inhalt der IPTC-Daten des Bildes zurück. Erscheint ein Bild mit einer anderen Länderangabe, ändert sich der Text entsprechend.

Korrigieren Sie die Position so, dass die Grundlinie des Textes an der Innenkante des Rahmens anliegt.

Klicken Sie dann im Bedienfeld ÜBERLAGERUNGEN in der Rubrik TEXTÜBERLAGERUNGEN auf das Farbfeld, und klicken Sie darin auf eine Farbe, die der des Bildrahmens ähnelt – hier als ein dunkles Grau oder Anthrazit.

Reduzieren Sie dann noch die DECKKRAFT auf 50%. Wenn Sie es wünschen, können Sie auch noch eine alternative Schriftart wählen.

◄ Abbildung 9.67
Das zweite Textfeld wird mit dem Token »Stadt« erstellt.

9   Textfeld mit Angabe der Stadt
Zum Abschluss wird noch ein weiteres Textfeld erstellt. Dieses soll den Namen der Stadt enthalten, an der Bildmitte ausgerichtet und etwas kleiner dargestellt werden.

◄ Abbildung 9.68
Das Textfeld wird durch das Anker-Symbol an der Bildmitte ausgerichtet. Die Linie zum Textrahmen gibt die Entfernung zum Textfeld an. Dieser Abstand wird immer beibehalten, auch wenn sich die Position der Bildmitte ändert.

Erstellen Sie ein Textfeld wie in Schritt 7. Verwenden Sie jedoch statt des Tokens LAND nun das Token STADT aus den IPTC-Daten.

10   Textfeld an der Bildmitte verankern
Verschieben Sie dann das Textfeld so weit, bis sich das Ankerkästchen an der Bildmitte ausrichtet, das Feld aber etwas rechts davon steht. Es sollte die Länderangabe leicht überlagern. Die Grundlinie des Textfeldes sollte innen am Bildrahmen ausgerichtet sein.

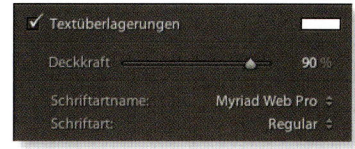

▲ Abbildung 9.69
Der Text wird mit Schriftartname und Schriftart formatiert.

▲ **Abbildung 9.70**
Der Vorlagenbrowser der Diashow

Sie können den Text auch noch mit Transparenz, Schriftfarbe, -art und -schnitt formatieren. Im Beispiel wird ein weißer Text in halber Größe und mit einer Deckkraft von 90 % verwendet.

Die Parameter im Bedienfeld zeigen immer die Werte des aktuell ausgewählten Textfeldes an. Wollen Sie die Werte ändern, so müssen Sie also erst das entsprechende Textfeld auswählen.

In der Vorschau werden leere Textfelder entsprechend mit dem Wort »leer« gekennzeichnet. In der Vollbildschirm-Präsentation werden diese aber ausgeblendet. ■

9.4 Arbeiten mit Vorlagen

Wenn Sie sich die Arbeit gemacht haben, ein Design für Ihre Diashows zu erstellen, sollten Sie es unbedingt als Vorlage speichern, um auch später wieder darauf zurückgreifen zu können. Im Gegensatz zu Sammlungen speichern Vorlagen nur die Einstellungen der Diashow ab und können auf jede neue Diashow angewendet werden. Sie bilden somit die Basis für neue Diashow-Sammlungen. Für Vorlagen ist der VORLAGENBROWSER in der linken Bedienfeldpalette zuständig. Dieser befindet sich auch in allen anderen Ausgabemodulen. Im VORLAGENBROWSER finden Sie eine Auswahl Ihrer gespeicherten oder der in Lightroom mitgelieferten Vorlagen.

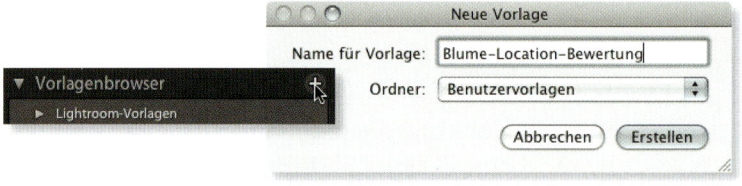

▲ **Abbildung 9.71**
Über die HINZUFÜGEN-Schaltfläche – also das Plus-Symbol – können Sie eine neue Vorlage abspeichern.

▲ **Abbildung 9.72**
Durch Anklicken der kleinen Dreiecke lassen sich die Vorlagenordner auf- und zuklappen.

Aktivieren Sie davon eine mit der Maus, wird Ihnen oben eine Vorschau davon angezeigt. Die Vorlagen können Sie auch in Unterordnern verwalten – etwa für verschiedene Diashow-Arten. Eine Präsentation der Urlaubsbilder soll ja anders aussehen als eine mit Businessfotos.

9.4.1 Vorlage speichern
Haben Sie ein Diashow-Design entworfen und wollen es abspeichern, klicken Sie auf das ⊞-Symbol rechts neben der Bezeichnung VORLAGENBROWSER.

Tragen Sie im Dialogfeld einen Namen ein. Im Dropdown-Menü darunter können Sie einen Ordner auswählen. Wenn Sie für die Vorgabe einen neuen Ordner erstellen wollen, wählen Sie den Menüpunkt NEUER ORDNER mit einem beliebigen Namen. Die Vorgabe wird dann in diesem Ordner erstellt.

9.4.2 Vorlage zuweisen

Um einer Diashow eine Vorlage zuzuweisen, klicken Sie einfach auf ihren Namen. Die Vorlage ist dann sofort im Ansichtsfenster zu sehen und kann mit Bildern bestückt werden. Ist eine Sammlung aktiv, wird die Vorlage auf die Sammlung übertragen und in ihr zusammen mit den Bildern abgespeichert.

9.4.3 Vorlage aktualisieren

Wenn Sie bei einer Vorlage Änderungen vornehmen, können Sie diese auch in die Vorgabe hineinschreiben und sie somit aktualisieren. Dies entspricht einem einfachen Überschreiben der Einstellungen.

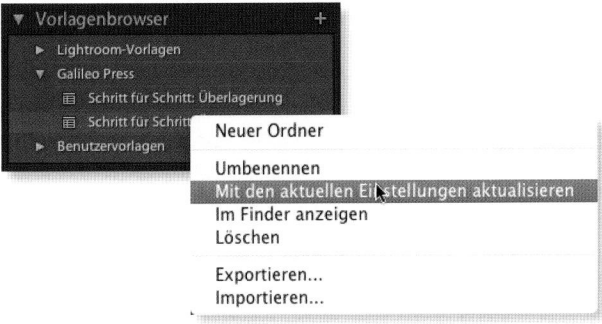

◀ **Abbildung 9.73**
Vorlagen können mit aktualisierten oder neuen Einstellungen überschrieben werden.

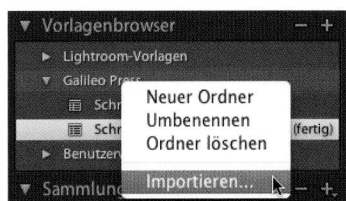

▲ **Abbildung 9.74**
Mit dem Rechtsklick-Menü können Ordner erstellt, gelöscht oder Vorlagen in einen Ordner importiert werden.

Haben Sie in einer Vorlage einzelne Parameter geändert, so klicken Sie im VORLAGENBROWSER mit der rechten Maustaste auf die Vorgabe, die Sie aktualisieren wollen. Wählen Sie dann aus dem Dropdown-Menü den Punkt MIT DEN AKTUELLEN EINSTELLUNGEN AKTUALISIEREN.

9.4.4 Vorlagenordner erstellen und bearbeiten

Zur besseren Strukturierung können Sie Vorlagen auch in Ordnern zusammenfassen. Klicken Sie mit der rechten Maustaste in den VORLAGENBROWSER, erhalten Sie über ein Dropdown die Möglichkeit, Ordner zu generieren, umzubenennen oder zu löschen.

Die Ordner LIGHTROOM-VORLAGEN und BENUTZERVORLAGEN sind Standardordner von Lightroom und können daher nicht gelöscht oder umbenannt werden. In den Ordner LIGHTROOM-VORLAGEN können Sie außerdem keine Vorlagen importieren.

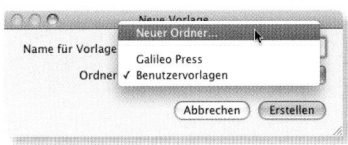

▲ **Abbildung 9.75**
Ordner können auch beim Erstellen von Vorlagen generiert werden.

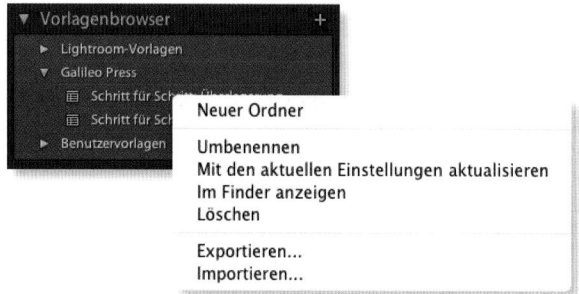

Abbildung 9.76 ►
Über das Dropdown können die
Vorlagen auch gelöscht oder exportiert werden.

9.4.5 Vorlage verschieben

Sie können Vorlagen aus einem Ordner in einen anderen verschieben, indem Sie eine Vorlage anklicken und diese mit gedrückter Maustaste in den anderen Ordner ablegen.

9.4.6 Vorlage löschen

Um eine Vorlage oder einen Ordner zu entfernen, klicken Sie mit der rechten Maustaste auf die entsprechende Bezeichnung. Aus dem Dropdown-Menü wählen Sie dann den Punkt LÖSCHEN. Ist eine Vorlage aktiv, erscheint in der Titelzeile ein ■-Symbol. Klicken Sie dieses an, wird die Vorlage ebenfalls gelöscht.

9.4.7 Vorlage exportieren

Vorlagen können Sie auch auf einen Datenträger exportieren. Dies ist normalerweise nur dann erforderlich, wenn Sie den Rechner wechseln oder Ihre Vorlagen anderen Benutzern zur Verfügung stellen wollen.

Klicken Sie mit der rechten Maustaste auf eine Vorlage, und wählen Sie im Dropdown-Menü den Punkt EXPORTIEREN. Speichern Sie die Vorlage dann an einem Ort, wo Sie sie leicht wiederfinden, zum Beispiel auf dem Desktop beziehungsweise Schreibtisch. Dann kann die Vorlage beispielsweise per E-Mail verschickt werden. Oder Sie speichern die Vorlage in einem Verzeichnis, auf das auch andere Benutzer Zugriff haben.

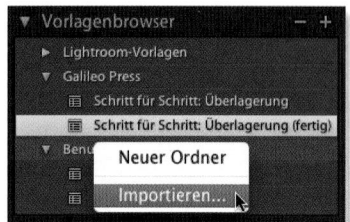

▲ Abbildung 9.77
Importieren einer Vorlage

9.4.8 Vorlage importieren

Eine exportierte Vorlage macht nur dann Sinn, wenn man sie auch importieren kann. Klicken Sie dafür mit der rechten Maustaste auf einen Ordner im VORLAGENBROWSER. Wählen Sie den Punkt IMPORTIEREN aus dem Dropdown-Menü. Beachten Sie aber, dass Sie nichts in den Ordner LIGHTROOM-VORLAGEN importieren können. Die Vorlage wird schließlich in den Ordner gelegt, den Sie angeklickt haben.

Workshop: Diashow

Das Diashow-Modul ist nicht so flexibel wie iPhoto oder Aperture von Apple. Aber mit ein paar Tricks und etwas Vorarbeit lassen sich auch hier professionell anmutende Diashows erstellen.

In diesem Workshop erzeugen Sie eine Diashow mit den Surf-fotos aus der Beispielbibliothek. Als Start- und Endfolie verwenden Sie jeweils eine speziell angefertigte Grafik, und ein selbst erstellter Hintergrund dient uns als Rahmen.

Start- und Endfolien kann man als Bilder in Photoshop oder anderen Grafikprogrammen erzeugen und diese in Lightroom importieren. Man stellt sie dann einfach an den Anfang beziehungsweise das Ende der Präsentation. Lightroom bietet die Möglichkeit, Erkennungstafeln für den Anfang und das Ende zu verwenden. Diese lassen sich auch für andere Präsentationen verwenden. Die für diesen

▲ **Abbildung 1**
Für diese Diashow dient uns ein extra angefertigtes Bild als Hintergrund.

Zweck erstellten Grafiken müssen dann aber allgemein gehalten werden und dürfen nicht inhaltsbezogen sein.

Je nach verwendetem Monitor oder Beamer passt Lightroom das Seitenverhältnis der Präsentation an. Das bedeutet, dass die Präsentation auf einem 16:10-Monitor ein anderes Seitenverhältnis besitzt als auf einem handelsüblichen 4:3-Beamer.

▲ **Abbildung 2**
Je nach Format des Abspielbildschirms passt Lightroom das Format der Diashow an.

Wenn Sie also bildschirmfüllende Motive als Erkennungstafel verwenden wollen, müssen Sie eventuell für jedes Seitenverhältnis eine eigene Erkennungstafel generieren. Für dieses Beispiel sind bereits Grafiken im Verzeichnis ERKENNUNGSTAFELN auf der DVD vorhanden. Diese wurden mit Adobe Photoshop erstellt und als TIFF-Datei gespeichert. ■

Schritt für Schritt: Diashow-Sammlung erstellen

Bevor Sie mit der Konfiguration der Diashow beginnen, müssen Sie die Bilder auswählen. Am besten speichern Sie diese dann als Sammlung ab. Anschließend können Sie auf die Präsentation immer wieder zurückgreifen.

1 **Leere Diashow-Sammlung erstellen**

Sie können natürlich einfach einen Ordner auswählen und in das Diashow-Modul wechseln. Alle Bilder werden dort angezeigt, und Sie speichern nur die besten in einer eigenen Sammlung. Verwenden Sie aber Bilder aus mehreren Ordnern, so ist es einfacher, erst die Sammlung zu erstellen und dann alle Bilder darin zu sammeln.

Wechseln Sie daher in das Diashow-Modul, und erzeugen Sie eine leere Sammlung unter einem eindeutigen Namen, zum Beispiel »Barcelona Surfing«.

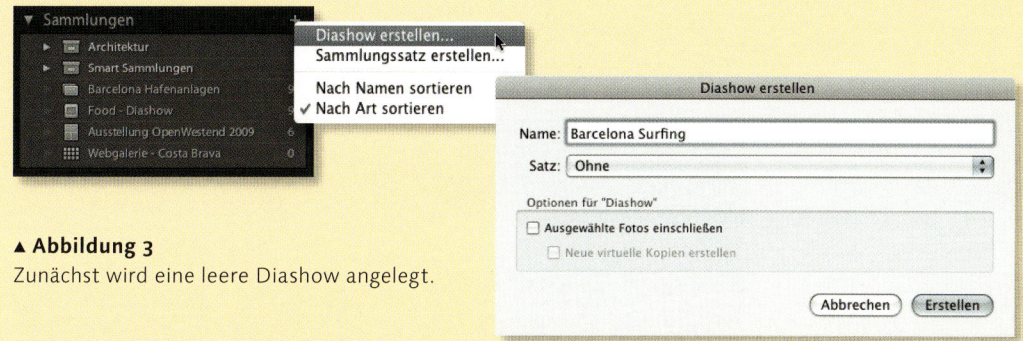

▲ Abbildung 3
Zunächst wird eine leere Diashow angelegt.

2   Bilder hinzufügen

Die Sammlung sollten Sie deshalb im Diashow-Modul erstellen, damit es sich um eine reine Diashow-Sammlung handelt. Eine Sammlung aus der Bibliothek würde die gewünschten Einstellungen nicht mitspeichern.

Wechseln Sie wieder zurück in das Bibliothek-Modul. Ziehen Sie alle Bilder aus dem Ordner Sᴘᴏʀᴛ, die Sie für die Präsentation verwenden wollen, auf die Sammlung.

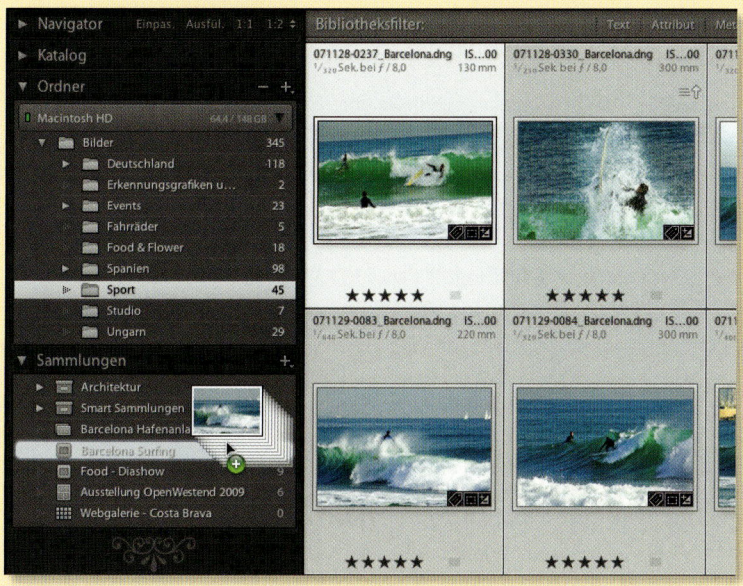

◄ Abbildung 4
Die Bilder werden in der Bibliothek der Diashow-Sammlung hinzugefügt.

3   Hintergrund nicht vergessen

Wenn Sie besondere Hintergrundbilder für die Präsentation verwenden möchten, müssen sich diese im Filmstreifen befinden. Daher müssen Sie den besonderen Hintergrund nun ebenfalls zur Sammlung hinzufügen.

Wählen Sie aus dem Ordner Eʀᴋᴇɴɴᴜɴɢsᴛᴀꜰᴇʟɴ das Bild *Hintergrund 16x10.psd* aus und fügen dieses per Drag & Drop der Sammlung hinzu. Besitzen Sie einen 4:3-Monitor, verwenden Sie die Datei *Hintergrund 4x3.psd*.

Abbildung 5 ▶
Das jeweilige Hintergrundbild muss sich in der Diashow-Sammlung befinden, da es sich sonst nicht als solches verwenden lässt.

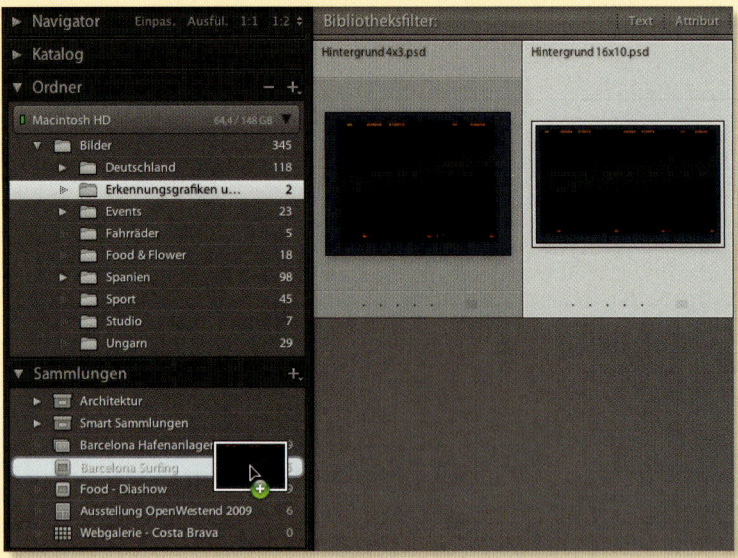

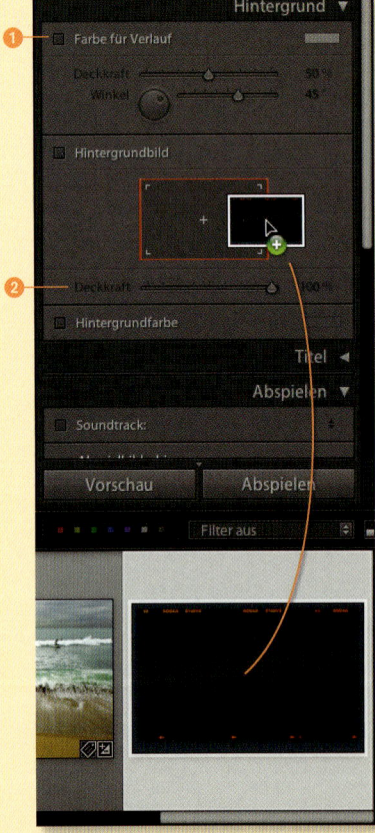

▲ Abbildung 6
Aus dem Filmstreifen wird das Bild per Drag & Drop auf das Vorschaufenster im Bedienfeld HINTERGRUND gezogen.

Schritt für Schritt: Diashow konfigurieren

Jetzt, da sich alle Bilder in der Sammlung befinden, können Sie die Diashow konfigurieren. Solange die Sammlung aktiv ist, werden dort alle Einstellungen direkt gesichert.

Wechseln Sie dazu in das Diashow-Modul, und wählen Sie die erstellte Diashow-Sammlung aus.

1 Hintergrund festlegen

Bevor die Bilder platziert werden können, muss der Hintergrund festgelegt werden.

Scrollen Sie im Filmstreifen zu dem Bild mit dem Fotorahmen und ziehen es per Drag & Drop auf die kleine Vorschaufläche im Bedienfeld HINTERGRUND.

Geben Sie eine Deckkraft von »100 %« ❷ an und deaktivieren Sie das Kontrollkästchen für die Verlaufsfarbe ❶.

Da das Bild beim Ziehen ausgewählt wurde, wird es auch in der Vorschau angezeigt. Klicken Sie einfach ein anderes Bild an, um die Vorschau zu aktualisieren. Für den nächsten Schritt ist das Hintergrundbild als Vorschau nämlich nicht geeignet.

2 Seitenränder einstellen

Jetzt, da Sie das eine Foto in Kombination auf dem Hintergrund sehen, können Sie die Seitenabstände leichter einstellen. Da alle Ränder unterschiedlich sind, deaktivieren Sie im Bedienfeld LAYOUT die Option ALLE VERKNÜPFEN ❺, und aktivieren Sie gegebenenfalls die Darstellung der Hilfslinien ❹. Stellen Sie die Ränder so ein, dass ein gleichmäßiger Rand im Fotorahmen entsteht.

3 Bilder einpassen

Damit die Bilder den Rahmen komplett ausfüllen, aktivieren Sie im Bedienfeld OPTIONEN das Kontrollkästchen ZOOMEN, UM RAHMEN ZU FÜLLEN ❸.

Deaktivieren Sie die Kontrollkästchen für die KONTUR und den SCHLAGSCHATTEN.

4 Überlagerungen

In diesem Beispiel platzieren wir eine kleine Erkennungstafel in der rechten unteren Ecke.

Aktivieren Sie daher im Bedienfeld ÜBERLAGERUNGEN die Kontrollbox für die ERKENNUNGSTAFEL. Wählen Sie über das Dropdown in der Vorschau eine Erkennungstafel aus, oder erstellen Sie eine neue mit Ihrem Namen oder Logo. Platzieren Sie diese in der rechten unteren Ecke. Wählen Sie eine dezente Darstellung, denn sonst lenkt diese zu sehr vom Bildinhalt ab.

Platzieren Sie die Erkennungstafel rechts unten an der optischen, senkrechten Linie des Bildes, aber nicht an der des Rahmens.

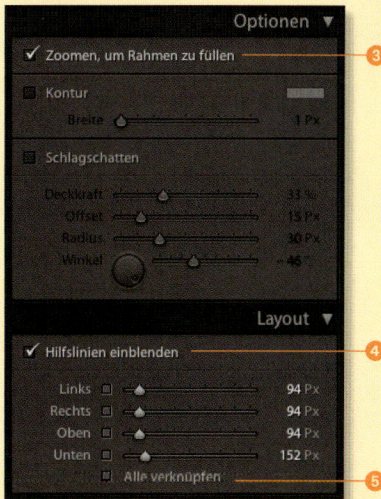

▲ **Abbildung 7**
Die Darstellungsoptionen und die Einstellungen der Ränder

◄▲ **Abbildung 8**
Die erstellte Erkennungsgrafik wird in die rechte untere Ecke verschoben.

5 Start- und Endbildschirm konfigurieren

Die Start- und Endfolie legen Sie als Erkennungstafeln fest. Diese lassen sich somit für weitere Präsentationen wiederverwenden.

Aktivieren Sie im Bedienfeld TITEL die Kontrollkästchen für STARTBILDSCHIRM ❶ und ENDBILDSCHIRM ❸, und geben bei beiden Schwarz als Hintergrundfarbe ❺ an (siehe Abbildung 9).

Jetzt müssen Sie nur noch die Erkennungstafeln einrichten und diese als Vorlage abspeichern. Damit die Erkennungstafel verwendet werden kann, müssen die beiden Kontrollkästchen ERKENNUNGSTAFEL HINZUFÜGEN ❷ und ❹ (siehe nächste Seite) aktiviert werden.

Klicken Sie im Vorschaufeld des Startbildschirms auf die derzeit angezeigte Erkennungstafel, und wählen Sie aus dem Dropdown den Befehl BEARBEITEN. Geben Sie dann als Erkennungsgrafik die Datei *Diashow-Start.tif* aus dem Verzeichnis ERKENNUNGSTAFELN an. Speichern Sie die Erkennungstafel als Vorgabe ab.

Verfahren Sie genau so mit dem Endbildschirm. Verwenden Sie dort die Datei *Diashow-Ende.tif*.

▼ **Abbildung 9**
Neue Erkennungstafeln für den Start- und Endbildschirm erstellen

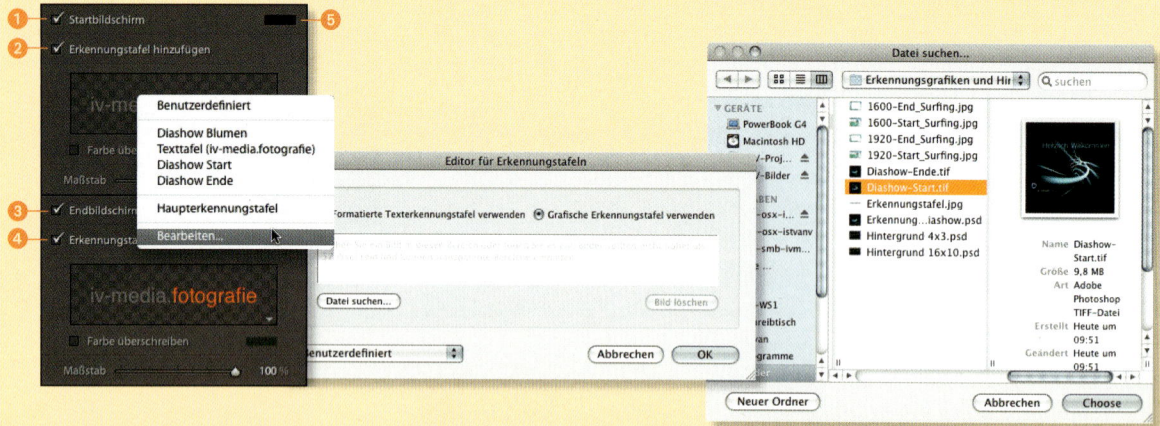

6 Maßstab festlegen

Da die Bilder der Erkennungsgrafiken quadratisch sind, passen diese sowohl für 16:10- als auch für 4:3-Monitore. Damit diese möglichst groß dargestellt werden, müssen Sie den MASSSTAB beider Erkennungstafeln noch auf »100 %« ⑥ festlegen.

▼ **Abbildung 10**
Der Endbildschirm der Präsentation

Schritt für Schritt: Abspieloptionen und Bildreihenfolge

Zum Schluss müssen Sie noch verhindern, dass der Hintergrund beim Abspielen der Präsentation als einzelnes Dia auftaucht und dass sich die Präsentation wiederholt. In diesem Fall bliebe der Endbildschirm stehen, bis Sie die Diashow mit [Esc] beenden.

1 Abspieloptionen

Falls gewünscht, können Sie der Präsentation einen Soundtrack ❼ hinzufügen. Aktivieren Sie dazu das Kontrollkästchen, und wählen Sie eine iTunes-Wiedergabeliste (Mac OS X) oder einen Ordner (Windows) aus.

Geben Sie unter DIALÄNGE eine Abspiellänge der DIAS von »4,0« Sekunden ❽ und ein VERBLASSEN von »1,5« Sekunden ❾ an.

Deaktivieren Sie die Option WIEDERHOLEN ❿. Dadurch bleibt die Endfolie nach der Diashow stehen. Wenn Sie die Diashow als Endlosschleife wiederholen lassen möchten, können Sie auch den Endbildschirm deaktiveren.

Falls Sie die Präsentation auf einem externen Bildschirm oder Beamer abspielen möchten, wählen Sie diesen als Abspielbildschirm aus. Achten sie dabei allerdings auf das Seitenverhältnis. Wenn Sie jetzt den Abspielmonitor wechseln, verändert sich auch das Seitenverhältnis der Diashow, wenn der neue Bildschirm ein anderes Seitenverhältnis besitzen sollte. In diesem Fall müssen Sie eventuell das Hintergrundbild mit dem entsprechenden Seitenverhältnis ebenfalls der Sammlung hinzufügen und dieses als Hintergrundbild verwenden.

2 Reihenfolge der Bilder anpassen

Im Filmstreifen können Sie die Bilder einfach durch Verschieben in eine andere Reihenfolge bringen. Die Bilder sollten Sie optimalerweise so anordnen, dass sie eine Geschichte erzählen.

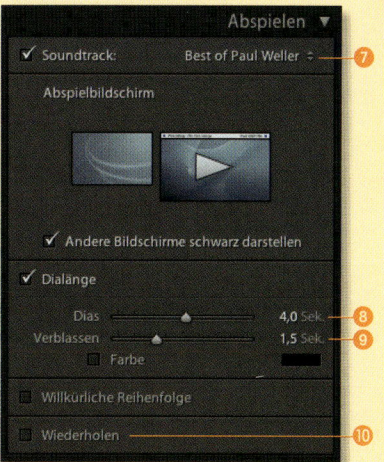

▲ **Abbildung 11**
Sind zwei Monitore angeschlossen, können Sie sich entscheiden, auf welchem die Präsentation abgespielt werden soll.

▼ **Abbildung 12**
Das Bild mit dem Surfer am Strand eignet sich als erstes Bild. Sie können es per Drag & Drop an den Anfang des Filmstreifens verschieben.

3 Hintergrund aus Präsentation ausschließen und abspielen

Das Hintergrundbild hat nichts mit den Bildern der Präsentation zu tun und dient Ihnen ja nur als Rahmen. Daher muss es aus der Präsentation ausgeschlossen werden. Das erreichen Sie, indem Sie nur die ausgewählten Bilder präsentieren. Sie könnten nun auch alle Bilder markieren und diese dann abspielen, aber die Markierung

▲ **Abbildung 13**
Nur die ausgewählten Bilder sollen präsentiert werden.

wird auch in allen anderen Modulen gesetzt und hat dort eventuell unerwünschte Auswirkungen auf andere Prozesse.

Wählen Sie in der Werkzeugleiste im VERWENDEN-Dropdown die Option AUSGEWÄHLTE FOTOS. Wählen Sie dann alle Bilder bis auf das Hintergrundbild aus.

▼ **Abbildung 14**
Ist das Hintergrundbild nicht ausgewählt, wird es in der Diashow auch nicht angezeigt.

Achten Sie darauf, dass diese Auswahl vor dem Abspielen nicht verändert wird.

Alternative Lösung

Anstatt der Erkennungstafeln können Sie auch zwei Bilder erstellen und diese in Lightroom importieren. Diese fügen Sie dann der Diashow-Sammlung hinzu und platzieren sie im Filmstreifen jeweils am Anfang und Ende. Diese Lösung eignet sich für themenbezogene Titelfolien. Jedoch werden sie auf dem eingestellten Hintergrund, wie die anderen Folien auch, angezeigt. Um das zu verhindern, benötigen Sie für jede Präsentation eigene Erkennungstafeln.

▼ **Abbildung 15**
Eigens gestaltete Start- und Endbilder werden auch im Rahmen angezeigt. Um diese vollflächig zu präsentieren, müssen diese als Erkennungstafeln generiert werden.

10   Das Drucken-Modul

Adobe Lightroom ermöglicht sowohl das Drucken einzelner Bilder als auch das Zusammenstellen mehrerer Bilder auf einem Kontaktbogen oder als Bildpaket, bei dem mehrere unterschiedlich große Varianten eines Bildes auf einer Seite platziert werden. Die Auswahl zwischen Kontaktabzügen und Raster findet über die Layout-Engine statt.

Nur eine Funktion zum Erstellen von Fotobüchern fehlt bisher noch, aber vielleicht ist das Einführen der Layout-Engine ein erster Schritt dahin.

Auf den Ausdrucken können die Bilder mit Textinformationen wie Name, Datum oder Kameradaten oder einer Erkennungstafel – etwa dem Logo des Fotografen – versehen werden.

▲ **Abbildung 10.1**
Das DRUCKEN-Modul erlaubt alles – vom Erstellen von Kontaktbogen bis zur Ausgabe hochwertiger Fine-Art-Prints.

10.1 Bilder zum Drucken auswählen

▲ Abbildung 10.2
Aktiviert man durch Anklicken einen Filter in der Werkzeugleiste, werden nur Fotos angezeigt, die den Filtereinstellungen entsprechen. So lässt sich die Auswahl beispielsweise nur auf Bilder mit einer Bewertung von mehr als drei Sternen beschränken.

Haben Sie in der Bibliothek einige Bilder aufgerufen und wechseln dann in das Drucken-Modul, sind die Bilder unten im Filmstreifen sichtbar. Diejenigen, die Sie mit der Maus auswählen, werden direkt in der Arbeitsfläche – die den Druckbogen darstellt – angezeigt. Wie auch im Diashow- und Web-Modul lässt sich die Auswahl, zum Beispiel nur Fünf-Sterne-Bilder, rechts über dem Filmstreifen mit Filtern reduzieren.

Eine Bildauswahl lässt sich zusammen mit den Druckeinstellungen als Sammlung sichern. Die Erstellung von Sammlungen funktioniert genauso wie in den anderen Ausgabemodulen Diashow und Webgalerie. Mehr zur Erstellung von Sammlungen erfahren Sie in Kapitel 9, »Das Diashow-Modul«, auf Seite 333.

10.2 Layouttyp auswählen

Das erste Bedienfeld auf der rechten Seite ist die Layout-Engine. Die Layout-Engine stellt Ihnen zwei unterschiedliche Layouttypen zur Verfügung. Diese stellen nicht nur unterschiedliche Designs zur Verfügung, wie es bei Vorlagen der Fall ist, sondern sie besitzen eine komplett andere Funktionalität mit eigenen Parametern. Ähnliches bietet auch das Web-Modul, bei dem Sie sich entscheiden können, eine HTML- oder eine Flash-Galerie zu erstellen. Im Moment stehen zwei Layouttypen zur Verfügung:

▲ Abbildung 10.3
Beispiel eines Kontaktabzugs mit 21 Bildern, die in einem gleichmäßigen Raster angeordnet sind. Jedes Bild ist gleich groß.

▲ Abbildung 10.4
Das Bildpaket druckt immer nur dasselbe Bild auf eine Seite, dafür in unterschiedlichen Größen.

- **Kontaktabzug/Raster:** Hierbei lassen sich mehrere unterschiedliche Bilder auf einer Seite in einem Raster anordnen und ausdrucken. Sie können das Raster frei verändern, um mehr oder weniger Bilder pro Seite zu platzieren.
- **Bildpaket:** Dieser Layouttyp erzeugt mehrere Varianten eines Bildes in unterschiedlicher Größe auf einem Bogen. Die Größe und die Anordnung der Bilder können im Rahmen der Seitengröße beliebig variiert werden.

Um nur ein Bild zu drucken, können Sie theoretisch beide Layouttypen verwenden. Der Kontaktbogen lässt sich aber schneller konfigurieren.

HINWEIS

Seite einrichten...

Das Format der Drucklayouts ist abhängig von der eingestellten Seite. Diese können Sie unter SEITE EINRICHTEN konfigurieren. Sie sollten hier auch den Drucker wählen, mit dem Sie später drucken, denn die verfügbaren Seitengrößen sind vom gewählten Drucker abhängig.

10.3 Kontaktabzug konfigurieren

Bilder werden bei Kontaktabzügen in gleich großen Zellen platziert. Jede Zelle beinhaltet immer nur ein Bild und dessen Zusatzinformationen. Als grafisches Element können Sie eine Erkennungstafel hinzufügen und die Hintergrundfarbe anpassen. So lassen sich auch optisch ansprechende Kontaktbögen gestalten.

10.3.1 Bedienfeld »Bildeinstellungen«

In der rechten Bedienfeldpalette stehen viele Funktionen bereit, um den Abzug zu gestalten und die Ausgabe zu steuern. Ganz oben finden sich die BILDEINSTELLUNGEN, über die festgelegt wird, wie die Bilder in den Rasterzellen dargestellt werden. Im Einzelnen finden sich die folgenden Funktionen:

▼ Abbildung 10.5
Beim Zoomen wird die Zelle mit dem Bild gefüllt (rechts). Überstehende Bereiche werden abgeschnitten. Links ist das Zoomen deaktiviert.

Zum Füllen zoomen | Ob im Hoch- oder Querformat: Wenn ein rechteckiges Bild in einer der quadratischen Zellen platziert wird, bleiben in der Zelle leere Balken stehen – ähnlich den schwarzen Randbalken im Fernsehen. Über die Option ZUM FÜLLEN ZOOMEN,

[dpi/ppi]
Ein Pixel besitzt zunächst keine Größe. dpi (Dots per Inch) und auch ppi (Pixel per Inch) setzen das Pixel in Bezug zur Einheit Inch (=2,54 cm), dadurch bekommt es eine Größe. Bei 300 dpi ist ein Pixel 1/300 Inch groß, bei 72 dpi ist es ein 1/72 Inch groß.

vergrößert man das Bild, bis dessen Schmalseite die Zelle ausfüllt. Überstehende Bildinhalte werden dabei abgeschnitten. Beim Zoomen kann auch der Bildausschnitt angepasst werden, wie die folgende Anleitung zeigt.

Schritt für Schritt: Bildausschnitt in Zelle einpassen

Beim Zoomen bis zur Rahmenfüllung wird das Bild zentriert, und überstehende Bereiche werden abgeschnitten. Oft liegt der wichtige Inhalt aber nicht in der Mitte des Bildes. Um den Ausschnitt dann wieder anzupassen, können Sie die Bilder in den Zellen manuell anfassen und in die richtige Position bringen.

1 Bild auswählen

Klicken Sie ein Bild in einer Zelle an. Das Bild erhält einen gestrichelten Rahmen um sein komplettes Format. Am Rahmen erkennen Sie, wie das Bild beschnitten wurde.

▼ **Abbildung 10.6**
Wenn Sie ein gezoomtes Bild anklicken, können Sie den Ausschnitt in der Zelle verschieben.

2 Bild verschieben

Halten Sie die Maustaste gedrückt, und verschieben Sie das Bild, bis Ihnen der Ausschnitt gefällt. Achten Sie darauf, dass Sie die Bildaussage in den Mittelpunkt stellen.

Die Ausschnittsveränderung wird im Bild mitgespeichert und auch auf andere Raster und Zellenaufteilungen übertragen, wenn dort die Option ZUM FÜLLEN ZOOMEN aktiviert ist. ■

Drehen und einpassen | In einer quadratischen Zelle spielt es keine Rolle, ob ein Bild horizontal oder vertikal platziert wird. Sobald aber die Zelle selbst ein ungleiches Seitenverhältnis aufweist, kann durch eine Drehung des Bildes der Platz besser ausgenutzt werden. Ein Hochformatbild wird dann in einer Querformatzelle um 90° gedreht. Das gedrehte Bild wird dadurch größer dargestellt.

▲ **Abbildung 10.7**
Hochformatige Bilder werden in Querformatzellen aufgrund ihres Seitenverhältnisses stark verkleinert. Durch das automatische Drehen nutzen die Bilder den verfügbaren Platz besser aus.

Ein Foto pro Seite wiederholen | Mit dieser Option werden alle Zellen in einem Druckbogen mit demselben Bild gefüllt. Diese Funktion ist zum Beispiel dann nützlich, wenn Sie mehrere Abzüge von einem Bild drucken möchten.

◄ **Abbildung 10.8**
Um mehrere Abzüge von einem Bild zu erstellen, aktiviert man die Kontrollbox EIN FOTO PRO SEITE WIEDERHOLEN.

Beim Verschieben mit aktivierter ZUM FÜLLEN ZOOMEN-Option werden alle Versionen des Bildes so verschoben, dass in allen Zellen der Ausschnitt exakt gleich ist. Für jedes ausgewählte Bild wird eine eigene Druckseite generiert.

Kontur | Bilder können mit einem Rahmen versehen werden. Dieser kann in Breite und Farbe eingestellt werden. Die Breite von maximal 20 Punkt (pt) wird über den gleichnamigen Schieberegler festgelegt. Dabei wird der Rahmen innerhalb des Zellbereichs definiert und das Bild entsprechend verkleinert. Es werden jedoch keine Bildinhalte am Rand weggeschnitten.

Der Dialog zur Farbwahl für den Rahmen wird durch Anklicken des rechteckigen Farbfeldes rechts neben dem Kontrollkästchen geöffnet.

Abbildung 10.10 ▶
Bilder können eine Rahmenstärke
von maximal 20 pt erhalten.

[Maßeinheit Punkt (pt)]
Allgemein gibt es zwei verschiedene Punkteinheiten: den Didot und den Cicero. Im Desktop-Publishing hat sich der Didot-Punkt durchgesetzt. Er wird auch in Lightroom verwendet:
1 pt = 1/72 Inch = 0,352 mm
20 pt = 20/72 Inch = 7,05 mm

10.3.2 Bedienfeld »Layout«

Das zweite Bedienfeld in der rechten Palette ermöglicht das Anpassen des Seitenlayouts durch Festlegen der Größe und Aufteilung der Rasterzellen. Auch die Seitenränder des Druckbogens lassen sich hier einstellen.

Linealeinheit | Ganz oben werden die Maßeinheiten für die Lineale im Ansichtsfenster und die Parameter der Seitenränder, der Zellgröße sowie der Zellabstände eingestellt.

Abbildung 10.11 ▶
Die Linealeinheiten verändern auch die Einheiten am Seitenrand und die der Zellparameter. 1 Pica (pc) entspricht 12 Punkt (pt).

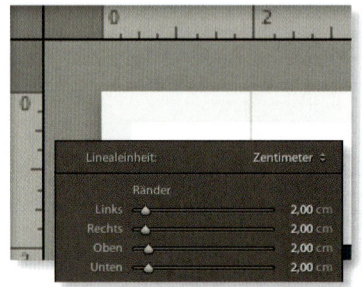
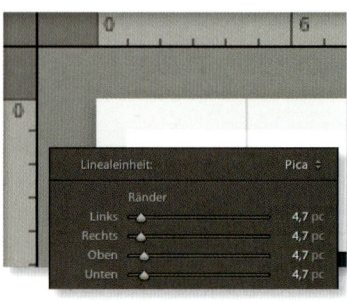

Ränder | Hierüber lassen sich die Maße der Seitenränder definieren und damit der Platz, der sich für die Zellen auf der Druckseite ergibt. Benötigen die Zellen insgesamt weniger Platz, als ihnen zur Verfügung steht, werden sie auf der Seite zentriert dargestellt.

 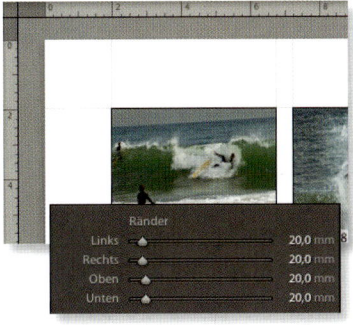

◂ **Abbildung 10.12**
RÄNDER definiert den Abstand des Bildrasters zum Seitenrand.

Seitenraster | Dieser Eintrag legt die Anzahl der Zellen fest. Der verfügbare Platz wird in ein Raster zerlegt, welches aus REIHEN und SPALTEN besteht. Die Schieberegler legen die Anzahl der Zeilen und Spalten fest.

▾ **Abbildung 10.13**
SEITENRASTER legt die Anzahl der Bilder in Zeilen und Spalten fest.

Zellenabstand | Dieser Parameter ist nur dann verfügbar, wenn Sie mehr als eine Zelle verwenden. Sie stellen damit den Abstand der Bilder zueinander ein.

◂ **Abbildung 10.14**
Der ZELLENABSTAND stellt den Weißraum zwischen den Zellen ein.

Zellengröße | Gleiches wie für den Zellenabstand gilt auch für die Zellengröße. Eine Anpassung dieses Wertes hat immer auch Auswirkungen auf den Zellenabstand. Dieser wird dann abhängig von der Zellengröße angepasst.

▲ **Abbildung 10.15**
Die maximale Zellengröße wird durch die Seitenränder eingeschränkt.

▲ **Abbildung 10.16**
Eine Verkleinerung der Zellengröße erhöht gleichzeitig auch den Zellenabstand.

▲ **Abbildung 10.17**
Wird das Seitenverhältnis einer Zelle auf ein Quadrat beschränkt, hat das auch Auswirkungen auf die Zellenabstände.

Quadrat beibehalten | Bei Aktivierung dieses Kontrollkästchens bleiben die Zellen immer quadratisch.

Die Regler für Zellengröße und Zellenabstand werden bei dieser Funktion verknüpft. Zieht man etwa die Zellengröße nach oben, wird der Abstand geringer. Soll der Zellenabstand größer werden, werden die Zellen kleiner. Auf jeden Fall wird immer die quadratische Form der Zellen bewahrt.

Hilfslinien einblenden | Zur besseren Kontrolle können im Ansichtsfenster Hilfslinien und Zusatzangaben eingeblendet werden. Diese werden nicht gedruckt. Das Kontrollkästchen deaktiviert die generelle Darstellung von Hilfslinien unabhängig von der Aktivierung der einzelnen Hilfslinienarten oder aktiviert deren Sichtbarkeit.

▶ **Lineale ❶:** Zeigt die Lineale im Ansichtsfenster an – sowohl oben in der horizontalen als auch an der linken Seite in der vertikalen Achse. Klicken Sie mit der rechten Maustaste bzw. `Strg` + Mausklick auf eines der Lineale, um die Maßeinheit zu verändern.

▶ **Seitenanschnitt ❷:** Zeigt den nicht druckbaren Bereich einer Seite an. Der Anschnitt ist vom verwendeten Drucker und von den Seiteneinstellungen abhängig. Er beträgt meistens ca. 5 mm. Manche Drucker lassen an einer Seite einen größeren Rand.

▶ **Ränder und Bundstege ❸:** Zeigt die Hilfslinien für die Seitenränder und Zellenabstände an. Kann Ihr Drucker beidseitig drucken, wird zusätzlich der im Druckertreiber eingestellte Bundsteg angezeigt.

- ▶ **Bildzellen** ④**:** Der Rand der Zellen wird hervorgehoben. So kann man auch ohne Bilder erkennen, wo sich die Zellen befinden.
- ▶ **Abmessungen** ⑤**:** Zeigt die Abmessungen der Zellen im Ansichtsfenster an.

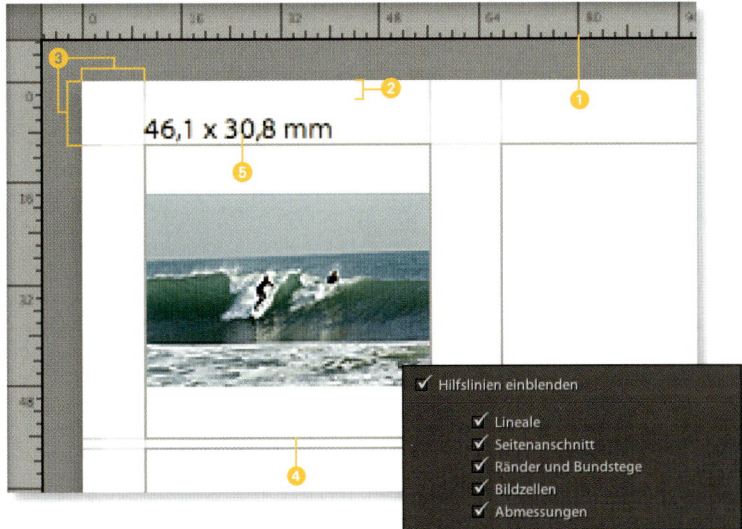

◀ **Abbildung 10.18**
Hilfslinien erleichtern das Einstellen des Layouts und sind nur in der Vorschau sichtbar, werden also nicht mitgedruckt.

10.3.3 Bedienfeld »Überlagerungen«

Im Drucken-Modul können Sie den Druckbogen auch mit einer Erkennungstafel überlagern und zu jedem Bild spezifische Informationen oder globale Seiteninformationen einblenden.

◀ **Abbildung 10.19**
Überlagerungen werden als Zusatzinformationen oder als Kennzeichnung der Bilder mitgedruckt.

Die Erkennungstafel können Sie als Wasserzeichen zentriert über jedes Bild drucken oder auch als Verzierung nutzen. Die Seiteninformation gibt Auskunft über die Einstellungen des Druckauftrags.

Äußerst hilfreich ist das Einblenden der Bildinformation. Zumindest Aufnahmedatum und Bildname sollten hier vermerkt sein, damit der Abzug auch wirklich einen guten Überblick bietet. Sie müssen die Werte nicht einmal manuell eingeben, Lightroom generiert sie einfach aus den Metadaten, die zu den Bildern zur Verfügung stehen. Die Parameter im Einzelnen:

Erkennungstafel | Haben Sie eine eigene Erkennungstafel konfiguriert, können Sie diese auf der Druckseite vor oder hinter Ihre Bilder drucken. Sie können aber auch zusätzliche Tafeln erstellen. Wie das geht, erfahren Sie auf Seite 86. Eine Beschreibung zum Platzieren und Verschieben der Erkennungstafel auf einem Druckbogen erhalten Sie auf Seite 380.

Abbildung 10.20 ▼
Die Erkennungstafel kann in 90°-Schritten gedreht werden.

- ▶ **Erkennungstafel drehen:** Rechts neben dem Kontrollkästchen zum Aktivieren der Erkennungstafel finden Sie eine Gradangabe. Wenn Sie diese anklicken, können Sie aus der aufklappenden Liste einen Drehwinkel auswählen.
- ▶ **Auswahl und Vorschau der Erkennungstafel:** In dem Bedienfeld wird Ihnen die aktuelle Erkennungstafel in einer Vorschau angezeigt. Klicken Sie diese an, können Sie aus bereits gespeicherten Tafeln auswählen. Über den Menüpunkt BEARBEITEN können Sie eine neue Tafel erstellen oder die aktuelle verändern.

Abbildung 10.21 ▶
Sie können eine Erkennungstafel aus der Liste auswählen oder direkt eine neue erstellen.

▶ **Farbe überschreiben:** Die Farbe der verwendeten Texttafel lässt sich mit einer anderen Farbe überschreiben, beispielsweise mit Weiß. Aktivieren Sie dazu das Kontrollkästchen. Die Farbe stellen Sie über das Farbfeld rechts daneben ein.

▶ **Deckkraft:** Mit diesem Regler stellen Sie die Transparenz der Erkennungstafel ein. Sie wird dann mehr oder weniger durchsichtig und lässt das Bild durchscheinen. So lässt sich auch gut ein dezenter Wasserzeichen-Effekt erzeugen, der vor einem Missbrauch der Bilder schützt.

▶ **Maßstab:** Legt die Größe der Erkennungstafel fest. Dieser Regler bezieht sich immer auf die Größe des Bildes und die Drehung der Erkennungstafel. Bei 0° sind 100 % die gesamte Breite der Seite. Wird die Tafel um 90° gedreht, so wird die Höhe der Seite als 100 %-Wert genommen.

▶ **Hinter Bild rendern:** Normalerweise wird die Erkennungstafel über das Bild gelegt. Durch Aktivieren dieser Option wandern die Bilder in den Vordergrund. Die Tafel wird dann unter Umständen teilweise verdeckt.

▶ **Auf jedes Bild rendern:** Die Erkennungstafel wird normalerweise nur einmal auf die Seite gedruckt. Aktivieren Sie das Kontrollkästchen, wird sie jedoch zentriert auf jedes Bild gedruckt. Auch dadurch lassen sich Wasserzeichen erzeugen, mit deren Hilfe eine unerlaubte Vervielfältigung verhindert werden kann.

Abbildung 10.24 ▶
Die Erkennungsgrafik kann auch auf jedes einzelne Bild in einem Kontaktbogen gedruckt werden. So wird verhindert, dass die Bilder unerlaubt kopiert werden können.

Verschieben der Erkennungstafel | Wenn Sie die Option AUF JEDES BILD RENDERN deaktivieren, können Sie die Erkennungstafel auch manuell verschieben. Das geht so:

Klicken Sie die Erkennungstafel im Ansichtsfenster an. Sie wird dadurch mit einer gestrichelten Kontur versehen. An den Ecken der Kontur erscheinen acht Anfasspunkte. Greifen Sie die Erkennungstafel innerhalb der Kontur, und verschieben Sie sie mit gedrückter Maustaste an eine beliebige Stelle.

Möchten Sie die Tafel vergrößern oder verkleinern, so klicken Sie auf einen der Anfasspunkte in den Ecken und ziehen ihn nach innen oder außen. Die Tafel wird dann proportional skaliert.

▲ **Abbildung 10.25**
Die Erkennungstafel können Sie an eine beliebige Position auf der Seite verschieben.

▲ **Abbildung 10.26**
Über die Anfasspunkte kann die Tafel auch direkt in der Ansicht vergrößert oder verkleinert werden.

◄ **Abbildung 10.27**
Die SEITENOPTIONEN geben Auskunft über die Druckeinstellungen, nummerieren die Druckseiten und helfen durch Schnittmarken beim Ausschneiden von Bildern.

Seitenoptionen | Als Nächstes folgen im Bedienfeld die SEITENOPTIONEN. Diese betreffen Nummern und Hilfsmittel, die – im Gegensatz zu den Hilfslinien im Bedienfeld LAYOUT – auch hinterher auf dem Ausdruck erscheinen. Das Kontrollkästchen aktiviert erst einmal generell die Darstellung dieser Informationen. Die einzelnen Optionen können dann noch getrennt voneinander hinzu- oder abgeschaltet werden:

▶ **Seitennummern ❶:** Mit dieser Option wird rechts unten auf dem Druckbogen eine Seitennummer gedruckt. Das macht zum Beispiel Sinn für Fotoübersichten auf Kontaktbögen.

▶ **Seiteninformationen ❷:** Damit können Sie links unten auf der Seite Informationen zu Schärfung, Farbprofil und zum verwendeten Drucker ausgeben. Das dient vor allem zur Qualitätsbeurteilung beim Vergleich von Druckvarianten.

▶ **Schnittmarken ❸:** Dabei werden kleine Marken an die Zellengrenzen gesetzt. Diese erleichtern beim Beschneiden das Anlegen eines Lineals. Die Marken werden an den Zellengrenzen erstellt, sparen aber den Bereich der Bildinformation so aus, dass nur der Bildbereich beschnitten wird.

Fotoinfo | Wird dieses Kontrollkästchen aktiviert, werden auch unter die einzelnen Bilder zusätzliche Angaben gedruckt. Die Infos werden dabei in die Zelle geschrieben und verkleinern das Bild. Als Standardinformation wird der Dateiname angezeigt. Sie können aber auch andere Metadaten einblenden. Über SCHRIFTGRAD geben Sie die Größe der Fotoinfo an. Klickt man die Größenangabe an, erscheint ein Dropdown mit diversen Punktgrößen zur Auswahl.

▲ **Abbildung 10.28**
Unter die Bilder kann eine Fotoinfo eingeblendet werden.

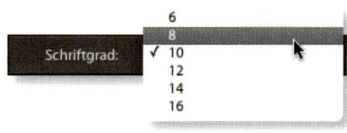

▲ **Abbildung 10.29**
Die Größe der Fotoinfo kann über ein Dropdown variiert werden.

▲ Abbildung 10.30
Bildname und Aufnahmedatum sind nützliche Metadaten für die Fotoinfo. Viele weitere Angaben – zu Kamera, Fotograf, Objektiv, Verschlusszeit oder auch zu Bewertungen – sind möglich.

Schritt für Schritt: Einblenden von Metainformationen

Wenn Sie eine Fotoinfo einblenden möchten, sollten Sie dafür auf die Metainformationen Ihrer Bilder zurückgreifen. Diese können aus unterschiedlichen Metadatenkategorien und -feldern stammen.

1 **Aktivieren der Fotoinfo**

Aktivieren Sie im Bedienfeld ÜBERLAGERUNGEN das Kontrollkästchen FOTOINFO. Somit wird der Dateiname unter jedem Bild angezeigt.

2 **Ändern der Fotoinfo**

Klicken Sie auf den Begriff DATEINAME rechts neben dem Kontrollkästchen zum Aktivieren der Fotoinfo, und wählen Sie aus dem Dropdown-Menü den Punkt BEARBEITEN aus.

Klicken Sie im Eingabefeld das platzierte Token DATEINAME an, und löschen Sie es.

Wählen Sie danach aus dem Register mit den Metadaten die gewünschte Metainformation aus und fügen diese über die danebenliegende EINFÜGEN-Schaltfläche in das Feld ein.

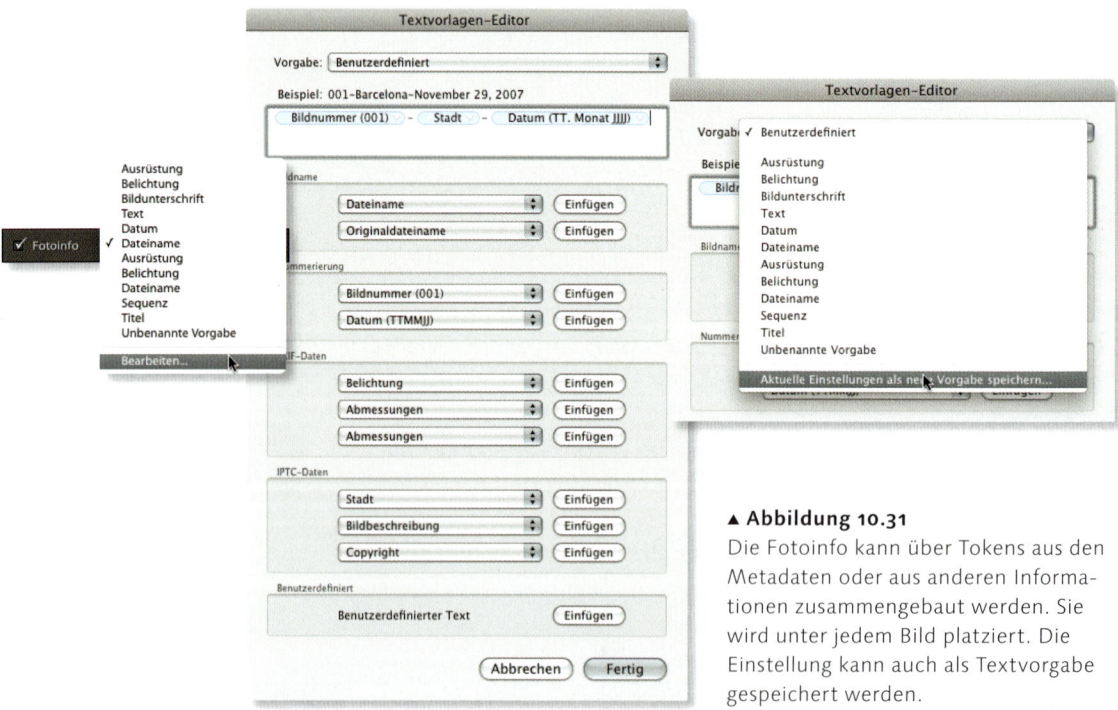

▲ Abbildung 10.31
Die Fotoinfo kann über Tokens aus den Metadaten oder aus anderen Informationen zusammengebaut werden. Sie wird unter jedem Bild platziert. Die Einstellung kann auch als Textvorgabe gespeichert werden.

Sie können auch mehrere Tokens auswählen und diese miteinander kombinieren. Auf Kontaktbogen sollten Sie jedoch nicht zu viele Daten drucken, da diese sonst mehr Platz einnehmen als die Bilder selbst, was der Übersichtlichkeit schadet.

Speichern der Einstellung

Wenn Sie diese Einstellung speichern wollen, klicken Sie auf das Dropdown-Menü ganz oben neben VORGABE. Wählen Sie den Punkt AKTUELLE EINSTELLUNGEN ALS NEUE VORGABE SPEICHERN und vergeben Sie einen Namen für die neue Vorgabe. ■

10.3.4 Bedienfeld »Druckauftrag«

Das Bedienfeld für die Einstellungen des Druckauftrags dient der Einstellungen der Druckqualität. Es wird ab Seite 388 näher erläutert.

▼ Abbildung 10.32
Beispiel eines Bildpaketes, bei dem von einem Bild verschiedene Größen erzeugt werden.

10.4 Bildpaket konfigurieren

Das Bildpaket dient zum Ausdrucken eines Bildes in unterschiedlichen Größen auf einer Seite. Die Bilder können dabei beliebig auf der Seite verschoben werden. Das Bildpaket eignet sich vor allem für Drucker, die DIN A3 oder größer ausgeben können. Denn dann hat man genügend Spielraum, um unterschiedliche Größen zu generieren. Bei DIN A4 ist man in dieser Beziehung doch eher beschränkt. Interessant ist aber, dass ein Bildpaket für ein Bild aus mehreren Seiten bestehen kann. Das Bildpaket könnte also ein Vorbote zu einer Fotobuch-Engine sein, die viele Anwender noch vermissen.

Neu in Lightroom 2 **Lr**

Einige der Bedienfelder, wie BILDEINSTELLUNGEN und ÜBERLAGE-RUNGEN, verhalten sich genauso wie beim Konfigurieren von Kontaktabzügen. Sie werden daher hier hier nur kurz vorgestellt.

10.4.1 Bedienfeld »Bildeinstellungen«

In den BILDEINSTELLUNGEN wird angegeben, wie die Bilder in den Rasterzellen dargestellt werden. Diese Einstellungen verhalten sich analog zu den Einstellungen in der Layout-Engine KONTAKTABZUG/RASTER.

Zum Füllen zoomen | Dabei wird das Bild so weit gezoomt, dass es den Rahmen komplett ausfüllt. Ein Teil des Bildes kann dabei abgeschnitten werden.

Drehen und einpassen | Wollen Sie ein Bild im Querformat in einen Hochformatrahmen einpassen, kann Lightroom das Bild so drehen, dass es optimal in den Rahmen passt.

 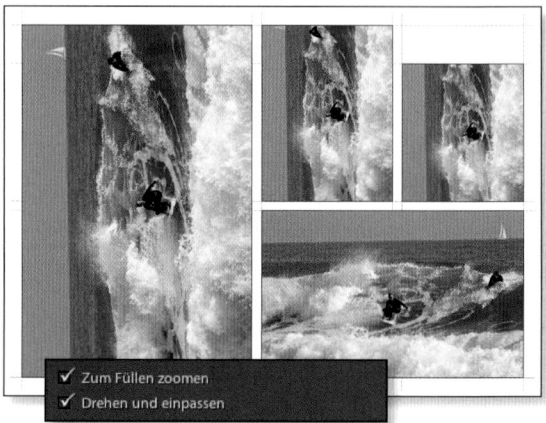

▲ **Abbildung 10.33**
Die Bilder können automatisch optimal an die Rahmen angepasst werden.

Fotorand | Der Schieberegler erzeugt einen Rahmen innerhalb der Bildzelle. Aktivieren Sie dazu das Kontrollkästchen, und verschieben Sie dann den Regler. Der Rand ist auf allen Seiten gleich dick und kann leider nicht in der Farbe geändert werden.

Kontur innen | Eine Kontur wird innerhalb des Bildrandes erstellt und verkleinert somit den sichtbaren Bereich des Bildes. Dies gilt auch, wenn bereits ein Fotorand erstellt wurde. Die Kontur wird dann innen zusätzlich zum Fotorand generiert. Anders als der Fotorand, kann die Kontur eine eigene Farbe besitzen.

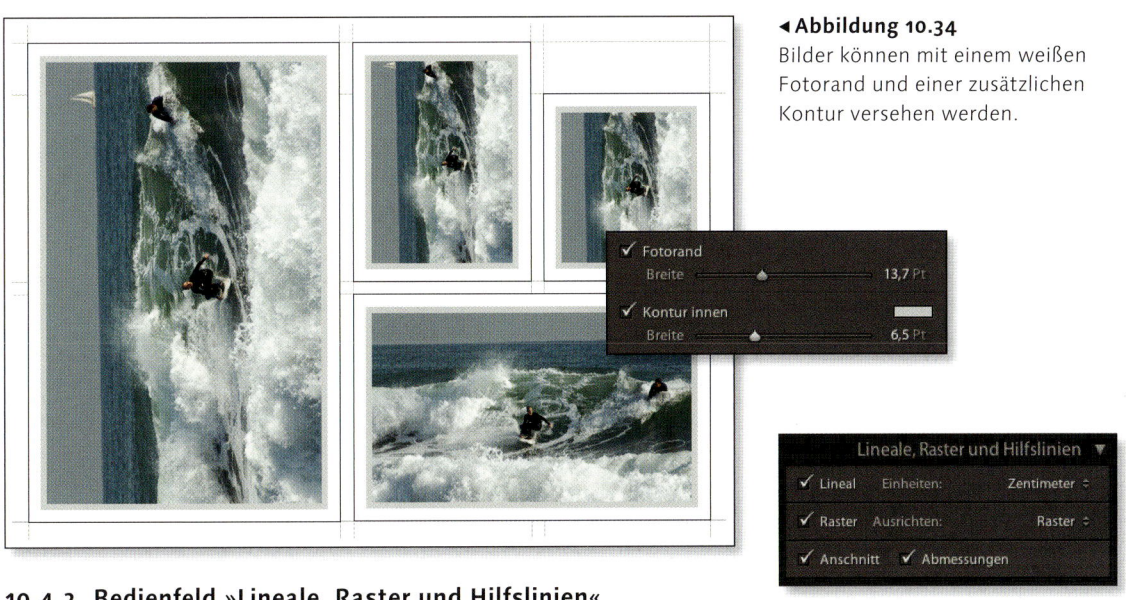

◄ **Abbildung 10.34**
Bilder können mit einem weißen
Fotorand und einer zusätzlichen
Kontur versehen werden.

▲ **Abbildung 10.35**
Bedienfeld zur Aktivierung von
Hilftselementen. Diese werden
nicht gedruckt, erleichtern aber
das Arbeiten.

10.4.2 Bedienfeld »Lineale, Raster und Hilfslinien«

Zur besseren Platzierung der Bilder können, wie auch beim Kontaktabzug, Hilfen eingeblendet werden. Da sich im Bildpaket die Rahmen beliebig auf der Seite verschieben lassen, gibt es im Bildpaket zusätzlich ein Raster. Beachten Sie bitte den Hinweis rechts.

Lineal ❶ | Durch Aktivieren dieses Kontrollkästchens werden die Lineale am Rand des Ansichtsfensters eingeblendet. Die Einheiten können Sie umschalten, indem Sie auf die aktuell angegebene Einheit klicken.

Raster | Blendet ein Raster ❸ ein. Der Rasterabstand von 2,5 mm kann nicht geändert werden, er reicht aber aus. Über das Dropdown-Menü AUSRICHTEN können Sie angeben, ob das Raster magnetisch sein soll. Stellen Sie das Dropdown auf den Punkt ZELLEN, ist nicht das Raster magnetisch, sondern die Zellengrenzen ❷. Dabei werden

HINWEIS

Bug oder Feature: Das Bildpaket hat einige seltsame Eigenschaften. Man kann im Bildpaket teilweise keine Lineale oder das Raster ein- und ausblenden. Diese lassen sich nur dann anzeigen, wenn in der Layout-Engine Kontaktabzug im Bedienfeld HILFSLINIEN die Option HILFSLINIEN EINBLENDEN aktiviert ist.
Eher ein Feature ist die gemeinsame Nutzung der Maßeinheiten beider Layout-Engines. Schalten Sie also die Linealeinheiten im Kontaktabzug auf MILLIMETER, ändern sich diese auch im Bildpaket.

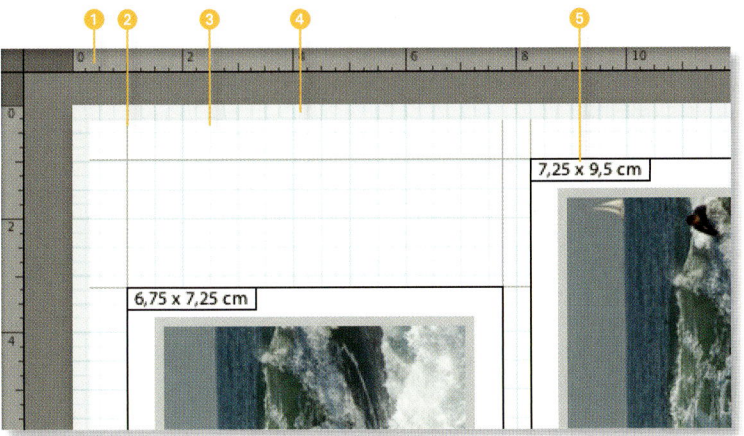

◄ **Abbildung 10.36**
Hilfslinien erleichtern das genaue
Platzieren der Bildrahmen auf der
Seite.

auch die verlängerten Grenzen einer Bildzelle magnetisch. Dies ist vor allem dann eine Hilfe, wenn man nicht nach dem Raster arbeiten will, aber die Bilder zueinander ausrichten möchte. Natürlich haben Sie auch die Möglichkeit, die magnetischen Zellen und das Raster zu deaktivieren.

Anschnitt ❹ | Zeigt den nicht druckbaren Bereich der Seite als hellgrauen Rahmen an. Die Breite ist vom Druckertreiber abhängig.

Abmessungen ❺ | Dieses Kontrollkästchen aktiviert die Anzeige der Bildgröße. Dabei wird die Abmessung der Zelle angegeben. Der Fotorand und die Kontur zählen zum Bild.

10.4.3 Bedienfeld »Zellen«

Dies ist das Kernbedienfeld des Bildpaketes. Mit dessen Hilfe erstellen Sie neue Zellen auf der Seite. Lightroom bietet sechs voreingestellte Zellengrößen, zu denen Sie eigene Größen hinzufügen können. Diese werden nicht als Tasten angezeigt, können aber durch Klicken auf das Dreieck neben der Taste in ein Dropdown-Menü eingefügt werden.

Wählen Sie dazu den Punkt BEARBEITEN aus, und geben Sie in das Dialogfeld die gewünschte Größe ein. Die neue Größe ist aber nur bei der Taste verfügbar, bei der Sie die neuen Abmessungen angegeben haben. Sie können pro Taste immer nur eine zusätzliche Größe angeben.

Dem Paket hinzufügen | In dieser Parametergruppe können Sie neue Rahmen auf der Seite platzieren. Reicht der Platz nicht mehr aus, wird automatisch eine neue Seite generiert. Sie können aber auch durch Drücken der Schaltfläche NEUE SEITE eine leere Seite hinzufügen.

▲ **Abbildung 10.37**
Den Tasten können eigene Größen hinzugefügt werden.

▼ **Abbildung 10.38**
Passen nicht alle Rahmen auf eine Seite, wird automatisch eine neue Seite erstellt.

Um Rahmen auf einer Seite mit möglichst wenig Verschnitt zu verteilen, können Sie die Taste AUTO-LAYOUT drücken. Dadurch werden alle Bilder auf der Seite optimal, aber nicht unbedingt schön verteilt.

Ein komplettes Layout können Sie mithilfe der Taste LAYOUT LÖSCHEN zurücksetzen. Sie erhalten dann eine leere Seite.

Ausgewählte Zelle anpassen | Sie müssen sich aber nicht unbedingt an die Größenvorgaben halten. Sie können jede Bildzelle auswählen und skalieren. Dies können Sie über die Schieberegler oder direkt an dem Rahmen der Zelle erledigen. Dazu müssen Sie nur eines der Kästchen am Markierungsrahmen mit gedrücker Maustaste verschieben. Halten Sie die ⬆-Taste gedrückt, wird der Rahmen proportional skaliert. Die Zelle kann zum Zentrum hin skaliert werden, wenn Sie die Alt-Taste gedrückt halten.

▲ **Abbildung 10.39**
Die Zellen können skaliert werden, indem man einen Rahmen anklickt und dann die Kästchen an den Kanten verschiebt.

Die Bildzellen können auch verschoben werden. Dazu halten Sie in einer Zelle einfach die Maustaste gedrückt und verschieben dann das Bild. Ist die Ausrichtung am Raster aktiviert, so springt die Zelle mit dem Bild von Rasterpunkt zu Rasterpunkt.

10.4.4 Bedienfeld »Überlagerungen«

Im Bildpaket können Sie im Gegensatz zum Kontaktbogen nur eine Erkennungstafel auf der Seite platzieren. Die Darstellung einer Fotoinfo ist nicht möglich.

Die Konfiguration der Überlagerung funktioniert mit den gleichen Parametern wie beim Kontaktabzug. Nähere Erläuterungen zu deren Handhabung finden Sie auf Seite 382.

▲ **Abbildung 10.40**
Durch Anklicken dieses Symbols können Sie eine Seite löschen.

▲ **Abbildung 10.41**
Dieses Symbol zeigt überlappende Zellen an.

10.5 Der Druckauftrag

Das letzte Bedienfeld im Drucken-Modul ist für den Druckauftrag
an sich zuständig. Die Einstellungen, die Sie dabei in Lightroom
vornehmen, sind unabhängig von Ihrem verwendeten Drucker und
Druckertreiber.

Ausgabe | Normalerweise will man die Seiten, die man im Dru-
cken-Modul erstellt hat, auch ausdrucken. Es gibt aber Situationen,
in denen man beispielsweise den Kontaktabzug jemanden per E-
Mail zuschicken möchte. In diesem Fall kann man hier über das
Dropdown alternativ die Seiten als JPEG-DATEIEN speichern. Ist hier
JPEG-DATEI aktiv, verändert sich das Bedienfeld.

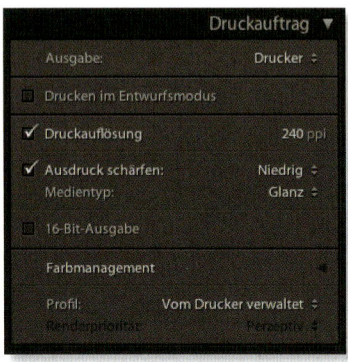

Abbildung 10.42 ▶
Das Bedienfeld DRUCKAUFTRAG.
Links mit der Option für den Druck
und rechts mit der Möglichkeit,
den Druckauftrag in eine JPEG-
Datei zu schreiben.

Drucken im Entwurfsmodus | In diesem Modus werden die zwi-
schengespeicherten Standardvorschauen gedruckt. Liegen solche
nicht vor, sendet das Programm einfach die Miniaturbilder an den
Drucker. Miniaturbilder besitzen eine geringere Auflösung und
werden deshalb oft schlechter dargestellt. Das Farbmanagement
und andere Parameter des Bedienfeldes werden bei dieser Option
deaktiviert.

Druckauflösung | Die Option, um die Auflösung eines Bildes für
den Druck festzulegen, hat nichts mit der Auflösung Ihres Druckers
zu tun. Ist die Option aktiviert, wird das Bild auf die angegebene
Auflösung umgerechnet. Ist diese Option deaktiviert, wird die Originalgröße des Bildes an den Drucker geschickt.

Beim Speichern als JPEG-Datei kann diese Option nicht deaktiviert werden. Es muss immer eine Auflösung gewählt werden. Dies
ist einleuchtend, denn während die Bilder auf dem Drucker je nach
der gedruckten Größe eine unterschiedlichen Auflösung besitzen
können, benötigt eine JPEG-Datei eine einheitliche Auflösung.

Ausdruck schärfen | Die für den Druck umgerechneten Bilder können auch noch nachgeschärft werden. Ob eine Schärfung in Frage kommt und welche der drei Stufen für den Druck optimal ist, müssen Sie mit Ihrem Drucker austesten.

▶ **Medientyp:** Der Scharfzeichenalgorithmus schärft das Bild abhängig vom Papiertyp. Sie haben die Wahl zwischen Matt und Glanz.

16-Bit-Ausgabe (nur Mac OS X) | gedruckte Verläufe können Farb- und Helligkeitssprünge aufweisen. Dies liegt an der beschränkten Anzahl der möglichen Farbabstufungen bei 8 Bit. Um dies zu vermeiden, können Sie die Option 16 Bit aktivieren. Wird dies von Ihrem Drucker nicht unterstützt, verlängert sich nur die Druckdauer, gedruckt wird das Bild aber nur in 8 Bit.

JPEG-Qualität | Diese Option ist nur verfügbar, wenn Sie eine JPEG-Datei erzeugen. Hier können Sie über einen Schieberegler die Qualität bzw. die Kompressionsrate wählen.

Benutzerdefinierte Dateiabmessung | Diese Option ist ebenfalls nur beim Speichern als JPEG verfügbar. Dadurch können Sie die Abmessungen der JPEG-Datei anders angeben, als es in den Seiteneinstellungen für den Druckauftrag eingestellt ist.

Farbmanagement | In diesem Abschnitt können Sie ein Farbprofil auswählen. Dieses sollte auf Ihren Druckers und auf das verwendete Papier abgestimmt sein. Jeder Druckerhersteller hat zumindest für seine eigenen Papiere entsprechende Farbprofile, die bei der Einrichtung des Druckers mitinstalliert werden. Viele Papierhersteller bieten ebenfalls Farbprofile für die eigenen Papiere an, welche in der Regel auf die Drucker der führenden Druckerhersteller kalibriert sind.

▶ **Profil:** Die Liste der Farbprofile kann sehr lang und unübersichtlich sein, und es werden hier nicht alle Profile sofort angezeigt. Man muss sie der Liste zuerst manuell zuordnen. Dazu klicken Sie auf die kleinen Pfeile neben dem Begriff Profil und wählen den Punkt Andere. Aus der erscheinenden Auswahl können Sie dann die wichtigsten Profile heraussuchen und durch Aktivieren des jeweiligen Kontrollkästchens der Profilliste zuordnen. Alle aktiven Farbprofile stehen im Profil-Dropdown zur Auswahl bereit.

▶ **Renderpriorität:** Hier stellen Sie das Umrechnungsverfahren zwischen den Farbprofilen des Programms und den Profilen des Druckers ein. Mehr zu den dabei gültigen Renderprioritäten erfahren Sie auf Seite 58.

▲ **Abbildung 10.43**
Diese Parameter sind nur sichtbar, wenn der Druckauftrag als JPEG-Datei gespeichert wird.

▲ **Abbildung 10.44**
Profile müssen zuerst zur Liste hinzugefügt werden. Dadurch behält man die Übersicht in der Vielzahl der Profile, aus der man vielleicht nur wenige benötigt.

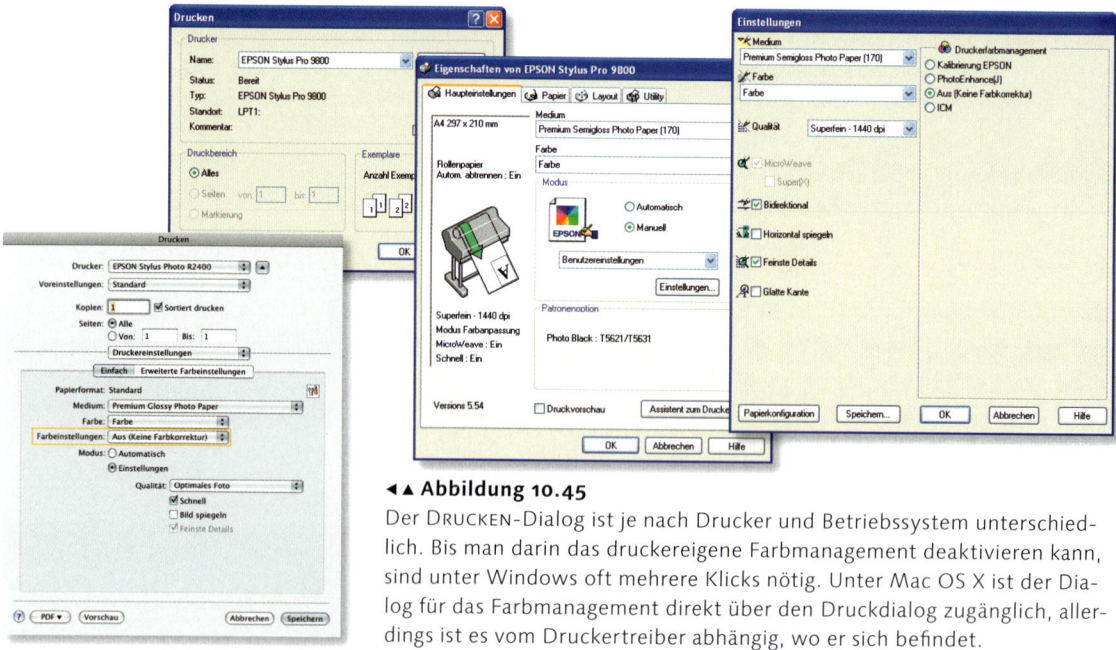

◄▲ **Abbildung 10.45**
Der DRUCKEN-Dialog ist je nach Drucker und Betriebssystem unterschiedlich. Bis man darin das druckereigene Farbmanagement deaktivieren kann,
sind unter Windows oft mehrere Klicks nötig. Unter Mac OS X ist der Dialog für das Farbmanagement direkt über den Druckdialog zugänglich, allerdings ist es vom Druckertreiber abhängig, wo er sich befindet.

Seite einrichten | Diese Schaltfläche befindet sich am Ende der
linken Bedienfeldpalette. Sie ermöglicht die Einstellung der Seite für
den Druck, bestimmt aber auch deren Darstellung im Ansichtsfenster. Das Drucklayout richtet sich nach der hier angegebenen Seitengröße und Ausrichtung. Die hier gemachten Einstellungen werden
auch in Vorlagen und Sammlungen mitgespeichert.

Abbildung 10.46 ►
Die Dialoge zum
Einstellen des Sei-
tenformats und der
Ausrichtung unter
Windows XP und
Mac OS X

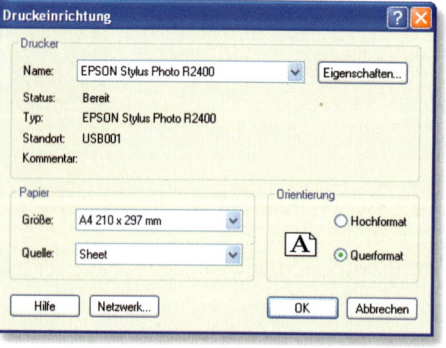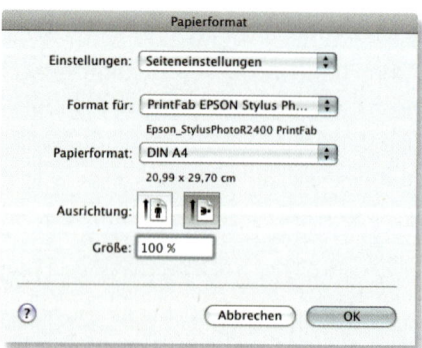

Druckeinstellungen (nur Mac OS X) | Neben der Schaltfläche
SEITE EINRICHTEN befindet sich unter Mac OS X noch eine weitere,
mit der Sie die Druckereinstellungen vornehmen können, ohne den
Auftrag an den Drucker zu schicken. Stellen Sie diese zusammen mit
den Seiteneinstellungen ein, brauchen Sie später nur auf die Schaltfläche EINE AUSGABE DRUCKEN klicken. Der Druckauftrag wird dann
sofort ohne Druckdialog ausgeführt. Unter Windows erreichen Sie

die Druckeinstellungen auch aus dem Seite einrichten-Dialog heraus. Somit ist kein eigener Druckeinstellungsdialog erforderlich.

Eine Ausgabe drucken | Diese Schaltfläche am Ende der rechten Bedienfeldpalette startet sofort den Druckauftrag, ohne vorher noch einen Dialog zur Konfiguration des Druckers durchzuführen.

▼ **Abbildung 10.47**
Die Basiseinstellungen der Druckdialoge von Windows XP und Mac OS X.

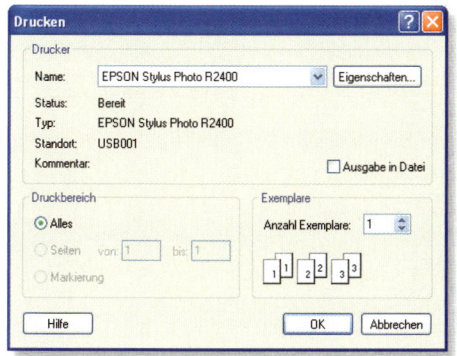
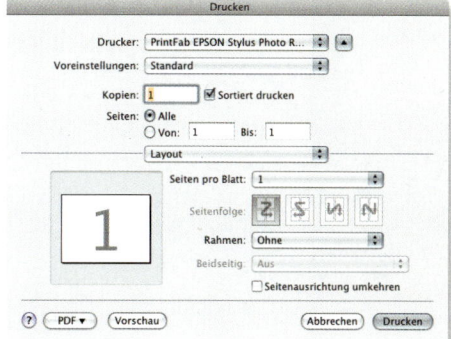

Drucken | Klickt man auf die Drucken-Schaltfläche, so wird der Drucken-Dialog des jeweiligen Betriebssystems geöffnet. Dieser ist stark abhängig vom Druckertreiber. Nach dem Beenden mit der OK-Schaltfläche wird der Druckauftrag gestartet.

10.6 Die Drucken-Werkzeugleiste

Die Werkzeugleiste stellt Ihnen im Drucken-Modul nur wenige Funktionen zur Verfügung.

Ist mehr als eine Seite zum Drucken vorhanden, können Sie über die Pfeiltasten Vorherige Seite anzeigen ❶ und Nächste Seite anzeigen ❷ durch die Seiten blättern. Die aktuelle Seitenzahl wird Ihnen rechts ❺ angezeigt. Klicken Sie in das Anzeigefeld, so können Sie über ein Dialogfeld direkt einzelne Seiten ansteuern.

▼ **Abbildung 10.48**
Die Werkzeugleiste des Drucken-Moduls

Durch Drücken auf das Quadrat Erste Seite anzeigen ❹ neben den Pfeiltasten gelangen Sie auf die erste Seite zurück.

Über das Verwenden-Dropdown ❸ können Sie angeben, ob nur ausgewählte, nur als markiert gekennzeichnete oder alle Fotos des Filmstreifens in das Drucklayout übernommen werden sollen. Je nach gewählter Option in Kombination mit dem Drucklayout schwankt die Gesamtanzahl der Seiten.

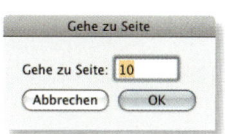

▲ **Abbildung 10.49**
Durch Klicken in das Statusfeld der Seitenzahl können Sie direkt zu den gewünschten Seiten blättern.

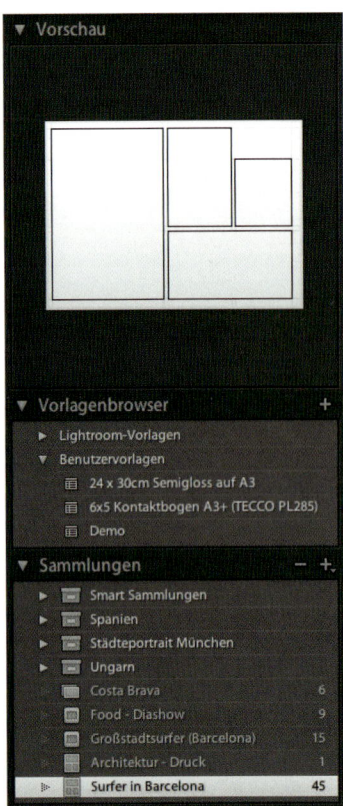

▲ **Abbildung 10.50**
Die linke Bedienfeldpalette dient zum Speichern und Verwalten von Vorlagen und Sammlungen.

10.7   Arbeiten mit Vorlagen und Sammlungen

Es empfiehlt sich, dass Sie Ihre Drucklayouts einmal zusammenstellen und dann immer wieder verwenden. Dazu können Sie sie als Vorgaben speichern und wieder laden. Sammlungen speichern zu den Voreinstellungen auch noch die Bildauswahl mit. Beide Funktionen finden Sie in der linken Bedienfeldpalette.

10.4.1   Vorlagen
Im Vorschau-Bedienfeld sehen Sie eine Vorschau, sobald Sie sich mit der Maus über eine Vorlage bewegen. Im Vorlagenbrowser wählen Sie aus bereits gespeicherten Vorlagen aus. Dabei werden alle Einstellungen der Bedienfelder auf der rechten Seite übernommen.

Die Vorlagen können Sie auch in Unterordnern verwalten – etwa für verschiedene Kontaktabzugtypen und für nach Format abgestimmte Einzelabzugvorlagen.

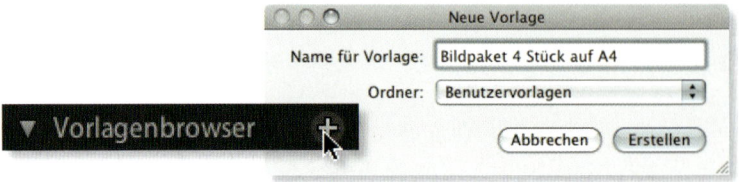

▲ **Abbildung 10.51**
Über die Hinzufügen-Schaltfläche können Sie neue Vorlagen erstellen. Diese können auch in Unterordnern abgelegt werden.

Haben Sie bereits ein Drucklayout entworfen und wollen darauf zurückgreifen, klicken Sie auf die ⊞-Schaltfläche nebem dem Begriff Vorlagenbrowser.

Tragen Sie im Dialogfeld einen Namen ein. Im Dropdown-Menü darunter können Sie einen Ordner auswählen. Wenn Sie für die Vorgabe einen neuen Ordner erstellen wollen, wählen Sie den Menüpunkt Neuer Ordner mit einem beliebigen Namen. Die Vorgabe wird dann in diesem Ordner erstellt.

Um eine Vorlage einem Drucklayout zuzuweisen, klicken Sie einfach auf ihren Namen. Die Vorlage wird dann für die angezeigten Bilder verwendet.

Das Bearbeiten, Aktualisieren und Ordnen der Druckvorlagen funktioniert genauso wie bei den Vorlagen im Modul Diashow. Genauere Informationen dazu erhalten Sie ab Seite 358.

10.4.2   Drucksammlungen
In der Drucksammlung werden nicht nur die Layouteinstellungen gespeichert, sondern, was viel wichtiger ist, auch eine Bildauswahl.

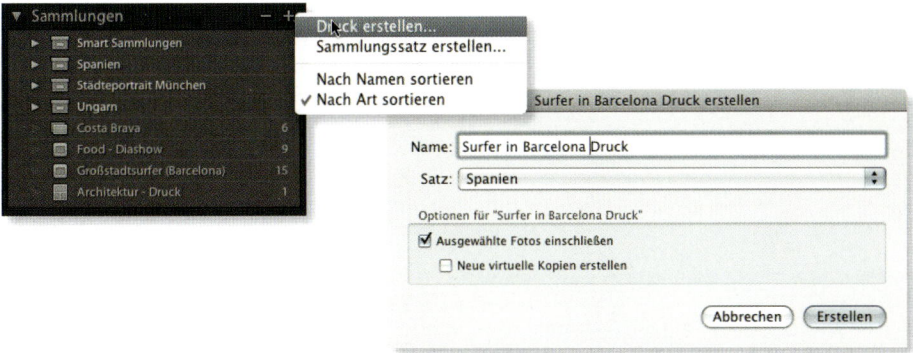

Um eine Drucksammlung zu speichern, klicken Sie auf das ⊞-Symbol neben dem linken Bedienfeld SAMMLUNGEN und wählen aus dem Dropdown den Punkt DRUCK ERSTELLEN. Vergeben Sie dann einen Namen für die Drucksammlung.

Je nachdem welche Option Sie als Verwendung in der Werkzeugleiste ausgewählt haben, können Sie der Webgalerie alle Bilder, nur ausgewählte oder nur markierte Bilder über das Optionen-Kontrollkästchen hinzufügen.

Die hinzugefügten Bilder können Sie dem Druck auf Wunsch auch als virtuelle Kopien zuordnen. Das hat den Vorteil, dass Sie diesen Bildern eigene Entwicklungseinstellungen zuweisen können, ohne die Originale zu beeinflussen. So können Sie unter anderem eigene Beschneidungen für die Bilder des Drucks erstellen.

Solange die Drucksammlung im Bedienfeld ausgewählt ist, werden alle Einstellungen, die im rechten Bedienfeld vorgenommen werden, in der Sammlung gespeichert.

Neue Bilder können einfach per Drag & Drop zur Sammlung hinzugefügt werden. Dies kann auch aus jeder anderen Sammlung, zum Beispiel einer Druck- oder Diashow-Sammlung, heraus geschehen. Dabei kann man aber keine virtuellen Kopien erstellen lassen. Dies müssen Sie vorher per Hand erledigen.

Nähere Informationen und eine genauere Beschreibung zum Erstellen und Verwalten von Sammlungen für die Ausgabemodule erhalten Sie auf Seite 333.

▲ **Abbildung 10.52**
Hinzufügen einer neuen Drucksammlung

▲ **Abbildung 10.53**
Die Sammlung kann mit weiteren Bildern ergänzt werden. Das kann man von jedem Modul aus erledigen.

Workshop: Drucken

Das Drucken-Modul eignet sich recht gut zum Drucken von Kontaktbogen und Bildpaketen. Das Erstellen von Fotobüchern oder das Drucken auf farbigen Hintergründen ist leider nicht möglich.

Das Zusammenstellen und Drucken von Fotobüchern kann man leider auch nicht simulieren, aber das Drucken auf farbigen Hintergründen kann mithilfe eines Tricks gelingen.

Das Zauberwort heißt auch hier Erkennungstafel. Wie im Workshop für das Diashow-Modul verwenden wir hier eine eigens angefertigte Erkennungstafel, die wir hinter den Bildern platzieren. Entscheidend ist nur, dass Ihr Drucker auch randlos drucken kann, denn sonst entsteht im Druckergebnis immer ein weißer Rand, den Sie anschließend wegschneiden müssen.

▲ Abbildung 1
Das DRUCKEN-Modul ermöglicht vieles – vom Erstellen von Kontaktbögen bis zur Ausgabe hochwertiger Fine-Art-Prints, jedoch keine Fotobücher oder gestaltete Einzelseiten.

Für dieses Beispiel wurde in Photoshop ein Hintergrund in der Größe DIN A3 erstellt und als JPEG-Datei abgespeichert. Diese Vorlage kann aber auch für DIN A4-Ausdrucke verwendet werden.

Schritt für Schritt: Drucken-Sammlung erstellen

Bevor wir mit der Konfiguration der Seiten beginnen, müssen wir die Bilder auswählen. Am besten speichert man diese dann als Sammlung ab. Dann kann man die Abzüge immer wieder nachdrucken.

1 **Leere Drucken-Sammlung erstellen**

Sie können natürlich einfach einen Ordner auswählen und in das Drucken-Modul wechseln. Alle Bilder werden dort angezeigt und Sie können nur die besten in der Sammlung speichern. Verwenden Sie aber Bilder aus mehreren Ordnern, so ist es einfacher, erst die Sammlung zu erstellen und dann alle Bilder darin zu sammeln.

Wechseln Sie daher in das Drucken-Modul, und erzeugen Sie eine leere Sammlung unter einem eindeutigen Namen, zum Beispiel »Barcelona Architektur«.

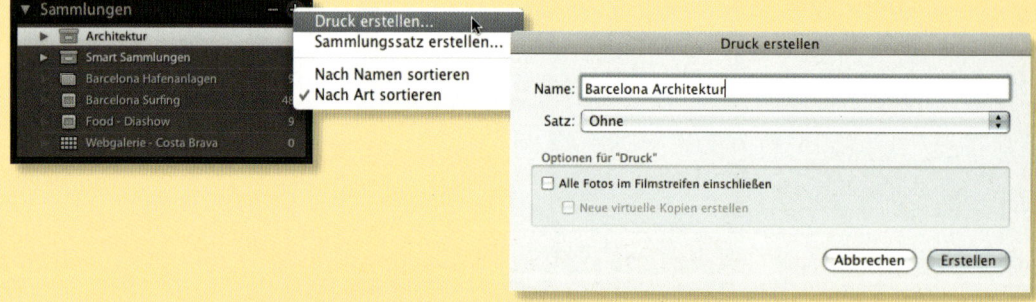

▲ **Abbildung 2**
Zunächst wird eine leere Druck-Sammlung angelegt.

2 **Bilder hinzufügen**

Die Sammlung wurde im Drucken-Modul erstellt, damit es sich auch um eine Drucken-Sammlung handelt. Eine Sammlung aus der Bibliothek würde die Einstellungen nicht mitsichern.

Wechseln Sie wieder zurück in das Bibliothek-Modul. Ziehen Sie die Bilder aus dem Ordner BARCELONA, die Sie für den Ausdruck verwenden wollen, auf die Sammlung. Da immer drei Bilder auf einer Seite stehen, sollte die Gesamtanzahl der Bilder durch drei teilbar sein. Um dem Titel gerecht zu werden, weisen Sie nur Bilder zu, die das Thema Architektur widerspiegeln.

◄ **Abbildung 3**
Bilder werden in der Bibliothek per Drag & Drop der Drucken-Sammlung zugewiesen.

Schritt für Schritt: Seitenformat und Bildreihenfolge festlegen

Als Nächstes müssen Sie das Seitenformat festlegen. Da im Beispiel drei Bilder nebeneinander platziert werden sollen, ist ein Querformat am besten geeignet. In diesem Fall legen wir eine DIN A4-Seite an. Besitzen Sie einen DIN A3-Drucker können Sie den Auftrag auch für DIN A3 einrichten.

1 Seite einrichten

Unter Mac OS X und Windows unterscheiden sich die Einstellungsdialoge signifikant. Schauen Sie daher eventuell im Handbuch des Betriebssystems nach, wie Sie das Seitenformat optimal einstellen.

In Lightroom klicken Sie auf die Schaltfläche SEITE EINRICHTEN in der linken Bedienfeldpalette.

Stellen Sie ein Papierformat von DIN A4 im Querformat ein. Unterstützt Ihr Drucker randloses Drucken, wählen Sie die entsprechende Papierformatoption.

▼ **Abbildung 4**
Die Dialoge zum Einstellen des Papierformats erreichen Sie über die Schaltfläche in der linken Bedienfeldpalette.

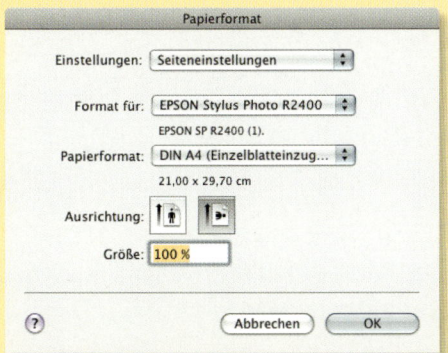

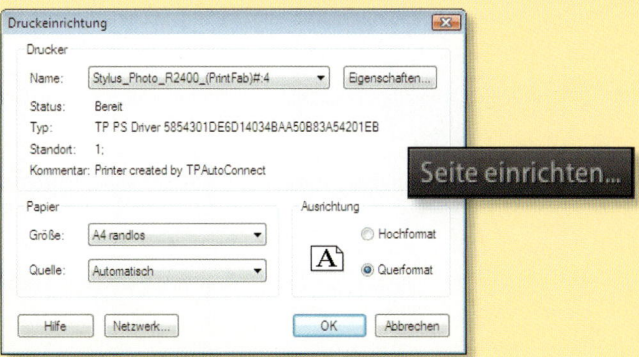

2 Bildreihenfolge festlegen

Damit immer drei zusammenpassende Bilder gedruckt werden, müssen Sie die Bilder im Filmstreifen sortieren.

Dazu verschieben Sie die Bilder im Filmstreifen per Drag & Drop an die richtige Position.

Bei mehr als drei Bildern werden automatisch neue Seiten erstellt bis alle vorhandenen Bilder verbraucht sind.

▼ **Abbildung 5**
Die Bildreihenfolge können Sie per Drag & Drop verändern. Es sollen immer drei Bilder zusammenpassen.

Schritt für Schritt: Druckdesign anpassen

Zunächst werden die Basisparameter festgelegt. Anschließend kümmern Sie sich um die Erkennungstafel.

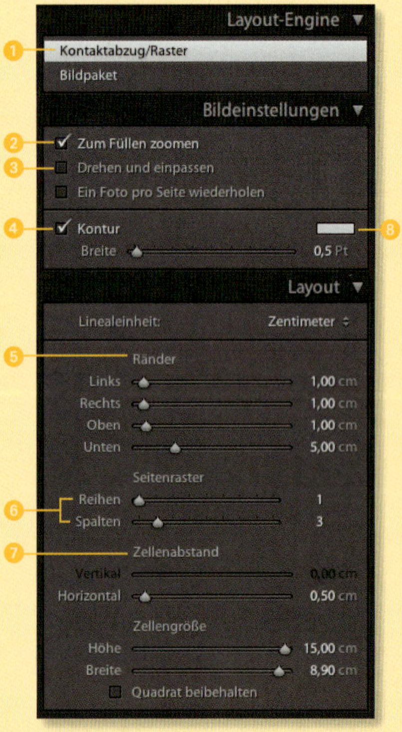

1 Layout Engine

Wählen Sie im Bedienfeld LAYOUT-ENGINE die Option KONTAKTABZUG/RASTER ❶. Nur bei diesem Layout werden drei unterschiedliche Bilder auf einer Seite platziert.

2 Bildeinstellungen

In den BILDEINSTELLUNGEN aktivieren Sie das Kontrollkästchen ZUM FÜLLEN ZOOMEN ❷. Dadurch werden alle Bilder auf den später festgelegten Rahmen beschnitten.

Achten Sie auch darauf, dass die Funktion DREHEN UND EINPASSEN ❸ deaktiviert ist.

Stellen Sie anschließend eine KONTUR von »0,5Pt« ❹ ein, und geben Sie dieser eine weiße Farbe ❽.

3 Layout-Einstellungen

Als Nächstes werden im Bedienfeld LAYOUT die Ränder und die Anzahl der dargestellten Bilder eingerichtet.

Geben Sie LINKS, RECHTS und OBEN einen Rand ❺ von »1cm« an. UNTEN wird ein größerer Rand benötigt. Hier sollten Sie »5cm« eingeben, damit der Schriftzug nicht verdeckt wird.

▲ **Abbildung 6**
Die Einstellungen der ersten drei Bedienfelder

Um drei Bilder nebeneinander zu erhalten, geben Sie ein SEITENRASTER von einer REIHE und drei SPALTEN ❻ an. Ein ZELLENABSTAND ❼ von 0,5 cm ergibt ein ausgewogenes Gesamtbild. Bei DIN A3 können die Ränder und der Zellenabstand auch größer sein.

▼ Abbildung 7
Die Hilfslinien dienen zur besseren Konfiguration und werden nicht mitgedruckt.

Schritt für Schritt: Überlagerung einstellen und drucken

Die Überlagerung beinhaltet nicht nur einen Schriftzug, sondern auch die gesamte Hintergrundfarbe. Lightroom scheint hier ein Problem mit zu großen Bildern als Erkennungstafeln zu haben, deshalb müssen Sie hier die Reihenfolge der Schritte ganz genau beachten.

1 Maßstab festlegen

Direkt nach dem Aktivieren der Kontrollbox für die Darstellung der ERKENNUNGSTAFEL ❾ geben Sie den Wert von »100 %« für den MASSSTAB ⓫ an. Achten Sie auch darauf, dass der WINKEL neben der Kontrollbox ❿ auf »0°« steht.

Dies ist wichtig, da Lightroom sonst eine niedrige Auflösung des Hintergrundes hochrechnet und dieser dann sehr unscharf wird. 100 % bedeutet immer, dass die Erkennungstafel auf die gesamte Breite des Ausdrucks skaliert wird.

Aktivieren Sie auch hier gleich die Kontrollbox HINTER BILD RENDERN ⓬, damit die Erkennungstafel die Bilder nicht verdeckt.

▲ Abbildung 8
Bevor das Bild als Erkennungstafel angegeben wird, müssen die restlichen Parameter eingestellt werden.

2 Erkennungstafel konfigurieren

Jetzt können Sie die Erkennungstafel angeben. Dazu klicken Sie auf das Vorschaubild im Bedienfeld und wählen den Punkt BEARBEITEN.

Aktivieren Sie dann im Dialogfeld die Option GRAFISCHE ERKENNUNGSTAFEL VERWENDEN.

Wählen Sie mithilfe der Schaltfläche DATEI SUCHEN das erstellte Hintergrundbild aus. Für dieses Beispiel verwenden Sie das Bild *Barcelona-Architektur.jpg* aus dem Verzeichnis ERKENNUNGSTAFELN.

Befindet sich das Bild nicht an der richtigen Stelle, können Sie es auch noch verschieben.

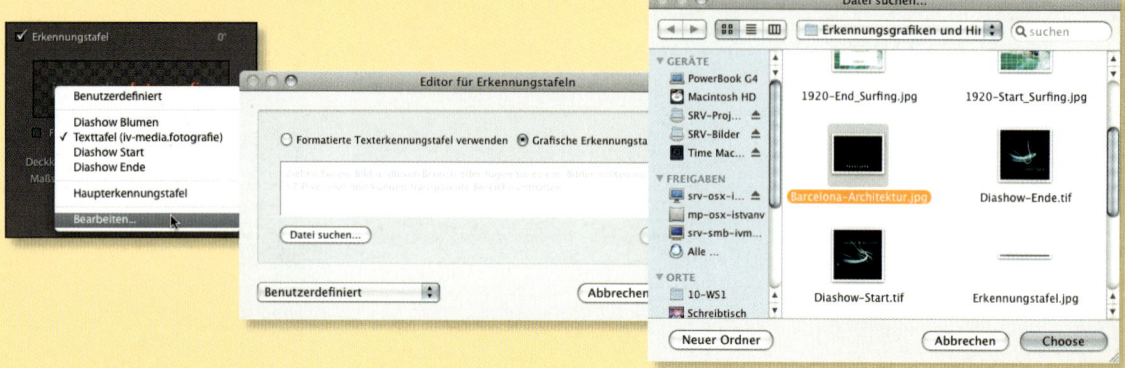

▲ **Abbildung 9**
Als Erkennungstafel wird ein formatfüllendes Bild verwendet.

3 Drucken

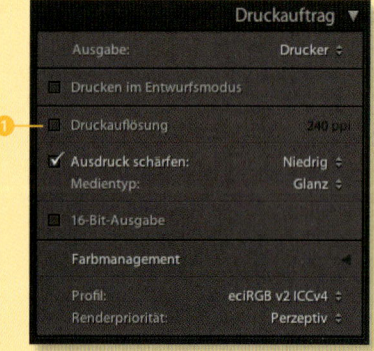

▲ **Abbildung 10**
Die Angaben für den Druckauftrag sind stark von persönlicher Erfahrung und vom Drucker abhängig.

Jetzt können Sie die Seiten drucken. Geben Sie eine DRUCKAUFLÖSUNG von mindestens 200 ppi an. Sie können die Auflösung aber auch deaktivieren ❶. Diese bringt nur einen Vorteil, wenn Bilder aufgrund eines sehr großen Beschnitts hochskaliert werden müssten.

Je nachdem wie Sie Bilder generell schärfen, können Sie hier eventuell die Bilder für den Druck nachschärfen. Das müssen Sie aber zunächst ausprobieren und ist zudem vom Drucker abhängig.

Wenn Sie mit Farbmanagement arbeiten, können Sie hier noch entsprechende Angaben zu dem Profilen machen. Mehr zu diesem Thema finden Sie auf den Seiten 60 und 389. ■

11 Das Web-Modul

Was liegt in Zeiten des Internets näher, als Bilder direkt über das Web zu präsentieren, anstatt sie auszudrucken und zu verschicken? Das ist nicht nur preiswerter und schneller, es kann sich sogar jeder Nutzer weltweit rund um die Uhr Ihre Bilder anschauen – oder sogar per Suchmaschine finden, wenn Sie Ihre Galerie dort anmelden.

▼ **Abbildung 11.1**
Aus Lightroom lassen sich einfach HTML- oder Flash-Galerien erzeugen und anschließend im Internet veröffentlichen.

11.1 HTML oder Flash?

Eine Webgalerie ist nichts anderes als eine eigene Website, auf die Sie eine Auswahl an Bildern gestellt haben. Diese werden als kleine Vorschauen auf einer Übersichtsseite präsentiert. Klickt der Betrachter eines der Bilder an, so wird es im Internetbrowser in einer größeren Auflösung auf einer Einzelseite geladen.

KAPITEL 11

HTML-Galerien besitzen eine Übersichtsseite (Index) und eine Seite
für die Detailansicht des Bildes.

In Lightroom ist es möglich, Webgalerien sowohl in HTML als auch
in Flash zu erstellen. Die Dateien lassen sich direkt aus Lightroom
heraus per FTP auf einen Webserver übertragen. Aber welche Art
der Galerie eignet sich für welche Zwecke am besten?

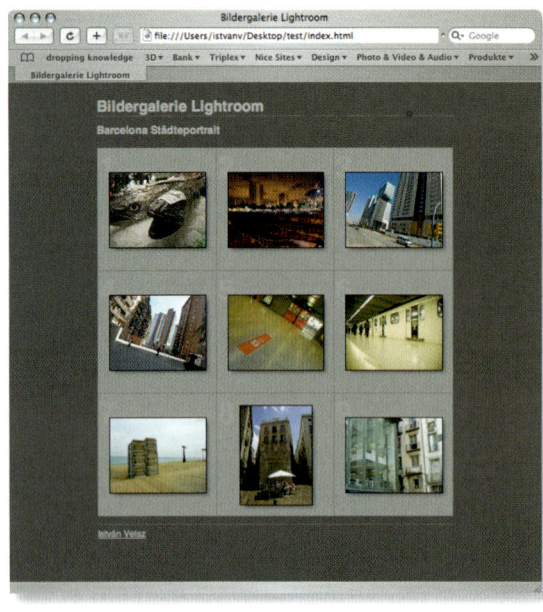 

11.1.1 Webgalerien in HTML

HTML (Hypertext Markup Language) ist die Standardsprache des
Internets. Dabei handelt es sich nicht um eine Programmierspra-
che, da mit ihr keine eigenen Funktionen erzeugt werden können.
Sie besteht eigentlich nur aus normalem Text, der über Auszeich-
nungsbefehle, sogenannte Tags, formatiert werden kann. Die Angaben der Tag-Attribute entscheiden über das Erscheinungsbild einer
Website. Im Laufe der Jahre hat sich das Web von einer reinen Text-
wiedergabe zu grafisch aufwändigen Darstellungen gewandelt.

Lightroom erzeugt HTML-Galerien mit Indexseiten zum Überblick über die verfügbaren Bilder. Jedes Vorschaubild (Thumbnail)
verlinkt auf eine Einzelseite mit dem entsprechenden Bild in hoher
Auflösung und mit zusätzlichen Metainformationen. Jede Index-
und jede Bildseite ist jeweils eine eigene HTML-Seite. Bei 25 Bildern gibt es also mindestens 26 HTML-Dateien – mit insgesamt 25
Thumbnails und 25 großen Bildern.

Erstellt man in Lightroom eine HTML-Galerie und führt dann
noch Änderungen an einem Bild durch oder fügt ein neues hinzu, so
muss die Galerie noch einmal komplett neu berechnet werden – es
sei denn, man kennt sich mit HTML aus und weiß, wie man Bilder
direkt im Code der Seite austauschen kann.

HTML-Dateien editieren
Obwohl HTML eigentlich mit jedem Texteditor zu bearbeiten ist,
gibt es eine Reihe von speziali-
sierten Programmen wie Dreamweaver, GoLive oder Frontpage.
Diese Programme behalten nicht
nur einzelne Seiten, sondern die
komplette Website im Blick. Sie
prüfen auf fehlerhafte Links oder
Schreibweisen der Tags und helfen
bei der Auswahl der Tag-Attribute.
Darüber hinaus erlauben sie das
Erstellen auch fast ohne HTML-
Kenntnisse durch WYSIWYG-
Editoren (*What you see is what
you get*).

11.1.2 Vorteile einer HTML-Galerie

▶ Eine HTML-Galerie benötigt lediglich einen beliebigen Webbrowser ohne Plug-ins. Dabei muss es nicht der neueste Browser sein, auch ältere Versionen können sie noch darstellen.

▶ Alle Daten werden nur dann über das Internet geladen, wenn sie für die Darstellung auch wirklich benötigt werden.

▶ Der Zugriff ist sehr schnell, die Ladezeiten sind gering. Die Besucher können sich die Bilder sogar herunterladen.

▶ Wenn man etwas von HTML versteht, kann man Änderungen am Layout oder an den Inhalten auch selbst durchführen, ohne die Galerie bei jeder Änderung gleich neu erstellen zu müssen.

11.1.3 Nachteile einer HTML-Galerie

▶ Die Galerie enthält zahllose Dateien und Codebefehle, die für den Laien unverständlich sind. Wenn einmal vergessen wurde, eine Datei auf den Server zu übertragen, funktioniert die Galerie anschließend nicht mehr richtig.

▶ Es ist keine selbstablaufende Diashow mit Überblendeffekten möglich, die Galerie ist komplett statisch.

▶ Jeder beliebige Besucher hat Zugriff auf die Daten der Bilder und kann diese einfach herunterladen und verwenden.

▶ Es ist immer ein Webbrowser zum Betrachten der Bilder erforderlich.

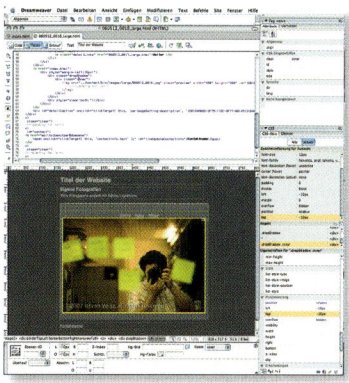

▲ **Abbildung 11.3**
Detailseite einer Galerie im HTML-Editor Dreamweaver inklusive Codeansicht und Vorschau

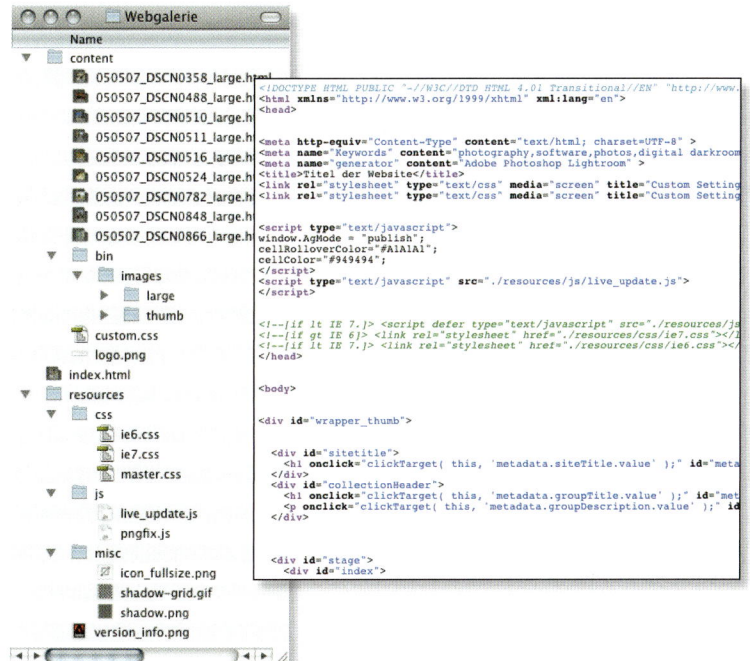

◀ **Abbildung 11.4**
Für eine Webgalerie sind zahlreiche Dateien nötig. Die hier abgebildeten dienen nur zur Seitendarstellung, hinzu kommen noch die Bilddateien als Detailansicht und Thumbnails. Der HTML-Code ist als Textdatei angelegt und kann von jedermann eingesehen und bearbeitet werden.

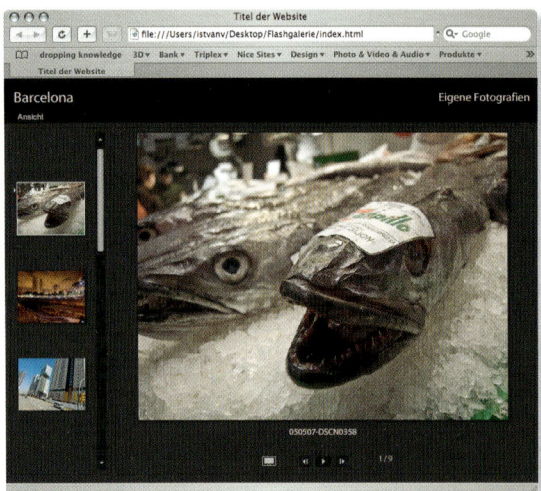 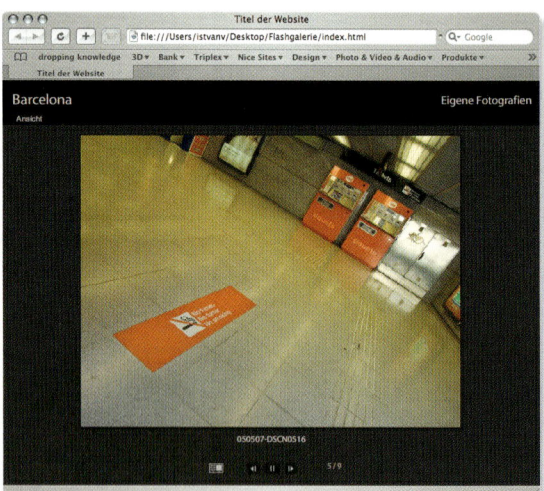

▲ **Abbildung 11.5**
Eine Webgalerie, die in Lightroom mit Flash erstellt wird, sieht schon deutlich anders aus. Links werden die Thumbnails in einer eigenen Leiste angezeigt. Um einen freien Blick auf ein einziges Bild zu bekommen, kann man diese auch ausblenden.

TIPP

Verkleinert man das Galerie-Bedienfeld durch Klicken auf die Bedienfeldbezeichnung, so wird die Liste auf ein Dropdown-Menü zusammengeschrumpft. Die Vorlagen lassen sich dann auch auswählen, ohne das Bedienfeld wieder auszuklappen.

11.1.4 Webgalerien in Flash

Flash ist eine eigenständige Technologie, die mit Vektorgrafiken erstellte Animationen über eine Scriptsprache steuert. Diese Sprache mit dem Namen ActionScript reagiert auf Eingaben über die Maus oder Tastatur und besitzt Ähnlichkeiten mit JavaScript. Abgespielt werden die Animationen über eine eigene Player-Software oder über ein Plug-in im Webbrowser. Flash wurde über viele Jahre immer wieder verbessert und ist heute eine Standardanwendung für multimediale Webpräsentationen.

Inhalte von Flash-Dateien sind nicht zwingend statisch wie bei einfachen HTML-Lösungen. Sie können auch dynamisch zugeladen werden. Dabei werden Bilder und Texte nicht in der Flash-Datei selbst abgelegt, sondern liegen als externe Dateien vor. Beim Abspielen werden dann nur die jeweiligen Daten ausgelesen und nachgeladen.

Auch die Flash-Galerie in Lightroom arbeitet nach diesem Verfahren. Die Bilder werden dabei in unterschiedlichen Größen in einem eigenen Ordner abgelegt. Die für die Anzeige zuständigen Angaben – etwa Galeriename oder Bildbeschreibung – werden in einer XML-Datei (Extensible Markup Language) abgespeichert. Das eigentliche Authoring-Programm, das bei Lightroom im Hintergrund abläuft, beinhaltet das Design und die Funktionalität dafür, wie Bilder dargestellt oder überblendet werden. Beim Abspielen der Flash-Datei wird dann die XML-Datei ausgelesen, und die Angaben werden entsprechend verarbeitet.

11.1.5 Vorteile einer Flash-Galerie

▶ Jeder Browser stellt die Galerie gleich dar. Es gibt keine Abweichungen von der Darstellung im Lightroom-Ansichtsfenster.
▶ Die Bilder können weich ineinander überblendet werden.

- Die Galerie kann als automatische Diashow von selbst ablaufen.
- Die Bilder können mit Flash zwar betrachtet, aber nicht heruntergeladen werden.
- Der Programmcode kann nicht eingesehen werden und muss auch nicht bearbeitet werden.

11.1.6 Nachteile einer Flash-Galerie

- Es wird ein Plug-in benötigt. Eventuell werden Flash-Dateien durch eine Firewall aufseiten des Benutzers herausgefiltert.
- Es ist nicht möglich, Bilder zum Herunterladen bereitzustellen.
- Der Programmcode muss erst geladen werden – das verzögert die Darstellung.
- Änderungen am Design sind auch mit Flash-Kenntnissen nicht möglich, da die Galeriedatei nicht zu öffnen ist.

▼ Abbildung 11.6
Inhalte und Angaben wie Titel, Beschreibung und Metadaten werden in der Flash-Galerie über externe XML-Dateien angegeben. Lightroom muss nur die Bilder und Informationen exportieren. Die Flash-Anwendung selbst bleibt unberührt.

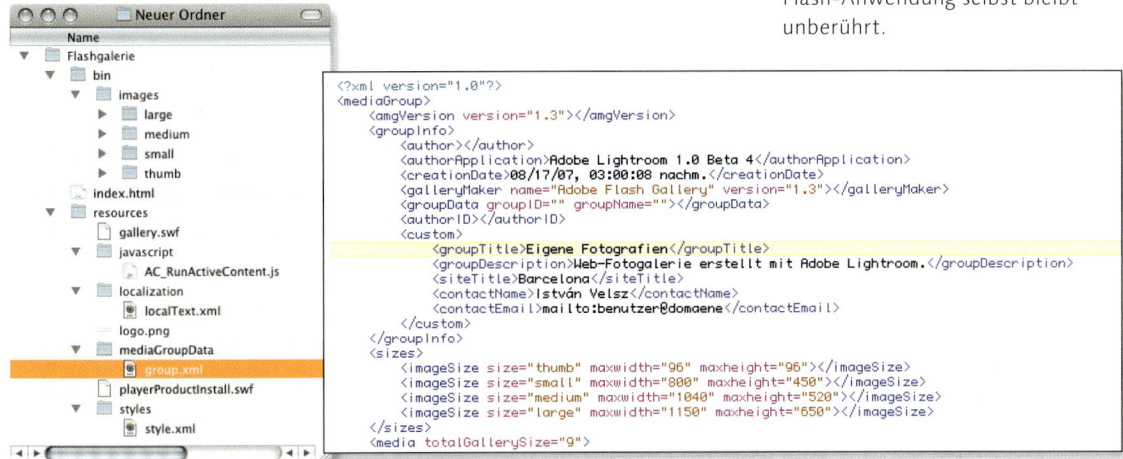

11.1.7 Wer die Wahl hat ...

Beide Varianten haben ihre bevorzugten Einsatzgebiete. So werden HTML-Galerien überwiegend in der Kommunikation mit Kunden verwendet. Dieser kann die Bilder dann auf seinem Rechner speichern und verarbeiten, etwa für eigene Entwürfe. Flash-Galerien eignen sich eher für eine Webpräsentation mit einer professionellen Bilderschau, die sich an einen offenen Benutzerkreis richtet.

11.2 Alternative Webgalerien

Lightroom bietet bisher keine Schnittstelle, um Plug-ins in die Software zu integrieren und somit die Funktionalität zu erweitern. Bei Webgalerien sieht das anders aus. Im Internet gibt es zahlreiche Galeriedesigns zum Herunterladen. Diese werden dann quasi als

TIPP

Auf *www.lightroomgalleries.com* findet man Webgalerien und Beschreibungen zum Erstellen eigener Galerien – HTML- und Flash-Kenntnisse werden vorausgesetzt.

▼ Abbildung 11.7
Zwei Beispiele alternativer Flash-Galerien. Diese werden in das Vorlagenverzeichnis gelegt und können auch innerhalb von Lightroom in der Vorschau betrachtet werden.

komplexe Vorlagen in Lightroom installiert und können dort benutzt werden. Die Vorgaben darin – die Layouts und das Verhalten der Galerieanwendung – stecken in ihrer Programmierung und Funktionalität. Lightroom greift nicht direkt darauf zu, sondern exportiert nur die Bilder und die zugehörigen Informationen. Die Flash- oder HTML-Dateien bilden lediglich den Darstellungsrahmen und müssen von Lightroom nicht angepasst werden.

Die meisten alternativen Galerievorlagen im Internet sind kostenlos. Es gibt sogar Entwickler, die an Galerien für die kommerzielle Online-Vermarktung von Bildern arbeiten und PayPal-Bezahlfunktionen integrieren. Wöchentlich erscheinen neue Galerievarianten. Es lohnt sich immer, nach neuen Versionen Ausschau zu halten.

Schritt für Schritt: Installation einer alternativen Webgalerie

1 **Download-Datei entpacken**

Haben Sie eine Galerie aus dem Internet heruntergeladen, müssen Sie zuerst die Datei, meist ein ZIP-Archiv, entpacken. Dabei wird ein Ordner mit dem Namen der Galerie erzeugt. Benennen Sie den Ordner um oder generieren Sie einen neuen, müssen Sie darauf achten, dass der Name keine Leer-, Sonderzeichen oder Umlaute besitzt.

▲ Abbildung 11.8
Die heruntergeladene ZIP-Datei wird in einen Ordner entpackt und enthält alle nötigen Dateien zum Erstellen einer Galerie. Dieser muss in den Webgalerie-Ordner von Lightroom verschoben werden.

2 **In Vorgabenordner verschieben**

Der Ordner mit der neuen Galerie wird nun im Ordner WEB GALLERIES abgelegt. Dieser befindet sich auf dem Mac beim jeweiligen Benutzer unter LIBRARY/APPLICATION SUPPORT/ADOBE/LIGHTROOM. Unter Microsoft Windows liegt er unter DOKUMENTE UND EINSTELLUNGEN/{BENUTZERNAME}/ANWENDUNGDATEIEN/ADOBE/LIGHTROOM. ■

Nicht alle Flash-Galerien sind so entwickelt, dass sie in Lightroom eine Vorschau darstellen können. Andere Galerien besitzen wiederum einen HTML-Teil. Dieser beinhaltet meist den Rahmen mit der Erkennungstafel und der Galeriebeschreibung, die um die Flash-Galerie herum eingeblendet wird. Manche Galerien haben auch Probleme mit Umlauten. Andere sind wieder nicht so perfekt programmiert oder wurden ursprünglich nicht für den Einsatz mit Lightroom entwickelt. Wenn Sie also Galerien aus dem Internet herunterladen, lesen Sie die Beschreibungen genau durch.

▲ **Abbildung 11.9**
Umfang, Art und Zusammenstellung der Bedienfelder sind abhängig von der Programmierung der jeweiligen Galerie.

Jede Galerie besitzt ihre eigenen Einstellungsparameter. Je nach Galerie können Hintergrundfarben, Texte, Bildanordnung oder Diashow-Intervalle angegeben werden. Dies alles wird über eine Parameterdatei (galleryMaker.xml) in der Galerievorlage bestimmt.

11.3 Bildauswahl für eine Webgalerie

Grundsätzlich stehen in Lightroom für eine Webgalerie alle Bilder zur Verfügung, die im Web-Modul unten im Filmstreifen angezeigt werden. Die Selektion kann weiter eingeschränkt werden, indem man dort einzelne Bilder auswählt. Die Auswahl erfolgt analog zu den Ausgabemodulen Diashow und Drucken. Lesen Sie hierzu auch den Abschnitt auf Seite 331.

◀ **Abbildung 11.10**
Über die Werkzeugleiste können Sie angeben, welche Bilder in der Webgalerie angezeigt werden sollen.

In der Werkzeugleiste können Sie wählen, ob Sie alle Bilder des Filmstreifens, nur die ausgewählten oder alle, die mit einer Markierung

▲ Abbildung 11.11
Webgalerien werden im Sammlungen-Bedienfeld mit einem Raster-Symbol gekennzeichnet.

versehen sind, verwenden möchten. Dazu klicken Sie auf den angezeigten Menüpunkt neben dem Begriff Verwenden in der Werkzeugleiste und wählen die gewünschte Option aus. Diese Auswahl beeinflusst auch das Dialogfeld zum Erstellen einer Sammlung.

Für Flash-Galerien, die auch als Diashow betrachtet werden können oder die die Bilder hintereinander anzeigen, ist es wichtig, eine dramaturgisch sinnvolle Abfolge der Fotos festzulegen. Denn normalerweise erfolgt die Sortierung der Bilder in einer Kollektion oder in einem Album nach formalen Kriterien wie Dateinamen, Erstellungsdatum oder anderen Informationen. So werden sie dann auch in der Bibliothek und in der Webgalerie angezeigt.

Nur in einer Sammlung können Sie Bilder in eine neue, selbst gewählte Reihenfolge bringen. Sie können jederzeit aus einer Bildauswahl im Web-Modul eine Sammlung generieren. Wenn Sie das aus dem Web-Modul erledigen, können Sie eine spezielle Websammlung erstellen. Dann speichert diese auch die Einstellungen der aktuellen Galerie mit ab.

Abbildung 11.12 ▶
Erstellt man statt eines Sammlungssatzes eine Webgalerie, werden alle Parameter in dieser Galerie gespeichert.

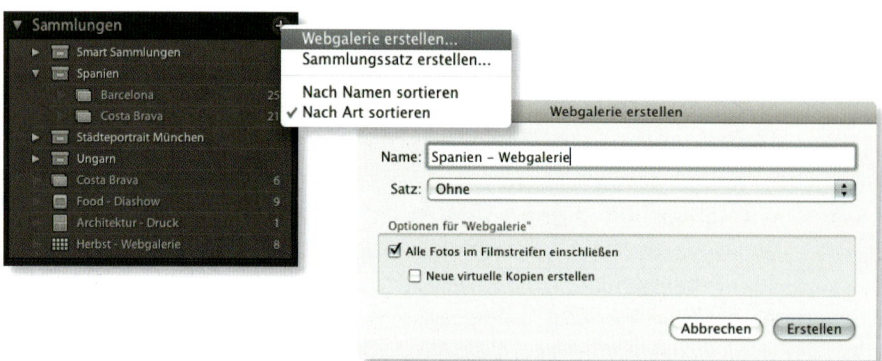

Webgalerie-Sammlung erstellen | Haben Sie in der Bibliothek einen Ordner ausgewählt und wechseln in das Web-Modul, wird dieser Ordner im Filmstreifen angezeigt. Sie können jetzt Bilder auswählen oder die Einstellungen Ihrer Galerie vornehmen. Die Reihenfolge spielt dabei keine Rolle.

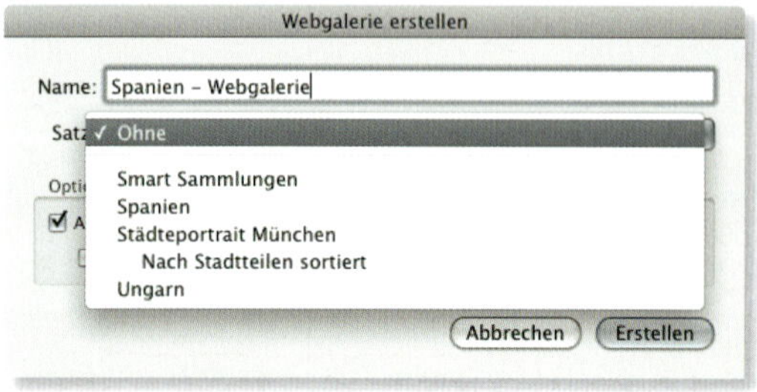

Um eine Webgalerie zu speichern, klicken Sie auf das ▦-Symbol neben dem linken Bedienfeld Sammlungen und wählen aus dem Dropdown-Menü den Punkt Webgalerie erstellen. Vergeben Sie dann einen Namen für die Galerie.

Je nachdem welche Option Sie als Verwendung in der Werkzeugleiste ausgewählt haben, können Sie alle Bilder, nur ausgewählte oder nur markierte Bilder über das Optionen-Kontrollkästchen der Webgalerie hinzufügen.

▲ Abbildung 11.13
Über das Dropdown-Menü Satz kann man die Webgalerie innerhalb eines Sammlungsordners erstellen.

Die hinzugefügten Bilder können Sie auf Wunsch diese auch als virtuelle Kopien der Webgalerie zuordnen. Das hat den Vorteil, dass Sie diesen Bildern eigene Entwicklungseinstellungen zuweisen können, ohne die Originale zu beeinflussen. So können Sie unter anderem eigene Beschneidungen für die Bilder der Webgalerie durchführen.

Solange die Webgalerie im Bedienfeld ausgewählt ist, werden alle Einstellungen, die im rechten Bedienfeld vorgenommen werden, in der Sammlung gespeichert.

Neue Bilder können einfach per Drag and Drop zur Sammlung hinzugefügt werden. Dies kann auch aus jeder anderen Sammlung, zum Beispiel einer Druck- oder Diashow-Sammlung heraus geschehen. Dabei kann man aber keine virtuellen Kopien erstellen lassen (siehe Seite 174). Dies muss man dann vorher per Hand erledigen.

(siehe Seite 174)

11.4 Konfigurieren von Flash-Galerien

Wie bereits erwähnt, besitzt jede Galerie ihr eigenes Parameterset, das sich von Fall zu Fall unterscheidet. Beispielhaft sollen hier die Parameter der vorinstallierten Lightroom-Flash-Galerie erläutert werden. Diese finden Sie in ähnlicher Form in allen Webgalerien. Es sollte mit der folgenden Beschreibung daher kein Problem sein, auch alternative Flash-Galerien zu konfigurieren.

11.4.1 Bedienfeld »Site-Informationen«

Das erste Bedienfeld in der rechten Palette legt die allgemeinen Informationen für die Website fest, die Sie mit der Galerie erstellen. Sie erscheinen alle in Flash – es sei denn, Sie arbeiten mit einer Flash-Galerie, die diese Daten in ein übergeordnetes HTML-Dokument schreibt.

Titel der Website | Dies ist die Hauptüberschrift. Sie wird nur dann angezeigt, wenn keine Erkennungstafel eingeblendet wird. Der Titel kann ein übergeordneter Begriff für mehrere Sammlungen sein – etwa »Städteportraits« – oder aus einem Titel Ihrer Website stammen, zum Beispiel »Auge > Linse > Pixel«.

Titel der Sammlung | Dies ist der Titel der aktuellen Galerie oder Kollektion, die Sie präsentieren. Wenn Sie als Titel der Website bei-

▲ **Abbildung 11.14**
Das Bedienfeld zu den Informationen der Galerie wie Titel und Beschreibung

▼ **Abbildung 11.15**
Die Site-Informationen stellen die allgemeinen Angaben zur Galerie wie Titel, Autor etc. bereit. Diese werden oberhalb der Bilder eingeblendet.

spielsweise »Städteportraits« verwendet haben, kann im Titel der Sammlung der Name der Stadt, zum Beispiel »Barcelona«, stehen.

Beschreibung der Sammlung | In diesem Textfeld können Sie die Galerie näher beschreiben und auch Copyright-Hinweise hinterlegen. Die Beschreibung wird auf einer eigenen Seite in der Galerie angezeigt.

Klicken Sie dafür in der Galerie-Vorschau auf den Menüpunkt ANSICHT, und wählen Sie aus dem Dropdown-Menü den Befehl ÜBER DIESE FOTOS aus.

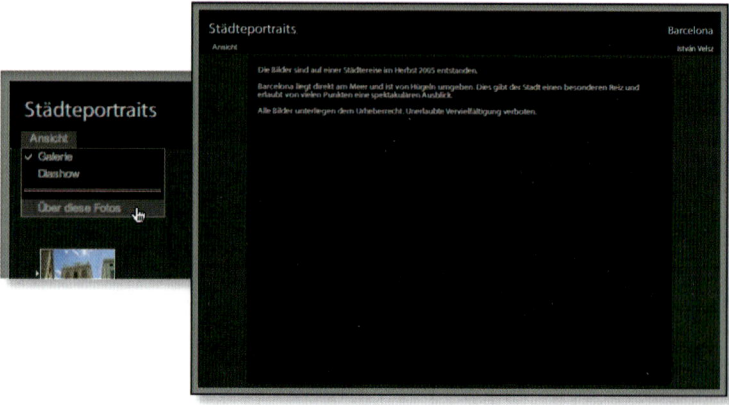

Kontaktdaten | Hier können Sie den Namen des Administrators oder des Fotografen angeben. Alternativ ist auch der Titel der Website denkbar.

Web- oder E-Mail-Link | Hier geben Sie den Hyperlink an, auf den die Kontaktdaten verweisen sollen. Wollen Sie keinen solchen Link erzeugen, so lassen Sie das Feld einfach leer – oder besser noch, Sie löschen den voreingestellten Wert. Sonst führt der Link ins Nirwana.

Geben Sie eine E-Mail-Adresse an, so fügt Lightroom in die Verknüpfung den Code »mailto:« ein. Auf einen Klick hin öffnet sich direkt ein Nachricht-erstellen-Fenster mit der richtigen Adresse.

11.4.2 Bedienfeld »Farbpalette«

Hier lassen sich die Farben sämtlicher Elemente in der Flash-Galerie anpassen. Die Einträge bedeuten im Einzelnen:

▶ Mit TEXT verändern Sie die Farbe des Textes unter dem Bild, die der Seitennummer und die des Textes auf der Beschreibungsseite ❾.

▶ Die Option KOPFZEILENTEXT bezieht sich auf die Farbe des Textes, der in der Kopfzeile steht ❷.

▶ TEXT färbt werden die Bildinformationen ein ❾.

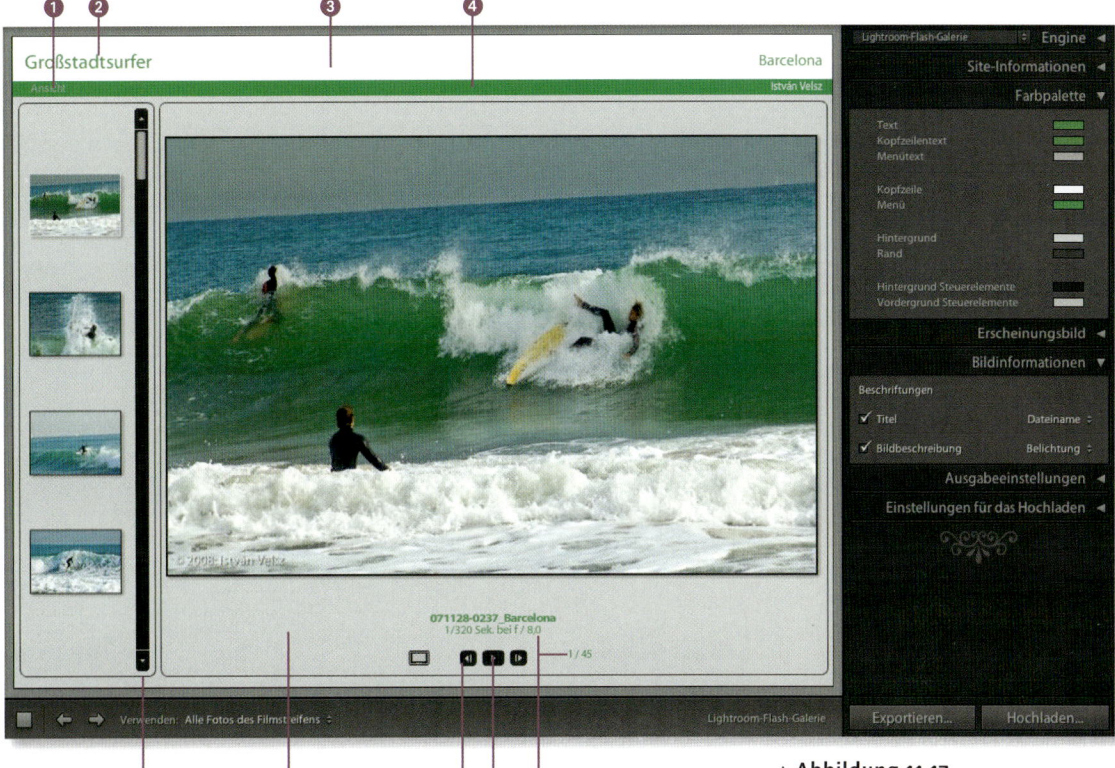

▲ Abbildung 11.17
Alle Farben der Flash-Galerie
können über die FARBPALETTE
angepasst werden.

▶ KOPFZEILENTEXT färbt die Texte im Titelbalken der Galerie ❷.

▶ MENÜTEXT färbt den Text im Ansichtsmenü und im Kontaktfeld unterhalb der Kopfleiste ein ❶.

▶ KOPFZEILE färbt nicht den Text, sondern den Kopfbalken hinter dem Kopfzeilentext ❸.

▶ MENÜ stellt die Hintergrundfarbe für das Menü unterhalb der Kopfzeile ein ❹.

▶ HINTERGRUND definiert die Hintergrundfarbe des Hauptbereichs hinter dem Bild und hinter der Bildlaufleiste ❻.

▶ RAND stellt die Farbe des Rahmens ein, der um Bild und Bildlaufleiste gezogen wird ❺.

▶ HINTERGRUND STEUERELEMENTE bezeichnet die Hintergrundfarbe der Tasten VORHERIGES BILD, NÄCHSTES BILD, DIASHOW ABSPIELEN und DIASHOW ANZEIGEN ❼.

▶ Analog färben Sie mit VORDERGRUND STEUERELEMENTE die Symbole der Tasten ein ❽.

11.4.3 Bedienfeld »Erscheinungsbild«

Über dieses Bedienfeld lässt sich die Seitenaufteilung zwischen Hauptbild und Miniaturbildern anpassen. Zusätzlich kann anstelle des Titels der Galerie auch die Erkennungstafel eingeblendet werden.

▲ Abbildung 11.18
Andere Farben erzeugen einen ganz anderen Eindruck.

Damit die Bilder auch auf großen Monitoren optimal betrachtet werden können, kann man die Größe der kleinen Thumbnails und des aktuell dargestellten Bildes auch ganz exakt vorgeben. Die Parameter und ihre Optionen im Einzelnen:

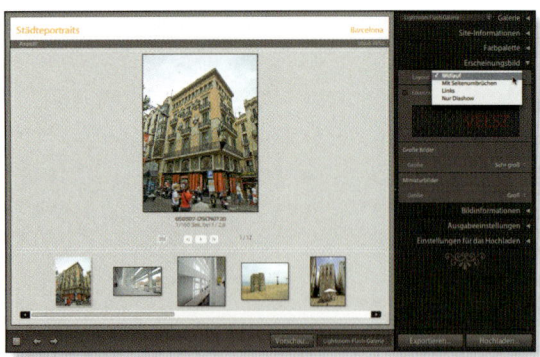

▲ **Abbildung 11.19**
Layoutvariante BILDLAUF

▲ **Abbildung 11.20**
Layoutvariante MIT SEITENUMBRÜCHEN

▲ **Abbildung 11.21**
Layoutvariante LINKS

▲ **Abbildung 11.22**
Layoutvariante NUR DIASHOW

Layout | Für die Flash-Galerie stellt Ihnen Lightroom vier Layoutvarianten zur Verfügung. Diese können über das Dropdown-Menü ausgewählt werden, das sich öffnet, wenn Sie auf die Bezeichnung des aktuellen Layouts – rechts neben dem Parameter LAYOUT – klicken.

▶ **Bildlauf:** Diese Variante eignet sich nur für flache Querformat- oder Panoramabilder. Die Bildlaufleiste nimmt bei Hochformaten zu viel Platz weg – vor allem auf Breitbildmonitoren.

▶ **Mit Seitenumbrüchen:** Diese Variante ist geeignet für Galerien mit vielen Bildern und gemischten Formaten. Es erfolgt damit eine bessere Darstellung auf Breitbildmonitoren, da die Trennung zwischen Miniaturbildern und Bildansicht immer in der Mitte verläuft. Je größer die Anzeige, umso mehr Miniaturbilder werden in der Übersicht angezeigt.

- **Links:** Dies ist die Standardansicht. Hier befindet sich die Bildlaufleiste links von der Bildansicht. Diese Variante gewährleistet eine optimale Darstellung auf allen Monitoren. Sie ist nur dann ungünstig, wenn der Betrachter den Browser sehr schmal und hoch ausrichtet. In diesem Fall würde sich die Layoutvariante BILDLAUF besser eignen.
- **Nur Diashow:** Diese Layoutvariante verzichtet komplett auf die Darstellung von Miniaturbildern.

Die Layoutvariante NUR DIASHOW kann auch während des Betrachtens der Galerie aktiviert werden. Dazu klicken Sie die Taste DIASHOW ANZEIGEN. Möchten Sie die Miniaturen einblenden, klicken Sie die Taste GALERIE ANZEIGEN, die dann anstelle von DIASHOW dargestellt wird.

Die Diashow lässt sich auch als selbstablaufende Präsentation abspielen. Dazu klicken Sie auf die Taste DIASHOW ABSPIELEN. Diese wandelt sich dann zur Taste DIASHOW ANHALTEN.

Mit den Pfeiltasten neben dem Abspielknopf können Sie zwischen den Bildern hin- und herblättern – unabhängig davon, ob die Diashow läuft oder nicht.

Erkennungstafel | Haben Sie eine Erkennungstafel konfiguriert, können Sie auch diese anstelle des Titels einblenden. Die aktuell gewählte Tafel sehen Sie im kleinen Vorschaufenster im Bedienfeld. Haben Sie mehrere Erkennungstafeln konfiguriert, können Sie diese über das Menü AUSWAHL, das sich durch Anklicken des kleinen Dreiecks in der Erkennungstafel-Vorschau öffnet, auswählen.

▲ **Abbildung 11.23**
Bedienelemente der Flash-Galerie

	DIASHOW ANZEIGEN
	GALERIE ANZEIGEN
	NÄCHSTES BILD
	VORHERIGES BILD
	DIASHOW ABSPIELEN
	DIASHOW ANHALTEN

▼ **Abbildung 11.24**
Die Erkennungstafel kann anstelle des Titels eingeblendet werden.

 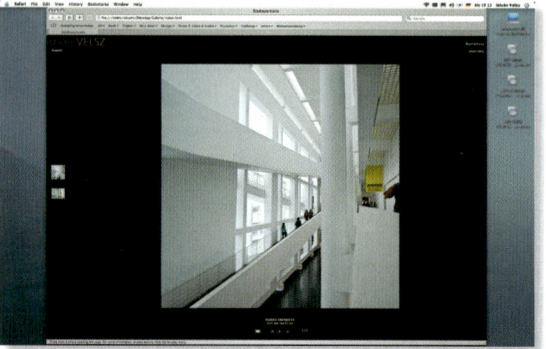

▲ Abbildung 11.25
Bei Verwendung der Bilddarstellung »sehr groß« werden die Bilder mit dem Browserfenster skaliert und auch bei hoher Auflösung bildschirmfüllend dargestellt.

Große Bilder | Die Darstellungsgröße der Einzelbilder kann vom Betrachter durch Vergrößern bzw. Verkleinern des Browserfensters variiert werden. Damit die Darstellungsqualität immer optimal bleibt, werden ab einer gewissen Größe automatisch höher aufgelöste Bildversionen für die Darstellung verwendet. Bei kleineren Darstellungen reichen wiederum niedrig aufgelöste Bilder aus. Maximal werden von Lightroom in der Webgalerie vier Bildgrößen für jedes Foto berechnet. Der Vorteil ist ein schnelles Nachladen der Bilder bei geringeren Auflösungen. Wer die Bilder in hoher Auflösung und damit in bester Qualität sehen will, ist am ehesten bereit, etwas länger darauf zu warten.

Daher könnte man nun meinen, dass man die Bilder in möglichst hoher Auflösung bereitstellen sollte. Das hat aber auch Nachteile, z.B. die langen Hochladezeiten. Außerdem dauert das Laden im Browser zusätzlich unnötig lange. Das Beschränken der Bildgröße auf eine niedrigere Auflösung reduziert auch für Sie den Zeitaufwand beim Hochladen der Galerie auf den Webserver. Außerdem können solche Bilder dann nicht in hoher Auflösung per Screenshot vom Monitor abfotografiert und illegal weiterverwendet werden.

▼ Abbildung 11.26
Die Größe der Miniaturbilder kann in vier Stufen angegeben werden – links die größte und rechts die kleinste Variante.

Miniaturbilder | Bei den Miniaturbildern verhält sich das ein wenig anders. Diese werden nicht mit dem Browserfenster vergrößert bzw. verkleinert. Über das Dropdown-Menü legen Sie die absolute Größe der Thumbnails in der Bildlaufleiste fest.

 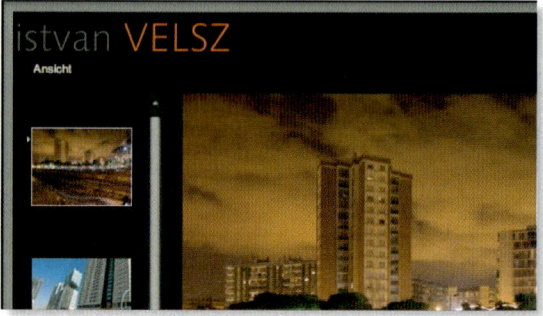

11.4.4 Bedienfeld »Bildinformationen«

Unter den Bildern in der großen Zentralansicht können Informationen aus bis zu zwei verschiedenen Textfeldern eingeblendet werden. Diese können entweder aus benutzerdefiniertem Text oder aus Metainformationen bestehen.

▼ **Abbildung 11.27**
Die BILDINFORMATIONEN werden unter dem Bild platziert.

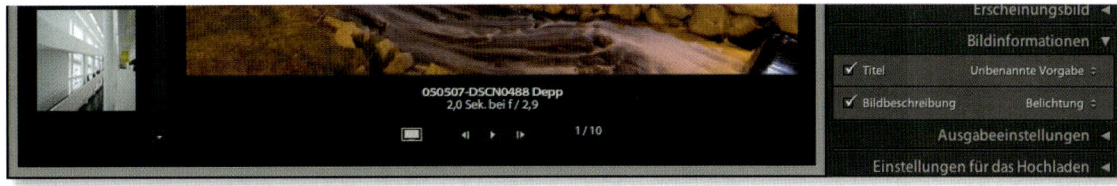

Titel | Diese Information steht direkt unter dem Bild und wird fett gedruckt dargestellt.

Bildbeschreibung | Diese steht direkt unter dem Titel. Sie wird in einem regulären Schriftschnitt angezeigt. Sie können aus dem Dropdown-Menü eine Vorgabe auswählen oder eine eigene Info oben in das Textfeld schreiben. Die Konfiguration der Bildinformation ist in Lightroom modulübergreifend. Wenn Sie also bereits im Modul Diashow oder Drucken eine Fotoinfo erstellt haben, so können Sie diese auch hier auswählen. Wenn Sie jetzt eine Fotoinfo erstellen möchten, blättern Sie zurück auf Seite 355.

▼ **Abbildung 11.28**
Die BILDINFORMATIONEN können aus einer bereits erstellten Textvorlage bestehen oder neu erstellt werden. Die Textvorlagen aus den anderen Modulen stehen auch hier zur Verfügung.

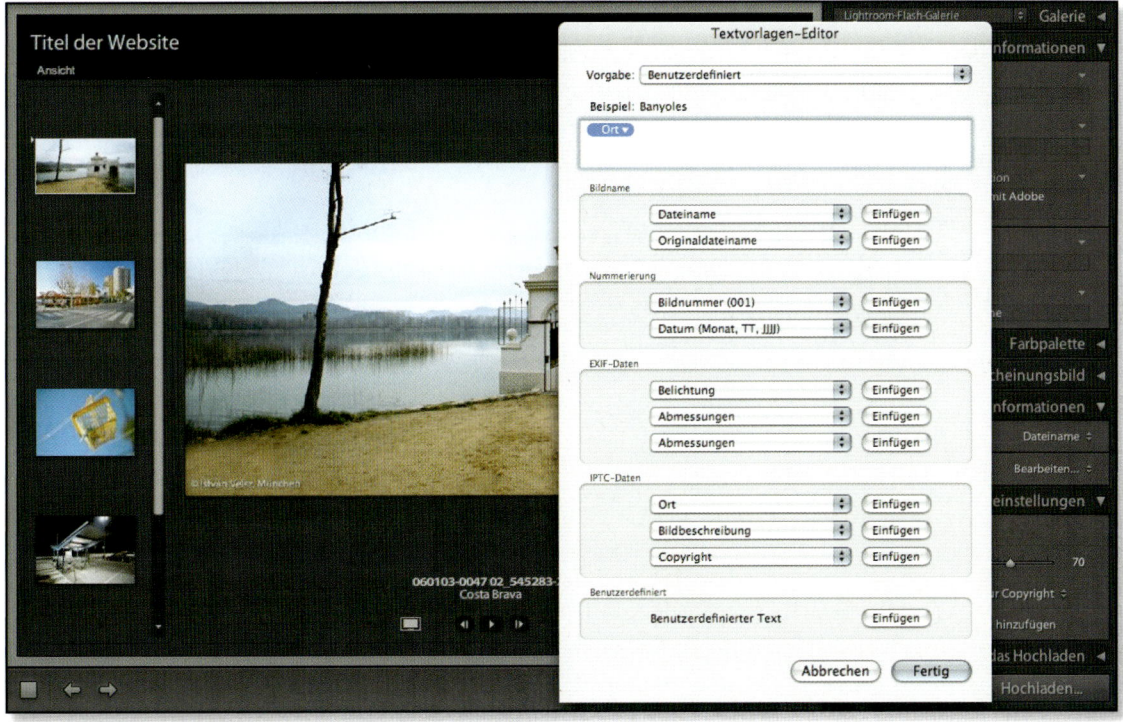

11.4.5 Bedienfeld »Ausgabeeinstellungen«

Die Bilder, die in der Flash-Galerie angezeigt werden, liegen als externe JPEG-Dateien in einem gesonderten Verzeichnis und werden von der Anwendung je nach Bedarf nachgeladen. Dateigröße und Qualität sind daher vom Kompressionsgrad beim Export abhängig. Zusätzlich können auch Metadaten in die JPEG-Dateien geschrieben werden. Es gibt folgende Einstellungen:

Qualität | Dieser Schieberegler bestimmt die JPEG-Qualität der Bilder. Je niedriger der Wert, umso größer ist die Kompression, aber umso schlechter wiederum die Bildqualität. Ein Wert um »75« stellt einen guten Kompromiss zwischen Qualität und Dateigröße dar.

Metadaten | Diese Option schreibt entweder nur die Copyright-Information oder aber gleich alle möglichen Metadaten – also auch Stichwörter, IPTC- und EXIF-Informationen – in das Bild. Dies garantiert, dass beispielsweise Copyright-Hinweise und der Name des Fotografen auch in Bildern erhalten bleiben, wenn diese von der Website heruntergeladen werden.

▼ **Abbildung 11.29**
Das Copyright aus den IPTC-Informationen wird in das Bild »eingebrannt«.

Copyright-Wasserzeichen hinzufügen | Hiermit schreiben Sie über das Bild die Copyright-Information, die im Feld COPYRIGHT in den IPTC-Daten steht. Sie wird in das Bild hineingeschrieben und kann nicht einfach daraus entfernt werden. Sie sollten diese Möglichkeit unbedingt nutzen, wenn Sie nicht darauf verzichten wollen, hochaufgelöste Bilder ins Netz zu stellen. Das Wasserzeichen wird immer in der linken unteren Ecke platziert.

Schärfen | Beim Verkleinern und Komprimieren der Bilder für die Webgalerie gehen oft feine Details verloren. Das Schärfen verbessert den Detaileindruck. Die Bilder erhalten mehr Tiefenwirkung.

Sie haben die Möglichkeit, aus drei unterschiedlichen Schärfegraden zu wählen oder es über das Kontrollkästchen komplett abzuschalten. Der Effekt wird aber erst in der exportierten Webgalerie sichtbar, da der Filter erst beim Exportieren angewendet wird.

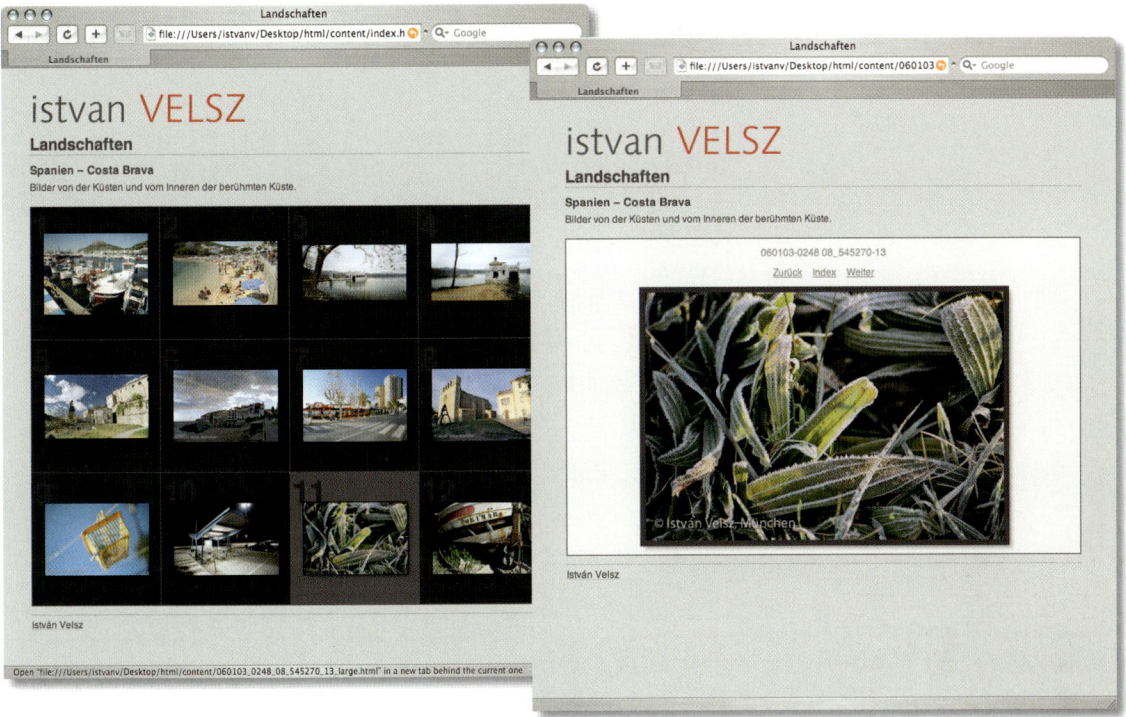

▲ **Abbildung 11.30**
Beispiel einer HTML-Galerie mit
Index- und Detailseite

11.5   Konfigurieren von HTML-Galerien

Haben Sie bereits eine Flash-Galerie erstellt, so ist es ein Leichtes,
auch eine HTML-Galerie zu bauen. Die Bedienfelder sind größten-
teils identisch. Im Hintergrund geschieht jedoch etwas anderes:
HTML-Galerien werden in der »Sprache« des Internets erstellt und
können auch ohne Flash-Plug-in betrachtet werden. Neben HTML
kommen die Technologien JavaScript und CSS (Cascading Style
Sheets) zum Einsatz, was einen Internetbrowser voraussetzt, der
nicht allzu alt ist.

Eine HTML-Galerie sieht auch etwas anders aus als eine Flash-
Galerie. Sie besteht aus zwei unterschiedlichen Arten von Webseiten:
Der Betrachter sieht zuerst eine reine Indexseite mit einer Thumb-
nail-Übersicht der Bildergalerie. Klickt er eines der Thumbnails an,
gelangt er auf die Detailseite des gewünschten Bildes, auf der dann
dieses allein angezeigt wird. Die Bildauswahl und die Betrachtung in
einer hohen Auflösung geschehen also getrennt voneinander – und
nicht in einem Fenster kombiniert wie in der Flash-Galerie.

Im Wesentlichen besteht eine HTML-Galerie aber aus denselben
Bestandteilen wie eine Flash-Galerie. Und auch viele Einstellungen
sind ähnlich. Wir werden hier daher nicht alles ausführlich wiederholen, sondern nur erklären, welche Unterschiede es zwischen den
Galeriearten gibt.

11.5.1 Bedienfeld »Site-Informationen«

Dieses Bedienfeld bietet eine Eingabemöglichkeit für die Rahmeninformationen der Galerie. Die Eingabefelder sind dieselben wie bei der Flash-Galerie – mit einem Unterschied: Bei der HTML-Galerie wird auch die Konfiguration der Erkennungstafel in diesem Bedienfeld vorgenommen. Auch die Anzeige der Informationen zu den Bildern in der Galerie unterscheidet sich deutlich von der Flash-Variante.

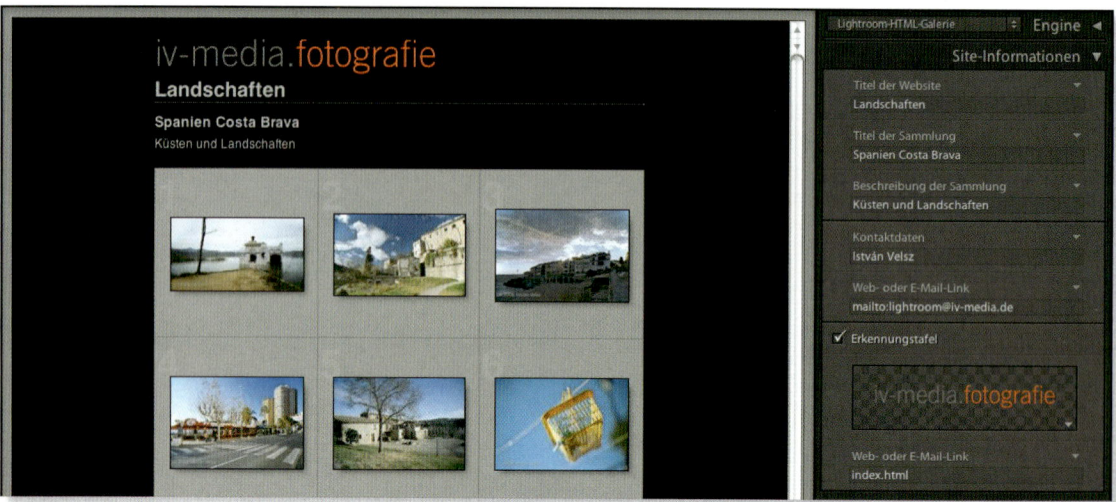

◄ **Abbildung 11.31**
Die SITE-INFORMATIONEN stellen die allgemeinen Angaben zur Galerie bereit und werden in der HTML-Galerie über den Bildern angezeigt – sowohl auf Index- als auch auf Detailseiten.

Titel der Website | Die Hauptüberschrift der HTML-Galerie wird auf der Indexseite wie auch auf der Detailseite in einem eigenen Rahmen über den Bildern angezeigt – ebenso wie der TITEL DER SAMMLUNG.

Beschreibung der Sammlung | Die ausführlichere Beschreibung des Bildes, in der Sie auch einen Copyright-Hinweis hinterlassen können, wird auf der HTML-Seite ebenfalls direkt auf Index- und Detailseite, und zwar unter dem Titel der Sammlung angezeigt. In der Flash-Galerie ist dafür eine eigene Seite reserviert, die sich auf einen Klick hin öffnet.

Abbildung 11.32 ►
Die Kontaktinformation wird unter den Bildern angezeigt. Sie kann mit Links auf eine E-Mail-Adresse oder auf eine Website hinterlegt werden.

Kontaktdaten | Der Kontaktname rutscht in der HTML-Galerie nach unten links unter die Bildauswahl bzw. unter das Detailbild. Die Unterstreichung des Namens zeigt bereits an, dass er in der Regel verlinkt wird mit der Adresse, die man ins Feld WEB- ODER

E-Mail-Link eingibt. Nach einem Klick darauf öffnet sich beim Betrachter entweder ein neues Browserfenster (bei einer Webadresse mit »www.«) oder das E-Mail-Programm (bei einer Mailadresse mit »@«).

▲ Abbildung 11.33
Die Erkennungstafel wird über dem Titel eingeblendet.

Erkennungstafel | Die Erkennungstafel ist jetzt in das Bedienfeld SITE-INFORMATIONEN gewandert, wird aber bedient wie für eine Flash-Galerie. Angezeigt wird sie oben über dem Titel der Seite.

Mit einem Klick auf das kleine Dreieck in der Vorschau im Bedienfeld können Sie die Tafel bearbeiten oder eine andere Grafik dafür auswählen.

11.5.2 Bedienfeld »Farbpalette«

Die Farbpalette dient auch hier zum Einfärben sämtlicher sichtbarer Elemente in der Galerie. Die Parameter haben sich aber gegenüber der Flash-Galerie leicht verändert. Außerdem lassen sich einige Einstellungen getrennt nach Index- und Detailseite konfigurieren:

▶ Der Parameter TEXT gibt die Schriftfarbe für alle Textelemente vor, die in der HTML-Galerie außerhalb des Bildbereichs stehen – sowohl für die Index- als auch für die Detailseite ❶.

▶ Die Option DETAIL TEXT bezieht sich auf die Farbe des Textes, der im Bildbereich der Detailseite steht – also für die Bildbeschreibung und die Navigation ❼.

▶ Mit HINTERGRUND ist die Hintergrundfarbe von Index- und Detailseite gemeint ❺.

▲ Abbildung 11.34
Die Zellenfarbe lässt sich für das Maus-Rollover (rechts) getrennt vom Normalzustand (links) festlegen.

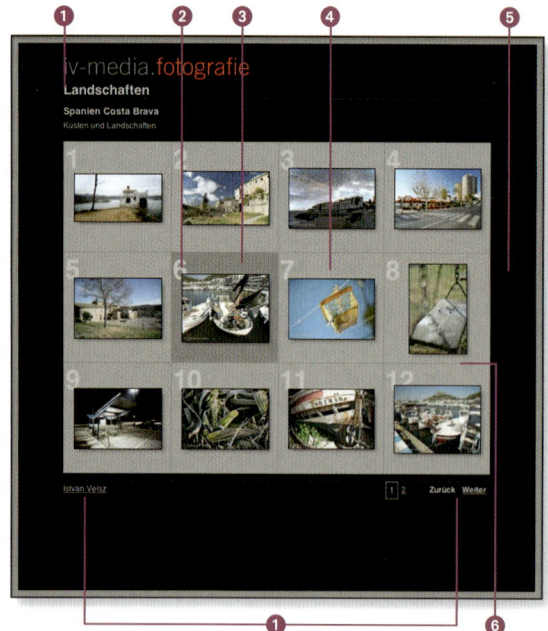

▲ **Abbildung 11.35**
Trotz weniger Parameter lässt sich die Farbdarstellung sehr flexibel steuern.

▶ Mit DETAIL HINTERGRUND stellen Sie die Farbe des Fonds im Bildbereich auf der Detailseite ein ❽.

▶ Die Farbe des Bildbereichs auf der Indexseite geben Sie über den Parameter ZELLEN vor ❹.

▶ ROLLOVER steht für die Farbe, die eine Zelle auf der Indexseite einnimmt, wenn der Betrachter mit der Maus darüberfährt ❸.

▶ Die RASTERLINIEN sind die kleinen Rahmen, die die Zellen auf der Indexseite voneinander trennen ❻.

▶ Auch den NUMMERN in den Zellen auf der Indexseite können Sie eine eigene Farbe verleihen ❷.

11.5.3 Bedienfeld »Erscheinungsbild«

Dieses Bedienfeld unterscheidet sich völlig von dem in der Flash-Galerie. Sie können hier eine ganze Reihe von Einstellungen am Design der HTML-Galerie durchführen. Die Parameter im Einzelnen:

Abbildung 11.36 ▶
Schlagschatten heben das Bild vom Hintergrund ab. Es fängt dadurch an zu »schweben«.

Den Fotos Schlagschatten hinzufügen | Der Schlagschatten hebt die Bilder optisch etwas vom Bildschirm ab. Sie scheinen vor dem Hintergrund zu schweben.

Abschnittsrahmen | Unter dem Titel und über der Kontaktinformation befindet sich eine gepunktete Linie. Dies ist der Abschnittsrahmen, der mithilfe des Kontrollkästchens ein- und ausgeblendet werden kann. Die Farbe lässt sich durch Anklicken des Farbauswahlrechtecks anpassen.

◄ **Abbildung 11.37**
Der Abschnittsrahmen ist eigentlich kein richtiger Rahmen, sondern eine gepunktete Linie. Links sehen Sie die Titelinformation mit, rechts ohne Abschnittsrahmen.

Rasterseiten | Die Rasteraufteilung für die Bilder auf der Indexseite lässt sich in diesem Feld vorgeben. Sie müssen dafür keine Werte für Zeile und Spalte angeben, sondern klicken einfach auf das entsprechende Feld in dem kleinen Raster, das die untere rechte Ecke der Indexseite bilden soll.

▼ **Abbildung 11.38**
Anzahl und Aufteilung der Rasterzellen können mit der Maus interaktiv aufgezogen werden.

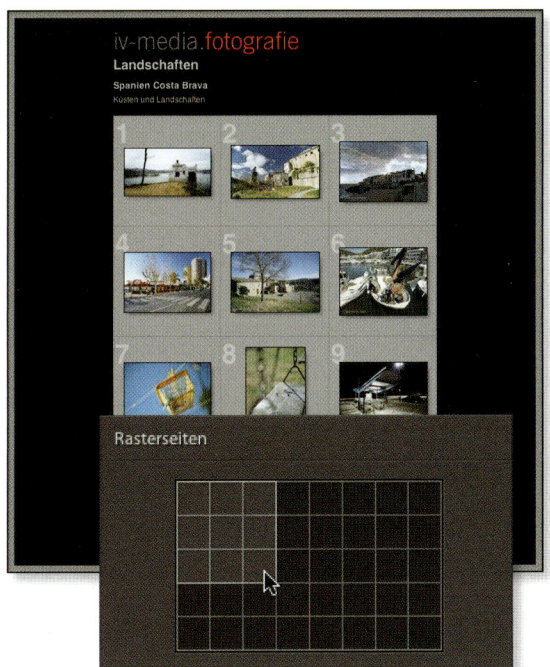 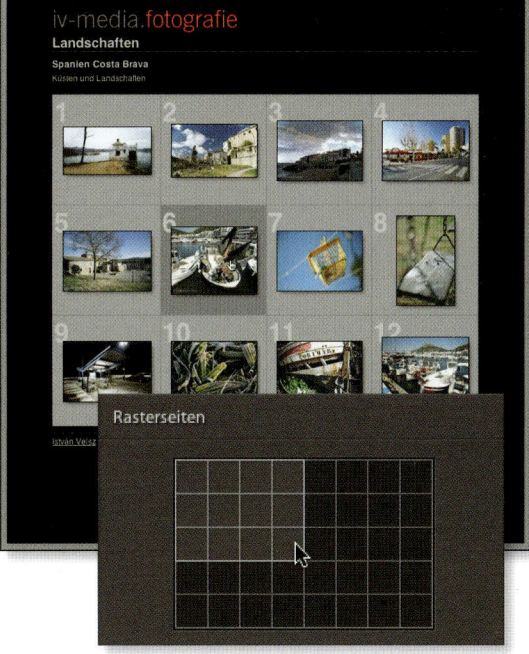

Beachten Sie dabei die Anzahl der Bilder, die Sie auf eine Indexseite bringen wollen. Möchten Sie beispielsweise zwölf Thumbnails darstellen, so klicken Sie auf das vierte Feld von links und
das dritte von oben. Oder auf das dritte von links und vierte von
oben. Die breite Version ist besser für querformatige, die schmale
gut für Hochformatbilder geeignet. Haben Sie eine gleichmäßige
Mischung an Formaten, wählen Sie als Raster am besten ein Quadrat, denn in ein solches passt gleichermaßen ein Hoch- wie auch
ein Querformatbild.

Das Raster ist beschränkt auf mindestens 3 x 3 und höchstens
8 x 5 Rasterzellen. Sind mehr Bilder für die Galerie ausgewählt, so
werden mehrere Indexseiten generiert. Diese können über die But-
tons unterhalb des Rasters durchgeblättert werden.

Zellennummern anzeigen | Mit diesem Kontrollkästchen können
Sie die Nummern in den Zellen ein- und ausblenden. Die Farbe der
Nummern wird im Bedienfeld Farbpalette mit dem Farbauswahl-
feld Nummern eingestellt.

Fotorahmen | Dieses Kontrollkästchen steuert die Darstellung des
Rahmens, der um die Thumbnails gezogen wird. Normalerweise ist
der Rahmen aktiviert. Die Farbe gibt man über die Farbauswahlbox
rechts neben dem Kontrollkästchen an.

Bildseiten | Dieser Teil des Bedienfeldes ist für die Bildeinstellungen
auf den Detailseiten zuständig. Damit Sie die Auswirkungen gleich

sehen können, rufen Sie am besten eine Vorschau auf, indem Sie auf der Indexseite auf ein Thumbnail klicken. Dies wird Ihnen auch durch das Warnsymbol am rechten Rand signalisiert.

► **Größe:** Hierüber geben Sie die Größe der Bilder auf den Detailseiten an. Dabei werden diese so skaliert, dass die längere Seite die hier eingestellte Pixelgröße besitzt. Normalerweise reicht eine Vorgabe von maximal 800 Pixeln aus. Damit benötigen Sie für Hochformatbilder einen Monitor, der mindestens 1 200 Pixel in der Höhe besitzt – das sind normalerweise Monitore ab 21 Zoll –, um das Bild komplett darzustellen. Eine solche Auflösung sollte man voraussetzen können.

► **Fotorahmen:** Wie bei den Thumbnails können Sie einen um die Bilder herumführenden Rahmen einblenden. Für die Detailseite können Sie auch die Breite des Rahmens einstellen. Die Farbe wird über das Farbauswahlfeld eingestellt. Der Rahmen ist eine HTML-Eigenschaft und muss daher nicht in das Bild eingerechnet werden.

Abbildung 11.42
Die BILDEINSTELLUNGEN legen die Größe der Bilder und die ihrer Rahmen auf den Detailseiten fest.

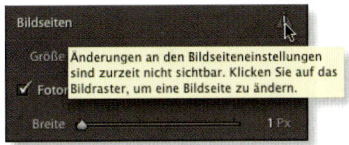

Abbildung 11.43
Das Warnsignal weist darauf hin, dass Sie erst auf eine Bildseite wechseln müssen, um die Einstellungen sehen zu können.

11.5.3 Bedienfeld »Bildinformationen« Wie auch in der Flash-Galerie können auf den Detailseiten der Bilder noch zusätzliche Informationen untergebracht werden – aus maximal zwei Quellen, die aus den Metadaten stammen können, oder aus der manuellen Eingabe eines benutzerdefinierten Textes. Die beiden Textfelder lauten:

Titel | Diese Textinformation ist die Bildüberschrift, in der Regel nimmt man hier den Dateinamen. Sie wird über dem Bild angezeigt.

Abbildung 11.44 ▶
Auf der Detailseite können zu
einem Bild auch noch Zusatzinformationen eingeblendet werden.

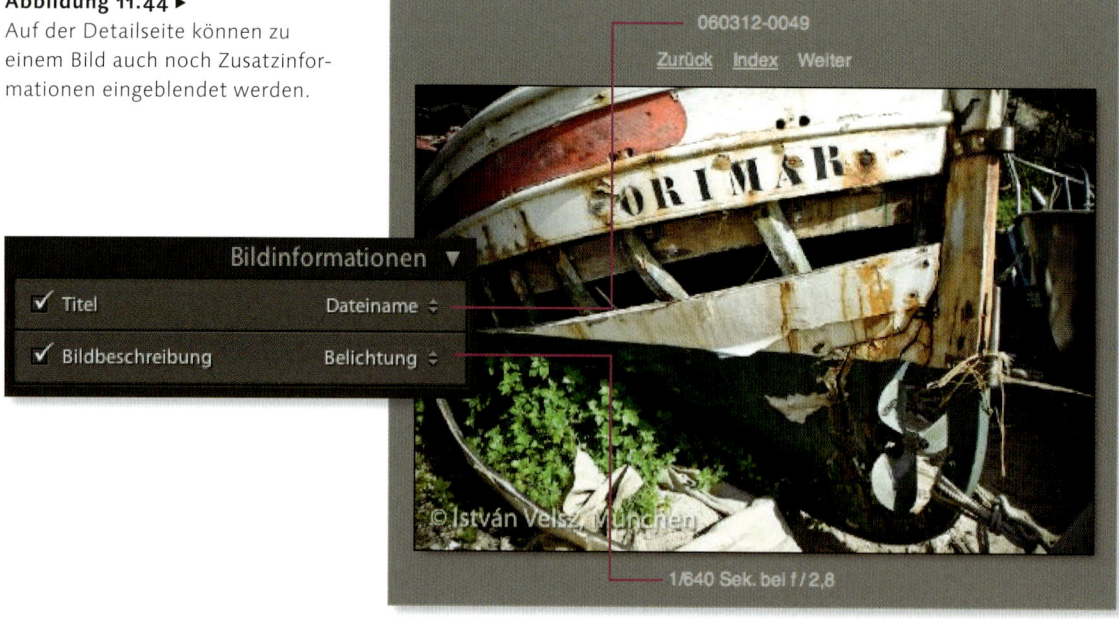

Bildbeschreibung | Hier müssen keine Daten stehen, Sie können
auch beliebigen Text eingeben. Achten Sie dabei darauf, dass die
Bildunterschrift nicht direkt unter dem Titel, sondern für sich allein
unter dem Bild eingeblendet wird.

▼ Abbildung 11.45
So setzen Sie die Bildbeschreibungen aus Metadatenfeldern
zusammen.

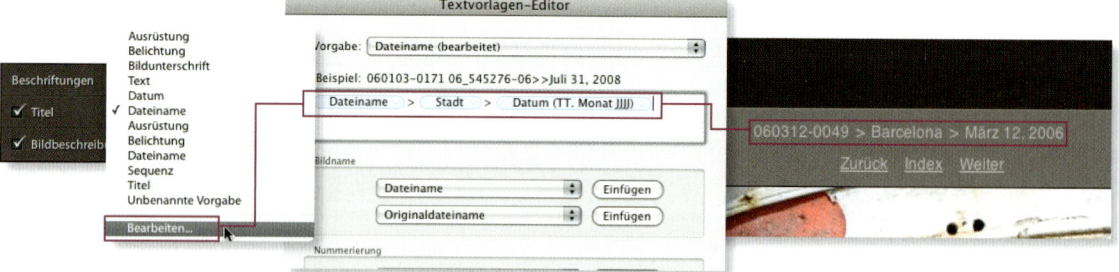

Die Bildinformation kann – wie in den anderen Modulen Diashow und Drucken sowie in der Flash-Galerie – aus Metadaten-
Tokens bestehen, die Sie kombinieren und als Textvorlage ablegen
können.

Das Auswählen der Vorgaben nehmen Sie über das Dropdown-
Menü vor, das sich beim Klicken auf den Namen der aktuellen
Vorgabe öffnet. Wollen Sie eine neue Vorgabe erstellen oder eine
bestehende ändern, wählen Sie den Punkt BEARBEITEN. Für eine
genaue Anleitung blättern Sie zurück auf Seite 355.

Wollen Sie hingegen keinen Titel bzw. keine Bildinformation
anzeigen, deaktivieren Sie die entsprechenden Kontrollkästchen
einfach.

11.5.5 Bedienfeld »Ausgabeeinstellungen«

Auch in der HTML-Galerie liegen die Bilder als externe JPEG-Dateien in einem gesonderten Verzeichnis und werden von Lightroom beziehungsweise in der Website auf Bedarf nachgeladen. Dateigröße und Qualität der Bilder sind daher vom Kompressionsgrad beim Export abhängig. Zusätzlich können auch hier Metadaten in die JPEG-Datei geschrieben werden.

▶ **Qualität:** Dieser Schieberegler bestimmt die JPEG-Qualität der Bilder. Je niedriger der Wert, umso größer ist die Kompression, aber umso schlechter wiederum die Bildqualität. Ein Wert um »75« stellt einen guten Kompromiss zwischen Qualität und Dateigröße dar.

▶ **Copyright-Wasserzeichen hinzufügen:** Hiermit schreiben Sie über das Bild die Copyright-Information, die im Feld COPYRIGHT in den IPTC-Daten steht. Sie wird in das Bild hineingeschrieben und kann nicht einfach daraus entfernt werden.

▶ **Schärfen:** Um bei heruntergerechneten Bildern mehr Detailzeichnung und Tiefenwirkung zu erhalten, haben Sie die Möglichkeit aus drei Schärfestufen auszuwählen.

▲ **Abbildung 11.46**
Über die AUSGABEEINSTELLUNGEN kann ein Copyright-Wasserzeichen in die Bilder eingebrannt werden. Ebenso können Sie hier die Kompressionsrate und die Handhabung der Metadaten angeben.

▼ **Abbildung 11.47**
Das Copyright aus den IPTC-Informationen wird in das Bild »eingebrannt«.

11.6 Die Werkzeugleiste

Die Werkzeugleiste hat im Web-Modul keine bedeutende Funktion. Über die quadratische Schaltfläche gelangen Sie im Ansichtsfenster immer auf die Startseite der aktuellen Galerie. Die Pfeiltasten dienen zur Navigation im Filmstreifen, haben aber keinen direkten Einfluss auf das Ansichtsfenster. Über VERWENDEN können Sie angeben, ob Sie alle Bilder, nur die ausgewählten oder alle markierten Bilder in die Webgalerie einbinden wollen.

Zur besseren Verdeutlichung wird Ihnen zusätzlich angezeigt, ob Sie derzeit eine Flash- oder eine HTML-Galerie bearbeiten.

▲ **Abbildung 11.48**
Über den VORSCHAU-Button am Fuß der rechten Bedienfeldpalette wird auf dem Computer eine Galerie erzeugt und im Browser angezeigt. Dies erlaubt eine Kontrolle der Galerie vor dem Hochladen.

11.7 Galerie auf Webserver laden

Nachdem Sie eine Flash- oder HTML-Galerie erstellt haben, können Sie diese auch gleich auf einen Webserver hochladen. Voraussetzung dafür ist, dass Sie über Webspace mit einem FTP-Zugang verfügen. Wenn nicht, wenden Sie sich am besten einfach an Ihren Internet-Provider. In den meisten Angeboten ist bereits etwas Speicherkapazität auf einem Webserver enthalten.

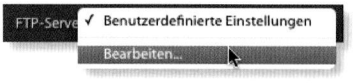

Abbildung 11.49 ▲ ▶
Den Dialog zum Speichern der FTP-Zugangsdaten erreichen Sie über das Dropdown-Menü FTP-Server. Ohne diese Daten können Sie die Galerie nicht auf einen Server übertragen. Die Einstellung kann als Vorgabe gesichert werden und ist dann über dieses Dropdown verfügbar.

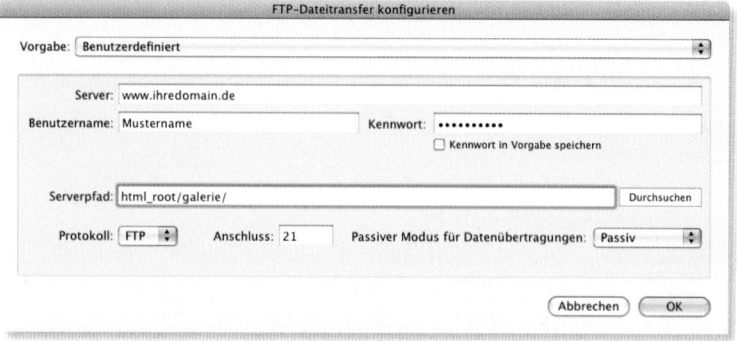

11.7.1 Bedienfeld »Einstellungen für das Hochladen«

Die Übertragung auf den Webserver geschieht per **FTP** (File Transfer Protocol). Die dazu nötige Software ist bereits in Lightroom integriert, so dass der Upload direkt aus dem Programm erfolgen kann. Um die Daten im Internet anbieten zu können, müssen sie auf einem Server abgelegt werden, der jederzeit mit dem Internet verbunden ist und auf dem zusätzlich eine entsprechende Webserver-Software läuft. Diese stellt dann den Internetnutzern Ihre Galerie zur Verfügung.

Eine Galerie lässt sich auch auf Ihrem eigenen, lokalen Rechner einrichten, das macht jedoch nur selten Sinn und ist nur etwas für IT-Profis. Lokale Rechner sind nicht immer eingeschaltet, außerdem ist eine Öffnung nach außen auch immer ein Sicherheitsrisiko. Abgesehen davon besitzen sie in den seltensten Fällen eine fest zugewiesene IP-Adresse.

Wenn Sie über Webspace verfügen, haben Sie von Ihrem Provider auch entsprechende FTP-Zugangsdaten dafür erhalten. Diese bestehen aus drei Informationen: dem Servernamen, Ihrem Benutzernamen und einem Passwort. Ohne diese Daten können Sie die Galerie nicht über das Internet veröffentlichen.

FTP-Server | Um einen neuen FTP-Zugang zu konfigurieren, klicken Sie auf das Dropdown mit dem derzeitigen Titel BENUTZERDEFINIERTE EINSTELLUNGEN. Wählen Sie den Punkt BEARBEITEN. Es

[FTP]
Das *File Transfer Protocol* ist das Standardverfahren zum Übertragen von Dateien in TPC/IP-Netzen – also beispielsweise im Internet. Es dient dem Zugriff auf Daten und Verzeichnisse, um diese herunter- oder hochzuladen. Das HTTP-Protokoll ist ein anderes bekanntes Protokoll. Mit ihm werden die Webseiten übertragen und im Browser angezeigt.

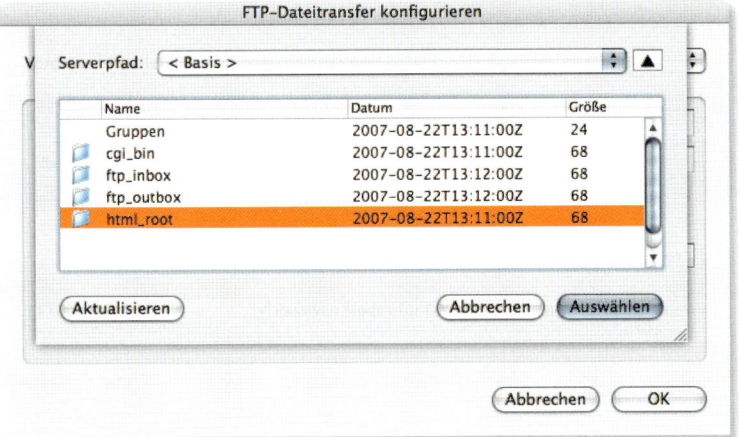

◄ **Abbildung 11.50**
Den Serverpfad zu den Daten Ihrer Website können Sie im Menü
auswählen. Dazu wird eine Verbindung zu Ihrem Server aufgebaut.
Das ist auch eine Möglichkeit, die
Verbindungsdaten zu testen.

öffnet sich dann der Dialog FTP-DATEITRANSFER KONFIGURIEREN mit
den folgenden Einstellungen:

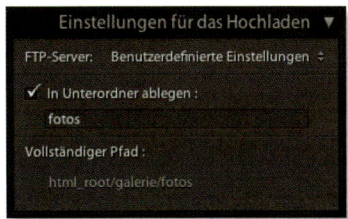

▶ **Server:** Hier tragen Sie Ihre Website ein. Es kann sein, dass Sie
statt dem »www.« ein »ftp.« vor den Domainnamen setzen müssen. Die Angaben finden Sie in den Unterlagen Ihres Providers.

▶ **Benutzername:** Geben Sie hier Ihren FTP-Benutzernamen an.

▶ **Kennwort:** Das ist das Feld für das Ihnen zugewiesene FTP-Passwort.

▲ **Abbildung 11.51**
Die Galerien können über Unterordner strukturiert auf dem Server
abgelegt werden.

▶ **Kennwort in Vorgabe speichern:** Wenn Sie dieses Kontrollkästchen aktivieren, wird das FTP-Passwort in Lightroom gespeichert.
Da nicht bekannt ist, wie sicher die Speicherung in Lightroom ist,
würde ich Ihnen empfehlen, dies zu unterlassen.

▶ **Serverpfad:** Geben Sie hier den Verzeichnispfad auf Ihrem Webserver bis zu dem Ordner Ihrer Website an. Oft liegen Webseiten
nicht direkt in dem Verzeichnis, in das Sie gelangen, wenn Sie sich
per FTP auf dem Server anmelden. Sie liegen dann etwa in Ordnern wie HTML _ ROOT oder PUBLIC _ HTML. Wählen Sie in einem
solchen Fall dieses Verzeichnis aus. Sind Sie sich nicht sicher, wie
Ihr Serverpfad genau lautet, klicken Sie auf DURCHSUCHEN neben
dem Pfadeingabefeld. Dann verbindet Sie Lightroom mit dem
Server und zeigt Ihnen den Inhalt aller Verzeichnisse an. Dort
können Sie den Pfad auswählen.

▶ **Protokoll:** Sie können das einfache FTP-Protokoll verwenden
oder alternativ das sicherere, verschlüsselte SFTP-Protokoll. Normalerweise wählen Sie das FTP-Protokoll. Nur bei Webseiten mit
hohen Sicherheitsanforderungen oder für den Administratoren-
zugriff müssen Sie sich gegebenenfalls für SFTP entscheiden.

▶ **Port:** Die Durchwahl der Leitung, auf der die Verbindung mit
dem Server stattfindet, nennt sich *Port*. Standard für FTP ist
»21«, für SFTP ist es der Port »22«.

TIPP

Achten Sie darauf, dass Sie im
Internet bei der Benennung von
Dateien und Ordnern Leerzeichen, Umlaute und Sonderzeichen
vermeiden. Auch sollten Sie Ver-
zeichnisnamen und Dateiangaben
immer kleinschreiben, da einige
Systeme zwischen Groß- und
Kleinschreibung unterscheiden
und es somit eventuell zu Problemen kommen kann.

▶ **Passiver Modus für Datenübertragungen:** Dies ist eine besondere Form der Kommunikation während eines FTP-Transfers und erleichtert die Verbindung bei Firewalls bzw. NAT-Diensten. Da dieser Modus auch funktioniert, wenn Sie ihn eigentlich nicht benötigen, können Sie dieses Kontrollkästchen auch aktiviert lassen. Bei deaktiviertem Kontrollkästchen ist die Übertragung eventuell etwas schneller. Falls Sie Probleme bei der Übertragung haben, probieren Sie alle Modi durch oder erkundigen Sie sich bei Ihrem Provider.

Abbildung 11.52 ▶
Die FTP-Einstellungen können als Vorgabe gespeichert werden.

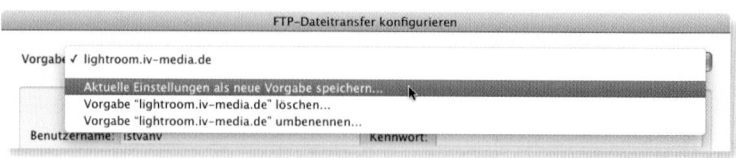

Die gemachten Einstellungen können Sie dann als Vorgabe abspeichern, um die Daten nicht immer wieder neu eingeben zu müssen. Wählen Sie dazu einfach aus dem Dropdown Vorgabe den Eintrag Aktuelle Einstellungen als neue Vorgabe speichern.

In Unterordnern ablegen | Jede Galerie wird zwar ohnehin in einem eigenen Ordner abgelegt, trotzdem ist es sinnvoll, alle Galerien in einen übergeordneten Ordner zu legen.

Aktivieren Sie das Kontrollkästchen, und geben Sie einen Ordnernamen wie »galerien« an. Verwenden Sie hier am besten nur Kleinbuchstaben, das reduziert Missverständnisse beim Eingeben der URL im Browser.

Sie können auch Unter-Unterverzeichnisse anlegen. Diese trennen Sie einfach mit einem Schrägstrich ⌐/⌐, zum Beispiel »galerien/flash«. Dann wird zusätzlich ein Unterverzeichnis in Ihrem HTML-Ordner angelegt. Es sind auch weitere Unterordner, beispielsweise für Sammlungsnamen, möglich.

Der vollständige Pfad, beginnend beim FTP-Startverzeichnis, wird Ihnen unter dem Eingabefeld angezeigt.

Abbildung 11.53 ▶
Das Passwort sollte man nicht über das Konfigurationsmenü von Lightroom speichern, sondern besser erst direkt vor dem Hochladen eingeben, wenn der Server danach fragt. Das erhöht die Sicherheit.

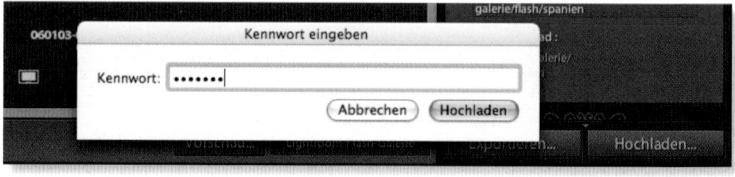

11.7.2 Hochladen der Galerie

Schließlich kann die Galerie auf den Webserver übertragen werden. Klicken Sie dazu auf die Schaltfläche Hochladen. Wenn das Passwort nicht in Lightroom gespeichert wird, was Sie in den FTP-

Servereinstellungen angeben können, müssen Sie es jetzt eingeben. Ansonsten werden die Daten direkt hochgeladen.

Wird der Rechner von mehreren Personen genutzt und ist er nicht besonders gesichert, dann sollten Sie das Passwort nicht in den Einstellungen speichern, sonst hat jeder Zugriff auf Ihre Website.

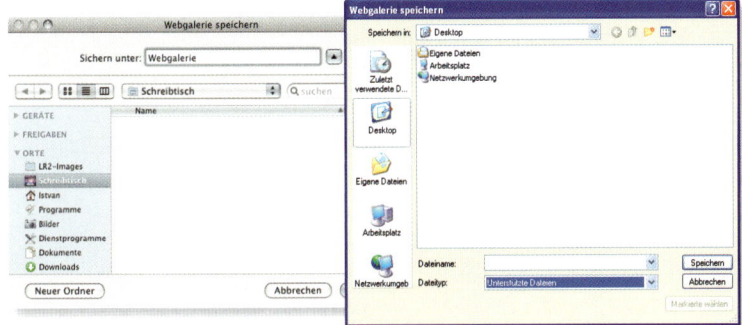

◄ Abbildung 11.54
Galerien werden beim Exportieren in eigene Ordner abgelegt. Diese tragen den angegebenen Namen. Die darin enthaltenen Dateinamen sind für alle Galerien gleich.

11.8 Exportieren einer Galerie

Die Galerie kann auch exportiert und auf der Festplatte gespeichert werden. Dazu wird nach dem Anklicken der EXPORTIEREN-Schaltfläche ein SPEICHERN UNTER-Dialog geöffnet. Der Name, den Sie dort vergeben, wird für den Ordner verwendet, der die Galerie enthält. Einen eigenen Dateinamen für eine Galeriedatei gibt es also nicht. Auch beim Export einer Flash-Galerie wird eine HTML-Seite erzeugt »index.html«. Diese dient als Rahmen für die Darstellung der Galerie. Sie ist nötig, da nur die wenigsten Benutzer einen browserunabhängigen Flash-Player besitzen und somit die Galerie sowieso nur im Webbrowser betrachten können. Auch bei HTML-Galerien ist »index.html« die Startseite der Galerie.

Zum Betrachten der Galerie doppelklicken Sie einfach auf die Seite »index.html«. Der Webbrowser wird dann automatisch gestartet und zeigt die Galerie an.

◄ Abbildung 11.55
Der komplette Pfad lautet zum Beispiel *www.ihrname.de/fotogalerie/flash/index.html*. Darüber können andere Personen auf die Website zugreifen.

Aufrufen der Galerie im Webbrowser | Ist die Galerie hochgeladen, können Sie den entsprechenden Link an Freunde, Bekannte oder Kunden per E-Mail verschicken. Der Link setzt sich aus drei Teilen zusammen:

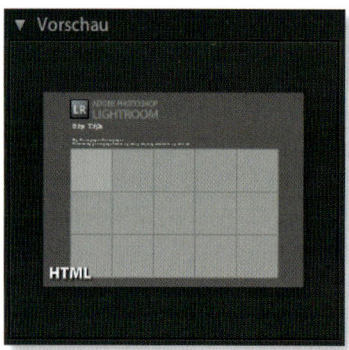

▲ **Abbildung 11.56**
Vorlagen einer HTML-Galerie
werden in der linken unteren
Ecke mit dem HTML-Symbol
gekennzeichnet.

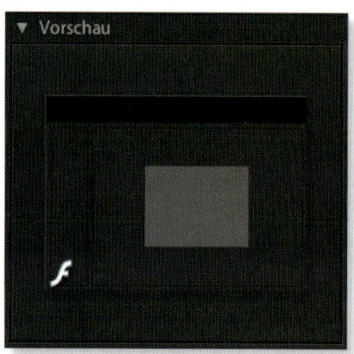

▲ **Abbildung 11.57**
Vorlagen für eine Flash-Galerie
werden in der linken unteren
Ecke mit dem Symbol für Flash
versehen.

▲ **Abbildung 11.58**
Vorlagen, die von Drittherstellern stammen, haben oft gar
keine Kennzeichnung. Sie sind
allein durch das Vorschaubild zu
identifizieren.

▲ **Abbildung 11.59**
Der Vorlagenbrowser dient – wie
auch in den anderen Ausgabemodulen – zur Übersicht und Auswahl
der in Lightroom gespeicherten
Vorlagen. Dabei werden alle Einstellungen der Bedienfelder, wie
Galerieart, Farben, Bildinformationen, Zellenaufteilung etc., übernommen. Die Bildauswahl wird
jedoch nicht gespeichert.

▶ Teil 1: Ihre Domain wie *www.ihrname.de*
▶ Teil 2: Der Verzeichnispfad ohne Ihr Webseiten-Verzeichnis.
Haben Sie einen Serverpfad, zum Beispiel »html_root«, angegeben, so muss dieser beim Link weggelassen werden. Nur die
Verzeichnisse werden angegeben, die den Weg zur Ihrer Galerie
beschreiben. Beginnen und enden muss die Angabe mit einem
Schrägstrich, also beispielsweise »/fotogalerie/flash/«. Achten
Sie darauf, dass auch die Groß-/Kleinschreibung stimmt.
▶ Teil 3: Der Dateiname der HTML-Seite, in die die Galerie eingebettet ist. Er lautet immer »index.html«.

11.9   Mit Vorlagen arbeiten

Wie in jedem anderen Modul auch können Sie Ihre Einstellungen
für die Galerien als Vorlagen speichern und wieder laden. An den
Namen gespeicherter Vorlagen lässt sich nicht erkennen, ob es
sich dabei um eine HTML- oder Flash-Variante handelt. Erst wenn
Sie den Mauszeiger über einem Vorlagennamen platzieren, wird
in der Vorschau des Bedienfelds ein Symbol für Flash oder HTML
angezeigt.

Haben Sie eine Vorlage für eine Galerie eines Drittherstellers, so
fehlt die Kennzeichnung meist völlig, die Galerieart lässt sich höchstens in der Vorschau erahnen.

Mit den Vorlagen arbeitet man genauso wie in den Modulen Diashow und Drucken. Blättern Sie für genauere Informationen zurück
auf Seite 358.

Die DVD zum Buch

Der Inhalt der DVD-ROM zum Buch ist auf mehrere Ordner aufgeteilt. Im Folgenden ein kurzer Einblick in die einzelnen Ordner.

Ordner »Beispielkatalog«

Sie finden auf der DVD zum Buch einen Beispielkatalog. Dieser enthält die Fotos aus dem Ordner BILDER. Sie ist bereits mit Sammlungen und Stichwörtern versehen. Nicht alle Bilder sind aber fertig entwickelt, so dass Ihnen Raum für kreative Entfaltung bleibt. Es sind getrennte Bibliotheken für Microsoft Windows und Apple Mac OS X vorhanden, da es bei Umlauten von Dateinamen zu Problemen kommen kann. Kopieren Sie den Katalog zusammen mit dem Ordner ARCHIV in einen neuen Ordner auf Ihre Festplatte. Von der DVD können Sie die Daten nicht bearbeiten.

Ordner »Archiv«

Dieser Ordner befindet sich im Ordner BEISPIELKATALOG. Dort befinden sich die Bilder aus der Beispielbibliothek, mit denen Sie die Module von Photoshop Lightroom für eigene Entwicklungsvorgänge ausprobieren können. Bitte beachten Sie, dass die Urheberrechte für die Bilder beim Autor liegen und die Bilder nicht weitergegeben werden dürfen.

Ordner »Bookmarks«

In diesem Ordner finden Sie eine HTML-Datei mit nützlichen Links auf Webseiten oder Podcasts zu Adobe Photoshop Lightroom. Weitere nützliche Links und Informationen zum Buch finden Sie auf der Website *http://lightroom.iv-media.de/*.

Ordner »Demoversion«

In diesem Ordner finden Sie eine nach Installation 30 Tage lang gültige Testversion von Photoshop Lightroom 2.1. Diese Programmversion ist vollständig nutzbar und Sie können alle Beispiele in diesem Buch damit nachbauen.

Um Photoshop Lightroom zu installieren, gehen Sie im Ordner DEMOVERSION auf den Unterordner WINDOWS, wenn Sie an einem PC arbeiten, und doppelklicken dort *LTRM2_WWEFG_win.exe*.

Arbeiten Sie mit Mac OS X, gehen Sie in den Unterordner Mac OS X und klicken dort auf die Datei *LTRM2_WWEFG_mac.dmg*. Wenn das Disk Image entpackt ist, doppelklicken Sie in dem aufklappenden Fenster auf die Datei *Adobe Photoshop Lightroom.pkg*. Danach startet die Installation.

Ordner »Erkennungstafeln«

In diesem Ordner finden Sie Zusatzdateien wie Erkennungstafeln und Hintergründe, die Sie für die Übungen und Workshops benötigen. Die Fotos, die Sie in den Workshops verwenden, sind bereits im Katalog enthalten.

Ordner »Vorgaben Übungsdateien«

In diesem Verzeichnis finden Sie die Erkennungstafel zur Übung aus dem Kapitel »Das Diashow-Modul« und die dazugehörige fertige Vorgabe im Ordner Slideshow Templates. Kopieren Sie die Vorgabe in den entsprechenden Vorgabenordner. Mehr dazu finden Sie auf Seite 118.

Ordner »Wissenswertes«

Hier finden Sie PDF-Dokumente zu den Themen RAW, DNG, IPTC, lineares Gamma etc.

Ordner »Video-Training«

In diesem Ordner finden Sie Lektionen aus dem Video-Training »Adobe Photoshop Lightroom 2. Das Training für den digitalen Foto-Workflow«. Schauen Sie darin der Trainerin Maike Jarsetz bei der Arbeit mit Lightroom 2 über die Schulter und erfahren Sie mehr über die folgenden Themen:

Prinzip Lightroom
► Nichtdestruktives Arbeiten (14:18 min)
► RAW, TIFF oder JPEG? (07:58 min)
► Mit Katalogen arbeiten (12:48 min)

Entwickeln & Optimieren
► Die RAW-Basisentwicklung (07:43 min)
► Freistellen & Vignettieren (03:29 min)
► Eigene Vorgaben erstellen (06:16 min)

Details nachentwickeln
► Den Korrekturpinsel nutzen (12:13 min)
► Details scharfzeichnen (07:47 min)
► Feintuning der Bildpräsenz (04:23 min)

Die Video-Lektionen auf dieser DVD sind ein Auszug aus dem Video-Training »Adobe Photoshop Lightroom 2. Das Training für den digitalen Foto-Workflow« (Gesamtlaufzeit ca. 11 Stunden, Preis 39,90 Euro). Um das Video-Training zu starten, öffnen Sie einfach den Ordner VIDEO-TRAINING und klicken Sie doppelt auf die Datei *Start_PC* (für Windows und Linux) beziehungsweise *Start_Mac* (für den Mac).

Systemvoraussetzungen: PC mit Linux oder Windows Vista, XP, 2000 und 98 beziehungsweise Mac OS X ab 10.1, mit DVD-Laufwerk, Auflösung 1 024 x 768 Pixel, mindestens 512 MB RAM. Das Training ist ohne Installation lauffähig.

Sollten Sie Probleme bei der Verwendung des Video-Trainings haben, so finden Sie Hilfe unter *http://www.galileodesign. de/hilfe/Videotrainings_FAQ*.

Index

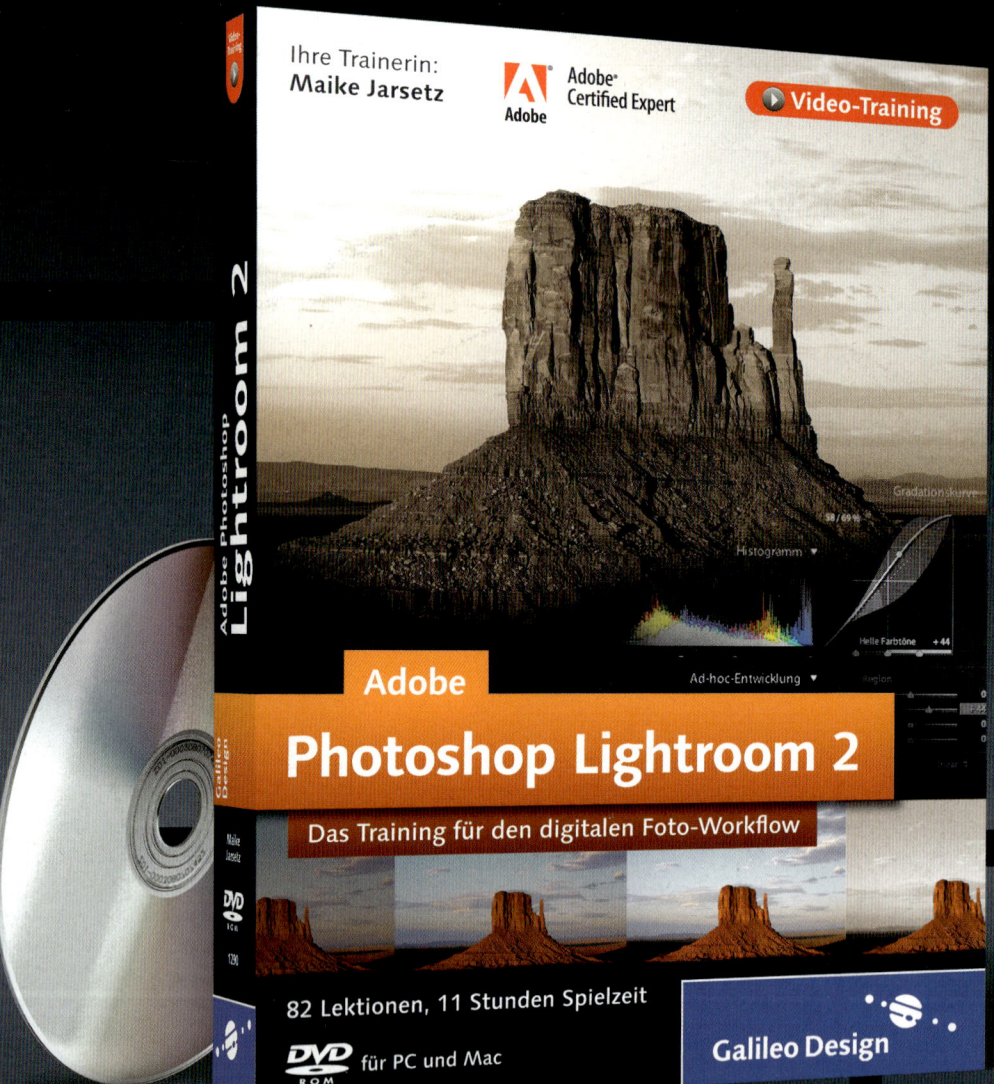

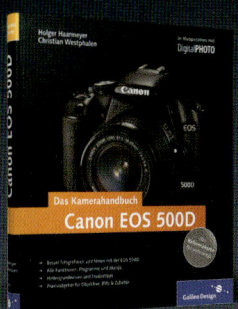

Bibliografische Information der Deutschen Bibliothek
Die Deutsche Bibliothek verzeichnet diese Publikation in der Deutschen Nationalbibliografie; detaillierte bibliografische Daten sind im Internet über *http://dnb.ddb.de* abrufbar.

ISBN 978-3-8362-1306-6

© Galileo Press, Bonn 2009
1. Auflage 2009, 3. Nachdruck 2010

Der Name Galileo Press geht auf den italienischen Mathematiker und Philosophen Galileo Galilei (1564–1642) zurück. Er gilt als Gründungsfigur der neuzeitlichen Wissenschaft und wurde berühmt als Verfechter des modernen, heliozentrischen Weltbilds. Legendär ist sein Ausspruch *Eppur se muove* (Und sie bewegt sich doch). Das Emblem von Galileo Press ist der Jupiter, umkreist von den vier Galileischen Monden. Galilei entdeckte die nach ihm benannten Monde 1610.

Lektorat Christine Fritzsche, Alexandra Rauhut
Korrektorat Angelika Glock, Wuppertal
Herstellung Steffi Ehrentraut
Einbandgestaltung Klasse 3b, Hamburg (*www.klasse3b.de*)
Satz István Velsz, München
Druck Himmer AG, Augsburg

Dieses Buch wurde gesetzt aus der Linotype Syntax (9 pt/13 pt) in Adobe InDesign CS2. Gedruckt wurde es auf chlorfrei gebleichtem Bilderdruckpapier (115 g/m^2).

Gerne stehen wir Ihnen mit Rat und Tat zur Seite:

christine.fritzsche@galileo-press.de
bei Fragen und Anmerkungen zum Inhalt des Buches

service@galileo-press.de
für versandkostenfreie Bestellungen und Reklamationen

julia.bruch@galileo-press.de
für Rezensions- und Schulungsexemplare

In unserem Webshop finden Sie unser aktuelles
Programm mit ausführlichen Informationen,
umfassenden Leseproben, kostenlosen Video-Lektionen –
und dazu die Möglichkeit der Volltextsuche in allen Büchern.

www.galileodesign.de

Galileo Design

Know-how für Kreative.